鄂尔多斯年鉴

（2020）

鄂尔多斯市地方志编纂委员会　编

方志出版社
Publishing House of Local Records

图书在版编目（CIP）数据

鄂尔多斯年鉴. 2020 / 鄂尔多斯市地方志编纂委员会编. --北京：方志出版社，2020.12

ISBN 978-7-5144-4634-0

Ⅰ.①鄂… Ⅱ.①鄂… Ⅲ.①鄂尔多斯市—2020—年鉴 Ⅳ.①Z522.63

中国版本图书馆 CIP 数据核字（2020）第 262267 号

鄂尔多斯年鉴（2020）

编　　者： 鄂尔多斯市地方志编纂委员会
责任编辑： 罗　滔

出 版 者： 方志出版社
地址　北京市朝阳区潘家园东里 9 号（国家方志馆 4 层）
邮编　100021
网址　http://www.zgfzcb.cn
发　　行： 方志出版社图书营销中心
电话　（010）67110500
经　　销： 各地新华书店
排　　版： 北京欣成信印刷科技有限公司
印　　刷： 内蒙古掌印文化科技有限公司

开　　本： 889mm × 1194mm　1/16
印　　张： 27
字　　数： 700 千字
印　　数： 001~500 册
版　　次： 2020 年 12 月第 1 版　2020 年 12 月第 1 次印刷

ISBN 978-7-5144-4634-0　　**定价：** 200.00 元

《鄂尔多斯年鉴（2020）》编辑部

主　编：阿拉木斯

编　辑：苏伦高娃

编 辑 说 明

一、《鄂尔多斯年鉴（2020）》（以下简称本年鉴）以马克思列宁主义、毛泽东思想、邓小平理论、“三个代表”重要思想、科学发展观、习近平新时代中国特色社会主义思想为指导，坚持辩证唯物主义和历史唯物主义的立场、观点和方法，全面、系统地记载2019年鄂尔多斯市政治、经济、文化和社会发展的重大事项和基本情况，为社会各界人士认识、了解和研究鄂尔多斯提供基本信息资料。

二、本年鉴采用分类编辑法，由类目、分目、条目组成，以条目为基本结构。

三、本年鉴记述时间为2019年1月1日至2019年12月31日，部分内容适当上溯或下延。本年鉴中的资料与数据均由各相关单位提供，凡涉及全市国民经济与社会发展全局的数据均以鄂尔多斯市统计局统计数据为准，市统计局未予提供的则以各撰稿单位提供的数据为准。

四、本年鉴行文所使用的标点符号、数字用法、计量单位均遵循国家相关规定。考虑到社会使用习惯，全书中“亩”不统一换算。

五、本年鉴中出现的“自治区”指“内蒙古自治区”，“市”指“鄂尔多斯市”，“市委”指“中国共产党鄂尔多斯市委员会”，“市人民政府”指“鄂尔多斯市人民政府”。

重要活动

1 月 13 日，中共内蒙古自治区委员会副书记、自治区主席布小林（左二）到鄂尔多斯市伊泰塔拉壕煤矿检查调研安全生产工作

4 月 16 日至 18 日，第十四届鄂尔多斯国际煤炭及能源工业博览会—2019 全国煤炭绿色开采与科技创新发展大会暨中国能源“金三角”国际峰会在康巴什区举行。其间，邀请 517 家国内外能源企业、装备制造企业和咨询物流企业参展

7月5日，第十四届全国冬季运动会火炬传递鄂尔多斯站启动仪式举行

8月8日至12日，由中国国际商会主办，内蒙古自治区贸促会、鄂尔多斯市人民政府承办，东胜区人民政府和鄂尔多斯市贸促会执行筹备的主题为“极致绒耀 巅峰织造”2019中国（鄂尔多斯）国际羊绒羊毛大会暨展览会在东胜区举办

经济建设

3 月 15 日，河南中源化学股份有限公司 40 万吨精品小苏打项目竣工投产仪式　　（博源集团 提供）

4 月，博源集团荣获内蒙古自治区 2018 年度资本市场融资贡献奖。图为博源集团办公楼　（博源集团 提供）

8月，“2019 中国石油和化工企业 500 强” 榜单发布。鄂尔多斯市博源集团、远兴公司和中源化学公司上榜

（博源集团 提供）

科教孵化园

（鄂尔多斯市高新区 提供）

11 月 27 日，中为能源鄂尔多斯唐家会矿区煤炭地下气化技术工业化示范项目成功投产仪式在准格尔旗举行

（市能源局 提供）

10 月 12 日，达拉特光伏发电领跑奖励激励基地项目开工动员大会在达拉特旗举行 （市能源局 提供）

社会建设

7 月 3 日，鄂尔多斯应用技术学院首届本科生毕业抛帽合影　　（鄂尔多斯应用技术学院 提供）

7 月 19 日，鄂托克前旗通用机场正式通航　　（机场管理集团 提供）

中国联合航空鄂尔多斯—北京航班首落北京大兴国际机场　　（机场管理集团　提供）

圆满完成 ARJ21 型客机体验飞行保障任务，助力 2019 年中国商飞（COMAC）供应商大会顺利召开
（机场管理集团　提供）

“12328”出行服务中心为市民服务
（市交通运输局　提供）

低碳绿色环保电动公交车（市交通运输局　提供）

G65 高速跨黄河大桥 （市交通运输局 提供）

G338 旧路改造工程，施工完成后效果图
（市公路管理局 提供）

S24 高等级公路独贵塔拉段 （市交通运输局 提供）

杭锦旗巴拉贡镇 G6 京藏高速与 S24 立交互通
（市交通运输局 提供）

文化建设

4 月 25 日，己亥（2019）年成吉思汗查干苏鲁克大祭及成吉思汗铜像揭幕仪式举行

（成吉思汗陵管委员 提供）

5 月 15 日，鄂尔多斯市东方控股集团有限公司农牧交错带功能农业关键技术研发院士专家工作站揭牌仪式在鄂尔多斯高新技术产业开发区举行

7月17日，第三届民族地区文化产业发展论坛在鄂尔多斯市开幕

（鄂尔多斯市社会科学联合会　提供）

8月，《黑段子坎肩》节目在第十二届中国舞蹈“荷花奖”民族民间舞评选中获中国舞蹈“荷花奖”金奖

9月6日至8日，举办2019年中国技能大赛—内蒙古鄂尔多斯市职业技能竞赛。图为电气装置项目赛场

（市人力资源和社会保障局 提供）

生态文明建设

5 月 7 日，日本关西地区“对话内蒙古”代表团在恩格贝生态示范区参加植树活动

（恩格贝生态示范区　提供）

7 月 6 日，地球伦理研究所青年交流绿化队植树活动举行　（恩格贝生态示范区　提供）

生态观光旅游

小滩子稻鱼空间　（市文化和旅游局　提供）

红海子湿地公园　（市环境保护局　提供）

目　录

特　载

大事记

市情概览

重要会议

鄂尔多斯市人民政府

概　述

市人民政府办公室

外事及港澳台工作

接待工作

信访工作

政务服务

工商联（总商会）

文学艺术联合会

残疾人联合会

红十字会

法　治

公　安

检　察

法　院

司法行政

军　事

武警鄂尔多斯市支队

财政　税务

财　政

税　务

经济管理

发展和改革

商务管理

审计 统计 市场监督管理

城乡建设　环境保护

住房和城乡建设

住房公积金管理

生态环境

交通运输与管理

交通运输

公路管理

供销　盐务　烟草

供销合作

盐业管理

烟草专卖管理

农村农业

农牧业

水　利

林业和草原

气　象

邮政　通信

邮政管理

电　信

联通通信

金融　保险　国有资产投资

银行保险业监督管理

人民银行

开发区

旗　区

鄂托克前旗

康巴什区

附　录

特 载

政府工作报告

——2020 年 4 月 21 日在鄂尔多斯市第四届人民代表大会第三次会议上

鄂尔多斯市市长　斯琴毕力格

一、2019 年工作回顾

2019 年是新中国成立 70 周年，也是鄂尔多斯发展历程中具有特殊意义的一年。习近平总书记再次向库布其国际沙漠论坛发来贺信，指出库布齐沙漠治理为国际社会治理环境生态、落实 2030 年议程提供了中国经验。总书记的重要指示，为我们推进荒漠化防治、实现可持续发展指明前进方向、注入强大动力，极大地鼓舞和激励了全市各族人民。

一年来，我们坚持以习近平新时代中国特色社会主义思想为指导，坚决贯彻习近平总书记对内蒙古工作重要讲话重要指示批示精神，全面落实中央、自治区决策部署，在市委坚强领导下，坚持稳中求进工作总基调，践行新发展理念，把握高质量发展要求，深化供给侧结构性改革，聚焦重点任务和关键环节，精准施策，集中攻坚，经济社会发展取得新成效，高质量发展迈出新步伐。

——经济运行稳中向好。地区生产总值增长 4%；完成公共财政预算收入 501 亿元，增长 15.6%；社会消费品零售总额 734.3 亿元，增长 4.5%；固定资产投资增长 9.5%；规上工业增加值增长 4.2%，规上工业企业营业收入、利润总额分别增长 7.2% 和 6.1%；工业用电量、公路货运量和铁路发运量分别增长 12.4%、4% 和 4.7%，全市经济运行“稳”的基础在加固、“好”的势头在增强。

——动能转换提速前行。新增电力装机 90 万千瓦、化工产能 294 万吨，精细化学品新增产能占化工新增产能 21%。非煤产业投资增长 5.6%，占工业总投资 74.1%。高新技术产业增加值增长 26.7%。接待游客 1736 万人次，实现旅游综合收入 508 亿元，分别增长 19.4% 和 15.1%。市本级财政科技投入增长 68%，柔性引进各类国家级人才 77 人，发明专利申请量增长 18.6%，鄂尔多斯国家农业科技园区通过科技部验收。

——“三大攻坚战”取得关键进展。化解政府隐性债务 314.3 亿元，完成年度目标 206.6%；金融机构贷款不良率低于全区平均水平，“强化债券全流程管理，有效支撑项目建设”的做法获国务院通报表扬，伊金霍洛旗被确定为全国化债试点县。脱贫攻坚中央专项巡视反馈问题全部整改到位。各级财政扶贫投入 3.3 亿元，产业扶贫投入 2.3 亿元，全市现有 118 户 267 名贫困人口实现脱贫，“清零达标”工作全面完成，脱贫成效持续巩固提升。全市空气质量优良率达到92%，棋盘井蒙西地区空气质量优良率83.4%，重点流域Ⅰ—Ⅲ类优良水质占比达到85%，集中式饮用水源水质达标率100%。

——改革开放持续深化。市政务服务中心新大厅投入使用。公布“四办”审批服务事项4960项，市本级政务服务事项网上可办率达到75%，企业开办时间由5个工作日压缩至3个工作日，新增市场主体4.1万户、增长16.8%。市旗区投资项目“一站式”审批服务全面推行，工程建设项目审批时间由195个工作日压缩至100个工作日以内。国资国企、财税金融等重点领域改革不断深化。浩吉铁路建成通车，延榆鄂高铁鄂榆段进入勘察设计阶段。综合保税区封关运营，跨境直营中心建成投用。航空口岸进境水果、食用水生动物和进口冰鲜水产品指定监管场地获批，填补了自治区空白。装备制造工业园区被认定为国家外贸转型升级基地。呼（和浩特）包（头）鄂（尔多斯）乌、忻鄂榆等区域合作不断加强。第七届库布其国际沙漠论坛、第二届内蒙古国际能源大会、第二届国际羊绒羊毛大会、第三届国际文化创意大会等重大活动成果丰硕。

——民生福祉不断增进。城乡居民人均可支配收入达到49768元和20075元，分别增长6.3%和9.8%，高于经济增速。城镇登记失业率控制在2.85%以内。乌兰木伦河三号桥、市蒙古族学校开工建设。鄂尔多斯市被命名为全国民族团结进步示范市。率先在全区实现国家卫生县城全覆盖。扫黑除恶专项斗争成效显著，中央督导组转交的线索、反馈的问题全部办结，铲除各类涉黑涉恶犯罪组织63个，人民群众安全感不断增强。

一年来，主要做了以下工作：

*一是着力提升经济发展质量效益。*坚持抓项目、扩投资，实施亿元以上重点项目185项，完成投资480亿元，竣工投用54项；招商引资签约项目276个，到位资金286亿元。加快发展现代能源经济。制定实施国家现代煤化工产业示范区建设总体规划。中石化煤制烯烃等14个化工项目开工建设，伊泰宁能费托烷烃精细分离、中为能源煤炭地下气化等20个项目建成投产，电力外送通道8个配套电源点建设有序推进。加大油气资源勘探开发力度，组建北方油气投资开发公司。培育壮大新兴产业。组建天骄航空技术培训中心、大飞机学院，建成赛诺伯特数据中心、泛城通用技术产业园，光电子器件、石墨碳素制品产量分别增长22%和27%。加快文化旅游融合发展。实施重点文旅项目42项，举办各类文旅活动81项，在上海、深圳等12个重点城市开展文化旅游推介会，文旅品牌影响力进一步扩大。努力扶持民营经济发展。制定促进民营经济高质量发展11条措施，设立10亿元产业发展引导基金，新增企业债券融资60亿元，发放助保贷款3.4亿元，民营企业贷款余额增长5.3%。全面落实减税降费政策，新增减税降费111.9亿元。推动区域经济高质量发展，大路工业园区、达拉特经济开发区成为国家产业转型升级示范园区，伊金霍洛旗、准格尔旗入选全国县域经济百强和“西部大开发20年县域高质量发展20个典型案例”。

*二是深入实施乡村振兴战略。*坚持规划先行、稳步推进，制定乡村振兴战略规划和产业振兴等5个专项实施方案。设立5亿元乡村产业（绿色发展）基金，出台资金扶持办法，以农牧部门指导推荐项目、农业银行审核把关项目的方式，努力扶持“党支部＋龙头企业＋合作社＋农牧户”产业发展模式，共为281个项目投放资金6.2亿元，切实解决了一批农牧民和龙头企业融资难、融资贵问题。加大新型经营主体培育力度，新增龙头企业22家、产业化联合体21家、专业合作社200家、家庭农牧场500家，农企紧密型利益联结比例达到58%。制定农牧业特色主导产业高质量发展扶持政策，推动羊绒羊毛、瓜果蔬

菜、小杂粮等特色产业较快发展，阿尔巴斯绒山羊入选全国2019年农产品区域公用品牌，粮经饲比例调整优化为59:15:26。举办第二届农畜产品展洽会，签约金额5.73亿元。筛选101个“五星达标、特色培育”示范嘎查村，完成示范创建51个。扎实推进人居环境整治，完成户改厕4.5万户，建成乡镇生活污水处理厂24座，建设垃圾压缩转运站12个，86%的行政村生活垃圾基本实现转运处置。伊金霍洛旗成为全国乡村治理体系建设试点，准格尔旗十二连城乡获评全国乡村治理示范镇，达拉特旗林原村等3个村获评全国乡村治理示范村。

三是持续强化生态环境保护治理。坚持保护优先、综合治理，出台大气污染防治条例、集中式饮用水水源保护条例，开展生态环境质量评估，启动国土空间规划编制。深入实施新一轮退耕还林、草原生态修复、沿黄生态廊道建设等重点生态工程，完成林业生态建设155万亩、草原建设447万亩、水土保持综合治理149万亩。实施乡村绿化美化工程，绿化美化嘎查村103个。加强林业草原资源保护，开展森林草原专项执法。加快绿色矿山建设，编制绿色矿山建设规划，申报创建自治区级绿色矿山73个。全面开展露天矿临时用地试点政策专项集中整治，复垦率、还地率分别达到83%和54%，以整改的力度和成效赢得国家、自治区有关部门的理解和肯定。全面完成“大棚房”和违建别墅清查整治工作。加强环保能力建设，实现环境质量自动监测、重点污染源可视化监管全覆盖。加强重点流域水环境综合整治，乌兰木伦河流域断面水质近年来首次达到Ⅲ类标准。深入开展河湖“清四乱”专项行动，河湖流域环境明显改善。康巴什区获评“国家生态文明建设示范市县”。市林业和草原局被授予第九届全国“人民满意的公务员集体”荣誉称号，成为全国林草系统唯一获此殊荣的单位。

四是不断加强城市建设与管理。坚持完善基础设施和精细化管理并重，实施市政设施项目226个，新增、改造公园绿地826.7万平方米，完成城镇棚户区改造600套。全面启动生活垃圾分类工作，新建改造城镇排水管道80.4公里，城市垃圾无害化处理率达到99.4%，污水集中处理率达到98.5%。推进中心城区商业设施整合再造，万达广场等商业综合体建成投用。深入开展城市违建三年专项整治，已整改521.4万平方米。推广应用数字城管和网格化治理模式，城市管理进一步精细化。建设运营智慧物业管理服务平台，加快物业管理向智能化迈进。巩固全国文明城市创建成果，出台文明行为促进条例。加快完善交通基础设施网络，包茂高速改扩建东胜至包头方向、公其日嘎至临河黄河大桥、嘎鲁图至乌兰镇等公路项目建成通车；开行乌审旗至包头普速旅客列车，东乌与包西铁路联络线、泊江海子专用线等铁路项目建成投用；鄂托克前旗通用机场建成通航，鄂尔多斯国际机场完成旅客吞吐量269.6万人次、增长8.9%。国家重点水利工程黄河二期防洪工程鄂尔多斯段竣工验收。

五是切实保障和改善民生。坚持保基本、全覆盖，持续加大民生投入，财政用于民生支出320亿元。出台“教育现代化2035计划”，新建、改扩建中小学幼儿园22所，建成农村牧区教师周转宿舍462套，准格尔旗被确定为国家义务教育质量监测样本县并通过验收。建成市中医医院住院楼和4个旗蒙医综合医院，组建城市医疗集团2个、医共体8个，鄂尔多斯市被确定为国家城市医疗联合体建设试点地区。不断提升社保水平，全市基本医保参保率稳定在95%以上，农村牧区低保平均标准较2018年提高457元。开工建设市社会福利中心，建成市儿童福利院。市一中、市蒙医医院一期、市直6大文化场馆等维修改造工程完工。改造基层综合文化服务中心76处，组织文化下乡演出1500多场,《黑缎子坎肩》荣获中国舞蹈最高奖“荷花奖”金奖,《草原赞歌》《石榴红了》在人民大会堂精彩上演。成功举办鄂尔多斯国际马拉松、第五届内蒙古“一带一路”国际青少年足球夏令营等赛事活动。建成覆盖城乡社区的四级退役军人服务保障体系。开展根治欠薪行动，农民工欠薪问题保持动态清零。持之以恒深入开展安全生产隐患排查整治和社会矛盾纠纷排查化解，加大食品药品安全监管力度，扎实做好防灾减灾工作，社会大局保持和谐稳定。国防动员、妇女儿童、慈善老龄、外事侨务、气象地震、科学普及、红十字、残疾人等事业均取得新成效。

六是下功夫解决历史遗留问题。坚持问题导向，动真碰硬，一抓到底，着力解决了一批事关老百姓切身利益、事关地区长远发展的重点难点遗留问题。集中整治历年督查执法反馈和发现的土地、林地草原违法违规使用问题，完成土地限期整改723宗、4.1万亩，草原整改353宗、5.5万亩，整改率均为100%，全面整顿规范自然资源管理秩序。全力清理化解政府部门、国有企业拖欠民营企业中小企业账款，累计清欠129.7亿元、完成年度任务118.6%，41件涉府案件全部办结、标的额11.4亿元，有力保护民营企业合法权益，重塑人民政府公信力。妥善处理房屋权属登记等房地产领域突出问题，累计解决“入住难”“回迁难”“办证难”项目451个、房屋188055套、面积2777万平方米，分别占总量的70.9%、71.3%和73.8%，努力维护群众合法权益。加快水岸新城尾留工程建设，市政设施、景观绿化、公共服务等品质提升工程全面完工，水、电、暖、消防、电梯、地库等10大类350多项隐患问题全部解决，小区居民满意度、幸福感大幅提升。启动实施中小学教职工绩效考核制度，进一步规范和适度提高教职工绩效工资。对已退休和在岗乡村医生、防疫员，启动实施职工养老保险制度，用养老保险全覆盖和适度标准，规范解决这一为全社会提供医疗防疫保障服务的最基层群体后顾之忧。

在做好各项工作的同时，我们高度重视政府自身建设，深入开展“不忘初心、牢记使命”主题教育，以问题检视整改推动政风好转，市政府及其部门党员干部进一步增强“四个意识”、坚定“四个自信”、做到“两个维护”。深入推进法治政府建设，不断提高依法行政、科学行政、民主行政水平，自觉接受人大及其常委会法律监督、政协民主监督和社会舆论监督，提请市人大常委会审议地方性法规3件，办理人大代表建议、政协委员提案418件，办复率100%。认真落实中央八项规定精神和自治区党委、市委配套办法，强化审计监督，持之以恒整治“四风”。如期完成政府机构改革，优化组织结构，进一步提升服务效能。认真落实中央“基层减负年”要求，市本级开到旗区的会议、发往旗区的文件均下降30%以上。厉行勤俭节约，严控“三公”经费支出，全市一般性支出压缩7%。

各位代表，过去的一年，鄂尔多斯市经济社会发展能够取得稳中向好的成绩，确实来之不易。这是在经济下行压力持续加大的情况下，主动作为、沉着应对中取得的；是在着力推进动能转换、结构调整升级中取得的；是在下功夫解决历史遗留问题、着力防范化解各类风险隐患中取得的。特别是，面对突如其来的新冠肺炎疫情，全市上下迅速响应，各级干部履职尽责，医务工作者冲锋陷阵，基层工作者日夜坚守，社会各界积极参与，合力打好疫情防控阻击战，全力维护人民群众生命安全和身体健康。这些成绩的取得，是习近平新时代中国特色社会主义思想科学指引的结果，是自治区党委、政府坚强领导的结果，是市委团结带领全市各族人民奋力拼搏的结果，是人大及其常委会依法监督、政协民主监督和社会舆论监督及社会各界关心支持的结果，凝聚了全市上下各方面的智慧和汗水。在此，我代表市人民政府，向全市各族干部群众，向广大医务工作者和社区、嘎查村工作者，向驻市部队、公安干警，向所有关心支持鄂尔多斯改革发展的同志们、朋友们，表示衷心的感谢和崇高的敬意！

各位代表，2018年我们与全国各族人民一道，隆重庆祝了新中国成立70周年，全市各族人民热爱祖国、建设家乡的热情空前高涨。70年风雨兼程，70年砥砺奋进，鄂尔多斯始终在党的坚强领导下，与祖国同心同向，与时代同频共振，各族人民以勤劳智慧、敢为人先、顽强拼搏、一往无前的奋斗精神，创造了令人瞩目的辉煌业绩，初步走出了一条经济持续稳定发展、生态环境持续改善、民生福祉持续提升的文明发展之路。进入新时代，我们要以更加奋发有为的精神状态、更加有耐心的战略定力、更加求真务实的工作作风，全力推动高质量发展，续写更加精彩的鄂尔多斯新篇章！

各位代表，总结过去一年的工作，我们也清醒地认识到存在的困难问题和不足。主要表现在：产业结构和生产方式仍需进一步调整优化，发展新动能支撑作用亟待加强，经济稳定增长的基础还不牢固；能源产业链条短、产品高端化终端化水平低；农牧业产业化、规模化、专业化程度不高，乡村产业振兴任重道远；“放管服”改革举措落实还不够到位，营商环境需要进一步优化；节能降耗形势严峻，生态环境保护治理长效机制还没有健全；金融及政府债务、安全生产等领域风险隐患仍然突出；民生保障还有不少短板，公共服务供给能力和水平还需进一步提升；各级干部能力素质与国家治理体系和治理能力现代化要求还不相适应，不想为、不敢为、不会为现象不同程度存在。面对这些困难问题，我们绝不回避，绝不推托，迎难而上，精准施策，对症下药，久久为功，一步一步推进，一件一件化解，为高质量发展扫清障碍、注入动力，得到人民认可，经得起历史检验。

二、2020年工作安排

今年是全面建成小康社会和“十三五”规划的收官之年，也是谋划“十四五”规划的关键之年。做好全年经济社会发展工作至关重要、意义重大。当前，我们虽然面临有效投资不足和受疫情影响经济运行稳中有变的严峻挑战，但也有难得的发展机遇。党中央把黄河流域生态保护和高质量发展上升为新的国家战略，国家启动实施新一轮西部大开发战略，鄂尔多斯作为黄河流域和西部地区重要节点城市，迎来了新的重大历史机遇。特别是，为统筹推进疫情防控和经济社会发展，中央、自治区在财税金融、降本减费、援企稳岗、促进消费、新型基础设施建设等方面出台了一系列支持政策，将进一步激发企业活力、市场潜力。只要我们坚持从长期大势和发展全局认清当前形势，坚定信心决心，敏锐捕捉机遇，脚踏实地，埋头苦干，就一定能够化危为机，把握发展主动权，开创高质量发展新局面。

今年政府工作的总体要求是：以习近平新时代中国特色社会主义思想为指导，深入贯彻党的十九大，十九届二中、三中、四中全会和中央经济工作会议精神，全面落实习近平总书记对内蒙古工作重要讲话重要指示批示精神，按照自治区党委十届十一次全会暨全区经济工作会议和市委四届十次全会暨全市经济工作会议安排部署，紧扣全面建成小康社会目标任务，统筹推进新冠肺炎疫情防控和经济社会发展，在疫情防控常态化前提下，坚持稳中求进工作总基调，坚持新发展理念，坚持以供给侧结构性改革为主线，坚持以改革开放为动力，坚决打赢“三大攻坚战”，深入实施乡村振兴战略，全面做好“六稳”工作，统筹推进稳增长、促改革、调结构、惠民生、防风险、保稳定，保持经济运行在合理区间，确保全面建成小康社会和“十三五”规划圆满收官，加快探索以生态优先、绿色发展为导向的高质量发展新路子。

主要预期目标：地区生产总值增长4%左右，公共财政预算收入增长5%左右，固定资产投资增长5%左右，规上工业增加值增长4.5%左右，社会消费品零售总额增长4%左右，城镇登记失业率控制在4.5%以内，城乡居民人均可支配收入分别增长6%和7.5%左右。实现上述目标，重点要做好“一个调整”“两个统筹”“三个确保”“四个创建”“五大行动”“六大民生”。

（一）“一个调整”就是着力调整生产方式和产业结构。坚持以供给侧结构性改革为主线，贯彻巩固、增强、提升、畅通的方针，着力转变发展方式，着力优化产业结构，增强经济持续健康发展动力。

全面提升投资效率。加大加快固定资产有效投资，依然是我们推动发展的关键所在。要在抓产业项目投资特别是装备制造、新兴产业和技改项目投资上下功夫，要在抓民间投资上下功夫。围绕转方式、调结构，选准产业项目特别是工业企业转型升级的重点项目，抓关键、强弱项、补短板，以精准有效投资催生优质供给，以高端优质项目引领高质量发展。优化投资结构，聚焦生态环境保护治理、产业转型升级、城乡基础设施等重点领域，推进284个亿元以上重点项目建设，完成全社会固定资产投资600亿元以上。充分发挥市场在资源配置中的决定性作用，更好发挥政府管理服务的作用，多层次多渠道大力开展精准招商。市级层面要统筹谋划一批延链补链的大项目好项目，努力解决园区产业链短、层次低和同质化竞争问题；创新招商方式，强化招商引资激励政策，推行第三方招商机制，拓宽招商渠道，既要在引进一批投资强度大、科技含量高、带动能力强的大项目上狠下功夫，还要在引进延链补链、提高产品高端化终端化水平和附加值的小项目好项目上发力，力争招商引资到位资金260亿元以上。围绕项目策划包装、推介联系到签约立项、建设投产，推行全链条闭环式跟踪督导机制，实行重点项目台账管理、专项推进，确保签约项目早开工、快建设、早投产，切实提高招商项目投资效率。

着力延长产业链条。大力推动能源、化工、冶金、建材、绒纺、装备制造等行业产业链向下游延伸、价值链向中高端攀升，形成以能源化工为重点、骨干企业为支撑、中小微企业为配套、公共服务为纽带的产业生态。加快用高新技术和先进适用技术改造传统产业和传统企业，全面提高产品技术、工艺装备、能效环保等水平。推进国家能源投资集团粉煤灰综合利用、建元焦炉煤气综合利用等示范项目建设。积极培育壮大新能源、新材料、电子信息、节能环保、生物科技等战略性新兴产业。抓好电动重卡、煤机、风机等高端装备制造项目，开工建设东富新能源材料、恒通光电通讯等新材料项目，加快新奥石墨烯、蒙泰新型铝合金等项目建设。大力发展数字经济，加强5G、区块链、人工智能、工业互联网、物联网等新型基础设施规划、布局、建设，推动数字产业化和产业数字化发展。

加快发展现代服务业。适应消费升级新趋势，增加供给与优化环境并举，扩大规模与提高水平并重，加快金融、物流、会展等生产性服务业和健康、养老、托育、家政等生活性服务业发展，大力培育夜间经济、信息消费。推动中心城区建设集购物、娱乐、餐饮、体验等服务功能于一体的特色商业街区，着力打造区域性消费中心。大力发展社区商业，完善15分钟商贸便民服务圈，提升消费便利化水平。健全流通网络和售后体系，推动电子商务向农村牧区延伸覆盖。深入实施质量强市战略，营造安全放心的消费环境。

（二）“两个统筹”就是统筹推进城乡、区域协调发展。强化城乡、区域统筹协调，着力解决发展不平衡、不充分问题，实现城乡、区域功能不断完善、环境不断改善、活力不断增强。

统筹城乡建设与管理。深入开展中心城区精细化管理三年行动，制定城市精细化管理标准。推进“5G+智慧城市”建设，构建城市数据生态，提升治理智能化水平。建成通车乌兰木伦河三号桥，启动国泰商务广场，加快满世C座、泰华希尔顿等星级酒店建设。加大城市园林街景改造提升力度。全面完成城市建成区违建三年治理任务。全面推进生活垃圾分类系统建设，实现减量化、资源化处理。继续抓好房地产领域遗留问题化解，支持企业完善“半拉子”工程，推进住宅小区产权办理。组织有关企业，以市场化方式，着力推进农村牧区生活垃圾、污水收集处理向专业化、产业化方向迈进，努力补齐农村牧区垃圾和污水处理配套设施短板。新建垃圾转运设施19处、垃圾处理设施66处，实施户改厕2.6万户，全市90%以上的嘎查村生活垃圾、51个示范嘎查村污水得到有效治理。认真实施我市农村牧区人居环境治理条例，健全农牧民主体、旗区政府主导、乡镇监管执法、嘎查村自我管理服务的人居环境整治长效机制，扎实开展重点区域环境整治专项行动。深化文明村镇创建活动，提升农村牧区社会文明程度。

统筹区域协同发展。主动融入、积极推动呼（和浩特）包（头）鄂（尔多斯）乌协同发展和呼（和浩特）包（头）鄂（尔多斯）榆城市群、呼包银榆经济区建设，共建沿黄生态经济带。统筹优化生产力布局，加快编制实施国土空间规划，高质量完成“三区三线”评估调整划定，加强生态环境、城镇园区、基本农田统筹管理，提高土地、矿产、湿地等资源保护利用水平。发挥中心城区辐射带动作用，加强旗府所在镇基础设施配套建设，加快发展生态效益型产业，推进传统产业转型升级，着力构筑分工合理、优势互补、高质量发展的城乡区域发展新格局。加强产业重镇建设与管理，配套完善基础设施，提升管理服务水平，增强经济和人口承载能力。有序推进特色镇建设，打造一批具有历史底蕴、地域特色、民族风情、文化内涵的现代精品小镇。

基础设施是城乡、区域协调发展的重要支撑。要抓住国家布局战略性、网络型基础设施的机遇，抓好融入全国通信网、交通网、能源网和缓解水资源瓶颈制约等城乡基础设施填空白、补短板的重点项目，有效促进区域联通、城乡融通、内外畅通。力争开工建设延榆鄂高铁鄂榆段，支持包银高铁鄂尔多斯段建设，推进鄂尔多斯—榆林—忻州—雄安高铁前期工作。建设浩勒报吉北矿区等一批铁路专用线，加快全市“公转铁”步伐。开工建设鄂托克旗通用机场。推动空港北方陆港物流综合体系建设，进一步优化机场航班航线结构。建成通车包茂高速包头至东胜段改扩建工程、大饭铺至龙口高速等项目，加快通史至海则畔、嘎鲁图至补浪河等公路建设。新建“四好农村牧区路”300公里，努力改善农村牧区出行条件。开工建设乌审南500千伏输变电工程及电网建设项目。

（三）“三个确保”就是确保打赢三大攻坚战。针对突出问题，聚焦薄弱环节，全力攻坚，务求全胜，并探索建立系统发力、标本兼治的长效机制。

确保实现脱贫攻坚目标任务。严格对照“两不愁、三保障”标准，认真落实“四不摘”要求，全面抓好易地扶贫搬迁、产业扶贫等领域问题整改，不断提升脱贫成效，确保如期顺利通过国家脱贫攻坚普查验收。全面推广“防贫保”，将全市所有建档立卡贫困户和边缘户纳入参保对象，健全防止返贫致贫长效机制。加强扶贫资产管理，提高扶贫资产使用效益。推进脱贫攻坚与乡村振兴战略有效衔接，加大产业扶贫力度，深入开展“百企帮百村”行动，引导鼓励企业深度参与产业扶贫，以产业发展壮大村集体经济，带动贫困群众持续稳定增收。

确保实现污染防治攻坚战阶段性目标。突出精准治污、科学治污、依法治污，全面开展决战决胜污染防治攻坚战十大行动，坚决打赢蓝天、碧水、净土保卫战。加大矿区扬尘、工业源、移动源等重点行业污染整治力度，强化棋盘井蒙西地区环境综合整治，稳定和改善空气质量。严格落实河湖长制，全面开展黄河流域入河排污口、污染源清理整治，持续开展龙王沟等重点流域水体综合整治，确保水质长期稳定达标。抓好水源地保护、地下水超采治理，切实保障饮用水安全和动态平衡。推进土壤污染治理修复，加快智慧管网系统试点建设，做好农牧业面源污染防治，推进油气勘探开采废弃物集中达标处置。

确保不发生系统性金融风险。严格按照隐性债务化解方案，通过培植财源税源、提升国企化债能力等多渠道多途径，千方百计筹措资金，不仅要完成145.3亿元政府隐性债务年度化解任务，还要力争摘除债务警戒线。设立金融风险防控基金，防范金融机构流动性风险。加大不良贷款处置力度，进一步降低不良率。争取各类专项资金，如期兑付投用新增债券。严厉打击扰乱金融秩序违法行为，依法依规处置非法集资案件资产。

（四）“四个创建”就是全面推进“1+3示范”创建，推动生态环境保护治理与能源产业、乡村产业、文旅产业协同发展。紧紧抓住黄河流域生态保护和高质量发展国家战略，以创建国家可持续发展议程创新示范区为总抓手，全面提升全市生态环境保护治理和高质量发展水平，实现美丽与发展双赢目标。

全面推进黄河流域生态保护治理示范创建。深入贯彻习近平总书记在黄河流域生态保护和高质量发展座谈会上的重要讲话精神，坚持山水林田湖草沙综合治理、系统治理、源头治理，深入实施防沙治沙与生态修复、水土流失综合治理、水资源节约集约高效利用等重点工程，不断提升荒漠化防治质量效益，为母亲河黄河安澜、构筑祖国北疆生态安全屏障做出贡献。统筹整合涉农涉牧资金，先行先试实施一批生态治理、产业发展、农牧民增收有机结合的示范项目。遵循自然规律，以水而定，因地制宜选择治理方式和树种草种，科学实施各类生态建设563万亩。推进重点流域生态修复，强化十大孔兑综合治理，努力减少入黄泥沙。加强湿地保护，加快乌兰淖尔国家湿地公园试点建设，推进自然保护区优化评估和勘界立标工作。按照自治区有关政策规定，本着取之于矿、用之于矿的原则，督促每个矿山企业足额落实矿区环境治理基金，并出台绿色矿山建设管理条例，创建60个自治区级以上绿色矿山，全面提升矿区环境治理水平。推动生态建设产业化，以“党支部＋龙头企业＋合作社＋农牧户”的模式，做大做强沙棘、海红果、山杏、红枣等特色林沙产业。完善生态文明体制机制，抓住源头严防、过程严管、后果严惩三个关键环节，严格用制度管权治吏、增绿护蓝。

全面推进国家现代能源经济示范创建。牢记习近平总书记“把现代能源经济这篇文章做好”的重要嘱托，深入实施煤炭绿色开采、煤化工延链补链、新能源与可再生能源倍增等重点工程，打造国际一流的现代能源产业集群。深化与中国矿业大学、中科院深圳先进技术研究院等高等院校、科研院所合作，加强大规模储能、氢能等前沿技术研究和科技成果推广应用，全面提升现代能源经济发展水平。加快纳林才登等矿区规划及环评审批和一批煤田开采、竣工验收手续办理，继续释放先进产能。谋划开展鄂尔多斯至安徽、河南等电力通道前期工作，开工建设北方长城、京泰酸刺沟二期电厂，建成山能盛鲁、汇能长滩电厂。积极推进国家能源集团煤液化二三线、华星煤制气核准并开工建设，加快伊泰煤制油、汇能煤制气二期等项目建设，建成投产中煤合成气制甲醇等项目，加快煤炭地下汽化技术中试推广。谋划推进千万千瓦级新能源电力项目，启动建设上海庙至山东电力外送通道配套新能源基地。加强与中石油、中石化的合作，加大天然气资源开采增量部分的合资开发力度，推进多种能源协同互补、综合利用、集约高效发展。

全面推进荒漠化地区特色农牧业发展示范创建。深入实施乡村振兴战略，坚持政府主导、农牧民主体、产业化生产、市场化经营，着力抓好农牧业基础设施改造提升、绒山羊细毛羊肉牛高质量发展、有机瓜果蔬菜小杂粮培育等重点工程，强化良种推广和标准化生产，推进农牧业沿着规模化、集约化、产业化、品牌化方向发展。扶持建设绒山羊标准化示范牧场350户、细毛羊示范牧场150户、专业合作社15个。新增小杂粮标准化生产示范5万亩，瓜果蔬菜生产面积稳定在30万亩以上，新建果蔬冷藏保鲜库2.5万立方米，培育市级以上龙头企业20家。推进沿黄地区盐碱地改良试验示范2.1万亩，建设高标准农田28.8万亩。实施农业科技园区提质增效工程，建设一批田园综合体，辐射带动农牧业实用技术推广应用，农作物耕种收综合机械化率和畜牧业机械化率分别到达85%和52%以上。加强“三品一标”认证工作，重点培育农畜产品区域公用品牌，让更多农畜产品实现优质优价。

我市农牧业比重尽管很小，但事关50多万农牧民增收达小康和全市生态环境保护治理大局。我们要始终高度重视“三农三牧”，从调整种养结构入手，高标准、严要求，强化政策扶持、资金保障和龙头带动，着力调整产业结构，着力推进产业化经营，努力补上全面建成小康社会“三农三牧”领域短板，确保农牧民持续稳定增收。

全面推进全域生态文化旅游融合发展示范创建。树立全域全季旅游理念，推动文化旅游产业深度融合、双向赋能、全面提升，进一步打响“天骄圣地、大漠风光、民族风情、休闲避暑”主题旅游品牌。深入挖掘民族和地区文化内涵，集中打造“四带一区”，建设具有民族特色、地域特点的草原文化旅游产业区。全面抓好A级景区质量提升工程，扩大成吉思汗陵、响沙湾等景区影响力，推动七星湖等创建AAAAA级景区，完善城川民族干部学院、桃力民乌兰夫故居等红色研学基地功能，打造一批乡村旅游精品线路和示范户（点），促进文旅产业扩面升级。办好成吉思汗查干苏鲁克大典、草原丝路文化旅游节、美丽乡村文化旅游节、冰雪那达慕等重点活动，打响特色文旅品牌。加快市旗区文化旅游服务中心建设，加强旅行社和导游队伍、旅游驿站及旅游厕所建设管理，完善“吃住行游购娱”一体化网点体系，提升旅游服务品质。坚持把旅游市场开拓与城市形象推介有机结合，精准营销、定向开拓，提升地区旅游整体形象。

各位代表，全面落实2030年可持续发展议程是中国对世界作出的庄严承诺，创建国家可持续发展议程创新示范区是落实2030年议程的具体举措之一。对鄂尔多斯来讲，是加快探索以生态优先、绿色发展为导向的高质量发展新路子的重要抓手。我们委托中国科学院等有关院所编制了可持续发展规划和示范区建设方案，科技部已组织有关方面专家进行几轮论证完善，即将正式答辩。我们一定主动作为，迎难而上，以荒漠化防治与绿色发展为主题，统筹谋划，有序推进，确保申报成功并坚定不移抓好组织实施，努力为国际荒漠化防治和可持续发展贡献鄂尔多斯经验，为黄河流域生态保护和高质量发展提供鄂尔多斯样板！

（五）“五大行动”就是大力实施营商环境提优、民营经济提质、创新驱动提速、改革开放提效、工业园区振兴行动，进一步优化发展环境，集聚发展要素，强化发展支撑，不断增强发展动力活力。

大力实施营商环境提优行动。严格执行市

场准入负面清单制度，推动“非禁即入”普遍落实。注重目标集成、政策集成、效果集成，深化“放管服”改革，优化再造审批流程，着力提升服务效能，全市政务服务事项网上可办率、“一窗”受理率均提高到80%以上，加快实现个人和企业全生命周期“一件事”全流程“最多跑一次”。提升“一站式”审批服务中心效能，工业项目施工许可压减至50个工作日以内，工程建设项目审批时间继续压减。抓好信用信息平台建设，规范失信联合惩戒对象纳入标准和程序，建立完善企业信用修复机制和异议制度。推行营商环境考核评价和结果公开制度，以评促建，推动全市营商环境全面提升，努力让百姓办事不求人、企业办事不为难，敢于投资，愿意投资。

大力实施民营经济提质行动。加强支持民营经济发展政策措施跟踪问效，确保惠企政策落地见效。继续清理化解政府部门、国有企业拖欠民营企业中小企业账款，确保具备支付条件的剩余账款全部清偿完毕，杜绝新增拖欠。设立多级联保基金，建立降低中小微企业融资成本奖补机制，探索建立为优质民营企业增信新机制，增强企业信贷可获得性。设立促进多层次资本市场发展奖励资金，鼓励支持企业全面进军资本市场。扩大电力多边交易行业范围，加大企业用气保障。健全平等保护的法治环境，按照“三个严格区分”，依法保护民营企业和企业家合法财产。要以“绣花功夫”精准服务企业，完善对民营企业全生命周期的服务模式和服务链条，全面激发民营企业和企业家创新创业激情。

大力实施创新驱动提速行动。把发展的基点放在创新上，拿出更大的气魄、更大的力度在创新上搞突围、找出路。充分发挥政府科技创新投入引导作用，激发企业创新积极性，加大全社会研发投入。积极搭建现代能源经济技术创新中心、荒漠化治理技术创新中心，与中科院深圳先进技术研究院共同组建中科鄂尔多斯先进技术研究院，推动设立煤基低碳能源国家重点实验室，吸引集聚创新资源要素。加快呼（和浩特）包（头）鄂（尔多斯）国家自主创新示范区建设，支持高新区以更加优惠的政策、更加优质的服务，加快高新技术引进和推广转化应用。深入实施“人才鄂尔多斯”战略，加大高层次人才和团队培育引进力度。建设鄂尔多斯人才城，打造综合性的人才引进服务平台。鼓励民营企业创新人才引进和培养，支持企业采用股权期权激励、技术入股、成果奖励等形式引进和留住各类人才。对创新创业人才，我们要给足政策、上浮待遇，提供人尽其才、追梦圆梦的广阔舞台，让鄂尔多斯成为创新的蓝海、创业的热土、创客的乐园。

大力实施改革开放提效行动。按照“专业的事交给专业公司做”的思路，坚持理顺整合、突出主业、政策扶持、做优做强的原则，制定实施国企改革三年行动方案，推动国资国企为全市重大基础设施建设、重要资产资源资本运营和主要债务风险防控等方面发挥更大作用。推进国有资本投资、运营公司改革试点，推动西部天然气等优质国企在A股上市，提高国有资本运营效率。建立全市综合治税平台，强化税收征管。全面推行农村牧区“两权”抵押贷款改革，支持农信社改制。深化公共资源交易制度改革，确保公共资源线下无交易、线上全留痕、网上全公开。积极融入“一带一路”、京津冀协同发展等国家对外开放和区域发展战略，提升全面开放水平。加强综合保税区建设，建成标准化物流基础设施，启动建设保税服务展示中心，加快国际快件中心建设；建成指定监管场地，设立机场口岸出境免税店，提升对外开放服务水平。

大力实施工业园区振兴行动。优化工业园区规划布局和功能定位，加强园区空间整合、资源整合、公共服务整合，推动产业集中集聚集约发展。完善园区环保基础设施，在有条件的园区建设公共管廊、空分岛、工业气体集中供应等公用设施，提高产业承接能力。推动基础设施向信息、金融、科技、物流等新“九通一平”跨越，打造升级版优质投资环境。探索试行新批工业用地“标准地”制度。实行亩均效益考核，倒逼园区处置闲置低效用地、“僵尸企业”和散乱污企业，提升园区发展产值效益。进一步理顺园区管理体制，强化招商引资、投资服务等职能，增强服务企业能力。支持鄂托克经济开发区等建设千亿级产值园区，推动空港园区现代服务业集聚发展，下功夫培育一批五百亿级园区，把工业园区打造成全市高质量发展的主阵地、主战场、主力军。

（六）“六大民生”就是紧紧围绕就业、教育、社保、文化、健康、稳定六大领域，持续办好百姓关心的“关键小事”。为政之道，民生为本。要以百姓之心为心，把民生工作往深里做、往细里做、往实里做，让人民群众获得感、幸福感、安全感更加充实、更可持续。

多措并举促进就业。深入实施就业优先战略，加强大中专毕业生、转复军人、建档立卡贫困人员、返乡农牧民等重点群体就业创业服务。安排职业教育专项资金，深入推进职业教育校企合作、产教融合，用“就业力”提升“就业率”。通过开发公益性岗位、落实社保补贴等方式，加大就业困难群体援助力度，确保“零就业家庭”动态清零。组织实施职业技能提升计划，破解“招工难”“求职难”结构性矛盾。就业是民生之本，一定要精准有序抓好技能培训、岗位介绍、社会保险等就业服务每个环节，千方百计实现更充分更有质量的就业。

努力办好人民满意的教育。坚持立德树人，构建德智体美劳全面培养的教育体系。完善中心城区学校布局规划，优化教育资源配置。新建续建、改扩建中小学、幼儿园68所，建成投用市蒙古族学校，普惠性幼儿园覆盖率达到80%以上。推进义务教育减负工程，真正使我们的孩子从繁重的课业负担中解放出来。开展高职扩招提质三年行动，优先重点发展民族教育，办好特殊教育，支持和规范民办教育。严格落实高等教育和中小学教职工绩效考核制度，充分调动教职工积极性主动性创造性，不断提高教育教学水平。教育关乎未来，牵动千家万户，我们要不断提高办学条件和教育教学水平，竭尽所能让每个孩子都有成就梦想、人生出彩的机会。

完善社会保障体系。深入实施全民参保计划，推进参保扩面工作，继续阶段性降低工伤和失业保险费率。健全社会救助体系，提高城乡低保和特困人员供养标准，建成市社会福利中心、残疾人康复综合服务中心。制定出台养老服务条例，扩大适老产品和服务供给，建设城镇社区居家养老服务中心，推进家庭签约服务和“家庭病床”建设。加强住房保障，稳定中心城区房价，做好城镇老旧小区改造提升工作，改善群众居住条件。健全退役军人工作机制，维护军人军属合法权益，深化双拥共建。社会保障关乎每个人的切身利益，要全面织牢这张“兜底网”，确保全民全覆盖，让老百姓的生活更有保障、幸福更有底气。

更好满足群众精神文化需要。践行社会主义核心价值观，加强爱国主义、集体主义、社会主义教育。推动民族团结进步宣传教育规范化、制度化，巩固提升全国民族团结进步示范市创建成果。编制黄河文化保护传承弘扬规划，深入挖掘黄河文化蕴含的时代价值。实施萨拉乌苏国家考古遗址公园、阿尔寨石窟、十二连城遗址等重点文物保护工程，努力创建国家级鄂尔多斯文化生态保护实验区。推动乌兰牧骑设施标准化建设，组织开展“乌兰牧骑千场惠民演出、百场调演展演”。繁荣文艺创作，壮大文化创意产业。推进基本公共文化服务标准化均等化，实现基层综合文化服务中心全覆盖。

着力提升全民健康服务水平。持续抓好疫情

常态化防控，外防输入、内防反弹。针对疫情应对中暴露出来的不足，加快补齐公共卫生基础设施、疾病防控救治、应急物资保障、应急预案演练、公共卫生人才队伍等方面的短板，着力构建平战结合、科学高效、功能完善的公共卫生和重大疫情防控体系，整体提升公共安全治理能力和水平。启动市直公立医院14个重点学科建设，打造基层医疗卫生服务区域中心25个，推进远程医疗和公共卫生信息化建设。开展药品带量采购试点，进一步降低药品价格。深化医疗服务价格支付方式改革，推进按病种付费。加强蒙医中医等级医院建设，申报创建全国基层蒙医药中医药工作先进市。扎实做好疫病防控，推行重点人群疫苗免费接种惠民项目。深入开展全民健身活动，建设一批社区健身中心、健身步道、体育公园。做好第七次全国人口普查。认真筹备全区第十五届运动会和第六届残运会。全民健康事关全面达小康，我们要深入推进健康鄂尔多斯行动，着力改善健康条件、发展健康产业，推动“以治病为中心”向“以健康为中心”转变，不断增进人民群众健康福祉。

加强和创新社会治理。健全立体化信息化社会治安防控体系。加大“打财断血”“打伞破网”和综合整治力度，确保扫黑除恶专项斗争取得压倒性胜利。强化安全生产企业主体责任和部门监管责任层层严格落实，加强应急管理能力现代化建设，推行专业化、规范化督查和隐患问题限期整改，坚决杜绝重特大安全生产事故发生。完善市场监管“风险点、责任链、管控网”工作机制，守住公共安全底线。强化社区、嘎查村网格化服务管理，推进全国市域社会治理现代化试点城市创建。完善共建共治共享的社会治理体系，建设更高水平的平安鄂尔多斯，确保人民安居乐业、社会和谐稳定。

“十四五”时期是转方式、调结构、换动能、提质量的关键时期。要充分征求意见，深入研究论证，高质量编制好“十四五”发展规划。

三、着力提升政府治理效能

我们要按照党的十九届四中全会部署，以政治建设为统领，以法治建设为保障，以能力建设为支撑，以作风建设为抓手，推进各项工作向规范化、制度化、法治化迈进，努力建设人民满意的服务型政府。

*（一）着力加强政治建设。*深学笃用习近平新时代中国特色社会主义思想，把“不忘初心、牢记使命”作为永恒课题、终生课题，增强“四个意识”，坚定“四个自信”，做到“两个维护”，确保政府工作始终沿着正确的政治方向前进。严格落实全面从严治党主体责任和“一岗双责”，全面防控重点领域廉政风险。深入开展煤炭资源领域违规违法问题专项整治，全面净化和修复政治生态，规范经济秩序。认真落实中央、自治区重大决策部署，创造性开展各项工作。深入践行以人民为中心的发展思想，做决策、抓落实都要以保障群众利益、改善民生福祉为检验标准，切实为广大人民群众解难事、办实事。

*（二）着力加强法治政府建设。*按照法治政府建设要求，加强制度建设，强化制度执行力，基本建成法治政府。坚持宪法法律至上，带头尊法学法用法，严格依照法定程序和权限履职尽责。自觉接受人大及其常委会依法监督、政协民主监督，主动接受监察监督，认真接受社会舆论监督，加强审计监督，习惯在各方面监督之下，依法依规开展工作。加强诚信政府建设，认真落实依法作出的承诺，以政府诚信引领社会诚信。全面推进政务公开标准化规范化建设，做到应公开尽公开。健全行政综合执法体制机制，推进执法重心下移，提高综合执法效能。

*（三）着力加强能力建设。*强化学习新知识就是提高效率的意识，开展系统化、规范化培训，不断提高各级干部素养；加强互联网、大数据在政府管理服务中的应用，深入推进政府数字

化转型。强化抓发展就必须抓项目的意识，深化重点项目统筹推进联动机制，强化限期倒逼和联动督办，做到高水平策划、高质量引进、高效率服务、高标准推进。强化抓落实就必须解决实际问题的意识，坚持问题导向，深入调查研究，找准症结，精准施策，提高解决实际问题的能力。强化敢于动真碰硬的责任意识，认真落实容错纠错机制和激励机制，提振各级干部干事创业、担当作为的精气神。

（四）着力加强作风建设。保持作风建设永远在路上的韧劲，持之以恒抓好政府及其部门的作风建设。坚持整风肃纪，着力解决不负责任、不敢作为、不会作为、不愿作为、碌碌无为等突出问题。坚持理论联系实际，密切联系群众，一切从实际出发，求真务实，真抓实干，坚决反对各种形式主义、官僚主义现象。坚持艰苦奋斗、勤俭节约的优良传统，树牢长期过紧日子的思想，勤俭节约办一切事业。坚持严于律己、恪尽职守，干干净净干事，清清白白做人，绝不辜负人民政府、人民公仆称号。

庆祝中华人民共和国成立70周年
鄂尔多斯市专场新闻发布会发布词

鄂尔多斯市委书记 牛俊雁

（2019年9月11日）

鄂尔多斯位于内蒙古西南部，与晋陕宁三省区接壤，是呼包银榆经济区和呼包鄂榆城市群的重要一极。这里历史悠久、文化灿烂，资源富集、生态优美，素有“羊煤土气风光好”的美称，先后荣获全国文明城市、国家卫生城市、国家森林城市、国家园林城市、全国绿化模范城市、国家可持续发展实验区、全国社会治安综合治理优秀市等荣誉称号。

新中国成立70年来，鄂尔多斯始终与时代同步、与祖国同行，经济社会发展发生了翻天覆地的变化。综合实力跃上新台阶，全市地区生产总值达3763.2亿元，列全国地级市第54位，按可比价比1949年增长1381倍，比1978年增长222倍；一般公共预算总收入919.2亿元，向中央、自治区净贡献485.7亿元；地方一般公共预算收入433.5亿元，列全国地级市第36位，比1949年名义增长4.7万倍，比1978年增长2297倍。产业转型取得新突破，三次产业结构比例从1949年的86∶10∶4演进为3.1∶52.3∶44.6，70年来全市工业增加值增长4420倍，煤炭就地转化率达到22%，被确定为国家首批产业转型升级示范区。城乡面貌发生新变化，城镇化率由新中国成立初期的0.12%提高到74.5%，贫穷落后的小城镇变成了宜居宜业的“现代名城”；农牧民生产生活条件发生根本性变化；生态环境实现了从严重恶化到整体遏制、大为改善的历史性转变。人民生活水平实现新提升，城乡居民人均可支配收入达46834元和18289元，列全国地级市第28位和44位，是1978年的168倍和94倍，老百姓的“钱袋子”鼓了，过好日子的腰杆硬了。

党的十八大以来，我们深入学习贯彻习近平新时代中国特色社会主义思想，认真贯彻落实习近平总书记对内蒙古重要讲话重要指示精神，统筹推进稳增长、促改革、调结构、惠民生、防风险、保稳定各项工作，经济社会持续健康发展。今年上半年，全市完成地区生产总值1969.1亿元，增长4.6%；1—8月，完成一般公共预算总收入735.7亿元、增长8.2%，地方一般公共预算收入338.8亿元、增长11.1%，各项指标保持在合理区间。

——推进“三个转变”，正在走出一条资源型地区高质量发展新路子。历届党委、政府见盛观衰、未雨绸缪，把转型发展作为根本出路，摆脱传统思维定式和发展模式，努力改变产业“四多四少”状况，推动经济结构调整、发展动能转换、质量效益提升，非煤产业增加值占规上工业比重达49%，简单挖煤卖煤的粗放开发模式加快转变，多元发展、多极支撑的现代产业新体系正在形成。一是牢记总书记“把现代能源经济这篇文章做好”的重要要求，推动能源供给从化石能源为主向多能互补转变。充分发挥资源优势，立足煤延伸煤超越煤，全力打造现代能源经济示范市，推进煤制油、煤制气、煤制烯烃、煤制乙二醇等现代煤化工产业升级示范，煤化工产能达1533万吨，被列为国家现代煤化工产业示范区，煤炭实现了从燃料到材料、从黑色资源到绿色产业的华丽转身。在稳定煤炭生产、保障国家能源需求的基础上，打好多种能源综合开发利用“组合拳”，全市天然气年产量占全国的15%以上；建成蒙西至天津南、上海庙至山东两条特高压电力外送通道，电力总装机达2308万千瓦，2018年发电1034亿千瓦时、对外输出近400亿千瓦时；形成新能源装机270万千瓦，风光水火储多种能源协同互补、综合利用、集约高效的发展格局正在形成。二是牢记习近平总书记“产业发展不能老盯着‘羊煤土气’”的重要要求，推动产业结构从“一业独大”向多元发展转变。始终把培育新产业新动能新增长极作为转型升级的长远之举，新能源、高端装备、电子信息等产业从无到有、全面兴起，煤基新材料实现产业化应用，粉煤灰提取氧化铝及下游新材料、石墨烯新型碳纳米材料、锂电池等新产业不断发展壮大，形成汽车整车产能37万辆、发动机45万台、变速箱60万台、风机400兆瓦、煤机配件75万件、液晶玻璃基板80万片、云计算服务器装机能力30万台、氯碱化工173万吨、石墨烯粉体1000吨，在建锂电池规模3万吨，建成全球最大的单体硅铁合金生产基地，新能源汽车产量达到1.2万辆，规模以上装备制造业增加值增长11.5%。高新技术产业增加值增长24.5%。农畜产品加工转化率达64%。被列为全国优秀旅游城市和国家物流枢纽布局承载城市，年接待游客、旅游收入保持两位数增长，金融存贷款余额位居全区前列，服务业比重逐年提升。三是牢记习近平总书记“用高新技术和先进适用技术改造传统产业和传统企业”的重要要求，推动关键核心技术从低端落后向示范引领转变。始终把创新作为推动产业发展的第一引擎，大力实施创新驱动发展战略，建成国家和自治区级企业技术中心85个，“一院两地”院士专家工作站16家。煤炭开采、煤制油、煤制气、煤制烯烃等技术装备水平国际领先，拥有世界第一大单井井工矿、世界首套煤直接液化生产线、国内首套以自主知识产权为主的间接液化生产线和国内最大单套煤制烯烃、煤制甲醇生产装置，粉煤灰提取氧化铝科技成果达到国际领先水平，率先在国内实现煤化工高盐水零排放，鄂尔多斯羊绒引领国际标准，实现了创新链与产业链、价值链的深度融合。

——构建“三种模式”，祖国北方重要生态安全屏障鄂尔多斯防线不断筑牢。深入贯彻落实习近平生态文明思想，积极践行“绿水青山就是金山银山”理念，大力弘扬科学、创新、实干精神，走出了一条生产发展、生活富裕、生态良好的绿色发展之路。一是建立了党委政府主导、多方投入参与的修复建设模式。自觉扛起生态环境保护建设的政治责任，一任接着一任干，一张蓝图绘到底，形成了上下联动、合力共建生态文明的生动局面。中共十八大以来，各级政府累计投入生态建设资金110多亿元；荒漠化和沙化土地面积保持“双减少”，森林覆盖率和草原植被覆盖度保持“双提高”；毛乌素沙地治理率达到70%；库布齐沙漠治理率超过1/3，为世界荒漠化治理贡献了中国智慧、提供了中国样本；亿利库布其生态示范区荣获全国“绿水青山就是金山银山”实践创新基地，生态成为鄂尔多斯发展的最大活力点。二是建立了集中集约、绿富同兴的开发保护模式。坚持生态优先、绿色发展，建立资源开发环境保护最严门槛机制，谋发展、作决策、上项目始终把生态环保放在优先考虑的位置，实现资源开发和环境保护协同共进。全市单位GDP能耗、水耗持续降低，循环经济示范园区、企业达到14家，建成10个国家级、17个自治区级绿色矿山，绿色成为鄂尔多斯最鲜明的底色。利用采煤复垦区和采空区规划建设500万千瓦光伏发电项目，先行实施50万千瓦；建设沙漠光伏发电项目100万千瓦，光伏治沙超10万亩；生态景区年接待游客近1000万人次，在保护绿水青山中收获了“金山银山”。三是建立了建管并重、标本兼治的防控治理模式。蓝天、碧水、净土保卫战深入实施，农村牧区人居环境综合整治成效明显，中央环保督察“回头看”反馈问题整改有序推进，棋盘井蒙西地区环境质量不断改善，国家考核的7个断面地表水质优良率为85.7%，空气质量优良率达89.7%，天蓝地绿水清成为鄂尔多斯最亮丽的名片。

——构筑“三大优势”，经济持续健康发展的动力更加强劲。始终高举改革开放大旗，不断厚植发展优势、增强发展动力、激发发展活力。构筑质量品牌新优势。供给侧结构性改革不断深化，供给质量显著提升，政策机遇和改革红利在各领域持续释放，累计退出煤炭产能1335万吨，“鄂尔多斯”煤品牌影响力持续显现；消化房地产库存1635万平方米，房地产市场“量价平稳”；守住了不发生系统性金融风险底线。国家质量强市示范市建设深入推进，“鄂尔多斯温暖全世界”的知名度与日俱增。构筑投资创业新优势。累计完成改革任务760项，形成改革成果800个。“放管服”改革持续深化，“一网一门一次”改革落地见效，营商环境不断优化，日均新增市场主体超百户，非公有制经济占地区生产总值比重达60%以上。中共十八大以来，全市竣工亿元以上重点项目498项，完成投资5600多亿元，建成投产中天合创煤制烯烃、伊泰精细化学品等一大批重点工业项目，各类主体投资活力竞相迸发。构筑开放合作新优势。主动融入国家“一带一路”倡议和向北开放桥头堡建设，初步构建起以鄂尔多斯国家级高新区、国际航空口岸、综合保税区、内陆港、跨境电商等为支撑的创新开放服务平台，成为全国外贸百强城市。中共十八大以来累计引进国内(区外)到位资金3884亿元、利用外资134亿美元，全方位、多层次、宽领域的对外开放格局逐渐形成。

——突出“三个更加注重”，形成各民族守望相助、团结奋斗的生动局面。始终坚持以人民为中心的发展思想，推进高水平民生建设，人民群众的获得感、幸福感、安全感显著提升。更加注重优供给。每年将可用财力的80%以上用于民生和社会事业发展，9个旗区全部建成全国义务教育发展均衡县，在全区率先实行蒙授15年、汉授12年免费教育，高考本科上线率、重点大学录取率稳居全区前列；蝉联两届全国文明城市，创成国家西部首个全国文明城市群；在全区率先推行“先看病、后付费”制度，公立医院改革受到国家卫健委肯定；公共文化服务设施实现全覆盖，被评为国家公共文化服务体系示范区；部分社会保障指标位居全国前列，各族群众的日子从物质上到精神上都更加红火起来。更加注重补短板。脱贫攻坚交出优异“成绩单”，唯一区贫旗杭锦旗脱贫摘帽，全市贫困发生率降至0.03%。城市品质不断提升，人均公园绿地面积达到33.9平方米，是全区平均水平的1.75倍。乡村振兴深入实施，所有行政嘎查村实现基本公共服务全覆盖，71%的苏木乡镇创成市级及以上文明乡镇，普及卫生厕所的农牧民达到8.9万户，获评中国美丽乡村建设示范地区。公路总里程超2.4万公里，实现旗区通高速、乡镇通油路，达旗、准旗、伊旗获评“四好农村路”全国示范县；铁路通车里程2309公里，居全国地级市前列；榆林至鄂尔多斯高铁勘察设计招标启动；机场通航国内外56个城市，制约经济社会发展的短板加快补齐。更加注重强基础。始终把维护社会大局和谐稳定作为事业发展的根基，推动各族群众始终像石榴籽一样紧紧抱在一起，“三个离不开”“五个共同”思想深入人心，全市上下形成了齐心协力谋发展、团结一致干事业的良好局面。成功创建国家级民族团结进步示范单位4个、自治区级示范单位24个。深入推进平安鄂尔多斯建设，社会治安形势持续改善，扫黑除恶专项斗争深入推进，连续六年被评为全国最安全城市。

回顾70年发展实践，我们深切体会到，只有坚持党的领导，才能保证各项事业沿着正确方向前进；只有坚持解放思想，才能紧跟时代步伐、实现跨越发展；只有坚持开拓创新，才能为经济发展注入不竭动力；只有坚持苦干实干，才能让宏伟蓝图变为现实；只有坚持团结奋斗，才能凝聚强大合力、实现共同繁荣发展。

国家民委关于命名鄂尔多斯市为“全国民族团结进步示范市”的决定

民委发〔2019〕118号

各省、自治区、直辖市及新疆生产建设兵团民（宗）委（厅、局），委机关各部门、直属各单位，中共鄂尔多斯市委员会、市人民政府：

鄂尔多斯市自创建民族团结进步示范市以来，深入学习贯彻习近平总书记关于民族工作的重要论述和对内蒙古的系列重要指示精神，不断提高政治站位，强化责任担当，以铸牢中华民族共同体意识为主线，广泛深入开展民族团结进步创建。以社会主义核心价值观为引领，推进少数民族优秀传统文化传承与各民族共享的中华文化建设，增强中华文化自信和认同。牢牢把握加快民族地区经济发展这一“总钥匙”，全力打赢脱贫攻坚战，深入践行习近平生态文明思想，不断推动经济高质量发展，持续保障和改善民生。坚持以创建工作为引领，创新工作举措，推动城市民族工作，提升民族事务治理法治化水平，加强民族工作队伍建设，奋力开创民族工作新局面。

鄂尔多斯市的生动实践，探索出一条富有民族自治地方城市特色的创建之路，为“建设亮丽内蒙古，共圆伟大中国梦”做出贡献，为全国民族团结进步事业创新发展探索了宝贵的经验。经研究，决定命名鄂尔多斯市为“全国民族团结进步示范市”。

新时代蕴含新气象，新征程应有新作为。希

望鄂尔多斯市在内蒙古自治区党委和人民政府的领导下，以此次命名为新的起点，为推动中华民族走向包容性更强、凝聚力更大的命运共同体再立新功。要始终高举中华民族大团结的旗帜，深入学习贯彻落实习近平总书记关于民族工作的重要论述精神，不断巩固提升示范市创建成果，着力固根基、扬优势、补短板、强弱项，率先实现建成小康和现代化同步、公共服务同质、法治保障同权、精神家园同建、社会和谐同创，奋力实现中华民族一家亲、同心共筑中国梦。要坚持和加强党的全面领导，把党的领导落实到民族工作各领域各方面各环节，不断强化政治责任和担当，推进民族团结进步事业创新发展。要把加快少数民族和民族地区发展摆到更加突出的战略位置，大力推进高质量发展，不断增进民生福祉，不断满足各族人民对美好生活的向往。要以社会主义核心价值观为引领，广泛弘扬民族团结进步价值理念，树立和突出各民族共享的中华文化符号和中华民族形象，携手共建中华民族共有精神家园。要深化各民族交往交流交融，积极创造共居共学共事共乐的条件，推动更大范围、更广领域、更深层次的交往交流交融，促进各民族和睦相处、和衷共济、和谐发展。要加快推进民族事务治理现代化，用法律保障和加强民族团结，推进民族事务治理法治化、社会化、专业化、智能化，推进制度体系更加成熟更加定型。要强化示范市的引领带动作用，不断创新加强民族团结方式，放大示范效应，形成更多制度性成果，为推进民族团结进步事业、实现“两个一百年”奋斗目标、实现中华民族伟大复兴的中国梦而继续奋斗。

国家民委

2019 年 12 月 9 日

大事记

1月

11日　鄂尔多斯市召开市级领导干部大会，宣布中共自治区委员会关于鄂尔多斯市干部任免的决定。中共自治区委员会决定：提名薄立峰为鄂尔多斯市副市长人选，提名任鄂尔多斯市公安局局长；提名免去呼禾鄂尔多斯市副市长、公安局局长职务，另有任用。

12日　中国共产党鄂尔多斯市第四届委员会第八次全体会议在康巴什区举行。会议传达学习中共自治区委员会、人民政府批准的《鄂尔多斯市机构改革方案》，审议通过《鄂尔多斯市机构改革实施意见》，部署全市机构改革工作。

13日　中共自治区委员会副书记、自治区主席布小林到鄂尔多斯市伊泰塔拉壕煤矿检查调研安全生产工作。

同日　由中国互联网新闻中心主办的“新时代 文旅融合国际峰会暨2018锦绣中国榜单发布盛典”在北京举行，峰会上，康巴什区获评“新时代 中国最佳绿色休闲旅游名区”、乌审旗乌兰陶勒盖镇获评“中国乡村振兴示范镇”。

17日　鄂尔多斯电业局通过中国电力企业联合会“4A级标准化良好行为企业”复审。

23日　自治区金融办、自治区能源局与鄂尔多斯市人民政府在鄂尔多斯市组织召开现代能源重点项目融资总结推进会。

2月

12日　市四届人大常委会召开第十次会议。会议听取市人民政府工作部门调整和部分组成部门主要负责人人选的说明，审议市人大常委会关于市人民政府机构改革涉及市的地方性法规规定的行政机关职责调整问题的决定（草案），决定人事任免职事项。会议决定免去呼禾市人民政府副市长、市公安局局长职务，决定任命薄立峰为市人民政府副市长、市公安局局长。

26日—3月1日　中国人民政治协商会议鄂尔多斯市第四届委员会第二次会议在康巴什区举行。会议听取并审议政协鄂尔多斯市第四届委员会常务委员会工作报告和关于提案工作情况的报告。

27日—3月2日　鄂尔多斯市第四届人民代表大会第二次会议在康巴什区召开，会议听取并讨论政府工作报告及其他有关报告。

3月

1日　2018年度内蒙古自治区科学技术奖公示，鄂尔多斯市共有8项科技成果获自治区科技进步奖。其中二等奖3项，分别为内蒙古伊泰煤炭股份有限公司和中国矿业大学（北京）合作完成的“浅埋煤层切顶卸压无煤柱自成巷110工法技术研究及应用”项目，中国神华能源股份有限公司神东煤炭分公司和航天重型工程装备有限公司合作完成的“新能源矿用防爆无轨胶轮辅助运输装备与关键技术”项目，淮矿西部煤矿投资管理有限公司、安徽大学、安徽理工大学、西安科技大学和安徽建筑大学合作完成的“西部煤矿深埋煤层安全开采关键技术研究”项目。三等奖 5 项，分别为内蒙古荣信化工有限公司和北京沃特尔水技术股份有限公司合作完成的“煤化工高盐废水综合利用技术”项目，中国石油集团川庆钻探工程有限公司苏里格项目经理部、成都烃源科技有限责任公司和西南石油大学合作完成的“苏里格气田含硫气井模块化处理装置应用技术研究”项目，鄂尔多斯市中北煤化工有限公司、中国煤炭工业协会生产力促进中心和中国矿业大学（北京）合作完成的“易泥化动力煤高效分选关键技术研究与工艺实践”项目，神华神东煤炭集团有限责任公司和天地科技股份有限公司合作完成的“浅埋坚硬特厚煤层上层综采、下层综放安全高效开采技术”项目，神华准格尔能源有限责任公司、北京中矿华沃科技股份有限公司和中国矿业大学（北京）合作完成的“矿用卡车毫米波雷达防碰撞系统研发与应用”项目。

2 日　鄂尔多斯市四届人大二次会议举行第三次全体会议，选举市人民政府市长，补选市人大常委会副主任 1 名及市人民代表大会常务委员会委员 2 名。斯琴毕力格当选为市人民政府市长，巴雅尔当选为市人大常委会副主任，王雪峰、菅永宽当选为市第四届人民代表大会常务委员会委员。

6 日　2019 年鄂尔多斯首届文化旅游产品设计大赛颁奖典礼在鄂托克前旗敖勒召其镇举行。大赛共征集到各类文化旅游产品 1345 件，共评选产生奖项 56 个，其中一等奖 5 个、二等奖 11 个、三等奖 19 个、优秀奖 21 个。

10 日　市委副书记、市长斯琴毕力格主持召开 2019 年第 3 次政府常务会议，研究《“十三五”规划实施情况中期评估报告》、鄂尔多斯市蒙古族学校（新校区）项目建设、鄂尔多斯综合保税区标准化物流基础设施建设、《鄂尔多斯市煤矿采空区灾害综合治理修编总体规划（2019—2023）》等事项。

13 日　鄂托克前旗上榜水利部首批节水型社会建设达标县（区）名单。

26 日　自治区副主席艾丽华到鄂尔多斯市就教育工作进行调研。自治区政府副秘书长石墨，市委副书记、市长斯琴毕力格等区、市两级有关部门负责人参加调研。

同日　鄂尔多斯市召开航空产业项目合作座谈会，与中国商用飞机有限责任公司和天骄航空有限公司就深化战略合作、加快推动合作项目建设有关事宜进行洽谈，三方共同签署项目合作备忘录。

28 日　鄂尔多斯综合保税区封关运营启动仪式在空港物流园区举行，宣告鄂尔多斯综合保税区成为呼和浩特关区首家封关运营的综合保税区。

29 日　康巴什区人民检察院正式挂牌运行。

是月　由鄂尔多斯羊绒集团作为第一起草单位主持制定的两项绿色团体标准通过中国纺织工业联合会的批准发布实施，分别为 T/CNTAC 29—2018《羊绒制品生产过程水足迹评价方法 》和 T/CNTAC 30—2018《羊绒制品生产企业水平衡测试方法》。

是月　全国爱国卫生运动委员会下发《关于2018 年国家卫生城市（区）和国家卫生县城（乡镇）复审结果的通知》，鄂尔多斯市以 846.5 分通过国家卫生城市复审，再获“国家卫生城市”称号，并成为全国被通报表扬的 9 个城市之一。

是月　鄂尔多斯市应急管理局进行机构改革，同时完成单位名称变更，由鄂尔多斯市安全生产监督管理局变更为鄂尔多斯市应急管理局。2019 年，按照机构改革后各部门职责变化，对鄂尔多斯市《生产安全事故应急预案》《危险化学品生产安全事故应急预案》《非煤矿山生产安全事故应急预案》《冶金生产安全事故应急预案》进行重新修订。2019 年，鄂尔多斯市应急管理局被中国应急管理报社评为应急管理新闻舆论阵地建设暨“学报用报”先进单位。

4月

11日 2019 中国甲醇、聚烯烃市场高峰论坛暨鄂尔多斯市长三角招商推介会在南京举行。论坛共汇集 400 多名对甲醇及聚烯烃高度关注的行业企业高管。推介会结束后，达拉特旗人民政府分别与中科院扬州应用技术研发与产业化中心、内蒙古蒙泰集团、浙江大学能源工程学院、河南恒星科技股份有限公司达成合作意向，并在现场进行签约仪式。

16—18日 第十四届鄂尔多斯国际煤炭及能源工业博览会—2019 全国煤炭绿色开采与科技创新发展大会暨中国能源“金三角”国际峰会在康巴什区举行。其间，邀请 517 家国内外能源企业、装备制造企业和咨询物流企业参展。

17日 鄂尔多斯市人民政府与中国农业银行内蒙古分行金融服务民营经济和乡村振兴战略合作签约仪式举行。市长斯琴毕力格，副市长刘建勋，中国农业银行内蒙古分行党委书记、行长张春林出席签约仪式。

是月 “正道运输集团定制客运”启动仪式在东胜客运中心举行。这标志着鄂尔多斯市首家定制客运正式投入使用。

是月 自治区文化和旅游厅发布公告，鄂尔多斯市的鄂尔多斯草原丝路文化景区（康镇）被评为国家 AAAA 级旅游景区。

是月 中央文明办主办的“中国好人榜”发布仪式暨全国道德模范与身边好人现场交流活动在重庆市沙坪坝区举行。活动上鄂尔多斯市萨仁格日乐荣登“孝老爱亲好人”榜。

是月 鄂尔多斯市康巴什区再次通过国家信访局信访“三无”县区评审（“三无”是指无进京越级上访、无大规模集体上访、无因信访问题引发的极端恶性事件）。12 月 5 日，率先在全区实现视频信访信息系统与国家、自治区、旗区、乡镇（街道）、嘎查村六级互联互通。

5月

7日 由大阪商工会议所中国商务委员会委员长、伊藤忠商事常务理事深野弘行率领的日本关西地区“对话内蒙古”代表团一行到鄂尔多斯市考察交流。

15日 农牧交错带功能农业关键技术研发院士专家工作站揭牌仪式在鄂尔多斯高新技术产业开发区举行。中国工程院院士丁德文，副市长于仁杰出席并为工作站揭牌。

同日 全球首家荒漠化治理指数发布中心揭牌仪式在伊金霍洛旗举行。荒漠化治理指数发布中心，是集指数发布和荒漠化数据采集、分析、应用与发布为一体的信息平台，服务全球荒漠化治理对信息的共享需求。在数据收集方面，全面协同国家林业和草原局、全国各省、自治区林业部门及行业协会，广泛汇集荒漠化长期监测数据、陆地遥感卫星数据等资源，形成荒漠化治理数据仓库，为指数计算提供支撑的同时，方便林业管理机构针对性调取数据资源，有效服务地方政府和国家主管部门治理施策需求。

16—20日 第十五届中国（深圳）国际文化产业博览交易会在深圳国际会展中心举办，鄂尔多斯市共有 26 家展商参展文博会，主要展示鄂尔多斯的文化创意产品。

17日 在第 15 届深圳文博会召开之际，鄂尔多斯文化神州行——走进深圳旅游推介会在深圳广电集团举办。

同日 鄂尔多斯市文化旅游合作大会在深圳市召开。会上，鄂尔多斯市11家企业正式成为深圳文化产业权交易所文化产业板挂牌企业。

18日 “内蒙古·鄂尔多斯市主题活动日”专场招商推介会在北京世园会园区同行广场举行，中国畜产品流通协会会长潘种树，中国贸促会促进部巡视员、中国馆副馆长胡凡，自治区林业和草原局副局长苏和出席活动。

23日 鄂尔多斯市人民政府与内蒙古电力（集团）有限责任公司关于电动汽车充电基础设施、电供热等电能替代领域发展战略合作框架协议签约仪式在鄂尔多斯市举行。

28日 鄂尔多斯市生态文明建设促进会第一届会员大会在康巴什区召开。会议表决通过《鄂尔多斯市生态文明建设促进会章程》，选举产生市生态文明建设促进会第一届理事、会长、副会长、秘书长。

30日 第四届中国机场服务大会在北京举行。会上，鄂尔多斯机场荣获“2018年度民用机场服务质量评价服务规范优秀奖”。

6月

11日 市委副书记、市长斯琴毕力格会见北斗航天集团董事长刘贵生一行，双方就前期签约的合作协议及相关项目推进情况进行座谈交流。

16日 中央扫黑除恶第15督导组第二下沉组到鄂尔多斯市并召开工作动员汇报会，开展扫黑除恶专项斗争督导工作。

19日 海峡两岸交流基地授牌仪式暨两岸媒体人“品味草原文化 弘扬中华精神”交流活动在鄂尔多斯市举行。国务院台湾事务办公室交流局局长黄文涛，中共自治区委员会统战部副部长、自治区人民政府台湾事务办公室主任赵宏出席仪式。

同日 天安公交集团新购置的80辆纯电动公交车正式上线。

20日 中国鄂尔多斯市—蒙古国乌兰巴托市2019“草原丝路”文化旅游交流活动之联合旅游推介会在康巴什区举办。副市长刘建勋和乌兰巴托市副市长安哈玛出席活动。

21日 由内蒙古自治区商务厅、市人民政府主办的2019中国煤化工产业高质量发展论坛暨鄂尔多斯市招商会在山东省青岛市举行。本次招商会共有30余家商协会、181家企业共400余人参加。全市8个旗区与33家企业签署33个合作项目，协议总金额达830.83亿元。

27日 由人民网与鄂尔多斯市人民政府主办的人民网“文创链接未来”创投高峰论坛暨第三届鄂尔多斯国际文化创意大会新闻发布会在北京人民日报社演播厅举行。人民网副总裁宋丽云，市委常委、宣传部部长苏翠芳，中国科普研究所所长、中国科普作家协会副理事长王挺，副市长刘建勋，中国社科院国家文化研究中心研究员黄威，北京大学文化产业研究院院长助理、研究员王齐国共同出席发布会，并参加启动仪式。

28日晚 由市文化和旅游局、中演演出院线发展有限责任公司主办的鄂尔多斯市乌兰牧骑文艺演出《草原牧歌》在北京人民大会堂上演。

7月

5日 第十四届全国冬季运动会火炬传递鄂尔多斯站活动举行。

17日 第三届民族地区文化产业发展论坛在鄂尔多斯市开幕。中国社会科学院民族学与人类学研究所党委书记方勇、文化和旅游部民族民间文化发展中心主任兰静、内蒙古社会科学院副院长毅松出席论坛并致辞。

22日 鄂托克旗蒙古秘史博物馆开馆，这是世界上唯一一家蒙古秘史博物馆。鄂托克旗蒙古秘史博物馆是一座以展示发扬民族文化为主，兼具收藏、展示、研究、阅览、教育、宣传《蒙古秘史》为主的综合性公益性文化场所。总使用面积6220平方米，由序厅、中央可汗厅、曲雕厅、书海厅、纳忽厅、斡难厅6个展厅和伊金广场组成，共展示各类文物、艺术品、书籍等2676件。

28日　第七届库布其国际沙漠论坛防沙治沙与农牧民增收分论坛举行。国家林业和草原局副局长刘东生，全国政协人口资源环境委员会副主任任亚平，蒙古国前总统彭萨勒玛·奥其尔巴特，市委副书记、市长斯琴毕力格，市委常委、副市长金武出席分论坛。

8月

4日　由中共鄂尔多斯市委员会、鄂尔多斯市人民政府、人民网主办，中共鄂尔多斯市委宣传部、人民网内蒙古分公司、人民网人民创投承办的“文创链接未来”创投高峰论坛暨第三届鄂尔多斯文化创意大会在鄂尔多斯国际会展中心开幕。

8—12日　由中国国际商会主办，内蒙古自治区贸促会、鄂尔多斯市人民政府承办，东胜区人民政府和鄂尔多斯市贸促会执行筹备的主题为“极致绒耀 巅峰织造”的2019中国（鄂尔多斯）国际羊绒羊毛大会暨展览会在东胜区举办。来自北京市、山西省、河北省等7个省市贸促会，青岛、大连、湖州等25个市贸促会及自治区各盟市贸促会有关领导，自治区有关部门、市直有关部门领导和各旗区领导，绒毛行业相关机构、协会、科研院所负责人，国内外绒毛行业领军人物、知名企业负责人，以及美国、英国、德国、日本等18个国家和浙江、宁夏、山东等近30个省市229家参展商和510家采购商参加大会。开幕式上，中国毛纺织行业协会发布“2018—2019年度山羊绒行业企业竞争力测评”，中国流行色协会发布“2020—2021年度秋冬羊绒色彩流行趋势”。中国畜产品流通协会会长潘种树宣读授予东胜区“中国高品质羊绒生产加工基地”的决定并授牌。

9日　由中共鄂尔多斯市委宣传部、鄂尔多斯市退役军人事务局、鄂尔多斯军分区政治工作处共同主办的鄂尔多斯市“最美退役军人”表彰暨2019年双拥联谊会在康巴什区举行。会上对全国模范退役军人张永福、10名最美退役军人、10名最美拥军人物以及17个双拥工作先进单位进行表彰。

10日　中国石化鄂尔多斯大路煤制烯烃项目在鄂尔多斯大路工业园区开工。

同日　由鄂尔多斯市直属乌兰牧骑选送的舞蹈作品《黑段子坎肩》在第十二届中国舞蹈“荷花奖”民族民间舞评选中获中国舞蹈“荷花奖”金奖。

10—11日　第二届内蒙古国际能源大会在鄂尔多斯市举行。大会在能源消费、供给、技术和管理创新、生态环境保护等方面达成许多重要共识，取得丰硕成果，为加快构建清洁低碳、安全高效的现代能源体系及推动内蒙古现代能源经济发展提供更多智力支持。

22日　2019内蒙古花季·内蒙古味道暨首届鄂尔多斯草原丝路文化旅游节开幕。

22—31日　在保加利亚共和国举办的第九届世界民俗锦标赛上，由杭锦旗“古如歌艺术”展示代表团展演的国家级非物质文化遗产——“古如歌”获金奖。

24日　由中国田径协会、内蒙古自治区体育局、鄂尔多斯市人民政府主办，鄂尔多斯市教育体育局承办的国际性马拉松赛事蒙泰·2019鄂尔多斯国际马拉松在康巴什区乌兰木伦湖区广场举行。

9月

3日 市委副书记、市长斯琴毕力格主持召开2019年第9次政府常务会议，研究部署迎接国务院第六次大督查、全市重要民生商品保供稳价、安全生产工作等有关事宜，审议通过《鄂尔多斯市“1532就业创业工程”实施方案》。

6日 首部全景在乌审旗本土拍摄的全国院线电影《谜镜萨拉乌苏》在乌审旗举行首映式。

同日 鄂尔多斯市人民代表大会常务委员会公布《鄂尔多斯市大气污染防治条例》。

17日 市委书记牛俊雁主持召开座谈会，与到访的国家能源集团副总经理高嵩一行就持续推进国家能源集团在鄂尔多斯能源项目建设等有关事宜进行交流。

18日 鄂尔多斯市国防教育示范校授牌仪式在鄂尔多斯市第一中学举行。经鄂尔多斯市国防教育领导小组研究，认定鄂尔多斯市第一中学为“鄂尔多斯市国防教育示范校”。

20日 在内蒙古自主第十四届精神文明建设“五个一”工程获奖分享活动上鄂尔多斯市广播剧《库布其绿色传奇》、纪录片《神秘的草原石窟》、图书《库布其与世界》等9部文艺作品，获内蒙古自治区第十四届精神文明建设“五个一”工程奖。

21日 鄂尔多斯市第一中学建校80周年庆祝大会在康巴什区举行。

23日 以“区域联动、深度开放、合作共赢”为主题的鄂尔多斯市加工贸易暨鄂尔多斯综合保税区招商推介会在鄂尔多斯（空港）创新创业基地举行。

24日 以“转型升级、绿色发展，推动区域经济合作实现高质量发展”为主题的呼包银榆（呼和浩特、包头，银川、陕西省榆林）经济区第七届联席会议在鄂尔多斯市召开。国家发改委地区司和内蒙古、陕西、宁夏三省区有关厅局领导，呼包银榆经济区各成员城市相关负责人出席会议。

25—26日 全国人大常委会委员、财经委副主任委员乌日图带领全国人大代表调研组到鄂尔多斯市就优化营商环境工作开展调研。

28日 上午6点30分，浩（勒报吉）吉（安）铁路煤运通道开通运营。浩吉铁路以煤运为主，同时承担大宗商品物流及大宗货物运输业务。

30日 鄂尔多斯市蒙古族学校开工奠基。

是月 国家发改委、科技部等五部门联合印发《关于进一步推进产业转型升级示范区建设的通知》，其中明确鄂尔多斯大路煤化工基地、鄂尔多斯达拉特经济开发区入围全国产业转型升级示范区和示范园区名单。

是月 市卫生健康委员会、市财政局联合下发关于《调整计划生育家庭养老保险补贴和独生子女特别扶助制度标准的通知》，就计划生育养老保险补贴政策与计划生育特别扶助政策进行调整。

是月 鄂尔多斯市第10例造血干细胞捐献成功。

10月

8日 中国中小城市高质量发展指数研究课题组、中小城市发展战略研究院、国信中小城市指数研究院等机构在《人民日报》联合发布2019年中国中小城市高质量发展指数研究成果报告。鄂尔多斯市准格尔旗被列为2019年度全国综合实力百强县市第30位，全国科技创新百强县市第86位，全国新型城镇化质量百强县市第76位；东胜区被列为2019年度全国综合实力百强区第45位，全国绿色发展百强区第55位，全国投资潜力百强区第25位，全国科技创新百强区第25位，全国新型城镇化质量百强区第33位。

9日 鄂尔多斯市中心城区生活垃圾分类工

作正式启动。

15—17日 中华人民共和国海关总署卫生检疫司副司长张鹰带领海关总署口岸公共卫生核心能力达标考核组，对鄂尔多斯国际航空口岸公共卫生核心能力建设开展达标考核并召开反馈会。

11月

5日 市委副书记、市长斯琴毕力格主持召开2019年第11次政府常务会议，研究解决城镇国有土地上房屋权属登记历史遗留问题和财政工作等有关事宜。会议审议通过《鄂尔多斯市改革完善医疗卫生行业综合监管制度实施方案》《鄂尔多斯市推进国家大数据综合试验区改革实施方案》等方案。

10日 鄂尔多斯市人民政府与中国矿业大学（北京）战略合作协议签约仪式在中国矿业大学（北京）交流中心举行。

11日 由内蒙古自治区商务厅、市人民政府主办的鄂尔多斯市2019年加工贸易（装备制造及煤化工产业链）精准招商推介会在南京市举办。

13日 由中国信息通信研究院主办的第二届“中国县域工业经济发展论坛（2019）”在北京市召开。鄂尔多斯市准格尔旗、伊金霍洛旗、乌审旗、鄂托克旗上榜2019年中国工业百强县（市）。

16日 第三批国家生态文明建设示范市县表彰活动在湖北十堰举行，康巴什区被授予“国家生态文明建设示范区”称号。

20日 鄂尔多斯国际机场至鄂尔多斯火车总站的快速公交正式开通运行。

同日 经中华人民共和国海关总署批复同意，鄂尔多斯航空口岸设立进境水果、食用水生动物和进口冰鲜水产品制定监管场地。

26日 鄂尔多斯市露天煤矿临时用地整改及绿色矿山建设推进会暨政策宣讲会召开。会议对相关工作进行再部署、再强化、再推进，对涉及的相关政策文件进行系统宣讲、深入解读。

27日 中为能源鄂尔多斯唐家会矿区煤炭地下气化技术工业化示范项目投产仪式在准格尔旗举行。

30日 由人民日报社、国家城市品牌评价项目领导小组指导，中国城市报社和人民日报文化传媒有限公司主办，中国标准化研究院、中国品牌杂志社提供技术支持，河北晨阳工贸集团有限公司、时代中城（北京）传媒科技有限公司协办的2019中国城市大会暨中国城市品牌评价发布（地级市）在北京召开。会上，鄂尔多斯市获“2019中国品牌城市”称号，城市品牌影响力在全国地级市中排名第31位、内蒙古自治区第1位。

30日—12月1日 中共自治区委员会副书记、自治区主席布小林到鄂尔多斯市考察，指导推动第二批“不忘初心、牢记使命”主题教育整改落实工作。

12月

1日 内蒙古自治区鄂尔多斯生态环境监测站揭牌暨授章启动仪式在康巴什区举行。

9日 国家民委发布《关于命名鄂尔多斯市为“全国民族团结进步示范市”的决定》，命名鄂尔多斯市为“全国民族团结进步示范市”。

11日 山西省人大常委会副主任、忻州市委书记李俊明率领党政考察团到鄂尔多斯市考察。其间召开座谈会，就进一步深化两地联系、强化区域合作有关事宜进行对接交流。

15日 经专家评审和实地考察等环节，鄂尔多斯市卫生健康委员会“探索医养结合模式，打造健康养老服务”、鄂尔多斯市中华情医养院“医养康护一体化集团性运行”项目上榜全国医养结合典型经验名单。

16日 在全国离退休干部先进集体和先进

个人表彰大会上，鄂尔多斯市离退休干部韩学士被授予“全国离退休干部先进个人”荣誉称号。12 月 30 日，在市直机关干部休养所挂牌成立中共鄂尔多斯市直属机关离退休第一联合委员会，在市老干部活动中心挂牌成立中共鄂尔多斯市直属机关离退休第二联合委员会。

20 日 鄂尔多斯市智慧管道产业项目落地会在康巴什区召开。会议听取全市智慧管道产业项目推进情况汇报，研究推进全市智慧管道产业项目落地工作。

21—22 日 由鄂尔多斯市人民政府主办，市教育体育局、市民族事务委员会承办的 2019WGBC 世界职业摔跤金腰带争霸赛在鄂尔多斯市体育中心开赛，来自内蒙古本土选手和蒙古国、俄罗斯、哈萨克斯坦等“一带一路”沿线国家的 256 名一线运动员参赛。

25 日 内蒙古蒙西高新技术工业园区至三北羊场铁路项目签约仪式在康巴什区举行。蒙西高新技术工业园区至三北羊场铁路位于鄂尔多斯市西部，自蒙西高新技术工业园区引出，向东南沿省道 216 线，途经桌子山矿区、棋盘井棋东工业园区，最终接入东（胜）乌（海）线三北羊场站。新建正线长度约 120 公里，总投资约 56 亿元，主要服务于桌子山矿区，蒙西、棋盘井工业园区及周边的乌海园区原材料和产品运输。

是月 在北京人民大会堂召开的全国石油和化工科技创新大会上，鄂尔多斯市大路工业园区中科合成油技术有限公司“高温浆态床费托合成催化剂及其工业应用技术”项目，获得中国石油和化学工业联合会科学技术发明一等奖。

市情概览

地理位置　资源

【地理位置】 鄂尔多斯市位于内蒙古自治区西南部，总面积8.7万平方公里，西北东三面为黄河环绕，南临古长城，毗邻晋陕宁三省区，辖2个区、7个旗。“鄂尔多斯”为蒙古语，意为“众多的宫殿”。地势呈西北高东南低，北部为黄河冲积平原区，东部为丘陵沟壑区，中南部为库布齐沙漠、毛乌素沙区，西部为坡状高原区。

【资源】 鄂尔多斯市资源富集，已探明矿藏50多种，是国家重要的能源基地。煤炭探明储量约占全国的1/6、内蒙古自治区的1/2。天然气探明储量约占全国的1/3。盛产被称为“纤维宝石”“软黄金”的阿尔巴斯白山羊绒，全市羊绒制品产量约占全国的1/3、世界的1/4。高岭土、天然碱、食盐、芒硝、石膏、石灰石、紫砂陶土等资源储量较大。全市耕地总面积413334公顷，其中有效灌溉面积245334公顷；草原总面积6523467公顷，其中可利用草原5825467公顷。

历史沿革　政区　人口

【历史沿革】 鄂尔多斯市前身为伊克召盟。“伊克昭”为蒙古语，意为“大庙”，因清代初期鄂尔多斯部落六旗第一次会盟于达拉特旗的大庙王爱召而得名。2001年2月26日，经国务院批准，撤销伊克昭盟，设立地级市——鄂尔多斯市。

【政区】 鄂尔多斯市辖康巴什区、东胜区及达拉特旗、准格尔旗、伊金霍洛旗、乌审旗、杭锦旗、鄂托克旗、鄂托克前旗2区7旗。全市有51个苏木乡镇，其中43个镇、2个乡、6个苏木；有736个嘎查村，其中566个村、170个嘎查；有26个街道办事处和236个城镇社区。

【人口】 鄂尔多斯市是一个多民族地区，有蒙古族、汉族、满族、回族、藏族、维吾尔族、苗族、朝鲜族、壮族等42个民族。2019年，全市常住人口208.76万人，其中城镇人口156.74万人、乡村人口52.02万人，城镇化率为75.08%。

经　济

【经济总量】 2019年，全市完成地区生产总值3605.0亿元，按第四次全国经济普查修订数据后的同口径可比价计算，比2018年增长4.0%。分产业看，第一产业增加值123.7亿元，同比增长1.5%，对经济增长的贡献率为1.3%，拉动GDP增长0.1个百分点；第二产业增加值2092.3亿元，同比增长4.3%，对经济增长的贡献率为63.8%，拉动GDP增长2.5个百分点；第三产业增加值1389.1亿元，同比增长3.6%，对经济增长的贡献率为35.0%，拉动GDP增长1.4个百分点。2019年，全市公共财政预算收入501.0亿元，同比增长 15.6%。2019 年，全体居民人均可支配收入 41368 元，同比增长 7.4%；城镇常住居民人均可支配收入达到 49768 元，同比增长 6.3%；农村牧区常住居民人均可支配收入为 20075 元，同比增长 9.8%。全体居民人均消费性支出 26521 元，同比增长5.5%；城镇居民人均消费性支出30086元。

【金融市场】 2019 年，全市共有银行法人机构 27 家，全辖银行营业网点 684 个，共有从业人员 9606 人。年末金融机构各项存款余额（人民币）4015.8 亿元，同比增长 7.0%。其中，非金融企业存款余额 1010.4 亿元，同比下降 3.4%；住户存款余额 2200.5 亿元，同比增长 13.9%。年末金融机构各项贷款余额 3251.1 亿元，同比增长 0.8%。其中，非金融企业及机关团体贷款 2838.2 亿元，同比增长 0.1%；住户贷款 412.9 亿元，同比增长 5.3% 。全市保险公司中心支公司 40 家，中支以下各级保险机构 492 家。保险业实现保费收入 77.3 亿元，同比增长 14.2%。其中，财产险收入 23.1 亿元，同比增长 9.7%；寿险收入 42.9 亿元，同比增长 14.2%；健康险收入 10 亿元，同比增长 25.5%；意外伤害险收入 1.3 亿元，同比增长 17.9%。各项赔付支出 18.2 亿元，同比增长 5.5%。其中财产险赔付支出 10.9 亿元，同比增长 9.7%；寿险赔付支出 4.6 亿元，同比下降 8.4%；健康险赔付支出 2.2 亿元，同比增长 14.6%；意外伤害险赔付支出 0.4 亿元，同比增长 44.6%。

【固定资产投资】 全市 500 万元以上固定资产投资同比增长 9.5%。其中民间投资同比增长 4.1%，民间投资占总投资比重 44.3%。全市亿元以上开工项目 258 个，亿元以上项目投资比 2018 年增长 10.0%。从三次产业投资看，第一产业投资同比增长 9.8%，第二产业投资同比增长 8.3%，第三产业投资同比增长 12.4%。主要工业行业投资中，制造业投资同比增长 9.4%；采矿业投资同比增长 26.5%；电力、燃气及水的生产和供应业投资同比下降 4.3%。第三产业投资中，住宿和餐饮业同比增长 13.5%；水利、环境和公共设施管理业投资同比下降 10.2%；教育投资同比增长 2.9 倍。

【工业经济】 2019 年，规模以上工业企业 428 家，较 2018 年增加 26 家。全年规模以上工业总产值同比增长 5.8%；销售产值同比增长 6.3%；工业产品产销率 100.4%。全年规模以上工业增加值按可比价比 2018 年增长 4.2%。按轻重工业分，轻工业增长 0.4%、重工业增长 4.2%；按经济类型分，国有企业增长 6.4%，集体企业下降 6.1%，股份制企业增长 9.0%，外商及港澳台投资企业下降 32.5%，其他经济类型工业企业增长 14.1%。全年规模以上工业企业实现营业收入 4040.0 亿元，同比增长 7.2%；利润总额 740.9 亿元，同比增长 6.1%。亏损企业 121 户，比 2018 年增加 15 户。企业亏损面 28.3%，比 2018 年末提高 1.9 个百分点；亏损企业亏损额 56.8 亿元，同比增长 8.9%。全年规模以上工业中战略性新兴工业企业实现总产值 267.2 亿元，占规模以上工业总产值的 7.4%。高新技术产业增加值增长 26.7%，增速比全市规模以上工业高 22.3 个百分点，增加值总量占全部规上工业的 0.2%。全市 61.8% 以上的工业产品保持增长态势。其中新兴产品较快增长，低密度聚乙烯树脂（LDPE）118.3 万吨，增长 22.9%；聚丙烯树脂 124.7 万吨，增长 21.7%；乙二醇 40.3 万吨，增长 35.4%；多晶硅 11997663 千克，增长 5.2%；石墨及碳素制品 6.8 万吨，增长 27%；液晶显示屏 7901 万片，增长 22%；氧化铝 31.6 万吨；汽车 28977 辆。

【农牧业经济】 2019 年，农业产值 117.4 亿元；林业产值 7.5 亿元；牧业产值 77.2 亿元；渔业产值 2.2 亿元；农林牧渔服务业产值 4.1 亿元。全市农作物总播种面积 466.9 千公顷。其中粮食作物播种面积 310.8 千公顷，油料播种面积 45.2 千公顷，蔬菜播种面积 13.1 千公顷。全年粮食总产量 189.8 万吨，同比增长 11.5%；油料产量 12.2 万吨，同比增长 8.1%；甜菜产量 1.1 万吨，同比下降 80.6%；蔬菜产量 51.1 万吨，同比增长 9.2%。全市拥有农业机械总动力 253.8 万千瓦，同比增长 5.9%。全市拥有大中型拖拉机 5.1 万台，同比增长 4.6%；农用排灌机械 6.3 万台（套），与 2018 年持平，其中，节水灌溉类机械 6221 套，同比增长 2.1%；联合收获机 1962 台，同比增长 6.2%。机械耕地面积占农作物总播种面积的比重为 97.5%，机械播种面积占比为 88.6%，机械收割面积占比为 69%，农业耕种收综合机械化水平达到 85%。

【国内贸易】 2019 年，全市实现社会消费品零售总额比 2018 年增长 4.5%。其中，城镇社会消费品零售额同比增长 4.3%，乡村消费品零售额同比增长 6.0%。限额以上企业社会消费品零售总额同比增长 5.1%。按商品类值分，服装鞋帽、针纺织品类完成零售额同比增长 30.3%；化妆品类同比增长 39.3%；体育娱乐用品类同比增长 38.8%；通信器材类完成同比增长 113.2%；汽车类同比增长 9.6%。

【对外经济】 全年利用外资新签项目数 7 个。实际使用外商直接投资 12 亿美元，同比下降 43.1%。全市完成进出口总额 57.2 亿元，同比下降 30.5%。其中进口总额 26 亿元，同比增长 11%；出口总额 31.2 亿元，同比下降 47%。

交通　邮电

【交通】 2019 年，鄂尔多斯机场全年共营运航线 56 条，通航城市 60 个。铁路通车里程达 2550 公里；全市公路总里程 24239 公里，其中高速公路里程 1266 公里，公路网密度为 27.9 公里 / 百平方公里。全市铁路客运量 378.1 万人次，同比增长 20.7%；货运量 39856.6 万吨，同比增长 4.5%。全市公路客运量 560.2 万人次，同比下降 10.0%；货运量 22256.7 万吨，同比增长 4.0%。全市民航旅客吞吐量 269.6 万人次，同比增长 8.9%；货邮吞吐量 10046.6 吨，同比增长 0.6%。全市机动车拥有量 70. 5 万辆，同比增长 6.9%，其中新注册 5.2 万户。

【邮电】 全年实现邮电业务收入 25.1 亿元，同比增长 6.8%。其中，邮政业务收入 3.8 亿元，增长 5.6%；电信业务收入 21.3 亿元，增长 7.0%。年末固定电话用 17.6 万户，手机电话用户 276.1 万户，其中 4G 移动电话用户 241.2 万户，增长 21.0%；宽带用户达到 56.0 万户，增长 19.7%。

教育　科技

【教育】 全市有普通高校 4 所，在校生 13024 人；普通中等专业学校 1 所，在校学生 4930 人；普通高中 24 所，在校学生 28310 人；普通初中 50 所，在校学生 59968 人；职业高中 7 所，在校学生 8106 人；普通小学 139 所，在校学生 164628 人；幼儿园 346 所，在校学生 85144 人；特殊教育学校 3 所，在校学生 303 人。各级各类学校（含幼儿园）共有在校生 36.4 万人。

【科技】 全市共取得各类科技成果 57 项，同比增长 29.5%。全市申请专利总量 2817 件，其中，申请发明专利 415 件；授权专利 1584 件；有效发明专利 509 件。技术合同认定登记 26 项，成交金额 1537 万元。全市有效期内国家高新技术企业达到 104 家，自治区级企业研究开发中心 51 家，自治区级工程技术研究中心 17 家，自治区院士专家工作站 16 家。

文化　卫生　体育　旅游

【文化】 全市拥有文化馆、群众艺术馆 10 个，组织文艺活动 1303 场次，乡镇文化站 78 个，公共图书馆 9 个，博物馆 10 个，艺术表演团体 10 个，组织开展演出活动 1261 场次。广播、电视综合覆盖率分别达到 99.3% 和 99.1%。有线电视用户数达 27.4 万户，同比减少 5.0%。全市直播卫星户户通用户达到 7.3 万户，地面数字电视用户达 14.6 万户。全市放映公益电影 12659 场次，观众人数达 59 万人次。

【卫生】 全市共有公立医院 24 家，社区卫生服务中心 36 个，社区卫生服务站 65 个，乡镇卫生院 89 个，村卫生室 590 个，疾病预防控制中心 9 个，妇幼保健机构 9 个，卫生监督所 9 个。公立医院床位数 7304 张，乡镇卫生院床位数 1520 张。卫生技术人员 151910 人，其中注册医师 6229 人，注册护士 6125 人。

【体育】 全市国家一级社会体育指导员 375 人，国家二级社会体育指导员 1883 人。年内成功举办 8 项国际国内重要体育赛事。全市 9 个旗区共有 207 个社区全民健身点，全民健身体系日趋完善。

【旅游】 全市共有 A 级旅游景区 44 个，其中国家 AAAAA 级旅游景区 2 个、AAAA 级旅游景区 27 个、AAA 级旅游景区 9 个。全市共有旅行社 102 家，分社 20 家，门市部 78 家。其中旅行社有 7 家主社、6 家分社具有出境经营权。全市共接待旅游者 1736 万人次，同比增长 19.4%，其中，接待入境旅游者 5.7 万人次。2019 年实现旅游收入 508 亿元，同比增长 15.1%。

城市建设　环境保护

【城市建设】 全市建成区面积 277 平方公里，道路面积 5880.6 万平方米，供热面积 9454.3 万平方米。全市燃气普及率达 93.1%，污水处理率达 98.5%，生活垃圾无害化处理率为 99.4%。全市建成区绿地率达 40.3%，人均公园绿地面积达 32.7 平方米。

【环境保护】 城市环境空气质量全年好于国家二级标准优良天数 323 天，污染 42 天，其中重度污染 0 天。全市二氧化硫均值为 13ug/m^3，二氧化氮均值为 26ug/m^3，均同比上升 8.3%。可吸入颗粒物年平均浓度 57ug/m^3，与 2018 年持平。全市城镇集中式饮用水源地的水质达标率 80%。城镇区域环境噪声等效声级均值为 49.9 分贝，道路交通噪声等效声级均值为 61.4 分贝。全年共完成造林面积 137.1 千公顷。全市有各级自然保护区 11 个，其中国家级自然保护区 3 个，自治区级保护区有 8 个，总面积达 916.6 千公顷。

人民生活　社会保障

【人民生活】 2019 年，全体居民人均可支配收入 41368 元，同比增长 7.4%；城镇常住居民人均可支配收入达到 49768 元，同比增长 6.3%；农村牧区常住居民人均可支配收入为 20075 元，同比增长 9.8%。全体居民人均消费性支出 26521 元，同比增长 5.5%；城镇居民人均消费性支出 30086 元，同比增长 4.8%；农牧民人均生活消费支出 16556 元，同比增长 6.6%。城镇居民家庭食品消费支出占家庭消费总支出的比重为 22.9%，农村为 23.5%。城镇居民人均住房建筑面积 41.1 平方米，农牧民人均住房面积 42.3 平方米。每百户城镇居民拥有家用汽车 90 辆，较 2018 年下降 6.7%；每百户农牧民拥有家用汽车 58 辆，较 2018 年增长 6.5%。

【社会保障】 全市参加城镇职工基本养老保险 50.61 万人；参加城乡居民养老保险 53.14 万人；参加城乡居民医疗保险 118.3 万人，职工医疗保险 45.8 万人；参加生育保险 33 万人；参加工伤保险 36.31 万人；参加失业保险 27.27 万人。年内企业离退休人员月人均养老金水平为 3113 元，城乡居民养老保险月人均养老金水平 509 元。年末全市享受城市最低生活保障 7.5 万人，享受农村最低生活保障 25.3 万人。城镇最低生活保障标准提高到每人每年 8100 元，农村最低生活保障标准提高到每人每年 6169 元。全市公办社会福利机构 28 家，床位 3171 张；民办社会福利机构 40 家，床位 8241 张。

中国共产党鄂尔多斯市委员会

【中国共产党鄂尔多斯市委员会领导名录】

书　　记：牛俊雁

副 书 记：斯琴毕力格（蒙古族）

　　　　　于新芳

常　　委：冯　超

　　　　　刘瑞杰

　　　　　张占林

　　　　　苏翠芳（女）

　　　　　孙奎远

　　　　　金　武

　　　　　高占胜

　　　　　史　良

秘 书 长：史　良

副秘书长：雷　海（1月任职）

　　　　　乔　木（1月任职）

　　　　　谢东平

　　　　　张秀玲（女）

　　　　　刘二永

概　述

【概况】 2019年，全市完成地区生产总值3605.0亿元，按第四次全国经济普查修订数据后的同口径可比价计算，比2018年增长4.0%。分产业看，第一产业增加值123.7亿元，同比增长1.5%，对经济增长的贡献率为1.3%，拉动GDP增长0.1个百分点；第二产业增加值2092.3亿元，同比增长4.3%，对经济增长的贡献率为63.8%，拉动GDP增长2.5个百分点；第三产业增加值1389.1亿元，同比增长3.6%，对经济增长的贡献率为35.0%，拉动GDP增长1.4个百分点。全市公共财政预算收入501.0亿元，同比增长15.6%。全体居民人均可支配收入41368元，同比增长7.4%；城镇常住居民人均可支配收入达到49768元，同比增长6.3%；农村牧区常住居民人均可支配收入为20075元，同比增长9.8%。全体居民人均消费性支出26521元，同比增长5.5%；城镇居民人均消费性支出30086元。

【重要活动】

布小林到鄂尔多斯市指导　1月13日，自治区党委副书记、自治区主席布小林到鄂尔多斯市指导市委常委班子2018年度民主生活会。市委书记牛俊雁主持会议并代表市委常委班子作对照检查，市委常委依次进行个人对照检查并开展相互批评。同日，自治区党委副书记、自治区主席布小林到伊泰塔拉壕煤矿检查调研安全生产工作。

李秀领到鄂尔多斯市调研　3月26日至28日，自治区政协主席李秀领到鄂尔多斯市调研经济社会发展情况。

廉素到鄂尔多斯市调研　4月9日至10日，自治区人大常委会副主任廉素到鄂尔多斯市调研深化“放管服”改革和优化营商环境工作并召开座谈会。

李纪恒到鄂尔多斯市调研　4月10日至11日，自治区党委书记、人大常委会主任李纪恒到准格尔旗、达拉特旗、东胜区、伊金霍洛旗调研，自治区副主席张韶春参加，市委书记牛俊雁，市委副书记、市长斯琴毕力格陪同。

第十四届鄂尔多斯国际煤炭及能源工业博览会—2019全国煤炭绿色开采与科技创新发展大会暨中国能源“金三角”国际峰会开幕　4月16日，第十四届鄂尔多斯国际煤炭及能源工业博览会—2019全国煤炭绿色开采与科技创新发展大会暨中国能源“金三角”国际峰会在鄂尔多斯国际会展中心开幕。

林少春到鄂尔多斯市调研　4月30日，自治区党委副书记、政法委书记林少春到鄂尔多斯市调研扫黑除恶专项斗争、矛盾排查化解和社会综合治理工作。

市委审计委员会第一次会议　5月10日，市委审计委员会第一次会议召开，市委书记、市委审计委员会主任牛俊雁主持并讲话。

乌日图到鄂尔多斯调研　5月8日至10日，全国人大常委会委员、财经委副主任委员乌日图率调研组到鄂尔多斯市东胜区、伊金霍洛旗调研加强中小企业权益保护工作并召开座谈会。

马学军到鄂尔多斯市调研　5月27日，自治区党委常委、自治区常务副主席马学军到鄂尔多斯市调研。

鄂尔多斯市生态文明建设促进会第一届会员大会在康巴什召开　5月28日，鄂尔多斯市生态文明建设促进会第一届会员大会在康巴什召开。中国生态文明研究与促进会合作与发展部副主任李海林，自治区生态文明建设和黄河文化经济促进会会长符太增，市委书记牛俊雁出席大会并为鄂尔多斯市生态文明建设促进会揭牌。

艾丽华到鄂尔多斯市调研　6月26日至27日，自治区副主席艾丽华到鄂尔多斯市调研现代能源经济发展情况并召开座谈会。

韩正到鄂尔多斯市调研　8月26日至27日，中共中央政治局常委、国务院副总理韩正到鄂尔多斯市调研库布齐沙漠防沙治沙和生态建设情况。他强调，要认真贯彻落实习近平总书记重要指示精神，坚持生态优先、绿色发展，强化土地沙化荒漠化防治工作，保护好生态环境，筑牢中国北方重要生态安全屏障。自治区党委书记、人大常委会主任李纪恒，自治区党委副书记、自治区主席布小林，市委书记牛俊雁陪同。

高嵩到访鄂尔多斯　9月17日，市委书记牛俊雁会见到访的国家能源集团副总经理高嵩一行，并就持续推进国家能源集团在鄂尔多斯能源项目建设等有关事宜进行深入交流。市委常委、副市长金武，市委常委、秘书长史良参加。

乌日图到鄂尔多斯调研　9月25日至26日，全国人大常委会委员、财经委副主任委员乌日图带领全国人大代表调研组赴鄂尔多斯市调研优化营商环境工作。

艾丽华到鄂尔多斯市调研　9月28日，自治区副主席艾丽华到鄂尔多斯市调研指导安全生产工作。市委书记牛俊雁，市委常委、副市长金武陪同。

布小林到鄂尔多斯指导　11月30日至12月1日，自治区党委副书记、自治区主席布小林到鄂尔多斯指导推动第二批“不忘初心、牢记使命”主题教育整改落实工作，市委书记牛俊雁，市委副书记、市长斯琴毕力格，市委常委、组织部部长刘瑞杰，市委常委、秘书长史良陪同。

首届平安法治鄂尔多斯建设标兵颁奖盛典举行　12月12日，首届平安法治鄂尔多斯建设标兵颁奖盛典在康巴什区举行。市委书记牛俊雁，市人大常委会主任祁毕西勒图，市政协主席王建国等市四大班子领导出席并颁奖。

【重要决定】　1月21日，市委办、政府办印发

《鄂尔多斯市机构改革实施意见的通知》（鄂党办发〔2019〕1号）文件。4月3日，市委办、政府办印发《中央环境保护督察“回头看”及草原生态环境问题专项督察反馈自治区意见涉及鄂尔多斯市问题整改方案的通知》（鄂党办发〔2019〕4号）文件。4月24日，市委办、政府办印发《关于督查全市退役军人事务重点工作的通知》（办公室便函〔2019〕22号）文件。5月15日，市委办印发《关于开展思想再解放、笃行新发展理念，推动高质量发展大学习大讨论工作安排的通知》（办公室便函〔2019〕28号）文件。5月20日，市委办、政府办印发《关于深化“放管服”改革推进审批服务便民化实施方案的通知》（鄂党办字〔2019〕47号）文件。6月7日，市委印发《关于促进民营经济高质量发展的政策措施的通知》（鄂党发〔2019〕5号）文件。同日，市委印发《关于贯彻落实习近平总书记参加十三届全国人大二次会议内蒙古代表团审议时重要讲话精神，坚定不移走以生态优先绿色发展为导向的高质量发展新路子的实施方案的通知》（鄂党发〔2019〕6号）文件。同日，市委办、政府办印发《第七届库布其国际沙漠论坛鄂尔多斯市工作方案的通知》（办公室便函〔2019〕33号）文件。

【市委全委会】

第四届委员会第七次全体会议　1月11日，中国共产党鄂尔多斯市第四届委员会第七次全体会议暨全市经济工作会议在康巴什区举行。市委书记牛俊雁，市委副书记、代市长斯琴毕力格分别作讲话。出席全会的有市委委员43人，候补委员9人。全会以习近平新时代中国特色社会主义思想为指导，深入学习贯彻党的十九大和中央经济工作会议精神，贯彻落实自治区党委十届八次全会暨全区经济工作会议精神，听取和讨论市委常委会2018年工作报告，分析当前经济形势，安排部署2019年工作。

第四届委员会第八次全体会议　1月12日，中国共产党鄂尔多斯市第四届委员会第八次全体会议在康巴什区举行。全会传达学习自治区党委、政府批准的《鄂尔多斯市机构改革方案》，审议通过《鄂尔多斯市机构改革实施意见》，对全市机构改革工作作部署。市委书记牛俊雁出席并讲话，市委副书记、代市长斯琴毕力格就《实施意见（讨论稿）》向全会作说明。

第四届委员会第九次全体会议　9月29日，中国共产党鄂尔多斯市第四届委员会第九次全体会议在康巴什举行。出席会议的市委委员38人、市委书记牛俊雁讲话。全会以习近平新时代中国特色社会主义思想为指导，深入贯彻习近平总书记考察内蒙古重要讲话精神，认真落实自治区党委十届六次、八次、九次、十次全会精神，审议通过《鄂尔多斯市委关于贯彻落实习近平总书记考察内蒙古重要讲话精神的实施方案》。

【市委常委会会议】

四届80次常委会会议　1月7日，市委书记牛俊雁主持召开市委四届80次常委会会议，传达学习中央经济工作会议和自治区党委十届八次全会暨全区经济工作会议精神，研究讨论召开市委四届七次全会暨全市经济工作会议和市委四届八次全会等事宜。

四届85次常委会会议　1月23日，市委书记牛俊雁主持召开市委四届85次常委会会议，听取全市两会筹备情况汇报，研究讨论拟提交全市两会审议的政府工作报告稿等会议材料，安排部署有关工作。

四届86次常委会会议　2月1日，市委书记牛俊雁主持召开市委四届86次常委会会议，传达中央政法工作会议，中央、自治区扫黑除恶专项斗争电视电话会议，全国、全区宣传部部长会议，全国、全区统战部部长会议精神，研究部署鄂尔多斯市贯彻落实工作。

四届87次常委会扩大会议　2月19日，市委书记牛俊雁主持召开市委四届87次常委会扩大会议，传达学习习近平总书记关于脱贫攻坚工作的讲话精神和中央、自治区有关文件会议精神，研究讨论鄂尔多斯市有关文件。

四届89次常委会会议　3月18日，市委书记牛俊雁主持召开市委四届89次常委会会议，听取市人大常委会党组、市政府党组、市政协党组、市纪委监委、市法院党组、市检察院党组工作汇报，安排部署推进乡村振兴等工作。

四届93次常委会会议　4月28日，市委书记牛俊雁主持召开市委四届93次常委会会议暨全面深化改革委员会会议，传达学习习近平总书记在重庆主持召开的解决“两不愁三保障”突出问题座谈会上的重要讲话精神和自治区党委十届九次全会精神，研究部署鄂尔多斯市全面深化改革工作。

四届94次常委会会议　5月10日，市委书记牛俊雁主持召开市委四届94次常委会会议暨市扫黑除恶专项斗争领导小组会议，研究部署开展“思想再解放、笃行新发展理念，推动高质量发展大学习大讨论”和全市扫黑除恶专项斗争、全面从严治党、媒体融合等工作。

四届95次常委会扩大会议　5月24日，市委书记牛俊雁主持召开市委四届95次常委会扩大会议，审议通过《鄂尔多斯市委关于贯彻落实习近平总书记参加十三届全国人大二次会议内蒙古代表团审议时重要讲话精神，坚定不移走以生态优先绿色发展为导向的高质量发展新路子的实施方案》，研究部署全市重大项目建设等工作。

四届98次常委会会议　7月1日，市委书记牛俊雁主持召开市委四届98次常委会会议，专题研究鄂尔多斯市落实中央扫黑除恶第15督导组下沉督导发现问题整改工作。

四届101次常委会会议　7月18日，市委书记牛俊雁主持召开市委四届101次常委会会议，传达学习习近平总书记在内蒙古考察并指导开展“不忘初心、牢记使命”主题教育时的重要讲话重要指示精神和7月17日自治区党委常委会（扩大）会议精神，研究部署鄂尔多斯市贯彻落实工作。

四届103次常委会会议　9月4日，市委书记牛俊雁主持召开市委四届103次常委会会议，传达学习中共中央政治局常委、国务院副总理韩正在鄂尔多斯市考察时的讲话精神，研究部署鄂尔多斯市重大项目建设等工作。

四届107次常委会会议　9月23日，市委书记牛俊雁主持召开市委四届107次常委会会议，传达学习习近平总书记在黄河流域生态保护和高质量发展座谈会上的重要讲话精神，研究部署鄂尔多斯市贯彻落实工作。

四届108次常委会会议　10月9日，市委书记牛俊雁主持召开市委四届108次常委会会议，传达学习习近平总书记在庆祝中华人民共和国成立70周年大会上的重要讲话精神。

四届109次常委会会议　10月15日，市委书记牛俊雁主持召开市委四届109次常委会会议，研究鄂尔多斯市推进黄河流域生态保护和高质量发展工作，听取编制全市国土空间总体规划准备情况汇报。

四届109次常委会会议　11月4日，市委书记牛俊雁主持召开市委四届111次常委会会议，传达学习党的十九届四中全会精神，安排部署鄂尔多斯市贯彻落实工作。

四届114次常委会会议　12月6日，市委书记牛俊雁主持召开市委四届114次常委会暨“不忘初心、牢记使命”专题民主生活会。中央第二巡回督导组成员、中央纪委国家监委研究室副局级纪检监察员陈雷，自治区第六巡回指导组组长张明中到会指导并作点评讲话。中央第二巡回督导组、自治区纪委监委、自治区党委组织部、自治区第六巡回指导组有关同志出席。市委书记牛俊雁主持并作表态发言。

四届117次常委会会议　12月30日，市委书记牛俊雁主持召开市委四届117次常委会会议，传达自治区党委十届十一次全会暨全区经济工作会议精神，研究市委四届十次全会暨全市经济工作会议和市四届人大三次会议、市政协四届三次会议筹备工作等事宜。

四届118次常委会（扩大）会议　12月31日，市委书记牛俊雁主持召开市委四届118次常委会（扩大）会议暨旗区部门党委（党组）书记抓基层党建工作述职评议会议，开展基层党建工作述职，并进行现场点评和民主评议。

市委办公室

【中共鄂尔多斯市委员会办公室领导名录】

主　　任：雷　海（1月任职）

副 主 任：李喜荣

杜　娟（3月任职）

刘晓东（3月任职）

纪检组组长：贺　耿（3月任职）

【概况】 市委办公室是市委的综合部门，负责推动市委决策部署的落实，按照市委要求协调有关方面开展工作，承担市委运行保障具体事务。内设秘书一科、秘书二科、常委会办公室、综合一科、综合二科、综合三科、综合四科、督查室、信息调研科、翻译科、办公室、行政科等11个科室；代管市委机要局、市委保密局、市委机关事务服务中心、市专用通信局等11个职能机构，其中机关事务服务中心和专用通信局为副处级建制。主要职责：（1）贯彻落实党的理论和路线方针政策以及市委决策部署，当好市委参谋助手，及时起草重要文稿、报告有关情况、反映问题、提出意见建议，为市委决策提供服务。（2）负责市委日常文电的处理，及上级文件、上级领导同志批示的落实和催办工作。（3）研究部署职责范围内的工作，按照规定制定审核备案党内规范性文件，抓好组织实施和督促落实。（4）围绕市委工作总体部署，收集信息、反映动态、综合调研。（5）负责会务工作的协调服务、联络沟通及相关保障等工作。（6）负责机关党的建设工作、本单位群团工作、市委机关事务服务工作。（7）代管市委防范办、市国家保密局、市委机要局、市专用通信局。（8）承办市委和上级党委办公部门交办的其他事项。

【以文辅政】 2019年，市委办公室共起草各类综合文稿433篇210余万字，其中撰写会议讲话112篇，汇报报告83篇，市委重要文件22篇，批示信件发言73篇，其他材料143篇。完成中央、自治区党委领导在鄂尔多斯市考察调研期间的座谈会（汇报会）7次，自治区开到鄂尔多斯市电视电话会议29次；配合自治区党委办公厅完成在鄂尔多斯市召开内蒙古黄河流域生态保护和高质量发展座谈会、协助中延会完成庆祝新中国成立70周年与弘扬延安精神理论研讨会、抽调参与第七届库布其国际沙漠论坛等重要会议活动；完成市委四届七次、八次、九次全会，市委理论中心组学习、脱贫攻坚、扫黑除恶专项斗争、主题教育、乡村振兴等系列会议活动104场（次）；协助部门承办种类会议活动55场（次）；组织服务市委常委会会议39次，制定市委理论学习中心组集体学习方案14份，组织服务中心组集体学习研讨会3次，市委书记专题会议、秘书长议事协调会议20余次，转办市委领导批示235件。

【办文办会】 全年市本级发文5211件，同比精简51%。以市委和市委办公室名义印发各类文件385件，其中印发四类文件143件，同比下降42.8%。提高公文运转效率，全年共办理中央、自治区及下级来文1103件，办结率达100%。完成全市清理规范“一票否决”和签订责任状工作任务，“一票否决”事项取消38项，签订责任状事项取消174项。完成2014年至2019年市委议事协调机构清理调整规范工作，市委议事协调机构由原来195个精简为69个，清理126个。2019

年，市本级共召开会议 316 次（2018 年同期 590 次），同比精简 46%（其中：市委及市委工作部门精简 38%，市政府及工作部门精简 51%）。年内，共制定印发各类规范性文件 65 件，向自治区党委备案 65 件，备案率和及时率均达到 100%。加强规范性文件对下审查工作，全年共审查各旗区党委向市委备案的规范性文件 330 件，向有关旗区书面下达规范性文件备案审查通知书 27 份。历时 4 个月开展市委第二次规范性文件集中清理工作，起草并发布《鄂尔多斯市委关于废止、宣布失效和修改部分规范性文件的决定》，对 132 件同党章和党的理论路线方针政策相抵触、同宪法和法律不一致、明显不适应现实需要、已被新规定涵盖或者替代的规范性文件予以废止；对 51 件调整对象已消失、试用期已过的规范性文件宣布失效；对 19 件规范性文件予以修改；对 10 件涉机构改革类文件一揽子修改。

【督察督办】 年内，开展各类督查调度 24 次，盯办落实市委领导批示事项 20 件，呈报《督查专报》《督查通报》《督查快报》《落实与反馈》等 159 期，得到市委领导批示 21 件次。承办自治区党委办公厅部署的督查调研任务和交办事项 55 件次，办理人民网网民留言 62 件，向自治区党委督查室上报督查稿件 68 篇，被《内蒙古督查》采用 20 篇。制定《统筹规范督查检查考核工作措施》6 条、《督查检查考核负面清单》14 条，全年市本级确定年度任务 68 项，实际开展 65 项，较 2018 年下降 74%；各旗区全部控制在 58 项以内，降幅达到 50% 以上。年内，推动化解中央脱贫攻坚专项巡视交办的 106 件信访件，其中康巴什区处置化解经验被中纪委推广；推动解决中央环保督察及“回头看”反馈涉及鄂尔多斯市的 16 项任务，剩余 1 项任务完成序时目标任务；督促解决人居环境方面问题 200 余个，民间投资项目库中新增加项目 20 个、新办理环评土地林草等手续 100 余项，解决部分部门不进驻政务服务大厅、便民服务不到位、网上审批率低等问题，推动化债年度任务按时完成。

【信息报送】 全年上报自治区信息 2853 条，被自治区采用 289 条，自治区领导批示 16 条。其中，《鄂尔多斯市深入践行“库布其模式”推动荒漠化治理不断取得新成效》《达拉特旗创新光伏治沙模式走出一条经济效益、生态效益、社会效益有机统一的沙漠治理之路》《鄂尔多斯市强化债券全流程管理有效支撑项目建设》被自治区《工作交流》单篇采用。全年编发《要情参阅》250 期 1494 条，编发《参阅专报》64 期 64 条，牛俊雁书记批示 12 条;《鄂尔多斯信息（专报）》编发 36 期 175 条;《工作交流》编发 14 期 54 条，批示 6 条；刊发《鄂尔多斯信息快报》72 期，市委领导批示 12 期；编辑《应急要情参阅》78 期，市委主要领导批示 11 期；向自治区党委上报《鄂尔多斯信息专报》21 期。

【综合服务】 精心安排、统筹处理市委领导的新闻采访、会见接待、来信来访、公务考察、下乡调研等具体工作，实现“零失误、零差错”。推进车辆管理科学化、车辆保障规范化、车辆服务优质化，实行网上派车、全程监管，全年未发生违规用车现象，实现安全行车 40 余万公里。执行财务管理和资金管理制度，严格预算管理和报销审签，“三公”经费完成预期压缩目标。

【全面深化改革】 全年组织召开 7 次市委全面深化改革领导小组会议，推动各旗区各部门落实各项改革任务，确保改革取得实实在在成效。印发《中共鄂尔多斯市委员会全面深化改革委员会工作规则》《中共鄂尔多斯市委员会全面深化改革委员会专项小组工作规则》《中共鄂尔多斯市委员会全面深化改革委员会办公室工作细则》等重要文件。加强机构建设和人员配备，明确专门科室具体负责各项改革任务落实，相关科室各明确 1 名工作人员负责改革工作，配齐配强工作力量。定期召开专题会议研究部署改革工作，对各项改革推进情况及时部署、实时调度、动态更新。按照中央、自治区和市委的统一部署要求，年初制定《鄂尔多斯市机构改革方案》以及9个旗区机构改革方案。截至2019年9月30日，完成41个涉改部门“三定规定”的审核制发任务。

组织工作

【中共鄂尔多斯市委员会组织部领导名录】

部　　长：刘瑞杰

常务副部长：王雪峰

副 部 长：杨卫东

乌　东

张鹏程

【概况】 中共鄂尔多斯市委员会组织部，是市委主管党的组织、干部工作和人才工作的重要职能部门。2019年，市委组织部下设办公室、组织一科（挂鄂尔多斯市党代表代会联络办公室）、组织二科、组织三科、组织四科（挂中共鄂尔多斯市非公有制经济组织和社会组织工作委员会办公室牌子）、干部一科（挂公务员管理办公室牌子）、干部二科、干部三科、干部监督科、干部教育科、综合考评科、人才工作科、市委党建的建设工作领导小组办公室秘书科等13个内设科室，干部人事档案管理中心1个事业单位，党员教育中心、研究室、信息中心3个参公事业单位。编制总数68个，其中行政编制31个、事业编制36个、工勤编制1个。职能职责：（1）研究和指导全市党的组织建设，主管全市党员的管理和发展工作，指导全市党的建设的理论研究。（2）指导全市领导班子的思想作风建设；提出由市委管理的领导班子调整、配备的意见和建议；负责市委管理干部的考察和办理任免、工资及有关待遇的审批手续；负责市直党群口和旗区机关的科级干部的备案审查和宏观管理工作；承办部分干部的调配、交流、安置等事宜。负责市党群系统和有关单位参照执行《国家公务员条例》相关工作。（3）负责市属重点国有企业领导班子建设和领导人员管理工作。负责市国有重点企业党的建设和思想政治工作。（4）负责全市党政领导班子和领导干部实绩考核工作的宏观指导；对旗区、市直各部门党政领导班子和领导干部进行实绩考核。（5）研究制定全市干部队伍建设的有关政策、规划、制度，组织落实培养选拔优秀中青年干部工作，负责对全市县处级后备干部的考核培训和管理工作，负责优秀大学生选调工作。（6）研究和指导全市党的组织制度和干部人事制度的改革，制定或参与制定全市组织、干部、人事工作的重要政策和制度。（7）负责全市组织工作、干部工作、人才工作的督促检查，及时向市委、上级组织部反映重要情况并提出建议。（8）主管全市党员、干部教育工作。研究制定教育培训的政策、规划，宏观管理和组织实施对市委管理干部、中青年干部和组织部门负责人的培训；组织指导、检查全市党员、干部教育工作。（9）负责全市党员和干部的统计工作；负责市委管理干部的档案管理工作，并对全市干部档案管理工作进行指导。（10）承担市人才工作领导小组及其办公室的日常工作，对全市人才工作和人才队伍建设进行宏观指导、综合协调和监督检查，统筹抓好体制机制构建、政策规划制定、人才队伍建设、载体平台打造和创新创业环境营造等工作。（11）负责全市离退休干部工作的宏观管理，制定或参与制定离退休干部工作的有关政策。并管理市委老干部局。（12）协助中央、国家部委、自治区管理驻市单位的领导班子和领导干部。（13）承办市委和自治区党委组织部交办的其他事项。

【从严治党】

政治建设　始终把旗帜鲜明讲政治摆在首位，学习宣传贯彻习近平新时代中国特色社会主义思想和党的十九届四中全会精神，对习近平总书记的重要讲话和重要指示批示第一时间组织传达学习、开展教育培训，重点抓好贯彻落实工作，引领带动党员干部群众牢固树立“四个意识”（政治意识、大局意识、核心意识、看齐意识），坚定“四个自信”（中国特色社会主义道路自信、理论自信、制度自信、文化自信），以实际行动践行“两个维护”（坚决维护习近平总书记党中央的核心、全党的核心地位，坚决维护党中央权威和集中统一领导）。

制度建设　围绕从严治党的根本性问题，落实自治区深化党建制度改革总体要求，印发2019年党建制度改革任务台账和试点工作台账，确定5个方面16项改革任务。截至年底，已完成10项改革任务，其余需顶层设计的6项任务处于开展前期准备工作阶段。

考核问责　从严落实主体责任“签字背书”制度，逐级开展年度基层党建述职评议考核，开展市直部门党组（党委）书记抓党建工作述职。自治区党委述职评议反馈的3条问题和市委述职评议反馈的33条问题已全部整改完毕。

【“不忘初心、牢记使命”主题教育】

预热动员　思想引导上，组织开展庆祝中国共产党成立98周年系列活动，利用党委（党组）理论学习中心组、“双休日大讲堂”、“三会一课”开展学习教育，并表彰和宣传一批“两优一先”对象，以身边事教育身边人，使预热走深走实，力戒形式主义。组织保障上，要求各旗区各部门提前落实好专班专人，制定好工作计划，围绕主题教育开展党组织活动，力争在预热中有效提升党员干部的群众观念，有效回应群众的所需所盼。建成鄂尔多斯主题教育展厅的同时，启动鄂尔多斯党员政治生活馆，共有近200个党组织5000名党员入馆受教。

学习教育　坚持以思想教育打头，市四大班子领导带头抓学习，举办主题教育集中读书班，先后开展3次集中专题研讨。利用庆祝中华人民共和国成立70周年契机，在全市开展“歌唱祖国、建设家乡”系列活动。落实习近平总书记关于学习党史、中华人民共和国史的重要指示要求，挖掘鄂尔多斯市红色教育资源，通过举办“不忘初心、牢记使命”主题教育资料展览、到鄂尔多斯主题教育展厅接受“不忘初心、牢记使命”教育、到鄂尔多斯市党员政治生活馆开展主题党日、在城川民族干部学院开展实地体验教学等多种方式，引导党员干部传承红色基因、筑牢信仰根基。组成“不忘初心、牢记使命”主题教育巡回宣讲团，开展宣讲15场次，受众近一万人。创新开展“不忘初心、牢记使命——2019我的电影党课主题活动”，拓展党课内容和形式，有关做法在全国“学习强国”平台宣传报道。

调查研究　按照自治区“大学习大讨论”要求，重点就当前制约鄂尔多斯市经济发展中较为突出问题，开展调研，在市级层面形成专题对策调研报告20篇，全市县处级干部共形成212篇调研报告。坚持检视问题贯穿全程，在预热阶段，就坚持检视问题先行，积极承接自治区第一批主题教育相关整改任务。第二批主题教育启动后，市委检视反思存在的差距不足。市四大班子领导通过征求群众意见、对照党章党规查摆、调查研究发现等方式，共检视出问题112条，全市各层面共形成问题台账998条。

整改落实　市委主题教育领导小组办公室统筹推进全市专项整治和面上整改落实工作。坚持清单化管理、项目化推进，截至年底，13个专项整治细化分解217个问题，已整改完成153个。各地各单位梳理专项整治和面上整改的1888个问题，已整改1330个。自治区“开门纳谏”交办的124个问题，已整改完成89个；市委收集的22条问题建议，已反馈答复21条，正在整改1条。全市各地各单位收集群众意见建议1238条，立行立改解决问题429个。通过“整改进行时”专栏，及时公布整改成果，自觉接受群众监督。截至年底，已公布19期、55个整改结果。

【队伍建设】

教育培训方式 结合鄂尔多斯实际，制定出台《2019—2022年鄂尔多斯市干部教育培训工作实施意见》等一系列文件，对全市干教工作重点任务做出规划部署。新打造桃力民爱国主义教育培训中心、巴润哈岱基层干部教育培训基地，截至年底，全市纳入管理台账的培训基地、教学点共38个，其中，城川民族干部学院入选中组部和自治区党委组织部干部党性教育基地名录，城川红色教育培训中心、鄂托克旗桃力民爱国主义教育培训中心入选自治区干部党性教育基地名录。不断完善评学考学督学一体化管理体系，创新构建学时学风量化融合、线上线下共享融合、定量定性考评融合机制，入选中组部优秀组织工作案例。选派10名县处级干部到旗区、部门挂职。

干部选任机制 全面贯彻落实全市“四类干部”培养选拔工作规划和《关于适应新时代要求大力发现培养选拔优秀年轻干部实施方案》《关于进一步激励广大干部新时代新担当新作为的实施方案》，分别制定任务分解落实项目书。制定《鄂尔多斯市属高等院校内设机构领导人员管理暂行办法》《鄂尔多斯市直属国有企业领导人员管理办法（试行）》，从制度层面对高校内设机构领导人员和国企领导人员的管理作出规定，消除政策盲点。对各旗区、市直各部门领导班子运行情况及优秀年轻干部队伍建设工作开展专项调研，重点掌握一批有培养潜力的正科级、副科级和相当职务的年轻干部。结合机构改革，全年共选任县处级干部180人，其中提拔101人、平职交流67人、免职12人。

考核与监管 对“五位一体”考核体系进行修改完善，加强平时考核，完善“数字化考评”体系，完成年终考核验收，在对考核对象横向比较的基础上，创新开展纵向分析对比工作，设立并评选出9个旗区和26个市直部门创新工作奖。完成8批次220名领导干部的个人有关事项抽查核实工作，按照10%比例要求开展年度随机抽查工作。按时完成中组部反馈的8名领导干部个人有关事项报告查核验证工作。2019年，因漏报瞒报问题，责令作出书面检查25人、诫勉12人。全年共提醒106人次，函询9人次，诫勉15人次。按照“一报告两评议”工作要求，对评议结果进行“一对一”反馈，对满意度偏低的部门主要负责人进行组织约谈。推进干部人事档案管理工作规范化，已完成1073卷市管县处级干部档案的初审和复审工作。县处级干部的数字化档案更新工作已全面启动。

巡视巡察反馈问题整改 按照自治区党委第四轮、第五轮巡视反馈要求，对伊金霍洛旗、康巴什区、准格尔旗、乌审旗、杭锦旗、鄂托克前旗巡视反馈问题整改情况进行审核把关和调度推进。截至年底，第四轮巡视反馈的25个选人用人问题和12个组织工作方面问题、第五轮巡视反馈的52个选人用人方面问题和59个组织工作方面问题，全部完成整改。对市委第六轮巡察反馈的17个市直部门（单位）的56个组织工作方面问题整改情况进行把关和调度，截至年底，已经整改完成49个，7个问题正在推进。

机构改革 制定《鄂尔多斯市机构改革方案》《鄂尔多斯市机构改革实施意见》，明确改革的施工图、路线图和时间表，职能划转、人员转隶工作均按期完成。机构改革共涉及职责划转部门37个；涉及转隶行政编制人员43名，事业编制人员309名，工勤人员20名；涉及整建制划转的内设科室29个，整建制划转事业单位13个。改革后，市本级党政部门减少7个，旗区党政机构严格按照方案在规定的机构限额内进行设置，领导职数和内设机构总数均较改革前有所减少。

公务员管理 按改革总要求，完成公务员工作改革划转运行工作。加强学习新修订的《中华

人民共和国公务员法》，开展职务职级并行工作，7月完成《〈中华人民共和国公务员法〉实施方案》的制定，并全面启动部署公务员职务与职级并行工作。截至年底，已完成市级707名和旗区3377名非领导职务人员的套转工作和职数核定及备案工作。

【基层党组织】

农村牧区党建　修订完善《全市各领域党支部规范化建设指导意见》。集中开展农村牧区基层党组织“五好三提升”创建活动。736个嘎查村“一村一档”，形成每个嘎查村全面翔实的党建体检档案。排查出全市软弱涣散嘎查村党组织69个，全部在市委组织部挂牌督办整顿转化。开展扫黑除恶专项斗争，对不符合条件、不胜任现职的嘎查村干部实现“届中调整”常态化，对全市排查出不符合任职情形的嘎查村干部44人，全部进行清理并补齐配强。建立完善包联驻村工作长效机制，持续发力推进脱贫攻坚和乡村振兴，举办鄂尔多斯市第二届农产品展洽会和第一届乡村特产年货节，搭建消费扶贫平台助力脱贫攻坚。把发展壮大嘎查村集体经济作为旗区、苏木乡镇、嘎查村三级“书记工程”，集体经济经营性收入5万元以上的嘎查村占比从2018年底的57.5%（432个）增加到2019年底的92.7%（682个）。

城市基层党建示范市建设　形成和“组织联结、干群结对”包联工作机制，统筹体制内和社会力量，将城市“一核心三融合”党建工作机制街道社区内2430多个党组织、8万多名党员、12万名志愿者凝聚在一起，共享一个“朋友圈”。全面推行“365”精细化服务法，将资源力量精准投放，开展精细服务。通过召开经验交流视频会、重点任务调度会，下发包含50项内容的重点任务项目书，支持和鼓励基层建成41个示范点，推动城市基层党建重点任务落实。东胜区“365”精细化服务法促党建引领基层治理、鄂托克旗构建“小城镇大社区”格局被评选为全国城市基层党建优秀案例。达拉特旗推进网格治理信息化“全响应”，伊金霍洛旗“社区暖心事”服务群众“零距离”，康巴什区建设“党员政治生活馆”等典型经验和务实做法，为鄂尔多斯市建设全国城市基层党建示范市，充实新内容，丰富新内涵，打造新样板。

非公有制经济和社会组织党建　开展评星定级工作，伊泰集团、鄂尔多斯集团和准格尔义工协会被自治区命名为“双强六好”和“六个好”党组织。伊泰、乌兰集团完成自治区党建入章程试点任务。总结鄂托克旗、伊金霍洛旗党员分类管理试点经验，启动在全市推广工作。借助发展党员档案审核，对部分规模以上企业和社会组织规范化建设进行现场调研督查指导。形成以亿利金威社区“三融三共”社企共建、律师行业协会“社区驿站”为代表的区域党建融合体。举办全国性的“相聚草原、社工论剑”论坛，累计投入“三社联动”资金1490多万元用于政府购买社会组织服务。出台激励补助政策，掀起社工“国考”热，1797人获得证书，其中中级社会工作师1096人，占全区一半以上。推行社会组织和党组织、优秀“社工”和党员“双孵化、双培养”的工作机制，应用社会工作“党建工作坊”方法创新组织生活。高规格召开全市民营企业座谈会。结合机构改革全力推进市旗区两级非公党工委实体化运行。市旗累计选派党建指导员1381名。766家非公有制企业主动承担社会责任，助力脱贫攻坚、乡村振兴，持续扩大“百企帮百村”成果。

其他各领域党建工作　严格落实机关领导干部双重组织生活制度，加强涉改单位党建工作，开展“一机关一品牌”创建活动，着力解决“灯下黑”“两张皮”的问题。制定印发《关于加强公立医院党的建设工作方案》，推动卫健党工委实体化运行。落实高校党委领导下的院（校）长负责制、党组织规范化建设、培育配备“双带头人”等20项重点工作任务。发挥市旗区两级国资委（局）行业主管部门抓党建的职能作用，在伊金霍洛旗试点设立国有企业党工委。发挥棋盘井、蒙西、装备制造基地3个自治区党建示范园区的典型引领作用，推动园区与苏木乡镇、企业、行业监管部门党建工作融合，助力生产经营高质量发展。

强化党员教育管理　制定2019年发展党员指导性计划，按要求完成自治区下达的2712名新党员发展任务。严格党支部民主评议党员工作，对全市2018年被评定为“不合格”等次的216名党员，全部予以组织处置。对鄂尔多斯党员教育微信公众号进行升级改造，2017—2019年连续3年荣获“全市最具影响力政务微信”称号。在全区党员教育电视片观摩交流活动中，鄂尔多斯市连续3届获奖总数和一等奖数量在各盟市中名列第一。

【人才工作】

人才工作体制机制改革　围绕人才管理使用、激励服务等方面，制定《引进高层次人才购房补贴实施办法》《人才服务卡管理办法》等“人才新政30条”配套实施细则。实行事业单位“绿色通道”引才，设立人才专项编，引进各类紧缺人才106人。

人才发展平台建设　发挥驻外人才工作站优势，先后举办鄂尔多斯氢能产业研讨推进会、走进同济大学专场招聘推介会等人才活动22场次，推动吴孟超院士肝胆外科工作站、氢能重卡产业化等13个项目落实落地。推进人才改革试验园区建设，创建“互联网+”区域创新资源共享平台，推动国家工程研究中心内蒙古分中心、朵日纳硒科院士专家工作站揭牌运营。建成国家科技企业孵化器2个，自治区级高层次人才创新创业基地、企业研发中心等各类人才载体平台12个、市级30个。承办第七届呼（和浩特）包（头）鄂（尔多斯）人才创新创业周分会场活动，累计达成正式签约和意向性合作协议19个，初步达成意向性协议签约资金31.3亿元。

人才队伍建设　持续加强高层次人才和团队引育。培育自治区级产业创新创业人才团队5个、领军人才1名、“草原英才”10名，获人才开发基金支持3人。抓实本土优秀人才培养。评定认定市级“四类”英才90名、优秀人才突出贡献奖专家21名、优秀科技特派员10名，培育产业创新创业人才团队9个，滚动支持人才团队11个。抓好基础实用型人才培育。开展赴外引才、专项招才等人才交流活动12场次，达成初步就业意向5600多人，实现就业1194人。举办农牧、卫计、教育等领域人才培训500多期，培训人才近5万人次。

人才服务　坚持政治引领和联系服务相结合，组织市旗两级常委班子成员对93名专家人才进行走访慰问。组织38名高层次人才赴外休假疗养，为94人提供免费健康体检。组织科技、农牧等领域专家开展服务基层活动1933批次、5039人次，有效解决农牧民种养殖、医疗保障等各类困难问题800多个，服务农牧民4.8万余人次。推进“人才服务年”活动，为高层次人才发放“人才服务卡”和“天骄行卡”，在交通出行、卫生健康等9个领域提供便捷高效服务。扎实推进人才工作信息化建设，采集入库3330家企事业单位11万名人才信息。

宣传工作

【中共鄂尔多斯市委员会宣传部领导名录】

部　　长：苏翠芳（女）

常务副部长：陈　曦（1月任职）

副 部 长：杨雨龙（3月任职）

市纪委监委派驻市委宣传部纪检监察组组长：

郭　磊（女）

【概况】 中共鄂尔多斯市委员会宣传部是鄂尔多斯市委主管意识形态方面工作的工作机关，为正处级，列市委工作机关序列，挂鄂尔多斯市对外宣传领导小组办公室（鄂尔多斯市政府新闻办公室）牌子，对外加挂鄂尔多斯市精神文明建设委员会办公室、鄂尔多斯市新闻出版广电局牌子。内设办公室、调查研究室、舆情信息督查科、宣传教育科、理论科（意识形态工作责任制专项巡察工作办公室）、新闻科、文艺科、国有文化资产监督管理委员会办公室、对外宣传科、思政科、精神文明建设综合协调科、精神文明建设创建管理科、未成年人精神文明建设科、志愿服务科、广播电影电视行业管理科、新闻出版版权管理科、反非法反违禁科（“扫黄打非”办公室）、干部科、机关党委等 19 个科室和市创建指导中心、市委讲师团、市新媒体中心 3 个所属事业单位。核定编制 78 名，其中行政编制 26 名，事业编制 47 名，工勤编制 5 名。

【理论武装】 严格落实《党委（党组）理论学习中心组学习实施细则》，鄂尔多斯市委理论学习中心组形成“思想再解放、笃行新发展理念，推动高质量发展大学习大讨论”调研报告 91 篇，举办学习贯彻党的十九届四中全会精神座谈会，开展各类宣讲 2900 余场次，“学习强国”平台全年人均积分在全区 12 个同级管理组中排名第一。推出《“巴雅尔开讲啦”空中讲吧》系列微音频，“巴雅尔开讲啦”工作室和城川民族干部学院入选自治区社科普及基地。

【新闻宣传】 开展习近平总书记参加十三届全国人大二次会议内蒙古代表团审议时的重要讲话精神、在内蒙古考察时的重要讲话精神和第二批“不忘初心、牢记使命”主题教育、“三大攻坚战”、扫黑除恶专项斗争等主题宣传活动，浓墨重彩地开展庆祝中华人民共和国成立 70 周年宣传活动，在中央、自治区主流媒体发稿 1200 余篇（条）。第七届库布其国际沙漠论坛、第十届中蒙新闻论坛等重大主场外宣活动开展得有声有色。鄂尔多斯广播电视台完成高清化改造，“天骄云”市级融媒体平台上线，9 个旗区融媒体中心全部挂牌运行。鄂尔多斯市被评为全区“2019 年度盟市融媒体中心建设先进单位”，东胜区在全国媒体深度融合推进会上作典型发言，“两中心”融合建设获评自治区宣传思想文化工作创新奖。

【精神文明建设】 全市文明城市群建设再上新台阶，在全区文明城市测评中包揽五个类别全部第一，康巴什区获评全区文明城市，实现自治区级以上文明城市全覆盖。召开全市新时代文明实践中心、融媒体中心建设暨新时代农牧民素质提升“千村示范、万村行动”工作推进会，建成示范嘎查村 34 个，3 个旗区被纳入全国新时代文明实践中心试点，1 个旗被纳入自治区新时代文明实践中心试点。全区首部文明行为地方性法规《鄂尔多斯市文明行为促进条例》获准实施。“舞台上的思政课”入选自治区宣传思想文化工作优秀创新案例。2 人获评第七届全国道德模范提名奖，承办全区乡村学校少年宫项目建设推进会。

【文化、新闻出版与广播影视】 持续打响“天骄圣地 鄂尔多斯”文旅品牌，推出鄂尔多斯草原丝路文化旅游节、美丽乡村文化旅游节、第五届鄂尔多斯诗歌那达慕等文旅活动 80 余项，组织开展“鄂尔多斯文化神州行——2019 成都活动周”“看中国·外国青年影像计划”等文化交流活动，在晋陕宁、长三角、珠三角等地开展文旅推介 12 场。与人民网共同举办“文创链接未来”创投高峰论坛暨第三届鄂尔多斯文化创意大会，现场签约成交额 1.2 亿元，推出“鄂尔多斯礼物”文创产品 28 款。民族音乐剧《这片草原》、蒙古语舞台剧《茫瀚巴拉尔畅想曲》入选国家艺术基金资助项目，舞蹈《黑缎子坎肩》荣获中国舞蹈“荷花奖”金奖，9 部文艺作品获评自治区“五个一工程奖”。对全市 127 家印刷企业、354 家出版物发行单位、35 个连续性内部资料进行年度核验。

以“4·26”世界知识产权日为契机，开展2019年侵权盗版及非法出版物集中宣传和销毁活动。持续加强政府机关和企业软件正版化。强化广播电视行业管理，开展“3·15”打击非法销售安装使用卫星广播电视接收设备专项行动。

【意识形态工作】 落实“意识形态工作责任制基层落实年”各项任务，常态化开展意识形态阵地排查，扎实推进意识形态阵地网格化管理，对44个部门单位党组织开展专项巡察。鄂尔多斯市“扫黄打非”工作领导小组办公室获评全国“扫黄打非”先进集体。召开鄂尔多斯新媒体大会，成立全市网络社会组织联合会。创新“日分析、周研判、月会商、重大舆情随时会商”机制，通过领导小组综合会商和重点部门专题会商，对60多个市直部门、9个旗区实现常态化调度，平稳处置“准格尔旗大塔村土地补偿问题”等一批重大舆情。

【中华人民共和国成立70周年宣传】 组织开展中华人民共和国成立70周年各类庆祝活动569项，“我和我的祖国”快闪、“我爱你中国”大型合唱比赛、“守望相助好家园”农牧民文艺会演激荡爱国情怀，“壮丽70年 奋斗新时代”主题采访凝聚奋进力量，民族歌舞《草原赞歌》和音乐剧《石榴红了》在人民大会堂上演，报告文学《库布其与世界》出版发行，电影《坐着火车上北京》获得2019年第十一届新西兰中国电影节金蕨叶奖。

【鄂尔多斯市精神文明创建指导中心】 鄂尔多斯市精神文明创建指导中心承担全国城市文明程度职数测评、全国未成年人思想道德建设工作测评和全国文明城市复查测评工作的安排部署、组织实施和督查检查工作；承担自治区文明程度指数测评、文明城市区、旗县城测评工作的指导、协调和落实工作；承担开展全市文明程度指数测评工作。核定事业编制34名，其中科级领导职数4名（1正3副）。

【鄂尔多斯市委理论讲师团】 鄂尔多斯市委理论讲师团承担在职干部的理论宣传、理论教育任务。核定事业编制8名，其中科级领导职数3名（1正2副）。

【鄂尔多斯市新媒体中心】 鄂尔多斯市新媒体中心承担中心战略发展方向规划工作；开展年度、季度或重大主题性选题策划、宣传报道组织实施工作；对“鄂尔多斯发布”微博、微信新媒体平台和“印象鄂尔多斯”论坛帖吧、视频网站、网络电台公众账号维护；承担新媒体平台信息的采访、编辑、发布、存储、互动等工作；新媒体中心数字化平台建设、网络技术设备维护、新技术新应用研发以及品牌推广；承担联络市内外网络文化名人、知名博主、新兴网络文化创作者建立互联网统一战线工作；承担鄂尔多斯文明网的维护、管理、建设、组织测评等相关工作。核定事业编制5名，其中科级领导职数5名（2正3副）。

（杨 东）

统战工作

【中共鄂尔多斯市委员会统一战线工作部领导名录】

部　　长：高占胜
常务副部长：额尔敦巴图（蒙古族）
副 部 长：刘占平
　　　　　雷·斯仁（蒙古族）
　　　　　丁 玲（女）
　　　　　林永刚
派驻纪检监察组组长：耿 涛（女）

【概况】 中共鄂尔多斯市委员会统一战线工作部（以下简称市委统战部）是鄂尔多斯市委主管全市统一战线工作的工作机关，内设办公室、研究室、干部科、民族工作科、非公有制经济工作科、台湾工作与事务科、侨务工作科、宗教工作科、宗教事务科以及机关党委10个科室。机关行政编制20个，事业编制11个，工勤编制3个；实有人员32名。

【党外知识分子和新的社会阶层人士统战工作】 制定《鄂尔多斯市2019年度政党协商计划》。会同相关部门完成对11名政协委员的增补工作。组织各民主党派、工商联、党外知识分子、新的社会阶层人士代表参加《2019年政府工作报告》征求党外人士意见会，召开2019年重点调研课题协商座谈会；向自治区推荐6名县处级党外干部参加各类培训班，向市委组织部推荐12名党外干部到苏木乡镇、企业园区、市直部门以及发达地区挂职锻炼。指导鄂尔多斯生态环境职业技术学院和东胜区成立党外知识分子联谊会；加强与民主党派的联系服务，协助民盟市委会举办“庆祝中华人民共和国成立70周年、中国共产党领导的多党合作和政治协商制度确立70周年、中国民主同盟成立78周年”活动和“民盟鄂尔多斯市委2019年度法律服务工作座谈会暨‘公益法律服务咨询日’活动”；选派干部参加自治区举办的学习《社会主义学院工作条例》培训班。协助内蒙古社会主义学院到鄂尔多斯市开展的调研活动，在内蒙古社会主义学院举办1期培训班。

【民族工作】 开展民族团结进步宣传教育，举办“守望相助·民族团结进步成就展”；实施少数民族产业精准扶贫工程，落实少数民族发展资金3745万元；推动创建活动示范单位和教育基地建设，制作民族团结进步创建专题片，推动建设民族团结主题公园；挖掘优秀民族文化内涵，推进“成吉思汗祭祀文化”申报世界非物质文化遗产工作；表彰一批民族团结进步示范户；创建“全国民族团结进步示范市”。

【宗教工作】 市委坚持把宗教工作纳入重要议事日程，并将宗教工作纳入党政领导班子“五位一体”综合考核评价体系，把习近平总书记关于宗教工作重要讲话和批示精神列入全市各级党委（党组）理论学习中心组学习安排中；召开2次中央督查组反馈意见整改工作推进会和2次宗教工作联席会议；抓好中央宗教工作督查整改，列入台账的71个问题全部完成整改；先后5次到宗教团体、宗教活动场所开展调研；将410万元涉及宗教工作经费列入财政预算，保障宗教工作有人管事、有人干事、有钱办事；引导宗教界开展以“守法规强教风喜迎70年大庆”为主题的教风整治活动，推进“十星级宗教活动场所”建设工作；举办全市基层统战干部暨三级宗教工作网络责任人培训班；在全市重大活动期间和重要时间节点开展民族宗教领域维稳工作；印发《关于在宗教界开展假冒宗教教职人员专项治理工作方案》；开展涉宗教出版物、宗教影像制品和非法违法宗教活动专项检查；制定《宗教活动场所安全生产大检查工作实施方案》，定期不定期对全市宗教活动场所进行安全生产大检查。

【非公有制经济领域统战工作】 与市工商联共同选取16家具有代表性的大、中、小、微企业开展春节慰问，组织开展“新春首日访民企调研”活动；建立完善全市“内蒙古民营经济经营管理百企‘千人计划’——企业名录库、企业家人物库”，入库企业110家、企业家150名；推荐乔玉华、张东海、奥凤廷3位民营企业家，参评第五届全国非公有制经济人士优秀中国特色社会主义事业建设者候选人，蒙泰等7家民营企业荣获“中国红十字奉献奖章”。会同工商联完成“鄂尔多斯市非公有制经济大讲堂”“新餐饮、新模式、新发展专题培训班”“中小微企业素质提升培训班”，累计培训700余人次；表彰30家“百企帮百村”优秀帮扶企业；推荐25名企业家和26家企业参与自治区光彩事业优秀民营企业家和企业评选工作；推荐内蒙古蒙西高新技术集团申报“2019年中国光彩事业扶贫贷款项目”；“泛海助学行动”资助贫困大学生480多名；推进“百企帮百村”精准扶贫行动，引导帮扶企业与农牧民建立紧密利益联结机制，全市共有811户企业结对帮扶687个嘎查村，投入资金较2018年增长114%，达到5.31亿元，实施帮扶项目341个。商协会建设成效明显，9个旗区全部获评自治区“五好”工商联，7个旗区获评全国“五好”工商联，实现“五好”县级工商联全覆盖。

【港澳台、海外统战及侨务工作】 组织机关干部学习习近平总书记在《告台湾同胞书》发表40周年纪念会上的讲话精神，并制定学习宣传贯彻的工作方案；严格执行各类涉台活动报告备案管理制度，上报涉台活动2个；组织开展2019“寻根之旅”夏令营、冬令营活动和海外华文媒体采风活动。组织开展华文教育，来自美国、加拿大、西班牙等各国500多名华裔青少年代表学习蒙元文化，与蒙古族学生和鄂尔多斯特殊教育学校的学生开展友好交流活动；完成第四次归侨侨眷代表大会，市侨联换届工作；达拉特旗侨联新村被自治区党委统战部确立为全区侨务工作基层联络点；成吉思汗陵作为自治区首家海峡两岸交流基地正式挂牌，伊金霍洛旗郡王府博物馆成为中国华侨国际交流基地；配合上级完成第22届海峡两岸多砂河川整治与管理研讨会。

（嘎吉德玛）

政法工作

【中共鄂尔多斯市委员会政法委员会领导名录】

书　　记：于新芳
常务副书记：万世斌
副 书 记：付建奇
　　　　　吕俊义
　　　　　高　峰

【概况】 中共鄂尔多斯市委员会政法委员会是市委领导和管理全市政法工作的工作机关，是实现市委对政法工作领导的重要组织形式，为正处级，列市委工作机关序列。主要职责有：（1）深入贯彻习近平新时代中国特色社会主义思想，深入贯彻党的基本理论、基本路线、基本方略和党中央决策部署，坚持党对政法工作的绝对领导，统一政法单位思想和行动，坚决维护党中央权威和集中统一领导。（2）贯彻执行市委和自治区党委政法委部署要求，研究全市政法工作，推进平安鄂尔多斯、法治鄂尔多斯建设，加强队伍建设，深化智能化建设，坚决维护国家政治安全，确保北部边疆安宁，确保全市社会大局稳定，促进社会公平正义，保障人民安居乐业。（3）了解掌握和分析研判全市政法工作情况动态，分析全市社会稳定形势，创新完善多部门参与的综治维稳工作机制，协调推动预防、化解影响稳定的社会矛盾和风险，协调应对和处置重大突发事件。（4）加强对全市政法工作的督查，统筹协调全市社会治安综合治理、维护社会稳定、反邪教有关法律法规政策的实施工作。（5）组织开展政法领域的调查研究，研究拟订全市政法工作的政策措施，及时向市委提出建议。参与全市政法相关政策的起草、修改工作，及时提出相关意见建议。（6）掌握分析政法舆情动态，指导协调政法单位媒体网络宣传工作，指导政法单位做好涉及政法工作的重大宣传工作。（7）监督和支持政法单位依法行使职权，指导和协调政法单位密切配合，研究和协调重大、疑难案件，推进严格执法、公正司法。（8）组织研究全市政法改革中带有方向性、倾向性和普遍性的重大问题，深化政法改革。（9）指导推动全市政法系统党的建设和政法队伍建设。代管市法学会、市反邪教协会。（10）协调推动“雪亮工程”、大数据、人工智能等全市政法、社会治安综合治理信息化建设。（11）完成市委和自治区党委政法委交办的其他任务。市委政法委内设办公室、政治安全科、维稳指导科、综治督导科（专项行动办公室）、基层社会治理科、反邪教协调科、执法监督科、法治科（市司改办）、宣传教育科、信息化建设科、政法队伍建设指导科、考评科等12个处室。机关行政编制20名。社会服务管理信息化中心、市反邪教协会、市法学会为市委政法委所属事业单位，经费实行全额拨款，核定事业编制23名，科级职数共6名（3正3副）。

【维稳工作】

强化情报信息研判　建设应用鄂尔多斯大情报平台、合成作战平台等一批智能化和实战化系统平台，采取“双轨并行”管控模式，定期召开维稳形势分析研判会，预警通知30余次。

特赦工作　协调政法各单位特赦符合条件的服刑人员，取得良好的政治效果、法律效果、社会效果。

重点人员盯控　建立《维稳信访重点人员管控责任制》，对全市71名极不稳定重点人员和36名有极端行为倾向人员，实行市、旗区、苏木乡镇（街道）、嘎查村（社区）四级盯控。进一步健全完善市、旗区、苏木乡镇三级重大不稳定问题清单动态管理制度，纳入市级清单的94件问题已化解72件，列入旗县级化解重大不稳定清单32件、已化解22件，列入苏木乡镇级69件、已化解26件。严格执行领导在岗带班24小时值班备勤、情报信息“日报告、零报告”和“三线联动”等工作机制，完成重大节日和重大敏感期的维稳工作任务。

【扫黑除恶专项斗争】 发挥牵头抓总职责，全面构建全科投入、全员参与工作机制，牵头建立涉黑涉恶案件会商、公检法工作衔接、线索移送承办、非涉黑涉恶问题线索前端审查退出等20项机制制度，组建涉案资产处置协调小组、重点线索联合核查组、重点问题专项整改组，线索核查、问题整改等关键环节进行强力指导推进。完成中央督导及其“回头看”，市旗两级扫黑办组织召开“大三长”（公安局局长、法院院长、检察院检察长）会议44次，召开“小三长”（刑侦队队长、公诉科科长、刑事庭庭长）会议97次，解决公检法机关认识不统一问题，形成高效规范的工作运行体系。强化对下指导，对3个重大案件进行提级督办，对8个重大案件进行集中突破，对10个案件进行严审快判。坚持一周一调度，全年召开调度会17次，其中扫黑办主任调度会13次。组织扫黑除恶专项斗争专家库，加强对涉黑涉恶案件办理的政策指引。聘请区内外专家开展集中培训2次，提升一线办案干警的认知能力和办案水平。强化督导检查，开展扫黑除恶专项斗争督导检查3次，对黄赌毒重点旗区、部位、场所集中开展3轮明察暗访，不断推动专项斗争不断走向深入。截至年底，全市共打掉涉黑犯罪组织3个、恶势力犯罪集团2个、恶势力犯罪团伙2个，破获刑事案件246起，抓捕犯罪嫌疑人736人，查封、扣押、冻结涉案资产近7亿元。

【矛盾纠纷排查化解】 开展“百日行动”和“清仓行动”，发挥全市1014个综治中心、7677名网格员的第一道防线作用，将矛盾化解在萌芽阶段。全市共排查发现矛盾纠纷3490件，已化解3267件，化解率93.61%。

【平安鄂尔多斯建设】

立体化社会治安防控体系建设　制定印发《2019年鄂尔多斯市对旗区社会治安综合治理领导责任制任务清单》，分解21项重点平安建设工作任务。开展“百日安全”、缉枪治爆、打击“黄赌毒”违法犯罪等专项工作。1—11月，全市八类刑事案件同比下降4.96%，受理治安案件同比下降14.59%。对治安问题突出、群众安全感低、影响社会治安稳定因素集中的28个部位和场所进行限期整改，坚决消除治安盲点和乱点。按照“四网一体、一网四级”的巡逻防控模式，组建9支专业化巡逻队伍，将全市主要城镇划分为54个大巡区、1354个单元格，设置2360个巡逻点位，常态化开展24小时巡逻，实现实战状态下5分钟现场见警、15分钟全城响应、30分钟全市“关城门”合围处置效果。视频探头基本覆盖重点单位、要害部位、特种行业、人员密集场所和其他治安复杂区域。按照实有人口5%的比例建强群防群治队伍，社会治安联防人数达到10万人。

特殊人群服务管理　组织开展全市肇事肇祸等严重精神障碍患者专项摸排工作，全市三级以上严重精神障碍患者共1180人，易肇事肇祸精神障碍患者757人，其中肇祸类68人、肇事类81人、其他高风险类608人。落实严重精神障碍患者监护责任“以奖代补”政策，确保应补尽补。健全形成市、旗、苏木乡镇（街道）、嘎查村（社区）四级帮教安置工作网络，全市衔接刑满释放人员1032人，帮教率达100%，安置率97%。强化社区矫正服刑人员服务管理。全市累计接收社区矫正服刑人员5591人、累计解除社区矫正服刑人员4134人，在矫正服刑人员1458人。推进社区矫正中心标准化建设，9个旗区全部建成社区矫正中心。开展“清隐”“清零”“清库”等专项行动，加大对社会面隐性吸毒人员排查、登记、收戒、管控力度，涉毒人员管控率达到100%。印发《鄂尔多斯市全国社会心理服务体系建设试点工作实施方案》，12月召开全市社会心理服务体系建设暨严重精神障碍管理工作推进会，进一步加强社会心理服务体系建设、预防个人极端暴力犯罪工作。

【社会治理】 全面推进苏木乡镇（街道）、嘎查村（社区）综治中心提档升级工作，在每个旗区选定一个苏木乡镇（街道）实施标准化、规范化、实体化综治中心试点建设，通过选定的9个苏木乡镇（街道）的试点打造，以点带面3年内全部完成改造升级工作。全市共有调解委员会1121个、个人工作室42个，道路交通、医疗纠纷、物业纠纷、环境保护人民调解委员会在全市范围内实现全覆盖，信访事项、工商联商事、劳动争议、婚姻家庭、征地拆迁等专业性调解组织相继成立。出台《鄂尔多斯市关于加强人民调解员队伍建设的意见》《鄂尔多斯市关于人民调解员补贴和奖励的实施细则》，对专职人民调解员实行“每月固定补贴＋案件补贴”的报酬制度。全市共有人民调解员4211人，专业调解员322人。制定《鄂尔多斯市推进市域社会治理现代化三年行动计划》，为打造鄂尔多斯社会治理模式升级版，提高社会治理社会化、法治化、智能化、专业化水平奠定基础。推动各旗区加强基层社会治理创新的探索和实践，鄂托克前旗打造“泰稳和德”社会治理品牌入选全国第五届加强和创新社会治理成果交流案例。

【法治鄂尔多斯建设】 落实司法责任制，督促政法单位完善司法责任制配套方案，进一步健全执法司法权力运行监督制约体系。贯彻落实市委、市政府《关于促进民营经济高质量发展的政策措施》，组织开展促进民营经济发展执法检查和司法案件评查，进一步提高全市政法机关的办案质效和司法保障力度，确保民营企业合法权益得到有效保护。不断健全完善公共法律服务体系，各旗区公共法律服务实体平台建设完成并投入使用，共办理民事、刑事、行政等法律援助案件1103件，仲裁案件629件，标的达23.74亿元。做好涉法涉诉信访案件的登记、受理、转接、办理工作，推动解决涉党政机关案件执行难问题，自治区交办的14件涉府案件实行年度“清零”目标。全市政法机关接待登记涉法涉诉事项1957件，受理1531件，导入司法程序352件。加强法学会建设，实现全市9个旗区法学会全覆盖。

【队伍建设】 建立健全重大事项报告制度，市直各政法单位、各旗区政法委报告重大事项78项，党委政法委派员列席同级政法单位党组（党委）民主生活会制度实现全覆盖。将宪法法律和《中国共产党政法工作条例》列为全市政法机关各级党委（组）中心组学习必学内容，市委政法委组织开展理论中心组集中学习21次；举办“维护政治安全”“扫黑除恶专项斗争”“防范社会风险”等各类专题培训班6期，共计培训1300余人次。

推进全市政法干警“124素质提升”工程，政法各部门组织各类培训百余起，累计培训6.3万余人次。推进政法系统“大练兵、大比武、大培训”活动，组织举办各类应急演练、技能比武、实战训练、庭审观摩50余次。聚焦整风肃纪，抓纪律作风，集中整治形式主义、官僚主义和“四官”问题，确保纪律作风整顿有序推进。

【宣传思想意识形态工作】 制定《全市政法系统宣传思想和意识工作方案》，定期召开全市政法部门宣传思想和意识形态工作调度会，围绕中华人民共和国成立70周年等重要节点，相继开设“我和国旗同框”“我的政法情”“大学生应该有的样子”等系列原创专题，强化主流舆论引导。以新媒体建设为切入点，始终围绕中央政法委、自治区党委政法委和市委部署的重大专题、重点工作进行集中宣传报道，“鄂尔多斯政法”微信公众号累计开设活动专题12个，编发原创作品86篇，专题阅读数量位居9月全市各大微信公众号前列。以制度建设为基础，建立全市政法系统宣传工作联络员、通讯员制度、宣传信息工作制度和信息报送月通报制度，举办全市政法宣传思想和意识形态工作培训班，共发展专兼职宣传人员981名，市旗两级政法单位实现新媒通全部入驻。

政策研究

【中共鄂尔多斯市委员会政策研究室领导名录】

主　任：高连山（1月任职）

副主任：丁勇智（1月任职）

杨　云

乔建江（3月任职）

【概况】 中共鄂尔多斯市委员会政策研究室（以下简称市政研室）是鄂尔多斯市委负责综合性政策研究和决策咨询的工作机关，为正处级，列市委工作机关序列。鄂尔多斯市委全面深化改革委员会办公室设在市委政研室。市政研室内设综合科、战略与经济科、生态与农牧科、文化与社会科、政治与党建科、改革协调科、改革督察科、政策资讯科等8个科室。下属鄂尔多斯市专家咨询论证服务中心（原鄂尔多斯市决策咨询委员会秘书处、鄂尔多斯市决策咨询服务中心），为相当科级事业单位。核定编制24名，其中行政编制14名、事业编制7名、工勤编制3名。2019年，市政研室全面聚焦重点课题调研、深化改革推进、专家咨询论证三大主业，形成重点调研报告12篇，市领导累计批示11篇、17次；61项年度改革任务除等待顶层设计外全部完成；发布年度重点研究课题11个。

【调查研究】 2019年，结合自治区党委政策研究室“百村百企百业”调研，对全市18个嘎查村的产业发展、脱贫攻坚、社会治理、基层党建等方面开展蹲点调研，形成14篇调查报告，其中1篇得到自治区党委石泰峰书记批示。

【改革工作】 2019年，市政研室（改革办）分类推进61项年度改革任务，除等待顶层设计外的改革事项外已全部完成，形成改革成果84个。制定鄂尔多斯市《全面深化改革委员会工作规则》《全面深化改革委员会专项小组工作规则》《全面深化改革委员会办公室工作细则》，调整印发专项小组成员名单，谋划部署、会议调度、督察督办、考核评价等改革推进落实机制更加完善。全年召开深改委会议7次，审议通过改革文件14个。对生态文明体制改革、政务服务改革、农村牧区综合改革、民营经济高质量发展等重点改革任务进展情况开展全面督察。委托鄂尔多斯市社情民意调查中心对医联体建设、中小学教育改革、“最多跑一次”改革进行效果评价，通过专项小组评审、专家评审等方式对14项重点改革开展效果评价。加强改革举措复制推广，全市推动建立跨旗区多领域信用联合奖惩机制、探索民生实事项目人大代表票决制和伊金霍洛旗全域推进生态宜居美丽乡村建设、鄂托克前旗探索农村牧区集体“三资代管”等改革举措在《内蒙古改革》等平台推广。

【**专家咨询论证**】 2019年，市政研室（市专家咨询论证服务中心）完成《关于推进干部能下的渠道方式和途径经验研究》等4个历史课题的评审、结题。委托内蒙古人民出版社编印《鄂尔多斯前沿问题研究（一）》，对2017年以来重点课题进行汇编。发布和推动《关于新时代招商引资对策研究》《关于推进我市民航产业转型发展的研究》等11个年度重点研究课题，其中2个课题已基本结题。对《全市实施乡村振兴战略产业振兴扶持办法》等开展咨询论证。先后走访陕西省、广西壮族自治区和西安市、杭州市、嘉兴市、南宁市相关咨询机构，与就专家咨询论证机构设置、运行机制、工作职能等进行考察学习。

【**政策资讯服务**】 2019年，形成《调研报告》10期、《政研专报》4期、《决咨通讯》5期、《改革动态》28期。将《决策参考》作为普遍呈报市领导的基本刊物，全年编印30期。坚持开放式办刊理念，编辑出版《鄂尔多斯工作》4期。组织编印《鄂尔多斯市情手册（2019年）》1万册。办好“鄂尔多斯智库”网站和“鄂尔多斯改革”微信公众平台“一网一平台”，其中“鄂尔多斯改革”微信公众平台全年共发送信息750多条，关注人数达1654人。编辑整理《深化改革和政策研究微信息》300余条，获得市委主要领导批示31条。

巡察工作

【**鄂尔多斯市委巡察工作领导小组办公室领导名录**】

主　任：王　霞（女）

副主任：李　梅（女）

焦党生

【**概况**】 2009年，市委、市纪委参照自治区巡视工作的模式，组建市委督导办和4个督导组（均为非常设机构），对各旗区、各部门、各开发区（园区）进行专项督导。2017年2月，根据内蒙古自治区机构编制委员会《关于盟市、旗县（市、区）设立巡察机构的批复》（内机编发〔2017〕35号）文件精神，鄂尔多斯市机构编制委员会以鄂机编字〔2017〕21号文件对市委巡察办及巡察组设立进行批复，其中：市委巡察工作领导小组办公室（挂巡视工作联络办公室牌子）设在同级纪委，正处级建制，核定处级领导职数3名（1正2副）；3个市委巡察组均为正处级建制，各核定处级领导职数2名（1正1副）。2017年12月6日，市机构编制委员会以鄂机编字〔2017〕331号文件对市委巡察办及巡察组内设机构进行批复，其中：市委巡察办设立综合科、数据管理科、督查整改科、巡视工作联络科4个科室，核定科级领导职数9名（4正5副）；3个市委巡察组各设立1个办公室，各增核正科级领导职数1名；并在原核定18名事业编制的基础上，为市委巡察办及巡察组增核16名事业编制，累计核定编制34名。2019年11月25日，市机构编制委员会以鄂机编发〔2019〕5号文件，对市委巡察办职责机构编制进行调整，内设机构设秘书科、综合科、督查科、指导联络科4个科室，核定行政编制9名。其中设主任1名，副主任3名，科级领导职数5名（4正1副）。2019年11月25日，市机构编制委员会以鄂党编字〔2019〕205号文件，对市委巡察组机构编制进行调整，市委3个巡察组共核定行政编制6名，处级领导职数为6名（3正3副）。2019年10月23日，市机构编制委员会以鄂党编字〔2019〕180号文件，对鄂尔多斯市委巡察工作数据管理中心机构编制“五定”方案进行批复，同意成立鄂尔多斯市委巡察工作数据管理中心，机构规格“为相当于科级事业单位，隶属于市委巡察工作领导小组办公室”，核定事业编制7名（其中新增4名，从市政府服务投诉举报中心调整3名），核定科级领导职数3

名（1正2副）。主要职责：传达贯彻党中央、自治区党委关于巡视和市委巡察工作的决策部署，向市委巡察工作领导小组报告工作情况；负责统筹协调、指导督导、服务保障巡察工作；承担政策研究、制度建设等工作；对市委和市委巡察工作领导小组决定的事项进行督办；指导旗区党委开展巡察工作；联络中央和自治区党委巡视工作；配合有关部门对巡察工作人员进行培训、考核、监督和管理；完成市委、市委巡察工作领导小组交办的其他事项。市委巡察工作数据管理中心的主要职责是：承担全市巡察信息化建设工作；承担对全市巡察数据的管理和应用工作；承担市本级巡察档案收集整理工作，维护管理巡察档案数字化管理系统；承担巡察组长库、人才库、专家智库建设和管理工作。市委巡察组具体承担巡察业务，向市委巡察工作领导小组负责并报告工作。

【统筹协调】 全年共在4次市委常委会会议、2次书记专题会议、5次市委巡察工作领导小组会议上传达上级关于巡视巡察工作重要文件和指示精神，汇报巡察工作，推进巡察主体责任和组织实施责任落实。向旗区委巡察工作领导小组、巡察机构传达自治区党委巡视工作领导小组、巡视办的重要会议和指示精神，促进巡察工作一体谋划、一体推进。统筹谋划2019年巡察工作任务、工作方案，强化工作部署。

【指导督导】 严格执行巡察数据月报制度，准确掌握基层巡察工作动态，定期召开市委巡察办务会议进行集中分析研判，督促旗区严格落实责任，加紧补强短板。制定印发《鄂尔多斯市委巡察办指导督导旗区巡察工作规程》，对旗区巡察监督重点、成果运用、队伍建设和信息宣传等方面提出明确要求，同时附发相关文书材料和报表模板，提高基层巡察工作标准化水平。对各旗区党委巡察工作开展情况进行两轮共18批次的实地督导调研，针对各旗区工作短板和不足进行实时反馈和业务指导，累计发现并以文件形式通报反馈各类问题20余项，并总结形成督查汇报、调研报告等第一手资料，为市委和市委巡察工作领导小组提供决策参考。由巡察工作领导小组组长亲自主持召开全市巡察工作现场推进会，对基层巡察工作情况和存在问题进行大会通报和单独点评，现场研究旗区问题、现场明确整改责任、现场划定完成时限，并要求各旗区巡察工作领导小组组长就自身存在问题和会议指示精神第一时间向本级党委进行汇报，促进旗区党委担负起主体责任，真正把巡察工作作为主责主业抓紧抓实。

【服务保障】 筹备召开四届市委第六轮、第七轮巡察工作动员部署会议，传达上级关于巡视巡察新精神、新要求，安排部署巡察工作任务。开展2轮巡察的准备、了解、报告、反馈、移交、整改6个环节具体工作，保障巡察工作有质有序推进。

【督查整改】 建立分类挂账销号管理机制，针对各单位巡察问题整改情况统一建立台账，并细化分解为完成整改类、正在推进类、整改瑕疵类、反弹回潮类4个类别，实时督办、机动抽查，确保整改工作见底到位。严格对账查账，根据巡察反馈问题制定形成党委书记点人点事办理情况督查表、“三大清单”办理情况督查表等六类督查评估细则，采取听取汇报、民主测评、查阅资料等多种方式逐条逐项“对账查账”，严防选择性整改、过关式整改以及整改工作“走偏路”“挂空挡”等现象。截至2019年底，市委第五轮巡察提出的77个立行立改问题全部完成整改，406个反馈问题已完成整改334个；共给予党纪政务处分32人，组织处理147人；兑付专项资金20064.4万元，化解债务3569.4万元，追缴违规报销费用1.5663万元；修订完善制度166项，并对1名被巡察党组织主要负责人就整改工作进行约谈。截至2019年底，第六轮巡察提出的170个立行立改问题全部完成整改，297个反馈问题完成252个；

共给予党政纪处分11人，组织处理230人；追缴资金和挽回经济损失44.14万元，收回欠款1300余万元；修订完善制度351项，对1名被巡察党组织主要负责人就整改工作进行约谈。

【制度建设】 制定《政治巡察监督检查清单》手册。坚持以“两个维护”为根本政治任务，以“六围绕一加强”（围绕党的政治建设、围绕党的思想建设、围绕党的组织建设、围绕党的作风建设、围绕党的纪律建设、围绕夺取反腐败斗争压倒性胜利、加强对巡视整改情况的监督检查）为重点，以59个“是否”为标尺，借鉴先进地区经验做法，搜集归纳整理政治巡察问题表现7大类437项，形成《政治巡察监督检查清单》手册，以条目化的形式明确政治巡察的各项标准和要求，供巡察组在巡察期间参考借鉴。制定《巡察工作流程图》和《巡察工作指导手册》。通过巡察工作流程图，细化巡察六个环节具体工作流程；通过《巡察工作指导手册》，将开展政治巡察的各项上级精神、制度要求、行文模板、纪律作风归类整理，作为巡察实务工具书，以此指导巡察实践，确保巡察工作不缺项、不漏项，规范化、标准化运行。制定巡察督导细则。针对巡察组组内工作作风、组内建设、工作进展等方面，市委巡察办制定62项督导清单，从严从实督导指导，加强对巡察组及巡察干部的考核管理，指导巡察干部精准规范开政治治巡察，提高巡察质量。以规范化建设年活动为抓手，建立健全职责规范、巡察业务、内控机制三个方面，包括工作规则、协作配合、巡察六个环节、指导督导、岗位职责、办文办会、事务服务、财务管理、纪律作风、党建工作、保密工作9大类64项巡察制度，为依规依纪开展巡察提供制度保障。

【信息化建设】

做好一套保障　市旗区两级巡察机构全面接通纪检监察内网，配备电脑、打印机、照相机、录音笔、密码箱等各类设备，同时将巡察信息化建设费用纳入预算，在资金上予以充足保证。设置巡察信息化建设的专门机构，组建组长库、人才库、专家智库，为巡察工作提供人才保障和专业支持。建成标准化档案室、数据录入室，着力实现纸质档案、数字档案无缝对接。建立健全组长库、人才库、专家智库管理办法，为推进巡察信息化、规范化提供政策依据和制度保障。

运用两大系统　一是运用单机版系统，市旗两级巡察机构组织专门力量采集录入本届党委开展巡察工作以来的各类数据信息，完成巡察数据补录报备工作。在2019年首轮巡察工作中，全面使用单机版系统，通过巡前加强学习培训、巡中加强业务指导、巡后加强信息核实，确保单机版系统得到全面、规范、科学、高效运用。市委第七轮巡察工作中将单机版系统使用情况、问题底稿编制情况纳入督导检查重点内容，确保巡察组真学真用。二是运用内网版系统，通过内网版系统全面了解掌握市本级和各旗区党委巡察全覆盖情况、发现问题及整改情况、移交问题线索及办结情况、机构人员配置情况等，经过数据分析比对，发现工作短板，并两次在全市巡察工作推进会上进行通报，要求各旗区对存在问题举一反三，限期整改，实现“线上数据统计分析，线下推动解决问题”。

创新“五个做法”　一是实施“大数据＋巡察”，市纪委监委建成连接59个部门，涉及68类数据的“大数据预警监管平台”，通过在该平台为巡察机构开通账号，在线提交查询需求，及时反馈查询结果，依托大数据分析比对，突破信息壁垒，精准发现问题，有效提高巡察工作的效率和质量。二是问题线索实时跟踪督办。通过在自治区纪委监委“执纪问责监督管理系统”开通权限账号，实现巡察移交问题线索、处置情况实时查询、跟踪、统计，减少以往处置情况反馈的中间环节，有效提高线索处置效率。三是实现

“远距离”变成“面对面”。利用市、旗两级纪委监委“远程视频接访系统”，组织市旗巡察机构召开视频会议，进行工作部署、问题研判、交流互学等，提高工作效率，减轻基层负担。四是衔接配合线上交互。借助内网邮件系统，实现与纪委案管室、党风室、各纪检监察室在情况通报、督查整改等方面的相互实时沟通对接。五是日常办公简捷化。通过市纪委监委“钉钉办公软件”实现市旗巡察信息联络、非涉密收发文管理、即时通信、办公设备维护、车辆派遣等多项功能，在手机 App 上“一站式”办理。

加强信息宣传　积极向中央、自治区、市级纪检监察、巡视巡察官方网站、微信平台等推送巡察信息，总结、交流、推广巡察经验，营造巡察氛围，树立巡察形象。全年推送巡察信息 30 篇，采用率 90%。

【队伍建设】 开展“巡察规范化建设年”主题实践活动，围绕政治理论、巡察流程、监督作业以及相关文书材料撰写等方面开进行学习研讨和实践锻炼，着力锻造政治优良、业务精湛的高素质巡察队伍。通过“以干代训”的方式，轮替抽调旗区巡察机构干部到市委巡察办工作，并派遣巡察机构干部参加自治区党委巡视 2 人次，到自治区巡视办调训 1 人次，有效提升市旗两级巡察干部综合素质。在用好在编干部和在库人才的基础上，考察抽调市管后备干部和有关部门业务骨干参加市委巡察，并根据专业特点及个人所长合理搭配编组使用，充分发挥巡察战线“熔炉”作用，不断强化巡察后备梯队建设。扎实推进“两学一做”常态化制度化和“不忘初心、牢记使命”主题教育，开展“三会一课”、党员干部轮训、巡察业务集训等学习宣教工作；组织开展观影观展、到户慰问、警示教育、植树造林、合唱参演等主题实践及党日活动，有效提升巡察战线党员队伍的凝聚力和向心力。

【常规巡察】

四届市委第六轮巡察　2019 年 3 月 15 日，市委派出 6 个巡察组对 17 个市直部门单位党组织开展常规巡察，派出 1 个巡察组对承担中央脱贫攻坚专项巡视反馈意见整改任务的 21 个相关部门单位开展专项巡察，派出 1 个巡察组配合自治区党委第五轮巡视工作进行巡视巡察上下联动；同时在市委第六轮巡察期间选取 3 个旗区同步开展交叉巡察。本轮巡察已于 6 月 15 日全部撤组，累计提出立行立改问题 167 个，截至年底，已全部整改完成；反馈“六围绕一加强”相关问题 291 个，中央脱贫攻坚专项巡视反馈意见整改工作相关问题 16 大项；反馈或移交“追责问责”问题 8 件，问题线索 25 件。

四届市委第七轮巡察　2019 年 9 月 4 日，共派出 6 个巡察组对 18 个市直部门单位党组织开展常规巡察，派出 3 个提级交叉巡察组对伊金霍洛旗、乌审旗、杭锦旗 8 个旗直部门单位党组织和 1 个乡镇开展提级交叉巡察。该轮巡察已于 12 月 10 日全部撤组，累计提出立行立改问题 110 个，整改完成 109 个；发现“六围绕一加强”相关问题 417 个，拟反馈或移交“追责问责”问题 7 件，问题线索 28 件。

网络安全和信息化

【中共鄂尔多斯市委员会网络安全和信息化委员会办公室领导名录】

主　任：章晓萍（女）

副主任：张小平

　　　　乔锦丽（女）

【概况】 中共鄂尔多斯市委员会网络安全和信息化委员会办公室（以下简称市委网信办）是鄂尔多斯市委网络安全和信息化委员会的办事机构，成立于 2019 年 3 月 27 日，承担鄂尔多斯市委网络安全和信息化委员会日常工作，为正处级，列市委工作机关序列。对外加挂鄂尔多斯市互联网信息办公室牌子。市委网信办共配备处级领导5名，其中主任1名、副主任2名、副调研员1名、副处级待遇干部1名。核定行政编制11名，主任1名、副主任2名；内设综合科、网络应急管理与政策法规科、网络新闻传播与社会评论科、网络安全科、信息化发展与技术科等5个科室和1个市互联网行业党建办公室，科级领导职数8名（6正2副）。市委网信办成立二级所属事业单位（市网络舆情应急中心），正科级建制，核定事业编制32名，核定科级领导职数4名（1正3副）。

【两个工作责任制】 将党委（党组）网络意识形态工作责任制和网络安全工作责任制纳入党建责任制和领导班子实绩考核。“日分析、周研判、月会商、重大舆情随时会商”工作机制运行良好。全市共召开12次月度舆情信息联席会商暨意识形态工作调度会议，开展1次全面督查、2次专项督查、1次专项自查和1次专项抽查。

【网络内容建设】 精心组织习近平新时代中国特色社会主义思想网上宣传，开通专栏、新媒体头条推送1万余条（篇），“100万+”点击量作品达214篇。庆祝中华人民共和国成立70周年和党的十九届四中全会系列网上重大主题宣传精彩纷呈，累计发表宣传报道8000余篇（条）。开展“遇见70华诞·70场直播话家乡”网易直播活动10场，“文创连接未来”创投高峰论坛、中华人民共和国生态文明成就展等大型网络主题宣传。开展“讲鄂尔多斯故事”系列网络作品征集活动，5部作品荣获2019年内蒙古青年微视频大赛大奖。“外眼看鄂尔多斯”网络外宣品牌声名远播，作品《绿衣》《大剪小剪》从38个国家参与的102部纪录片中脱颖而出，荣获“看中国·外国青年影像计划”2019年度“金目奖”。在2019年中国优秀政务平台推荐及综合影响力评估中，鄂尔多斯英文网获2019年度中国外文版政府网站领先奖。鄂尔多斯市委网信办在第五届全国网络舆情高峰论坛上荣获网络舆论引导优秀奖。

【网络安全和信息化工作】 修订完善网络安全事件应急预案，制定常见网络安全事件应对处置办法和应急处置流程图。监测发现网络安全漏洞，下发《网络安全风险通报》，开展网络安全预警，防范处置网络攻击等20余起，启动网络安全应急响应4次。摸底检查关键信息基础设施，督促指导责任单位及时整改网络安全风险。网络安全课程纳入全市领导干部党校教育培训主体班次，举办全市网络安全和信息技术培训2次，定制化上门培训3次，开展攻防应急演练1次。举办国家网络安全宣传周系列活动，开展网络安全知识进农村、进社区、进军营、进校园、进企业、进机关等活动81场次，发放网络安全知识手册、张贴宣传海报及科普材料6万余份，利用网络、新媒体等发布转载网络安全知识3000余篇，全社会网络安全意识和防护能力进一步提升。加强信息化工作调研，摸清鄂尔多斯信息化重点工作开展情况底数。组织参与自治区信息化综合试点申报工作，鄂尔多斯市3家单位成功入选自治区试点名单。

（张慧敏）

机构编制

【中共鄂尔多斯市委员会机构编制委员会办公室领导名录】

主　任：巴雅尔（蒙古族，4月离任）
　　　　千敖云达来（蒙古族，4月任职）
副主任：苏雅拉吉日嘎拉（蒙古族）
　　　　刘燕飞
　　　　李　敏

【概况】 中共鄂尔多斯市委员会机构编制委员会办公室（以下简称市委编办）是鄂尔多斯市委机构编制委员会的办事机构，承担市委机构编制委员会日常工作，为正处级，列市委工作机关序列，归口市委组织部管理，对外加挂鄂尔多斯市事业单位登记管理局牌子。在市委、市委编委的领导下，具体负责全市行政管理体制及机构改革，事业单位管理体制及机构改革，机构编制和车辆编制日常管理工作，承办自治区党委机构编制委员会办公室以及市委、市委编委交办的各项工作。市编办内设综合科、政策法规科、机关机构编制科、事业机构编制科、监督检查科、事业单位登记监管科、政务和公益机构域名管理科、车辆编制科等8个机构，设立机关党委，核定编制23名（行政21名、工勤2名）。另设事业单位登记中心和综合保障中心两个所属事业单位，核定事业编制18名。

【党政机构改革】

机构设置　“三合一”组建部门2个，“二合一”组建部门7个，所辖9个旗区机构限额为35—37个。为生态环境局、应急管理局、林业和草原局等11个职能加强的部门增设25个内设机构，为市发展和改革委员会、水利局、住房和城乡建设局等17个合并组建和职能减少的部门共核减38个内设机构。改革后，市直党政群机构内设机构设置587个，较改革前减少13个，科级领导职数核减55名。

人员转隶　按照“编随事走、人随编走”的原则，相应划转市直部门行政事业工勤人员，除整建制合并组建部门外，本次转隶共涉及职责划转部门37个；涉及转隶行政编制人员52名，事业编制人员252名，工勤人员19名；涉及整建制划转的内设科室29个，整建制划转事业单位13个，在市直部门范围内执行行政编制“零空编”管理，统筹抽回市直154名行政空编，从市场监督管理局连人带编调整30名行政编制，以保障新组建部门和职能需加强的部门编制需求。旗区层面，从其他8个旗区统一按比例置换181名行政编制到康巴什区。将市工商质监相关分局整建制实行属地管理，共下划旗区行政事业工勤编制164名，组建或并入旗区市场监督管理局。同步开展人大、政协机构改革和群团组织改革、生态环境机构监测监察执法垂直管理和公安大部制大警种等领域体制改革。

【苏木乡镇街道改革】 2019年12月，鄂尔多斯市9个旗区现辖52个苏木乡镇和26个街道办事处完成改革工作。

机构设置　苏木乡镇最多设置6个党政机构和3个事业单位，街道最多设置5个党政机构和1个事业单位。

综合行政执法改革　执行苏木乡镇一支队伍管执法，并明确以苏木乡镇名义开展执法工作，同时接受旗区业务主管部门的指导和监督，明确街道办事处不再设置综合行政执法队伍，相关执法工作由旗区执法队伍承担，同时在实施方案中明确执法区域及职责划分。

赋权数量　苏木乡镇赋权率平均为87%，街道赋权率平均为24%。为避免出现权力监管真空，明确旗直相关部门要采取培训等多种方式，成熟一批下放一批，确保在2020年6月底前完成所有权力的交接工作。

机构人员下划　除中央明确实行派驻体制的机构以外全部下划。

【事业单位改革】 完成市直事业单位承担行政职能梳理、认定、归位工作。市本级承担行政职能的事业单位133个，承担行政职权3651项（行政许可78项、行政确认33项、行政征收13项、行政奖励10项、行政给付37项、行政处罚2938项、行政监督检查298项、行政强制措施75项、行政强制执行35项、其他行政职权134项）。

【行政许可权改革】 2019年7月，鄂尔多斯市被纳入全区第二批开展相对集中行政许可权改革的试点地区。为稳妥做好改革试点工作，保证各项改革试点任务圆满完成，10月组织工作人员分别赴乌海市、满洲里市、包头市和成都武侯区进行学习调研。11月，自治区党委编办分别对市级、准格尔旗、东胜区上报的改革实施方案初步审核通过。

【机构编制管理】

机构设置　向自治区争取，获批准设立市政府投资项目代建中心、市投资促进中心、市电子商务服务中心、市纪委监委机关廉政教育中心4个处级事业单位，核定处级领导职数12名（3正9副），为鄂尔多斯应用技术学院、鄂尔多斯生态环境职业学院、鄂尔多斯职业学院、内蒙古民族幼儿师范高等专科学校等4所市属高校设立处级内设机构及群团机构111个，核定处级领导职数310名、科级领导职数468名。

人员编制　通过内部挖潜、统筹调配、优化结构、动态调整等方式，盘活机构编制存量，着力保障人大、纪检监察、审计、网信、能源、教育体育、卫生健康、生态环境、民族文化、乌兰牧骑等重点领域、重点行业机构编制需求，配合开展高层次人才引进培育工作。在全区中小学教职工专项事业编制重新测算调整工作中，成功申请将秋季新增学生纳入测算基数，自治区实际下达鄂尔多斯市中小学教职工专项事业编制21440名，较上轮核定增加2000名。调剂事业编制129名，保障蒙古族中小学、职业中等专业学校、理工学校教育教学需求。2019年共批复部分事业单位使用空编数1192名，其中：批复市直部分事业单位使用空编数653名，用于公开招聘使用空编数274名，用于调入工作人员使用空编数379名；批复旗区部分事业单位使用空编数539名，全部用于公开招聘。注册公务员考录人员113名、注册军转干部及退伍安置66名、注册事业单位招聘人员769名。

监督检查　梳理各级各类机关、事业单位机构编制问题88条（市直28条、旗区60条），除部分需与专项改革同步解决的15条问题外，其余73条问题已全部解决。年内共整改行政超编单位59个，消化行政超编人员212人，消化工勤超编人员566人。答复办结市长热线转办件1件。全面完成2019年度事业单位法人“双随机、一公开”监管工作，督促整改发现问题30项。配合市委巡察办开展四届市委第六轮巡察。

事业单位登记管理　2019年，完成事业单位法人年度报告审查和公示工作，公示事业单位年度报告255个，办理事业单位法人设立登记7个、变更登记171个、重新申领1个；办理市直机关、群团统一社会信用代码赋码换证44个、撤销29个。截至年底，市本级取得统一社会信用代码证书的机关、群团法人125家，取得事业单位法人证书的事业单位273家。

（院振宇）

直属机关工作

【中共鄂尔多斯市直属机关工作委员会领导名录】

书　　记：伏兰芳（女，蒙古族）

副 书 记：朱永霞（女）

　　　　　李　波

纪工委书记：贺　荣

【概况】 中共鄂尔多斯市直属机关工作委员会是市委的派出机构，为正处级建制，列市委机关序列。内设办公室、组织部、宣传部、党建督查指导部、群团统战部（工会工委、团工委、妇工委）5个部室，下设市直机关党校1个科级建制全额拨款事业单位。市直机关工委机关行政编制11名。设书记1名，副书记2名；科级领导职数8名（5正3副）。市直机关党校事业编制11名。主要职责：统一组织、规划、部署市直机关党的工作，提出加强和改进机关党的建设的意见和建议，研究制定工作规划并抓好组织实施。指导市直机关党的政治建设、思想建设、组织建设、作风建设、纪律建设，把制度建设贯穿其中，推进反腐败斗争。指导市直机关各级党组织和广大党员学习马克思列宁主义、毛泽东思想、邓小平理论，“三个代表”重要思想、科学发展观、习近平新时代中国特色社会主义思想。对市直机关各级党组织、党员领导干部落实党建工作责任制、遵守政治纪律和政治规矩情况进行监督检查，并向市委报告。指导市直机关各级党组织实施对党员特别是党员领导干部的监督和管理，及时向市委反映各部门领导班子、领导干部的情况。配合市直有关部门抓好市直机关各部门领导班子思想政治建设，对市直机关各部门党委（党组）理论学习中心组学习进行督查指导，了解掌握情况，按规定报送情况报告。督促指导市直机关各部门机关党委（党总支、党支部）按期换届，审批关于召开党员大会或党员代表大会的请示，审批市直机关各部门机关党委（党总支、党支部）和机关纪委领导班子的组成及书记、副书记的任免。指导市直机关各级党组织加强基层组织建设，做好党员发展、教育和管理等工作。领导市直机关各部门党的纪律检查工作。了解掌握市直机关工作人员的思想状况，指导市直机关各级党组织加强思想政治工作和精神文明建设。领导市直机关工会、共青团、妇联等群团组织工作，指导市直机关各级党组织做好党的群众工作和统一战线工作。领导所属国有企业属地党建工作。协同有关部门指导、规划、协调、监督、检查市直机关干部教育培训工作，培训轮训市直机关党务干部。协助有关部门协调市直部门做好维护稳定、离退休干部和老龄等工作。完成市委交办的其他任务。

【组织建设】 召开2019年市直机关党的建设暨廉政建设工作会议，调整领导班子分片联系机关党建工作机制，对市直基层党组织进行责任区域划分，把市到直基层党组织的党建工作指导量化到每位班子成员及各部室，通过每周三固定调研日，指导沟通。结合“不忘初心、牢记使命”主题教育，形成调研报告6篇，《加强机关党员干部政治能力建设研究》调研课题报告被评为2019年度自治区机关党建研究成果一等奖。制定《2019年度市直机关党建工作目标管理方案》，提升党组织标准化、规范化、科学化水平。在换届选举工作中增加针对专职副书记任前考察的内容，确保专职副书记业务能力优秀及专人专岗专用。开展2019年度市直机关党建工作述职述廉会议，压实管党治党责任，全面了解和掌握市直各基层党组织党建重点工作的完成情况，并对市直基层党组织进行民主评议。向市直基层党组织普遍下拨党费200余万元。

【党建工作】 根据市直机关机构改革情况，本着市直基层党组织、市直机关纪委应与机构改革相适应的原则，及时对新建、合并组建、变更、撤销的党组织及机关纪委名称进行调整。主题党日活动常态化制度化推进。严把党员入口关，实行“三年跟踪制”，发展党员172名。做好“优秀共产党员、优秀党务工作者和先进基层党组织”推荐表彰工作，推荐上报的鄂尔多斯市林业和草原局获第九届全国“人民满意的公务员集体”。

【党建创新】 探索建立市直机关第一、第二离退休党员联合党委，利用人力优势、场地优势、工作优势，丰富离退休党员组织生活，提升离退休党组织组织力。该项工作获得自治区2018年度机关党建单项工作特色奖，工委党建创新项目连续4年获得自治区表彰。

（付海辰）

老干部工作

【中共鄂尔多斯市委员会老干部局领导名录】

局　长：杨卫东

副局长：王化陈

【概况】 中共鄂尔多斯市委员会老干部局是市委主管全市老干部工作的部门管理机构，归属市委组织部管理。主要职责包括贯彻执行党中央关于离退休干部工作的方针政策，按照市委部署要求，研究拟订离退休干部工作的规划计划、政策措施并组织实施；指导离退休干部政治建设、思想建设和党组织建设；组织引导离退休干部发挥政治优势、经验优势、威望优势，充分发挥离退休干部作用；指导离退休干部服务管理工作，督促检查离退休干部政策待遇落实；指导全市各级老干部工作部门业务工作；完成市委交办的其他任务。内设办公室、政治待遇科、生活待遇科、活动指导科 4 个职能科室；下属市直属机关干部休养所、市老干部活动中心和市关工委办公室 3 个二级单位。核定行政编制 11 名，设局长 1 名，副局长 2 名；科级领导职数 7 名 [5 正（含机关党委专职副书记 1 名）2 副]。2019 年，市委老干部局紧密结合鄂尔多斯市实际，围绕中心，服务大局，落实离退休干部政治待遇、生活待遇，积极开展正能量活动，充分发挥离退休干部积极作用，扎实开展庆祝中华人民共和国成立 70 周年活动，各项工作取得新的成绩。

【“三化”建设】

信息化建设　不断增强运用信息化手段开展工作的能力，努力为离退休干部提供更加精准、及时、便捷、多元的服务。引进老年大学教学管理系统，努力打造智慧校园。推动宣传工作信息化，为老班干部搭建全方位、立体式、多渠道学习咨询平台。融入智慧养老平台，依托智慧养老平台，为老班干部提供低偿上门服务，不断满足老干部个性化、多样化需求。

精准化服务　通过入户走访、座谈交流、征求意见等方式，梳理离退休干部存在的困难和问题，明确责任领导、完成时限，总结形成“征集问题—建立台账—解决问题—反馈结果—对账销号”的服务离退休干部“五步工作法”，建立相关制度，有效提升离退休干部的精准化服务水平。

规范化水平　对近年来形成的一系列制度规定、政策措施和工作机制进行系统梳理和修改，进一步明确离退休干部各项待遇落实范围、落实标准、落实程序，努力以科学规范的制度体系推动老干部工作的开展。

【政治引领】

政治建设　坚持把政治建设放在首位，通过专题讲座、送学上门、开展红色教育等方式，组织离退休干部学习领会习近平新时代中国特色社会主义思想，进一步树牢“四个意识”、坚定“四个自信”、坚决做到“两个维护”。

思想教育　全年召开 2 次离退休干部市级老干部迎春座谈会和老干部情况通报会，市主要领导及分管领导亲自通报有关情况。组织老干部到市内外红色教育基地、党员政治生活馆、重大发展项目进行参观学习，5 月，市老干部局在北京参观考察时，邀请中国社会科学院邢广程教授作专题讲座。全年编印《离退休干部学习读本》，引导离退休干部学习形势政策、凝聚改革发展共识。做好全国、全区离退休干部先进集体和先进个人的推荐上报工作，经层层筛选、严格把关，推荐韩学士为全国离退休干部先进个人人选，还推荐 3 个集体和 8 名个人作为全区离退休干部先进集体和先进个人人选。

基层组织建设　2019 年 11 月，经市直机关工委批准，依托市直干休所、市老干部活动中心的学习活动阵地，成立市直离退休干部第一、第二联合党委，方便离退休党员就近开展学习活动。

基础保障　按照离退休干部党组织书记每人每月 300 元、副书记和委员每人每月 200 元积极推动工作补贴的落实。经市委组织部部务会研究，将收缴党费按 100% 返还给离退休干部党组织，用于支持支部活动。将离退休干部党支部书记培训纳入全市党员干部教育主体班次，10 月 9 日至 11 日，在城川民族干部学院组织举办全市离退休干部党支部书记培训班。

【待遇落实】

关爱活动　制定《市委老干部局在职干部结对联系离退休干部工作方案》，并制作服务联系卡，工作人员每季度至少联系沟通1次，遇有整岁生日、生病住院、家庭变故及时登门看望。2019年，先后4次逐户到服务管理范围内的离退休干部家中走访慰问。做好春节慰问工作，为196位离退休干部及遗属发放春节慰问金81.2万元。做好特困帮扶工作，将60位市直离退休干部及地级离休干部遗属作为帮扶对象，为他们发放帮扶资金，帮助他们解决生活中的实际问题。做好健康体检工作，将抗战离休干部和地级退休干部纳入卫健委保健范围，为本地区居住的其他离休干部组织1次健康体检，对于外地居住的离休干部按照“就地体检、凭票报销”的方式进行体检。按规定走访易地安置离休干部，为老红军遗属发放生活困难补助。坚持离休干部逢五逢十整岁生日祝寿活动，不断加强对离休干部的关怀。

生活保障　贯彻落实上级有关文件政策，离休干部特需经费由原来每人每年500元调整为每人每年1000元，抗战时期离休干部护理费提高至每人每月2700元。建立市直离休干部个人门诊医药费每年每人增加500元的长效机制，2019年增加到2500元，方便离休干部就近就地看病就医。

开通就医“绿色通道”　在离休干部定点医院开通老干部就医“绿色通道”，为老干部办理“老干部就诊卡”，老干部凭卡享受免费挂号，优先就诊、检查、取药、缴费、住院的“一免费五优先”服务。

推动离退休干部“四就近”服务　以社区离退休干部党建工作为抓手积极推动利用社区资源服务离退休干部，将利用社区党建工作服务离退休干部纳入全市街道社区党建工作布局，编入社区党建工作指导手册。

【老年大学建设】 全年共开设39个专业85个长期教学班级，在校学员人数较2018年增长30%，学期制在校学员达到2000人次。

【文化交流】 组织老年艺术团体积极开展下基层文艺演出，参加文化交流。市老年大学合唱团参加“西柏坡——中华人民共和国从这里走来”庆祝中华人民共和国成立70周年主题文艺会演，参赛节目《井冈山红旗》荣获舞蹈类金奖，《不忘初心》荣获合唱类银奖。选派模特班、民族民间原生态艺术团70多名学员奔赴“音乐之城”哈尔滨参加“我和我的祖国”——第七届全国老年大学文艺会演，表演节目《鄂尔多斯情韵》《巴雅尔图那达慕》分别获得服饰类银奖和舞蹈类铜奖。

【鄂尔多斯市直干休所工作概况】 市直属机关干部休养所是参照公务员法管理的事业单位，编制7人。主要职能：为入所离退休干部提供生活等服务，入所离退休干部、遗属日常管理、开展文体活动与相关服务。2019年，在党建工作方面，突出抓好离退休干部政治建设，不断强化离退休干部思想建设，开展正能量活动。在服务工作方面，坚持走访慰问常态化制度，每季度走访一次离退休干部，每半年走访慰问离退休干部遗属，到北京市、山东省、呼和浩特市走访异地居住离休干部及遗属。扎实做好特殊困难离退休干部帮扶工作，2019年市直干休所对特殊困难离退休干部进行帮扶，累计为31位离退休干部及遗属发放帮扶资金7.5万元。

【鄂尔多斯市老干部活动中心工作概况】 市老干部活动中心是参照公务员法管理的事业单位，编制9人。主要职能：为市直离退休老干部生活提供政治文化学习服务、体育健身服务以及其他活动服务。2019年，市老干部活动中心进一步打造“老干部之家”成为老干部发挥作用的崭新平台，成为加强离退休干部政治建设、思想建设和党组织建设的主要阵地；以庆祝中华人民共和国成立70周年为主线，以拓宽活动领域、加强老年大学数字化建设、提高教学管理规范化与现代化水平、创新完善教学管理制度体系作为重点工作，坚持以“人性化服务，亲情化管理”为理念，增强服务意识与大局观念，创新方式，调整内容，完善管理，充分满足老干部学习活动需求；市老年大学按照增智和求乐相结合、长班和短班相结合的原则，及时调整内容、动态设立班次，全年共开设39个专业、85个长期教学班级，全年在校学员人数比照2018年增长30%，学期制在校学员达到2000人次。

【鄂尔多斯市关心下一代工作委员会办公室工作概况】 市关工委办公室为事业单位，编制3人。主要职能为服务于市关心下一代工作委员会，承担市关工委的联络协调、后勤保障、财务与档案管理和关心下一代各类会议、活动的筹备等工作。2019年，市关工委办公室充分发挥离退休老干部优势作用，鼓励帮助他们继续关心关注青少年健康成长。协助关心下一代工作委员会，开展“中华魂”（爱我中华——中华人民共和国成立70周年）主题教育活动。在购买“中华魂”读本供广大青少年广泛阅读的基础上，全市组织青少年开展演讲比赛、主题征文或读书心得报告会、座谈会等774场次，参与青少年达13.4万人次。

开展金秋助学活动。2019年全市共资助贫困学生3771人，资助资金达163万多元。开展“关爱明天　普法先行”青少年普法教育活动。全市成立“五老”关爱工作团36个，参与的“五老”人员达223人，开展普法活动298场次。

档案管理

【鄂尔多斯市档案局（馆）领导名录】

局　长：乔　木

副馆长：王冠中

　　　　贾永强（蒙古族）

【概况】 全市机构改革后，市委办加挂市档案局牌子，承担市档案局行政职能，原市档案局党组被撤销，市档案馆调整为市委办所属事业单位，机构规格、人员编制、领导职数、类别划分均不变。内设人秘科、档案馆室业务监督指导科、经济科技档案业务监督指导科、法制教育科、档案保管利用科、编研科、技术室、档案数字化管理应用8个科室。共有正式职工26人。2019年，鄂尔多斯市档案局、档案馆虽已分设，但新的体制机制还没有完全建立，按照市委分管领导指示，由市档案馆暂代行市档案局的行政职能。

【档案收集】 2019年，共接收10个市直部门和原地税局等5个涉改单位档案37284卷（件），同步接收数字化档案30017卷（件）1068869页478.34 GB。从鄂托克前旗档案馆征集到105卷珍贵革命历史档案。

【利用体系建设】

宣传服务　与市档案局、市电视台联合开办计划为期2年的《档案鄂尔多斯》电视专栏。年内，已完成8期节目制作并在鄂尔多斯市电视台新闻频道等媒体播出。

红色革命教育　与市委组织部共同承办“不忘初心、牢记使命”主题教育展，组织全市机关企事业单位参观学习。截至年底，全市共有1万多人次参观。

接待服务　截至年底，共接待查阅利用者955人次，查阅利用档案9873卷（件）。

编研开发　完成《杭锦旗札萨克衙门档案资料》第八册、第九册的编辑工作。

【档案信息化和档案抢救与保护】 2019年，市档案馆向市财政部门争取，将档案抢救保护、档案信息化经费列入市级财政预算，申请到专项资金87万元。对馆藏15万页清朝历史档案和7个单位约42.5万页文书档案进行数字化扫描，招标工作已分别于6月和12月完成。截至年底，已完成3682卷共约21万页的数字化扫描工作，馆藏档案数字化率达70%。

【安全体系建设】 建设人防、物防、技防相结合的综合安防体系，确保档案实体安全。从2018年起，连续两年共投入180多万元，对档案业务用房进行升级改造，对重点部位进行紧急抢修维护，建成并部署由104个监控探头、2套语音录制系统、指纹和红外库房安全识别系统构成的监控系统。严格审查审核，确保档案信息安全。严格档案划控鉴定，确保开放档案不涉及国家秘密、工作秘密、商业秘密和个人隐私。严格落实“涉密不上网，上网不涉密”，对门户网站进行全面排查清理，确保涉密信息不泄密。涉密网络、涉密计算机、涉密移动存储介质，全部由专人管理、与互联网硬件隔离、配备有各类保密硬件设备，确保档案网络安全稳定运行。开展档案异地异质备份，确保数字档案安全。与浙江省绍兴市柯桥区档案馆、安徽省芜湖市档案馆互为异地备份基地，开展交流合作。2019 年，将 2.53TB 馆藏数字化档案在浙江省绍兴市柯桥区档案馆进行备份。

（巴　音）

党员教育

【中共鄂尔多斯市委员会党校领导名录】

校　　　长：于新芳
常务副校长：王湛清
副　校　长：奇海林
　　　　　　李志杰
　　　　　　苏永清
　　　　　　李　占
　　　　　　达　赖（蒙古族）

【概况】 鄂尔多斯市委党校的前身是 1949 年 9 月伊克昭盟盟委在伊金霍洛旗札萨克镇建立的伊克昭盟干部学校，1950 年 10 月迁回东胜；1959 年 4 月 13 日盟委将伊克昭盟干部学校正式更名为中共伊克昭盟盟委党校，并把 7 月 1 日定为党校成立日；1995 年伊克昭盟行署批准党校兼办行政学院；2001 年鄂尔多斯撤盟设市，伊克昭盟党校更名为中共鄂尔多斯市委党校；2004 年 7 月社会主义学院正式挂牌成立；现为“一校两院”，即市委党校、市行政学院、市社会主义学院，实行“三块牌子、一套班子”的管理体制。2013 年底，市委按照自治区党委“旗县级党校改革发展方案”的要求，将东胜、伊金霍洛旗党校撤并到市委党校，并决定康巴什新区不再建设新党校，东胜、康巴什、伊金霍洛旗的干部教育培训任务由市委党校承担，经费列入市级财政预算。市委党校核定事业编制 98 个，其中 68 个事业编、30 个参公编。内设 19 个科室，其中：教研科室 8 个（基础理论教研部、经济管理教研部、党史党建教研部、行政管理教研部、法学教研部、科学社会主义教研部、市情教研部、科研部）；教辅科室 7 个（教务一科、教务二科、公务员培训部、研究生部、信息资料中心、电教网络中心、对外培训中心）；行政科室 4 个（办公室、组织人事科、行政科、机关党委）；原校办企业“教学服务中心”现已转制为市文旅集团的子公司“鄂尔多斯党校教学服务有限公司”，负责党校后勤运转。核定科级职数：19 个正科级、15 个副科级。2019 年在职人员 98 人，其中：蒙古族 32 人，满族 2 人，回族 1 人，彝族 1 人；男性 40 人，女性 58 人；专业技术人员 67 名，行政后勤人员 31 名；专业技术人员中有正高级 6 人、副高级 21 人、中级 21 人、初级 17 人，授课教师 33 人。

【教学工作】 2019 年，共举办各类主体班 61 期，参训学员 13992 人次，其中，市委组织部办班 27 期，参训学员 7101 人次；东胜、伊金霍洛旗、康巴什区办班 34 期，参训学员 6891 人次。新闻学院办班 10 期，参训学员 4000 人次。流动党校基层宣讲 21 次，受众 1545 人次。承接各级各类非主体班 184 期，参训学员 17761 人次。在各级各类报刊发表文章 100 多篇；组织编印《鄂尔多斯党校 70 年》《教师风采录》《学员风采录》《回眸 2018 的鄂尔多斯》4 部著作；2 项省级课题、4 项自治区党校课题、14 项校级重点调研课题立项并按期完成。与市发改委共同举办“呼（和浩特）包（头）鄂（尔多斯）及乌兰察布协同发展”“呼（和浩特）包（头）鄂（尔多斯）榆城市群建设”工作座谈会；承办“第三届民族地区文化产业发展论坛”。内蒙古党校在职研究生新招录240人，中央党校、内蒙古党校在职研究生在校学员791人。

【教育特色】 不断增强主业主课意识，科学设置教学单元，合理配置教学资源，在中长期班次中加大党的理论教育和党性教育的力度，两项内容的比例占到总课时的79%，其中党性教育占到28.8%。引导学员读原著、学原文、悟原理，坚持把党章党规党纪和习近平新时代中国特色社会主义思想作为必修课，引导学员牢固树立“四个意识”，坚定“四个自信”，做到“两个维护”。推进新型智库建设，实施“调研工程”“论文工程”“课题工程”三大工程，不断推进“教研咨一体化”建设。各课题组全年共计调研20余次，完成多篇调研报告。组织教师参加“呼（和浩特）包（头）鄂（尔多斯）党校教学科研交流活动”、内蒙古法学所“营造良好法治环境推进法治经济建设”理论培训暨学术研讨会、“陕甘宁蒙晋交界资源型城市高质量发展”论坛、“新中国70年：经验与启示”理论研讨会，10篇论文获奖。

【师资队伍建设】

教师培训 选派教师30余人次赴北京、上海等地参加师资培训班。

兼职教师聘请 将50名国内知名教师充实到市党校外聘教师资源库。截至年底，共聘请市内领导干部、社会各界精英、学者教授和劳模、同行316人担任客座教授。

教师考评 运用“智慧党校”评课系统对教师授课进行教学评估200余次。

教研活动 全年共开展教研活动26次，通过教师辅导、座谈交流、读书分享、试讲点评、参观考察等形式，不断提升教师的授课水平。

【基础建设】 2019年，提高中央党校远程教学A级站的使用效率，丰富鄂尔多斯干部培训网络学院、人民公仆网鄂尔多斯在线学习平台等网络学习资源，继续加强与内蒙古党校数据库的共建共享，完成与中国知网、超星电子、国家哲学社会科学学术期刊库的使用对接，不断充实“文献资源”“教研资料库”“网上电子报刊”等数字资源库。党校教职工综合阅读区和书吧“雅阅”有序运行，充实纸质图书2000余册、报纸期刊2800余册，图书资料借阅和信息资料查阅实现转型升级。年内，市委党校校史纪念馆、鄂尔多斯文献馆正式揭牌开馆。坚持并完善“周一例会，周五上午集体学习、下午‘三会一课’，每周工作调度，每月一次科研日，每月一次中心组学习和校委会，每年两次党的建设工作会”的教学、科研、行政、教辅协调联动长效机制。制定五大类55项制度，并汇编成册修订印发。认真贯彻落实干部选拔任用有关要求，严格按程序完成10名科级干部职务任免工作。按要求完成职务职级并行套改工作。扎实做好人事档案整理和复审工作。公开招聘5名研究生学历教师。认真做好2019年度教职工在线学法用法的组织和维护工作。精心组织实施校园绿化工程，荣获“全国绿化模范单位”荣誉称号。进一步完善财务管理制度，细化财务管理流程，固定资产管理、物业监管等各项工作有序开展。制定“一流党校”创建161项工作任务，具体分解到各科室和全体教职工。

党史研究

【中共鄂尔多斯市委党史研究室领导名录】

主　任：王　华（1月任职，3月离任）

　　　　斯　琴（女，蒙古族，3月代管）

【概况】 鄂尔多斯市委党史研究室核定编制7人，实有5人。

【党史编研】 2019年，定稿《中国共产党鄂尔多斯市历史·一卷本》（1921—1949），约34万字。对《鄂尔多斯革命与建设纪略》9册系列丛书进行6次修改，已具备出版条件，共约230余万字。报请内蒙古自治区委员会党史研究室审定《中国共产党鄂尔多斯市历史·二卷本》(1949—1978)的大纲目录，进入编修阶段。完成由市委党史研究室与鄂托克旗委宣传部组织的“桃力民抗日根据地与乌兰夫在桃力民的革命活动”专题调研工作，分别撰写出2万多字的史实论证材料和5000多字的汇报材料，其中：桃力民史料论证材料得到自治区人民政府主席布小林的批复。成功申报并完成中央党史和文献研究宣传专项引导资金年度项目——“桃力民抗日根据地与乌兰夫的革命活动”课题编撰工作。

【党史宣传】 由市委党史研究室牵头、各旗区党史办配合，组织全市党史工作者及党史爱好者先后在《内蒙古党史》、《鄂尔多斯社会科学》、《鄂尔多斯日报》、《鄂尔多斯晚报》、鄂尔多斯新闻网等报纸杂志及新媒体平台上发表庆祝中华人民共和国成立70周年相关文章20多篇，其中：市委党史研究室职工撰写的《低头走的上坡路》文章先后被鄂尔多斯新闻网、鄂尔多斯发布、今日头条转载，点击量达5万多人次。围绕重大历史事件节点、重要历史人物纪念日，组织单位职工分别给市直机关、乡镇苏木、企业社区、校园军营宣讲50多场次，受众5万多人。

鄂尔多斯市人民代表大会

【鄂尔多斯市人民代表大会常务委员会领导名录】

主　任：祁毕西勒图（蒙古族）

副主任：张月清

　　　　贺　晋

　　　　杨　明

　　　　王　评

　　　　何　涛

秘 书 长：樊俊平

副秘书长：吕　平

委　　员：（以姓氏笔画为序）

　　　　祁毕西勒图（蒙古族）

　　　　张月清

　　　　贺　晋

　　　　杨　明

　　　　王　评

　　　　何　涛

　　　　巴雅尔（蒙古族）

　　　　樊俊平

　　　　王　朝

　　　　王文明

　　　　王丽峰（女）

　　　　王雪峰

　　　　王湛清

　　　　乌云达赖（蒙古族，市人大机关）

　　　　乌云达赖（蒙古族，市蒙医院）

　　　　巴格那（蒙古族）

　　　　吕　军

　　　　刘永斌

　　　　刘振怀

　　　　李　强（满族）

　　　　李凤奇

　　　　李兰栓（蒙古族）

　　　　李春生

　　　　李晓庆

　　　　李培成

　　　　张　钧

　　　　单立新（蒙古族）

　　　　郝军海（蒙古族）

　　　　查嘎岱（女，蒙古族）

　　　　柳文生

　　　　段永亮

　　　　娜仁花（女，蒙古族）

　　　　贾宏东

　　　　菅永宽

　　　　崔　莹（女）

　　　　智颖飙

　　　　靳　锐

　　　　新苏雅拉图（蒙古族）

民族侨务外事委员会

主　任：巴格那（蒙古族）

副主任：曹　晓

内务司法委员会

主　任：王文明

副主任：蔺海英

选举任免联络委员会

主　任：乌云达赖（蒙古族）

副主任：史晓宏

教育科技文化卫生委员会

主　任：柳文生

财务经济委员会

主　任：吕　军

环境资源城乡建设委员会

主　任：贾宏东

副主任：彭恩山

农牧业委员会

主　任：菅永宽

副主任：宋明武

法制工作委员会

主　任：靳　锐

副主任：刘振怀

社会建设委员会

主　任：巴特尔（蒙古族）

副主任：李雅宁

概　述

【概况】 鄂尔多斯市人民代表大会常务委员会机关设办公室和民族侨务外事委员会、内务司法委员会、选举任免联络委员会、教科文卫委员会、财政经济委员会、环境资源城乡建设委员会、农牧业委员会、社会建设委员会、法制工作委员会等9个委员会。人大常委会办公室内设秘书科、综合科、人事科、行政科和机关事务服务中心。鄂尔多斯市人民代表大会常务委员会职权：在本行政区域内，保证宪法、法律、行政法规和上级人民代表大会及其常务委员会决议的遵守和执行；领导或者主持本级人民代表大会代表的选举；召集本级人民代表大会会议；讨论、决定本级人民政府行政区域的政治、经济、教育、科学、文化、卫生、环境和资源保护、民政、民族工作的重大事项；根据本级人民政府的建议，决定对本行政区域内的国民经济和社会发展计划、预算的部分变更；审查和批准本级政府决算；监督本级人民政府、人民法院和人民检察院的工作，联系本级人民代表大会代表，受理人民群众对上述机关和国家工作人员的申诉和意见；撤销下一集人民代表大会及其常委会的不适当的决议；撤销本级人民政府的不适当的决定和命令；在本级人民代表大会闭会期间，决定副市长的个别任免；在市长和市中级人民法院院长、市人民检察院检察长因故不能担任职务的时候，从本级人民政府、人民法院、人民检察院副职领导成员中决定代理的人选；决定代理检察长，需报上一级人民检察院和人民代表大会常务委员会备案；根据市长的提名，决定本级人民政府秘书长、委员会（办）主任、局长的职务；按照人民法院组织法和人民检察院组织法的规定，任免市中级人民法院副院长、庭长、副庭长、审判委员会委员、审判员，任免市人民检察院副检察长、监察委员会委员、检察员；批准任免下一级人民检察院检察长；在本级人民代表大会闭会期间，决定撤销个别副市长的职务；决定撤销由它任命的本级人民政府其他组成人员和人民法院副院长、庭长、副庭长、审判委员会委员、审判员，人民检察院副检察长、检察委员会委员、检察员；在本级人民代表大会闭会期间，补选上一级人民代表大会出缺的代表和罢免个别代表；决定授予地方的荣誉称号。

【办公室工作】

文稿起草　起草领导讲话、发言、报告以及各类文件等120余篇。全年编发各类信息刊物96期，向自治区人大和市委报送专报信息260余条。“鄂尔多斯人大”微信公众号发布各类信息420余篇。出版《鄂尔多斯人大》期刊5期。

服务保障　组织好全市人大工作会议3次，协助自治区人大举办全区性会议2次，完成常委会会议、主任会议及常委会党组会议的服务工作。

文件流转　全年共校核文稿198件，收取传阅秘密文件236份，登记、分发、管理各类文件510余份。全年接访48件，信访转办率、答复率均达100%。

【各委员会工作】

民族侨务外事委员会　赴各旗区就创建全国民族团结进步示范市审议意见落实情况进行专题调研，提出要强化督查调度，加强经费保障，强化宣传引导，注重总结提炼等四方面的建议，推动全市创建工作。开展全市少数民族聚居区现代农牧业建设情况的外出考察学习和市内专题调研，对鄂尔多斯市未来牧区生产方式转变趋势及主要产品市场走向趋势进行深入分析讨论，并提出相应建议。对全市贯彻实施《内蒙古自治区蒙古语言文字工作条例》情况进行执法检查，提出提高思想认识，加大宣教力度；加强队伍建设，增加经费投入；培养翻译人才，壮大翻译队伍；严格监督检查，完善市面用文；加强推广普及，发展民族语言等五个方面的建议。深入部分旗区对全市发展休闲旅游业情况进行专题调研，提出着力推进鄂尔多斯市休闲旅游业大发展、精心打造休闲旅游品牌、全面提升旅游形象、加快开展政策保障行动等四方面的建议。

内务司法委员会　聚焦公正司法，强化监督实效，首次开展法官履职评议工作，增强法官的责任意识和使命意识，进一步规范审判权力运行，为促进司法公正、维护群众合法权益发挥积极作用。专题调研全市法院民商事审判工作情况，提出优化民商事审判资源配置、提升民商事审判质量和效率、全面发挥民商事审判职能作用、完善民商事审判管理监督机制等意见和建议。专题调研鄂尔多斯市检察机关加强侦查监督、维护司法公正工作情，提出“五个进一步”工作举措和“五个切实”工作目标，全面加强和改进侦查监督工作。围绕法治政府建设，深入考察调研，提出意见建议。

选举任免联络委员会　完成市人大常委会工作机构负责人10人次，市中级人民法院副院长、市人民检察院副检察长及法官、检察官共14人次，任免职议案起草和相关材料的审核工作，及时保障常委会任免权依法有效行使。举办3期代表履职培训班，200多名代表参加培训。先后组织160余名代表参加各级人大组织的各类活动，有序扩大代表对地方国家事务管理的参与度。指定22名熟悉“放管服”和公共文化服务体系建设工作的代表参与定向视察活动。着力指导民生实事项目人大代表票决制工作，先后18次深入试点地区调研和督促推动工作，编印专项工作简报12期，14个试点地区票决项目84项。认真开展“五星级”人大代表之家评定工作，完成第一批9个“五星级”人大代表之家的评定工作，印发表彰通报，促进各级人大“建”家、“管”家、“用”家意识。

教育技术文化卫生委员会　2019年，共完成立法任务1项、专题调研1项、执法调研1项；协助市人大常委会完成专题询问2项、主任集体视察1项；配合自治区人大常委会完成立法调研2项、专题调研2项、执法调研1项。

财政经济委员会　强化预决算审查监督，增强监督实效，协助常委会听取和审议关于预决算执行及调整、审计查出问题整改情况报告4个，并下发相关审议意见。抓好经济运行监督，开展上半年经济运行情况的专题调研，并对鄂尔多斯市《“十三五”规划纲要调整方案的报告》进行初审，开展深化“放管服”改革、优化营商环境专题调研，以及促进现代能源经济和民营经济发展主任集体视察，及时发现相关问题，并有针对性地提出意见建议。全力加大政府债务化解监督工作，审议政府债务化解情况的专项报告，并有针对性地提出意见建议。认真组织开展国有资产管理监督，听取企业国有资产管理情况的报告。

环境资源城乡建设委员会　参与制定地方性法规2部，开展3部条例的立法调研。开展人居环境治理、园林绿化、物业管理、环境保护等6个方面的立法调研，开展3个专项报告的初审，并起草下发审议意见。

农牧业委员会　组织开展《中华人民共和国草原法》和《内蒙古自治区草原管理条例》执法检查，根据审议情况及时形成市人大常委会对执法检查报告的审议意见，连同执法检查报告一并印发市人民政府及相关部门研究落实。开展新型农牧业经营主体和职业农民培育工作及实施乡村振兴战略过程中重点推进全市农村牧区产业发展情况的专题调研，形成质量较高的调研报告，提交常委会书面审议。对《鄂尔多斯市人大常委会对市人民政府〈关于全市精准脱贫攻坚工作的报告〉的审议意见》落实情况进行督查，对市政府及有关部门在推进强化产业扶持、健康扶贫、就业扶贫，压实帮扶责任、激发内生动力等方面的整改情况进行督查，形成督查报告。

法制工作委员会　完成《鄂尔多斯市大气污染防治条例》《鄂尔多斯市集中式饮用水水源保护条例》《鄂尔多斯市文明行为促进条例》3部法规的征求意见、修改、提请审议、报批、发布、宣传等工作。

社会建设委员会　对深化城乡基本医疗保险制度建设情况开展专题调研，及时形成调研报告，就医保基金支付压力大、医保监管水平有待提高、部分旗区医保补贴经费压力较大等问题提出具体建议。围绕市委中心工作，对全市人才队伍建设情况开展专题调研，指出存在的主要问题，提出要加快转变人才工作理念、加大人才引进和培养力度、扎实推进人才供给结构改革、着力营造宜居宜业的人才工作环境等建议。

【地方立法】 2019年，制定地方法规3部，开展5部条例的立法调研。

【监督工作】 2019年，听取审议专项工作报告25项，开展集中视察、专题调研、执法检查54次，专题询问和工作评议3次，形成问题清单4件53条，提出审议和评议意见24件，首次开展财政专项资金监督、员额法官履职评议。

【代表作用】 2019年，邀请代表列席常委会会议32人次，组织代表参与立法、监督等活动200余人次，首次对重点代表建议承办部门开展评议，代表提出的227件建议全部答复办结，代表建议得到解决和正在解决的占89%。承办全区民生实事项目人大代表票决制试点工作现场会，受到自治区人大领导和与会人员的一致好评。

【决定和任免】 2019年，作出决定决议9个，任免国家机关工作人员54人，认真组织国家机关工作人员进行宪法宣誓。

重要会议

【第四届人民代表大会第二次会议】 2019年2月27日—3月2日，鄂尔多斯市第四届人民代表大会第二次会议在康巴什区召开。大会主席团常务主席、执行主席牛俊雁出席会议。大会主席团常务主席、执行主席祁毕西勒图主持会议。会议应出席代表293人，实际出席会议代表290人，符合法定人数。会议审查《鄂尔多斯市2018年国民经济和社会发展计划执行情况与2019年国民经济和社会发展计划草案的报告》《鄂尔多斯市2018年预算执行情况和2019年预算草案的报告》。会议表决通过关于《政府工作报告》的决议，关于《鄂尔多斯市2018年国民经济和社会发展计划执行情况与2019年国民经济和社会发展计划》的决议，关于《鄂尔多斯市2018年预算执行情况及2019年预算》的决议，关于《鄂尔多斯市人民代表大会常务委员会工作报告》的决议，关于《鄂尔多斯市中级人民法院工作报告》的决议和《鄂尔多斯市人民检察院工作报告》的决议。选举市人民政府市长，补选1名市人大常委会副主任和2名市第四届人民代表大会常务委员会委员。

【第四届人民代表大会常务委员会第十次会议】 2月12日，鄂尔多斯市第四届人民代表大会常务委员会第十次会议召开。市人大常委会主任祁毕西勒图主持会议并讲话。会议应出席常委会组成人员35人，实际出席34人，符合法定人数。会议听取市人民政府关于市政府工作部门调整和部分组成部门主要负责人人选的说明；审议市人大常委会关于市政府机构改革涉及市的地方性法规规定的行政机关职责调整问题的决定（草案）；听取审议市四届人大常委会代表资格审查委员会关于部分代表的代表资格的报告（草案）；审议市第四届人民代表大会第二次会议有关事项的议案；审议市人大常委会工作报告（稿）；审议市人大常委会2019年工作要点（稿）；决定人事任免职事项。会议向新任命负责人颁发任命书，并举行宪法宣誓仪式。

【第四届人民代表大会常务委员会第十一次会议】 2月19日，鄂尔多斯市第四届人民代表大会常务委员会第十一次会议召开。市人大常委会主任祁毕西勒图主持会议并讲话。会议审议《鄂尔多斯市人民代表大会常务委员会关于调整鄂尔多斯市第四届人民代表大会第二次会议召开时间的决定（草案）》；作出《鄂尔多斯市人民代表大会常务委员会关于调整鄂尔多斯市第四届人民代表大会第二次会议召开时间的决定》。

【第四届人民代表大会常务委员会第十二次会议】 4月26日，鄂尔多斯市第四届人民代表大会常务委员会第十二次会议召开。市人大常委会主任祁毕西勒图主持会议并讲话。会议传达学习习近平总书记参加十三届全国人大二次会议内蒙古代表团审议时的重要讲话及十三届全国人大二次会议精神；听取审议《鄂尔多斯市大气污染防治条例（草案）》《鄂尔多斯市人民政府关于2019年全市下达部分新增地方政府债务限额及上报项目方案的议案》《鄂尔多斯市人民政府关于市本级预算执行和其他财政收支2018年度审计查出问题整改情况的报告》；表决通过《鄂尔多斯市人民代表大会常务委员会关于设立社会建设委员会的决定》《鄂尔多斯市人民代表大会常务委员会关于批准市人民政府2019年全市下达部分新增地方政府债务限额及上报项目方案的议案的决议》《鄂尔多斯市人民代表大会常务委员会预算审查监督办法》；决定人事任免事项。会议向新任命的同志颁发任命书，并举行宪法宣誓仪式。

【第四届人民代表大会常务委员会第十三次会议】 6月26日，鄂尔多斯市第四届人大常委会第十三次会议在康巴什区召开。市人大常委会主任祁毕西勒图主持会议。会议听取关于《鄂尔多斯市集中式饮用水水源保护条例（草案）》的说明和关于《鄂尔多斯市大气污染防治条例（草案）》审议结果的报告；关于法治政府建设情况的报告、关于“十三五”规划纲要调整方案的报告和关于深化“放管服”改革优化营商环境情况的报告；关于全市检察机关加强侦查监督、维护司法公正情况的报告以及有关人事任免的说明。会议表决通过《鄂尔多斯市大气污染防治条例（草案表决稿）》《鄂尔多斯市人大常委会关于批准市人民政府关于“十三五”规划纲要调整方案的报告的决议（草案）》。会议还对市人民检察院关于全市检察机关加强侦查监督、维护司法公正情况的报告进行满意度测评；听取自治区人大代表述职。

【第四届人民代表大会常务委员会第十四次会议】 8月28—29日，市四届人大常委会第十四次会议召开。市人大常委会主任祁毕西勒图主持会议并讲话。会议听取关于《鄂尔多斯市集中式饮用水水源保护条例（草案）》审议结果的报告，关于《鄂尔多斯市文明行为促进条例（草案）》的说明，关于检查《中华人民共和国草原法》和《内蒙古自治区草原管理条例》实施情况的报告，关于九年义务教育均衡发展情况的报告；听取关于2019年上半年国民经济和社会发展计划执行情况的报告、关于2018年市本级财政决算和2019年上半年预算执行情况的报告、关于2018年度市本级预算执行和其他财政收支的审计工作报告、关于2018年市本级财政决算的审查报告，表决通过《鄂尔多斯市集中式饮用水水源保护条例（草案表决稿）》《鄂尔多斯市人民代表大会常务委员会关于批准市人民政府2018年市本级决算的决议（草案）》。会议还听取自治区人大代表的述职报告，并开展测评。

【第四届人民代表大会常务委员会第十五次会议】 10月28—29日，鄂尔多斯市第四届人大常委会第十五次会议召开。市人大常委会主任祁毕西勒图主持会议并讲话。会议听取关于《鄂尔多斯市文明行为促进条例（草案）》审议结果的报告；关于检查《内蒙古自治区蒙古语言文字工作条例》实施情况的报告；关于全市公立医院综合改革和分级诊疗制度建设情况的报告；关于2019年市本级预算调整方案（草案）的报告和关于2018年度行政事业单位国有资产管理情况的报告；关于促进民营经济发展工作情况的报告；关于推进现代能源经济发展情况的报告；关于民商事审判工作情况的报告。表决通过《鄂尔多斯市文明行为促进条例（草案表决稿）》《鄂尔多斯市人民代表大会常务委员会关于批准2019年市本级预算调整方案的决议（草案）》。会议还听取被评议民商事员额法官履职情况的报告和自治区人大代表的述职报告，并开展测评。其间，举行联组会议，就鄂尔多斯市公立医院综合改革和分级诊疗制度建设情况进行专题询问，6位常委会组成人员，从不同角度对全市公立医院综合改革和分级诊疗制度建设情况进行询问。市人民政府副市长于仁杰和市直有关部门负责同志认真回答。

【第四届人民代表大会常务委员会第十六次会议】 12月30—31日，鄂尔多斯市第四届人大常委会第十六次会议在康巴什区召开。市人大常委会主任祁毕西勒图主持会议。会议听取市人民政府副市长、市公安局局长薄利峰关于全市公安机关扫黑除恶专项斗争工作情况的报告；听取市生态环境局局长董介中作的关于2019年度环境状况和环境保护目标完成情况以及中央环保督察、自治区生态环境大检查反馈问题整改落实情况的报告；听取市住房和城乡建设局局长余永崇作的关于全市农村牧区人居环境治理情况的报告；听取市人大常委会选举任免联络委员会主任乌云达赖作的关于市四届人民代表大会第二次会议代表建议、批评和意见办理情况的报告；听取市人民政府秘书长张众志作的关于市四届人民代表大会第二次会议代表建议、批评和意见办理情况的报告；听取市住房和城乡建设局局长余永崇关于鄂尔多斯市四届人大二次会议代表建议、批评和意见办理的专项报告；听取市财政局局长王瑞作的关于2019年市本级预算调整方案（草案）的报告。会议还听取人事任免事项的说明。会议表决通过《鄂尔多斯市人民代表大会常务委员会关于接受个别委员辞职请求的决定》《鄂尔多斯市人民代表大会常务委员会关于召开鄂尔多斯市第四届人民代表大会第三次会议的决定》《鄂尔多斯市人民代表大会常务委员会关于批准2019年市本级预算调整方案的决议》；会议还表决通过人事任免事项。

鄂尔多斯市人民政府

【鄂尔多斯市人民政府领导名录】

市　　长：斯琴毕力格（蒙古族，3 月任职）

副 市 长：金　武

倪嘉宇

于仁杰

李文忠

石艳杰（女）

刘建勋

薄立峰（2 月任职）

李国俭（1 月离职）

呼　禾（蒙古族 1 月离职）

秘 书 长：张众志

副秘书长：李　斌

闫永升

王　昇

李　鹏

概　述

【概况】 2019 年，全市常住人口 208.76 万人，其中城镇人口 156.74 万人、乡村人口 52.02 万人，城镇化率为 75.08%。2019 年，全市完成地区生产总值 3605.0 亿元，按第四次全国经济普查修订数据后的同口径可比价计算，比 2018 年增长 4.0%。分产业看，第一产业增加值 123.7 亿元，同比增长 1.5%，对经济增长的贡献率为 1.3%，拉动 GDP 增长 0.1 个百分点；第二产业增加值 2092.3 亿元，同比增长 4.3%，对经济增长的贡献率为 63.8%，拉动 GDP 增长 2.5 个百分点；第三产业增加值 1389.1 亿元，同比增长 3.6%，对经济增长的贡献率为 35.0%，拉动 GDP 增长 1.4 个百分点。2019 年，全市公共财政预算收入 501.0 亿元，同比增长 15.6%。2019 年，全体居民人均可支配收入 41368 元，同比增长 7.4%；城镇常住居民人均可支配收入达到 49768 元，同比增长 6.3%；农村牧区常住居民人均可支配收入为 20075 元，同比增长 9.8%。全体居民人均消费性支出 26521 元，同比增长 5.5%；城镇居民人均消费性支出 30086 元。

【重要活动】

布小林到鄂尔多斯市调研　1 月 13 日，中共自治区委员会副书记、自治区主席布小林到鄂尔多斯市伊泰塔拉壕煤矿检查调研安全生产工作。

自治区副主席艾丽华到鄂尔多斯市调研　3 月 26 日，自治区副主席艾丽华到鄂尔多斯市就教育工作进行调研。自治区政府副秘书长石墨，市委副书记、市长斯琴毕力格，副市长刘建勋，市政府秘书长张众志及区、市两级有关部门负责人参加调研。

鄂尔多斯综合保税区封关运营启动　3 月 28 日，鄂尔多斯综合保税区封关运营启动仪式在空港物流园区举行，宣告鄂尔多斯综合保税区成为呼和浩特关区首家封关运营的综合保税区。市委副书记、市长斯琴毕力格出席启动仪式。副市长于仁杰主持。

自治区党委书记李纪恒到鄂尔多斯市调研 4月10—11日，自治区党委书记李纪恒到鄂尔多斯市调研。市委书记牛俊雁，市长斯琴毕力格等陪同调研。

第十四届鄂尔多斯国际煤炭及能源工业博览会，2019全国煤炭绿色开采与科技创新发展大会暨中国能源“金三角”国际峰会 4月16—18日，第十四届鄂尔多斯国际煤炭及能源工业博览会，2019全国煤炭绿色开采与科技创新发展大会暨中国能源“金三角”国际峰会在康巴什区举行。其间，邀请517家国内外能源企业、装备制造企业和咨询物流企业参展。

中央扫黑除恶第15督导组第二下沉组到鄂尔多斯市督导工作 6月16日，中央扫黑除恶第15督导组第二下沉组到鄂尔多斯市并召开工作动员汇报会，开展扫黑除恶专项斗争督导工作。中央扫黑除恶第15督导组第二下沉组全体成员，自治区配合下沉小组全体成员，市委、人大、政府、政协领导同志，法检“两长”，市纪委监委班子成员，市司法局、中级人民法院、人民检察院班子成员，市委巡察办、巡察组，市委扫黑除恶专项斗争领导小组成员单位和市直有关部门、单位的主要负责同志参加会议。

第十四届全国冬季运动会火炬传递 7月5日，第十四届全国冬季运动会火炬传递鄂尔多斯站活动举行。自治区体育局副局长李志友，市人大常委会主任祁毕西勒图、副主任张月清，副市长刘建勋，市政协副主席孙树华、曹郅琛、吉日嘎拉图出席活动，并分别参加启动仪式和收火种仪式。

第七届库布其国际沙漠论坛防沙治沙与农牧民增收分论坛 7月28日，第七届库布其国际沙漠论坛防沙治沙与农牧民增收分论坛举行。国家林业和草原局副局长刘东生，全国政协人口资源环境委员会副主任任亚平，蒙古国前总统彭萨勒玛·奥其尔巴特，市委副书记、市长斯琴毕力格，市委常委、副市长金武出席分论坛。

2019中国（鄂尔多斯）国际羊绒羊毛大会暨展览会在东胜区举办 8月8—12日，由中国国际商会主办，内蒙古自治区贸促会、鄂尔多斯市人民政府承办，东胜区人民政府和鄂尔多斯市贸促会执行筹备的主题为“极致绒耀 巅峰织造”2019中国（鄂尔多斯）国际羊绒羊毛大会暨展览会在东胜区举办。来自北京市、山西省、河北省等7个省市贸促会，青岛、大连、湖州等25个市贸促会及自治区各盟市贸促会有关领导，自治区有关部门、市直有关部门领导和各旗区领导，绒毛行业相关机构、协会、科研院所负责人，国内外绒毛行业领军人物、知名企业负责人，以及美国、英国、德国、日本等18个国家及浙江、宁夏、山东等近30个省、市、自治区229家参展商和510家采购商参加大会。开幕式上，中国毛纺织行业协会发布“2018—2019年度山羊绒行业企业竞争力测评”，中国流行色协会发布“2020—2021年度秋冬羊绒色彩流行趋势”。中国畜产品流通协会会长潘种树宣读授予东胜区“中国高品质羊绒生产加工基地”的决定并授牌。

第二届内蒙古国际能源大会 8月10—11日，第二届内蒙古国际能源大会在鄂尔多斯市举行。大会在能源消费、供给、技术和管理创新、生态环境保护等方面达成许多重要共识，取得丰硕成果，为加快构建清洁低碳、安全高效的现代能源体系、推动内蒙古现代能源经济发展提供更多智力支持。

国际性马拉松赛事蒙泰·2019鄂尔多斯国际马拉松 8月24日，由中国田径协会、内蒙古自治区体育局、鄂尔多斯市人民政府主办，鄂尔多斯市教育体育局承办的国际性马拉松赛事蒙泰·2019鄂尔多斯国际马拉松在康巴什区乌兰木伦湖区广场举行。

中华人民共和国海关总署卫生检疫司副司长到鄂尔多斯考核 10月15—17日，中华人民共和国海关总署卫生检疫司副司长张鹰带领中华人民共和国海关总署口岸公共卫生核心能力达标考核组，对鄂尔多斯国际航空口岸公共卫生核心能力建设开展达标考核并召开反馈会。

自治区主席布小林到鄂尔多斯市指导工作 11月30日—12月1日，中共自治区委员会副书记、自治区主席布小林到鄂尔多斯市，指导推动第二批“不忘初心、牢记使命”主题教育整改落实工作。

鄂尔多斯市为被评为“全国民族团结进步示范市” 12月9日，国家民委发布《关于命名鄂尔多斯市为“全国民族团结进步示范市”的决定》，命名鄂尔多斯市为“全国民族团结进步示范市”。

内蒙古蒙西高新技术工业园区至三北羊场铁路项目签约 12月25日，内蒙古蒙西高新技术工业园区至三北羊场铁路项目签约仪式在康巴什区举行。蒙西高新技术工业园区至三北羊场铁路位于鄂尔多斯市西部，自蒙西高新技术工业园区引出，向东南沿现有省道216线，途经桌子山矿区、棋盘井棋东工业园区，终到接入东（胜）乌（海）线三北羊场站，新建正线长度约120公里，总投资约56亿元，主要服务于桌子山矿区，蒙西、棋盘井工业园区及周边的乌海园区原材料和产品运输。

【常务会议】

第一次常务会议 1月18日，市委副书记、代市长斯琴毕力格主持召开2019年第1次政府常务会议，审议《政府工作报告》，研究2018年国民经济和社会发展执行情况与2019年国民经济和社会发展计划草案。

第三次常务会议 3月10日，市委副书记、市长斯琴毕力格主持召开2019年第3次政府常务会议，研究《“十三五”规划实施情况中期评估报告》、鄂尔多斯市蒙古族学校（新校区）项目建设、鄂尔多斯综合保税区标准化物流基础设施建设、《鄂尔多斯市煤矿采空区灾害综合治理修编总体规划（2019—2023）》等事项。

第四次常务会议 4月19日，市长斯琴毕力格主持召开市人民政府2019年第4次政府常务会议，研究大气污染、深化营商环境综合改革等有关事宜。

第五次常务会议 5月31日，委副书记、市长斯琴毕力格主持召开2019年第5次政府常务会议，研究鄂尔多斯市乡村振兴战略规划及农村牧区生态振兴实施方案、推进城市精细化管理三年行动方案、关于坚持农牧业农村牧区优先发展切实做好“三农三牧”工作的贯彻落实意见等事项，安排部署鄂尔多斯市落实国家减税降费政策、扫黑除恶专项斗争等工作。

第六次常务会议 6月18日，市委副书记、市长斯琴毕力格主持召开2019年第6次政府常务会议，研究鄂尔多斯市民营经济产业发展引导基金管理办法（试行）、关于贯彻落实过紧日子要求进一步压减一般性等财政支出的通知等事项，安排部署鄂尔多斯市耕地保护督察、扫黑除恶专项斗争等工作。

第七次常务会议 7月9日，市委副书记、市长斯琴毕力格主持召开2019年第7次政府常务会议，研究鄂尔多斯市推进教育现代化工作方案、工程建设项目审批制度改革实施方案、实施乡村振兴战略产业振兴资金扶持办法（试行）等事项。

第八次常务会议 8月19日，市委副书记、市长斯琴毕力格主持召开2019年第8次政府常务会议，研究审议《鄂尔多斯市文明行为促进条例》和限制国家第三阶段标准及以下柴油货车在中心城区通行等有关事宜。

第九次常务会议 9月3日，市委副书记、市长斯琴毕力格主持召开2019年第9次政府常务会议，研究部署迎接国务院第六次大督查、全市重要民生商品保供稳价、安全生产工作等有关事宜，审议通过《鄂尔多斯市“1532就业创业工程”实施方案》。

第十次常务会议　9月29日，市委副书记、市长斯琴毕力格主持召开2019年第10次政府常务会议，研究部署土地违法整改和国土空间总体规划编制等工作，听取全市“放管服”改革和优化营商环境工作、全市扫黑除恶专项斗争开展情况汇报。

第十一次常务会议　11月5日，市委副书记、市长斯琴毕力格主持召开2019年第11次政府常务会议，研究解决城镇国有土地上房屋权属登记历史遗留问题和财政工作等有关事宜，审议通过《鄂尔多斯市改革完善医疗卫生行业综合监管制度实施方案》《鄂尔多斯市推进国家大数据综合试验区改革实施方案》等方案。

第十二次常务会议　12月12日，市委副书记、市长斯琴毕力格主持召开2019年第12次政府常务会议，研究全市中小学教师绩效工资、自然保护区内矿业权退出和生态环境恢复、矿产资源管理等事宜。

第十三次常务会议　12月30日，市委副书记、市长斯琴毕力格主持召开2019年第13次政府常务会议，审议2020年《政府工作报告》，讨论《鄂尔多斯市2019年国民经济和社会发展计划执行情况与2020年国民经济和社会发展计划草案的报告》《鄂尔多斯市2019年预算执行情况和2020年预算草案的报告》等事宜。

市人民政府办公室

【鄂尔多斯市人民政府办公室领导名录】

主　任：张众志

副主任：陈喜荣

邱　林

纪检监察组组长：郑灵枝

【概况】 鄂尔多斯市人民政府办公室内设综合一科、综合二科（调研室）、综合三科、政务一科、政务二科、政务三科、政务四科、政务五科、政务六科、政务七科、政务八科、政务九科（市人民政府总值班室）、改革和考核科、外事管理科、出国管理科、对外合作交流科、政策法规科和机关党委等18个科室和机构。市人民政府办公室机关行政编制65名，处级领导职数9名（1正8副）；科级领导职数39名[26正（含机关党委专职副书记1名）13副]。主要职责：（1）协助市人民政府领导同志了解掌握全市工作情况。根据市人民政府领导同志的指示，对市人民政府的重要工作部署和市人民政府部门、单位间有争议的重要问题进行调查研究和统筹协调。（2）协助市人民政府领导同志组织起草或审核以市人民政府、政府办公室名义发布的公文。组织起草政府工作报告、市人民政府领导同志讲话等文稿。（3）负责市人民政府党组、政府会议及政府领导同志的会务工作，协助市人民政府领导同志组织实施会议决定事项。负责市人民政府会议审批管理工作。（4）负责市人民政府重大活动的组织和市人民政府领导同志的重要内外事活动安排。（5）负责审核各旗区人民政府和市人民政府各部门请示市人民政府的事项，提出办理意见，报市人民政府领导同志审批。（6）负责市人民政府和政府办公室的文电办理工作，对市人民政府及政府办公室拟制发的规范性文件进行合法性审查。（7）督促检查市人民政府各部门、各旗区人民政府对自治区和市人民政府决定事项及市人民政府领导同志指示批示的贯彻落实情况，及时向市人民政府领导同志报告。（8）负责政务信息的采集、编辑、报送等工作，为市人民政府领导同志决策提供服务。（9）负责市人民政府、政府办公室文件和会议材料的蒙古文翻译工作，指导全市政府系统蒙古文翻译和蒙古文门户网站建设工作。（10）负责制定市人民政府新闻发布计划并组织实施，承办以市人民政府名义举行的新闻发布活动。（11）组织开展经济生态领域改革重大问题的政策研究，组织起草全市经济生态领域改革相关文件，对全市经济生态领域改革工作进行调研、评估和督查。（12）负责市人民政府总值班工作，及时报告突发事件信息和重要情况，传达和督促落实市人民政府领导同志指示，指导全市政府系统值班工作。（13）指导市机关事务管理工作。指导、督促和检查全市地方志工作。（14）管理市政务服务局。（15）贯彻落实关于外事工作的方针、政策和法律法规及决策部署。研究拟订外事工作制度和工作规划。组织开展全市外事工作的调查研究工作，为市委、市政府决策当好参谋助手。（16）承办协调全市涉外业务和港、澳事务，指导全市民间对外友好工作。（17）完成市委和市人民政府交办的其他任务。

【以文辅政】 2019年，累计起草各类讲话200余篇、120余万字，制定政策性、规范性文件9件。聚焦“三大攻坚战”、黄河流域生态保护和高质量发展等重点领域，推动出台促进民营企业高质量发展11条措施、深化营商环境综合改革实施方案、乡村振兴战略产业振兴资金扶持办法等一批政策文件及配套方案。针对经济社会发展中的重点难点问题开展调查研究，深入基层调研60余次，撰写调研报告20篇11万字。

【精文简会】 全年共核收办理来文6274件，做到紧急文件随到随办、普通文件按期办结。全年制发各类文件1107件，同比下降27%，出错率严格控制在2%以内；其中“四类文件”211件，下降32%；编辑出版《鄂尔多斯市人民政府公报》12期。全年组织召开各类会议216次，下降30.7%。

【信息工作】 全年采编信息9441条，编发《鄂尔多斯政讯》144期，向自治区上报政务信息1467条，被采用313条，转报国务院办公厅68条，20条重点信息获领导批示。

【督查考核】 全年开展各类专项督查15次，下发督办通知20份，编发《督查报告》20期、《落实与反馈》14期。加大人大建议和政协提案督办力度，累计督办432件，答复率和满意率100%。认真履行政府工作部门绩效目标考核职责，印发《全面建成小康社会考核评价办法》，实行差异化考核、科学化评价、日常化监督。

【值班值守】 严格执行24小时值班和领导带班制度，协助市领导及时处置突发事件和紧急情况。全年共安排值班718人次，办理各类来文来电275件，协助处置突发事件86起，编发《鄂尔多斯应急快报》125期。接待赴市上访群众63批、1180人次。指导气象、水利等部门发布各类预警信息147期17.6万条。

【政务公开】 全年利用市人民政府网站（官网）、市人民政府公报网站、市人民政府发布微信公众号三大公开渠道，累计公开各类文种文件572件，办理依申请公开19件。

【蒙文翻译】 全年翻译各类文稿共计90份26万字，编译印发蒙文版《鄂尔多斯市人民政府公报》12期，市政府及办公室发文蒙汉文并发率达到99%；蒙文公报发至全市涉牧地区，覆盖率达到100%。推进全市蒙古文政务网站建设，全年刊登各类报道1343篇，被自治区评为全区蒙古文政务网站工作突出站点。

【外事保障】 全年审批、申报各类因公出国26批69人次，同比下降58.7%；做好外宾接待工作，全年接待外宾22批604人次，同比下降22%。完成第七届库布其国际沙漠论坛、第二届内蒙古国际能源大会等重大涉外活动的保障工作。开展对外合作交流，先后与美国肯塔基州、韩国全罗北道等地进行广泛交流合作。

【信息化建设】 实现正版软件使用保持全覆盖，对办公室互联网电脑软件正版化使用情况进行摸底检查，与互联网电脑使用人签订《使用正版软件承诺书》，建立办公室软件使用台账。完成2018年度永久、长期档案的扫描、移交工作和2001—2010年遗漏档案的整理移交工作。

外事及港澳台工作

【鄂尔多斯市人民政府外事办公室领导名录】

主　任：郝海荣

【概况】 根据《中共鄂尔多斯市委员会机构编制委员会关于调整鄂尔多斯市人民政府办公室职责机构编制的通知》文件内容，鄂尔多斯市人民政府办公室挂鄂尔多斯市人民政府外事办公室牌子。市人民政府外事办公室内设礼宾科、外事管理科、出国管理科和对外合作交流科（同时挂港澳办公室牌子）4个科室，核定行政编制5名，事业编制5名。主要职责：负责贯彻落实关于外事工作的方针、政策和法律法规及决策部署。研究拟订外事工作制度和工作规划。组织开展全市外事工作的调查研究工作，为市委、市政府决策当好参谋助手。承办协调全市涉外业务和港、澳事务，指导全市民间对外友好工作。其中对外合作交流科负责管理鄂尔多斯人民政府外事网。完成市人民政府和上级业务部门交办的其他任务。

【外事管理】 2019年，办理邀请到华事项9批14人次，涉及德国、美国等6个国家。因公出国管理工作。严格执行中央八项规定及其实施细则和自治区实施办法等相关文件精神，坚持因事定人、控制总量、提高质量、节俭务实原则，规范因公出国管理，压缩出访团组。截至年底，全市审批、申报各类因公出国团组26批69人（党政团组20批42人）。出访涉及10个国家和地区，出访主要任务涉及经贸洽谈、对外合作、文化交流和专项培训等。

【大型国际会议的涉外服务保障】 参与筹备“第七届库布其国际沙漠论坛”相关工作，制定《第七届库布其国际沙漠论坛外国前政要接待方案》《第七届库布其国际沙漠论坛涉外突发事件应急处置预案》；办理“第七届库布其国际沙漠论坛”外籍人员来华事项；完成“第七届库布其国际沙漠论坛”各项前期筹备工作，包括会前文件撰写、调研考察、资料搜集、外事工作协调联络、会序册制作等。参与筹备“第二届内蒙古国际能源大会”工作。负责完成大会会务手册编写和各项外事活动的统筹联络工作。负责完成“第五届内蒙古自治区‘足球频道·电力杯’‘一带一路’国际青少年足球夏令营”“2019年中国商飞供应商大会”“2019年北京世园会鄂尔多斯市活动日”的涉外礼宾和翻译服务工作。

【外事礼宾接待】 2019年，接待蒙古国前杭爱省代表团等来自9个国家和地区的宾客22批604人次。

【翻译工作】 完成“第七届库布其国际沙漠论坛”“第二届内蒙古国际能源大会”“第五届内蒙古自治区‘足球频道·电力杯’‘一带一路’国际青少年足球夏令营”“2019年中国商飞供应商大会”“2019年北京世园会鄂尔多斯市活动日”等大型涉外活动的笔译约30万字，会议期间的口译（开闭幕式、考察点、圆桌会议等同传、交传陪同口译）85场。赴上海参加鄂尔多斯市与化工企业巨头巴斯夫合作考察活动，完成活动期间的会议口译、陪同考察翻译工作；完成鄂尔多斯市代表团赴美国肯塔基州莱克星顿市参加马产业合作访问活动期间的协调联络、材料撰写以及陪同翻译工作。

【对外合作与交流】 与韩国全罗北道（省）政府上海代表处相关负责人就双方经济、文化、旅游等领域开展交流活动；就鄂尔多斯某企业申报“第六届保尔森可持续发展奖”等相关事宜与美国保尔森基金会进行合作交流；与瑞士克莱恩蒙塔纳市在教育合作方面保持互动。

【文化、教育交流】 2月1日至9日，杭锦旗乌兰牧骑应泰国旅游体育部、国家旅游局和曼谷市政府邀请，赴泰国参加2019年“欢乐春节”文化交流活动。6月10日至21日，由杭锦旗文化和旅游局牵头，杭锦旗古如歌协会筹备，杭锦旗当地牧民、退休教师、中小学生等51人组成的杭锦古如歌艺术团应邀赴蒙古国参加亚洲第一届民俗锦标赛。鄂尔多斯市民族幼儿师范高等专科学校与蒙古国国立大学签署学生培养、人文交流、师资培训、科研合作等方面的校际合作协议，与泰国格乐大学签署两所学校“国际教育交流备忘录”。

【青年交流】 5月1日至4日，由日本伦理研究所主办、日本沙漠绿化实践协会承办、内蒙古恩格贝沙漠博物馆（科学馆）协办的第12届“中日青年沙漠绿化交流”系列活动在恩格贝生态示范区举行。日本的36名青年学生和中央财经大学等6所国内知名大学的70名青年学生以及示范区部分青年志愿者，在恩格贝生态示范区“中日友好林”植树基地开展沙漠绿化活动，促进中日两国青年的文化交流；伦理研究所、王子制纸、沙漠绿化实践协会、爱知大学、九洲田主丸绿化队等16支日本绿化队共计283名日本沙漠绿化志愿者到恩格贝“中日友好植树基地”开展义务植绿活动；4月至10月，上海外国语大学附属外国语学校先后组织7批涉及17个国家的402名外籍青少年学生，在恩格贝生态示范区及沙漠腹地开展一系列寓教于乐的户外营地露营、拓展锻炼活动和义务植绿活动；7月6日，日本伦理研究所在恩格贝举办营建“地球伦理之林”沙漠绿化植树活动20周年庆祝活动，伦理研究所的志愿者在恩格贝沙漠的造林总数已经达到35万棵。这项营建“地球伦理之林”的沙漠植树活动，为中国的环境保护尽绵薄之力，增进中日两国青年的相互了解，对加深中日两国友好关系产生积极的影响；9月4日，日本国际志愿者学生协会植树访华团一行18人，到恩格贝生态示范区进行参观交流。

【外资及港澳台资企业】 截至2019年10月底，鄂尔多斯市登记成立外资及港澳台资企业257户。其中包括港澳台法人独资10户、外国法人独资11户、外商投资企业分支机构122户、中外合资企业20户、其他94户。注册资本共计2490832万元。

（段丽红）

接待工作

【鄂尔多斯市接待办领导名录】

主　任：谢东平

副主任：解利云

敖特更格日勒（蒙古族）

【概况】 伊克昭盟接待处于2001年更名为鄂尔多斯市接待办公室。公务接待范围为党委、人大、政府、政协、纪检委五大机关区内外副厅局级以上领导干部和以五大机关名义到市的各类调研、考察、考核、检查、验收、慰问、报告团（组）。市接待办公室负责上述来宾食、宿、行等接待安排的落实，各大机关办公厅负责对口来宾考察活动、领导陪同等工作的协调。

市接待办前身是盟接待处，于1997年成立，成立之初为副处级建制事业单位，归盟行署办公室管理，经费由财政全额拨付，内设综合科、接待科两个科室。2001年更名为市接待办公室。2004年市编委为市接待办增设1个科室，内设科室调整为综合科、接待一科、接待二科。2006年增设财务统计科。2007年经自治区编委批准同意升格为正处级；同年，被自治区人事厅批准为参照公务员法管理的单位。2008年，市编委为市接待办增设礼宾车队、接待三科和总值班室。2012年，市编委批准市接待办成立接待四科。2013年，经市编委办同意加挂鄂尔多斯市合作交流办公室牌子，并相应增加承担鄂尔多斯市在招商引资和合作交流方面接待工作的职责。2017年，市编委同意成立隶属于市接待办的科级事业单位鄂尔多斯市对外合作交流服务中心。2019年，市接待办共有所属事业单位1个，内设科室8个。市接待办有参公事业编制20个，处级领导职数1正2副，科级领导职数9正4副。所属事业单位共有事业编制10个，科级领导职数1正2副。2012年，市委同意市接待办设立党组。2013年机关工委同意成立市接待办党支部，2016年成立党的总支部委员会，2017年成立机关党委。2019年9月，经市委研究撤销市接待办党组。

【接待任务】 截至2019年底，公务接待任务825批次、11020人次。完成中央扫黑除恶第15督导组第二下沉组、“不忘初心、牢记使命”主题教育中央第二巡回督导组等重要团组的接待任务。完成成吉思汗查干苏鲁克大典、中国商飞供应商大会、第七届库布其国际沙漠论坛、第二届内蒙古国际能源大会、延安精神交流会等10次重要会议的接待保障工作。

信访工作

【鄂尔多斯市信访局领导名录】

党组书记、局长：马二喜

常务副局长：王文革（蒙古族）

副　局　长：汪义勇（4月任职）

【概况】 2019年3月，根据市人民政府机构改革方案，明确市信访局是鄂尔多斯市人民政府的工作部门，为正处级建制。核定局机关行政编制13名，工勤编制2个。内设办公室、综合指导科、督查科（法规科）、办信科（人民建议征集科）、来访接待科等5个科室。2019年12月，中共鄂尔多斯市委员会机构编制委员会下发《关于印发鄂尔多斯市联合接访中心机构编制“五定”方案的批复》（鄂党编字〔2019〕224号），同意成立鄂尔多斯市联合接访中心，核定事业编制7个，其中科级领导职数1正1副。至此，市信访局下设信访信息中心、联合接访中心等3个二级事业单位。职能职责：贯彻党中央关于信访工作的方针政策，落实自治区党委、市委决策部署，在履行职责过程中坚持和加强党对信访工作的集中统一领导；负责协调指导全市范围内的信访工作；承办国家、自治区和市委、市政府以及领导干部交办、批办的信访事项；负责公民、法人或其他组织提出信访事项的受理、办理工作。征集人民群众的意见和建议；负责向各旗区各部门各单位转办、交办信访事项，督促检查信访事项的办理和信访责任制落实，提出改进工作、完善政策、给予处分等建议；负责组织协调督促解决跨地区、跨部门、跨行业的信访事项；负责制定信访问题排查化解制度并组织实施；负责分析信访形势，总结经验做法，向市委、市政府提出有关意见和建议；负责信访改革工作；负责信访法治化建设工作；负责指导全市信访信息系统建设和管理工作；负责指导全市信访部门队伍建设、党风廉政建设和培训工作；负责鄂尔多斯市信访工作联席会议办公室日常工作。督促检查鄂尔多斯市信访工作联席会议决定事项的落实；协调信访工作的宣传、信息发布和对外交流；完成市委、市政府交办的其他任务。

【预防和整治信访事项受理办理不规范问题专项工作】 年内，对2018年以来受理的429件初次网上信访事项办理环节进行核查，提升信访服务质量。重点结合市领导包联旗区、带案督办、定点接访、公示接访安排等措施，扎实推进各级领导干部接访下访工作，在35名市级领导带案包联的基础上，1965人次县处级领导干部走访接访群众306批次1886人次，就地解决问题104件。

【信访制度改革】 以“为民便民利民”为目标，不断加强和改进网上信访工作，提升信访事项受理、办理工作效能；1—10月全市信访事项及时受理率、按期办结率均达到100%，群众对信访部门满意率达97.60%、参评率达58.13%；对责任单位的满意率为97.60%、参评率为58.03%，自治区重点考核指标群众满意率、参评率同比、环比水平稳步提升，“网增访减”的结构逐步优化。加强信访复查复核工作，组织拟定鄂尔多斯市信访复查复核工作办理规程和复查复核工作领导小组方案，提交市人民政府办公室进行合法性审查。加大对违法信访行为的依法处理和案件宣传曝光力度，对无理缠访闹访、借访滋事扰序人员依法进行打击处理。各旗区发布依法处置信访活动中违法行为公告，通过多种途径加大宣传引导力度，促进信访秩序规范。深入开展“人民满意窗口”创建活动，根据到市走访量和实际情况调整联合接访大厅工作模式，完善软硬件建设，营造高效便捷、安全有序的接访环境。

政务服务

【鄂尔多斯市政务服务局领导名录】

党组书记、局长：马振平

副局长：陈志慧（5月退休）

郭　峰

倪　虹（女）

【概况】 鄂尔多斯市政务服务局是2019年机构改革中新设立的正处级政府工作部门，于2019年1月30日挂牌成立。主要负责全市“放管服”改革协调推进工作，负责市人民政府政务服务、电子政务、政务公开和政府热线等工作。市政务服务局核定行政编制14名，设局长1名、副局长3名，内设办公室、政务服务科、改革推进科、电子政务科、政务公开科、法规宣传科6个科室及机关党委。下设鄂尔多斯市政务服务中心，为科级事业单位，核定事业编制32名。截至2019年底，局机关及所属事业单位共有在编人员32名，另有政务服务咨询、导引、代办、一窗受理和“市长热线”等临聘工作人员共52名。

【政务服务体系建设】 通过推进市、旗区两级政务服务中心规范化建设，加强苏木乡镇（街道）便民服务中心和嘎查村（社区）便民服务代办点建设，搭建起市本级、旗区、苏木乡镇（街道）、嘎查村（社区）四级政务服务体系。建成总面积6.5万平方米的市政务服务中心新大厅，集市本级、伊金霍洛旗、康巴什区政务服务中心于一体，共进驻部门、机构112个，进驻事项1579项，“一站式”功能全面显现。

【在线政务服务】 打造全市统一的智慧政务平台，并与国家、自治区进行对接，实现自治区到嘎查村（社区）5级联动。完成与自治区“好差评”系统、自治区统一身份认证平台对接，实现一次认证，全区通用。以国家、自治区一体化在线政务服务平台建设为契机，持续深化“五个统一”建设，建成一体化在线政务服务平台盟市政务服务窗口；完成事项认领5829项，发布实施清单4037项；汇聚办件数据99776条，上报自治区平台99942条，入库82270条；接入特色应用41项，汇聚电子证照104类，收集、制作电子印章158个，全市政务服务事项网上可办率提升到75%以上。改版升级“鄂尔多斯政务服务”微信公众号和“e政务”手机App移动端便民服务功能，实现与智慧政务云平台的数据实时同步，为企业群众提供办事预约、在线咨询、在线申报、在线评价以及水电气暖、有线电视、网络通信便民缴费服务。建成覆盖全市的网上“中介超市”，中介机构均可“零门槛、零限制”入驻，已入驻中介机构148家。

【“最多跑一次”改革】 政务服务“一窗受理”“无差别办理”服务模式全面推行，审批流程不断优化，企业群众办事所需材料减少60%以上，办理时限压缩42.4%；全市审批事项“一窗受理”率达到80%以上，专业区域事项“无差别办理”率达到70%以上；全市“一次跑”“零次跑”事项分别达到2151项和1959项。持续开展便民帮办代办服务，在政务服务大厅设立专门的便民帮办窗口，承担部门委托受理业务，提供政务专递免费邮寄服务，对政府投资项目和重大工程项目开通“绿色通道”，提供全程帮办代办服务，全面推行无差别无声叫号、咨询引导、帮办领办、预约办理、延时办理、免费打印复印扫描等多项服务。

【标准化建设】 鄂尔多斯市“政务服务咨询导引规范”和“政务服务首问责任规范”两项地方标准通过自治区标准审查会审定。组织开展“优化服务环境、树立服务形象、提升服务质量”标准化建设主题活动。编制完成《鄂尔多斯政务服务标准化便民服务手册》和《政务服务中心现场管理标准化手册》。

【政务公开】 印发《鄂尔多斯市2019年政务公开工作要点》，编制发布《鄂尔多斯市2018年政府信息公开年度报告》。完成市本级、各预算单位2019年度预算、2018年度决算公开工作。围绕新修订的《政府信息公开条例》，多渠道开展宣传、解读、培训活动，增强政务公开工作人员的业务能力。强化政务公开工作日常监督管理，组织开展考核评价工作，推动政务公开各项工作任务落到实处。进一步规范全市依申请公开工作，2019年全市各级行政机关共受理依申请公开171件，其中旗区受理67件、市人民政府部门受理104件。

【政策解读】 2019年，各旗区、各部门共发布政策解读408件。在市政务服务中心四楼设立政府信息公开查阅点，提供政府公报及电子公文查阅利用等服务，方便群众多渠道获取政府信息。

【政府信息公开】 2019年，市政府门户网站政府信息公开栏目共采编各旗区、各部门信息6255条，更新子栏目信息8629条，上传发布文件信息304条。其中更新“三大攻坚战”相关动态信息476条、深化“放管服”改革动态信息355条、民生领域信息1545条、公开市本级、各预算单位2019年度预算报告92条、2018年度决算报告107条。“鄂尔多斯市人民政府发布”微信公众号全年发布信息899条，其中文件类信息101条、政务活动208条、政策解读219条、便民信息357条。

【“建议提案办理公开”专栏】 除部分人大代表建议答复涉密不予公开外，2018年至2019年市政府系统办理的建议提案答复全部依法依规公开。

【政府网站建设管理】 升级改版后的政府网站群初步达到上线水平。严格执行每日读网值班制度，及时处理突发事件，通过机器扫描、人工检查等方法巡检政府网站运行情况。加大政府网站日常监测力度，确保政府网站有序运行。2019年，共下发网站整改通知单86份。承接并转办自治区政府网站及政务新媒体抽查整改通知单28份。全年共审核旗区上报动态信息4130条，采用1700条；审核部门上报动态信息5815条，采用2312条；审核群团、园区（开发区）上报动态信息586条，采用236条；报送自治区政府门户网站动态信息2840条，采用200余条。集中筛查全市政府网站敏感信息，清理整顿政府网站域名，共注销政府网站一级域名107个，完成主体变更2个。机构改革后，新建政府网站二级域名34个，下线一批弃用政府网站二级域名，并做好相关备案工作。市政府门户网站在2018年全区政府网站绩效评估排名第一，已连续8年获得自治区第一，并荣获“2018年度最具影响力网站”。

【“市长热线”专项工作台账】 2019年，市长热线共收到群众诉求128986件，较2018年同期增长17.16%，办结量125529件，办结率为97.32%，满意率为92.95%，回访率为100%。其中，市长信箱受理群众问题1168件，微信“随手拍”受理群众反映问题2969件，短信受理71件。接待来访群众69人次。按照全市重点工作安排，梳理机关效能、民营企业经商环境、精准扶贫、环境保护、社会矛盾纠纷排查情况等专项问题，建立专项工作台账，全年共受理转办相关问题793项。

【市长热线工作】 市人民政府公布《鄂尔多斯市“12345”市长热线工作管理规定》。按照“接办分离”的原则，实行受理、分转督办、回访三个环节分岗运行。8月12日，鄂尔多斯市市长热线荣膺“2019年全国政务热线发展高峰论坛”2019年度“卓越百姓服务奖”，市长热线1名工作人员获2019年度杰出贡献奖。

【信息化建设】 完成新址手机信号覆盖、新址综合布线工作，累计部署网络点7937个、语音电话点1460个、各类摄像设备1241台。完成视频监控系统、一卡通系统、多媒体会议系统、背景音乐广播系统、智能照明系统、计算机网络系统、信息发布排队叫号系统、LED窗口屏系统部署和语音电话线路安装工作。

【网络安全工作】

加强重点信息系统数据安全保护 部署漏洞扫描、数据库审计、运维审计、日志审计等一整套完善的安全审计系统。

做好边界防护 部署SSLVPN安全服务、堡垒机安全服务、东西向流量虚拟机安全服务，关闭所有对外不必要的访问端口，重新规划各类账户信息、权限范围。

强化安全机制管理 组织等保三级测评，梳理规章制度，会同运维服务厂商从安全管理、安全管理机构、人员配备、授权和审批、外部单位的沟通和协作、安全检查、外部人员安全管理七大方面进行制度完善。

【全区一体化平台建设】 市、旗两级共收集、制作行政审批印章印模158个。电子证照共计梳理104个，并按照自治区要求将相关证照数据汇聚录入到自治区统一电子证照库。特色应用共计接入公积金应用对接、不动产登记应用对接、教育类应用对接、法律类应用对接、医疗保险应用对接等41个接口。

【智慧政务平台建设】 截至年底，已完成下行数据通路、旗舰店设计建设、统一身份认证的基本功能对接及用户数据上报及安全保障体系建设工作；按照国家最新标准进行鄂尔多斯市政务服务云平台及各终端的升级工作，完成相关需求变更131项。完成鄂尔多斯市智慧政务云平台与自治区政务服务平台对接工作。

（阿其图　陈　妍　王　斌　刘　阳
张素宁　赵　桐　张　媛　周晋霄）

政府投资项目代建

【鄂尔多斯市政府投资项目代建中心领导名录】

主　任：李新树

副主任：张　琳

　　　　刘永杰

【概况】 鄂尔多斯市政府投资项目代建中心是负责代行政府投资项目法人和项目业主权利的工作机构。2019年3月，由原鄂尔多斯市政府投资工程基本建设领导小组办公室整建制转隶更名成立，内设综合办公室、财务科、合同预算科、工程管理科、工程技术科、预决算科和设备安装及维护管理科7个职能科室。事业编制33名。主要职能：贯彻执行相关法律法规、行政规章和上级有关决定，向市委、市人民政府提出政府投资项目建设建议，协调有关部门解决项目建设过程中的困难和问题，代行政府投资项目法人和项目业主权利，承担经市人民政府批准同意建设的政府投资项目前期手续、设计、施工、监理、招标、工程预决算、项目投资分析、设备安装维护维修及竣工移交等全过程管理工作，按照市委、市政府要求，不断研究、探索政府投资项目代建机制体制，推行政府投资项目全过程代建模式，指导各旗区政府投资项目代建部门业务工作，承办市人民政府交办的其他基本建设事项。

【项目建设】 截至年底，市政府投资项目代建中心实施政府投资工程14项，其中维修改造工程5

项，已全部完工；续建工程1项，计划2020年底完工；新建工程1项，计划2020年底完工；正在办理前期手续及2020年新开工的工程7项，总建筑面积约9.3万平方米，总投资约7.52亿元，当年完成投资约2.9亿元。

维修改造工程　鄂尔多斯市一中维修改造工程、蒙医研究所一期维修改造工程、市直六大文化场馆维修工程（除革命历史博物馆外）、退役军人事务局和民委办公楼、新闻大厦维修工程全部完工交付。

续建工程　鄂尔多斯市社会福利中心项目中的儿童福利院工程已完工交付，剩余工程计划2020年底交付使用。

开工工程　鄂尔多斯市蒙古族学校新校区项目，完成整体工程的40%，计划2020年底完工交付使用。

办理前期手续及2020年新开工工程　军警综合训练基地二期工程完成施工监理招标，正在办理施工许可证等手续；市体育职业中学食宿楼项目已办理立项、选址意见书、建设用地规划许可证、环评等前期手续；市国防教育展厅、国防教育街道和国防教育主题广场项目使用方正在草拟设计任务书；残疾人康复中心已完成设计招标，正在进行方案设计；革命历史博物馆已完成施工招标，正在开工准备；市直属学校维修改造工程已完成招投标工作，2019年已开工，8月底完工；旧蒙古族学校维修工程已开工，7月底完工。

【主题教育】

学习教育　利用个人自学、业务讲座学、施工现场学、专家辅导学、集中研讨学、对标典型学“六学”方式组织开展学习教育，开展党组中心组学习12次714人次，举办读书班2次86人次，精心编印口袋书4册200本，集中研讨3次，党组书记及成员讲党课4次，结合主题教育创新举办业务培训会，单位全体干部职工在主题教育学习中基本达到理论学习有所获、思想政治受洗礼、干事创业敢担当、为民服务解难题、清正廉洁作表率的目标。

检视问题　组织党组成员、各科室、项目组和各参建单位到施工一线，到市直文化场馆等6个施工现场调研座谈，集中召开2次专题座谈会议，精心设计发放调查问卷93份，共征集问题38条，经梳理形成整改台账19条，召开调研成果交流会和对照党章党规找差距专题会议，形成专题调研报告4篇，对检视出的问题逐一建立整改落实台账。

活动开展　以“牢记初心使命，建设品质工程”为主题走进鄂尔多斯党员政治生活馆开展主题党日活动，以“践行初心使命，建设品质工程”为主题赴城川民族干部学院进行红色教育，开展“倡议我响应、志愿我行动”，组织党员干部走进社区义务宣传垃圾分类知识17人次，到市蒙古族学校施工现场、伊克昭街与乐康街路口疏导交通，于细微处体现每一名党员干部的职责和使命。

整改落实　召开3次专题会议研究安排整改工作，针对学习研讨、调查研究、开门纳谏、自我检视等方面发现的问题，经过梳理建立问题整改落实台账24条，已全部整改到位。

【制度建设】 进一步对单位已制定的《工作制度汇编》《工程管理与廉政建设法规制度汇编》《工程建设管理法规》《工程建设管理制度》4册制度汇编进行全面梳理，经梳理发现这些制度已与新时代、新任务、新要求出现脱节，特别是在程序、办理、运行等方面与实际工作存在诸多不相适应。鉴于此，结合近年来的工作实际和已有经验，在借鉴深圳、厦门等先进地区经验做法的基础上，围绕行业研究方向和领域，紧扣新理论、新材料、新技术，特别是对绿色建造、智能建造、BIM技术、数字工地等新理论、新技术进行研究，聚焦贴近企业意愿，修订完善《办公工作制度汇编》《业务工作制度汇编》，形成一套科学合理、务实管用的制度，特别在工程款支付、工程变更审批、方案设计、招投标、合同签订方面优化办事流程，提高工作效率。

铁路民航

【鄂尔多斯市铁路民航中心领导名录】

主　任：崔永忠（3 月任职）

副主任：王文清

白国东（6 月挂职达拉特旗人民政府副旗长）

【概况】 2017 年 11 月，撤销市民航办和市铁路办 2 个行政单位，成立事业单位市铁路民航中心，核定处级领导职数 1 正 2 副。由于未明确中心法人，铁路办、民航办一直独立开展工作。2019 年 3 月，主要领导到任后机构合并才正式启动。鄂尔多斯市铁路民航中心隶属于市发展改革委员会，核定事业编制 40 个，“五定”方案未批。市铁路安全监察支队主要职责为：铁路安全生产监督检查及违反规章、条例事件纠正处理整改；铁路交通事故协助处理；监护道口管理的协调；铁路安全宣传教育。核定市铁路安全监察支队事业编制 12 名，其中科级领导职数 4 名（1 正 3 副）。

【铁路建设】 2019 年，实现 11 个铁路项目开复工，在建里程为 350 公里，开复工率为 68.8%，完成投资 36.5 亿元，实现国家煤运大通道浩勒报吉至吉安铁路、东（胜）乌（海）与包（头）西（安）铁路联络线、泊江海子专用线、中北物流罕台川集装站 4 个项目完工，新增铁路里程 241.6 公里，年底全市铁路通车里程可达 2550.3 公里（复线里程 878 公里），路网密度达到 293.1 公里 / 万平方公里。9 月 28 日早上 6 点 30 分，浩勒报吉至吉安铁路由内蒙古鄂尔多斯乌审旗浩勒报吉南站开出的万吨煤炭专列启程开往江西吉安方向，标志着北煤南运大通道浩勒报吉至吉安铁路正式开通运营。

【铁路运输】 2019 年，新增呼和浩特经准格尔至鄂尔多斯铁路动车 2 对 / 日、普速列车 1 对 / 日、高峰线列车 2 对 / 日。全市有鄂尔多斯站、东胜西站、达拉特西站、东胜东站、准格尔站 5 个客运站，共有 13 对列车经停（其中动车 4 对），可通达北京、上海等 16 个省会城市、42 个地级城市。全市铁路发运物资 3.96 亿吨，同比增长 4.7%；发送旅客 194.7 万人次，同比增长 18.7%。

【民航运输】 2019 年，鄂尔多斯机场累计运营航线 56 条、通航城市 60 个（其中，国际航线 7 条，通航城市 8 个），参与运营的航空公司 16 家。保障运输飞行 22517 架次，同比增长 6.4%；完成旅客吞吐量 269.6 万人次，同比增长 8.9%；货邮吞吐量 10046.6 吨，同比增长 0.6%。鄂托克前旗通用机场 2019 年 7 月 18 日建成通航，全年完成旅客吞吐量 1602 人次，客座率 94.91%。

【项目前期】

铁路　包鄂西高铁鄂榆段进入勘察设计阶段。包头至银川高速铁路已完成可研评审工作。鄂托克前旗至上海庙铁路已完成可研审查，待批复。蒙西至三北羊场铁路，由市人民政府与中国交通建设股份公司合作建设建设，正在开展前期工作。浩勒报吉北集运线，初步设计完成评审，开工准备。

民航　鄂托克旗、乌审旗通用机场已完成可研评审；杭锦旗通用机场立项所需相关支撑文件和前期手续均已办理完毕；鄂托克前旗城川通用机场完成选址。

【安全监管】 协调编制部门和安委办尽快明确市本级负责铁路安全监管的行政部门，加强政府监管。协调推动包神铁路 2 个平交道口和东乌铁路 6 个平交道口改造升级工作，其中包神铁路道口改造正在设计方案，东乌铁路经完成 1 个道口的封闭，其余道口封闭改造工作正在同步推进。开展铁路、民航行业安全宣传。累计投入资金 8 万元，通过安全知识培训、投放安全保护公益宣传广告、悬挂安全标语横幅、发放安全知识手册、购买并组织观看警示教育片等方式在铁路沿线、主要车站、机场以及企业基层开展安全生产宣传咨询。

【信息建设】 加强信息系统建设，充分利用报刊、横幅标语、LED大屏幕、宣传手册等平台和载体，多形式、全方位、多渠道、多层次开展铁路民航宣传工作；建立“鄂尔多斯铁路民航”微信公众号平台，发布铁路民航高质量发展信息和工作动态，宣传铁路民航相关知识；全年共编发铁路民航快讯89期、调研报告5篇，研究和探讨全市铁路民航发展，为领导做好决策支撑。

海　关

【鄂尔多斯海关领导名录】

关　长：马晓功

副关长：史纳新（女，满族）

　　　　王逸阳

【概况】 2003年9月16日，国务院印发《国务院关于同意设立鄂尔多斯海关的批复》，同意设立鄂尔多斯海关（正处级），隶属呼和浩特海关。2009年9月22日，根据海关总署批复，鄂尔多斯海关正式挂牌成立。鄂尔多斯海关具体负责办理鄂尔多斯市、乌海市的所有海关业务。内设办公室、综合业务科、通关科、监管科等科室。鄂尔多斯海关业务辖区范围内共有鄂尔多斯国际贸易有限公司、鄂尔多斯市西金矿冶有限责任公司、内蒙古亿利化学工业有限公司、鄂尔多斯市华泰汽车发动机有限公司等注册进出口企业314家，主要业务涵盖大型矿山机械及备件、煤制油设备、发动机制造装备进口，羊绒纺织品、煤炭、铁合金、化工产品出口等，此外，还拥有西北地区规模最大的神华公用保税仓库。2018年4月20日，鄂尔多斯海关按照呼和浩特海关部署要求，将原内蒙古出入境检验检疫局鄂尔多斯办事处（以下简称鄂尔多斯办事处）职能与人员全部转隶划入鄂尔多斯海关。2019年1月，根据《呼和浩特海关内部职能配置、机构和人员编制规定》确定鄂尔多斯海关为偏属地综合型海关，主要职责是负责鄂尔多斯市海关业务，内设办公室（党委组织宣传部）、综合业务科、监管一科、监管二科、监管三科5个科室。核定编制35名，业务现场包括机场航空口岸旅检现场、机场和园区监管场所、报关大厅，综保区。

【改革攻坚】

党的领导体制改革　完成设立党总支，落实支部“建在科上”“强在科上”要求，内设部门全部设立党支部。开展合格支部建设，80%的党支部已申报合格党支部。全部党支部结合实际工作培树支部品牌，逐步创造和发挥品牌效应。

机构改革　落实关检业务队伍深度融合要求，重新设置和划分机构内设部门和职责，实现关检单证集中统一审核、口岸监管“查检合一”，加大人员业务交叉培训力度，深度摸底干部专业资质和工作经历，合理配置人力资源，优化干部使用，强化业务融合中涉及的风险分析和防控；充分做好综合事务优化，做好政务、财务、后勤等综合保障工作。

业务综合改革　推动全流程无纸化，实施监管证件联网核查；“单一窗口”主要业务应用率达到100%。推广进口货物提前申报、新一代电子支付、汇总征税等利企制度，进一步压缩各环节通关时间，1—10月，鄂尔多斯海关进出口整体通关时间为38.25小时和6.84小时，较2017年分别压缩60.83%和83.86%，完成较2017年压缩50%的目标。落实统一社会信用代码和“多证合一”规定，降低成本；开展口岸收费项目和涉企收费清理工作，进一步优化营商环境。

【正面监管】 配合地方政府外向型经济建设，鄂尔多斯国际机场航空口岸建设进境水果、食用水生动物和进口冰鲜水产品指定监管场地获批。截至12月7日，监管进出境运输工具共计479架次，同比下降22.74%；监管进出境人员共计6.67万人次，同比下降18.85%；截获禁止旅客携带进境物品247批次，共计222.35千克，同比下降41.81%。固体废物和非洲猪瘟等重点管控更加有效，进境旅客行李物品抽查开箱比例6%。旅检现场截获并送检100例猪肉制品样品，检出55例阳性。

【综合治税】 截至2019年11月，征收税款2.55亿元，同比增长22.93%，占关区税收入库总数3.14%。其中办理集中内销手续35批次，内销征税1.467亿元，同比增长14.96%；完成补税90.89万元，同比增长27.56%；征收保证金4笔，共计3.82万元；落实减免税政策，落实中东贸易协定为企业节约关税8.47万元。落实属地纳税人管理要求，向重要税源企业宣传相关政策3次；优化服务，帮助辖区重点企业开通财务公司担保创新担保方式。

【卫生检疫】 有效防控各类重点传染病传入传出，特别是加强鼠疫防控工作，广泛开展鼠疫防控宣传，加强境外航空器鼠媒监督，开展航空口岸灭鼠工作，指导相关部门对航站楼等重点区域进行鼠药投放和粘鼠板放置；核生化监测入境报警1例；按季度开展口岸媒介生物监测；加强日常卫生监督，开展食品、饮用水采送样共23批次；举办非洲猪瘟、传染病应急处置和鼠疫防控口岸演练3次。

【商品检验监管】 截至12月，监管验放出境商品545批次，出境货物主要为硫化钠、氢氧化钠、电石等化工矿产产品，监管入境商品434批次，货值3242.1万美元。完成2家进出口食品注册企业备案，验放出口沙棘原浆货值5.9万美元，出口沙棘籽货值96万美元；验放出口食品级黄原胶127批次，货值299.7万美元。

【打私和风险防控】 开展“国门利剑2019”专项行动，始终保持高压态势；重点对固体废物、象牙等濒危物种等加强监管，对东南亚等重点地区旅客及行李物品重点检查，在旅检现场截获疑似砗磲制品8件共计3150克，按规定实施退运处理。强化重点税源商品打击研判，向总关保税税收风险信息10条，全部转化为风险参数。强化征税质量特别是对归类、原产地、特许权使用费等重点涉税要素重点审核，验估报关单383票，事后验估3票，有效率100%，归类补税8.1万元。

【综合保税区】 强化政策研究指导，助力鄂尔多斯综合保税区于3月28日封关运；组织赴西安海关学习综保区业务，配合地方政府和综保区管委会开展招商引资工作，做好政策解读和宣讲，指导地方政府和企业运用国务院最新支持综保区发展措施。截至年底，综保区内海关注册登记企业11家，建立物流账册3本，入区货物货值400余万元，参与综保区增值税一般纳税人试点工作；指导区内海关查验中心部分仓库临时调整为保税仓储场所。

【口岸核心能力建设】 10月，鄂尔多斯航空口岸核心能力建设以90.12分的成绩顺利通过海关总署达标验收。

【指定监管场所建设】 支持鄂尔多斯（航空）口岸申建进境水果、食用水生动物和进口冰鲜水产品指定监管场地。及时建议市政府将申报主办部门由空港物流管理委员会调整为机场管理集团；前后赴长沙、西安和烟台进行实地考察和调研，借鉴成功经验，指导相关部门开展前期工作；主动对接总关相关职能处室，提前熟知申报流程和注意事项；加强内部学习研究，组织相关人员学习研究申报规定，练好内功，支持申报，11月底，海关总署批复同意建设。

【政策研究】 2019年，完成统计分析3篇，提出相应对策，撰写分析报告呈报市领导参阅；全年提供统计咨询服务45次。

金融工作监督管理

【鄂尔多斯市人民政府金融工作办公室领导名录】

主　任：边子珍

副主任：德吉夫（蒙古族）

【概况】鄂尔多斯市人民政府金融工作办公室是市政府主管全市金融工作的职能部门，内设综合科、金融发展科、金融稳定科、资本市场科、地方金融监管科5个科室，机关行政编制14名，核定工勤编1名，事业编制7名。实有在编在岗人员22名。

【服务实体经济】

强化银企对接引导信贷投放　紧盯和跟进鄂尔多斯市企业融资需求，全年多次召开或组织旗区召开政金企对接会，并形成“融资项目对接清单”，将164个重点项目887.4亿元融资需求向金融机构推荐；形成“金融产品清单”，梳理汇总347个惠民、惠企的金融贷款产品，向民营和小微企业进行发布。截至12月末，鄂尔多斯市金融机构人民币各项存款余额4015.76亿元，全区排名第二位，同比增长6.97%，较年初增加261.11亿元。鄂尔多斯市金融机构人民币各项贷款余额3251.07亿元，全区排名第二位，同比增长0.76%，较年初增加16.69亿元。

加强重点领域金融服务能力　围绕乡村振兴战略，与自治区级农业发展银行、农业银行以及鄂尔多斯农商行等金融机构签订战略合作协议，并争取到基准利率放款、审批权限下放市级、贷款限额提升等多项合作优惠政策。联合相关部门起草《乡村振兴战略产业振兴资金扶持办法》，设立首期5000万元信贷风险补偿基金，创新为全市新型农牧业经营主体投放贴息信贷3.3亿元。支持创新驱动战略，指导准格尔旗联社为内蒙古金土环保科技有限公司发放知识产权质押贷款1000万元，实现全市知识产权质押贷款“零的突破”。

推动民营经济健康发展　协同人行、银保监分局共同制定印发《鄂尔多斯市金融促进民营和小微企业高质量发展实施意见》，并多次组织召开金融服务重点民营企业和小微企业座谈对接会。截至年底，全市民营企业贷款余额1837.34亿元，较年初增加93.2亿元，占全市贷款余额的45.75%；贷款加权平均利率为6.04%，同比下降0.83个百分点。

完善金融组织体系　2019年，新引进2家金融机构入驻鄂尔多斯市（华泰人寿分支机构、亚太财险分支机构）。推动设立3家国有融资担保公司（市农牧业担保公司、伊金霍洛旗惠众担保公司、康巴什国丰担保公司）。

精准施策助推脱贫攻坚　建立金融扶贫联席会议制度，组织金融扶贫政策培训会，落实扶贫巡视检查中反馈的整改任务。加强产业扶贫融资服务，向金融机构推介扶贫项目66个，融资需求10.5亿元。

发展资本市场　制定并提请市政府出台《鄂尔多斯市关于促进多层次资本市场发展的实施意见》，进一步强化对全市资本市场发展的政策支持。组织召开生力民爆、久泰能源等重点企业上市现场工作会，推动神东天隆公司完成股份制改造。加强对亿利等重点企业发行债券的支持力度，全市全年新增债券融资60亿元，包括伊泰集团发行35亿元3只债券，发行10亿元1期中期票据，发行10亿元1期短期融资券；亿利资源集团发行5亿元1期短期融资券。

【防控金融风险】

处置银行不良贷款　引导各金融机构做好资产质量分类，抓住核销政策调整等窗口期，加大不良资产处置力度。协调市中院推动加快金融案件审理、执行，并与市法院、银保监局等联合发布《涉金融执行案件白皮书》。截至年底，贷款不良率为4.91%，比年初下降1.33个百分点。全市共处置化解不良贷款121.95亿元，其中现金清收51.03亿元，以物抵债23.38亿元，贷款核销42.15亿元，其他方式5.4亿元。

防范地方法人银行风险　建立重点风险机构流动性日报制度，严密监测流动性风险隐患。多次到鄂尔多斯银行、鄂尔多斯农商银行等地方法人机构开展专项调研，协调解决经营发展过程中存在的问题和困难。加强应急处置，有效应对包商银行托管事件。2019年，通过长期监测、提前预警、及时处置等有效手段，全市无一家金融机构出现风险。

化解重点企业债务风险　加大重点企业帮扶力度，组织召开金融机构协调会议30余次，成功化解亿利集团、博源集团债券到期兑付风险，伊东、万正、双欣等其他重点企业和昌源、天骄资源等中小企业债务违约风险。其中化解的博源集团30亿元债券违约风险，为自治区首家民营企业债转股并实施完毕的成功案例。化解的双欣集团4.7亿元企业流动性风险，为全自治区通过"企业流动性风险防控基金"缓解企业流动性缺口的成功案例之一。

金融领域扫黑除恶专项斗争工作　履行民间、网络借贷领域专项整治牵头部门职责，建立线索举报制度和微信举报平台，拓宽线索渠道和来源。全面系统摸排融资担保、小贷、典当等类金融机构涉黑涉恶线索。加大宣传力度和深度，到农村牧区进行高利贷排查、调研、宣传工作，引导农牧民自觉远离高利贷。通过有效工作措施，全市金融乱象得到明显整治，民间借贷行为得到有效控制，被市委授予全市扫黑除恶专项斗争工作先进集体。

非法集资处置　开展非法集资宣传，进一步强化民众远离非法集资意识。按要求做好e租宝案集资参与人信息核实登记工作，"团贷网""河北卓达"等互联网非法集资案件属地维稳工作。持续推进非法集资涉案资产处置，组织开展非法民间借贷和非法集资专项治理行动。加强对市旗协处中心各项工作的督促指导。2019年，全市共完成31件陈案的善后处置工作，涉及金额13.21亿元，涉及集资参与人1712人。

地方类金融企业日常监管　开展小额贷款公司、融资担保公司、典当行等类金融企业的清理整顿工作，全年对67家类金融企业经营情况进行排查，共注销8家小额贷款公司、8家融资担保公司、1家典当公司经营资格，办理公司变更法定代表人、股东、高管、注册资本、经营场所等事项8项。完成小额贷款公司、融资担保公司、典当公司年审和监管评级工作和融资担保公司、典当公司换发许可证工作，组织旗区金融办定期开展现场检查。在此基础上，形成《全市类金融机构行业发展现状的调研报告》。

【金融综合改革】

农信社改制　指导乌审旗联社、杭锦旗联社两家农信社改制工作，通过召开座谈会、实地调研等方式，梳理两家联社改制存在的问题，并拟定相关推进措施。截至年底，乌审旗联社初步确定改制步骤，引进战略投资者；杭锦旗联社各项监管指标全部达到改制农商行标准，名称预先核准申请已通过市场监督管理部门批准，将改制申请上报自治区银保监分局。

债权流转试点工作　跟踪指导伊金霍洛旗、准格尔旗等试点地区开展相关试点工作，截至12月末，伊金霍洛旗共开具债权凭证（合同）249笔，金额8487万元。其中流转112笔，金额3820万元。准格尔旗共开具债权凭证（合同）856笔，金额22984.18万元。其中流转业务331笔，流转金额6809.72万元；抵押贷款业务17笔，金额735.45万元；房款抵顶36笔，金额1798.25万元。

县域工程试点　推动伊金霍洛旗开展县域金融工程，协助鄂托克旗申请县域金融工程试点。截至年底，伊金霍洛旗制订印发《伊金霍洛旗县域金融工程实施方案》，创建"伊金霍洛旗融资服务信息平台"，率先试点开展"旗镇村"三级政银担联合分担风险的担保模式。鄂托克旗拟定《鄂托克旗县域金融工程实施方案》，加快实施县域金融工程。

人力资源和社会保障

【鄂尔多斯市人力资源和社会保障局领导名录】

党组书记、局长：王学志

副 局 长：贾向阳

石宇军

郭培良

王占权

纪检组组长：乌日娜

【概况】 鄂尔多斯市人力资源和社会保障局内设办公室、规划财务科、事业单位人事管理科、机关事业单位工资福利科（市表彰奖励办公室）、专业技术人员管理科、人才流动开发科、职业能力建设科、养老保险科、工伤保险科（市劳动能力鉴定委员会办公室）、城乡居民养老保险科、劳动监察与农民工工作科、劳动关系科、仲裁信访科（市劳动人事争议仲裁委员会办公室）、基金资金监管科、就业促进科、行政审批与政策法规科、机关党委等17个科室机构。设局长1名，副局长4名；科级领导职数25名［（17正（含机关党委专职副书记1名）8副］。核定行政编制30个，工勤编制10个；实际在册人员39人，其中行政编制30人、工勤编制9人。

【就业创业】 2019年，全市实现城镇新增就业23999人，完成全年任务的103%；城镇登记失业率控制在2.85%以内，低于控制目标1.65个百分点。失业保险参保人数272720人，完成全年任务的120.94%。

加大援企稳岗　对不裁员或少裁员的参保企业，发放2018年度稳岗补贴3826.22万元，惠及企业455家。组织开展困难企业认定，将按要求返还失业保险金，加强援企稳岗支持。

强化培训工作　全市培训各类人员8215人次，为2316人兑现就业技能培训补贴343.94万元，为1327人兑现创业培训补贴145.04万元；组织开展新型学徒制培训，全年培养新型学徒1014名。

紧盯重点群体　开展青年见习活动，提供就业见习岗位1448个，组织1151名高校毕业生参加就业见习，全市13348名高校毕业生通过人才市场实现就业或落实就业去向；帮助2848名就业困难人员实现就业，保持零就业家庭动态清零。

搭建供需平台　开展赴外引才、专项招才、门口留才等各类人才交流活动，服务用人单位1059家次，服务人才近两万人次。

【社会保障】 截至2019年底，全市城镇职工基本养老、工伤保险参保人数达到50.61万人、36.31万人，分别完成年度计划的108.46%、110.98%；城乡居民养老保险参保人数达到53.14万人。

落实降费政策　2019年，城镇职工养老保险单位缴费比例统一由19%将至16%；延长降低工伤保险费率的执行期限至2020年4月30日。

基础养老金调整　2019年，城镇职工基本金养老金月人均增加163元，企业和机关事业单位退休人员人均养老金水平分别达到3413元/月（包括地方补贴300元）、5922元/月；城乡居民基础养老金每人每月提高50元，达到448元。

【人事人才】 出台《鄂尔多斯市高层次人才认定评定办法》等5个配套办法，引才育才政策体系更加完善。开辟引才“绿色通道”，为事业单位引进高层次人才和紧缺专业人才，设立人才专项编制，赴兰州、西安等地引进紧缺人才549人。制定《鄂尔多斯市乡村人才振兴工作方案》，提出19项政策措施，助力乡村振兴战略实施。深化人事和薪酬制度改革。组织2019年高中初级职称评审工作；批复4家事业单位自主招聘工作方案；会同市财政局审批8家市直公立医院绩效工资总量。

【劳动关系】

劳动用工备案和监察　积极指导企业妥善处理劳动关系，2019年新增劳动用工备案企业2371户、职工77008人。全市各级劳动保障监察机构共检查用人单位962户，办结投诉举报案件6件，追发劳动者工资等待遇425.15万元，涉及劳动者340人。

调解仲裁工作　及时化解突出矛盾，审结劳动争议案件1053起，涉及劳动者1111人、涉案金额达5054.87万元。劳动人事争议案件调解成功率、结案率分别达到61%、94%，终局裁决率达到41%，线上办案率达到96%，均达到自治区目标要求；全市各乡镇街道调解组织已全部开通劳动人事争议在线调解平台。

根治欠薪行动　持续强化劳动保障“两网化”监察，组织百日攻坚、根治欠薪等联合督查检查6次；全市87个在建工程项目实现制度全覆盖，市旗两级设立应急周转金7100万元。报送欠薪黑名单企业3户，累计核处上级转办督办案件14件，处理自治区投诉举报联动平台案件16件，涉及农牧民工1000余人，涉及金额1900余万元，欠薪问题保持动态清零。

（杜　兴）

社会保险事业管理

【鄂尔多斯市社会保险事业管理局领导名录】

党支部书记、局长：祁福海（蒙古族）

副局长：徐若虹（女）

　　　　周国林

【概况】 鄂尔多斯市社会保险事业管理局前身为伊克昭盟离退休费用统筹办公室，于1986年经伊克昭盟行署办公室批准成立，1989年更名为“伊克昭盟社会保险事业管理局”，2001年撤盟设市后更名为“鄂尔多斯市社会保险事业管理局”，现为准处级建制参照公务员管理事业单位，隶属于鄂尔多斯市人力资源和社会保障局。具体负责市本级城镇职工基本养老和工伤保险的申报登记、费源核定、待遇审核发放、基金财务监管、收支预决算编制和职业年金基金财务核算及社会保险统计、社会化管理服务和参保单位业务指导等工作。内设办公室、财务科、综合业务科、统计科、稽核科、市直征管科、退休管理科、城乡居民养老保险科、机关事业单位养老保险科及工伤保险科等10个科室。

【参保扩面】 截至2019年底，全市城镇职工养老、工伤保险参保分别达到50.61万人、36.31万人，分别完成目标任务的108.47%、110.98%；城乡居民养老保险参保达到53.14万人。全市城镇职工养老、工伤保险费分别征缴收入66.00亿元、1.27亿元；城乡居民养老保险费收入12.57亿元。至2019年底，城镇职工养老、工伤及城乡居民养老保险基金累计结余，分别达到258.75亿元、5.99亿元、22.97亿元。

【社保待遇发放】 完成2019年基本养老金调整工作，月人均增加163元，企业、机关事业人均养老金水平分别为3413元/月（包括地方补贴300元）、5922元/月。按时足额发放离退休人员养老保险待遇47.40亿元（其中，企业职工23.68亿元，机关事业职工23.72亿元）。发放企业退休人员一次性生活补贴2.37亿元。城乡居民基础养老金提高50元达到448元/月，月人均养老金水平为509元；发放城乡居民养老金11.90亿元。按照主管部门统一安排，对工伤保险待遇进行调整提高。为1718名工伤职工及遗属支付待遇1.49亿元。

【社保政策】 从2019年5月1日起，城镇职工养老保险单位缴费比例由19%将至16%，将2018年二至八类企业工伤保险费率下调50%的政策，执行期限延长至2020年4月30日，参保单位缴费负担进一步减轻。按照应保尽保的原则，深入推进全民参保计划，完成2019年1.8万人的专项扩面任务。认真落实困难群体代缴城乡居民养老保险费政策，至2019年底，全市为困难群体1.74万人代缴城乡居民养老保险费249.38万元。其中，建档立卡未标注脱贫141人，代缴1.41万元。推进贫困人口清零达标专项行动，60周岁以上建档立卡贫困人员城乡居民养老保险应发尽发。

【基金风险防控】 完成社会保险经办风险管理专项行动和工伤保险内部控制专项检查存在问题的整改落实。组织开展社会保险经办机构廉政警示教育活动，增强干部职工廉洁自律意识。加强养老保险待遇领取资格认证工作，通过手机App自助认证、信息比对和现场辅助认证等方式，从源头上防止欺诈冒领养老保险待遇。追缴收回在押服刑、死亡冒领及重复领取人员的养老保险待遇286.86万元。

就业服务

【鄂尔多斯市就业局领导名录】

局　长：武　鹏

副局长：杨卫国

吴　军

白云翔

【概况】 鄂尔多斯市就业服务局设局长1名（副处级），核定科级领导职数16名（9正7副），核定编制27个；下设全额拨款事业单位市小额贷款担保中心和自收自支事业单位市就业训练中心2个单位。其中市小额贷款担保中心核定科级领导职数2名（1正1副），核定编制4个；市就业训练中心核定科级领导职数2名（1正1副），核定编制4个。2019年，全市实现新增就业23999人，完成全年任务的103%，其中失业人员再就业3221人，完成全年任务的107.3%；帮助就业困难人员就业2848人，完成全年任务的113%；城镇登记失业率控制在2.85%以内，低于控制目标1.65个百分点。全市农牧民转移就业90287人，完成年度任务的100.32%，其中转移6个月以上有80877人，完成任务数的101.03%。参加技能培训的农牧民工有3515人，完成任务数的103.38%。

【失业保险】 全市失业保险参保人数272720人，完成全年任务的120.94%，征缴失业保险金24419.43万元，完成全年任务的200.2%。为符合条件的失业人员16392人发放失业保险金2566万元，并代缴医疗保险525.82万元，发放取暖补贴69.02万元，为6485人发放价格临时补贴19.5万元，共计待遇支出3180.34万元，发放率100%。为2369人次发放技能提升补贴423.79万元。稳定岗位补贴支出3826.22万元（共104004人、455户），上解上级支出1849万元；截至12月末基金结余总额136881.21万元。

【就业工作】 全市城镇就业技能培训3511人，组织开展各类培训班113期，参加培训率99.38%；培训后就业2883人，就业率达82.1%；订单、定向、定岗培训270人。全市组织创业培训56期，培训1545人，参加培训率99.74%，成功创业527人，带动就业1609人。全市共发放创业担保贷款972笔，发放金额11696万元，完成全年任务的172%。

【鄂尔多斯市人力资源公共服务中心工作概况】 鄂尔多斯市人力资源公共服务中心成立于1990年，为全额拨款事业单位，加挂人事培训教育中心、人才储备中心两块牌子。核定事业编制17名，科级领导职数4名（1正3副），内设综合部、党建办公室、人事代理部、人才交流信息部、人才培训与创业管理部等5个部室。建设2000平方米人才就业信息化服务大厅。主要承担全市高校毕业生及各类人才就业指导、服务和聘用合同鉴证工作；承担全市贫困家庭未就业大学生就业计划实施工作；承担全市人才储备、人事代理指导、服务工作；承担全市人才信息服务工作；组织举办各类人才招聘和交流会；承担全市流动人员人事档案、党团组织关系和集体户口管理工作；组织开展人才派遣、引进、输出等人事人才公共服务工作；组织开展人才培训、测评、评价活动；承担高校毕业生见习基地建设相关工作；承担高校毕业生创业培训及培训基地建设相关工作；组织开展职业介绍、职业指导工作。

人才招聘工作 2019 年，利用人才交流活动、区域人才合作、高端人才宣荐会，宣传推介鄂尔多斯市经济社会发展和人才、创新创业政策，促进校企合作，建立互联互动机制，发布人才市场供求信息。截至 12 月底，开展赴外引才、专项招才、门口留才等各类人才交流活动 18 场次，发放人才政策、高校毕业生就业创业优惠政策、人才需求目录等宣传资料 3 万余份，服务企业用人单位 1059 家，服务人才近两万人次，达成初步就业意向 7175 人次。实现市场就业高校毕业生 1509 人，共征集 244 家企业人才需求 5812 人。

就业创业工作 2019 年，全市建成各类大学生创业园、创业孵化基地 24 家，创业载体总面积 31 万多平方米，入驻企业 2103 家，入住个体工商户 1427 家，大学生初创企业 978 家，成功孵化企业 127 家，从业人员 5112 人，带动大学生就业 2419 人。组织实施建园资助申报工作，拟对鄂尔多斯市科教文化创业产业园等 7 家创业资助 460 万元。引导鼓励高校毕业生自主创业，对符合有关条件的大学生自主创业项目，分别给予 1 万元、2 万元、5 万元和 8 万元四个等级的创业项目资助。全年共开展 4 批 55 个大学生创业项目评审资助工作，共资助 110 万元。开发适合高校毕业生的就业岗位，鼓励中小企业吸纳高校毕业生就业，拟对 781 名高校毕业生发放稳定就业生活补贴资金 78.1 万元。落实青年就业见习和创业培训政策，新认定就业见习基地 8 家，创业培训基地 1 家，搭建提升就业创业能力的渠道平台。共组织 407 人参加就业见习，落实就业见习补助资金 739552 元。依托鄂尔多斯应用技术学院、鄂尔多斯职业学院、鄂尔多斯生态环境职业学院三个创业培训基地完成 339 名高校毕业生创业培训工作，补贴资金共计 54.24 万元。共为 156 名高校毕业生发放一次性求职创业补贴 23.4 万元。

流动人员档案管理工作 2019 年，全面梳理人事档案管理服务流程，统一服务标准，开展档案管理人员业务培训，提升流动人员人事档案管理服务水平。截至年底，管理流动人员人事档案共 54462 份，全年新增档案 7330 份，转出档案 3141 份。开具存档、经历、党员、亲属关系等各类证明约 1800 人次，配合机关、事业单位完成政审阅档服务 680 余人次。复印成绩单、退伍登记表等材料约 1900 人次，整理装订人事档案 6900 余册。

【鄂尔多斯市专家服务中心工作概况】 鄂尔多斯市专家服务中心经费实行全额拨款的科级事业单位，直属鄂尔多斯市人力资源和社会保障局。主要职能：承担专家公寓日常管理工作，承担各类专家专业会议、学术和技术交流活动、休假、疗养、奖励政策兑现等服务工作；承担外向型人才培训服务工作；为市内专家出国考察和到市里定居专家及带站学术活动、考察或探亲访友专家提供服务；联络、协调各专家服务机构及专家群众团体开展交流、合作、联谊活动；广泛联系各类专家、建立鄂尔多斯市专家项目信息库，向社会提供专家科研成果的咨询和服务；接受委托，组织专家对有关项目和科研成果进行评估、论证；开展专家科技成果和专利技术的宣传、推广、转让及相应的中介服务工作；帮助引进的高层次人才解决户口迁移、子女就学、配偶就业等工作；负责处理市专家公寓及专家服务中心的日常事务和主管部门交办的其他工作。核定编制数 3 人，实有人数 2 人。2019 年，共腾退公寓 8 套，审批入住 5 套，共入住 58 套。柔性引进的和不定期服务基层的专家人才入住 134 次。

人才奖励 2019 年，发放 2017—2018 年度鄂尔多斯市“天骄英才”“草原英才”“鄂尔多斯

英才”及“青年优秀人才”证书73个，鄂尔多斯市产业创新创业人才团队及高层次人才创新创业人才基地牌匾22块；组织2019年度管理期内市级165人高层次人才和24个产业创新创业人才团队的考核工作，对其追绩问效；12月发放高层次人才2019年度专项补贴资金704.6万元、刚性引进高层次人才2019年度安家费178.86万元；组织38名专家人才赴大连休假疗养；发放高层次人才2018年度健康体检卡94张。

人才服务和对接　2019年，专家服务中心累计接待国家部委、自治区领导及到鄂尔多斯市参加研讨会议的各类学者、高层次人才140余批。全年共完成各类会议服务8次。

【鄂尔多斯市人力资源和社会保障信息中心工作概况】 鄂尔多斯市人力资源和社会保障信息中心（以下简称信息中心）隶属于鄂尔多斯市人力资源和社会保障局，主要职能职责是为全市人力资源和社会保障业务提供网络化建设管理服务，承担全市人力资源和社会保障业务信息系统规划、开发建设、管理和应用工作；承担公共区域电子信息和网络维护保障工作；承担人社业务数据库的管理、维护、应用工作；承担人社网站、微信公众号、手机客户端管理维护和建设工作；承担“12333”人社业务咨询平台管理工作；承担全市人事信息统计工作。全额拨款事业单位，科级建制，内设科室有综合部、财务部、网络运维管理部、信息系统建设部、社保业务系统管理部、公共服务管理部、“12333”电话咨询服务部，信息中心核定编制有5人，实有6人。

第二代社会保障卡建设及持卡工作　2019年度，鄂尔多斯市二代社保卡持卡数为149.1万张，发卡数为119万张。按照鄂尔多斯市常住人口163.5万人（市公安局提供）计算，持卡覆盖率达到91.2%。鄂尔多斯市机关保、新农保、职工养老待遇每月通过社保卡合作银行发放人数为12.8万人，占总待遇人数的44.9%。

金保工程二期建设　2019年，完成建设方案论证、项目招标以及详细需求采集工作。计划于2020年实现人事人才业务网上办理信息化管理，实现人事人才业务办理“最多跑一次”的目标。

“12333”电话咨询服务　全年接听各类咨询电话17141个，发送各类短信28814条。

【鄂尔多斯市劳动争议仲裁院工作概况】 鄂尔多斯市劳动争议仲裁院（以下简称市仲裁院）于2012年5月成立，为科级建制，全额拨款事业单位，隶属鄂尔多斯市人力资源和社会保障局。主要职能：在鄂尔多斯市劳动人事争议仲裁委员会、市人社局的领导和指导下，负责处理中央、自治区驻地以及所属市内企业、个体经济组织、民办非企业单位等组织与劳动者之间，以及所属机关、事业单位、社会团体与其建立劳动关系的劳动者之间，因确认劳动关系，订立、履行、变更、解除和终止劳动合同，工作时间、休息休假、社会保险、福利、培训以及劳动保护，劳动报酬、工伤医疗费、经济补偿或者赔偿金等发生的争议；实施公务员法的机关与聘任制公务员之间、参照公务员法管理的机关（单位）与聘任工作人员之间因履行聘任合同发生的争议；事业单位与其建立人事关系的工作人员之间因终止人事关系以及履行聘用合同发生的争议；社会团体与其建立人事关系的工作人员之间因终止人事关系以及履行聘用合同发生的争议；军队文职人员用人单位与聘用制文职人员之间因履行聘用合同发生的争议；法律、法规规定由劳动人事争议仲裁委员会处理的其他争议；负责处理市仲裁委员会的日常事务和主管部门交办的其他工作；市仲裁院内设办公室、立案调解庭、仲裁庭三个庭室。截至2019年底，市仲裁院共处理各类劳动争议案件124起，不予受理11起，涉及劳动者113人，涉案金额899.71万元，调解结案55起，裁决结案38起，撤诉20起，结案率为100%，调撤率为61%，终局裁决率为42%，线上办案率为100%（人社厅考核标准是结案率90%，调解率60%，终局裁决率40%，线上办案率65%）。

（林千诗）

【鄂尔多斯市职业技能鉴定指导中心工作概况】 鄂尔多斯市职业技能鉴定指导中心成立于2002年，隶属于鄂尔多斯市人力资源和社会保障局，全额拨款事业单位。主要职能职责：按照国家制定的职业技能鉴定规划、政策、标准和有关规定，组织、实施、指导、协调全市职业技能鉴定工作，推行国家职业资格证书制度。提供全市职业技能鉴定有关问题的咨询服务，促进全市职业技能发展，承担全市职业技能鉴定考核及证书核发工作，以及全市职业技能鉴定考评员推荐、聘任、管理工作。组织开展职业技能竞赛活动。核定编制7名。2019年7月17日，内蒙古博源控股集团有限公司通过自治区评审专家组的审核评估获得自治区人力资源和社会保障厅的授牌，成为鄂尔多斯市首家职业技能等级认定试点企业。5月18日，鄂尔多斯市职业技能鉴定指导中心组织国家职业资格统一鉴定考试（鄂尔多斯考区）。此次考试共有考生424人，涉及企业人力资源管理师、安全评价师、劳动关系协调员、智能楼宇师4个职业4个等级，考试科目全部采用电子化考试形式。

【劳动保障监察综合执法局工作概况】 2019年，全市累计检查加工、餐饮、化工等劳动密集型企业1008户，涉及劳动者1.77万余人。通过检查，发现和处理存在欠薪问题和欠薪隐患企业8户，涉及劳动者41人，涉及金额48.7万余元。

医疗保障

【鄂尔多斯市医疗保障局领导名录】

党组书记、局长：张文峻

副局长：刘光文

丁国栋

【概况】 鄂尔多斯市医疗保障局于2019年1月30日挂牌成立，为正处级单位。下属市医疗保险资金管理局（参公单位）、市城乡居民医疗保险管理中心、市医用设备耗材和药品招标采购中心等3个科级事业单位，具体承担城镇职工、城乡居民基本医保经办服务和药品招标采购管理服务。2019年，全市城镇职工基本医疗保险参保人数45.79万人（同比增长13%），收缴基金28.16万元（同比增长13%），累计结余52.25亿元；生育保险参保人数32.96万人，收缴基金2.37亿元（同比增长16%），累计结余2.44亿元；城乡居民医疗保险参保人数118.21万人（同比增长1.8%），收缴基金14.7亿元（同比增长22%），累计结余12.23亿元。城乡居民医疗保险筹资标准达到990.2元（其中：个人缴费220元，中央补助416元，自治区补助31.2元，市旗两级补助323元，在征收2020年城乡居民医疗保险时，已补齐2019年欠缴的30元）。

【医保扶贫】 2019年，贫困人口基本医保共计补助9483人次，支出资金2971万元，政策范围内报销比例平均达到73%；享受大病商业补助999人次，补助261万元。经"一站式"报销后，重大疾病住院达到90%，门诊慢病达到80%。

【欺诈骗保专项治理】 开展"打击欺诈骗保、维护基金安全"集中宣传月活动，巡回各旗区召开动员会，组织有关专家到定点医疗机构、药店开展飞行检查，不断完善医疗保障治理体系。加大宣传力度，加强广播电视等传统媒体宣传的基础上，利用门户网站、微信公众号、LED等新媒体及时发布工作动态，并组织群众性集中宣传活动，发放宣传材料4万余份，形成打击欺诈骗保高压态势。自治区医疗保障局飞行检查组通过数据分析、数据筛查、病案查阅、药品耗材盘点等形式，对鄂尔多斯市中心医院开展飞行检查。针对检查指出的问题排查，拒付市中心医院住院违规费用3130万元。全市检查定点医疗机构、药店1936家，现场检查覆盖率达到100%，追回医保基金1084.23万元（医疗机构1005.97万元、药店78.26万元）。其中，市本级重点对各旗区31家定点医疗机构和11家定点药店进行飞行检查。

【异地就医】 2019年，全市异地就医两定医疗机构达58家，完成每个旗区至少有1家跨省异地就医医疗机构的目标，实现跨省异地就医直接结算在全市旗区的全覆盖。患者一个电话就可以备案，为外出参保职工和外来就业创业人员开辟绿色通道。2019年，自治区内门诊刷卡直接结算35.6万人次，结算费用6344万元；自治区内住院直接结算8616人次，结算费用8257万元；跨省异地住院结算8758人次，结算费用12575万元；外省患者到鄂尔多斯市住院直接结算265人次，结算费用308万元。

【医保制度改革】 2019年，调整城乡居民大病保险政策，城乡居民大病保险保费从每人每年50元增加为65元，起付线由1.5万元降到1.4万元，政策范围内报销比例由50%提高到60%，增强大病保险保障能力。调整退休职工个人账户划入金额标准，按照定额每人每月220元发放，满足退休职工个人账户支出需求。制定高血压、糖尿病患者门诊用药保障政策，实行两病患者门诊用药不设起付线，报销比例50%，封顶线高血压300元、糖尿病600元的政策，减轻两病患者负担。规范器官移植患者口服抗排异药管理，在东胜区人民医院建立供配点，13种器官移植及特殊病患者按季度发放抗排异药，并即时结算。建立微信群定期与患者沟通用药需求，精准保障患者用药。加大支付改革力度，全市二级以上公立医疗机构及部分专科民营医疗机构开展单病种付费。已实施的205种（其中含日间手术病种32个）单病种实现即时结算。在市第四人民医院实行按床日付费。2019年，按病种付费结算7138人次、3841万元。将17种谈判抗癌药、培门冬酶等血液病和肿瘤治疗药品纳入基本医保药品目录范围，按照乙类待遇报销。

民政工作

【鄂尔多斯市民政局领导名录】

党组书记、局长：辛宏亮

副局长：杨丛甫

赵志忠

梁占和

【概况】 鄂尔多斯市民政局是市政府工作部门，正处级。职能职责是贯彻党中央关于民政工作的方针政策，落实自治区党委、市委相关决策部署，在履行职责过程中坚持和加强党对民政工作的集中统一领导。机构改革后，根据《鄂尔多斯市委办公室 市人民政府办公室关于印发〈鄂尔多斯市民政局职能配置、内设机构和人员编制规定〉的通知》（鄂党办字〔2019〕58号），共设10个内设机构［办公室、规划财务科、行政审批科（社会组织管理局）、基层政权建设和社区治理科、区划地名科、社会事务科、养老服务和儿童福利科、慈善事业促进和社会工作科、社会组织党建办公室、机关党委］，4个直属事业单位（市城乡居民最低生活保障办公室、市社会福利院、市救助管理站、市福利彩票发行管理中心）。局机关核定行政编制17名。行政编制实配16人，工勤编制2人。

【兜底脱贫】 建立低保兜底保障脱贫工作联席会议制度，举办社会救助政策和低保扶贫政策衔接培训10次，整理编印《社会救助工作汇编》。精准识别建档立卡贫困人口，开展丧失劳动能力建档立卡贫困人口低保未覆盖“清零达标”专项行动，针对个别贫困户脱贫后退出低保的渐退期较短，容易导致返贫问题，将“渐退期”延长至12—24个月。2019年，全市建档立卡贫困人口中共有1403户、2666人享受低保，739人享受低保渐退政策。

【社会救助】 提高困难群众基本生活保障标准，城市低保标准由2018年的每人每月619元提高到675元，农村牧区低保标准由每人每年5712元提高到6169元，机构养育孤儿基本生活标准由每人每月1500元提高到2200元，城市特困人员基本生活标准调整为每人每月1144元；农村牧区特困人员基本生活标准调整为每人每年9893元。5—12月，根据居民消费价格指数变化，对城乡低保、特困人员、孤弃儿童启动一次性临时价格补贴机制，城市每人每月平均补贴30.89元，农村牧区每人每月平均补贴18.98元。截至2019年12月末，全市共有城镇低保对象3684户、6092人，累计发放救助资金3422.07万元；共有农村牧区低保对象10521户、20481人，累计发放救助资金9435.28万元；共有城乡特困人员5055人，累计发放救助供养资金6270万元；临时救助困难群众9890人，累计发放救助资金1607.7万元。加强社会救助信息核对，全年累计核对重点监测数据22批次11751条，并根据数据筛查比对结果清退1059人。

【养老服务】《鄂尔多斯市养老服务条例》列入鄂尔多斯市法治建设五年规划。市社会福利中心主体建设封顶，儿童福利院竣工并通过验收，市社会福利院完成全部维修改造工程，11家敬老院完成“公建民营”改革，47家社区日间照料中心、57家农村牧区幸福互助院完成改造提升工程，建成126个嵌入式为老服务机构，7个旗区建成“12349”在线为老服务平台，多家养老机构专业服务延伸到社区，购买社会组织养老服务项目资金达到360万元。完成鄂尔多斯市地方《养老服务质量基本规范》的前期准备和市级审定工作，全市符合国家《养老机构服务质量基本规范》的养老机构达到60%以上。高龄津贴覆盖69081人，发放补贴资金9200万元；老年人意外伤害险覆盖26.5万人，支出保费427万元。累计开展安全管理专项治理5轮次、排查整治隐患61条，开展养老机构安全培训2次，培训420人。

【儿童福利】 全面推进留守和困境儿童关爱保护阵地建设，投入补贴资金250万元，建成留守和困境儿童关爱保护阵地“儿童之家”47处。未保中心转型升级步伐加快，开展未成年人监护和困境儿童保障介入等工作，全年救助流浪未成年人19人、代理犯罪未成年监护权27人，为10名困境儿童提供助学、助养救助保护。与相关部门联合开展“关爱留守儿童点亮微心愿”“草原额吉温暖困境儿童”等关爱农村留守儿童、困境儿童系列活动26场（次），确保留守、困境儿童“监护有人，生活有扶，学业有教，心理有疏，安全有保”。

【“两残”补贴】 全年累计发放残疾人两项补贴资金9304万元，惠及困难残疾人8450人、重度残疾人24103人。

【殡葬管理】 高质量完成清明节祭扫服务保障工作，开展殡葬领域突出问题整改和“回头看”工作，建立殡葬领域突出问题整改协调机制。会同发改委等13个部门开展违法违规私建“住宅式”墓地等突出问题专项摸排工作，对部分旗区居民小区、街道私搭乱建灵棚及违法违规私建殡仪服务站（中心）等殡葬市场乱象进行整治。

【流浪救助】 组织开展“救助管理工作服务质量大提升”专项行动，全年累计救助流浪乞讨人员3525人次，支出救助金260万元。

【婚姻登记】 全年累计办理结婚登记9917对、补办8314对，办理离婚登记4069对、补办429对，登记合格率100%。累计补录婚姻登记历史档案数据16万余条，完善婚姻登记历史档案信息。

【基层治理】 配合组织部门开展嘎查村“两委”换届回头看工作，对44名存在违法违纪问题嘎查村干部进行处理。加强城乡社区协商工作，形成7个社区协商典型案例。会同宣传等部门推进村规民约修订完善工作，嘎查村修订完善工作完成率100%，社区完成率98%。配合相关部门推进农村牧区人居环境整治和千村示范、万村行动工作，伊金霍洛旗被评为自治区示范旗县，全市9个苏木乡镇被评为示范苏木乡镇，92个嘎查村被评为示范嘎查村。

【社会组织管理】 加强社会组织培育，规范社会组织登记管理，全市登记注册社会组织达到2301家，通过档案清查、年检，清理“僵尸”“空壳”社会组织170家，约谈7家，打击非法社会组织12家；开展购买社会组织服务工作，市本级安排1140万元、旗区安排655.1万元，购买项目涵盖社区居家养老、社会救助、社区服务评估、资金项目审计等多个领域，全市近300家社会组织在97个社区开展服务，服务居民7万人次。积极鼓励、支持、指导鄂尔多斯市社会组织承接自治区民政厅购买服务项目，2019年成功承接项目的社会组织共有33家，承接资金达到500万元，居全区第一位。

【社会组织党建】 成立社会组织党委，召开社会组织党委第一届党员大会，进一步理顺社会组织党建工作管理体制。加强社会组织党建及服务能力综合培训，累计培训社会组织党建负责人、业务骨干26批次4300人次。推进社会组织领域主题教育，指导12家社会组织开展组织生活会和民主评议党员党建活动，举办社会组织庆祝中华人民共和国成立70周年大型合唱比赛，召开全市社会组织“两优一先”表彰会，并对全市社会组织中的优秀共产党员、优秀党务工作者和先进基层党组织进行表彰。

【社会工作】 与鄂尔多斯应用技术学院合作，挂牌成立“鄂尔多斯市社会工作创新学院”，建立合作培养社工人才新机制。鼓励动员广大居民，特别是社区工作者参加国家社会工作者职业资格水平考试，投入资金200多万元，累计开展考前培训32期，参与报考人数达到4227人，占全区总报名人数的40.7%，其中490人通过考试，占全区总考取人数的34.3%，持证社会工作专业人才总数达到1800人。发挥鄂尔多斯社工师联合会枢纽作用，全面开展社工师登记注册工作，建成社会工作领域专家库、督导人才库，累计为基层开展人员培训、项目评估、项目督导7批次。

【三社联动】 试点社区总数达到36个，累计投入资金1230万元，完成各试点社区党群服务中心“三社联动”挂牌、标识工作，累计召开居民联席会议28次，吸纳社会工作专业人才387人次，发动志愿者1700多名，开展社区文娱活动181场次，服务孤寡、失能、高龄老人3600人次，困境儿童235人次，开展社区文娱活动203场，惠及社区居民3.4万余人次。

【行政区划】 2019年，启动鄂尔多斯市与乌海市第六轮行政区域界线联合检查工作。加强边界纠纷隐患排查处置工作，妥善协调处理边界纠纷2处。推进第二次全国地名普查成果转化，完成《鄂尔多斯市地名志》样稿评审、修改工作。对国家地名信息库鄂尔多斯相关地名信息进行更新完善。成立专门的组织机构，对不规范地名进行清理整治，共清理整治不规范地名559条。

扶贫工作

【鄂尔多斯市扶贫开发办公室领导名录】

主　任：胡亚格（蒙古族，2月离任）
　　　　陈德华（2月任职）
副主任：刘海军
　　　　班慧丽（女，4月28日任职）

【概况】 鄂尔多斯市扶贫开发办公室为市人民政府工作部门，内设综合科、政策法规科、规划财务科、项目管理科、社会扶贫科、考评监督科、机关党委7个科室，下设革命老区发展中心、扶贫信息管理中心。机关在职人员22人，其中公务员13人，工勤人员9人；革命老区发展中心9人、扶贫信息管理中心4人。2019年，全市建档立卡贫困人口118户267人全部脱贫，巩固扶持已脱贫人口4260户9908人，无新增贫困人口，贫困发生率降至零，基本消除绝对贫困。

【产业扶贫】 推行“党支部+企业+合作组织+农牧户（贫困户）”产业发展模式，113家扶贫龙头企业带动6634户贫困户发展脱贫产业。精准实施扶贫资金资产收益，安排产业扶贫资金1.26亿元，重点聚焦建档立卡2000户以上的4个旗（杭锦旗、达拉特旗、准格尔旗、伊金霍洛旗）、98个重点嘎查村、101个乡村振兴示范村和减贫带贫效果突出的产业项目。各旗区实施项目320个，落实资金2.66亿元，受益贫困人口1.16万人次，有效杜绝“大水漫灌、人人有份”等现象。选聘441名产业发展指导员，完成产业发展指导4450户次。组建8支科技服务工作队，累计下乡681人次，组织培训68场，培训农牧民7318人次。

【就业扶贫】 2019年，组织开展贫困人口实用技能培训118期，培训9741人次（贫困人口1200人次），帮扶256名贫困人口就业，帮助944人实现增收。依托创业基地等载体，吸纳贫困劳动力就业59人。

【生态扶贫】 全面落实退耕还林、公益林补贴和草原生态保护奖补政策，组建58个扶贫造林合作社，带动83户242人增收；开发生态公益岗位275个，人均增收6530元；协调推动矿区生态复垦扶贫，建立矿业收益带贫机制。

【健康扶贫】 严格执行“三个一批”救治措施，将大病救治种类由14种扩大到25种，542名大病贫困患者全部得到救治。安排健康扶贫资金457万元，投入242.2万元为贫困人口代缴基本医保，为11026人购买脱贫保险。建立714个家庭医生团队，为3688名慢病贫困患者提供“送医配药送健教”服务，充分发挥基本医保、大病保险和医疗救助的作用，巩固“先诊疗后付费”和“一站式”即时结算制度，全市共建立117个“一站式”报销服务窗口和8个“一站式”服务大厅。

【金融扶贫】 设立扶贫小额信贷风险补偿金，发放扶贫小额贷款1336户5984.8万元。定期组织召开扶贫小额信贷数据会审联席会议。

【综合保障】 开展“扶贫低保两线合一”问题专项核查，将符合条件的227人纳入低保范围，29人纳入临时救助范围，1人纳入特困人员救助范围。为建档立卡贫困残疾人每人每年发放5000元生活补贴，投入扶持资金93万元，扶持186人。

【驻村帮扶】 全市派出驻村干部1117人，其中市直部门142人、旗区975人，做到嘎查村驻村帮扶全覆盖。开展以建档立卡贫困户为基础的对接帮扶活动，到户帮扶率达到100%。全市包联单位和驻村工作队为嘎查村引进项目2196个，投入资金6.4亿元。

【社会帮扶】 深化“百企帮百村”活动，全市784户企业结对帮扶689个嘎查村，累计落实帮扶资金3.44亿元。着力推进消费扶贫，先后协调组织3次规模较大的农企对接、农产品展销活动，达成合作协议项目214个，协议金额达6.32亿元。

【扶贫资产管理】 全年先后开展4轮资金投入情况核查，核查各行业部门2012—2018年涉及扶贫资金21.9亿元，形成资产8.3亿元。

【“清零达标”任务完成】 出台《鄂尔多斯市2019年脱贫攻坚“清零达标”专项行动实施方案》，对“清零达标”工作进行评估验收。集中梳理2005年以来160件政策文件，清理调整17件；清退不符合条件建档立卡贫困户35户93人；建立工作台账，为145人落实扶贫项目，将符合条件的9人纳入低保救助范围。全市736个嘎查村全部实现集体经济“清零”，5户危房完工并通过竣工验收，21个已退出贫困嘎查村动力用电、贫困户生活用电实现清零，438户易地扶贫搬迁旧房未拆除问题全部整改。全面核查建档立卡贫困户基本信息，做到账实一致。7个乡镇卫生院和48个嘎查村卫生室完成达标建设。农村牧区饮水安全管理责任体系不断健全，饮水安全工程受益贫困户1085户2399人。规划建设的8所学校11个项目全部完工。建档立卡贫困家庭义务教育阶段子女控辍保学达标。十项“清零达标”任务全部完成。

（邢海龙）

民族事务

【鄂尔多斯市民族事务委员会（蒙古语文工作委员会）领导名录】

主　　任：雷·斯仁（蒙古族）

副 主 任：赵国祥

纪检组组长：耿　涛（女）

【概况】 鄂尔多斯市民族事务委员会（蒙古语文工作委员会）内设办公室、政策法规科、监督检查科、经济发展科、社会发展科、蒙古语言文字管理科6个科室，下设鄂尔多斯市少数民族古籍整理办公室、鄂尔多斯市民族宗教综合执法局、鄂尔多斯市少数民族文化交流服务中心等3个二级单位。主要职责：（1）贯彻执行国家法律法规和自治区地方性法规规章，组织开展民族理论和民族工作重大问题调查研究，拟订全市民族工作和少数民族语言文字工作政策规定，并对执行情况进行监督检查。组织开展民族理论、民族政策、少数民族语言文字政策的宣传教育工作。（2）协调指导民族区域自治制度的贯彻落实。研究提出协调民族关系的工作建议，协调处理民族关系中的重大事项。监督办理涉及少数民族权益的事项，保障少数民族的合法权益。参与协调维护社会稳定工作，促进各民族共同团结奋斗，共同繁荣发展，维护国家统一。（3）研究分析少数民族和少数民族聚居地区经济发展、社会事业方面的问题并提出政策建议。协调督促有关部门履行民族工作相关职责，促进民族政策在经济发展和社会事业领域的实施、衔接。会同有关部门做好少数民族扶贫工作。参与协调科技发展、对口支援和经济技术合作、民族贸易、民族特需商品生产、少数民族特色村镇建设等工作。对旗区民族工作和蒙古语言文字工作进行业务指导。（4）监督检查少数民族事业等专项规划实施情况，参与拟订经济社会相关领域的发展规划，建立和完善少数民族事业发展综合评价监测体系，推进实施民族事务服务体系和民族事务管理信息化建设。（5）指导各旗区人民政府民族事务部门依法履行管理职能，承办民族团结进步表彰活动和民族团结进步创建工作。（6）管理少数民族语言文字的学习、使用、研究、发展、抢救、保护、传承工作。承担蒙古语言文字的规划、指导和监督管理工作。承担市面用文蒙汉两种文字并用监督管理工作。指导少数民族语言文字的民族教育、翻译、出版、报刊、广播影视和民族古籍的搜集、整理、出版工作。（7）组织协调民族工作领域对外和对港澳台的交流与合作。参与涉及民族事务对外宣传工作。（8）参与拟订少数民族人才队伍建设规划，联系少数民族干部，协助有关部门做好少数民族干部的培养、教育和使用工作。（9）配合自治区做好八省区蒙古语言文字协作工作。（10）完成市委、市政府交办的其他任务。

【创建工作】 2019年，按照市委、市政府的统一安排部署，统筹推进全市创建工作，多次组织召开创建工作推进会、座谈会，推动创建工作在全市各领域全面有效地开展。进一步深化民族团结进步宣传教育，充分发挥广播、电视、报纸等媒体宣传作用的同时，推进“互联网＋民族团结”行动，组织开展主题征文、书法摄影大赛、微信朋友圈公益广告推送、“寻找56颗石榴籽”主题骑行等一系列丰富多彩的民族团结进步创建宣传教育活动。制作创建工作纪实片，举办“中华民族一家亲，同心共筑中国梦”民族团结进步颁奖盛典，命名全市“第四批民族团结进步创建活动示范单位”53个。2018年，鄂尔多斯市2个集体和3名个人被国务院授予全国民族团结进步模范集体和模范个人荣誉称号，鄂尔多斯市被国家民委命名为“全国民族团结进步示范市”。

【民族事务】 推进民族法治宣传教育，开展民族法治宣传周活动，编印蒙汉双语法律法规知识资料和法治宣传挂图5000余份。依法依规审批民族成分变更申请17件。组织开展清真概念泛化问题专项整治，严格规范清真认证标识标牌管理，协助市政府圆满完成第七届库布齐沙漠论坛等清真食品安全保障筹备工作任务。探索推进全国少数民族流动人口服务管理城市试点工作，建立城镇少数民族人口信息台账，并对近年来全市务工经商少数民族人员语言文化政策教育服务工作进行摸底。举办民族法治与城市民族工作培训班，民族工作队伍依法履职意识和能力进一步增强。

【少数民族民生】 落实中央脱贫攻坚专项巡视反馈意见整改工作要求，成立整改工作领导小组，制定整改方案和整改台账，建立整改工作月调度机制，按期完成全部整改任务。持续加大少数民族产业精准扶贫力度，落实少数民族发展资金3745万元（其中市本级安排1215万元），实施民族产业项目123项。开发建设全市民族工作信息数据管理平台，举办全市民委系统少数民族发展资金项目管理人员培训班，进一步规范少数民族发展资金管理。举办全市少数民族职业技能培训班10期，承办全区第四期少数民族传统手工艺品制作培训班，助力少数民族就业增收。落实少数民族贫困救助金260万元，救助少数民族特困家庭401户。鄂尔多斯市8个嘎查（村）被国家民委命名为“第三批中国少数民族特色村寨”。扎实推进驻村包联工作，制定详细帮扶方案，落实资金378万元，实施集体经济和产业发展项目4个，新建移动扬水站1处。

【少数民族社会事业】 2019年，落实民族教育专项补助资金696万元，实施民族特色教育项目21个。落实蒙古族在校大学生就学补助金2983.2万元，6112名在校大学生受益。组织举办第十六届“腾格尔—蒙古人杯”中学生技能大赛暨蒙古族中学传统体育艺术比赛、第九届“天骄”杯民族小学传统体育艺术比赛暨校长研讨会和第六届民族幼儿园“手拉手心连心促团结促提升”区域性联合教研和幼儿园特色建设与管理经验交流活动。

【蒙古语言文字工作】 2019年，贯彻党的民族语文政策，组织开展专项检查180余次，督促整改不规范牌匾、广告、宣传标语等2万余块。联合市人大开展贯彻落实《蒙古语言文字工作条例》执法调研。组织举办内蒙古西部盟市蒙古语标准音培训班、全市第四届义务教育阶段蒙古语授课中小学生蒙古文正字大赛、全市第六届“先锋杯”蒙古文原创诗歌朗诵大赛等5期培训班，承办八省区蒙古文书法培训班、全区第五期蒙古语文规范化标准化研修班，与市广播电视台共同举办“母语”栏目24期、“民歌追寻”栏目6期。进一步推动蒙古文图书和古籍文献档案整理出版事业发展，编辑出版蒙古文刊物《伊克昭》2期，编纂出版《鄂尔多斯古籍文献丛书》7部，举办全市古籍业务培训班。协助自治区做好《鄂尔多斯右翼后旗（杭锦旗）札萨克衙门档案全宗》编纂整理工作。

成吉思汗陵管理

【鄂尔多斯市成吉思汗陵旅游区党的工作委员会、管理委员会领导名录】

党工委书记：特古斯（男，蒙古族）

党工委副书记、管委会副主任：孟克宝鲁德（男，蒙古族）

管委会副主任：蔚文君

哈斯其劳（男，蒙古族）

【概况】 成吉思汗陵旅游区是国家AAAAA级旅

游景区，位于内蒙古自治区鄂尔多斯市伊金霍洛旗伊金霍洛镇境内，占地10平方公里，视觉景观控制区为80平方公里。包括历史文化区、祭祀文化区、民俗文化区、草原观光区、休闲度假区等5个功能分区。共有文物和旅游景点34处，是世界上唯一一处以成吉思汗祭祀文化为核心的著名文化旅游景区。成吉思汗陵园于1956年5月落成，1982年被列入全国重点文物保护单位。成陵旅游区于2000年12月经自治区人民政府批复成立，2001年1月设立管委会，2004年与成吉思汗陵园管理局合署办公并设立党工委，2010年成功申报国家AAAAA级旅游景区。旅游区管委会内设党政办公室、人力资源和社会保障局、民族事务和文物管理局、财政局、发展建设局、文化和旅游局和环保园林局、党群工作部8个行政机构；成吉思汗研究院、祭祀文化办公室、接待办公室、保卫处、服务中心、成吉思汗艺术团、环境保护和园林环境卫生管理所和成吉思汗博物馆等8个事业单位和门票办、检票口和成吉思汗文化旅游实业发展公司等3个自设机构。

【祭祀活动】 2019年4月25日，举行己亥年（2019）成吉思汗查干苏鲁克大祭，当天还举行成吉思汗铜像揭幕仪式。6月17日，己亥年（2019）成吉思汗淖尔大祭在成吉思汗陵举行。10月10日，成吉思汗秋季舒日格大典举行。

应急管理

【鄂尔多斯市应急管理局领导名录】

党组书记、局长：王树荣

副 局 长：于贵忠

刘虎胜

吕海宇

【概况】 鄂尔多斯市应急管理局成立于2019年，是鄂尔多斯市人民政府的工作部门，为正处级单位。鄂尔多斯市安全生产委员会办公室、鄂尔多斯市防汛抗旱指挥部办公室、鄂尔多斯市森林火灾防灭火办公室、鄂尔多斯市抗震救灾办公室设在市应急管理局。鄂尔多斯市应急管理局内设办公室、应急办公室、安全生产综合协调办公室、行政审批科、危险化学品安全监督管理科、安全生产基础科、政策法规和规划科技科、宣传培训科、综合减灾科、防汛抗旱科、火灾防治管理科、调查评估和统计科、机关党委等13个科室。核定行政编制24名。2019年，全市共发生生产安全事故37起、死亡35人、受伤12人，事故起数同比减少18起、下降32.7%，死亡人数减少15人、下降30%，受伤人数减少21人、下降63.6%。主要职责：（1）贯彻执行国家、自治区法律法规、规章，落实自治区关于应急管理、安全生产等方面的政策规定，研究拟订全市应急管理发展规划、方案、实施办法等相关政策，并负责组织实施和宣传工作。（2）负责全市应急管理工作，指导各旗区各部门应对安全生产类、自然灾害类等突发事件和综合防灾减灾救灾工作负责安全生产综合监督管理工作，负责有关工矿行业安全生产监督管理工作。（3）组织编制全市应急体系建设、安全生产和综合防灾减灾规划，拟订政策措施，并监督实施。（4）指导全市应急预案体系建设，贯彻落实国家事故灾难和自然灾害分级应对制度，组织编制全市总体应急预案和安全生产类、自然灾害类专项预案，综合协调应急预案衔接工作，组织开展相关预案演练，推动全市应急避难设施建设。（5）按照统一部署，牵头建立市应急管理信息系统，推动信息传输渠道的规划和布局工作，建立监测预警和灾情报告制度，健全自然灾害信息资源获取和共享机制，依法发布灾情及应急救援情况。（6）组织指导协调全市安全生产类、自然灾害类等突发事件应急救援，承担全市应对重大灾害指挥部工作，综合研判突发事件发展态势并提出应对建议，协助国家、自治区指定的负责人组织灾害应急处置工作。（7）按权限协调指挥全市各类应急专业队伍，建立全市应急协调联动机制，推进指挥平台对接，衔接消防、森林草原防火队伍、解放军和武警部队参与应急救援工作。统筹指导全市应急救援力量建设，按职责权限组织协调指导消防、森林和草原火灾扑救、抗洪抢险、地震和地质灾害救援、生产安全事故救援等专业应急救援力量建设，组织推动各旗区及社会应急救援力量建设。（8）按权限协调指挥全市消防监督、火灾预防、火灾扑救等工作。（9）协调指导全市森林和草原火灾、水旱灾害、地震和地质灾害等防治工作，负责全市自然灾害综合监测预警，组织指导全市自然灾害综合风险评估工作。（10）组织协调灾害救助工作，组织指导灾情核查上报、损失评估、救灾捐赠工作，管理、分配中央、自治区和鄂尔多斯市救灾款物并监督使用。（11）依法行使市安全生产综合监督管理职权，指导协调、监督检查市有关部门和各旗区人民政府安全生产工作，组织开展安全生产巡查、考核工作。（12）按照分级、属地的原则，依法监督检查危险化学品、非煤矿山、冶金、有色、建材、机械、轻工、纺织、烟草等生产经营单位贯彻执行安全生产法律法规情况及其安全生产条件和有关设备（特种设备除外）、材料、劳动防护用品的安全生产管理工作。依法组织并指导监督实施安全生产准入制度。负责全市危险化学品安全监督管理综合工作和烟花爆竹安全生产监督管理工作。（13）依法依职权组织指导生产安全事故调查处理，监督事故查处和责任追究落实情况。组织开展自然灾害类突发事件的调查评估工作。（14）拟订全市应急物资储备和应急救援装备规划并组织实施，会同市粮食和物资储备等部门建立健全应急物资信息平台和调拨制度，在救灾时统一调度。（15）负责全市应急管理、安全生产宣传教育和培训工作，组织指导应急管理、安全生产的科学技术研究、推广应用和信息化建设工作。（16）负责市本级应急管理、安全生产领域行政执法工作，查处全市性、跨旗区违法行为，办理大案要案。指导、监督管理旗区应急管理、安全生产领域行政执法工作。（17）完成市委、市人民政府交办的其他任务。

【安全生产】

严格安全生产责任落实 完成全市9个旗区、4个市直属园区、21个市直部门2019年度安全生产考核。对全市94家危险化学品企业的主要负责人进行培训。对全市89家化工和危险化学品企业135名主要负责人开展危险化学品企业生产安全事故警示教育会，播放警示教育片《化工和危险化学品企业重特大事故警示教育案例》，对国内发生的“3·21”江苏响水天嘉宜特大事故、“7·19”河南义马重大事故等事故案例进行回顾和分析，要求企业深刻汲取事故教训，全力做好本企业的安全生产工作。从6月8日开始，在全市范围内开展为期一个月的在建工业项目安全生产专项整治。9月28日至10月28日，在全市开展瓶装液化石油气安全专项治理工作，严厉查处一批瓶装液化石油气经营、储存、充装、运输、使用等环节中各类违法违规行为。10月21日至12月31日，对全市28座开采深度超400米和煤、岩层冲击地压倾向性鉴定为弱冲击及以上的煤矿，开展煤矿冲击地压防治专项整治活动。利用督促函、警示告诫书、约谈等方式，督促提醒有关旗区和部门落实安全生产监管责任。10月8日，组织开展安全生产约谈会议，对发生较大事故和落实安全生产责任差的地区和行业部门进行约谈。

隐患排查治理、安全生产大检查和重点行业领域专项整治 隐患排查治理方面：各旗区（园区）共检查生产经营单位50936家次，排查发现各类安全隐患问题69288项，已整治完成67253项，整改率为97.1%。安全生产大检查方面：市安委会从2月25日至3月31日，在全市范围内组织开展安全生产大检查，共检查各类隐患

11269条，已整改11268条，整改率99.9%。为深刻汲取锡林郭勒盟西乌珠穆沁旗银漫矿业有限责任公司“2·23”重大事故教训，市安委办组织开展为期20天的生产经营单位使用车辆检查，重点检查煤矿、危险化学品、非煤矿山、交通运输、建筑施工、教育等重点行业领域生产经营单位车辆的使用情况。为汲取乌兰察布市东兴化工有限责任公司爆燃事故和河北省衡水市在建工地升降机折断伤亡事故教训，扎实做好全市安全生产工作，市安委会从4月开始，在全市范围内持续部署开展为期3个月的安全生产自查自改工作。在全市范围内开展安全生产大检查期间安全隐患排查整改情况督查工作，对各级党委政府督查整改落实情况和市安委办组织开展的各项工作落实情况进行“回头看”。

重点行业领域专项整治　截至年底，鄂尔多斯市危险化学品安全综合治理需要完成的工作总计17项，年底完成13项，有4项正在积极推进当中。在全市范围内分阶段部署开展危险化学品重大危险源、罐区和储存场所、精细化工、硝化反应、特殊作业检维修、企业一线从业人员应知应会知识7项专项整治。开展氯碱化工企业专项检查，共查出隐患135条，全部整改完成，行政处罚20万元。做好重点旗专家指导服务工作。按照国务院和自治区安委办要求，完成鄂尔多斯市乌审旗、鄂托克旗的首轮专家指导服务工作。组织工艺、设备、电仪、总图、安全管理和应急救援等专业方面的7名专家对中天合创、博大实地、神华蒙西、联合化工4家企业进行系统的检查，共发现隐患306项，已整改完成。针对重大危险源、连锁管理、报警管理、重点监管危险化工工艺、重点监管危险化学品的管理情况等，开展一次全面的隐患排查，发现隐患2183条，行政处罚111万元。贯彻落实《应急管理部关于印发〈化工园区安全风险排查治理导则（试行）〉和〈危险化学品企业安全风险隐患排查治理导则〉的通知》（应急〔2019〕78号）文件的要求，组织鄂尔多斯市11个化工园区对照导则开展自查打分，组织95家已发证企业和11家试生产企业开展自查，其中11个园区中评定为A类的1家、B类的1家、C类的9家，106家企业共发现隐患1780条，已整改完成。开展烟花爆竹专项治理和打非治违工作，共排查发现各类安全隐患23项，行政罚款9万元，年底隐患已全部整改。组织开展危险化学品企业安全评估工作。公开招标3家安全评价机构对除自治区评估外的85家危化生产企业进行安全评估，并督促旗区推进危化经营、存储企业安全评估工作，共查出各类问题隐患4970项。截至年底，整改完成4700项。整改率94.6%。开展检维修和特殊作业专项检查，共检查危险化学品生产企业7家，发现隐患5条，立案查处3家企业，罚款8.7万元。

非煤矿山　重点对石油天然气、金属非金属矿山企业进行检查，共排查隐患283项，已整改完成。开展陆上石油天然气开采行业专项检查。按照《内蒙古自治区应急管理厅关于印发内蒙古自治区金属非金属地下矿山专项执法行动实施方案的通知》（内应急字〔2019〕19号）要求，结合全市非煤矿山企业生产情况实际，对全市6家石油天然气开采企业进行检查，发现问题隐患11条，已全部整改，罚款4.9万元。对8家石油天然气外包钻井作业队伍进行检查，发现问题隐患23条，已全部整改，共处罚款7万元。开展非煤矿山外包工程和淘汰落后设备、工艺安全专项整治，共检查6家企业，发现11条隐患，已全部整改，罚款1万元。开展金属非金属露天矿山复工专项检查，共检查企业6家，发现问题隐患20条，已全部整改，罚款7万元。

冶金等工贸行业　针对元旦、春节等重点时段，对工贸企业进行3家次执法检查，共发现各类安全隐患9处。开展钢铁企业煤气安全专项治理工作，印发《鄂尔多斯市钢铁企业煤气安全专项治理工作方案》，开展冶金等工贸企业煤气安全专项检查，检查涉及煤气作业的8家企业，共排查隐患90处，已全部整改，罚款15.7万元。

依法治安　编制《2019年度安全生产行政执法工作计划》。严格按照执法计划在危险化学品领域、非煤矿山和冶金的工贸行业开展执法检查。共检查278家次，立案查处37家企业，行政处罚135.7万元。推进“放管服”工作。年底，按照机构改革要求，成立行政审批科，实现所有行政审批事项在大厅统一办理。2019年，窗口共受理各类行政许可、安全审查、事项备案685项，全部办结。按照市委市政府关于促进民营经济高质量发展、“放管服”改革和优化营商环境的部署要求，将审批时限压缩到法定办理时限的60%。按照《鄂尔多斯市司法局关于开展行政执法案卷评查活动的通知》（鄂司发〔2019〕82号）的要求，市应急管理局自查行政执法案卷148本，抽查行政执法案卷8卷，均分达到96分的标准，适用法律依据正确，适用法律条款准确，作出的处罚决定合法合理。开展旗区执法互查和案卷互评，共检查50家企业，评查41份案卷。严肃事故调查处理和举报投诉工作。截至年底，依法依规调查处理全市4起生产安全事故，共受理各类举报22件，结案21件。

【安全生产基础能力建设】 开展安全生产信息化平台试运行工作，进行网上巡查11683次，及时处置在线预警3963次，发现信息化平台试运行过程中需要完善的问题31个，有效地加强安全监管，推进安全生产信息化平台的应用和完善工作。推动安全生产信息化平台应用。按照市政府会议精神，10月27日完成信息化平台专业服务招标工作，与同中标公司签订采购合同，于12月1日全面展开监测预警和网络安全值班工作。

标准化建设　2019年，危险化学品生产经营企业完成标准化达标824家，其中，二级9家，三级815家。非煤矿山企业完成标准化达标146家，其中，一级达标企业4家，二级达标企业2家，三级达标企业140家。冶金等工贸行业共完成标准化达标85家，其中，二级达标企业4家，三级达标企业81家。

重大危险源　按照《内蒙古自治区应急管理厅关于做好危险化学品重大危险源评估分级工作的通知》（内应急字〔2019〕6号）要求，完成全市危险化学品行业重大危险源重新评估工作。全市危险化学品、非煤矿山和冶金等工贸行业重大危险源共328个。其中，危险化学品行业320个，一级重大危险源44个、二级重大危险源22个、三级重大危险源98个、四级重大危险源156个；非煤矿山企业重大危险源5个，均为四级；冶金等工贸行业重大危险源3个，其中三级重大危险源2个、四级重大危险源1个。

【培训考试】 2019年，鄂尔多斯市共培训安全生产方面人员38678人，其中：生产经营单位负责人2958人，安全生产管理人员7653人，特种作业人20830人，其他从业人员7237人。共组织考试1124场，27597人次参加考试。

【应急救援】 强化应急预案修订完善。按照机构改革后各部门职责变化，对鄂尔多斯市《生产安全事故应急预案》《危险化学品生产安全事故应急预案》《非煤矿山生产安全事故应急预案》《冶金生产安全事故应急预案》进行重新修订。对20家中央企业及所属企业完成应急预案备案工作。加强应急救援队伍建设。对全市应急队伍情况进行全面的摸底调查，牵头开展消防员招录、人大政协关于消防队伍建设相关提案答复等工作。加强应急演练。上半年，组织参加各类型安全生产应急演练1750次，涵盖人员密集场所、学校、幼儿园、危化企业、商贸企业等各个领域。

【防汛抗旱】 全市防汛工作重点是728公里黄河、十大孔兑、76座水库、1655座淤地坝、山洪沟、城镇和工矿区等。2019年，全市防汛抗旱总体形势保持平稳。推动责任落实。鄂尔多斯市防汛抗旱指挥部严格落实防汛工作行政首长负责制，在《鄂尔多斯日报》公布黄河、山洪沟、水库、淤地坝、重点城市（康巴什区和东胜区）的防汛行政责任人。加强防范应对准备。修订完善鄂尔多斯市《防汛应急预案》和《抗旱应急预案》。成立工作组对旗区防汛抗旱工作进行两次督查。建立24小时应急值班值守制度，及时发布预警预报。有力开展抢险救援救灾。各地组织抗旱人数8万余人次，开动机电井8.08万眼、泵站71处，临时解决2.1万人、19.7万头牲畜饮水困难，累计投入资金5464.77万元。全力防御黄河大流量过境。沿黄各旗全力抢护险工险段，黄河1号、2号洪水顺利过境，无决堤、无伤亡。争取防汛抗旱资金。共争取1550万元中央自然灾害救灾资金，已协调市财政全部下达到各旗区。

【综合减灾】 市减灾委员会围绕“提高灾害防治能力，构筑生命安全防线”为主题，开展防灾减灾日宣传活动。及时统计上报全市自然灾害损失情况。2019年，鄂尔多斯市先后遭受低温冷冻、干旱、风雹、洪涝、病虫害等灾害，共造成8个旗区32个乡镇17.7万人受灾，直接经济损失3.16亿元，农作物受灾面积102.774千公顷。其中，农作物成灾面积81.005千公顷，绝收面积4730.13公顷。强化地震和地质灾害应急准备工作，制定印发《鄂尔多斯市应急管理局2019年地震和地质灾害应急救援工作要点》，针对应急避难场所、重大基础设施等内容开展专项检查。组织开展地震应急救援演练活动，年底共组织各旗区应急管理局到学校、社区组织开展地震应急疏散演练活动20余场次。拟定2019年市本级救灾储备物资采购计划，已经市发改委粮食和物资储备局上报市政府研究解决。完成全市救灾物资储备情况摸底调查。截至年底，全市共有救灾物资储备库7个、储备点3个，储备库总面积4892平方米。共储备单帐篷1131个，棉帐篷264个，折叠床1341支，棉被褥4366套，棉大衣880件，蒙古包30顶。

【火灾防治】 全市共发生森林草原火灾43起，其中，一般森林火灾10起，较大森林火灾25起，火场总面积354.44公顷，受害面积280.38公顷，森林受害率0.12‰；一般草原火灾8起，受害面积311.13公顷，草原火灾受害率0.058‰。全市未发生较大以上和有影响的火灾，未发生人员伤亡事故，城镇消防安全形势总体稳定。

【安全生产信息化平台试运行】 2019年，进行网上巡查11683次，及时处置在线预警3963次，发现信息化平台试运行过程中需要完善的问题31个。

（蒙　和）

安全生产监管综合执法

【鄂尔多斯市安全生产监管综合执法局领导名录】

局　长：张亚男

副局长：陈　奎

魏永红

廉　徐（女）

【概况】 鄂尔多斯市安全生产监管综合执法局成立于2017年，是鄂尔多斯市应急管理局的二级单位，主要职责：（1）经鄂尔多斯市应急管理局委托，承担对直接监管行业（非煤矿山、危险化学品生产经营和储存、烟花爆竹、金属冶炼、建材、轻工、纺织、机械等行业）的生产经营单位（包括安全生产专业技术服务机构）的安全生产和作业场所非法、违法行为的行政处罚工作。（2）对直接监管行业取得国家、自治区和市安全生产行政许可生产经营单位进行执法监察。（3）对直接监管行业由国家、自治区和市级审批的新建、改建、扩建项目安全设施与主体工程“三同时”情况进行执法监察。（4）查处直接监管行业的安全生产举报投诉非法、违法案件。（5）依法对直接监管行业用人单位职业卫生工作进行执法监察。(6)承担鄂尔多斯市安全生产监管系统行政执法统计工作。(7)监督、指导、协调鄂尔多斯市安全生产监管系统的执法检查工作和执法队伍建设工作。核定事业编制29名，在职职工27人。2019年，鄂尔多斯市安全生产监管综合执法局严格按照执法计划进行执法检查，以规模以上危险化学品生产企业、非煤矿山企业、金属冶炼企业，以及发生过事故的生产单位为监督执法检查重点，对其他危险化学品生产、经营、储存企业和非煤矿山生产企业及工贸企业进行抽查。年内，累计检查企业278家次、立案查处37家企业、罚款135.7万元。其中，危化执法累计检查企业155家次，立案查处案件20起，共处罚款91.1万元，没收违法所得1.015万元；非煤矿山执法累计检查企业70家次，立案查处案件12起，共处罚款26.9万元；工贸执法累计检查企业53家次，立案查处案件5起，共处罚款17.7万元。综合执法局自成立以来，共开展各类检查企业700余家次，立案查处案件76起，共处罚款299.2万元，没收违法所得1.015万元。全部处罚案件无行政复议和诉讼、零投诉。

【专项执法检查】

烟花爆竹专项检查　根据春节烟花爆竹季节性销售的特点，鄂尔多斯市安全生产监管综合执法局联合相关部门到准格尔旗、达拉特旗、杭锦旗开展执法检查，共检查烟花爆竹批发企业9家、零售企业21家，发现各类安全隐患23项，其中立案查处1家企业，罚款9万元，隐患已全部整改。

全国两会期间督查及危化生产企业专项检查　按照《鄂尔多斯市委办公室 市人民政府办公室关于督查鄂尔多斯市安全生产工作的通知》(明电〔2019〕3号)要求，鄂尔多斯市安全生产监管综合执法局选派执法人员参加市委、市政府第一督查组对东胜区安全生产的督查工作，完成通知要求的各项任务。两会前夕，为营造良好的安全生产环境，按照市局统一部署安排，抽调精干力量分3组对鄂尔多斯市11个化工园区的危险化学品生产企业进行专项督查检查，鄂尔多斯市安全生产监管综合执法局选派的两个督查组共督查危险化学品生产企业30家。全国两会期间鄂尔多斯市危险化学品行业平稳运行。

检维修和特殊作业专项检查　2019年，共检查危险化学品生产企业7家，发现隐患5条，立案查处3家企业，罚款8.7万元，隐患已全部整改。

重大危险源和危险化学品仓库专项执法　为深刻吸取江苏响水“3·21”爆炸事故和乌兰察布东兴化工“4·24”爆炸事故教训，强化重大危险源和危险化学品仓库安全监管，鄂尔多斯市安全生产监管综合执法局开展重大危险源和危险化学品仓库专项执法。共检查危险化学品生产企业8家，发现隐患31条，隐患已全部整改。

陆上石油天然气开采行业专项检查　按照《内蒙古自治区应急管理厅关于印发内蒙古自治区金属非金属地下矿山专项执法行动实施方案的通知》(内应急字〔2019〕19号)和《内蒙古自治区应急管理厅关于转发应急管理部防范化解石油天然气开采安全生产风险专题汇报会议纪要和付建华副部长讲话的通知》(内应急字〔2019〕27号)有关内容要求，结合鄂尔多斯市非煤矿山企业生产情况，鄂尔多斯市安全生产监管综合执法局开展石油天然气开采作业专项检查。对鄂尔多斯市6家石油天然气开采企业进行检查，发现问题隐患11条，已全部整改，立案查处2家采气企业，罚款4.9万元。开展石油天然气外包钻井作业队伍检查，检查企业8家，发现问题隐患23条，已全部整改，立案查处3家外包钻井作业队伍，共处罚款7万元。

金属非金属露天矿山复工专项检查　为贯彻应急管理部召开的金属非金属地下矿山安全生产专项治理视频会议精神，深刻吸取西乌珠穆沁旗银漫矿业有限责任公司“2·23”事故教训，鄂尔多斯市安全生产监管综合执法局制定金属非金属露天矿山复工专项检查，重点对鄂尔多斯市金属非金属露天矿山集中的鄂托克旗进行复工专项检查，共检查企业6家，发现问题隐患20条，已全部整改，立案查处3家企业，罚款7万元。

非煤矿山外包工程和淘汰落后设备、工艺安全专项整治 为深刻汲取锡林郭勒盟西乌珠穆沁旗银漫矿业有限责任公司“2·23”重大安全事故教训，按照《鄂尔多斯市应急管理局关于开展非煤矿山外包工程和淘汰落后设备、工艺安全专项整治的通知》(鄂安监发〔2019〕37号）要求，严格执行《非煤矿山外包工程安全管理暂行办法》(原国家安全监管总局令第62号)、《金属非金属矿山禁止使用的设备及工艺目录》要求，对6家非煤矿山企业开展外包工程和淘汰落后设备、工艺开展百日安全专项整治行动，共发现11条隐患，已全部整改，立案查处1家企业，罚款1万元，隐患已全部整改。

危险化学品空分专项检查 为深刻吸取“7·19”义马气化厂爆炸事故教训，对鄂尔多斯市32家企业57套空分装置开展风险隐患排查，将冷箱是否存在泄漏、空压机入口空气中有机物控制是否到位、液氧系统烃类含量是否定期检测且数据准确、液氧储槽是否安全作为排查重点，共查处各类隐患51条，对排查出的问题和隐患，要求企业立即整改，坚决防止带病运行，隐患已全部整改。

鄂尔多斯市安全生产旗区互查 为贯彻落实自治区开展安全生产执法检查互查的工作要求，促进各旗区之间交流执法监察经验，规范安全生产执法监察行为，严厉查处非法违法生产经营行为，确保鄂尔多斯市安全生产形势持续稳定，鄂尔多斯市安全生产监管综合执法局在鄂尔多斯市开展安全生产旗区执法互查。主要开展非煤矿山、危险化学品、烟花爆竹、冶金工贸等直管生产经营单位进行检查及对2019年行政处罚案卷进行评查。共检查50家企业，评查41份案卷，发现503条隐患，所以隐患都由属地应急管理局下达执法文书，涉及行政处罚的案件依法依规进行处理。

“防风险、保安全、迎大庆”督查检查 按照《鄂尔多斯市安委会办公室关于开展“防风险保安全迎大庆”鄂尔多斯市安全生产专项检查督查的通知》(鄂安办发〔2019〕38号）安排部署，对鄂尔多斯市危险化学品生产、非煤矿山和冶金工贸企业开展新中国成立70周年大庆期间的安全生产督查检查工作，共督查检查危险化学品生产企业65家、非煤矿山企业11家、冶金等工贸企业19家，对发现的问题要求企业立即整改，确保大庆期间安全稳定。大庆期间鄂尔多斯市危险化学品、非煤矿山、冶金工贸等行业平稳运行。

陆上石油天然气开采安全生产专项执法检查 按照《应急管理部办公厅关于开展陆上石油天然气开采安全生产专项执法行动的通知》(应急厅函〔2019〕466号）和《内蒙古自治区应急管理厅关于转发应急管理部办公厅关于开展陆上石油天然气开采安全生产专项执法行动的通知》(内应急函〔2019〕116号），对鄂尔多斯市6家天然气开采企业进行专项检查，共检查开采和外包工程企业11家，发现问题隐患15条，立案查处1家企业，罚款3万元，隐患已全部整改。

企业从业人员安全教育培训专项检查 以查阅台账资料、现场询问相关人员等方式开展，重点检查企业主要负责人及安全管理人员是否经安全监管部门培训并考核合格；其他从业人员是否经企业教育培训考核合格后上岗、特种作业人员是否持证上岗、从业人员及被派遣劳动者安全生产教育培训执行情况及档案建立情况等内容进行检查。共检查7家危险化学品生产企业，立案查处2家企业，罚款4.1万元，隐患已全部整改。

（哈　达）

【鄂尔多斯市安全生产应急救援指挥中心概况】 鄂尔多斯市安全生产应急救援指挥中心设立于2012年5月4日，为相当科级事业单位，隶属于鄂尔多斯市应急管理局，经费实行财政全额拨款。宗旨：指挥处理安全生产突发事件，减少损失。业务范围：安全生产突发事件应对体系建设，组织、指挥、处理安全生产突发事件。核定事业编制12名，在职职工7人。

修订完善应急预案　根据机构改革后各部门职责变化情况，对鄂尔多斯市《生产安全事故应急预案》《危险化学品生产安全事故应急预案》《非煤矿山生产安全事故应急预案》《冶金生产安全事故应急预案》进行重新修订。为保障2019年全市党政群机关和参照公务员法管理事业单位公务员录用考试的顺利进行，制定《全区（鄂尔多斯市考区）党政群机关和参照公务员法管理单位2019年考试录用公务员和工作人员考试考务工作突发性灾害事件应急预案》。

应急演练　参加全市大面积停电事件应急演练、市矿山应急救援指挥中心应急拉练、空港园区天然气管道泄漏事故应急演练、康巴什区油罐车侧翻事故应急演练等鄂尔多斯市举办的演练4次，现场观摩榆林市李家沟煤矿“1·12”重大煤尘爆炸事故警示教育现场会、黄河包头东河区盖章子营段防凌破冰综合演练、呼和浩特家居市场火灾事故应急救援演练、中煤集团2019年煤化工企业液氨泄漏事故应急演练等毗邻地区举办的4次演练，还参加2019年度全区交通运输突发事件应急演练和全区人防演习。组织旗区、企业开展应急演练1750余次，涵盖人员密集场所、学校、幼儿园、危化企业、商贸企业等各个领域。

督查检查和应急处置　1月25日，在康巴什区处置一起油罐运输车翻车事故并参与事故调查。2月28日至3月29日，中心主任陪同自治区第九督查组针对锡林郭勒盟西乌珠穆沁旗银漫矿业有限责任公司“2·23”重大事故教训开展安全生产大检查。4月20日，为保障2019年全市党政群机关和参照公务员法管理事业单位公务员录用考试的顺利进行，对鄂尔多斯市各考区应急准备情况进行检查。4月22日，为保障2019年成吉思汗查干苏鲁大祭工作的顺利进行，参与活动前安全检查、检测工作。8月，到达拉特旗、伊金霍洛旗开展应急队伍建设情况调研，实地察看达拉特旗新能能源有限公司、中国华能达拉特电厂和伊金霍洛旗神华鄂尔多斯煤制油分公司的应急队伍和装备物资情况，督促指导企业做好应急准备工作。国庆节前，对康巴什区、伊金霍洛旗中华人民共和国成立70周年大庆前安全生产工作指导，实地了解鄂尔多斯市通惠供热燃气集团有限公司、内蒙古汇能煤化工有限公司和神华鄂尔多斯煤制油分公司安全生产工作运行情况。

（武艺扬）

【鄂尔多斯市安全生产考务中心概况】 鄂尔多斯市安全生产考务中心（科级建制）成立于2015年，是鄂尔多斯市应急管理局二级单位，主要职责：受市应急管理局的委托，对全市法定范围内生产经营单位主要负责人、安全生产管理人员安全生产知识能力进行考试和考核，组织开展考务相关工作；承担全市特种作业人员资格考试的申请材料接收、登记、初审、上报等工作；监督指导考试点工作。2019年，在职人员12人。

安全生产考试　2019年，共组织考试1124场，27597人次参加考试；其中：高危行业生产经营单位主要负责人及安全管理人员及特种作业人员951场次，24287人次参加考试，其他行业生产经营单位主要负责人及安全管理人员考试173场次，3310人次参加考试。

证件办理发放和归档　2019年，除承担全市其他行业生产经营单位的安全生产资格证办理外，同时受自治区委托，在规定的时限内办理并发放全市的特种作业人员操作证9088个，高危行业主要负责人和安全管理人员证件4102个。同时，规范档案管理，做好归档和利用工作，切实做到每一个考生、每一个证件都有档可查。

考试点建设和监督管理　鉴于东胜区原考试点位于罕台镇食品工业园区，因人员配备不足、交通不便等困难，已将东胜区考试点从原地点迁址至鄂尔多斯市煤炭技工学校，以更好地适应考试需求，完成考试任务。

实操考试基地建设　根据《内蒙古自治区安全生产监督管理局关于进一步做好安全生产考试点及培训机构建设有关工作的通知》（内安监人事字〔2018〕105号），为进一步加强和规范特种作业实操考试工作，全面提升考核质量，考务中心从2018年开始筹建特种作业实操考试点，建设的工种包括高处安装维护拆除作业、登高架设作业、低压电工作业、高压电工作业、焊接与热切割作业、煤气作业、制冷与空调安装修理作业、制冷与空调设备运行操作作业、电力电缆作业、继电保护作业、电气试验作业、烟花爆竹安全作业及危险化学品安全作业（除化工仪表外的15个工种）等27个工种及配套设施。截至年底，组织开展高处安装维护拆除作业、登高架设作业、低压电工作业、焊接与热切割作业危险化学品安全作业及烟花爆竹存储作业等19个工种的特种作业实操考试166期次，3460人次参加考试。

（马海军）

【鄂尔多斯市防汛抗旱指挥部办公室概况】 鄂尔多斯市防汛抗旱指挥部办公室（以下简称市防办）为参照公务员法管理事业单位，科级建制，核定事业编制19名。市防办2019年3月由市水利局转隶到市应急管理局，转隶人员15名。主要职责（转隶前“五定方案”内容）:（1）组织、协调、监督、指挥全市防汛抗旱工作。（2）贯彻实施国家自治区防汛抗旱工作的法律、法规和方针政策及相关条例。（3）执行上级命令对重要江河湖泊和重要水工程实施防汛抗旱调度和应急水量调度。（4）负责全市水旱灾情发布，指导、监督重要江河防汛抗洪抢险工作。（5）组织协调指导山洪等灾害防御工作。（6）采用先进技术改善防汛抗旱水情墒情测报、设施和手段，加强防汛抗旱通信网络建设。（7）掌握分析气象、雨情、水情、旱情、灾情的变化情况，进行水情、旱情预报。（8）制定全市防御水旱灾害的预案、实施步骤，及时准确地为防汛抗旱指挥部提供决策依据。（9）掌握防洪、抗旱水源工程的运行情况。（10）负责发布鄂尔多斯市防汛抗旱指挥部公告、决定和命令，并监督实施。（11）组织和贯彻防汛抗旱工作行政首长负责制的监督检查工作。（12）负责全市防汛抗旱经费、物资的计划、储备、调配、补偿和管理。（13）负责编制和审查年度工程岁修计划，并监督实施；指导地方各级防汛抗旱组织的各项工作，组织指导各级防汛抢险队和抗旱服务队建设。

黄河开河期防凌　黄河鄂尔多斯段封河界面于2019年2月20日开始解冻开河，2019年3月23日10时除万家寨库区外全部开通，开河历时31天。

防汛抗旱　全市防汛工作重点是728公里黄河、十大孔兑、76座水库、1655座淤地坝、山洪沟、城镇和工矿区等。2019年，全市防汛抗旱总体形势保持平稳。各地组织抗旱浇灌农田70.61千公顷，临时解决6.05万人、61.6万头（只）牲畜饮水困难。共争取1550万元中央自然灾害救灾资金，协调市财政全部下达到各旗区。强化水利、气象、水文、应急等部门的协调联动，及时报送防汛抗旱信息，提前安排部署应对工作，最大程度降低灾害损失。

黄河封河期防凌　黄河鄂尔多斯段于2019年11月19日开始流凌，12月6日出现首封，2020年1月22日稳定封河639公里（鄂托克旗段16公里未封）。封河期特点是流凌时间偏早、首封时间偏晚、首封段下挫、封河速度较慢。

（路　宁）

【鄂尔多斯市矿山应急救援指挥中心概况】 鄂尔多斯市矿山应急救援指挥中心前身为1975年成立的原罕台煤矿救护队，1985年原伊克昭盟地方煤炭处与神华神东集团共同组建救护中队，1991年经内蒙古原煤炭厅批准正式成立伊克昭盟区域矿山消防救护大队，人员扩编至30人。2001年撤盟设市更名为鄂尔多斯市区域矿山消防救护大队。2009年5月8日按照《鄂尔多斯市人民政府关于全市矿山救护队伍规划建设的通知》（鄂府函〔2009〕132号），将鄂尔多斯市区域矿山消防救护大队改组为鄂尔多斯市矿山应急救援指挥中心，隶属于原鄂尔多斯市煤炭局，按照鄂尔多斯市机构编制委员会《关于鄂尔多斯市矿山应急救援指挥中心"五定"方案的批复》（鄂机编发〔2009〕63号），中心为正科级事业单位。核定编制人数74人（实际注编56人），经费实行财政全额拨款。中心设主任1名、指导员1名、副主任2名，内设综合科、战训科、人事培训科、后勤装备科、直属机动大队等5个机构，均为副科级建制。中心位于鄂尔多斯市东胜区铜川镇，占地面积84266.67平方米，总建筑面积28244.4平方米，其中，综合楼办公楼10903.6平方米、训练馆和职工食堂3230.2平方米、操场8834平方米，其他附属设施612平方米。办公训练设施于2010年投入使用。主要负责全市范围内矿山应急救援制度规划制定组织实施；各矿山救护队伍业务管理；各煤矿制定事故应急救援预案指导、备案、监督实施；各矿山救护队伍抢险救援工作统一指挥调度；矿山企业安全生产事故预防检查；矿山灾害事故参与分析处理；各煤矿专兼职救护队员的培训工作。建队以来共处理各类矿山灾害事故800余起。2019年，中心处理苏家沟煤矿一氧化碳超标事件。年内，中心参加国家级培训4人。其中包括：淮南国家救援基地2人，云南2人。在赤峰平庄煤业参加自治区指挥员复训班2人。共为鄂尔多斯市煤矿企业培训专兼职救护队员1300余人。其中包括专职救护队培训班2期，共139人。兼职救护队复训培训班8期，共800余人。兼职救护队初训班6期，共500余人。中心共验收全市密闭墙100余道。

（祁江华）

中国人民政治协商会议鄂尔多斯市委员会

【中国人民政治协商会议鄂尔多斯市委员会领导名录】

主　　席：王建国

副 主 席：孙树华

曹郅琛

马嘎尔迪（蒙古族）

乔　明

吉日嘎拉图（蒙古族）

姬耕耘

金广军（蒙古族）

乌　兰（女，蒙古族）

房建华

党组书记、秘书长：陈　晶（1月任党组书记3月任秘书长）

党 组 成 员：史贵俊（1月任职）

牧　人（蒙古族）

马玉清（10月任职）

副 秘 书 长：张　帆（3月离任）

高　飞

办公室主任：陈　晶（1月任职）

派驻纪检监察组组长：陈丽娟

办公室副主任：郭红英（1月任职）

常务委员：山　丹（女，蒙古族）

王　贵

王玉琢（女）

王晓莺（女）

王晓燕（女）

王润先（女）

王培琴（女）

王彩霞（女）

田玉朝

吕美春（女，蒙古族）

刘　杰

刘　翠（女）

刘亚发

刘钢柱（蒙古族，6月去世）

闫美蓉（女）

许甲子

折占飞

苏雅拉（女，蒙古族）

苏翠平（女）

希　尼（蒙古族）

张　姝（女）

张秉毅

陈　曦

武　洲

林树茂（蒙古族）

图布丹尼玛（蒙古族）

郑晓丽（女）

赵　琦（女）

钟乌拉（蒙古族）

段枚然（蒙古族）

姜　勇
秦闻苹
敖日格乐（蒙古族）
袁梓苑（女，蒙古族）
聂永胜
徐　飞（9月免）
高利平
郭　瑞
海　英（女，蒙古族，9月免）
梁振金
简尔戎
解远峰
廉首荣

经济委员会
　主　　任：奇　强（蒙古族）
　副 主 任：白咏华

民族宗教港澳台侨联络委员会
　主　　任：刘钢柱（蒙古族，5月逝世）
　副 主 任：李　富

教科文卫体委员会
　主　　任：王万厚
　副 主 任：宁　海

提案委员会
　主　　任：无
　副 主 任：无

文史资料委员会
　主　　任：郇建军
　副 主 任：张　卫

社会法制和人口资源环境委员会
　主　　任：贾占荣
　副 主 任：姚　刚

农牧业委员会
　主　　任：刘靖宇
　副 主 任：张·额尼日图（蒙古族）

概　述

【概况】 政协鄂尔多斯市第四届委员会下设办公室（处级）和7个专门委员会（处级）。办公室设秘书科、人事科、行政联络科、综合科（理论研究室）、机关党委5个科级职能机构和机关事务服务中心、老干部管理服务中心、委员联络处3个对照科级建制的事业单位；7个专门委员会为经济委员会、民族宗教港澳台侨联络委员会、教科卫体委员会、提案委员会、文化文史和学习委员会、社会法制和人口资源环境委员会，农牧委员会，每个专门委员会设1个科级办公室（其中，农牧委员会办公室暂未设立）。市政协机关行政编制32个。主席、副主席核定职数6名，核定处级领导职数15名（7正、8副），含专门委员会专职副主任、办公室副主任；科级领导职数15名（11正、4副）；核定事业编制43名，其中科级领导职数7名（3正、4副）。机关实有人数79名，主席1位，副主席9位（2位副主席不驻会），处级20人，科级26人，科级以下23人。机关代管民盟工作人员1名，农工党工作人员2名，九三学社工作人员1名。

【履职工作】 鄂尔多斯市政协制定完善全体会议、常务委员会、主席会议工作规则等一系列制度，进一步提升政协例会的制度化、规范化、程序化水平。组织召开市政协四届二次全委会，召开常委会5次、主席会7次以及专题协商会、迎新春茶话会、座谈会等各类会议活动10余次。市政协各专门委员会从自身职能特点出发，围绕常委会的议政专题，组织和发动委员，开展调查研究，提交发言材料。在全委会上，组织委员通过大会发言、分组和联组讨论等形式，围绕“打造现代能源经济”“促进民营经济高质量发展”“加强少数民族文化遗产发掘和保护”“振兴羊绒产业”“践行绿色发展理念”“服务青年创新创业”“营造有利于民营企业再发展的法制环境”

等议题建言献策。

【协商议政】 与市委、市政府研究制定2019年度政协协商计划，围绕“推动能源产业绿色发展，打造能源经济高质量发展新优势”“转变畜牧业经营方式，切实加强草原生态保护”“大力发展民族文化产业，全面加强民族文化生态保护”“整合文化旅游资源，推动文旅产业高质量发展”“加强工业尾废物综合利用，打赢污染防治攻坚战”“探索‘四位一体’新模式，推动良好家风建设”“贯彻落实国家‘七五’普法规划，推动我市依法治市建设进程”等7个课题，在深入调研的基础上，通过召开常委会会议、专题协商会等形式，组织常委、委员和相关专家与市委、市政府及有关市直单位面对面协商，提出一批高质量的意见建议，被市委、市政府积极采纳，并纳入有关部门下一步的工作计划中。

【视察调研】 全年开展主席会议成员视察团视察2次；围绕“乡村振兴战略实施情况”“文化惠民工程实施情况”“营商环境建设情况”“少数民族牧区脱贫产业扶持政策落实情况”，组织委员视察团视察4次，向市委、市政府提出一系列有针对性的意见和建议。各界别活动小组围绕“发展地区特色文化产业”等8个课题，赴先进地区开展考察活动，并结合鄂尔多斯实际情况提出意见建议。

【提案和社情民意信息工作】 坚持把提案作为一项全局性工作来抓，出台《关于提案工作提质增效的实施意见》《委员提案工作条例》。确定“收集抢救1960年鄂尔多斯市收养132名南方孤儿资料档案”等9件重点提案，通过分管副市长领办、市政协领导和各专委会督办、办理部门配合、相关委员参与，形成提案工作整体合力，推动一批重点难点问题的解决。全年提案立案共计239件，已全部办复。通过多种形式收集社情民意信息，共征集社情民意100多条，经严格审核把关，整理编报《社情民意信息》20期，其中《关于加强全市校车统一规范管理的建议》等信息得到市政府领导的批示。

【交流协作】 配合全国政协、自治区政协到鄂尔多斯市的调研活动，争取对鄂尔多斯市改革发展的更多关注和支持。加强与民主党派、工商联和无党派人士的合作共事，拓宽党派团体在政协参政议政的渠道。加强与兄弟盟市政协的合作交流，以“新时代人民政协的新方位新使命”为主题，与呼和浩特与包头市政协联合主办庆祝人民政协成立70周年理论研讨暨履职经验交流会，并组织广大政协委员、机关干部、旗区政协向大会提交论文及经验交流材料48篇，其中20篇获奖。加大鄂尔多斯宣传力度，全年共接待外地政协考察团43批，通过向来宾宣传鄂尔多斯改革发展成果、交流工作经验，取得增进友谊、扩大共识、促进合作的效果。

【文史工作】 制定出台《政协鄂尔多斯市委员会关于文史资料征稿存稿编辑稿酬发放办法》。加强与旗区政协文史委的合作，完成《走在时代前列的人们》，通过讲述新中国成立70年来全市各条战线先进人物事迹，展现70年来鄂尔多斯建设、改革、发展的时代风貌。完成40万字的《凝心聚力的五年》（政协鄂尔多斯市第三届委员会2013—2017年工作纪实）后续工作。

【服务委员】 全年共举办委员培训班2期、常委培训班1期，参加培训的委员、机关干部达600多人次。制定《委员履职考评办法》，对委员各项履职表现量化打分，进一步规范政协委员履职管理工作。

【宣传工作】 主动联系各级、各类新闻媒体，并利用政协杂志、网站、微信公众号，围绕政协协商议政、提案办理、扶贫攻坚等重点工作、重大活动进行全方位、多层次、多角度宣传，为推进人民政协事业发展营造良好的舆论环境。特别是结合庆祝中华人民共和国成立暨人民政协成立70周年活动，广泛宣传展现70年来鄂尔多斯市政协工作的历程和成就，部分稿件通过《实践》、自治区政协《同心》杂志等媒体刊登。通过举办“庆祝中华人民共和国成立70周年暨人民政协成立70周年书画摄影展”以及“庆祝中华人民共和国成立70周年暨人民政协成立70周年系列活动之逸乎上驷——何奇书画作品展”；举办“我和我们的政协”征文活动；出版《同心奋进七十载、携手筑梦新时代——鄂尔多斯市政协庆祝人民政协成立七十周年画册》，歌颂祖国七十年的傲人成就。

（齐淑英）

重要会议

【四届二次全委会议】 政协鄂尔多斯市第四届委员会第二次会议，于2019年2月26日至3月1日在康巴什区举行。会议应出席委员288人，实到265人。会议审议通过王建国主席代表政协鄂尔多斯市第四届委员会常务委员会所作的工作报告，姬耕耘副主席代表政协鄂尔多斯市第四届委员会常务委员会所作的关于提案工作情况的报告。与会委员列席鄂尔多斯市第四届人民代表大会第二次会议，讨论并赞同市人民政府工作报告，鄂尔多斯市2018年国民经济和社会发展计划执行情况与2019年国民经济和社会发展计划草案的报告、鄂尔多斯市2018年财政预算执行情况和2019年财政预算草案的报告，讨论并赞同市中级人民法院及市人民检察院工作报告。与会委员围绕优化营商环境，推动民营经济高质量发展；防范化解金融风险，解决中小企业融资难问题，高标准建设物流集散中心；立足资源和能源优势，振兴民族产业，推动现代能源经济体系建设；统筹城乡教育资源均衡发展，注重学前教育资源配置；预防和惩治校园暴力，加强中小学校外托管机构监管，规范、简化门诊慢性病报销流程，将蒙医药纳入新农合报销范畴，降低农牧民医疗费用，助力城镇贫困居民精准脱贫；增设蒙华铁路华中地区直通鄂尔多斯旅游专列，申报国家研学旅游示范基地；加强萨拉乌苏遗址和阿尔寨石窟保护利用；推进蒙古源流文化产业园区高质量发展，收集抢救1960年鄂尔多斯收养132名南方孤儿档案资料，推进中华优秀传统文化进课堂；加强农村牧区流转土地管理，优先发展绿色农牧业，加大沿黄灌区盐碱地改良工作力度；加快推进黄河泄洪河道建设；加强油气开发过程中环境保护力度，保护珍稀濒危野生植物；深入推进横向到边、纵向到底“放管服”改革，优化完善市场监管和执法体制，提高政务服务窗口效能，提升基层公共服务能力等议题，深入调研，广泛协商，建言献策。会议审议通过市政协四届二次会议政治决议，常委会工作报告的决议和提案审查情况的报告。会上，陈晶当选为政协鄂尔多斯市第四届委员会秘书长，增补史贵俊、牧人为常务委员。会议期间，共收到提案281件，经审查立案234件。其中，委员提案216件，集体提案18件。

【常委会会议】

第五次会议　鄂尔多斯市政协四届五次常委会会议于2019年1月31日召开。会议应出席52人，实到35人。会议听取市人民政府办公室关于市政协四届一次会议以来提案办理情况的通报；审议通过市政协四届二次会议有关事宜和常委会工作报告（征求意见稿）、提案工作情况的报告（征求意见稿）、专委会2018年工作总结及2019年工作要点，会议免去雷海市政协委员资格；增补陈晶、史贵俊、牧人、巴音玛、江磊、吴家蓉、张望之为四届市政协委员。

第六次会议　鄂尔多斯市政协四届六次常委会会议于2019年2月28日召开。会议应出席52人，实到45人。会议审议通过政协鄂尔多斯市第四届委员会第二次会议政治决议（草案）、常委会工作报告决议（草案）、提案审查情况的报告、秘书长及补选常务委员候选人名单（草案）、选举办法（草案）和选举总监票人、监票人名单（草案）。

第七次会议 鄂尔多斯市政协四届七次常委会会议于2019年6月27日至28日召开。会议应出席55人，实到33人。会议审议通过中国人民政治协商会议鄂尔多斯市委员会全体会议工作规则（修订草案）、常务委员会工作规则（修订草案）和提案工作条例（修订草案）。会议辞去梁志强、郭敏市政协委员资格；增补王玉良、刘伟、丁云岗、阿拉腾达来为四届市政协委员；免去段智慧市政协提案委员会主任职务；刘钢柱因病去世，故自动终止其市政协常委、委员资格。

第八次会议 鄂尔多斯市政协四届八次常委会会议于2019年9月27日召开。会议应出席54人，实到40人。会议围绕《加强草原生态保护，转变畜牧业经营方式》课题进行专题协商；市政协副主席乌兰代表市政协专题调研组就专题提出协商建议。会议审议通过《政协鄂尔多斯市委员会委员履行职责考评办法（试行）》；会议免去海英、徐飞市政协常委、委员资格。

第九次会议 鄂尔多斯市政协四届九次常委会会议于2019年12月31日召开。会议应出席53人，实到41人。会议围绕《大力发展民族文化产业，全面加强民族文化生态保护》进行专题协商。

中共鄂尔多斯市纪律监察委员会

【鄂尔多斯市纪委监委领导名录】

市委常委、纪委书记：冯　超

市纪委副书记、监委副主任：王美林

杨　庚

华　诚（蒙古族）

市纪委常委、监委委员：樊宗鹏

屈东胜

温　浩

市纪委常委：崔　莹（女）

金志鑫（蒙古族）

市监委委员：常鸿霞（女）

王国军

概　述

【概况】 鄂尔多斯市纪委与鄂尔多斯市监委合署办公，实行一套工作机构、两个机构名称，履行党的纪律检查和国家监察两项职责，对市委全面负责。机关内设办公室、组织部、宣传部、政策法规研究室、案件监督管理室、案件审理室、信访室、党风政风监督室、纪检监察干部监督室、第一至第四监督检查室、第六至第八审查调查室等17个机构和机关党委，核定行政编制77个。派驻机构数量30个，9个单独派驻，21个综合派驻，截至2019年底，已完成向党政管理机关及所属事业单位派驻纪检监察组全覆盖。下设市政府服务投诉举报中心（核定事业编制173名），市纪委监委机关事务服务中心（核定事业编制13名），市纪委监委廉政教育中心（核定事业编制74名）等3个事业单位。

【纪检监察体制改革】 制定要点，将改革任务细化为8项34条，逐条落实责任主体、具体举措、完成时限，实行月报告制度，狠抓任务落实。深化派驻机构改革和服务保障驻鄂尔多斯高校纪检监察体制改革工作，制定配套制度，将派驻党政机关纪检监察组从35个减少到30个，规范派驻（出）机构工作。深化监察职能向基层延伸工作，全市78个苏木乡镇（街道）派出监察办公室有效运行。

【监督责任】

政治监督　严格落实自治区纪委监委《关于加强政治监督的实施意见》，调查研究，明确监督重点，紧盯脱贫攻坚、扫黑除恶专项斗争、生态环保等领域，向旗区党委和市直部门下达整改建议11份、问责建议21份、行业整治建议9份、督办函27份。组织开展任前廉政谈话2批次141人，对落实“两个责任”不力的1个党组织、84名党员干部进行问责。

监督合力　印发《关于建立健全市委巡察机构与市纪委监委有关部门协作配合机制的实施细则》，推行“一个纪检监察组、一项特色监督”工作法，一体推进纪律、监察、派驻、巡察监督

“四个全覆盖”。派驻纪检监察组共处置问题线索352件，立案97件，给予党纪政务处分66人，挽回经济损失394.74万元。

监督执纪问责 运用监督执纪“四种形态”4673人次，其中第一种形态3213人次，占比68.8%；第二种形态1127人次，占比24.1%；第三种形态166人次，占比3.5%；第四种形态167人次，占比3.6%。

【巡察和巡视整改】

政治巡察 完成四届市委第六、七轮巡察，采取常规巡察、专项巡察、交叉巡察等方式，发现问题712个，督促立行立改问题321个，移交问题线索53件，反馈追责问责问题15件。

以查促改 第五、第六轮巡察交办的247个立行立改问题全部完成整改，703个反馈问题已完成整改628个；党纪政务处分43人，组织处理377人；兑付专项资金20064.4万元，化解债务3569.4万元，追缴挽回经济损失45.7万元，收回欠款1300余万元；修订完善制度517项，约谈2名被巡察党组织主要负责人。

中央脱贫攻坚专项巡视反馈意见整改 受理中央第八巡视组移交扶贫领域问题线索6批次88件，立案13件，党纪政务处分9人。

党风廉政建设

【反腐工作】 开展“高质量办案年”活动，将任务细化分解为4大项43小项72条，实行挂图作战。制定审查调查措施使用等管理细则办法，确保监察权正确行使。纪检监察大数据查询范围已扩至59家单位的68类数据，向审查调查组反馈查询结果340件。干部廉政档案管理系统录入基础数据50017条，线索数据2215条。业务用房扩建主体框架土建工程已完工，各旗区均建立标准化办案场所，全力做好医疗、看护力量等后勤保障，建立安全联络员库，开展消防、医疗等应急演练7次。成立案件质量联合督查评查组，采取“上评下、下评上、交叉评、召开座谈会、阅卷评查、走访了解”方式，每季度开展一次“3个100”优秀案例质量评查。加大审查调查力度，受理检举控告类信访举报2170件，处置问题线索3721件，立案1474件（县处级40人、乡科级346人），党纪政务处分1408人，留置57人，移送检察机关55人，挽回经济损失25116.61万元。做好防逃追逃工作，2018年以来共追回在逃人员8名，赃款人民币860多万元、港币400万元。优化问题线索管理。出台检举举报平台处置子平台试点工作方案，对400余名相关人员开展操作培训，录入问题线索3990条。优先办理上级交办件，自治区纪委监委交办问题线索49件，了结25件，立案10件，正在初核12件。交办涉案人员36人，已处置19人。做好审查调查“后半篇文章”。召开全市领导干部警示教育大会2次，8月在教育、自然资源、卫生三个系统召开专题警示教育大会，3D廉政教育展厅上线。开展整治“四官”问题、净化机关政治生态专项行动，梳理“四官”问题廉政风险点2419条，制定整改措施1346条。持续打好四个“组合拳”。受理“三务”公开问题466件，立案230件，党纪政务处分202人，组织处理101人。开展下访活动476批次，接待740人次，排查信访问题149件，解决131件，息诉罢访114件。评定公示“清风干部”15109名，组织考察提拔任用清风干部181名，筛查除名违纪违法等不达标干部479名。出台《关于查处诬告陷害信访举报为干部澄清正名实施细则（试行）》，为23名干部召开澄清正名大会。到民营企业调研企业发展和企业纪检工作开展情况，制定印发《关于充分发挥纪检监察职能进一步净化民营企业发展生态实施办法（试行）》，指导民营企业纪检工作。

【惩治群众身边腐败问题和不正之风】

整治“四风”问题 查处违反中央八项规定

问题74件，党纪政务处分92人，组织处理12人，通报曝光典型案例5次10件。受理形式主义、官僚主义问题线索1088件，立案596件，给予党纪政务处分457人，组织处理161人，移送司法9人，通报曝光典型案例31次50件。

查处扶贫领域腐败和作风问题 受理问题线索215件，立案56件，党纪政务处分82人，组织处理20人，移送司法2人，追缴资金252万元，通报曝光28次41件。

扫黑除恶专项斗争 立案查处涉黑涉恶腐败和“保护伞”问题144件187人，给予党纪政务处分109人，组织处理55人，移送司法9人。受理自治区扫黑除恶专项斗争第四督导组交办涉黑涉恶腐败和“保护伞”问题线索6批次124件，立案17件23人，给予党纪处分1人，组织处理16人。受理中央扫黑除恶督导组交办二类问题线索31件，立案7件10人，给予党纪处分9人，移送司法1人；三类问题线索328件，立案55件66人，给予党纪处分11人，组织处理4人。

民生领域腐败问题治理 结合“不忘初心、牢记使命”主题教育，联合17个市直部门，开展漠视群众利益问题专项整治。受理民生领域腐败问题线索958件，立案349件，党纪政务处分324人，组织处理101人，移送司法2人，通报曝光30次53件。

“大棚房”问题集中整治 通过明察暗访，发现违建别墅4宗，督促整改“大棚房”问题374个。

人防系统专项治理 立案查处17件21人，给予党纪政务处分5人，通报批评4人，书面检查1人，提醒谈话5人，诫勉谈话5人，纠正不当减免人防易地建设费4700多万元。梳理职责清单11项、权力清单27项、廉政风险点386个，排查重点问题53个，制定整改措施56条，完成问题整改39个，推动建章立制200余项。

矿产资源领域突出问题专项整治 制定监督工作方案，成立监督办公室，召开工作推进会4次，全程介入跟踪监督专项整治任务落实情况。

民主党派　群众团体

民　盟

【中国民主同盟鄂尔多斯市委员会领导名录】

主任委员：贺　晋
副主任委员：武　洲
廉首荣
简尔戎（专职）
贾国荣
秘　书　长：简尔戎

【概况】 民主同盟鄂尔多斯市委员会下设东胜区总支、康巴什区支部及5个直属支部。设有教育委员会、文化委员会、法律委员会及专家咨询委员会（智库）5个专门委员会，市委机关内设办公室，编制1人，负责组织、宣传、参政议政及社会服务等日常盟务工作。

【参政议政】 民主同盟鄂尔多斯市委共提交政协鄂尔多斯市四届二次会议大会发言1篇，集体提案7件，盟员委员共提交大会个人（联名）提案21件（全部立案）。2018年末至2019年初，鄂尔多斯市盟员向民盟自治区委员会，并通过市政协、市委统战部向自治区政协、自治区统战部提供社情民意信息、政协提案10余篇，其中部分建议和提案被民盟区委采用并提交民主同盟中央和自治区政协、自治区统战部。

【社会公益活动】 8月，组织举办2019烛光行动新东方教师社会责任行中小学教师公益培训活动。10月，民主同盟东胜区总支到乌兰察布市旗下营镇四道沟村开展“爱心点燃希望，捐衣传递温情”捐赠活动。经民主同盟鄂尔多斯市委员会与鄂尔多斯市教育体育局协商，面向全市开展“高考志愿规划系统”公益捐赠活动，鄂尔多斯市高考志愿规划指导平台访问量达到30万人次左右，系统累计下发账号1.6万个，有1.2万人登录系统制作高考志愿规划方案。

【荣誉奖励】 2019年，民主同盟鄂尔多斯市委获自治区“民盟参政议政工作先进集体”。2019年4月举办的“青春心向党·建功新时代”全区各族各界青年纪念五四运动100周年活动上，民主同盟鄂尔多斯市委法律委员会主任、鄂尔多斯律师事务所主任王晓莺被评为“内蒙古青年创新创业创优标兵”。民主同盟盟员、鄂尔多斯民族歌舞剧院副院长、国家一级舞台美术设计师德希在第五届内蒙古舞台美术“金牛奖”的评奖中荣获设计类最高荣誉——“金牛奖”。

（简尔戎）

总工会

【鄂尔多斯市总工会领导名录】

党组书记、主席：李　强（满族）
副主席：吴明海（满族）
苏雅拉（女，蒙古族）

【概况】 鄂尔多斯市总工会是1958年成立的伊克昭盟工会委员会于2001年10月随撤盟设市时建立的，接受中共鄂尔多斯市委员会和内蒙古自治区总工会的双重领导，每五年一次的会员代表大会选举产生市总工会领导班子。2019年，鄂尔多斯市总工会第四次代表大会选举产生鄂尔多斯市总工会第四届委员会。市总工会共有领导干部职工51人，其中现任领导班子中有主席1人、副主席2人，兼职副主席2人，科级及以下干部25人，借用社会化工作者21人；退休、退养、离休干部30人。2017年，按照中央、自治区党委和市委群团改革要求，全面推进鄂尔多斯市总工会改革，对内设机构，所属事业单位进行改建更名、职能调整等，内设办公室、组织基层部、宣传教育网络信息部、权益保障部、经济部（职工技术协会）、财务和资产监督管理部、女职工部、经费审查委员会办公室8个部室；产业工会和工人文化宫（职工服务中心）2个事业单位。鄂尔多斯市总工会辖7旗2区总工会（东胜区、康巴什区、达拉特旗、准格尔旗、伊金霍洛旗、乌审旗、杭锦旗、鄂托克旗、鄂托克前旗总工会）。全市基层工会5471家，职工47.5万人，会员总数43.7万人，其中非公有制企业有4361家，农牧民工会员13.4万人，职工入会率动态保持在91%。

【职工活动平台和文化品牌】 2019年9月20日开工建设鄂尔多斯工人文化宫项目，项目总投资2.5亿元，建筑面积3.5万平方米。指导4个旗区累计投资9851万元，建成职工文化阵地1.7万平方米。开展新中国成立70周年系列庆祝活动，精心组织职工广场文艺会演、乌兰牧骑送文化下乡、“劳动杯”“工会杯”赛事等一系列职工文体活动。

【团结动员职工】

劳动和技能竞赛 以“当好主人翁、建功新时代”为主题，围绕重大发展战略以及重大工程、重大项目、重点产业，广泛开展全市导游讲解员、电力行业青工等一系列劳动技能竞赛、技能比武活动3761项，建会企业参赛率和职工参赛率分别达91.6%和85.6%。健全完善全市技能竞赛表彰奖励制度，对竞赛活动中42个先进集体和116名先进个人予以表彰奖励，帮助1022名职工提升职业技术等级。

加强职工创新引领 围绕加快自主创新、优化产品结构、提升产品质量、推动产业升级，在煤炭、电力等11个重点行业开展职工创新工作室创建活动和职工创新成果展示交流，全年创建职工创新工作室22家，累计申报自治区职工技术创新成果108项，荣获全区优秀技术创新成果16项，提出合理化建议5000余条，为企业累计创造经济效益达1.8亿元。

弘扬劳模精神、劳动精神、工匠精神 举办“当好主人翁、建功新时代”全市庆祝“五一”国际劳动节表彰大会，评选表彰市五一劳动奖状15个、五一劳动奖章50名、工人先锋号30个、命名第二批鄂尔多斯工匠10个，荣获自治区级以上五一劳动奖章12人、工人先锋号10个、五一劳动奖状3个。

主动服务“三大攻坚战” 坚持围绕中心服务大局，开展“真情关怀鼓干劲，不忘初心立新功”慰问包联驻村干部活动，累计投入80余万元为全市1230名驻村干部发放冲锋衣等慰问品。加大工会评选表彰向脱贫攻坚等一线职工的倾斜力度，授予4名脱贫攻坚个人五一劳动奖章。扩大劳模疗休养范围，率先在全区组织70名脱贫攻坚、扫黑除恶专项斗争、环境治理及科技领域优秀工作者参加疗休养，走访慰问近2000人次，健康体检1000人。实施消费扶贫，动员工会干部和职工群众扩大贫困地区产品和服务消费，累计消费贫困村60.5吨西瓜、2346公斤猪肉等，价值16余万元。做好包联驻村工作，协调落实1215万元防沙护林、人畜饮水安全工程，出资43万元

建成马铃薯冷库1座，采购供暖煤55.6吨。

【依法治会】

持续推进工资集体协商提质增效　切实发挥"三方四家"作用，通过"上参下""上代下"等形式，组织1000余家企业开展"要约行动季"活动。全面落实实名制登记和合同公示制度，全年1119家建会企业新签续签集体合同、工资集体合同，集体合同、工资集体合同签订备案率动态保持在80%以上。通过购买第三方服务，率先在全区对60余家企业（行业）进行集体协商工作质效评估，新培育集体协商典型10个，集体合同所覆盖职工对集体协商参与率和知晓率均达95%以上。

深化法治宣传教育　组织开展"尊法守法·携手筑梦"服务农牧民工法律宣传、第四届"劳动托起中国梦·法治烛照职工心"全市职工法律知识竞赛等活动，累计发放宣传资料5000余份，吸引1万余名农牧民工参与。

参与劳动监督保护　通过项目合作和购买服务等方式，引领39家劳动关系领域社会组织为职工提供法律援助、心理健康、职业技能培训等服务。畅通职工诉求表达渠道，依托"12351"职工服务热线，累计协调劳动纠纷55件，"零门槛"提供法律援助37起，为职工挽回经济损失287.4万元。开展"安康杯"竞赛活动和"安全生产月"主题宣传，参与安全生产事故调查4起，有效维护职工安全健康权益。

规范厂务公开民主管理　将企业民主管理建制扩面与工会组建、增强活力相结合，实现"建会、建家、建制"三同步。开展企事业民主管理典型经验交流、创新成果征集推荐等活动，推荐5家企业参加自治区优秀职工代表提案活动，推荐1家企业参加自治区民主管理创新成果活动，推荐"落实职工董事、职工监事制度"典型企业1家，选树"公开解难题、民主促发展"典型企业2家。举办全市民主管理专题培训，承办全区厂务公开民主管理业务骨干培训班。截至年底，全市已建工会的企业职代会、厂务公开建制率分别为90.1%、91.2%，其中国有及国有控股企业职代会建制率、厂务公开建制率分别为95.6%和94.8%。

【服务职工】

办实事计划　常态化、经常化、日常化开展工会"四季送"特色帮扶活动，累计筹集帮扶资金960余万元，走访慰问企事业单位541家、一线职工近8万人；举办人才交流活动12场次，吸引1.7万名职工参与，达成就业意向3175人次，帮助216名困难职工实现就业、224名困难职工子女圆梦大学。举办2019年全市第六期领导干部大讲堂暨关心关爱干部职工身心健康专题讲座，邀请中国科学院心理研究所、国家公务员心理健康应用研究中心祝卓宏教授作"科学应对压力、维护身心健康"专题讲授，900余名职工从中获益。

医疗互助保障行动　累计吸引1406家企事业单位的12.6万名职工参与互助医疗，超额完成目标任务3.6万名，509名职工累计申领互助金56.3万元。

城镇困难职工解困脱困　推动市政府出台《关于进一步做好城镇困难职工解困脱困工作的实施意见》，建立健全以市职工服务中心为枢纽的四级帮扶职工体系和帮扶联系人制度等4项相关制度，全年解困脱困困难职工290户，解困脱困率83.1%。

会员普惠　开展会员普惠活动40期，参与职工6.3万人次，全市累计发展合作商户144家，发放普惠卡7.8万张，受惠人数达32万人。

特殊群体关心关爱　扎实开展劳模管理服务工作，完成市劳模协会换届工作，建立劳模网上管理数据库，以空前力度累计组织7批次210名劳模参加疗休养，走访慰问劳模409人次，发放劳模"三金"153万元、慰问金24.6万元。加大对环卫工人和女职工的帮扶力度，新建改建环卫工人爱心驿站92处，为3761名环卫工人进行免费健康体检；新建自治区级“爱心妈咪小屋”5家，1万余名女职工办理特病保险。

【工会建设】

建会入会　加强非公有制企业、社会组织建会，推进“八大群体”和农牧民工入会工作，对70家自治区级产业化重点龙头企业和538家百人以上企业建会情况进行摸排督导，全年全市新建工会组织481家、发展会员11018人。截至年底，全市共有基层工会组织3549家，职工47.9万人，工会会员44.1万人，其中农牧民工会员13.7万人，吸纳“八大群体”会员9789人，企业建会率和职工入会率分别达85.4%和92.1%。

基层工会建设　推进“会、站、家”一体化建设和“六有”基层工会建设，开展职工之家建设活动和基层工会规范化建设自查自纠，累计走访指导企业50余次。截至年底，全市共有2946个基层工会开展“双亮”工作；“双创优”活动三类以上达标工会共有97个，已实现全覆盖；伊泰集团工会、广纳集团工会被评为“全区‘十佳’民营企业模范职工之家”。

工会经费补助　2019年，市总工会下拨补助基层工会经费1333万元，同比增长近一倍，为增强基层工会活力提供财力保障。

换届选举　精心筹备、召开市工会第四次代表大会，完成换届工作。加强旗区工会主席配备，推动4个旗区工会主席由同级人大副职担任。

【工会改革创新】 贯彻落实党中央关于全面深化改革决策部署和市委具体要求，制定《全市工会系统深化工会改革创新任务分解实施方案》，分解落实、组织实施涉及党的领导、机构改革、职能优化等7类26项具体改革措施。履行牵头抓总职责，印发《鄂尔多斯市产业工人队伍建设改革实施方案》，成立全市改革领导小组，推动产业工人队伍建设改革各项任务落地落实。推进机构改革，对市总机关现有8个内设机构进行合并整合、改建更名、职能调整，对所属3个事业单位进行行政职能上划，将经审办职能全部上划机关，将网络信息部职能并入宣传教育部，机关增设经审办，工会机构职能配置持续优化。

共青团

【共青团鄂尔多斯市委员会领导名录】

书　记：王高炜（蒙古族，1月任职）
副书记：秦　磊（蒙古族，3月任职）
白　杰（3月任职）
希　尼（蒙古族，3月离任）
蔺　军（兼职，12月离任）
王宇龙（兼职，12月离任）

【概况】 中国共产主义青年团鄂尔多斯市委员会是鄂尔多斯市各级团组织的领导机关。团市委内设办公室、组织部、宣传部、青年发展部、学校与少先队工作部。下辖鄂尔多斯市青少年社会工作与志愿者服务中心2个二级单位。核定行政编制11名（2名机构改革转隶人员自带行政编制），工勤编制1名，县处级正职1名，县处级副职2名，乡科级正职5名，乡科级副职1名（兼挂职副书记不占领导职数）。二级事业单位核定事业编制5名，乡科级领导职数1正1副。主要职能：（1）贯彻落实青少年的方针政策、法律法规和《中国共产主义青年团章程》，领导全市共青团工作。负责市青年联合会、市青年企业家协会、市少先队工作委员会日常工作。指导全市青少年社会团体工作。（2）负责推动全市共青团基层组织、团员和团干队伍建设，做好团员发展、团员管理和推优工作。负责团费收缴和团的基层组织统计工作。承担推动团的基层阵地建设和基层信息化工作。（3）调查青年思想动态和青年工作状况，研究青年运动、青少年工作理论、青少年事业发展等问题，为市委、市政府决策提供依据。（4）负责全市青少年思想政治引领工作，承担引导青少年听党话、跟党走的政治任务。指导并组织全市青少年思想理论教育、宣传文体活动和活动阵地建设，培养、选拔、表彰并推荐优秀青年。（5）组织全市团员青年在促进经济社会发展中发挥生力军和突击队作用，围绕中心，服务大局，完成以青少年为主体的各项任务。（6）参与促进青少年发展和权益维护的规划、政策措施的起草和实施工作。协助市委、市政府或受委托处理、协调与青少年权益相关事宜。（7）负责全市青年统战相关工作。开展全市青年社会组织和新兴青年群体的联系服务和引导工作。负责全市青年外事和市内外青少年友好交流工作。（8）指导全市大中专院校及普通中学（中职）的共青团工作，具体负责全市学生联合会日常工作。（9）承担全市未成年人保护委员会日常工作，承担市综治委预防青少年违法犯罪专项组办公室日常工作，负责“希望工程”有关工作。（10）完成市委、市政府交办的其他任务。鄂尔多斯市青少年社会工作与志愿者服务中心职责为：负责设计并实施青年志愿者行动重点工作项目，青年志愿者行动对外宣传、联络和交流，建立和完善青年志愿者服务评估、认定、考核、激励制度，青年志愿者骨干培训等；负责青年志愿者服务联合会日常工作；负责青少年事务社工建设以及社会组织工作。2019年，累计举办专题培训班、宣传宣讲活动、主题团队日活动等1100余场次，覆盖团员青年16.5万人次。鄂尔多斯市1人和1个集体荣获自治区青年五四奖章，1人荣获全国优秀共青团干部。

【脱贫攻坚青春建功行动】 开展“葵花助学”“天翔基金”“情暖童心”等扶贫助学行动，组织青联委员、青企协会员和青年文明号单位参与脱贫攻坚，在微信公众号增设脱贫攻坚小程序，推进团市委包联驻村工作，鄂尔多斯市各级团组织累计投入扶贫资金190万元，惠及贫困青年6500余人。

【青春助力污染防治行动】 持续加强生态文明建设宣传力度，“生态优先、绿色发展”的理念在青少年群体中深入人心，参与生态文明建设的热情日益高涨。常态化开展植绿护绿行动，鄂尔多斯市各级团组织累计栽植苗木8万余株，参与青少年达1.3万人次。

【志愿服务活动】 广泛开展“青春志愿行·温暖回家路”“传承雷锋精神·弘扬时代新风”等志愿活动，鄂尔多斯市注册青年志愿者达14.7万人。组织招募志愿者为第七届库布其国际沙漠论坛、第二届国际能源大会和鄂尔多斯国际马拉松等大型赛会提供志愿服务，“小飞骏”成为各类大型赛会上的一道亮丽风景线。

【青年人才工作】 围绕“人才鄂尔多斯”战略部署，着力为党培养储备后备人才，联合鄂尔多斯市委组织部举办鄂尔多斯市第二期青年干部理论研讨班，举办鄂尔多斯市各族各界青年学习习近平总书记在参加十三届全国人大二次会议内蒙古代表团审议时重要讲话精神专题培训班、鄂尔多斯市共青团系统学习贯彻党的十九届四中鄂尔多斯市精神专题培训班和鄂尔多斯市青年讲师新的社会阶层青年培训班。实施大学生志愿服务西部计划项目，联合鄂尔多斯市教育体育局、财政局和人力资源和社会保障局成立大学生志愿服务西部计划鄂尔多斯地方项目办，招募50名志愿者分配到各旗区、市直单位开展志愿服务。

【青年工作】 2019年，稳步推进《内蒙古自治区中长期青年发展规划（2018—2025年）》贯彻实施，鄂尔多斯市青年工作联席会议制度初步建立，已报请市委审批，正在牵头代拟《鄂尔多斯市贯彻落实〈内蒙古自治区中长期青年发展规划（2018—2025年）〉实施办法》。各旗区也同步推进联席会议制度。

青年创新创业创优　稳步推进“青创园”建设，不断提升青年创业孵化器服务能力和水平，鄂尔多斯市各级团组织联系建立青年创业孵化器

12 个，在孵青年创业企业 559 家。开展各类创业就业培训 16 场，参与青年 650 人次。联合有关部门举办大型人才交流会、专场招聘会 4 场，参与青年 13500 人。推进实施“青创易贷”项目，推荐项目 370 个，争取贷款 1571 万元。开展青年文明号、青年安全生产示范岗创建活动，创建国家级青年文明号集体 8 家、自治区级 3 家、全国青年安全生产示范岗 2 家。

青年服务项目　组织开展青年婚恋交友联谊活动 22 场次，参与青年达 3000 余人，近 300 人成功“脱单”。在鄂尔多斯博物馆等 8 家单位挂牌成立“鄂尔多斯市青少年社会实践教育基地”。投入 45 万元通过政府购买公共服务模式，为青少年提供专业化服务。争取 7 万元专项经费，拓展并完善“12355”未成年人保护专项服务项目，在高考期间开展“轻松备考·与你同行”主题活动 35 场，覆盖学生 1.8 万人。投入 9.8 万元打造 4 家“青年影院”举办首届鄂尔多斯市“伊泰杯”青年球类系列竞赛，鄂尔多斯市 600 多名运动员参加角逐。

维护青少年合法权益　开展“共青团与人大代表、政协委员面对面”活动，形成关于物流配送从业青年权益保护的政协提案。联合鄂尔多斯市市邮政管理局共同举办“快递从业青年服务月”活动。

深化青年交流交往　组织开展中日青年地球村生态示范林项目启动仪式和香港青年庆祝中华人民共和国成立 70 周年内蒙古交流团走进鄂尔多斯等友好文化交流活动，累计交流互访青年近 200 人次。

【推进改革】

部队伍建设　在市委的高度重视下，团市委领导班子配齐，通过鄂尔多斯市机构改革人员转隶充实 2 名工作人员。针对旗区团委班子配备率不高的现状，加强与旗区党委沟通对接，有力推动旗区团委领导班子和挂兼职副书记配备工作。

智慧党建引领智慧团建工作　在鄂尔多斯智慧党建综合业务平台增加“党建带团建”模块，提升各级党委对共青团工作的重视程度。

“青年爱里”建设　印发《关于进一步提升鄂尔多斯市青年爱里建设的实施方案》，推进“青年爱里”线上线下持续活跃，鄂尔多斯市共建成 172 家“青年爱里”，开展“共青团在你身边”青少年典型分享会、学习会、读书会、婚恋交友等常态化活动 280 多场次。32 家线上“青年爱里”开展活动 763 场，参与青少年达 2.8 万人次。拨付 10 万元为鄂尔多斯市 10 家青年爱里提供必要的政策保障和经费支持。

中学共青团、少先队和青联改革　按照“五好”“四优”创建标准，在鄂尔多斯市开展中学共青团和少先队改革示范校创建活动。组织召开中国少年先锋队鄂尔多斯市第二次代表大会。组织召开鄂尔多斯市青联二届三次常委（扩大）会议，卸职、取消青联常委 16 人、委员 67 人，增补青联主席 1 人、副主席 2 人、常委 7 人。

【基层建设】

团组织建设　联合鄂尔多斯市市场监督管理局印发《关于做好新形势下非公有制经济组织团建工作的通知》，持续推进共青团在空白领域的组织覆盖和工作覆盖，2019 年新建团组织 287 个、区域化青年工作共建委员会 26 个。推进基层团组织规范化建设，开展软弱涣散团组织整顿工作，印发《鄂尔多斯市基层团组织规范化建设工作实施方案》，制定《重点整顿团组织信息台账》，重点整顿团支部 710 个，已完成整顿团支部 164 个。市、旗两级团委每个月“对账销号”，基层团组织在组织设置、关系隶属、班子配备、运行机制、活动开展等方面明显改进。持续抓好智慧团建录入工作，截至年底，共录入团员、团干部 62389 人，党政机关、学校、国有企业、非公有制企业、农村、城市社区等各领域团组织 3655 个，录入完善率达到 96% 以上。

团干部队伍建设　加强团干部教育培训，着力打造政治过硬、素质过硬团干部队伍，鄂尔多斯市各级团干部累计参加团中央培训15人次、自治区团委培训25人次，市旗两级开展团干部培训1080余人次。推动旗区团干部转岗交流，新配备书记、副书记8人，新提任书记3人，转岗4人。

团员队伍建设　2019年，发展团员3402名。截至年底，鄂尔多斯市按非升学类型发起组织关系转接的毕业生团员507人，申请转入团员14742人，被退回团员4511人，转出团员473人，成功转入团员10101人，“学社衔接”率达到98.5%。

失散团员“回家”行动　在市旗两级微信公众号中发布行动消息，在汽车站、火车站、机场、商圈和酒店等人口流动密集场所，以摆放易拉宝、设立咨询台，发放宣传折页、现场解答公众提问等方式进行宣传，找回团员2322人。

“一本手册管团务”　从严抓实基础团务，严格组织生活，执行“三会两制一课”制度，为基层团组织印制4200册支部手册。

【主题教育】 2019年，累计开展集中学习11次，集中研讨4次，实地参观警示教育4次，党组成员带队到旗区、乡镇、企业等基层一线开展调查研究，察实情访民意，形成4个调研报告。

（李文冠）

妇女联合会

【鄂尔多斯市妇女联合会领导名录】

主　席：娜仁花（女，蒙古族）

副主席：王培琴（女）

高巧兰（女）

【概况】 鄂尔多斯市妇女联合会是市委领导下的群众团体，是党和政府联系妇女群众的桥梁和纽带。市妇联成立于1951年6月（前身为伊克昭盟妇女联合会），其基本职能是代表和维护妇女儿童的合法权益，促进男女平等。机关内设办公室、组织宣传部、权益部、妇女发展部、家庭和儿童工作部、市人民政府妇女儿童工作委员会办公室6个职能部室，1个事业单位妇女儿童培训中心。核定编制20人，在职17人。

【实用技能培训】 开展创业培训和各类技能培训5期次，累计培训妇女166人；各旗区妇联共开展编织刺绣、家政、民族手工艺品等各类基础技能培训23期次，累计培训1200余名妇女。

【创业就业】 争取并组织实施贫困妇女“一对一”帮扶项目，向中国妇基会提交66户贫困妇女资料，其中46户成功筹集到生活和创业补贴。继续实施“布丝瑰工坊”手缝工项目，试点范围从阿镇扩展到康巴什区。

【草原巾帼创业创新行动】 “三八”妇女节期间在商场举办“匠心筑梦 巾帼建功”鄂尔多斯市首届蒙古族服装服饰文化展，开办“布丝瑰手工坊”小集市，为民族服饰设计和民族手工行业女性创业者提供展示平台；评选表彰“巾帼建功标兵”52人，授予23个岗组“巾帼文明岗”称号，激励更多的妇女群众向先进看齐，积极创业就业、立业建功；联合多部门开展“春风行动”，引导家政服务企业等进入招聘会现场帮助女性实现就业；联合人社局等多个部门开展导游员、讲解员、旅游饭店服务员、快递员、养老护理员、母婴月嫂等各类竞赛活动6期次，为各行各业的女性技术能手提供展现自身的机会和平台；在女大学生创业园开展女性创业就业分享会，进一步帮助女大学生实现创业就业。

【乡村振兴巾帼行动】 按照2018年印发的《关于开展“乡村振兴巾帼行动”的实施方案》稳步开展各项工作；持续开展以“栓整人家、精巴媳妇”为主题的美丽庭院创建活动，把此项活动作为妇联组织参与乡村振兴和农村牧区人居环境整治的主要抓手和品牌工作推进实施，市妇联2019年表彰优秀家庭100户；组织动员农村牧区开展清扫垃圾等活动，着力打造美丽乡村、庭院；组织举办市巾帼脱贫创业致富带头人培训班，为全市妇女致富带头人提供学习和相互交流的机会，引导和组织各旗区加强对女经纪人、女带头人的培训和帮助，提高她们的综合实力，以更好地带动周围妇女合作就业；积极争取各类支持，2019年为166名贫困妇女争取到总价值4.98万元的“母亲邮包”。

【家家幸福安康工程】 2019年，市旗两级妇联开展“家家幸福安康工程”百场宣讲进基层共156场，其中市妇联赴东胜区、鄂托克旗、康巴什、伊金霍洛旗送课5场，旗区妇联向基层送课77场。全市评选“最美家庭”648户，组织各级各类“文明家庭”“五好家庭”和“最美家庭”家风家训故事讲述活动170场，覆盖苏木乡镇街道77个、嘎查村社区800多个，参与人数达6万多人。

【“快乐与安全同行”留守、流动儿童安全自护及安全教育活动】 市妇联在杭锦旗、鄂托克旗、鄂托克前旗、乌审旗、康巴什区、东胜区开展“快乐与安全同行”留守、流动儿童安全自护及安全教育活动8期，向留守流动儿童家庭及儿童宣传应急救护、居家安全、交通安全、寒暑期安全知识等，共有400多户家庭及儿童受益。

【家庭教育讲座】 5月28日下午，市妇联、东胜区妇联举办鄂尔多斯市“弘扬家国情 礼赞新时代”百场家庭教育宣讲进基层暨建设最美家庭传承优良家风巡讲会。6月4日，市妇联副主席王培琴到东胜区为广大家长讲授家庭教育知识。6月25日，市妇联邀请包头市快乐家长学校李红霞老师为全市广大家长就“做快乐家长育健康孩子”作专题讲座。11月14—15日，市妇联、东胜区妇联主办，爱自然生命力承办的全市家风建设专题培训班在东胜区开班，自然生命力创始人林青贤老师、高级导师何流作“传承良好家风 建设最美家庭”专题讲座，东胜区、伊金霍洛旗、康巴什区的近300名干部职工参加学习。

【法治宣传】 2019年举办法治活动907场次，参与活动的法律志愿者和维权志愿者达377人次，参与群众达62712人次；举办普法宣传讲座256场次，参与人数25600余人次。在“11·25”国际消除对妇女暴力日期间，在鄂尔多斯市电视台《百姓直通车》栏目和电台《法治》栏目播放2次法治节目，就妇女群众关切的维权知识进行解答。

【维权组织网络】 充分发挥婚姻家庭纠纷人民调解委员会、婚姻家庭纠纷人民调解室平台和专职兼职人民调解员的优势作用，多元化化解矛盾纠纷，2019年接待纠纷案件216件，调解成功113件。

【维权服务】 利用“蒲公英”妇女儿童维权服务项目资金，在东胜区、鄂托克旗妇联、鄂尔多斯林文采心理咨询有限公司开展精准维权服务。向鄂尔多斯市大来律师事务所购买法律法规宣传讲座和“12338”妇女维权热线解答服务。

【信访接待】 2019年，市妇联接待处理妇女群众来信来访来电191件次，其中来访156件、来电33件次、来信2份，婚姻家庭权益类162件，劳动和社会保障权益12件，财产权益类12件，处理率为95%。

【“两纲”实施】 结合全市妇女儿童发展现状开展新“两纲”编制前期调研，并形成书面调研报告。召开全市妇女儿童工作会议暨“两纲”统计监测培训视频会议，为迎接“两纲”终期预评估奠定基础。严格“两癌”项目运行管理，按照系数比例救助“两癌”患者114人，发放救助金114万元。落实“儿童之家”建设项目资金5万元，“儿童之家”建设有序推进。

（全君琴）

科学技术协会

【鄂尔多斯市科学技术协会领导名录】

党组书记：赵　峰

主　　席：吉日木图（蒙古族）

副 主 席：刘　军

【概况】 鄂尔多斯市科学技术协会是鄂尔多斯市党委领导下的人民团体，是推动科学技术普及事业的重要力量。内设办公室、科学技术普及部、学会部、青少年科技教育部、组织部、宣传部等6个部室，核定编制16名。下属科学技术馆1个事业单位，共有编制4名。主要职责：履行为科学技术工作者服务、为创新驱动发展服务、为提高全民科学素质服务、为党和政府科学决策服务的职责定位，促进科学技术的繁荣和发展，促进科学技术的普及和推广，促进科学技术人才的成长和提高，反映科学技术工作者的意见建议，维护科学技术工作者的合法权益。

【组织宣传】 2019年，评选表彰2019年鄂尔多斯市优秀科技工作者10人、优秀科普工作者40人。与媒体合作，设立“科普中国”栏目，播出科普知识118期266篇、科技工作者人物专题64篇次，制作播出典型人物事迹片12部、科技创新纪实片20期，举办全民科学素质科普知识网络答题电视大赛。推动“全民科普e站信息网络管理平台”建设，9个旗区的735个嘎查村、233个社区、244所学校建立“科普中国”e站，注册科普信息员队伍1252人，精准推送“科普中国”信息123万多条，惠及群众103.1万人次，注册“科普中国”App信息员3451人，分享科普中国资源12.3万多篇。

【科普工作】 组织学生参加自治区、全国青少年科技创新大赛和青少年机器人竞赛，共获276个奖项。组织学生参加全国青少年高校科学营及“体验科学快乐成长”活动，4所学校被确定为全国试点单位。协同自治区科协举办“中国科协港澳台大学生恩格贝夏令营”活动，8个旗区的451名小学生参加。开展“百名专家走进盟市旗县科普传播行”春季活动，举办报告会47场，受益人数达1.8万人次。开展“科技强国、科普惠民”市旗两级科技活动周暨第二十四届科普宣传周活动，发放实用性图书资料7000余份，指导群众如何利用科普e站平台、微信公众号查阅相关科技信息。组织开展全国科普日、中国流动科技馆巡展活动，举办全民科学素质暨科普信息员培训班，命名38个市级科普教育基地，获批5个自治区级科普教育基地、4所科技示范学校、2个科普示范e站、1个科普示范社区。组织市、旗两级科技专家服务队到基层开展科技服务，引进推广新技术26种，开展实用技术培训123场次，培训农牧民115113人次。开展社区居民科普讲座31期，受益4200人次。科普大篷车进乡村、社区、校园88次，受益15213人次。开展科普电影进村、进社区工程，放映30场次，观众达1.3万多人次。

【学会工作】 开展学术交流、论坛等32次，采集科技论文51篇，参加自治区自然科学学术年会论文评选,19篇获奖；组织科技工作者代表参加中日农业绿色发展论坛、海峡两岸科普论坛。组织企业参加自治区创新方法大赛，12个项目获奖，推荐1个项目参加中国创新方法大赛。推荐科技工作者参加世界公众科学素质促进大会并发言。

（李俊芳）

归国华侨联合会

【鄂尔多斯市归国华侨联合会】

党组书记、主席：胡日嘎（蒙古族）

副主席：杨亚平

【概况】 鄂尔多斯市归国华侨联合会是市委领导下的由归侨、侨眷组成的人民团体，是党和政府联系广大归侨、侨眷和海外侨胞的桥梁和纽带。主要职责是参政议政、维护侨益、海外联谊和群众工作。内设综合科和经济联络科。机关核定编制 10 人，实有人数 7 人。所属二级事业单位市新侨服务中心核定编制 3 人，实有 2 人。2019 年，全市归侨、侨眷、港澳台同胞及其眷属 2 万余人。

【服务地方经济】 2019 年，引进落地内蒙古元隆永泰能源科技有限公司“塑料降解转芳烃”“煤转芳烃中试”“炭纳米洋葱卷工业化生产技术”等项目，达成合作意向项目 12 个。邀请华文媒体联盟核心成员——海内外杂志社主席续炳义一行莅临内蒙古元隆永泰能源科技有限公司考察调研，并达成合作意向，利用华文媒体联盟在海外宣传鄂尔多斯市高科技企业。全面加强侨联文化交流基地建设，促进鄂尔多斯草原文化和民族文化走向世界，5 个申报单位获批“内蒙古自治区华侨文化交流基地”。

【参政议政和维护侨益】 组织召开维护侨益座谈会，加大涉侨法律法规宣传投入，发放普法资料 100 余份。重点围绕提高侨商会企业驾驭市场风险，举办财务、法务讲座 2 次。做好侨界市政协委员推荐上报工作，本届政协侨界委员达到 8 人。

【联络联谊】 组织 2019 年“寻根之旅”夏令营、冬令营活动，来自欧美、南亚、大洋洲等 17 国的 628 名华裔青少年参加。接待北美等境外华侨社团组织 15 批 200 余人次。举办“追梦中华 · 生态优先”2019 海外华文媒体鄂尔多斯采风行活动，来自 19 个国家和地区的 21 位海外华文媒体高层，以及人民日报海外版、中新社、中国国际广播电台的 3 位知名记者参加活动，累计发出视频、文稿报道 630 篇次，点击量达到 5000 万人次。

（石　鑫）

工商联（总商会）

【鄂尔多斯市工商联（总商会）领导名录】

工商联主席、总商会会长：聂永胜

工商联党组书记、常务副主席、

总商会副会长：刘占平（1 月任职）

工商联副主席、总商会副会长：刘晨云

【概况】 鄂尔多斯市工商联(总商会)内设办公室、会员部、经济部和非公有制企业党建办公室 4 个部室。市非公有制经济服务中心 1 个二级事业单位。机关事业编制 11 名。市非公有制经济服务中心事业编制 4 名。机关现有工作人员 9 名，市非公有制经济服务中心工作人员 1 名。主要职能职责:（1）做好非公有制经济人士思想政治工作。开展理想信念教育，增强非公有制经济人士对中国特色社会主义的信念、对党和政府的信任、对企业发展的信心、对社会的信誉；做好非公有制经济代表人士的发现、培养、推荐、管理和政治安排推荐工作，引导非公有制经济人士自觉投身光彩事业、“百企帮百村”精准扶贫行动和其他社会公益慈善事业；研究指导全市规模以上非公有制企业以及各类商协会党建工作。（2）发挥民主监督作用，积极参政议政。围绕贯彻落实党的路线方针政策，开展调查研究；对有关非公有制经济发展的法律法规、政策的制定提出意见建议，推动形成有利于非公有制经济发展的政策、法治、市场、社会环境；畅通非公有制经济代表人士有序参与政治生活和社会事务的渠道，帮助其提高议政建言水平，积极反映社情民意。（3）协助政府管理和服务非公有制经济。为非公有制企业提供政策咨询、信息、法律、投融资、技术、人才等方面服务；引导非公有制企业贯彻新发展理念，投身供给侧结构性改革，建立完善现代企业制度；加强同非公有制经济人士的联系，了解他们的意愿和要求，向市委、市政府提出相关意见和建议；承办政府和有关部门委托的第三方评估等事项；参与协调劳动关系，协同社会治理，促进社会和谐稳定；做好非公有制经济人士教育培训工作。（4）促进行业协会商会改革发展。做好对所属商会协会的指导、引导和服务，建立完善商会协会的评价体系，开展考核工作，促进制度化、规范化建设，提高依法办会水平；助推政府职能向商会协会转移，指导商会协会购买服务；做好埠外鄂尔多斯商会的组建、指导和联络，促进基层商会发展；负责开展商会人民调解工作。（5）开展对外联络，增强与境内外工商社团及工商经济人士的联系，促进经济、技术和贸易合作；积极开展民间外交，引导会员参与“一带一路”建设，加强同国外工商界的合作交流，为非公有制企业开展国际合作提供服务。（6）完成市委、市人民政府和上级业务部门交办的其他工作。

【民营工业企业】 2019年一季度，全市规模以上民营工业企业以其鲜活的生命力引领全市工业经济高质量发展提质进速。截至3月底，全市规模以上民营工业企业达320户，占全市规模以上工业企业总户数的79.2%；资产规模超5000亿元，达到5701.7亿元，同比增长3.1%，高于全市规模工业资产增速0.4个百分点；完成营业收入579.6亿元，同比增长7.5%，拉动全市规模以上工业营业收入增长4.7个百分点。

【鄂尔多斯市工商联工会第一届会员大会】 4月1日，市工商联工会召开第一届会员大会。会上，宣读鄂尔多斯市总工会关于鄂尔多斯市工商业联合会成立工会的批复。选举产生市工商联工会第一届委员会主席、委员，刘晨云当选为鄂尔多斯市工商联工会第一届委员会主席，云婷婷、李凯当选为鄂尔多斯市工商联工会第一届委员会委员。

【百企帮百村】 自2016年2月鄂尔多斯市启动实施“百企帮百村”工作以来，截至2019年12月31日，全市共有811家企业结对帮扶691个嘎查村，取得实质进展488个嘎查村，总投入资金5.32亿元，实施帮扶项目341个，带动68473名农牧民增收致富。

【22家企业入选“2019内蒙古民营企业100强”】 9月18日，第三届蒙商大会在乌海市召开。会上，自治区工商联发布“2019内蒙古民营企业100强”榜单，此次榜单门槛达到13.1亿元，内蒙古伊利集团、内蒙古鄂尔多斯集团、内蒙古伊泰集团分别位列前三名。其中，鄂尔多斯市上榜企业22家，位列自治区第一。鄂尔多斯市上榜企业分别有：内蒙古鄂尔多斯投资控股集团有限公司以583.10亿元位列第2位，内蒙古伊泰集团有限公司以557.61亿元位列第3位，亿利资源集团有限公司以435.48亿元位列第4位，内蒙古汇能煤电集团有限公司168.59亿元位列第5位，内蒙古蒙泰集团有限公司以162.95亿元位列第6位，内蒙古伊东资源集团股份有限公司以98.29亿元位列第10位，满世投资集团有限公司以90.38亿元位列第12位，内蒙古博源控股集团有限公司以89.59亿元 位列第13位，内蒙古神东天隆集团股份有限公司以75.87亿元位列第15位，鄂尔多斯市乌兰煤炭（集团）有限责任公司以60.97亿元位列第18位，内蒙古恒东能源集团有限责任公司以49.73亿元位列第22位，鄂尔多斯市巴音孟克投资集团有限公司以47.41亿元位列第24位，久泰能源内蒙古有限公司以23.95亿元位列第48位，蒙发能源控股集团有限责任公司以23.83亿元位列第49位，内蒙古兴泰置业集团有限公司以23.33亿元位列第52位，新能能源有限公司以22.67亿元位列第54位，内蒙古蒙西高新技术集团有限公司以20.97亿元位列第61位，鄂托克旗建元煤焦化有限责任公司以17.94亿元位列第75位，内蒙古兴圣天然气有限责任公司以16.57亿元位列第79位，内蒙古生力民爆股份有限公司以14.35亿元位列第93位，万正投资集团有限公司以13.41亿元位列第98位，内蒙古星光煤炭集团有限责任公司以13.33亿元位列第99位。

【鄂尔多斯市重点培育成长型中小企业第一批入选企业】 11月18日，鄂尔多斯市重点培育成长型中小企业入选企业（第一批）公示结束，共有86家中小企业入选。

【阜外鄂尔多斯商会建设】 2019年，鄂尔多斯市工商联加强引导阜外鄂尔多斯商会的建设力度，年内共有4家阜外鄂尔多斯商会正式成立。1月5日，湖北省内蒙古商会鄂尔多斯分会成立。9月13日，四川省内蒙古商会鄂尔多斯分会成立。12月28日，天津市内蒙古商会鄂尔多斯分会在天津市正式成立。

【荣誉奖励】 1月11日，中华工商时报社发布2018年度工商联（商会工作）工作“创中华人民共和国”最佳案例榜单。鄂尔多斯市工商联申报的《搭建五地合作平台推动区域多元发展》荣获2018年度地市级工商联工作“创新中国”最佳案例。7月11日，全国构建和谐劳动关系先进表彰暨经验交流会在北京举行。内蒙古广纳煤业（集团）有限责任公司获评全国模范劳动关系和谐企业称号。12月18日，全国工商联办公厅正式发文公布2018—2019年度全国“五好”县级工商联名单，鄂尔多斯市7家旗区工商联荣获2018—2019年度全国“五好”县级工商联荣誉称号。8月22日，由全国工商联与青海省人民政府主办的“2019中国民营企业500强峰会”在西宁举行。会上发布2019“中国民营企业500强”“中国民营企业制造业500强”“中国民营企业服务业100强”和《中国民营企业500强调研分析报告》。鄂尔多斯市3家企业上榜，分别是内蒙古鄂尔多斯投资控股集团有限公司以营业收入583亿位列榜单118名，内蒙古伊泰集团有限公司以557.6亿位列榜单129位，亿利资源集团有限公司以435.4亿元位列榜单175位。11月21日，鄂尔多斯市9个旗区工商联全部荣获2018—2019年度内蒙古自治区“五好”县级工商联荣誉称号。

（苏日古嘎）

文学艺术界联合会

【鄂尔多斯市文学艺术界联合会领导名录】

党组书记：冯世业（女，蒙古族）

主　　席：武　洲

副 主 席：吴永光

【概况】 鄂尔多斯市文学艺术界联合会，机构级别为正处级。内设办公室、组织联络部、协会工作部（设立于2019年12月）3个科室。下设鄂尔多斯文学杂志社（全额拨款）1个事业单位。市文联实有编制数19人（其中机关参公编13人、杂志社事业编6人），有工作人员19人（其中机关参公人员13人、杂志社事业编6人）。

【培训工作】 全年共开展基层培训班9期，培训基层文艺骨干500余人。

【地区文联合作】 10月23日，鄂尔多斯市、镇江市文联结对文艺共建单位签约仪式在镇江市文联会议室举行。协议明确双方要建成文学艺术交流机制，形成文联及协会互访机制，建立两地文艺名家讲堂，形成两地深化改革互助机制等共建任务，双方达成力争成为地区文联合作典型的共建目标。

【荣誉奖励】 8月，鄂尔多斯市青年国画家刘闻涛的国画作品《守望草原》入选中国第十三届全国美术作品展览中国画展；赛音朝格图的油画作品《博客》入选第十三届全国美术作品展览油画展。8月19日，舞蹈作品《黑缎子坎肩》荣获第十二届中国舞蹈“荷花奖”民族民间舞金奖。9月20日，内蒙古自治区第十四届精神文明建设“五个一工程”奖评比中，市影视家协会主席张秉毅编剧的电影《母亲的肖像》、肖睿的图书《库布其与世界》、舞蹈《父亲的靴子》、舞蹈《门前那棵树》、纪录片《神秘的草原石窟》等9部作品榜上有名，并且在评奖所设的7个门类都有获奖，实现“大满贯”。9月，乌审旗书法家马建明行书作品入选第十二届全国书展。11月16日，鄂尔多斯市青年作家肖睿参与创作的电影剧本《生生不息》在2019夏衍杯优秀电影剧本征集活动证书颁授仪式上荣获“优秀电影剧本”奖。12月20日，在第十二届内蒙古自治区艺术“萨日纳”奖评比中，由市音乐家协会主席贺继成作曲，徐怀亮、杨瑞作词的歌曲《天边草原》荣获音乐类创作奖；鄂尔多斯市民族歌舞剧院表演的舞蹈作品《黑缎子坎肩》荣获舞蹈类作品奖；李智慧凭借音乐剧《牵魂线》荣获戏剧类表演奖；影视家副主席俄尼尔主创的微电影《跑》荣获电影类微电影奖；马建明的行书作品《郑板桥七言诗》荣获书法类创作奖。

残疾人联合会

【鄂尔多斯市残疾人联合会领导名录】

党组书记、理事长：山　丹（女，蒙古族）

副理事长：袁文亮

【概况】 鄂尔多斯市残疾人联合会成立于1989年9月，内设办公室、组织联络部、康复部、教育就业部、维权部、宣传文体部6个部室，下设残疾人就业管理中心和辅助器具服务中心2个二级单位，共有职工26人。残联组织具有“代表、管理、服务”残疾人群众的职能，代表残疾人共同利益，维护残疾人合法权益，开展各项业务和活动，全心全意为残疾人服务，并承担政府委托的行政职能，发展和管理残疾人事业。2019年，全市共有残疾人12.8万人。

【残疾人康复】 2019年，给予鄂尔多斯市户籍白内障患者每例手术补贴1500元，帮助600名白内障患者重见光明；制定《鄂尔多斯市人民政府关于建立残疾儿童康复救助制度的实施措施》，经市政府第6次常务会议研究通过并已印发执行；争取国家、自治区残疾人康复资金230万元，为残疾人精准康复服务工作顺利开展和残疾儿童康复救助工作提供资金和制度保障；完成鄂尔多斯市户籍164名残疾人涉及178例自治区贫困残疾人下肢项目适配工作；完成鄂尔多斯市户籍0至15岁残疾儿童157例自治区矫形器项目适配工作；完成鄂尔多斯市149名残疾人涉及154例假肢上肢适配工作；完成鄂尔多斯市0至17岁残疾儿童及成人337例矫形器招标工作；完成鄂尔多斯市111名残疾人121例下肢招标适配工作；全年累计发放各类辅具3614件，其中市本级发放1940件、旗区发放1674件；截至年底，鄂尔多斯市残疾人精准康复服务系统录入已服务的各类残疾人2986人，康复服务率达92.5%、辅具适配率为92.57%；将残疾人家庭医生签约服务工作纳入卫健委基本公共卫生服务项目中，截至年底，鄂尔多斯市残疾人家庭医生签约人数达29160人，签约率52.67%。

【残疾人教育】 按照“一人一案”要求，争取自治区4.8万元资金，对招收残疾儿童学前教育机构给予补助，惠及全市160名残疾儿童，累计为全市234名适龄未入学残疾儿童开展送教上门服务；给予33名考入大学残疾学生发放自治区专项补助资金5.1万元。

【残疾人就业创业】 争取自治区残疾人实用技术和职业技能培训资金56.1万元，惠及全市2082名残疾人；累计发放自治区和市本级残疾人就业创业资金334万元，惠及4家残疾人创办的企业、5家残疾人创办的合作社和62名残疾人自主创业户，通过创业扶持先后带动213名残疾人实现就业；建成鄂尔多斯市首家残疾人就业创业孵化基地，安置18名残疾人就业，并帮扶带动周边26户残疾人养殖户增收；会同市税务局召开全市残保金审核征收工作会议，市旗两级全年累计审核残保金2.19亿元，全市按比例安排残疾人就业年审30621家，审核率达58.9%，超出年初预期目标的13%；市本级先后举办中式烹调师、手工制作、保健按摩等各类培训班8期，培训残疾人339人次，新增城镇残疾人就业354人，新增农村牧区残疾人就业830人，提高残疾人培训后的就业；争取自治区12万元资金完成全市6家盲人医疗按摩机构补贴工作；为11家盲人医疗按摩机构分别配备价值8600元的中频治疗仪专用设备，丰富机构的康复项目，增加康复机构的效率，切实改善残疾人医疗条件。

【残疾人基层组织建设】 全市全年累计完成29240个残疾证的清查和重评工作，其中升级2177人，降级3264人，因康复脱残等原因注销2998人；下拨各旗区市本级残疾人专职委员工作补贴资金387万元，惠及全市985名残疾人专职委员，市、旗（区）残联在全市985名残疾人专职委员工作和全力配合下，完成全市55701名残疾人基本服务状况和需求动态更新工作，其中入户登记54791人、电话登记910人；组织开展各类扶残助残活动，以文艺会演志愿助残等形式为残疾人群众提供多元化的文化生活和家政服务，协同各类协会举办活动5次，加强与各残疾人专门协会的联络指导。

【残疾人法律维权】 开展残疾人信访维权工作，"12385"残疾人服务热线全面开通，累计接听并处理160多起咨询事项、办理10余件信访事件，切实提升残疾人群众维权工作；办理市人大代表建议和市政协委员提案3件，全年未发生缠访、闹访、越级访等情况；以全国宪法日等活动为契机，发放宣传资料1800余份，加大对《中华人民共和国残疾人权益保障法》等法律法规的宣传力度；争取中央、自治区重度残疾人家庭无障碍改造资金89万元，惠及262户重度残疾人家庭；争取自治区残疾人机动轮椅车燃油补贴资金3.4万元，给予130名符合补贴政策残疾人每人发放260元。

【残疾人文化、体育】 全年在国家、自治区、市和旗区四级报纸、电视台等媒体累计刊发或播出新闻稿件60余条次；在第二十九个全国助残日期间，鄂尔多斯市残疾人联合会开展以"自强脱贫、助残共享"为主题的一系列丰富多彩的助残活动；开展百场盲人讲电影活动，为市、旗两级6个图书馆分别下拨资金1万元，共举办6场盲人讲电影活动，促进残疾人与社会之间的沟通与交流；继续推进残疾人文化进家庭"五个一"工程建设，指导旗区残疾人文化体育活动，丰富残疾人文化体育生活，培养优秀残疾人体育运动人才，同自治区残联共同拨付内蒙古残疾人田径训练基地100万元；开展残疾人体育竞赛，举办内蒙古自治区第五届残疾人运动会鄂尔多斯市户籍获奖运动员和教练员颁奖晚会，为鄂尔多斯市34名获奖运动员、教练员发放奖金229.9万元。承办由中国残联主办的第十三次全国特奥日活动暨中国智协2019年夏季十一省（市）特奥联谊活动。鄂尔多斯市户籍残疾人运动员荣获10金9银9铜的好成绩；鄂尔多斯市选派的残疾人运动员在全国第十届残疾人运动会上取得3金2银3铜的好成绩，运动员孟根吉米素破女子F41铅球、铁饼亚洲纪录；由鄂尔多斯市选送的运动员孙鹏祥在卡塔尔举办的残疾人世界锦标赛上获男子F41标枪金牌并打破世界纪录；中国残联和国家体育总局将鄂尔多斯市残疾人联合会和内蒙古残疾人田径体育训练基地评为2015—2018年全国残疾人体育先进单位，鄂尔多斯市残疾人联合会庞秀花以及运动员孙鹏祥、教练员哈斯劳被评为2015—2018年全国残疾人体育先进个人。

红十字会

【鄂尔多斯市红十字会领导名录】

会　长：于仁杰

党组书记、常务副会长：闫美蓉

副会长：邵文迪（3月任职）

【概况】 鄂尔多斯市红十字会于1988年复会，1997年正式单设。内设办公室、赈济救护部、宣传与筹资部和监事会办公室4个部室，下设1个正科级事业单位鄂尔多斯市红十字会备灾救灾中心，使用面积1474.96平方米。2019年，干部职工及志愿者13名，其中11名在编干部，1名临时工，1名志愿者。核定编制14名，其中参公编制10名、事业编制4名、空编3名。主要职责：（1）宣传贯彻落实党和国家有关红十字会工作方针政策、法律法规和《中华人民共和国红十字会法》，指导全市各级红十字会工作。（2）开展备灾、救援、救灾的相关工作，建立红十字应急救援体系。在自然灾害、事故灾难和公共卫生事件等突发事件中，对伤病人员和其他受害者提供紧急救援和人道救助。（3）开展应急救护培训相关工作。普及应急救护、防灾避险和卫生健康知识，组织志愿者参与现场救护活动。（4）参与和推动无偿献血、遗体和人体器官捐献工作，参与开展造血干细胞捐献的相关工作。（5）组织开展红十字志愿服务和红十字青少年活动。（6）依法开展募捐，接受国内外组织和个人的捐赠；依照法律法规自主处分募捐款物。（7）兴办符合红十字会宗旨的公益事业。（8）在市委、市政府的领导下，在上级部门的指导下，开展与国际红十字组织和各国红十字会或红新月会及其他国际组织的交流合作与友好交往；参加国际人道主义救援工作。（9）宣传国际人道法、国际红十字和红新月运动的基本原则和日内瓦公约及其附加议定书。（10）完成市委、市政府和上级部门交办的其他人道主义服务活动。

【改革发展】

市本级　市编委召开会议，同意为市红十字会增加1个正科级科室监事会办公室，增加1名副处级副监事长和3名参公事业编制。12月中下旬，鄂尔多斯市红十字会第三次会员代表大会选举产生监事会。代表会的准备工作基本完成。

旗区　2019年已成立或计划年底前成立监事会的旗区有：鄂托克前旗、康巴什区、东胜区、乌审旗、达拉特旗。鄂托克前旗：已选举产生全区第一个旗县级红十字会监事会，增设监事会办公室，增加参公事业编制1名。康巴什区：配齐班子，增加副会长1名，实现“1正2副”。增加正科级待遇专职副监事长1名，增加参公事业编制2名，专职干部达到11名。东胜区：成立二级事业单位备灾救灾中心，增加参公事业编制2名，事业编3名。区委将配备1名副科级专职副监事长。乌审旗、达拉特旗：将副会长转任副监事长，另外新配副会长1名，并增加2名参公事业编制。

【人道文化传播】2019年，新建文化传播点9个，累计建成17个人道文化传播基地和37个人道文化传播点。通过门户网站、微信公众平台刊发工作动态，市红十字会快闪、脱贫攻坚报道和造血干细胞捐献在人民网、新华网、“学习强国”等主流媒体刊播刊发，点击量均超过150万人次。新建红十字示范校9所。累计建成志愿服务基地14个，红十字示范校36所。

【募捐筹资】 截至年底，全市接收“博爱一日捐”爱心款1093.23万元（任务数758.4万元），项目筹资260.72万元。

【“三救”工作】2019年，全市储备备灾金993.97万元。投入360.39万元开展人道救助，13695人受益；新建红十字博爱家园项目9个，累计完成33个；推进“光明行”社会公益活动常态化，年内筛查贫困白内障患者7297人，免费实施手术262例，累计筛查56904人，免费实施手术1837例；实施“护眼”公益行动，年内筛查建档67201人次，累计建立视光档案168980人、实施矫正治疗等1022人。开展“捐衣助贫”活动，洗消旧衣16632件，为蒙古国、乌兰察布市困难群众发放衣物2万件；开展“博爱进校园　奉献青少年”专项募捐活动，发放爱心图书安全包10385套，价值269.7515万元。投入539.5万元，建设鄂尔多斯市红十字生命健康安全体验馆、鄂托克前旗红十字人道主义救援救护培训基地；在全区率先发布25部自动体外除颤仪(AED机)地图，市民可以通过微信平台及时查询。

【应急救护培训体系】 成立应急救护志愿服务队，年内设立红十字应急救护角9个，累计设立红十字应急救护点29个、红十字应急救护角85个，在全区率先实现AAAA级以上景区和机场、火车站、汽车站红十字应急救护站点和角全覆盖，年内培训救护员2706人，普及性培训14012人。

【“三献”工作】 推动无偿献血，采集入库造血干细胞290人份，年内捐献1例，累计实现捐献10例。开展“2019年遗体和人体器官捐献缅怀”纪念活动和“人体器官捐献志愿服务月”活动，年内成功捐献遗体1例、器官1例，累计实现遗体捐献3例、器官3例、眼角膜捐献2例。

【交流合作】 与蒙古国红十字会和蒙古国达尔罕乌拉省红十字会实现互访，并与达尔罕乌拉省红十字会续签合作备忘录。先后到安徽、海南、温州等省市学习借鉴青少年眼健康、生命体验馆等先进经验做法。深化与台湾及各省市和各兄弟盟市红十字会交流合作。

（萨日娜）

法　治

公　安

【鄂尔多斯市公安局领导名录】

党委书记、督察长：薄立峰（1月至2月）

党委书记、局长、督察长：薄立峰（2月任职）

副 局 长：刘　杰

张学凯

云志明（蒙古族）

王　全

武永平

邢轶清

纪委书记：陶安良

【概况】 鄂尔多斯市公安局成立于2001年10月26日，前身为伊克昭盟公安局、伊克昭盟公安处。承担维护国家安全，维护社会治安秩序，保护人民群众的生命财产安全，保护公共财产，预防、制止和惩治违法犯罪活动，服务和保障经济社会发展的职责任务。内设政治部、办公室等29个科室，2019年因公安机构改革，消防支队已转至应急管理局，警卫处已取消设置。有5个直属分局（鄂尔多斯市公安局康巴什分局、鄂尔多斯市公安局空港物流园区分局、鄂尔多斯市公安局苏里格分局、鄂尔多斯市公安局成吉思汗陵旅游区治安分局、鄂尔多斯市公安局交通运输治安分局），1个派出机构（鄂尔多斯市公安局技术侦察支队乌审工作站），1个事业单位（鄂尔多斯市公安局留置看护监管中心）。鄂尔多斯市公安局留置看护监管中心成立于2018年6月，机构规格为正科级，核定参公事业编制60名，科级领导职数3名（1正2副）。根据勤务需要，暂设1个内务中队和7个勤务中队。主要职责是配合鄂尔多斯市纪律检查委员会、监察委员会开展留置人员看护监管工作，协调对接相关工作。2019年，全市共立刑事案件5654起，同比上升2.52%，破案2883起，破案率50.99%，治安案件受理10807起，同比降15.99%，查处9870起，查处率90.80%。社会治安秩序持续稳定。

【反恐工作】 开展暴恐风险隐患清剿战，坚决防止发生各类暴恐案事件，排查涉恐线索2条。集中开展涉恐隐患排查专项行动，对全市566处重点目标、重点部位进行分级评定，实行等级化管理。共检查重点部位2875处（次），进行反恐怖宣传350次，发现隐患332处，整改隐患274处。

【网络安全】 坚持以“净网2019”专项行动为抓手，守护互联网络安全稳定。办理主侦案件62起，协办各类案件352起，抓获违法犯罪嫌疑人167人，破获部、厅和自治区扫黄打非办挂牌督办案6起。

【打击严重暴力犯罪】 坚持以扫黑除恶专项斗争攻坚战为牵引，在“压发案、提破案、保民生、护稳定”上持续发力，从打击层面促进治安秩序持续好转。专项斗争开展以来，全市共打处涉黑涉恶犯罪团伙63个，破获刑事案件252起，抓获违法犯罪嫌疑人744人，查封、扣押、冻结涉案资产5.34亿元。全市八类主要刑事案件立案140起，同比下降6.67%，发命案25起，破25起。侦破准格尔旗“1·23”故意杀人案、鄂托克旗“5·10”持刀抢劫案、伊金霍洛旗“8·3”持枪抢劫案等一批案件。开展追逃工作，在“云剑”专项行动中，共组建91个追逃小组，抓获全市2019年10月31日前上网的逃犯抓获77人，扫黑除恶专项斗争中的4名目标在逃人员全部到案，并抓获3名命案逃犯。

【“四打”专项行动】 针对群众反映强烈的突出违法犯罪，组织开展以打酒驾、打枪爆、打黄赌毒、打盗抢骗为重点的“四打”专项行动，全力净化社会治安环境。全市共打处酒驾1826起、醉驾1872起；破获“黄赌毒”刑事案件114起，采取刑事强制措施279人，查处“黄赌毒”行政案件1060起，查处853人；破获“盗抢骗”案件839起，抓获犯罪嫌疑人466人；破获非法制贩枪支、爆炸物品等案件56起，清查收缴各类枪支365支、黑火药336公斤、管制刀具1141把、弩18把。

【严打资源环境、食品药品、旅游领域违法犯罪】 全市共破食药类案件41起，抓获犯罪嫌疑人56人，申请部督办案件4起，侦破厅督办案件6起，申请全国集群战役4起；全市共破获资环类案件215起，抓获违法犯罪嫌疑人295人。加强旅游领域安全检查，全年开展旅游安全大检查4次，受理旅游领域刑事案件3起、行政案件28起，打处16人，办结30起。

【公安改革创新】 立足实战化要求，加快推进公安机关机构改革落地落实。草拟完成公安机构改革“三定”方案，完成消防部队、警卫部队转改工作，行业公安管理体制调整工作正在有序推进中。以抓好两个职务序列改革为重点，推进人民警察管理制度改革，全力提升辅警队伍规范化管理水平，以市政府办公室名义印发《鄂尔多斯市公安机关警务辅助人员管理实施细则》《鄂尔多斯市公安机关市本级警务辅助人员薪酬管理办法》，打造鄂尔多斯辅警工作品牌。深入推进公安“放管服”改革，持续推进审批服务便民化，将涉及企业的29项行政审批服务事项和17项行政管理服务事项下放到旗区公安机关，进一步方面企业就近办事。推进“四办一取消”，推行“绿色通道”“一次性告知”“限时办结”，实现“一次办”“一窗办”，升级门户网站和“双微”平台，实现“网上办”“一网办”；下放审批权限，实现“就近办”；提升窗口效率，实现“马上办”；持续开展“减证便民”改革行动，实现群众“最多跑一次”“一次不用跑”。8月，市公安局组织治安、交管、出入境等部门入驻新政务服务大厅集中办公，共计入驻民警43人，入驻审批服务业务66项。疏通治理服务堵点，推行智慧机器人辅助窗口服务、24小时自助取证、电子支付、邮政速递证件查询、微信平台受理服务事项等创新举措，开发互联网“智慧交管”平台，打造“智慧、便民、高效、在线、精准、务实”的“互联网+智慧交管”品牌。市车管所获“自治区五一劳动奖章”。“互联网智慧芯喇叭广播系统”“人口基础数据系统”被授予全国“智慧警务”创新案例。树立改革强警、科技兴警理念，加快推进大数据、人工智能等科技创新成果同公安工作深度融合应用，推进智慧公安建设，制定出台《鄂尔多斯市“北疆云·智慧公安”建设方案》《鄂尔多斯市公安局推进“三智三数”工作方案》，36个系统平台迁移上云，开放各类应用的权限1600个，推动公安机关战斗力生成模式转变。建设升级执法办案系统，积极推动公检法、纪委监委的双向无缝对接，全面落实受案立案责任制和刑事案件“两统一”工作机制，充分依托“1134”执法管理体系，初步实现对执法全过程闭合管理、智能化管控、精细化运行。

【治安管理体系建设】 不断完善“公安机关、职能部门、社会力量共同参与治安管理”的多元共治模式，全力打造立体化、信息化社会治安防控体系。全市共部署视频探头、卡口、人脸识别探头、远程“千里眼”、4G图传设备等各类视频前端24万个，日均采集数据上亿条，源源不断汇聚至公安大数据中心，全市基本建成以“圈层查控、单元防控、要素管控”为框架的动态化社会治安感知防控网络。全面启动推进公安派出所基层基础建设三年规划，在全市确定20个智能派出所建设试点，鄂托克旗苏米图派出所被公安部评定为首批100个全国“枫桥式公安派出所”。推进“5年3批”机关民警支援基层工作，市公安局首批111名机关民警开展支援基层一线工作。

【交通管理】 统筹推进重特大道路交通事故预防、“两防三保”（防风险、防事故、保安全、保畅通、保大庆）、冬季道路交通安全专项整治“三大战役”，开展源头隐患治理、路面秩序净化、农村牧区安全守护、宣传警示曝光、社会协同共治“五大行动”，梯次升级交通安保措施。在机动车增加6万辆、保有量达70.3万辆，驾驶人数量增加3.9万人、总量达到75.3万人的情况下，道路交通事故四项指数全部下降。全市共发生适用一般程序处理的道路交通事故228起、死亡114人、受伤196人、直接经济损失折款1602412元，同比分别下降0.44%、0.87%、2.97%、1.85%。部署开展重点道路隐患专项排查和交通标志标线隐患集中整治，纳入市级台账管理的2264处隐患，治理1850处，治理率81.71%，投入资金13308.45万元；纳入旗区台账管理隐患5459处，治理4166处，治理率76.31%，投入资金6364.37万元。针对八类重点车辆及驾驶人，坚持周研判、月小结、滚动“清零”隐患。将专项作业车辆纳入重点监管视线，部署开展集中整顿，全面摸清底数，建立工作台账，督促完善手续、购买保险，全力防范化解行车风险。“两客一危一校”车辆报废率100%、检验率达99%以上，营转非大客车、重型挂车、重型货车、面包车“双率”均有较大幅度增长；重点驾驶人满分学习率99.74%、换证率99.94%、审验率99.35%。着力从易致祸、危害大的交通违法管起，部署开展国省道交通秩序整治、农村牧区面包车整治、严整严治酒驾醉驾、打击“百吨王”等18个专项行动，按季开展机关民警下基层和异地用警交叉执法，常态化开展周末夜查和“逢五”“逢十”统一行动。查处涉牌涉证62111起、不系安全带477875起、违法载人8403起、闯红灯85445起、酒驾4347起、无证驾驶4632起；特别是酒驾、无证驾驶整治效果明显，查处量同比分别增长13.02%、28.98%。

【基层基础建设】 全面启动推进公安派出所基层基础建设三年规划，鄂托克旗公安局苏米图派出所被公安部评定为首批100个全国“枫桥式公安派出所”，在全市确定20个智能派出所建设试点，着力推进智能派出所、智能交管、智能监管和数字刑侦、数字经侦、数字反恐“三智三数”重点建设应用，全面提升公安基层基础智能化水平。推动市深化公安改革领导小组出台《全市公安机关全面推进公安派出所基层基础建设三年规划（2019—2021年）》，积极推进“5年3批”机关民警支援基层工作，首批机关民警均已到岗开展支援基层一线工作，着力推动重心下移、警力下沉、保障下倾，全面夯实基层派出所力量。

【智慧监管】 加快制订、修订监管系统数据标准，规范智慧监管建设和应用，狠抓全市监管场所视频监控联网建设与应用，推动监控探头及辅助设施的维修改造和升级换代，加强与驻所武警的共建共防，及时将“智慧监管”“智慧磐石”建设进行有效整合，实现资源共享、预警联动、合力制胜。

【留置看守建设】 强化政治责任担当，始终将安全意识贯彻于留置看护工作各个环节，确保不发生任何问题。全年共执行看护任务36个，已结束任务29个。组织开展2次消防演练，1次医务处置应急演练和1次防止目标逃脱应急演练。通过应急演练，提升全体民警处置突发事件的应变能力。提升队伍专业化水平，按照自治区公安厅《看护特勤队工作人员轮换方案》要求，全年共安排12批次80人赴呼轮训。

【队伍建设】 全市公安机关深入贯彻习近平总书记重要讲话精神，以革命化、正规化、专业化、职业化建设和“十六字”总要求为根本遵循，全力打造党中央放心、人民群众满意的高素质公安队伍。严格党风廉政建设责任。一是狠抓从严治党治警“两个责任”和领导干部“一岗双责”落实，有效运用“四种形态”，驰而不息正风肃纪，深入整治领导干部“四官”问题，严肃查处发生在群众身边的违法违纪案件。二是加强思想政治建设。开展“不忘初心、牢记使命”主题教育和“践行新使命、忠诚保大庆”主题实践活动，通过开展重温入党誓词、重读入党志愿书、向党组织汇报成长经历、缅怀先烈、入警仪式、知识竞赛等系列活动，不断增强广大民警严守政治纪律、政治规矩的坚定性和自觉性，强化全市公安机关忠诚履职尽责的思想自觉、政治自觉和行动自觉。三是不断健全监督制约制度。探索构建公安机关廉政防控机制，深化纪检监察、公安审计、警务督察等联动监督制度建设，建立和完善《落实从严管党治警责任构建鄂尔多斯公安大监督格局的指导意见》等5项制度，切实做到用制度管人、管事、管权，教育引导广大民警知荣辱、严自律、守底线，让全体民警习惯在监督下工作生活。四是积极推动惠警措施落实。制定出台《鄂尔多斯市公安机关关爱民警工作实施意见》《鄂尔多斯市公安机关警务辅助人员管理实施细则》，健全完善特殊民警职业保障，推进人民警察职业保障制度改革，推动落实符合人民警察职业特点的工资待遇保障政策。严格落实因公牺牲、因工伤残民警和英烈子女、家属的优抚政策以及离退休人员“两个待遇”。积极组织开展各类文体活动，举办全市政法系统第三届职工运动会，获第十八届世界警察运动会男子三对三篮球比赛冠军，完成全国公安系统文艺会演任务。

检　察

【鄂尔多斯市人民检察院领导名录】

党组书记、检察长：杨世林

副检察长：何金海（蒙古族）

贾昌兵

李唯东

政治部主任：乔连斌

纪检组组长：巴雅尔（蒙古族）

检委会专职委员：韩丽春（蒙古族）

【概况】 鄂尔多斯市人民检察院内设办公室（新闻办公室）、政治部、第一检察部、第二检察部、第三检察部、第四检察部、第五检察部、第六检察部、第七检察部、第八检察部、第九检察部、综合业务部（人民监督员办公室）、检察技术信息部、司法警察支队、检务督察部（巡察工作领导小组办公室）、计划财务装备局、机关党委、检务服务中心等18个机构。共辖9个基层检察院。截至年底，全市有检察人员671人、员额制检察官157人、检察辅助人员110人、司法行政人员68人，市检察院机关内设18个职能机构。有检察人员120人，其中政法专项编制81人、事业编制8人、事业编制31人；硕士研究生24人，本科95人，专科及以下1人；35周岁以下68人，35周岁至45周岁20人，45周岁至55周岁21人，55周岁以上11人。

【未成年人司法保护】 严厉打击侵害未成年人权益犯罪，依法惩治伤害、虐待、性侵等侵害未成年人权益的犯罪，批准逮捕33人，提起公诉56

人。严格落实宽严相济的刑事政策，完善法律援助、法定代理人、合适成年人到场、社会调查、心理辅导、亲职教育、观护帮教、记录封存等特殊程序，加强未成年人权益保护。深化法治进校园工作，开展校园普法巡讲，28名院领导、员额检察官担任中小学法治副校长，并讲授法治课113场次。加强对最高检“一号检察建议”的监督落实，联合市教育局、妇联、共青团委等部门走进校园开展督查，创新校园安全管理、预防性侵害、校园工作人员准入、师德师风建设等工作制度，向教育部门提出检察建议9件。

【社会创新治理】 践行新时代“枫桥经验”，建成“12309”检察服务中心，开设律师接待、民营企业法律服务“绿色通道”，多元化解涉法涉诉信访矛盾。严格落实检察长接待日和检察官带案下访工作制度，检察长接访下访361件，检察官带案下访114件，开展代表委员联络工作，组织开展“共和国建设者走进检察机关”“携手关爱，共护明天”等检察开放日活动25场次。做好案件信息公开，公开程序性信息6872条、法律文书3567份、重要案件信息127条。讲好检察故事，通过“三微一站一端”平台发布检察信息4万多条。

【刑事检察】 全面实施“捕诉一体”办案模式，依法惩治各类刑事犯罪，批准逮捕1420人，提起公诉4964人。严惩严重刑事犯罪，起诉故意杀人、强奸、放火等严重暴力犯罪76人，起诉抢劫、抢夺、盗窃等多发性侵财犯罪387人，起诉“黄赌毒”犯罪230人。受理职务犯罪案件73人，决定逮捕27人，起诉66人。强化监督意识，加强刑事立案、审判、执行监督工作，坚决防止冤假错案。监督侦查机关立案37件、撤案99件，纠正漏捕漏罪漏犯353人，提出抗诉21件。对滥用强制措施等侦查违法行为监督纠正318件次。市人民检察院向市人大常委会专题报告侦查监督工作情况，满意度测评获得全票通过。监督纠正减刑、假释、暂予监外执行不当240件。

【民事检察】 受理各类民事诉讼监督案件1242件，同比上升25.2%。提请抗诉57件，提出抗诉18件，提出再审检察建议32件。其中办理执行监督案件718件，同比上升14.9%，提出执行监督检察建议550件。开展虚假诉讼监督，办理虚假诉讼监督案件14件，提出再审检察建议9件。注重保护弱势群体权益，办理涉及人身损害赔偿、劳动争议、财产权属、房屋买卖、婚姻继承、征地拆迁补偿等事关群众切身利益的案件144件。注重维护未成年人、妇女、老年人合法权益，对确有错误的民事裁判提出抗诉、提请抗诉、提出再审检察建议45件。

【行政检察】 受理各类行政诉讼监督案件552件，对人民法院执行活动中提出检察建议159件。开展督促履职监督工作，共办理督促履职案件267件，提出检察建议254件，促进法律监督的双赢多赢共赢。着力加大裁判结果监督力度，受理行政生效裁判监督案件25件，做出不支持监督申请决定11件。开展行政非诉执行监督工作，受理行政非诉执行案件242件，发出检察建议143件。

【公益诉讼检察】 摸排公益诉讼案件线索1424件，立案1328件，提出诉前检察建议1297件，提起公益诉讼47件。开展刑事附带民事公益诉讼专项活动，共提起刑事附带民事公益诉讼34件。通过办案，恢复被破坏的林地和草原12188.166亩。开展网络餐饮安全、校园周边食品安全专项监督活动，收集线索404件，立案398件，发出诉前检察建议397件，进一步提升网络餐饮服务水平和校园食品安全水平，保障“舌尖上的安全”。开展保护国有资产领域公益诉讼专项行动，督促收缴税款、人防易地建设费等。

【司法体制综合配套改革】 坚持整体规划、上下联动、同步实施，全面完成内设机构改革，两级检察院内设机构从原来的134个精简为74个。争取上级支持，增加政法专项编制36个，增补员额检察官54名，招录聘用制书记员120名。坚持正确选人用人导向，完成环节干部的选任、检察官助理套改、员额检察官按期晋升、司法行政人员职能套改等工作，落实检察人员分类管理各项制度，统筹协调解决非政法专项编制人员待遇问题。落实司法责任制，实现入额院领导直接办案实质化、常态化，并带头办理重大复杂疑难案件。

【智慧检务建设】 坚持需求和实用导向，不断探索、创新应用各类智慧检务产品，更好的服务检察办案和政务管理，加强看守所监管场所视频智能分析系统应用，研发应用智慧民事、行政、公益诉讼三大监督平台，升级“两法衔接”信息共享平台。上线运行绩效考核平台，完善业务数据分析研判、案件质量评查和流程监控制度，促进司法规范。东胜区检察院建成法律监督数据中心，与40多家单位、3000多个互联网站进行数据对接交换，实现数据资源共享，自动抓取分析应用，服务检察办案规范化、智能化。

【涉黑涉恶案件】 2019年，批准逮捕12件27人，提起公诉16件114人，纠正漏捕漏罪漏犯13人。坚持深挖彻查与“打伞破网”并重，建立线索统一管理机制，发现并依法处置“保护伞”线索84条。高度重视“打财断血”，加强对涉黑恶犯罪财产审查，对判决生效的涉黑恶案件的执行活动开展检察监督。深化综合治理，坚持打建并举，推进源头防范，综合运用刑事、民事、行政、公益诉讼手段，结合办案对国土资源、市场监督、农林牧等行政领域提出检察建议70件，堵漏建制，推动治理。

【三大攻坚战】 围绕打好防范化解重大风险攻坚战，依法惩治非法吸收公众存款、集资诈骗、“校园贷”等严重危害金融安全的犯罪，批捕39人、起诉63人。围绕打好污染防治攻坚战，依法严厉打击破坏环境资源犯罪，起诉污染环境、盗伐滥伐林木等破坏环境资源227件258人。开展河湖“携手清四乱、保护母亲河”专项整治工作，针对“四乱”问题，审查立案69件，提出诉前检察建议45件，向行政机关发出综合检察建议16件，提出公益诉讼1件，督促相关行政部门充分履职完成整改问题88个，其中关停、清理乱采的砂场81家，清理生活垃圾和建筑垃圾6处，坚决用“检察蓝”守护“鄂尔多斯绿”。围绕打好精准脱贫攻坚战，依法惩治侵害农牧民合法权益的犯罪，起诉非法占用农用地、破坏草牧场等案件221人，保障乡村振兴战略实施。发挥驻村工作队作用，两级院协调扶贫资金400多万元，帮建种养殖产业项目16个，通过产业发展增加贫困户收入，激发群众脱贫致富的内生动力。

【法治营商】 制定实施服务保障民营经济高质量发展的18条措施，严厉打击侵犯企业合法权益犯罪，依法起诉强迫交易、破坏生产经营、串通投标、职务侵占等犯罪36人。加强涉企案件专项立案监督，办结民营企业申请监督的各类民事案件29件，提出抗诉、提请抗诉、提出再审检察建议10件。建立健全引导当事人和解机制，构建保护企业合法权益多元化格局，依法正确办理涉企申诉、赔偿案件。加强知识产权司法保护，起诉侵犯商标权、制售假冒伪劣产品等犯罪28人。建立健全服务保障民营企业发展联系制度，在亿利、伊泰、新圣天然气等企业设立“检察联络点”，开展“送法进企业”活动，为民营企业发展贡献检察力量。

法　院

【鄂尔多斯市中级人民法院领导名录】

党组书记、院　长：李红艳（女）

副院长：樊有发

李梅荣（女，蒙古族）

艾　飞（满族）

郃忠平

派驻纪检监察组组长：白兰柱

【概况】 鄂尔多斯市中级人民法院的前身为伊克昭盟中级人民法院，始建于1950年2月。2001年2月26日，经国务院批准撤盟建市后改为鄂尔多斯市中级人民法院。鄂尔多斯市中级人民法院下辖9个基层法院及38个派出法庭。鄂尔多斯市中级人民法院内设政治部、监察处、办公室、研究室、审判管理科、司法行政装备管理室、立案庭、立案二庭、刑事审判第一庭、刑事审判第二庭、民事审判第一庭、民事审判第二庭、民事审判第三庭、民事审判第四庭、民事审判第五庭、民事审判第六庭、未成年案件综合审判庭、行政审判庭、审判监督庭、执行局、执行二局、司法辅助办公室、法警支队、信访室24个机构。全院有政法专项编制150个，实有在编人员141人，其中员额法官65人；有事业编制40个，实有在编人员33人；工勤编制30个，实有在编人员26人。2019年，鄂尔多斯市中级人民法院共受理各类案件90218件，审执结83011件，同比分别下降2.82%、上升3.69%，结案率92.10%，同比增长5.77个百分点，结收比107.19%，同比提高7.35个百分点。市中级人民法院受理各类案件6418件，审执结5770件，结案率89.9%。

【刑事审判】 2019年，共审结一审刑事案件4079件4877人，依法公开审理潜逃二十年的故意杀人案等社会广泛关注的重大案件。审结涉黑涉恶案件一审12件、二审7件，依法审理群众反映强烈、社会影响恶劣的黑恶势力犯罪案件。加大线索排查力度，对近五年来审结的矿产资源开发、生态环保、民间借贷、涉农涉牧四大领域案件进行起底复查，共复查案件147445件，摸排线索1906条，涉行业综合治理线索1819条，向相关部门发出司法建议1318份，复查后再次发出司法建议70份，办结上级交办、转办及群众举报线索425件，深入推进扫黑除恶专项斗争。依法审结杨某波、张某龙等贪污贿赂、渎职等职务犯罪案件61件，持续强化反腐败高压态势。坚持惩罚犯罪和保障人权相统一，对3151名被告人依法判处管制、缓刑和免于刑事处罚，对8名未成年人判处非监禁刑，最大限度减少消极因素，促进社会和谐。落实习近平主席特赦令和全国人大常委会决定，对参加过抗日战争、解放战争、保卫国家对外作战等九类服刑人员19人依法裁定特赦，完成特赦任务。加强国家赔偿审判和司法救助工作，审结国家赔偿与司法救助案件59件。准格尔旗法院司法救助委员会办公室被评为“全国法院司法救助先进集体”。

【民事审判】 2019年，受理各类民商事案件46304件，审结43792件，结案率94.57%，同比增加3.26个百分点。平等保护市场主体合法权益，审结房地产、建设工程、买卖、借贷等合同纠纷案件14097件。依法服务保障民营经济发展，审结一审涉民营企业案件4506件，结案标的238.4亿元。强化金融审判工作，审执结金融类案件5848件，发布《涉金融执行案件白皮书》，防范金融风险。依法服务创新发展，审结知识产权类案件113件。积极推进环境公益诉讼制度实施，会同地方政府、检察院、公安局、林草局等部门，就加大打击非法占用农用地案件力度达成共识，全年共审结非法占用农用地犯罪案件218件。审结住房、医疗、教育、就业等涉民生案件1188件。推进家事审判改革，维护妇女儿童合法权益，审结婚姻家庭、继承等案件2772件。准格尔旗法院民事审判第一合议庭被评为“全国维护妇女儿童权益先进集体”，市中级人民法院行政审判庭庭长李艳被评为“全国维护妇女儿童权益先进个人”。加大劳动者合法权益保护力度，审结劳动争议案件571件。依法促进农村土地经营权有序流转，审结土地承包、转包、租赁、宅基地使用权纠纷案件416件。对符合条件的交通事故损害赔偿、追索赡养费等涉民生案件当事人，以及生产经营困难的民营企业实行诉讼费缓减免政策，共缓减免诉讼费1845.02万元。

【行政审判】 2019年，共受理行政案件879件，审结808件，结案率90.08%。康巴什区法院成为自治区首家跨区域集中管辖一审行政诉讼案件改革试点法院，该项工作获评“2019年内蒙古十大法治事件”。

【执行工作】 全年共受理执行案件35942件，执结31791件，结案率88.45%，同比增加10个百分点。对34314名被执行人限制高消费，对拒不履行判决裁定、隐匿转移财产和规避执行的1693名被执行人实行司法拘留，罚款20人次241.61万元，判处拒执罪2人。市中级人民法院执行工作连续3年受到自治区高院特殊褒奖，伊金霍洛旗法院被评为“全国法院基本解决执行难先进集体”。加强司法网络拍卖工作，构建依托网络拍卖平台线上交易、引入第三方机构线下服务的“互联网+平台+服务”司法网拍新模式，全年司法拍卖3457件，成交金额10.53亿元，标的物成交率46.28%。在自治区首次将VR虚拟全景展示技术引入司法拍卖，让竞拍者更加直观清晰地了解房产等情况，提高竞拍率。东胜区法院强化“智慧送达”2.0建设与应用，年内利用智能送达平台执行收案1624件，发送短信通知1845人，发送成功1809人，送达成功率达98%。

【司法能力建设】 加大教育培训力度，市中级人民法院组织各类讲座、培训6期2000余人次，参加上级法院培训53期83人次，有效提升队伍整体素质和依法履职水平。加强审判理论研究，积极开展“百场优秀庭审”“百篇优秀裁判文书”推选工作，共有15篇调研报告和论文在国家、自治区级评比中获奖。充分发挥先进典型的示范引领作用，全市法院共有40个集体121名个人获国家、自治区、市级表彰奖励，鄂托克旗法院被评为“全国模范法院”，杭锦旗法院被评为第九届内蒙古自治区文明单位，市中级人民法院刑事第二审判庭庭长宋云被评为“全国法院刑事审判工作先进个人”，准格尔旗法院沙圪堵人民法庭庭长斯琴被评为“全国法院办案标兵”。

【文化建设】 延伸司法职能。针对审执工作中发现的社会治理问题，向有关单位和部门发出司法建议487份，被采纳460份，采纳率94.46%。组织开展“美丽中国我是行动者”世界环境日、第19个世界知识产权日、“宪法宣传周”、法官妈妈进校园、未成年人模拟法庭等活动，不断拓展司法保护外延。积极做好新媒体运维工作，运用网站、微博、微信、客户端等新媒体进行司法宣传，发布信息8214篇，传播司法正能量。康巴什区法院司法宣传工作受到最高法院通报表扬，微电影《清天》在中央政法委第四届平安中国“三微”比赛中获得微电影作品奖。

【智慧法院】 建成可实现多媒体证据展示、远程审判、同步录音录像、庭审直播等功能的标准化“科技法庭”173个，在监狱、看守所建成并投入使用数字化法庭9个。完成减刑假释一体化信息办案平台硬件建设并即将投入使用。全面启动电子卷宗随案同步生成，市中级人民法院完成5111卷60余万页的案件卷宗电子档案加工和办案系统挂接工作。推动智能化服务体系建设，移动审判管理系统“审务通”和协同办公、文书智能编写、语音识别系统上线运行，为法官办案提供随身服务。全市法院信息化建设得到北京大学信息学院教授、清华大学特邀专家的高度评价。

【监督制约】 自觉接受人大常委会监督和政协民主监督。向市人大常委会报告民商事审判工作，认真接受市人大常委会对市中级人民法院3名法官的监督评议。坚持人大代表、政协委员“一对一”联络机制，全年共办复人大代表建议7件、政协委员提案2件。邀请代表委员观摩庭审、见证执行200余场300余人次，充分听取意见建议。依法接受检察机关法律监督。全年共办结检察建议18件，审结检察机关抗诉案件16件，邀请检察长列席审判委员会48次，共同促进司法公正。广泛接受社会监督。拓宽群众监督渠道，通过院长接访、院长信箱等形式广泛听取群众意见建议。全年院长接访920件1544人次、院长信箱收件124件，共办结859件。

【司法为民】 推进两个“一站式”建设。落实上级法院部署，以最高人民法院诉讼服务指导中心信息平台为抓手，聚焦“建机制、定规则、搭平台、推应用”四个重点环节76项质效评估指标，细化量化落实措施，扎实推进一站式多元解纷机制、一站式诉讼服务中心建设，不断提升人民法院解决纠纷和服务群众的能力水平。推行跨域立案服务，全年完成跨域立案50件。

司法行政

【鄂尔多斯市司法局领导名录】

党组书记：高凤义

局　　长：刘　杰

副 局 长：吴　勇（蒙古族）

　　　　　张　锐

政治部主任：高　庆

【概况】 鄂尔多斯市司法局成立于1980年，是市人民政府主管全市司法行政工作的职能部门。2019年9月，机构改革完成后，市司法局核定政法专项编制57个，重新组建后的司法局内设机构为“16+2”：办公室、法治督察调研科、立法科、社区矫正管理科、行政复议应诉科、行政执法协调监督科、普法与依法治理科、人民参与和促进法治科、公共法律服务管理科、行政审批科、律师工作科、法律职业资格管理科、装备财务保障科、科技信息化科、人事警务培训科、警务督察科。另设市委全面依法治市委员会办公室秘书科和机关党委。主要职责：（1）贯彻执行国家法律法规和自治区法规规章，承担全面依法治市重大问题的政策研究，协调有关方面提出全面依法治市中长期规划建议，负责有关决策部署的督察工作。（2）承担统筹规划立法工作。协调有关方面提出立法规划和年度立法工作计划的建议，负责跟踪了解各有关部门对立法工作计划的落实情况，加强组织协调和督促指导，研究提出立法与改革决策相衔接的意见、措施。负责面向社会征集政府规章制定项目建议。（3）负责起草或组织起草有关地方性法规、政府规章草案。承办地方性法规、政府规章草案的征求意见和审查工作，负责立法协调工作。（4）承办市人民政府规章的解释、立法后评估工作。负责协调各旗区各部门实施法律、法规、规章过程中的有关争议和问题。承办政府规章清理、编纂工作。负责各旗区人民政府、市政府各部门规范性文件的备案审查工作。（5）承担统筹推进法治政府建设工作。指导、监督市政府各部门、各旗区人民政府依法行政以及法治政府建设工作。负责综合协调行政执法，承担推进行政执法体制改革有关工作，推进严格规范公正文明执法。指导、监督全市行政复议、行政应诉工作，负责行政复议和应诉案件办理工作。（6）承担统筹规划法治社会建设的责任。负责拟定法治宣传教育规划，组织实施普法宣传工作。推动人民参与和促进法治建设。指导依法治理和法治创建工作。指导调解工作和人民陪审员、人民监督员选任管理工作，推进司法所建设。（7）负责指导、管理社区矫正工作。指导刑满释放人员帮教安置工作。（8）负责拟订全市公共法律服务体系建设规划并指导实施，统筹布局城乡、区域法律服务资源。指导监督法律顾问、律师、法律援助、司法鉴定、公证、仲裁和基层法律服务管理工作。承担市法律专家库、市政府法律顾问的选聘、组织、管理工作。（9）负责国家统一法律职业资格考试鄂尔多斯考区的组织实施工作。负责国家统一法律职业和证书备案工作。负责规划和指导法律职业人员入职前培训工作。（10）负责司法行政系统警用装备管理工作，指导、监督司法行政系统财务、装备、设施、场所等保障工作。（11）规划、协调、指导法治人才队伍建设相关工作，指导、监督司法行政系统队伍建设。负责司法行政系统警务管理和警务督察工作。协助各旗区管理司法局协管干部。（12）规划、实施、指导司法行政信息化工作。（13）完成市委、市政府交办的其他任务。

【法治政府建设】

立改废释　围绕解决带着经济社会发展和人民群众利益的重大问题，完成《鄂尔多斯市大气污染防治条例》《鄂尔多斯市饮用水源保护条例》《鄂尔多斯市文明行为促进条例》三部地方性法规的制定性任务。加强对政府文件合法性审查，截至年底，共出具合法性审查意见148件，已审核规范性文件36件，报备规范性文件12件。在全市范围开展规范性文件清理工作，拟失效10件，废止20件，重新公布、继续执行233件，暂行转为正式印发6件。建立由39名专家学者组成的法律顾问专家库，为重大行政决策提供可靠的法律保障。

行政执法　深入推进行政执法体制改革，全面清理执法主体，印发《鄂尔多斯市人民政府关于第一批行政执法主体的通告》，对全市具备行政执法主体资格的33个行政机关、执法组织进行公布。印发《鄂尔多斯市人民政府办公室关于推行行政执法公示制度执法全过程记录制度重大执法决定法制审核制度实施方案》，与各旗区和市直行政执法部门建立行政执法“三项制度”联络机制，动态掌握各级行政执法部门“三项制度”落实推进情况，推动行政执法工作法治化、规范化、透明化。2019年，对9个旗区行政执法三项制度贯彻落实情况进行专项督查，发现行政执法主体不合法、程序不规范等6大类20余个问题，下达整改建议书，要求限期整改、限时汇报。

行政复议和行政应诉　截至年底，加强行政复议和行政应诉工作，共受理复议申请145件，审结127件，收到应诉案件96件。

仲裁机构的管理　已完成仲裁委员会换届前期准备工作，正在对仲裁委员会进行审计。截至年底，仲裁委受理案件995件，审结683件，标的额达35.7亿元。

【法律援助及服务】

市级公共法律服务实体平台　全市建成市、旗区公共法律服务实体平台10个，建成率100%。苏木乡镇（街道）建成97个公共法律服务工作站，建成率98%，嘎查建成736个公共法律服务工作室，建成率86%。鄂尔多斯市9个旗区均已设立临街一层的法律援助便民窗口。东胜区司法局打造“7×24”小时自助法律服务室，全面提高基层公共法律服务水平。2019年，鄂尔多斯市依托各级公共法律服务平台，共办理民事、刑事、行政等法律援助案2520件。

法律服务　2019年，全市律师共办理各类案件11347件，担任各级政府法律顾问52家，事业单位法律顾问48家，担任企业法律顾问238家。参与并成功调解各类矛盾纠纷94起，参与各种公益法律服务活动917人次。

服务民营企业　推动律师服务民营企业常态化制度化，为民营企业开展免费“法治体检”专项活动，为180余家民营企业开展法治体检活动，开展法律政策宣讲29次，审查合同及规章制度90余份。

【排查化解专项行动】 全市共排查矛盾纠纷5769件，调解成功5722件，调解成功率99.2%。完善1123个人民调解组织，打造品牌调解工作室，已命名人民调解个人工作室42个。自治区司法厅命名个人调解工作室42个，金牌调解员12名，银牌调解员24名。继续开展好“一村一法律顾问”工作，切实发挥法务室作用，建立村级公共法律服务微信群，为辖区村民提供法律咨询、矛盾调处和法治宣传服务。

【普法依法治理】

国家工作人员学法用法制度　做好网络在线学法和普法考试工作，已有2023家单位85111名国家工作人员开通学号正式参学，同步完成前三季度的考试。

宣传活动 在全市开展“3·15”消费者权益日“4·15”国家安全日等重要时间节点的宣传教育活动。正在筹备以“法律服务护航企业发展”为主题的“12·4”国家宪法日宣传活动。

普法责任制 印发《鄂尔多斯市关于落实国家机关“谁执法谁普法”普法责任制实施办法》。将“谁执法谁普法”责任制考评内容纳入依法治市考核指标中。截至年底，全市已开展各类法治宣传活动4370次。

互联网＋法治宣传 利用微信、微博、网站、报纸、电台、电视、4K机顶盒、JiPad等宣传形式进行宣传。年底，已发布各类宣传信息达4366条。

【信息化建设】 举办司法智能终端应用培训班，共计100多人参加此次培训。抓好司法智能终端数据录入督查通报工作，全年共对旗区数据通报12次，促进数据录入进度。做好新媒体平台的信息发布和保障工作，截至年底，市司法局共搭建门户网站、微博、微信、微网站、今日头条、一点资讯、抖音、法治号8个信息发布平台，全年共发布信息1434条，回复网民咨询10次。全力建设鄂尔多斯市各级司法行政指挥中心。市级司法行政指挥中心正在装修，全市9个旗区司法行政指挥中心全部完成建设并投入使用。搭建公共法律服务网络平台。按照司法部关于公共法律服务体系的要求，研发集律师、公证、司法鉴定在线咨询，仲裁、行政复议信息发布，模拟法庭远程观看，案例库案例查询为一体的公共法律服务系统，为老百姓提供方便、快捷的法律服务。

【扫黑除恶专项斗争】 截至年底，律师代理涉黑涉恶案件57件。

【司法鉴定】 推进司法鉴定机构专业化、规范化、品牌化建设。推动内蒙古医科大学与安泰司法鉴定中心合作，在安泰司法鉴定中心建立内蒙古医科大学实训基地。司法鉴定机构办理案件数件6467件。

【司法考试】 2019年，全市报名考生1996人，共设定2个考点。

【深化改革】

民主法治领域改革 草拟完成《鄂尔多斯市人民政府拟定地方性法规草案和制定规章程序规定（草案）》。

司法和社会体制改革 2019年1月，出台《社区矫正工具书》《对外宣传材料汇编》《典型案例汇编》《警示案例汇编》，为进一步规范鄂尔多斯市社区矫正工作、加强社区矫正对外宣传、提升社区矫正影响力提供遵循依据。加强人民调解工作，草拟完成和报送人民调解工作相关意见的制定。

【社区矫正】 2019年，全市9个旗区全部建成标准化社区矫正中心和远程视频督查系统。社区服刑人员手机App安装率达99.45%。

【鄂尔多斯市法律援助中心概况】 鄂尔多斯市法律援助中心成立于2002年，隶属鄂尔多斯市司法局。主要职能职责：贯彻执行《法律援助条例》和有关法律援助的规定、工作规章、工作标准、规范以及制订推行法律援助制度的长期规划和年度计划，并组织实施。负责组织指派律师办理各项法律援助事务；为经济困难或者特殊案件的当事人免费提供法律服务，保护当事人的合法权益。2019年，法律援助共办理案件2520件，其中民事1746件、刑事法律援助案件770件、行政案件4件，咨询解答2800人次。

【鄂尔多斯仲裁委员会概况】 鄂尔多斯仲裁委员会（以下简称仲裁委）是市人民政府依据仲裁法规定于2002年组建并经自治区司法厅批准登记成立，是为平等主体间发生的合同纠纷和其他财产权益纠纷提供公益性服务的民商事常设仲裁机构。主要职责：依据仲裁法规定，为解决平等主体间发生的合同纠纷和其他财产权益纠纷提供仲裁法律服务。仲裁委办事机构为鄂尔多斯仲裁委员会秘书处（以下简称秘书处），系自收自支的正科级事业单位（公益二类），原隶属于市人民政府办公厅，2019年转隶市司法局。秘书处职工45名，其中自收自支事业编人员3名、聘用人员42名。2019年，仲裁委聘用的仲裁员有164名，有中国人民大学、中央民族大学、西南政法大学、内蒙古大学的法学专家、教授，有人民法院退休的法官，有北京、上海、广东、辽宁、浙江、山东、内蒙古等地的律师，有高级经济师、高级会计师、高级工程师，是法律、经济贸易等领域的专家和学者，完全能够为各类民商事纠纷提供优质的仲裁服务。秘书处下设事业发展部、立案部、案件审理部、秘书处、计划财务部、事务中心、档案室、专家咨询委员会、纪律监督委员会、调解中心、综合业务部等11个内设职能部门。在鄂尔多斯市7旗2区和棋盘井工业园区设立10个办事处，并根据专业性设立金融仲裁院、民间借贷仲裁院、房地产与建筑业仲裁院。2019年，仲裁委共计受理各类仲裁案件995件，案件标的总额近35.7亿元（案件争议标的额在500万元以上的案件有340件）。所受理案件类型呈现多样化，其中：房屋买卖合同类纠纷338件，服务合同类纠纷268件，借款合同类纠纷126件，买卖合同类纠纷110件，建设工程类纠纷105件，建设用地使用权合同类纠纷16件，企业类纠纷12件，租赁合同类纠纷6件，承揽合同类纠纷5件，股权转让合同类纠纷4件，运输合同类纠纷2件，债权转让合同类纠纷2件，委托合同类纠纷1件。截至2019年12月20日，仲裁委共审结683件，其中裁决312件、调解151件、撤回219件，结案率92%，调解和解率54%。所裁决案件被人民法院裁定撤销的3件，没有被人民法院裁定不予执行的案件，司法审查纠正率约为3‰。

军　事

武警鄂尔多斯支队

【概况】 2019年，中国人民武装警察部队鄂尔多斯支队（以下简称武警鄂尔多斯支队）各级深入学习贯彻习近平新时代中国特色社会主义思想和习近平强军思想，坚决贯彻武警党委、总队党委决策部署，坚持“一张蓝图绘到底、一条主线统全局、一个基调贯全程”，接力打基础、蓄力保稳定、全力抓落实，部队全面建设在标兵基础上有传承、有巩固、有提升，连续9年获评“先进支队”。

【政治工作】 武警鄂尔多斯支队坚持用党的创新理论建队育人，深入抓好党的十九大精神和习近平新时代中国特色社会主义思想、习近平强军思想学习贯彻，严密组织“牢记训词、践行使命”专题教育，扎实开展“两项主题教育”，突出学好两本“纲要”，踩实微课宣讲、研讨交流、参观践学、检视反思等关键环节，在学深悟透中统一思想、凝聚力量。注重用红色传统固本，严密组织文艺晚会、国庆升旗、军地青年联谊会、军营开放日和士兵退役仪式，升级改造荣誉室、网络学习室，挖掘编印官兵风采录、故事集，参与驻地脱贫攻坚。年内，武警鄂尔多斯支队荣获鄂尔多斯市“双拥共建先进单位”。

【执勤训练】 武警鄂尔多斯支队聚焦“迎大庆、保大庆”任务主线，统筹推进维稳工作，完成国际沙漠论坛、武装押解、联勤武装巡逻等临时勤务。牢牢端稳执勤“饭碗”，建立勤务管控机制，全面纠治执勤隐患124处。组织集训演训，举办市第二届军人运动会。参加总队系列比武集训取得2个团体第二和4个单项第一，1人被武警部队表彰为大比武“优秀指挥员”，教导队被武警部队表彰为“一级教导队”，机动大队、特战中队、机动一中队被总队表彰为“军事训练一级单位”。

【部队管理】 武警鄂尔多斯支队认真贯彻军委基层建设会议精神和武警党委1号文件精神，从严抓好基层《日周月季年经常性工作规范》落实，出台《解决“五多” 做到“五控”“两落实”》措施，组织6批次蹲点帮建，东胜中队“脱贫摘帽”，执勤二大队被武警部队和总队表彰为基层建设“先进大队”。继续开展“暖心惠兵”工程，累计发放困难救济金，协调解决官兵子女入学入园和干部家属安置随调，2名文职人员光荣参加国庆70周年大阅兵。深入开展“条令年”“治违法、严纪律”专项整顿等活动，对车辆派遣、枪弹检查、管网用网等措施逐一规范细化，扎实做好鼠疫防控工作，支队连续20年实现“三无”，被武警部队表彰为“暑期百日安全竞赛”活动优胜单位和“安全工作先进单位”。

【保障工作】 推进后装力量体系化建设和实战化训练，强化开展“一组五队”伴随式保障、检验性拉动。深化拓展后勤领域重点问题“清仓归零”整治，累计整改 6 类 111 项问题，追缴违规开支，清仓归零目标如期完成。2019 年，完成项目采购，组织各类卫勤保障工作，巡诊服务到基层，为官兵及家属进行体检，投入资金用于更新更换学习桌椅、办公电脑，配发炊事器械，新建种养殖基地，高标准建成射击训练场，有效提升服务基层的综合保障效益。

【党建工作】 扎实做好党建会议“下篇文章”，2 次召开专题民主生活会，严密组织基层党委（支部）书记培训，严格落实“三会一课”、双重组织生活等制度，各级党的意识、组织观念得到锤炼提高。常态开展党章党规党纪学习活动，6 次组织党课教育，严格落实定期讲评班子和干部、家庭走访等制度，在常抓长治中不断纯正政治生态。鄂托克前中队党支部被总队表彰为“先进基层党组织”，支队团委被总队表彰为“先进团委”。

【荣誉奖励】 武警鄂尔多斯支队被中国人民武装警察部队（以下简称武警部队）表彰为“武警部队暑期百日安全竞赛活动优胜单位”，被武警部队表彰为“安全工作先进单位”；执勤二大队被武警部队、中国人民武装警察部队内蒙古总队（以下简称武警内蒙古总队）表彰为“基层建设先进大队”；教导队被武警部队表彰为“一级教导队”；武警鄂尔多斯支队被武警内蒙古总队表彰为“基层建设先进支队”；武警鄂尔多斯支队团委被武警内蒙古总队表彰为“先进团委”；机动大队被武警内蒙古总队表彰为“军事训练一级大队”；机动一中队、特战中队被武警内蒙古总队表彰为“军事训练一级中队”；6 个基层中队被武警内蒙古总队表彰为“基层建设先进中队”。2 人参加庆祝中华人民共和国成立 70 周年阅兵活动，并获习近平主席签批嘉奖，参谋长被武警部队表彰为“庙算—2019”指挥员大比武活动优秀指挥员，2 人被武警部队表彰为“暑期百日安全竞赛活动先进个人”，政治工作处宣传保卫股 1 人被武警部队表彰为“网络舆论先进个人”，武警鄂尔多斯支队 2 人被武警内蒙古总队记三等功。

财政 税务

财 政

【鄂尔多斯市财政局领导名录】

党组书记：王 瑞
局 长：王 瑞
副 局 长：张玉兰（女）
杨颖新（蒙古族）
刘文清
纪检组组长：薛长发

【概况】 2019 年，鄂尔多斯市财政局局内设 22 个行政科室，办公室、机关党委、条法税政科、综合研究室、预算科、国库科、债务管理科、行政科、政法科、教育体育科、科技文化科、经济建设科、经济贸易科、自然资源和生态环境科、农牧科、社会保障科、金融外经科、资产管理科、工业能源科、会计科、绩效管理和监督科、政府采购科；鄂尔多斯财政局局属 12 个全额拨款事业机构，财政研究所、政府采购管理办公室、政府债务管理中心（鄂尔多斯市政府和社会资本合作中心）、财政信息网络管理中心、预算编制中心、财政监督检查绩效评价中心、财政投资评审中心、对外财经合作交流中心、非税收入管理局、财政国库支付管理局、转型发展基金管理服务中心、财政会计师管理服务中心。在职干部职工 150 人，离退休退养人员 83 人，其中：行政编制核定 45 名，实有 36 人；机关工勤核定编制 12 名，实有 12 人；参照公务员管理的事业单位编制核定 64 名，实有 47 名；全额拨款事业单位核定编制 64 名，实有 55 人。2019 年，一般公共财政预算收入达到 501 亿元，全年一般公共财政预算支出完成 628.1 亿元。

【预算执行】

一般公共预算　全市完成一般公共预算收入 501 亿元、增长 15.6%。加上上级转移支付收入 138.4 亿元、地方政府一般债券收入 144.1 亿元、2018 年结转收入 95.6 亿元、调入预算稳定调节基金 64.5 亿元、2018 年置换债券结余 18.6 亿元、调入资金 1.9 亿元，收入共计 964.1 亿元。全市完成一般公共预算支出 628.1 亿元、增长 7%，加上上解自治区支出 1.6 亿元、一般债券还本 128.8 亿元、安排预算稳定调节基金 106.9 亿元、待偿债置换债券结余 0.3 亿元，支出共计 865.7 亿元。收支相抵，年终结转专项 98.4 亿元，按既定用途结转至下年继续使用。鄂尔多斯市本级完成一般公共预算收入 196.6 亿元，加上上级转移支付收入 138.4 亿元、地方政府一般债券收入 35.7 亿元、上解收入 40.7 亿元、2018 年结转收入 47.3 亿元、调入资金 0.6 亿元，调入预算稳定调节基金 47.9 亿元、2018 年置换债券结余 2.7 亿元，收入共计 509.9 亿元。市本级完成一般公共预算支出 161.4 亿元，加上补助旗区支出 166.1 亿元、上解自治区支出 1.6 亿元、一般债券还本支出 34 亿元、安排预算稳定调节基金87.5亿元，支出共计450.6亿元。收支相抵，年终结转专项59.3亿元，按既定用途结转至下年继续使用。

政府性基金预算　全市完成政府性基金收入34.4亿元、增长123.8%，主要是土地出让金收入大幅增长。加上上级转移支付收入3.1亿元、地方政府专项债券收入33.7亿元、2018年结转收入8.1亿元，2018年置换债券结余0.4亿元，收入共计79.7亿元。全市完成政府性基金支出50.8亿元，加上专项债券还本支出18.8亿元，调出资金1.2亿元，待偿债置换债券结余0.2亿元，支出共计71亿元。收支相抵，年终结转8.7亿元，按规定结转至下年使用或调入一般公共预算统筹安排。市本级完成政府性基金收入3.4亿元、全部为车辆通行费收入。加上上级转移支付收入3.1亿元，上解收入0.2亿元，2018年结转收入0.8亿元，收入共计7.5亿元。市本级完成政府性基金支出3亿元，补助旗区1.9亿元，支出共计4.9亿元。收支相抵，年终结转2.6亿元，按规定结转至下年继续使用。

国有资本经营预算　市本级国有资本经营预算收入完成6461万元，较年初预算超收2461万元，超收的主要原因是国有企业一次性清算收入。加上2018年结转收入7332万元，收入共计13793万元。国有资本经营预算支出完成5346万元，调出资金6345万元，支出共计11691万元。收支相抵，年终结转2102万元。

社会保险基金预算　全市完成社会保险基金收入146.3亿元，其中：保险费收入117.7亿元，财政补助收入22亿元，其他收入6.6亿元。全市社会保险基金支出104.3亿元，主要用于各项社会保险待遇支出。收支相抵，当年结余42亿元，年末滚存结余368.4亿元。

【推进“三去一降一补”】 拨付关闭非煤矿山中小企业补贴198.7万元。为144家企业发放失业保险援企稳岗“护航行动”补贴3826万元。争取车购税补助8亿元，推进76条公路建设和维护。拨付公交民航运营补贴5.5亿元。乌兰木伦三号桥开工建设，完成城镇棚户区改造600套。

乡村振兴战略　设立5亿元乡村振兴产业发展政府引导基金，为281个项目投放资金6.2亿元。下达专项2亿元，推进人居环境整治，完成户改厕4.5万户，建成乡镇生活污水处理厂24座。下达各类涉农涉牧专项33.1亿元，支持全市产业振兴、生态宜居、公共服务及强农惠牧政策落实。

振兴民营经济　认真落实减税降费政策，新增减免税费负担111.9亿元，激发市场主体活力。落实支持民营经济发展8条措施，拨付涉企政策性补贴近10亿元，推动重点产业、节能环保、大数据等领域实体经济产业加快发展。推进10亿元民营企业发展政府引导基金设立工作，为中小微企业提供“助保贷”9070万元，引导企业向“专精特新”方向发展。鄂尔多斯市入围财政部支持深化民营和小微企业金融服务试点城市，获得中央补贴5000万元。

加大科技创新支持力度　认真落实鼓励科技创新、引导科技成果转化方面财税政策。继续加大资金保障力度，安排科技领域专项3.5亿元，发放创业担保贷款贴息267万元，支持科技产业发展、科技创新奖补、科技人才培育等工作。规范运用PPP模式，全市纳入国家PPP管理库项目33个，其中签约落地16个，带动社会投资11.9亿元，涉及教育、市政、交通等行业。

【财政运行】

依法依规组织收入　在认真落实减税降费政策、促进实体经济更好更快发展的同时，适时对收入形势分析研判，依法加大税费征管力度，加强重点税源、重大项目税收监控，统筹抓好化债和清欠税收工作，努力挖潜增收。全市地方财政总收入、一般公共预算收入首次分别突破千亿元和500亿元大关。

持续优化支出结构 树牢长期过紧日子思想，制定压减“三公”经费、会议费、培训费、物业费等一般性支出管理的长效机制，坚决压减一般性支出，全市一般性支出下降7%。加强预算执行管理，科学调度国库资金，对旗区、市直部门支出进度按月通报，并与转移支付、预算安排挂钩，努力提高财政支出效率，集中有限的财力突出保障政府债务化解、解决拖欠民营企业账款、脱贫攻坚、生态文明建设等重点支出，坚决守好“发展、民生、生态”三条底线。

做大做强财政实力 制定落实减税降费政策、确保全市财政平稳运行的9条措施，市本级补助困难旗区转移支付180亿元，全力支持旗区做好“三保”、“三大攻坚战”、转型升级等重点工作。争取上级县级基本财力保障机制、化债奖补资金等转移支付，2019年全市争取到位各类转移支付和债券资金196亿元。

【三大攻坚战】

重大债务风险防范 严格落实“谁举债谁偿还”要求，层层压实主体责任。切实加强统筹调度，及时研究解决化债过程中的困难。加强民生项目政策梳理评估和财政可承受能力评估，严禁盲目“铺摊子、上项目”，全年停建缓建政府投资项目22项、总投资31.5亿元。完善激励机制，印发《防范化解政府隐性债务风险激励措施》，尽最大力度支持旗区防范化解债务风险。争取到位债券资金177.8亿元，伊金霍洛旗成功列入全国化债试点县，鄂尔多斯市“强化债券全流程管理、有效支撑项目建设”典型做法获国务院第六次大督查通报表扬。全市通过预算安排、盘活资源资产、争取转移支付等方式，政府隐性债务化解完成全年目标的206.6%，其中：“十个全覆盖”直接相关项目工程款、拖欠民营企业中小企业账款均提前完成任务。

脱贫攻坚 制定扶贫项目资金管理实施细则、涉农涉牧资金统筹整合实施意见等办法，进一步明确目标、细化任务。强化扶贫资金动态监控，实行扶贫资金使用管理定期报告、通报工作机制，充分发挥资金使用效益。全面推行预算绩效管理，对2018年扶贫资金开展绩效评价。健全完善脱贫攻坚经费投入保障机制，各级财政投入扶贫资金3.3亿元，全市118户267名贫困人口实现稳定脱贫。

污染防治攻坚 认真践行习近平总书记黄河流域生态保护和高质量发展座谈会精神，下达生态建设资金3.6亿元，深入推进黄河流域、库布齐沙漠生态治理和环境保护工作，设立安排专项资金，持续加强矿区环境综合治理，支持打好大气、水、土壤污染防治战役。实施退耕还林还草、京津风沙源治理、沿黄生态廊道建设等工作。

【着力兜牢民生底线】 全市用于民生支出320亿元，占比51%。

坚持教育优先发展战略 积极落实中央自治区义务教育薄弱环节改善与能力提升政策，新建、改扩建中小学幼儿园22所。市蒙古族学校开工建设，建成农村牧区教师周转宿舍462套。实施中小学及高校绩效工资制度。

深化医药卫生体制改革 坚持以人民健康为中心，投入国家基本药物制度经费、基本公共卫生服务、重大公共卫生经费和公立医院改革经费3.1亿元，全力推动医药卫生体制改革走深走实。推进医改政策落地见效，全市基本医保参保率稳定在95%以上。加大食品药品安全经费投入力度，落实最严格监管制度。

促进文化旅游业发展 投入1亿多元，大力扶持全市乌兰牧骑发展和艺术创作。支持103处公益场馆免费或低收费开放。市直文化场馆维修改造完成并交付使用。举办第七届库布齐沙漠论坛、第二届国际能源大会、成吉思汗查干苏鲁克大祭、第三届国际文化创意大会等重大活动。

【现代财政制度】

完善财政体制 出台市以下财政事权和支出

责任划分改革总体方案，为分领域改革提供重要遵循。配合自治区将煤炭资源税适用税率由9%提高到10%，切实增加地方可用财力。加大统筹盘活财政存量资金力度，2019年收回5.1亿元。

全面实施预算绩效管理　草拟《关于推进全面实施预算绩效管理的实施意见》《预算绩效管理办法》，筛选事关民生的15个重点项目开展绩效评价工作，涉及金额12亿元，与预算编制挂钩。

实现采购过程电子化管理　在全区首次应用“互联网＋政府采购”模式，将合同备案、交易管理、网上商城等业务融为一体，实现政府采购全过程电子化管理。全年采购支出29.4亿元，增长3.5%。

全面消化历史欠账　近三年来通过多方筹资，基本解决市本级历年累积拖欠的政策性配套补贴欠账，全部消化市本级多年形成的暂付款，完成自治区确定的消化目标。

持续提升管理水平　建立财政投资项目储备库，将涉及预算编制、债券资金、争取上级转移支付方面的财政投资项目全部纳入并实行全流程管理，累计入库项目659个、资金126.3亿元。实施161个政府购买服务项目，实现购买支出1.6亿元。推进预决算公开，预决算公开率达到100%。主动办理人大代表建议、政协委员提案24份，办结率100%。

（赵继红）

税　务

【国家税务总局鄂尔多斯市税务局领导名录】

党委书记、局长：苗福成
党委副书记、副局长：李庆年（11月离任）
高虎社（11月任职）
副　局　长：包亦兵（蒙古族）
高　峰（10月退休）
杨有为
雷飞云
呼有昌
蔺　杰
张瑞刚
纪检组组长：张志刚（蒙古族）
总会计师：李　刚
李　国
总经济师：王　喜

【概况】 国家税务总局鄂尔多斯市税务局于2018年7月5日挂牌成立，是由原鄂尔多斯市国家税务局和鄂尔多斯市地方税务局按照党中央、国务院机构改革的要求落实国税地税征管体制改革方案合并成立的。主要职责：（1）负责贯彻执行党的路线、方针、政策，加强党的全面领导，履行全面从严治党责任，负责党的建设和思想政治建设工作。（2）负责贯彻执行税收、社会保险费和有关非税收入法律、法规、规章和规范性文件，研究制定具体实施办法。组织落实国家规定的税收优惠政策。（3）负责研究拟定本系统税收、社会保险费和有关非税收入中长期规划，参与拟定税收、社会保险费和有关非税收入预算目标并依法组织实施。负责本系统税收、社会保险费和有关非税收入的会统核算工作。组织开展收入分析预测。（4）负责开展税收经济分析和税收政策效应分析，为国家税务总局内蒙古自治区税务局和鄂尔多斯市委、市政府提供决策参考。（5）负责所辖区域内各项税收、社会保险费和有关非税收入征收管理。组织实施税（费）源监控和风险管理，加强大企业和自然人税收管理。（6）负责组织实施本系统税收、社会保险费和有关非税收入服务体系建设。组织开展纳税服务、税收宣传工作，保护纳税人、缴费人合法权益。承担涉及税收、社会保险费和有关非税收入的行政处罚听证、行政复议和行政诉讼事项。（7）负责所辖区域内国际税收和进出口税收管理工作，组织反避税调查和出口退税事项办理。（8）负责组织实施所辖区域内税务稽查和社会保险费、有关非税收入检查工作。（9）负责增值税专用发票、普通发票和其他各类发票管理。负责税收、社会保险费和有关非税收入票证管理。（10）负责组织实施本系统各项税收、社会保险费和有关非税收入征管信息化建设和数据治理工作。（11）负责本系统内部控制机制建设工作，开展对本系统贯彻执行党中央、国务院重大决策及上级工作部署情况的督查督办，组织实施税收执法督察。（12）负责本系统基层建设和干部队伍建设工作，加强领导班子和后备干部队伍建设，承担税务人才培养和干部教育培训工作。负责本系统绩效管理和干部考核工作。（13）负责本系统机构、编制、经费和资产管理工作。（14）完成国家税务总局内蒙古自治区税务局和鄂尔多斯市委、市政府交办的其他工作。鄂尔多斯市税务局机构编制有行政编制、事业编制、工勤编制，内设办公室、法制科、货物和劳务税科、企业所得税科、个人所得税科、财产和行为税科、社会保险费和非税收入科、收入核算科、纳税服务科、征收管理科、税收经济分析科、税收风险管理局、财务管理科、人事教育科、考核考评科、老干部科、机关党委、系统党建工作科，纪检组等19个机构和第一税务分局（重点税源企业税收服务和管理局）、第二税务分局、稽查局、第一稽查局、第二稽查局、第三稽查局等6个派出机构。纳税服务中心（税收宣传中心）、信息中心、机关服务中心等3个事业单位、鄂尔多斯市国际税收研究会、鄂尔多斯市税务学会2个社会组织。所属机构18个，包括旗（区）税务局9个和开发区（园区）税务局9个。全市税务系统现有工作人员3355人，本科以上学历占比为76.82%，大专以上学历占比95.73%。截至2019年底，全市税务系统各级税务机关管理纳税人18.24万户，其中一般纳税人1.83万户；缴费登记单位0.79万户、缴费登记个人153万人。承担税收、社保费和非税收入28项税费征管工作。2019年，税费收入突破千亿元大关，达到1075.94亿元，完成税收收入925.66亿元，占全区税收总收入的比重达34.7%。

【税费收入】 全年共完成税费收入1075.94亿元，首次突破千亿元大关，同比增收95.05亿元，增幅9.7%。其中，完成税收收入925.66亿元，同比增收88.37亿元，增幅10.6%，占全区税收总收入的34.7%，收入总量和质量稳居全区第一。完成市级一般公共财政预算收入397.12亿元，同比增收29.75亿元，增幅8.1%，占全市公共财政预算收入的79.2%，社会保险费收入106.39亿元，同比增收11.97亿元，增幅12.7%。非税收入33.94亿元，其他收入9.95亿元。

【减税降费】 全年共为各类市场主体新增减免税费103亿元，办理出口退（免）税3.3亿元。

【税务执法】 把牢统筹推进优化税收执法方式与加快健全完善税务监管体系这条主线，行政执法“三项制度”全面推开，以风险为导向的“双随机、一公开”新型监管模式逐步建立。审结重大案件18件，重大税务案件审理质效持续提升。完成对5个旗区税务局的内部审计工作，税收规范性文件互审工作稳步推进。

【营商环境】 建成全区首家24小时无人工柜台智慧办税服务厅，30余项定制开发功能属于全国首创。优化微信公众平台，嵌入减税降费“全易通”电子书，升级微信联网排队叫号系统。自主开发代开发票软件，代开时间缩短到3至5分钟。实现新版电子税务局“一网”办税，政务大厅“一门”办税，138项涉税事项“一次”办税。推行纳税人“承诺制”容缺办理和纳税申报“提醒纠错制”，提供“即来、即办、即走”的优质服务。实行新办纳税人“套餐式”服务，15项涉税事项当场办结；推出清税注销“套餐式”服务，符合即办流程的纳税人“一次性办结”。推行“发票社会化服务”，实现“领票不跑腿、快递送到家”。确立每年4月20日为纳税人权益日，推出主题歌曲，为全国首创。

【税收征管】 牵头召开呼（和浩特）包（头）鄂（尔多斯）协同发展税收合作联席会议，呼（和浩特）包（头）鄂（尔多斯）税收服务和管理一体化建设深入推进。围绕加强油气田企业税收征管、解决城镇国有土地上房屋权属登记等历史遗留问题涉及的税费问题提供政策建议。围绕促进新型企业高质量发展、深化营商环境改革实施方案、转变政府职能、优化税收执法方式和减税降费工作等反馈涉税意见75件。构建完善税收经济分析指标体系，建立宏观经济税收联合分析机制，完成减税降费、煤炭行业减税降费、呼（和浩特）包（头）鄂（尔多斯）区域税收经济、税收视角下民营经济、新时代税收治理理论与实践研究等多篇高质量税收经济分析报告，为内蒙古自治区税务局党委和鄂尔多斯市委、市政府决策提供科学参考。

【税务稽查】 健全四部门协作和税警联络机制，扎实开展“打虚打骗”两年专项行动，全年稽查查补入库税款3.07亿元。协办“6·1”专票虚开案取得实质进展。

【税务风险管理】 制定全区首个规范税收风险管理工作的制度办法，税收风险管理“一体化”基础夯实筑牢。税收征管操作规范2.0版正式启用。金税三期系统顺利并库，新版电子税务局同步上线，系统、协调、多元的税收征管体系加速形成。

【扫黑除恶专项斗争】 全力配合做好扫黑除恶专项斗争工作，全市税务系统共成立领导小组及办公室24个，设立工作专班，构建上下贯通、部门协作的工作体系。全系统所有干部职工深入开展谈心谈话和承诺践诺活动，签订承诺书，先后召开党委会6次，召开领导小组专题会、推进会、案情分析会24次，认真研究部署做好扫黑除恶专项斗争工作的具体措施。全市各级税务机关共排查企业及个体户5931户，并对近两年来立案检查案件进行逐户排查，深挖黑恶线索。协助相关部门查询涉税数据547条，大力营造风清气正、人心思进、真抓实干、干事创业的良好氛围。移送涉黑涉恶线索8件，查补税费收入1411万元。

【第二批主题教育】 坚持把学习贯彻习近平新时代中国特色社会主义思想摆在首位，全面系统学、及时跟进学、深入思考学、联系实际学，努力做到学思践悟、融会贯通，切实增强“四个意识”、坚定“四个自信”、做到“两个维护”。严格落实四项重点措施，围绕国家税务总局“五个一”（弘扬一种精神，树起一面旗帜，传承一种理念，塑造一个品牌，唱响一手歌曲）和“六项行动”（党建引领夯基础、服务大局促发展、为民服务解难题、干事创业勇担当、深化“四合”激活力、成果转化谋思路），推出13项特色活动，体现鲜明的鄂尔多斯税务特色，既把规定动作做到位，又把自选动作做出彩。同时派出3个巡回指导组指导各基层局开展主题教育。在城川民族干部学院举办党性轮训班2期，开展“四员换位体验”活动，打通服务基层堵点。全系统共征集意见建议466条，形成调研报告206篇，确定整改任务216条，已完成整改任务193条。梳理专项整治任务102个，已完成整改97个。

（孟克巴特尔　王勤）

经济管理

发展和改革

【鄂尔多斯市发展和改革委员会领导名录】

党组书记、主任：高志华

副主任：方振荣

韩瑾军

陈　勇

纪检组长：杨慧强

重大项目稽察特派员（党组成员）：郭占明

【概况】 2019年，全市完成地区生产总值3605亿元，同比增长4%。实现一般公共预算收入501亿元，增长15.6%。固定资产投资增速下滑态势有效扭转，全社会固定资产投资同比增长9.5%。消费市场提质扩容，社会消费品零售总额同比增长4.5%。先行指标积极向好，工业用电量、公路和铁路货运量分别同比增长12.4%、4%和4.7%，金融机构存贷款余额分别同比增长7%和0.8%。

【三大攻坚战】

重大风险防范　推进政府债务化解和拖欠民营企业中小企业账款清欠工作，化解政府隐性债务314.3亿元，清理化解政府部门、国有企业拖欠民营企业中小企业账款129.7亿元。全力防范化解金融风险，妥善化解部分企业和金融机构债务风险和流动性风险，银行贷款不良率近五年来首次降至全区平均水平以下。

污染防治　中央环保督察和自治区生态环保大检查反馈问题整改全面完成，开工实施污染防治攻坚任务1372项，完工1244项。《鄂尔多斯市大气污染防治条例》正式出台,《鄂尔多斯市饮用水源地保护条例》获自治区人大常委会批准。全年完成林业生态建设155万亩，草原建设447万亩，水土保持综合治理149万亩。全市空气质量优良率达92%。国家考核的7个断面地表水水质优良率85.7%，集中式饮用水源水质达标率100%。

脱贫攻坚　全年落实各级扶贫专项资金3.3亿元，发放扶贫小额贷款5234.9万元，投入2.3亿元实施产业扶贫项目320个，惠及贫困人口1.16万人次。推进农产品消费扶贫，举办第二届全市农产品展洽会，签订合作项目52个，签约总金额5.7亿元。全市“三保障”和饮水安全问题得到有效解决，1088户2414名建档立卡贫困人口的饮水安全问题、187户已退出建档立卡贫困户住房安全问题得到解决，未发现“因贫失学辍学”现象。十项“清零达标”工作全面完成。全市现有的118户267名贫困人口实现脱贫。

【转型升级】

现代能源经济　编制完成《鄂尔多斯市现代能源经济示范区建设方案》和《鄂尔多斯建设国家现代煤化工产业示范区总体规划》。释放煤炭先进产能，营盘壕煤矿、白家海子煤矿等8个煤矿项目获得核准，总规模4450万吨/年。煤矿充填开采、无煤柱开采、地下气化等先进技术示范

应用积极推进，唐家会矿区煤炭地下气化示范项目建成运行。蒙西至天津南、上海庙至山东两条电力外送通道建成投运，配套电源点项目加快推进。现代煤化工产业加快发展，汇能煤制气二期工程、久泰乙二醇等重大项目建设加快推进。能源供给结构不断优化，达拉特光伏应用领跑基地一期全容量并网发电，二期50万千瓦奖励指标和库布齐沙漠生态太阳能治沙发电综合示范项目开工建设，全年新增电力装机90万千瓦。组建北方油气投资开发公司，油气资源勘探开发打开新局面。

新产业新动能 传统产业技改升级步伐加快，建元焦炉煤气综合利用、中科合成油副产物高效转化、戴普乐染料及中间体等下游延链、补链项目加快推进，盛德源甲醇制二甲醚、伊泰宁能费托烷烃等12个化工项目建成投产，新增化工产能近300万吨。培育新兴产业，蒙泰铝合金、金润达高分子管材等一批高端项目加快推进。建成泛城通用技术产业园一期、赛诺伯特3号数据中心，新增服务器机位3.9万台，全市高技术产业增加值增长26.7%。全年接待游客1736万人次，增长19.4%；实现旅游业收入508亿元，同比增长15.1%。

农牧业现代化 全年农作物总播种面积466.9千公顷，粮食总产量189.8万吨，增长11.5%。深化农牧业供给侧结构性改革，大力发展现代农牧业，农业标准化生产面积达270万亩，新建标准化规模养殖场8126个，标准化生产基地牲畜存栏量达250万头只。加快发展羊绒羊毛、瓜果蔬菜、小杂粮等特色产业，建成自治区和市级绒山羊示范创建场37个，阿尔巴斯绒山羊入选全国2019农产品区域公用品牌。打造特色农牧业品牌，新申报绿色有机产品企业14家、农产品地理标志3个、优特新农产品14个。

【重点改革】

“放管服”改革 全面推行政务服务“一站式”办理，市级、康巴什区、伊金霍洛旗政务服务中心入驻新大厅集中办公。市本级政务服务事项网上可办率由年初的34%提高到75%。实施投资项目审批制度改革，市政府和9个旗区全部成立投资项目“一站式”服务中心，工程建设项目审批系统2.0版完成建设，工程建设项目审批时限缩减至100个工作日之内。企业开办时间压缩至3天，新增市场主体4.1万户。

关键改革 出台支持民营经济高质量发展措施，制定深化营商环境综合改革实施方案，明确10大类40条改革措施，持续优化营商环境。开展全市营商环境评价。启动国土空间规划编制工作，为推进“标准地＋承诺制”改革奠定基础。营造公平公正的法治环境，全面推开行政执法公示、执法全过程记录、重大执法决定法制审核等制度。设置行政复议“快速通道”，及时办结涉及民营企业的行政复议案件。推行法律服务网上“一站式”办理，降低民营企业寻求法律服务成本。

开放合作 深度参与呼（和浩特）包（头）鄂（尔多斯）榆城市群建设，全力落实自治区呼（和浩特）包（头）鄂（尔多斯）及乌兰察布协同发展战略。承办呼（和浩特）包（头）鄂（尔多斯）及乌兰察布协同发展第三届市长联席会议、2019年呼包银榆经济区第七届联席会议，与周边地区在基础设施、商务经贸、文化旅游、污染防治和创新发展等领域开展务实合作。综合保税区封关运营，浩吉铁路建成通车，蒙晋黄河大桥开通运行，鄂榆高铁进入勘察设计阶段，开放合作通道进一步拓展。赴京津冀、长三角等地组织专题招商推介会，全年招商引资签约项目276个，到位资金286亿元。承办第七届库布其国际沙漠论坛、第二届内蒙古国际能源大会和第二届国际羊绒羊毛大会，城市知名度、美誉度进一步提升。

【城乡建设】

城市环境 开工建设市政基础设施项目226项，乌兰木伦河三号桥项目建设进展顺利。新增

和提升改造公园绿地826.7万平方米。中心城区启动生活垃圾分类工作。改造城镇棚户区600套，争取老旧小区改造资金7656万元，在伊金霍洛旗试点开展老旧小区加装电梯项目，开工实施52部。实行物业管理服务平台化运营，物业管理从传统管理模式向智能化管理转变。

乡村振兴 印发乡村振兴战略规划和5个专项实施方案，启动101个乡村振兴示范嘎查村建设。出台《鄂尔多斯市实施乡村振兴战略产业振兴资金扶持办法（试行）》，设立5亿元乡村振兴产业发展扶持资金，引导各类主体按照“党支部＋龙头企业＋合作社＋农牧户”发展模式，为281个项目配套扶持资金6.2亿元。推进乡村环境整治，开工危房改造134户，实施户改厕4.5万户，633个行政村生活垃圾得到有效治理，占比达到86%。

【民生实事】

居民就业和收入 实施支持企业发展稳就业、提升职业技能促就业、鼓励创新创业带就业、强化就业援助扶就业、加强公共服务优就业五大行动，发放稳岗补贴3826万元，惠及455家企业、10.4万名职工，农牧民工欠薪问题保持动态清零。全市新增就业23999人，城镇登记失业率控制在合理范围之内。全市城乡居民人均可支配收入达到49768元和20075元，分别增长6.3%和9.8%，均快于经济增长速度。

社会保障 全市基本医保参保率稳定在95%以上，企业和机关事业单位人均养老金水平分别达到3413元/月、5922元/月，位居自治区前列。城乡居民基础养老金在连续两年提高100元的基础上，2019年再提高50元达到448元/月。社会保障基础设施进一步完善，市儿童福利院建成投用，市社会福利中心开工建设。

教育事业 出台《鄂尔多斯市教育现代化2035》和推进教育现代化工作方案。新建、改扩建中小学幼儿园22所，完工7所。建成农村牧区教师周转宿舍462套，“全面改薄”工程进入收尾。市蒙古族学校新校区开工建设。全市普通高考汉授、蒙授一本上线率分别达到37.3%和47.8%，创历史新高。

健康鄂尔多斯建设 建成市中医医院新住院楼和4个旗区蒙医综合医院，组建城市医疗集团2个、医共体8个、专科联盟2个，累计派出中级以上职称医师到基层坐诊7647人次。加强公共卫生服务，0—6岁儿童健康管理率达90.3%，产前筛查率、新生儿访视率和新生儿疾病筛查率分别达85.3%、93.9%和89.2%。

群众文体活动 开展“乌兰牧骑千场惠民演出、百场调演展演”、百日消夏广场文艺演出等群众文化活动2300余场次，组织文化下乡演出1500多场，累计参与群众超过150多万人次。举办国际马拉松、国际青少年足球夏令营等赛事活动。

社会治理 坚决打赢安全生产、社会稳定、信访、网络舆情攻坚战，纵深推进扫黑除恶专项斗争、食品安全监管提升。全市安全生产形势稳定向好，信访总量持续下降，社会大局和谐稳定。

商务管理

【鄂尔多斯市商务局领导名录】

党组书记、局长：张　涛

副局长：李志宏

　　　　千慧芬（正处级）

纪检监察组组长：陈骏驰

【概况】 鄂尔多斯市商务局是市人民政府工作部门，为正处级单位，挂鄂尔多斯市口岸管理办公室牌子。鄂尔多斯市商务局贯彻党中央关于国内外贸易、国际经济合作、外商投资和口岸管理工作的方针政策，落实自治区党委、市委决策部署，在履行职责过程中坚持和加强党对国内外贸易、国际经济合作、外商投资、招商引资和口岸管理工作的集中统一领导。

【国内贸易】

拓宽消费渠道，挖掘消费潜力　启动消费促进月活动吸引100余家商户参加，团车节·惠民车展销售额达到1.05亿元，夏季国际车展销售额达到1.3亿元，“内蒙古味道”上海展会现场销售额6.6万元，达成意向110多万元，“内蒙古味道”广州展会现场销售额达到6.4万元，签订采购合同6100万元，内蒙古电商扶贫年货节暨农畜产品交易大会现场销售额80.5万元。此外，鄂尔多斯市商务局还积极推动共享经济发展，全市已投放共享单车3000辆，投放充电宝机1200台，投放共享按摩椅300台，投放共享玩具50套。

建成物流体系，规范物流秩序　印发《鄂尔多斯市城乡高效配送试点企业培育指导方案》，申报鄂尔多斯市报业传媒发行物流公司为城乡高效配送重点工程试点企业。无车承运人物流服务平台落地空港物流园区，23家无车承运人企业现已入驻该平台。推广使用标准化托盘（1200毫米×1000毫米）6651个，引导物流企业普及使用电瓶叉车，进一步推动物流标准化建设。截至年底，鄂尔多斯市已初步建成市、旗区、苏木乡镇、嘎查村四级物流网络配送体系，6个旗县级快递物流分拣中心，439个快递网点（法人企业26家，分支机构261个，末端网点152个）。

加强电商培训，促进电商发展　印发《全市推进实体零售创新转型实施方案》，组织策划618年终盛典线上运营同步活动，线上14家鄂尔多斯店铺产生订单总数4075笔，销售总额216.9万元；在京东云培育羊绒品牌14个，培训电商人员1000人左右；争取自治区级电子商务示范基地6个，自治区级电子商务示范企业2个。此外，鄂尔多斯市商务局完成农村电商、中央脱贫攻坚专项巡视反馈意见整改、电商扶贫“清零达标”、2018年内蒙古自治区党委政府脱贫攻坚成效考核指出问题整改等多项工作，成立中央脱贫攻坚专项巡视反馈意见整改工作领导小组，印发电商扶贫工作领导小组工作规则、组织电商扶贫经验交流及座谈会，邀请京东集团农村电商运营中心高级顾问开展电商扶贫培训，实地赴贵州省就电商扶贫进行学习考察，截至2019年底，农村电商累计带动就业1036人、培训4486人，建设222个农村电商服务站，实现“农村电商服务站乡镇全覆盖”。鄂尔多斯市商务局通过协调内蒙古电子口岸中心，全力支持综合保税区开展跨境电商测单业务，支持综保区利用现有海关监管场所改造建设跨境电商监管场所，开展跨境电商业务。

【国外贸易】

加强外贸服务，助推外贸发展　通过组织鄂尔多斯市进出口企业参加西日本地区中日友好交流大会、中国品牌商品（中东欧匈牙利、捷克）展览会、上海华交会、香港羊绒交易会、加工贸易产品博览会、中国进口博览会等国内外展会，强化鄂尔多斯市对外贸企业的包保服务。组织申报鄂尔多斯装备制造工业园区获批“国家外贸转型升级基地”，该基地成为鄂尔多斯市第2个、自治区第11个国家外贸转型升级基地。鄂尔多斯市上榜2018年“中国外贸百强城市”，综合排名第54位。如期完成第二届中国国际进口博览会洽谈、采购任务，11家企事业单位分别与来自美国、德国、日本等国家和地区的展商签订意向采购协议，共计达成意向采购金额4999.57万美元。

放宽外资准入，稳定外资到位　全面落实准入前国民待遇加负面清单管理制度，严格执行《外商投资准入特别管理措施（负面清单）》，实施外商投资企业设立商务备案与工商登记“单一窗口、单一表格”受理新模式。实施外商投资企业联合年报，调查全市外商投资企业的存量，服务已设立的外资企业，促进外资及时到位。组织鄂尔多斯市企业参加投资贸易洽谈会（天津）、西洽会（重庆）、厦洽会（厦门）等重要经贸活动，为企业寻求中外合资、中外合作提供平台。

前三季度，鄂尔多斯市新备案外资企业4家。

提供境外平台，推动境外合作　通过组织参加克拉斯诺亚尔斯克边疆区食品机械国际博览会、中国内蒙古—蒙古国投资贸易合作推介会、埃塞俄比亚—中国内蒙古自治区投资推介会、中俄博览会暨哈洽会、中非博览会、中蒙博览会、东盟博览会等国内外重要经贸活动，并利用经贸活动平台引导鄂尔多斯市企业"走出去"开展跨国经营。截至2019年底，全市协议投资总额达57.12亿美元，投资地域涉及蒙古、柬埔寨、加拿大、美国、德国、日本、帕劳共和国、印度尼西亚、缅甸等国家和地区，其中"一带一路"的国家有蒙古国、俄罗斯、印度、新加坡、缅甸、柬埔寨6个国家；新办理境外投资企业2家，全市境外投资企业达57家。

【招商引资】 2019年，市商务局创新招商引资方式，与南京内蒙古商会、浙江内蒙古商会、山东省内蒙古商会签订2019年度委托招商协议。在南京组织2019中国甲醇·聚烯烃市场高峰论坛暨鄂尔多斯长三角招商推介会，签订3个合作项目，协议金额达133亿元；在北京组织园博会鄂尔多斯招商引资签约仪式，签订10个合作项目，协议金额达172.1亿元；在青岛组织2019中国煤化工产业高质量发展论坛暨鄂尔多斯招商会，签约33个合作项目，协议金额达830.83亿元；在南京承办鄂尔多斯市2019年加工贸易（装备制造和煤化工产业链）精准招商推介会，签约49个合作项目，协议金额达554.8亿元。此外，深入各旗区、园区就近几年招商引资项目的落地情况和项目储备情况开展督查和调研。

【口岸开放】 截至2019年底，鄂尔多斯航空口岸共运营国际航线6条，完成国际旅客吞吐量5.7万人次，通过"单一窗口"申报819单，申报率达100%。海关总署正式批复同意鄂尔多斯国际航空口岸设立进境水果、食用水生动物和进口冰鲜水产品指定监管场地，为内蒙古自治区首个集进境水果、食用水生动物、进口冰鲜水产品于一体的综合型指定监管场地，填补全区在该领域的空白。

对外贸易

【鄂尔多斯市贸促会领导名录】

党组书记、会长：双青克（蒙古族）

副会长：高建新

苏俊杰

【概况】 鄂尔多斯市贸促会成立于2017年7月，内设综合部、联络部、展览部、会务信息部、法律部等部室，核定编制13人，其中核定正处级领导1人、副处级领导2人，截至2019年12月，实有在职人员12名。职能职责：贯彻国家、内蒙古自治区和鄂尔多斯市关于对外贸易工作的方针政策，开展同世界各国、各地区经济贸易界、经贸团体以及有关国际组织的联络工作；组织企业参加国际、国内展览会、博览会活动，主办或承办在鄂尔多斯市举办的各种展（博）览会；承担出口商品原产地证明书的签发及其他涉外商事单据的认证；代办涉外商事单据（证明）和暂准进口货物单证（ATA）的出证和担保等业务；承担领事认证代办业务，出口商品自由销售证明的出具，中国出口商品品牌评价相关工作；承担经贸摩擦预警信息发布工作；办理经济贸易、仲裁和调节业务；提供有关法律咨询、法律顾问等服务；向国内外有关企业和机构提供经济技术和贸易方面的信息和咨询服务及资信调查服务。

【展（博）览会】 1月10—31日，由鄂尔多斯市贸促会主办的2019首届鄂尔多斯年货博览会暨平价海鲜购物节在东胜区全民健身活动中心举办。本届年货博览会为期12天，吸引参观人数超过12万人次，累计促成交易额达2100余万元。5月8—14日，鄂尔多斯市贸促会、亚泰（国际）贸易展览集团主办的2019第三届中国进出口博览会在东胜区全民健身中心举办，200多家国内外参展商携各地特产参展。5月17—18日，由鄂尔多斯市人民政府主办，市贸促会承办的2019年中国北京世界园艺博览会“内蒙古·鄂尔多斯市主题活动日”在北京延庆举办，活动内容有专场文艺演出、专场招商推介会。专场文艺演出吸引中外游客千余人观看，现场发放鄂尔多斯市宣传资料1000余份。专场推介会上，鄂尔多斯市7个旗区、2个园区与10家企业签署10个合作项目，协议总金额达172.1亿元。5月20日，由鄂尔多斯市贸促会主办，新思维会展服务有限公司承办的2019年新思维鄂尔多斯第十九届国际汽车展览会在鄂尔多斯国际会展中心举行。此次车展为期5天，共计展出面积约2万平方米，60多个品牌参展，展会期间人流量达7万人次，现场预订及销售车辆1356台，总成交额近三亿元。8月8—12日，2019中国（鄂尔多斯）国际羊绒羊毛大会暨展览会在鄂尔多斯市东胜区全民健身中心举办，此次展会由中国国际商会主办，内蒙古贸促会、鄂尔多斯市人民政府承办，东胜区人民政府、鄂尔多斯市贸促会执行筹备。展览区面积2万平方米，邀请到国内外229家参展商（其中国内159家、国外70家）和510家优质采购商（其中国外采购商150家、国内采购商360家）。伊朗、阿富汗、尼泊尔、美国、日本、马里等18个国家企业参加展会，参展和采购人数达2000余人。此次展会现场成交额达517.77万元，现场签约订单额1.6亿元，意向订单额2.14亿元。

【内蒙古国际商会常务理事单位】 3月1日，中国国际商会内蒙古商会第四届会员代表大会在呼和浩特市举行，鄂尔多斯市贸促会当选为内蒙古国际商会常务理事单位；东胜区贸促会、达拉特旗贸促会、准格尔旗贸促会、乌审旗贸促会、鄂托克旗贸促会、康巴什贸促会、杭锦旗贸促会、鄂托克前旗贸促会、伊金霍洛旗贸促会当选为内蒙古国际商会理事单位。蒙古煤炭交易市场有限公司、内蒙古特弘煤电集团有限责任公司、内蒙古蒙泰集团有限责任公司、蒙西高新技术集团公司、内蒙古久科康瑞环保科技有限公司、内蒙古蒙凯进出口贸易有限公司、内蒙古正能化工集团有限公司、内蒙古鄂尔多斯投资控股集团等鄂尔多斯市8家企业当选为内蒙古国际商会副会长单位。12月27日，中国国际商会理事会会议在北京召开。鄂尔多斯市贸促会派员参加会议，本次会议中，推荐鄂尔多斯投资控股集团有限公司入选中国国际商会常务理事单位，也是这次理事会内蒙古自治区唯一一家入选企业。

【组织工作】 4月24日，2019首届内蒙古—香港绿色农畜产品推介会及内蒙古绿色农畜产品精品馆揭牌仪式在香港举行。鄂尔多斯市贸促会联合市农牧局，组织鄂尔多斯市18家企业50多种农畜产品进行展示展销。5月31日—6月2日，鄂尔多斯市贸促会组织鄂尔多斯科教轻纺工业园及10余家企业参加上海2019年“一带一路”名品展。鄂尔多斯市参展企业现场销售金额16.795万元，签订订单金额3万元，签订意向合同金额7万元，招代理、加盟商5家。6月25—29日，鄂尔多斯市贸促会组织3家企业赴俄罗斯参加第十五届中俄蒙工商论坛。6月27日，鄂尔多斯市贸促会组织13家企业参加2019第四届乌兰巴托·中国内蒙古商品展览会。

【联络工作】 8月9日，由鄂尔多斯市贸促会、康巴什区人民政府主办，康巴什区商务和科技局承办的中国（康巴什）·埃塞俄比亚经贸合作座谈会在鄂尔多斯市康巴什会展中心召开。同日，鄂尔多斯市贸促会组织马里共和国驻华大使馆一等参赞阿尔穆斯塔法·迪科一行在伊金霍洛旗召开座谈会。8月10日，鄂尔多斯市贸促会组织委内瑞拉驻上海总领事馆总领事莱斯贝斯·贝里奥斯·莱昂一行在乌审旗图克镇召开座谈会。

公共资源交易管理服务

【鄂尔多斯市公共资源交易综合管理办公室领导名录】

党组书记、主任：张建钧

副 主 任：康　宁（女）

纪检组组长：李晔林（女，3月任职）

【概况】 鄂尔多斯市公共资源交易综合管理办公室成立于2011年6月，按照“一委一办一平台”的架构组建运行。“一委”为全市公共资源交易的领导机构，市长为公管委主任，纪委书记和分管副市长为副主任，市监察、发改、财政、建设、国土、交通、水利、商务、卫计、环保等部门为成员单位；“一办”是市公管委下设公共资源交易综合管理办公室，下设综合科、市直业务科、旗区业务科、信息科、法规与监察科、审价科、财务科、专家管理科共8个科室，为日常工作管理协调机构；“一平台”为公共资源交易平台，包含市建设工程交易中心、市政府采购中心、市土地产权交易中心、市投资项目结算审核中心、市煤炭及矿产资源交易中心和各旗区交易中心共13个中心。截至年底，市旗（区）两级共有编制182名，实有在编人数178人。其中：市直核定编制62名，实有人数59人；旗区核定编制120名，实有人数119人。市公管办的主要职能：贯彻落实国家和自治区关于公共资源交易管理服务的法律和政策规定，承担市公管委日常工作，研究制定配套的制度和措施；管理和维护全市统一的公共资源交易电子平台；协助行业行政主管部门对各类交易活动进行规范化管理，为相关行业行政监督部门开展监督管理活动提供必要条件，配合各行业行政监管部门处理交易活动中的投诉；协助相关部门建立完善诚信体系；受理对各级公共资源交易服务平台及其工作人员的投诉举报；对下设的13个中心的建设与运行进行管理、考核和监督。各交易中心承担的职能：承担市本级及康巴什新区所有建设工程项目、其他旗区2000万元以上建设工程项目；市本级政府采购及国有资产产权交易；全市范围内土地和矿业权交易；政府投资项目工程量审核、应付项目资金审核，向有关单位签发“限时付款通知”，在网上公示拟付工程款额等。旗区交易中心负责本辖区政府采购、2000万元以下建设工程招投标、国有资产产权交易等。

【交易平台体系】 全年共完成远程异地评标项目标段258个；建立健全无纸化评标专家抽取系统，完善评标专家抽取、评价和教育管理机制。2019年启用评审专家1372人，完成专家抽取事项2691项，参与项目评审8016人次，培训各类评审专家1053人次；CA数字认证全区融通。在自治区范围内，CA认证实现“一地办理、全区互认、全程通用”。主体库成员可随时登录“鄂尔多斯市公共资源电子交易平台”，查阅交易相关信息，在线办理交易业务。

【电子化交易】 进场交易项目实现从业务受理、公告发布、专家抽取、投标开标、评标定标、合同备案、数据分析等全流程电子固化，闭合运行，可查可溯，实现由有形市场向以电子化交易为主的根本性转变。全程无纸化交易范围已陆续覆盖所有进场交易类别，市本级无纸化交易项目累计达500多项，约为投标企业节约成本近600万元，直接受益企业3000余家。

【交易服务标准体系】 2017年10月，自治区质监局正式批准鄂尔多斯市的标准化创建工作，按照自治区质监局的创标工作要求，全面完成“交易范围标准化、交易规则标准化、交易流程标准化、电子化平台建设标准化、监督多元化建设标准化、交易场所及功能设施标准化”等6个方面的相关创建任务。制定涵盖服务环境、功能设施、交易流程、岗位操作、平台建设、监督管理、服务要求等7个方面的标准153项，采用国家、行业标准43项，最终形成鄂尔多斯市公共资源交易服务标准 196 项。

【平台进场交易】 2019 年，共组织各类交易 3059 次，进场交易总额 188.07 亿元，同比增加 51.6212 亿元，增幅 37.83%；实际成交总额 175.11 亿元，同比增加 48.5128 亿元，增幅 38.32%；节约或增值资金 13.78 亿元，同比增加 2.25 亿元，增幅 19.51%。其中，组织建设工程招投标 500 次，进场交易概算总额 106.79 亿元，中标总金额 99.71 亿元，节约资金 7.08 亿元，节约率 6.63%。组织政府采购项目招投标 2414 次，预算总额 42.08 亿元，中标总额 35.8 亿元，节约资金 6.29 亿元，节约率 14.95%。组织国有建设用地使用权挂牌出让 104 次，挂牌成交 334 宗土地，成交总面积 75281.44 亩，起始价总额 23.63 亿元，成交价总额 24.03 亿元，增值 0.40 亿元。组织矿业权交易活动 17 次，挂牌成交 17 宗，成交总面积 37.76 平方公里，起始价总额 15.23 亿元，成交价总额 15.24 亿元，增值 0.01 亿元。组织产权交易活动 24 次，起始价总额 3265.53 万元，成交价总额 3352.34 万元，增值 86.8 万元。

（高水平）

自然资源　城市管理

自然资源

【鄂尔多斯市自然资源局领导名录】

党组书记、局 长：李　云（2 月任职）

党组副书记、副局长：郭建东（5 月任职）

副局长：丁玉厚（5 月任职）

郝　赟（5 月任职）

王凤莲（女，5 月任职）

席富忠（5 月任职）

【概况】 鄂尔多斯市自然资源局成立于 2019 年 1 月，是市人民政府组成部门，主管全市自然资源的规划、管理、保护和合理利用等工作。鄂尔多斯市自然资源局贯彻党中央关于自然资源工作的方针政策，落实自治区党委、市委相关决策部署，在履行职责过程中坚持和加强党对自然资源工作的集中统一领导。全局核定编制 253 名，其中行政编制 49 名、工勤编制 17 名、事业编制 187 名。全局在职干部 232 名，其中处级领导 7 名（1 正、5 副，另有党组成员 1 名），四级调研员 4 名。内设办公室、人事科、机关党委、政策法规科、行政审批科、自然资源调查监测科、自然资源确权登记科、自然资源开发利用科、自然空间用途管制科、空间规划管理科、详细规划管理科、建设工程规划管理科、市政工程规划管理科、村镇规划管理科、耕地保护监督科、矿业权管理科、矿产资源保护监督科、自然空间生态修复科、地理信息科 19 个职能科室；直属鄂尔多斯市国土资源综合执法局、鄂尔多斯市土地调查规划院、鄂尔多斯市地质调查监测院、鄂尔多斯市国土资源收购储备整理中心、鄂尔多斯市报批服务中心、鄂尔多斯市征费稽查所、鄂尔多斯市不动产登记中心、鄂尔多斯市自然资源开发利用服务中心、鄂尔多斯市国土资源评估事务中心、鄂尔多斯市自然资源勘测技术咨询服务中心、鄂尔多斯市城建档案馆、鄂尔多斯市地理信息中心、鄂尔多斯市规划审验中心 13 个事业单位；下属伊金霍洛旗自然资源局、乌审旗自然资源局、鄂托克旗自然资源局、鄂托克前旗自然资源局、准格尔旗自然资源局、达拉特旗自然资源局、杭锦旗自然资源局 7 个旗区自然资源局和东胜区分局、康巴什区分局、高新技术产业园区分局、空港物流园区分局 4 个分局。

【国土空间规划编制】 强化组织领导，报请市政府成立以斯琴毕利格市长为组长的领导小组，委托设计单位开展前期工作，完成基础资料收集，完成生态红线调整自查评估报告并上报自治区。开展国土空间开发保护现状评估并填报国土空间“一张图”实施监督系统，初步完成中心城区层面的相关规划工作。

【第三次全国国土调查】 鄂尔多斯市共落实“三调”工作经费 5918 万元，组织编制印发各级工作技术方案，累计投入 660 名业务人员，完成内业

202万个矢量化图斑、外业15万个图斑的核实举证，全市9个旗区初步数据成果通过国家审核验收。按照核查问题整改工作要求，9个旗区核查整改成果均已通过自治区核查上报国家，完成阶段性任务目标。

【耕地保护】 严格落实耕地保护目标责任制，层层签订目标责任状。开展永久基本农田整改补划工作和永久基本农田储备区划定工作。严格执行耕地占补平衡，加强补充耕地储备库的监管，加快土地整治及高标准农田项目建设。

【规划管理】 严格执行局内业务审查会和市规委会审查制度，审议通过伊克敖包周边城市设计、东红海子周边城市设计、中心城区海绵城市专项规划、康巴什区中水利用专项规划。受理各类项目57项，完成准格尔旗国电长滩电厂500千伏出线工程、乌兰木伦河3号桥、蒙古族学校（新校区）等重点项目审批。印发《鄂尔多斯市2019—2020年村庄规划实施方案》，完成全市735个嘎查村分类工作，开展兴胜店村和林原村的“多规合一”实用性村庄规划试点工作。

【用地预审与报批】 完成上报55个土地预审项目，预审面积2931.08公顷，确保哈尔乌素和黑岱沟保供煤矿、S24大路至巴拉贡段公路改建工程项目、S26那日松至长滩（龙口）高速公路工程项目等一大批重点建设项目顺利落地。围绕国家、自治区、市委市政府确定的重点项目和亿元项目，采取主动服务、半月调度、跟踪督办等方式，支持和保障重点项目实施，上报国家、自治区各类建设用地报件129个，面积2695.27公顷，经批准104个，面积1782.38公顷。

【土地节约集约利用】 落实增存挂钩各项整改任务。积极消化“批而未供”土地。加强土地市场动态监测，开展耕地质量等别更新与监测、城镇基准地价更新、中心城区地价动态监测、土地利用管理形势分析、城市和开发区建设用地节约集约利用更新评价等工作，为政府决策和企业投资提供决策依据和参考，促进土地节约集约利用。

【不动产登记】 打造“互联网+不动产”全新模式，通过微信公众号获取申请要件、查询进度、证书防伪、业务咨询、预约咨询等各种服务。不断提升窗口服务水平，增设预约延时上门服务、特事特办、领证短信通知、EMS证书邮寄、开通企业绿色通道等多项便民服务措施，实现一般登记10个工作日办结，抵押登记5个工作日办结。推进权籍修补测和房地一体登记，全面开展外业权籍修补测及调查、确权登记工作。全市累计核发不动产权证书114234本，不动产登记证明59688份。

【地质环境】 加大对生产矿山地质环境的生态修复监管力度。严格遵循“边开采边治理”的原则，共对47个矿山进行地质环境分期治理验收，投入资金5598.32万元，实现治理面积27.24平方公里；配合环保督察，全部完成保护区60家退出矿山企业地质环境治理，实现治理面积6.174平方公里。印发《鄂尔多斯市绿色矿山建设规划》，建成绿色矿山73个（其中煤矿55个、石灰石矿18个）。

【矿政管理】 扎实做好矿产资源领域权力下放承接，完成各类矿业权报件受理审查共567宗，其中属厅级发证的采矿权报件受理审查186宗，属厅级发证探矿权报件受理审查共31宗，属市级发证的采矿权报件受理审批共350宗。加强矿山储量监测和“三率”管理考核，加快推进保护区内矿业权退出，报请市人民政府制定印发《鄂尔多斯市自然保护区内矿业权退出补偿及生态环境恢复方案》。

【执法监管】 高度重视自然资源执法监管，市委市人民政府主要领导多次召开常委会会议、常务会议研究自然资源督察整改工作，分管副市长定期调度整改进展情况，在市人民政府专门设立自然资源督察整改和矿产资源突出问题两个专项整改办公室，加快推动问题整改落实。认真开展卫片执法检查工作，按时完成例行督察阶段整改任务，严格开展违建别墅清查整治工作。

【信息化建设】 规范测绘行业管理，上报全市73家测绘资质单位统计年报。办理9件测绘资质申请、升级、业务范围和信息变更业务事项，开展测绘资质和保密工作巡查检查。进一步完善全市视频会议系统的升级改造及全市“一张网”升级扩容，将全市CORS基站升级改造纳入全区升级改造范围，争取到178.5万元专项资金用于改造。更新整合全市地质资料馆矿产资源基础信息数据。完成中心城区基础地理信息数据更新和共享，开展鄂尔多斯市地下管线综合管理系统的应用，启动中心城区主城区坐标转换至2000大地坐标系统的工作。完成数字鄂尔多斯地理空间框架建设项目验收工作，建成智慧社区、美丽乡村、鄂尔多斯天地图和地震专题数据采集系统等四个应用示范系统，探索创新自然资源管理的新模式。

城市管理

【鄂尔多斯市城市管理综合执法局领导名录】

党组书记、局长：王建民

副局长：班瑞廷

孙　军

李　军

【概况】 鄂尔多斯市城市管理综合执法局原名称为市城市公共事务管理局，2011年经自治区政府批复成立。2017年底，更名为市城市管理综合执法局。根据内蒙古自治区党委、自治区人民政府批准的《鄂尔多斯市机构改革方案》（厅发〔2019〕10号），鄂尔多斯市城市管理综合执法局为市人民政府组成部门，正处级建制，市局领导班子成员5名，其中局长1名、副局长3名、副调研员1名（兼综合执法支队支队长），在编在职人员共111名，其中行政编制17人、参公编制37人、全额拨款事业编制57人。按照新的“三定”方案，市城市管理综合执法局主要负责城市市容市貌管理相关执法、市政园林管理相关执法、城市规划和建筑领域执法、住房保障物业和供热等方面执法、智慧化城管建设、跨区域复杂案件查处、队伍建设、行业指导监督考核等工作。局机关内设办公室、政策法规科、综合考评督查科、信访科、综合协调科、市容环境卫生监督科、市政园林监督科、建设项目执法监督科、房地产执法监督科等9个科室（均为正科级建制）和机关党委，下设城市管理执法支队（副处级参公事业单位）、数字化城市管理指挥中心（挂“12319”热线办公室牌子）（正科级）、城市公共事务发展中心（正科级）3个所属事业单位。

【智慧城管指挥平台】 市级智慧城管指挥平台于2018年8月启动建设，截至2019年1月31日，项目软硬件施工已基本完成。

【中心城区精细化管理三年行动】 2019年6月，市城市管理综合执法局制定印发《鄂尔多斯市城市管理执法系统中心城区城市精细化管理三年行动方案》，主要分为三个阶段，即集中整治阶段（2019年6月至2020年9月）、考核评比阶段（2020年10月至2020年11月）、常态管理阶段（2020年12月以后）。2019年，累计查处乱设摊、乱占道、乱设广告、乱张贴、乱抛物、乱扔垃圾等违法违规行为1.04万起，清理“三乱”小广告1500多处。

【违法建设治理】 按照中央、自治区部署，从2017年开始，全市开展城市建成区违法建设三年专项治理工作。截至2019年底，共排查出违法建设项目563万平方米，累计完成整改521.4万平方米，清理进度达92.5%。

城市管理综合执法支队

【鄂尔多斯市城市管理综合执法支队领导名录】

支 队 长：王静涛

副支队长：徐　健

张国君　吴海军

【概况】 鄂尔多斯市城市管理综合执法支队为相当副处级事业单位，隶属于鄂尔多斯市城市管理综合执法局，内设办公室、规划监察执法大队、市政公用监察执法大队、园林绿化监察执法大队、市容环保监察执法大队、房产管理监察执法大队、建设工程监察执法大队、农村牧区环境卫生监察执法大队、督查大队、法制大队。在编在职人员共48人，参公编制36人，事业编制12人。主要职责：贯彻执行城市管理方面的法律、法规和政策。按照法律法规的授权或者受市城市管理综合执法局委托，统一承担城市管理方面法律、法规和政策执行情况的监督检查，对违反城市管理方面相关法律、法规的行为进行查处。职能职责：集中行使住房城乡建设领域法律法规规章规定的全部行政处罚权；集中行使环境保护管理方面社会生活噪声污染、建筑施工噪声污染、建筑施工扬尘污染、餐饮服务业油烟污染、露天烧烤污染、城市焚烧沥青塑料垃圾等烟尘和恶臭污染、露天焚烧秸秆落叶造成烟尘污染、放烟花爆竹污染等的行政处罚权；集中行使工商管理方面户外公共场所无照经营、违规设置户外广告的行政处罚权；集中行使交通管理方面侵占城市道路、违法停放车辆等的行政处罚权；集中行使水务管理方面向城市河道倾倒废弃物和垃圾及违规取土、城市河道违法建筑物拆除等的行政处罚权；集中行使食品药品监管方面食品销售和餐饮摊点无证经营、违法回收贩卖药品等街头违法行为的行政处罚权；承担跨旗、区案件的协调和查处，以及旗区城市管理综合执法主管部门应当回避的违法案件的查处和重大案情的上报等工作；监督检查农村牧区环境卫生综合整治工作，组织开展公路沿线、重点集镇的环境整治活动；指导和监督旗区、苏木乡镇城乡建设管理综合执法方面的工作。

【鄂尔多斯市城市公共事务发展中心工作概况】 鄂尔多斯市城市公共事务发展中心于2017年经市机构编制委员会批复成立。根据《鄂尔多斯市机构编制委员会关于鄂尔多斯市城市管理综合执法局所属事业单位机构编制“五定”方案调整的批复》，市城市公共事务发展中心为相当科级事业单位，隶属于鄂尔多斯市城市管理综合执法局，核定事业编制10名，其中科级领导职数3名（1正2副）。2019年，按照《鄂尔多斯市机构编制委员会关于市城市管理综合执法局调整部分所属事业单位事业编制的批复》（鄂机编字〔2019〕183号），市城市公共事务发展中心编制调整为15名（含预借事业编制2名），有主任1名、副主任1名，在编在岗事业单位人员6人。按照“五定”方案，市城市公共事务发展中心的职责任务为研究城市管理理论政策、行业标准，推进行业精细化、标准化、制度化建设；组织开展环卫、市政、园林等城市公共事务管理和执法领域科技成果的推广、应用；承担城市管理档案资料的收集、保管、利用工作，推进全市城市管理和执法档案信息化、规范化建设；组织开展城市管理方面的宣传教育活动，培育和规范城市管理行业协会组织；组织协调第三方开展市民满意度的随机测评、公开问卷测评等活动，引导社会各界参与城市治理。全年编制印发城市管理工作信息简报4期。开展网上满意度调查3期。配合办公室搜集整理编制参考信息20期。组织开展禁毒专题讲座1次，制作禁毒宣传展板2块，张贴宣传海报50张，发放禁毒宣传书籍200册。

【鄂尔多斯市数字化城市管理指挥中心工作概况】 根据《鄂尔多斯市委市人民政府关于印发〈鄂尔多斯市深入推进城市执法体制改革改进城市管理工作实施方案〉的通知》精神，经鄂尔多斯市机构编制委员会2017年第一次会议研究决定，同意成立鄂尔多斯市数字化城市管理指挥中心（挂鄂尔多斯市“12319”热线办公室牌子）。中心机构规格为相当科级事业单位，中心现有领导班子成员2名，其中主任1名、副主任1名，在编在职人员共34名。按照“五定”方案，中心负责参与拟定全市智慧城市数字城管系统建设的中长期规划、工作标准、管理规定等规范性文件，并组织实施；承担智慧城市数字化城管系统的建设、运行、管理工作；承担城市管理部件、事件等案件信息的统一受理、审核工作，进行分类、派遣、核查、督办、结案；承担数字化管理相关责任单位的业务指导、培训等工作，指导二级平台建设、管理工作；协调相关部门做好城市基础设施运行的危机预防，突发事件的信息协调；承担“12319”热线建设和运行维护工作；承担城市管理应急指挥调度工作，承接其他应急保障和作业任务。2019年，中心有序推进项目初步验收问题整改、实景地图拍摄部署，同步开展硬件审计、硬件终验筹备工作，推动系统平台后续建设工作做得细落得实。坚持将核心区城管部门作为系统平台试运行主体，稳步推动伊金霍洛旗、康巴什区及东胜区城管部门参与项目试运行。推进系统平台后期项目筹建，截至12月，“12319”呼叫中心系统、监督执法专用终端、协同办公系统和监理均已完成合同签订；视频接入系统现已实现与监控视频接入查看。

（王杰　白强　张效源　张波）

工业和信息化

工 业

【鄂尔多斯市工业和信息化局领导名录】

党组书记、局长：杨晓龙

副局长：王晓东

伊拉特（蒙古族）

张 帜

派驻纪检监察组长：王玉成（蒙古族）

【概况】 鄂尔多斯市工业和信息化局是鄂尔多斯市人民政府工作部门，2019年机构改革时，原鄂尔多斯市经济和信息化局委员会更名为鄂尔多斯市工业和信息化局，内设办公室、政策法规科、经济运行科、企业发展服务科、投资规划科、节能与综合利用科、装备和科技电子科、原材料工业科、电力市场科、消费品工业科、民爆科、信息化与软件服务业科、工业园区科、中小企业科等14个科室及机关党委。行政编制26名。下设承接先进产业转移工作办公室、经济信息情报所（挂牌中小企业公共服务中心）、离退休干部服务中心、节能监察中心、信息资源中心5个全额拨款事业单位。职能职责：（1）贯彻执行国家法律法规和自治区地方性法规规章，落实国家、自治区和鄂尔多斯市关于新型工业化发展战略和政策，拟订并组织实施全市工业和工业领域信息化发展规划，协调解决新型工业化进程中的重大问题，推进产业结构战略性调整和优化升级。（2）监测分析全市工业经济运行态势，发布相关信息，进行预测预警和信息引导，协调解决行业运行发展中的有关问题并提出政策建议。负责工业运行中煤电油运综合协调工作。研究拟订全市发电企业年度发电量预期调控目标、电力市场建设方案及年度实施计划并监督实施，维护电力市场秩序。（3）负责提出工业和信息化固定资产投资规模和方向，中央、自治区和市本级财政性建设资金安排的建议。按规定权限审核报送属于国务院、自治区投资主管部门核准的项目，核准、备案市本级工业和信息化固定资产投资项目。指导重点区域、重点产业、重点企业的运行和协调，负责工业园区相关工作。（4）根据全市国民经济和社会发展总体规划以及产业发展政策，提出传统产业技术改造相关政策和产业结构调整建议。拟订工业和工业领域信息化年度发展计划并组织实施，贯彻执行重点行业准入制度，组织实施工业布局调整。负责工业领域的行业管理。依法履行全市盐业主管机构的行业管理职责。负责全市民用爆炸物品安全生产监督管理。（5）指导工业绿色发展。拟订全市工业能源节约、资源综合利用、自愿型清洁生产促进政策及规划并组织实施。组织实施工业绿色发展重大示范项目和新产品、新技术、新设备、新材料的推广应用工作。负责工业节能监察工作。（6）负责工业和信息技术服务业创新体系建设，推动技术创新和产学研用相结合。参与国家、自治区及全市工业和信息化产业有关科技重大专项，推进相关科研成果产业化。指导工业行业的质量管理和品牌培育。（7）组织协调推动振兴装备制造业工作，组织拟订技术装备发展和自主创新规划、政策，依托国家、自治区和全市重点工程建设协调有关重大专项的实施，推进技术装备国产化，指导引进技术装备的消化创新，推动新兴产业发展。（8）负责工业领域信息化工作。推进信息化和工业化融合发展。推进工业互联网、软件业、信息服务业发展。负责工业控制系统网络与信息安全。指导通信网络基础设施建设。指导协调网络资源共建共享。负责国防信息动员工作。（9）负责中小企业及非公有制工业经济发展的宏观指导、综合协调和服务。拟订并组织实施促进中小企业和非公有制工业经济发展的相关政策和措施。（10）负责协调减轻企业负担工作，推进工业和信息化领域政府服务企业体系建设。监测分析工业和信息化领域企业运行态势，协调解决重大问题。参与工业和信息化领域的对外合作交流及招商引资工作，参与开展区域产业协作。（11）负责工业和信息化领域市本级职能职责范围内的行政执法工作，查处全市性、跨旗区违法行为，办理重大行政案件。指导、监督售理旗区相关行政执法工作。（12）完成市委、市政府交办的其他任务。

【经济运行】 2019年，全市428户规模以上工业企业累计实现总产值3632.9亿元，同比增长5.8%，增加值同比增长4.2%。全市规模以上工业完成营业收入4040亿元，同比增长7.2%。实现利润总额740.9亿元，同比增长6.1%。营业收入利润率为18.34%。全市煤炭产量6.79亿吨，同比增长8.6%；销售煤炭68287万吨，增幅2.9%。全市累计发电量达1142.2千瓦时，增长10.3%，工业用电量为683.9亿度，增长12.4%。销售汽柴油116.72万吨，同比增长14.06%。鄂尔多斯地区通过铁路发运各类地方物资39856.6万吨，增长4.5%。

【原材料工业】 截至2019年底，全市现代煤化工形成产能1636万吨，天然气化工形成产能343万吨，氯碱化工（PVC）形成产能200万吨；聚乙烯醇（PVA）形成产能13万吨；焦化行业形成产能1240万吨；冶金行业建成多晶硅产能1.3万吨、钢铁产能100万吨、氧化铝产能120万吨、铁合金产能205万吨；陶瓷产业已建成14条建筑陶瓷生产线，总产能6700万平方米，日用陶瓷总产能5600万件、陶瓷酒瓶4200万件、玻璃酒瓶8000万件；水泥熟料产能1100万吨，粉磨近2200万吨。进一步推动产能置换工作，通过产能置换落实电石产能100万吨，玻璃产能360万吨重量箱。按照《鄂尔多斯市推进城镇人口密集区危险化学品生产企业搬迁改造工作实施方案》和《鄂尔多斯市人民政府关于印发自然保护区内工矿企业退出方案的通知》（鄂府发〔2017〕192号）有关要求，继续推动危险化学品企业搬迁改造工作和自然保护区内工业企业的退出工作。

【装备和科技电子】 2019年，鄂尔多斯市装备制造业共实现产值212.6亿元，同比增长32.8%。主要产品产量：乘用车32697辆（其中整车28977辆、KD件3720套），其中新能源汽车2358辆；专用车1993辆；发动机27793台；变速箱15608台；曲轴144988支；手机显示屏7900万片。久科康瑞、奇瑞投资、辰达机械和芜湖伯特利鄂尔多斯分公司4户企业的4个产品被认定为自治区技术装备首台套、关键零部件首批次产品；内蒙古伊泰集团有限公司被工信部评为2019年国家技术创新示范企业；内蒙古伊泰集团有限公司煤化工智能管控一体化项目获得自治区智能制造试点示范项目专项资金400万元；鄂绒、伊泰、双欣、浦瑞芬4户企业的6个项目获得自治区国际、国家（行业）标准奖励专项资金180万元。

【工业投资】 2019年，全市工业固定资产投资增速11.5%。实施亿元以上重点工业项目106项

（新建43项、续建63项），总投资2722.9亿元，当年计划完成投资438.9亿元。1—12月，开复工94项（新建38项、续建56项），开复工率88.7%，完成投资349.7亿元，完成年度计划投资的79.7%。

【工业园区】 2019年，全市17家机构独立运行的工业园区，完成基础设施投资17.27亿元，建园以来累计完成基础设施投资890亿元，历年累计完成固定资产投资9900亿元，建成面积343平方公里，有入园区企业2000余家，其中规上工业企业263户。2019年，全市17个园区完成固定资产投资390.61亿元，工业总产值2833.92亿元，实现税收294.9亿元，9个园区工业总产值超百亿元，其中大路、棋盘井超500亿元；蒙西、苏里格超300亿元；装备制造、准格尔超200亿元；达拉特、上海庙、独贵塔拉超百亿元。

【招商引资】 从工业产业投资方向和布局定位等方面入手，引导和配合旗区、园区筛选招商项目开展对接洽谈和项目储备等工作，发挥鄂尔多斯市资源优势，推动主导产业"建链""强链""延链""补链"。会同相关部门组织重点工业园区主要负责人赴长三角地区进行考察对接。牵头对接巴斯夫现代煤化工、协鑫纳米硅新材料产业园、华菱新能源重卡、北控智能云、浙江润丰风电装备产业园、山东博润环保等项目，推动中石化长城能源化工有限公司80万吨煤制烯烃的签约落地。2019年，全市工业系统共引进项目99项（含亿元以上78项），总投资1599.39亿元，累计完成投资52.33亿元，已有7项投产，17项开工建设。

【民爆行业安全生产】 鄂尔多斯市工业和信息化局每季度开展对全市民爆行业"全覆盖式"安全隐患排查任务。配合自治区工信厅完成全市民爆行业安全生产许可证和销售许可证年检工作，组织全市各旗区民爆行业主管部门和各民爆企业开展"安全生产月"活动，按照要求在全市开展民爆行业安全生产专项整治工作。

【消费品工业】 消费品工业主要以纺织（羊绒）、盐业、农副食品加工、医药制造、塑料制品、食品制造、酒饮料制造和印刷等为主。经组织申报，2019年，鄂尔多斯现代羊绒园被工信部确定为第四届纺织服装创意设计示范园区（平台），填补内蒙古此项工作的空白；内蒙古鄂尔多斯资源股份有限公司被确定为2019年自治区级服务型制造示范企业。开展食盐市场监督检查，制定食盐应急预案，加强储备盐管理，全市食盐市场稳定有序、供应充足，切实保障食盐安全。

【电力市场服务】

电力统计工作　2019年，全市发电量累计1142.19亿千瓦时（占全区发电量比重的21%），比2018年同期增加107.09亿千瓦时，同比增长10.3%。其中，火力发电量1069.83亿千瓦时（占全区火力发电量比重的23.45%），同比增长8.2%，占全市发电量比重的93.66%。全社会用电量累计749.98亿千瓦时，同比增长13.67%，其中，工业用电量累计683.90亿千瓦时，同比增长12.39%。

电力多边交易市场建设　加大电力多边交易工作力度，扩大电力多边交易范围，推进用电量较大企业和战略性新兴特色优势产业进入多边交易市场。截至2019年12月，全市共有120户企业（除煤炭企业）进入电力多边交易市场。降低企业生产用电成本，享受优惠电价。2019年全市完成交易电量累计264.49亿千瓦时，同比增加31.54亿千瓦时，增长13.54%；降低用电成本约15.20亿元，同比增加1.3亿元，增长9.36%。立足服务企业，协调自治区工信厅和鄂尔多斯电业局，帮助企业进行用户更名和增加多边交易电量等工作。

【通信基础设施建设】 实施全光网城市建设工程，大力度推进全网的光纤化改造，推动各电信运营商加快推进"光进铜退"工程建设，优化互联网骨干网间互联架构，推进城域网优化和扩容。截至 2019 年底，全市总出口带宽达到 1930G；光缆线路长度 6369.1 皮长公里，管道长度 3484.7 管程公里；互联网宽带接入端口达到 151.4 万个；城区和苏木乡镇所在地基本实现光纤全覆盖。实施“无线鄂尔多斯”工程，加快建设 4G 移动通信网络。全市现有 3G 基站 3055 个，4G 基站 9680 个，5G 基站 9 个，基站共享率达 88.65%，已实现中心城区、旗府所在地以及人口密集行政村 4G 网络全覆盖。固定电话用户数 15.35 万户，移动电话用户规模持续增长，且加速向 3G/4G 迁移。全市移动电话用户 276.17 万户，3G/4G 移动电话普及率 81.45%。固定宽带接入用户有大幅度增长，高宽带接入用户占比稳步提高，固定宽带接入用户达 55.31 万户；固定宽带普及率达到 79.65%，其中 100 兆位 / 秒以上宽带接入用户占比 92.10%。实施“宽带下乡村”工程，依托电信普遍服务试点建设，加大政策扶持和资源倾斜力度，引导电信运营商加大农村牧区通信基础设施投资力度，优先实现村委会、学校、医院和公益性文化机构具备光纤接入能力，人口密集行政村基本实现无线宽带全覆盖；行政村通宽带比例达到 99.9%，基本实现光纤通达；截至 2019 年 12 月底，固定宽带接入端口达到 27.12 万个，接入用户数达 4.60 万户，平均接入能力达到 100 兆位 / 秒以上。

工业互联网建设和企业登云工作　组织 173 家企业持续开展企业两化融合评估诊断和对标引导工作，超额完成自治区下达 137 家的任务。推动 6 家数据中心通过自治区认定。组织全市各园区、企业申报自治区试点示范智慧工业园区和试点示范智慧矿山，鄂尔多斯市内蒙古达拉特经济开发区和内蒙古智能煤炭有限责任公司分别成为内蒙古自治区第一批试点示范智慧园区和智慧矿山企业。推荐鄂尔多斯市煤炭交易中心有限公司鄂尔多斯市煤炭工业互联网平台建设项目申报 2019 年制造业“双创”平台试点示范项目。推荐内蒙古伊泰信息技术有限公司煤炭云物流平台、远通天下电子商务有限公司易肥网 – 化肥全产业链电子商务服务平台和鄂尔多斯市源盛光电有限责任公司可穿戴 VR 显示产品开发项目三个项目申报 2019 年新型信息消费示范项目。推荐鄂尔多斯市大数据发展局鄂尔多斯公共信息平台及基础库和鄂托克前旗大数据中心 i 前旗暨乡村振兴战略指挥平台申报智慧城市技术创新地区实践。申报 2019 年自治区重点产业发展专项资金第三批项目内蒙古自治区“两化”融合奖补资金项目 4 个，

【软件服务业】 2019 年度工业互联网平台建设专项资金项目 2 个。2019 年，鄂尔多斯市软件和软件服务业共实收入 6716.9 万元。

【中小企业发展】 截至 2019 年底，全市中小微企业 59654 户，同比增长 10.59%。从行业划分来看，批发和零售业、租赁和商务服务业、建筑业、农林牧渔业占比较大，分别占全市中小微企业的 35.6%、13.9%、8.6%、6.8%；从经济类型来看，非公有制企业占主体地位。全市私营企业占 89.2%、内资企业占 10.3%、外资企业占 0.43%。中小微企业（含个体工商户）的经济贡献占全市 GDP 总数的 75%，为社会提供近 85% 的就业岗位。

能源资源

【鄂尔多斯市能源局领导名录】

党组书记、局长：邬建勋（1 月任职）

副局长：高凌云（1 月任职）

霍励平（1 月任职）

于建英（1 月任职，6 月辞职离任）

杨　勇（7 月挂职）

【概况】 2019 年 1 月 21 日，鄂尔多斯市委印发《鄂尔多斯市机构改革方案》，在市煤炭局职责的基础上，划入市发改委、市经信委等部门部分职责，组建鄂尔多斯市能源局，不再保留市煤炭局。市能源局是鄂尔多斯市人民政府工作部门，

为正处级。2019年1月31日，鄂尔多斯市能源局正式挂牌成立。鄂尔多斯市能源局内设办公室、政策法规科、综合规划科、煤炭科、科技装备和石油天然气科、电力科、新能源和可再生能源科、煤炭安全监管科、石油天然气管道安全监管科、市场运行监管科、教育培训科、财务票证科、机关党委等13个机构。下属市煤炭信息中心、市煤炭矿区发展协调服务中心、市煤炭技工学校、市煤炭安全生产监管综合执法局、市清洁能源中心等5个二级单位。根据《鄂尔多斯市委办公室 鄂尔多斯市人民政府办公室关于印发鄂尔多斯市能源局职能配置、内设机构和人员编制规定的通知》（鄂党办字〔2019〕32号）规定，市能源局机关行政编制25名。设局长1名，副局长3名；科级领导职数20名［15正（含安全总监1名、总工程师1名、机关党委专职副书记1名）5副］。主要职能职责：（1）贯彻执行国家法律法规和自治区地方性法规规章，研究拟订全市现代能源发展战略政策建议，拟订并组织实施能源发展规划和计划。推进能源体制改革，组织拟订有关改革方案，协调能源发展和改革中的重大问题。（2）负责全市能源行业节能和资源综合利用，参与研究能源消费总量控制目标建议，指导协调能源消费总量控制有关工作，衔接能源生产建设和供需平衡。指导协调农村牧区能源发展工作。（3）负责全市能源生产运行和管理，规范维护能源市场秩序。负责全市能源预测预警信息发布，参与能源运行调节和应急保障。参与拟订全市与能源相关的资源、环保等政策措施和能源行业地方性标准，提出能源价格调整等建议。（4）组织推进全市能源重大装备技术研发及相关重大科研项目，指导能源科技进步、成套设备的引进消化创新，组织协调相关重大示范工程和新产品、新技术、新设备推广应用。（5）承担全市煤炭、电力、石油、天然气、新能源、可再生能源，以及炼油、煤制燃料和燃料乙醇等行业的管理工作。按规定权限审批、核准、审核转报全市能源固定资产投资项目。（6）按照分级、属地原则，负责全市煤矿的安全生产监管和专项整治工作。负责石油天然气长输管道安全生产监管、执法检查、专项整治工作，监督落实安全生产责任制，指导煤矿安全基础建设和从业人员培训工作。配合协调全市煤矿、石油天然气长输管道重特大生产安全事故应急救援、抢险救灾、调查处理等工作。（7）负责监测分析全市电力运行情况，协调处理电力运行和电网运行中的重大问题。指导全市电力行业运行安全和电力技术监督工作。依法保护电力设施，负责电力设施保护区施工作业审批工作。（8）负责市本级能源领域行政执法工作，查处全市性、跨旗区能源领域违法行为，办理重大行政案件。指导、监督管理旗区相关行政执法工作。（9）统筹全市煤矿火区、采空区、沉陷区等灾害综合治理工作。（10）完成市委、市政府交办的其他任务。有关职责分工：一是与市发展和改革委员会的职责分工。市发展和改革委员会负责统筹能源发展规划与国民经济和社会发展规划、计划的衔接平衡。市能源局是能源行业主管部门，负责全市能源管理工作，研究提出能源发展的战略、规划、改革方案和政策措施，拟订能源发展计划并组织实施。二是与市工业和信息化局的职责分工。市工业和信息化局与市能源局研究拟订全市发电企业年度发电量预期调控目标计划并监督实施，研究拟订全市电力市场建设方案，维护电力市场秩序。三是与市应急管理局的职责分工。市应急管理局负责煤炭、石油天然气管道、电力等能源领域应急救援工作。市能源局负责落实综合防灾减灾规划相关要求，组织编制煤炭、石油天然气管道、电力等行业灾害防治规划和防护标准并指导实施。组织指导协调和监督煤炭、石油天然气管道、电力等灾害调查评价及隐患的普查、详查、排查。指导开展群测群防、专业监测和预报预警等工作，指导开展煤炭、石油天然气管道、电力等灾害工程治理工作。承担煤炭、石油天然气管道、电力等灾害应急救援的技术支撑工作。

【二级单位】

市煤炭信息中心　承担全市煤炭行业信息化建设的规划、项目设计审核、竣工验收和日常监管任务；承担全市煤炭管理部门的生产、安全、运销系统运行的监管工作；承担煤炭工业信息统计工作；承担建设指导、日常监管、考核评价各旗区煤炭管理部门及煤矿企业的信息调度统计工作体系等工作；承担局机关门户网站的管理与维护工作。

市煤炭矿区发展协调服务中心　承担全市矿区规划编制、环境治理工作；组织协调全市矿区移民搬迁、矛盾排查工作。

市煤炭技工学校　承担全市煤炭行业职工技术培训、安全培训、职业技能鉴定工作；对全市农牧民待业青年实施技工教育。

市煤炭安全生产监管综合执法局　承担市能源局全部行政执法职能。主要职责任务：一是经市能源局委托，统一负责煤炭行业方面的法律、法规和政策执行情况的监督检查，对违反煤炭行业方面相关法律、法规的行为进行查处。二是针对煤矿违法违规行为，向旗区煤炭行政管理部门依法下达该矿的限期整改或停产（停建）整改通知书，并监督旗区煤炭行政管理部门按照通知书对煤矿实施行政处罚。三是负责煤矿事故统计上报工作，参与煤矿事故的抢险救援和调查处理。四是制定煤矿职工年度安全培训计划，并监督旗区煤炭行政管理部门组织实施。五是编制季度安全生产监管工作计划，指导旗区煤炭行政管理部门开展安全监管工作。六是加强本区域内央企全资煤矿企业安全生产监督管理工件，积极为央企全资煤矿企业安全发展、改善安全生产条件、加强安全基础建设、提高应急能力、建立煤矿安全生产长效机制提供必要的支持和帮助。七是负责将各央企全资煤矿企业安全生产监督管理工作纳入年度安全生产目标责任考核体系之中。八是依法做好央企全资煤矿企业安全生产事故报告和调查处理工作。九是负责央企全资煤矿企业有关安全生产与职业健康方面的重要活动或事项，及时向行政主管部门报告。十是与旗区煤炭综合执法机构按照责任分工，加强对央企全资煤矿企业安全生产监管工作的协作联动。十一是负责对煤矿企业在煤炭产品中掺杂、掺假、以次充好等违法违规行为进行处罚。

市清洁能源中心　协助开展全市能源发展政策、规划研究工作；对全市能源发展情况进行统计和预测；开展重大能源课题研究工作；承担国际、国内能源新技术、新装备推广工作；组织市内研究企业开展重大能源科技装备的研发和推广应用活动；提供清洁能源项目咨询服务；开展能源政策宣传和对外交流合作工作。

【能源运行】

煤炭运行　2019 年，鄂尔多斯市销售煤炭 68287 万吨，同比增加 1915 万吨，增幅 2.9%。其中：地方煤矿销售煤炭 54648 万吨，同比增加 2425 万吨，增幅 4.6%；国家能源集团销售煤炭 13639 万吨，同比减少 510 万吨，减幅 3.6%。煤炭综合平均价格 304 元 / 吨，同比下跌 5 元，跌幅 1.6%，其中：原煤平均价格 290 元 / 吨，同比下跌 9 元，跌幅 3%；块煤平均价格 355 元 / 吨，同比上涨 7 元，涨幅 2%；粉煤平均价格 281 元 / 吨，同比下跌 11 元，跌幅 3.8%。

电力运行　2019 年，鄂尔多斯市发电量 1142.2 亿千瓦时，同比增加 107.1 亿千瓦时，增长 10.3%。其中：火力发电量 1069.8 亿千瓦时，增长 8.2%，占全社会发电量 93.7%；水力发电量 33 亿千瓦时，增长 54%，占全社会发电量 2.9%；风力发电量 9.3 亿千瓦时，增长 47%，占全社会发电量 0.8%；光伏发电量 26.7 亿千瓦时，增长 84.5%，占全社会发电量 2.3%；生物质发电量 3.3

亿千瓦时，下降24.9%，占全社会发电量0.3%。2019年，鄂尔多斯市全社会用电量750亿千瓦时，同比增加90.2亿千瓦时，增长13.7%。分产业看：第一产业用电量1.8亿千瓦时，下降63%，占全社会用电量0.3%；第二产业用电量685亿千瓦时，增长12.6%，占全社会用电量91.3%（其中工业用电量683.9亿千瓦时，增长12.4%，占全社会用电量91.2%）；第三产业用电量51亿千瓦时，增长50.4%，占全社会用电量6.8%；城乡居民生活用电量12.2亿千瓦时，增长6.6%，占全社会用电量1.6%。

天然气运行　2019年，中石油和中石化在鄂尔多斯市累计生产天然气261亿立方米，同比增长6.9%；共钻气井983眼，建设集气站5座，累计完成投资115.47亿元。其中，中石油生产天然气238.97亿立方米，钻井877眼，建设集气站3座，完成投资102.65亿元；中石化生产天然气21.79亿立方米，钻井106眼，建设集气站2座，完成投资12.82亿元。天然气用气量48.56亿立方米，同比增长21.97%；外输天然气212.2亿立方米，同比增长4%。

煤制燃料运行　2019年，鄂尔多斯市累计生产煤制油品87.13万吨，同比减少15.3%；销售87.49万吨，同比减少15.1%。其中：国家能源集团煤直接液化项目累计生产各类油品65.62万吨，同比减少21.37%；销售各类油品66.09万吨，同比减少21.17%。伊泰煤间接液化项目累计生产各类油品21.51万吨，同比增长10.68%；销售各类油品21.4万吨，同比增长11.67%。汇能煤制天然气项目累计生产天然气4.36亿立方米，同比减少9.8%，全部转化为液化天然气（LNG）产品29.36万吨，同比减少11.1%；销量29.12万吨，同比减少12.11%。

能源产品外销　2019年，鄂尔多斯市销售煤炭6.82亿吨，同比增加0.19亿吨，增幅2.9%，其中：铁路外销3.82亿吨，同比增加0.09亿吨，涨幅2.4%；公路外销1.5亿吨，同比减少0.03亿吨，减幅0.2%。发电量1142.2亿千瓦时，同比增长10.3%，其中外送电量392.2亿千瓦时，占发电量的34.3%。天然气产量260.76亿立方米，同比增长6.9%，其中外输天然气212.2亿立方米，同比增长4%，占产量的81.4%。

【项目建设】

煤炭项目　2019年，累计汇总上报“十四五”煤炭重大项目49项，总规模36860万吨/年，估算总投资2386.21亿元。长城五号煤矿（产能180万吨/年）、长城六号煤矿（产能150万吨/年）、长城一号煤矿扩改建项目（产能60万吨到180万吨）、长城三号煤矿（产能500万吨/年）、营盘壕煤矿（产能1200万吨/年）、巴愣煤矿（产能800万吨/年）、白家海子煤矿（产能1500万吨/年）、油房壕煤矿（产能500万吨/年）等8个新建煤矿项目获得核准，总投资417.13亿元，总规模4950万吨/年。协调石拉乌素、麻黄、尔林兔、葫芦素、汇能长滩5座煤矿取得采矿许可证，累计新增设计产能5220万吨/年。

电力项目　2019年，鄂尔多斯市建成京欣蒙西低热煤发电2×35万千瓦项目，新增煤电装机70万千瓦。新建京泰酸刺沟二期2×66万千瓦、国电长滩2×66万千瓦项目。国能上海庙2×100万千瓦电厂项目取得核准。续建山东能源盛鲁2×100万千瓦、国电双维2×100万千瓦、汇能长滩2×66万千瓦、珠江朱家坪2×100万千瓦4个项目，完成投资61.9亿元。

石油天然气项目　2019年，大牛地气田—东胜、杭州—银川输气管道鄂尔多斯段项目获自治区能源局核准。中石化58号井区集中处理厂至派思LNG液化工厂、杭锦旗锡—贵输气管道项目由市能源局核准。建成陕京四线鄂尔多斯压气站项目。推进天然气产供储销体系建设各项工作，积极为地方企业协调气量，全力推动天然气储气设施建设工作。牵头建立天然气运行调度预警机制，配合自治区能源局做好天然气供应合同签订工作。推动派思、正泰易达、亨东、万瑞4个LNG项目建成试运行。推进地方企业与央企合作开发常规与非常规天然气资源。督促伊泰200万吨/年煤制油、汇能二期12亿立方米/年与北控40亿立方米/年煤制气项目加快建设。着力推进国家能源集团煤直接液化二三线、华星、新蒙、中海油、建投通泰等煤制燃料项目前期工作，其中华星煤制气项目核准请示已报至国家能源局。牵头抓好国Ⅵ油品升级工作。

新能源和可再生能源项目　库布其20万千瓦沙漠生态太阳能治沙发电综合示范项目于2019年12月27日并网发电。达拉特光伏应用领跑基地获得50万千瓦的奖励续建指标项目开工建设。

【产能优化】

能源清洁高效利用更趋高效　2019年，鄂尔多斯市已建成选煤厂261座，入洗能力7.96亿吨/年，洗选率达到90.3%。规模以上工业企业就地转化煤炭12926.3万吨，较2018年同期增加2925万吨，就地转化率19%，较2018年同期提高3个百分点。煤矿平均单井生产能力258万吨/年，为全国平均水平的近3倍。发电设备利用效率进一步提升，2019年火电设备平均利用小时数达到5332小时，蒙西地区同比提高482小时，清洁能源消纳情况持续向好。鄂尔多斯国家千万吨级煤制燃料基地建设进一步推进，一批煤制油气项目核准建设力度加快推动。加强天然气保供能力，提升天然气增储上产，保障天然气产量稳定在260亿立方米左右，消费在48亿立方米左右。

能源结构更趋清洁　2019年，鄂尔多斯市有可再生能源装机292万千瓦，占电力总装机12.2%；2019年可再生能源发电量72.3亿千瓦时，占总发电量6.3%，其中：水力发电量33亿千瓦时，增长54%，占全社会发电量2.9%；风力发电量9.3亿千瓦时，增长47%，占全社会发电量0.8%；光伏发电量26.7亿千瓦时，增长84.5%，占全社会发电量2.3%；生物质发电量3.3亿千瓦时，下降24.9%，占全社会发电量0.3%。

【规划编制】

煤炭规划　完成《内蒙古准格尔中部矿区总体规划环境影响评价报告》报批工作。编制完成《纳林才登矿区总体规划》《纳林才登矿区总体规划环评方案报告》《万利矿区单设东高家梁井田方案》。

电力规划　编制完成《鄂尔多斯市煤电开发能力研究（初稿）》《鄂尔多斯综合能源基地开发规划（初稿）》《鄂尔多斯市缓解蒙西电网用电缺口新增煤电项目建设方案（2019—2023年）》和《鄂尔多斯至安徽特高压电力外送通道策划方案》。

石油天然气规划　配合自治区能源局完成《内蒙古自治区油气长输管道“十三五”规划》中期评估工作，将大牛地气田—东胜、锡尼镇—独贵塔拉工业园区、派思LNG工厂配套管道项目列入《规划》。委托中国地质大学（北京）编制完成《鄂尔多斯盆地油气勘探开发规划研究》。

新能源和可再生能源规划　编制完成《2019年鄂尔多斯市分散式风电建设方案》。组织完成《上海庙至山东直流特高压输电通道配套可再生能源基地鄂尔多斯市杭锦旗600兆瓦风电、200兆瓦光伏项目竞争优选工作方案》。

【煤市管理】 2019年，累计印刷发放煤炭销售票证1830.17万份，同比增长25.35%；累计用票销量为65006.29万吨，同比增长8.11%。严厉打击无票、套票、票货不符销售煤炭产品等违法违规行为，共查处各类违规运煤车辆273车次，查处违规违法煤矿和煤场46次，下发联合惩戒书16份，对12座煤矿和10家煤炭经营企业进行冻结电子票证账号停票停销处理。认真开展矿区环境整治、矿区道路污染防治和超限超载治理等工作，促进矿区环境治理，维护煤炭道路运输秩序。

【信息化管理】 2019年，对现有煤炭专线结构进行优化，网络全面扩容，旗区专线扩容至1000M，煤矿专线扩容至200M，合理规划全市煤矿和煤场IP地址，重新划分其他能源领域网络；推进煤炭销售综合监管平台建设，完成软件开发，并在试点煤矿运行。同时初步完成市级平台、旗区和煤矿端应用三级间互通建设；探索云监管平台，与阿里巴巴探讨合作共建云监管平台，进一步提升市场监管的信息化水平；做好应急值守，全年共处理报警14169起，其中正常生产作业引发的报警共计11277起、非正常生产作业引发的报警计2892起（包括未按规定及时采取安全技术防范措施引发的报警计503起）、接收处理生产安全事故信息5起、接收天气预报223份、上报紧急汛情1份、接收涉黑涉恶及矿区采挖运乱象举报案件24起；加大信息公开力度，通过门户网站、官方微信公众号、官方微博公开各类政务信息486条，受理并办结依申请公开事项4件。

【技术创新】

科研攻关 组建鄂尔多斯现代能源经济研究院，确定六大重点攻关项目，聚焦制约鄂尔多斯市能源工业高质量发展瓶颈，通过开展课题研究，努力实现技术新发明、产业新方向、发展新理念从无到有的跨越。建成市能源局数字煤炭综合平台，将煤矿安全监测监管、市场管理、行业管理等信息进行优化整合，实现煤矿企业、旗区能源局、市能源局信息化平台“三级联网”。

智能化发展 建成转龙湾煤矿、龙王沟煤矿等煤炭开采智能工作面11个。在宝利露天煤矿开展无人驾驶卡车工业性试验。在麻地梁煤矿成功部署井下5G基站并组网应用。泊江海子煤矿建成智能交通系统。

绿色开采 唐家会矿区煤炭地下汽化技术工业化示范项目点火运行。长城煤矿充填开采工业试验获得成功。掘锚一体掘进技术获得应用，在宝山煤矿、宏景塔煤矿推广实施“110工法”和“N00工法”无煤柱开采技术。

【安全生产】 2019年，全市能源行业共发生安全生产事故8起，死亡8人，其中煤矿安全生产事故5起，死亡5人，百万吨死亡率0.007，同比下降8.75%，连续3年持续控制在0.01以下；选煤厂安全生产事故2起，死亡2人；电力安全生产事故1起，死亡1人；油气长输管道未发生安全生产事故。

煤炭安全监管 定期组织召开安全生产季度调度会议，对安全生产阶段性工作进行总结、安排部署；健全完善安全生产制度。起草《2019年能源行业安全生产工作要点》《煤矿安全生产责任制实施意见（试行）》《选煤厂安全生产管理制度（试行）》等规范性文件；督促旗区能源局扎实开展执法检查工作；扎实开展专项检查工作。在认真完成自治区能源局“五个专项检查”的基础上，开展企业安全生产主体责任监管落实、车辆运输、冲击地压等专项检查；常态化推进煤矿重大灾害防治工作；狠抓问题隐患整改落实工作；及时通报国内煤炭行业事故情况，要求各旗区和企业深刻吸取事故教训，举一反三、引以为鉴，采取强有力措施严防安全生产事故发生；持续稳步推进煤矿安全生产标准化提档升级；认真组织开展安全生产月活动。

电力安全监管 加强电力行业安全监督管理，印发《鄂尔多斯市能源局关于加强电力行业安全监管的通知》（鄂能局发〔2019〕169号），强化企业安全主体责任和旗区能源管理部门属地监管责任的落实；开展常态化督查，2019年共计督查电力企业安全生产21次，查出安全隐患224条；落实自治区电力安全工作部署，完成庆祝中华人民共和国成立70周年电力保障工作；依托市内发供电企业，建立电力安全行业专家库；依法对2起“批建不符”“未批先建”违法行为进行行政处罚；采取措施保护电力设施安全，印发《鄂尔多斯市能源局关于进一步加强电力设施保护的通知》。

油气长输管道安全监管　印发《鄂尔多斯市能源局石油天然气长输管道生产安全事故应急救援预案》《鄂尔多斯市油气长输管道领域危险化学品安全综合治理实施方案》等；开展油气长输管道高后果区风险辨识排查工作。累计识别出83处人口密集型、环境敏感型、交通设施型高后果区。编制高后果区“一区一案”，并对Ⅲ级高后果区中的8处人员密集型高后果区安装现场视频监控系统；完成苏—东—准输气管道色连二号煤矿采空区管道严重变形重大安全隐患整改；制止穿跨越长—呼输气管道等3起第三方非法施工行为；组织开展油气长输管道安全生产检查20余次，发现安全隐患136项，整改完成率99.3%；结合工作实际向全社会公开招聘3名实践经验丰富的油气长输管道保护及安全生产专家；加强与中石油西北管道公司在相关领域的合作沟通，进一步落实境内管道企业与维抢修公司签订保驾协议，约定在全市范围内开展各种突发事故的应急抢险演练、应急培训和隐患排查等工作；在迎峰度冬期间对全市油气长输管道安全生产情况进行日调度。

【扫黑除恶专项斗争】 2019年，鄂尔多斯市能源局认真开展煤矿采挖运乱象及矿区社会治理专项整治工作，全市能源行业共排查和发现涉黑涉恶及行业乱象线索593条，打掉涉煤领域恶势力团伙5个，破获各类刑事案件27起，抓获违法犯罪嫌疑人103人。

【精准扶贫】 着力推进杭锦旗光伏扶贫项目建设，向125户贫困户支付2019年扶贫收益款37.5万元，平均每户领取扶贫资金3000元。制定《鄂尔多斯市能源局关于上报鄂尔多斯市电业局和薛家湾供电局农村电网改造升级自查自纠的报告》。推动贫困户生活用电“清零达标”专项工作。会同鄂尔多斯市扶贫开发办公室、鄂尔多斯市财政局形成《关于开展自治区贫困户生活用电“清零达标”专项工作方案》并上报自治区能源局，根据所制定方案和多次实地调研，进入贫困户了解实际问题所在，协调旗政府利用风光互补方式解决鄂托克旗2户贫困户涉及问题。根据《内蒙古自治区能源局关于开展全区未通网电农牧户用电现状统计摸排工作的通知》要求，组织各旗区能源局开展统计摸排工作。2019年，市能源局包联驻村点杭锦旗巴音布拉格嘎查位全部顺利脱贫，摘掉自治区贫困嘎查的帽子。扎实推进对结对帮扶嘎查包联扶贫工作。进一步精准识别，完成动态调整工作2次，识别边缘户1户，回退1户（2014年建档立卡贫困户，因危房回退），稳定脱贫2户，清退20户。严格执行各项工作制度。组织嘎查“两委”班子、党员、村民代表累计开展集中学习20次。针对嘎查集体经济、产业发展、脱贫攻坚等重点问题，召开大型座谈会21次。入户摸底调研363次，重点农牧户每季度至少走访1次。向所有常住户发放工作队联系卡，累计向市包联办报送动态信息13篇，每月及时向旗包联办报送《扫黑除恶监控表》，主动报送民情日记2篇。累计协调4家企业参与嘎查扶贫工作和产业发展项目，累计销售肉羊90余万元，奶食品订单额达到48万元，强化各项工作任务落实。市能源局驻村工作队协助旗就业局为嘎查贫困户开展业务技能集中培训3次；邀请旗宣传部讲师团为农牧民宣讲1次；为农牧民开展普通话培训1次、计划生育政策宣讲1次，培训帮扶责任人2次。研究制定《市能源局2019年包联帮扶工作计划》《巴音布拉格嘎查产业扶贫实施方案》《巴音布拉格嘎查2019年发展集体经济实施方案》，稳定脱贫8户24人，正常脱贫18户45人。旗扶贫办表彰致富带头人1人，引进嘎查返乡创业企业1家。确定肉羊养殖与奶山羊养殖项目为嘎查优势主导产业，2019年销售肉羊600余只，创造收入90余万元。协调100万元村集体经济发展专项资金购置奶源生产线1套、完成奶食品车间附属工程建设；协调资金21万元对养殖区进行标准化的建设；协调28.2万元民委扶持资金购置奶食品生产车间附属设备，与3家企业签订订单。协助嘎查优化《村规民约》，制定《巴音布拉格嘎查人居环境综合治理攻坚行动实施方案》《巴音布拉格嘎查农牧民道德诚信体系积分管理制度》，成立人居环境整治领导小组、环境理事会，实施保洁队伍网格化建设管理，完成环境整治自我管理长效机制。加大基础设施建设，投入5.8万元，以奖代补的方式为29户嘎查常住户清淤水库；为72户无电户通生产生活用电，35户饮水安全改造，89户厕所改造项目。配合嘎查“两委”处理3起矛盾纠纷。协助嘎查办理6项惠民实事，帮助5保户、残疾人申办补贴，申请临时救助。

【能源展会】

承办“第十四届鄂尔多斯国际煤炭及能源工业博览会” 第十四届鄂尔多斯“煤博会”于2019年4月16日至18日在康巴什国际会展中心召开，参观人次达4.25万人，现场签约合作企业300家，成交总额86.51亿元，较上届增长13%。总展示面积6万平方米，展商517家，同比分别增长50.0%和33.6%。

完成第二届内蒙古国际能源大会相关工作 第二届内蒙古国际能源大会于2019年8月10日至12日在鄂尔多斯市举办，协议投资规模达4100亿元。市能源局按照大会组委会统一安排部署，完成能源大会前期筹办、服务保障、会展布置、嘉宾接待等工作任务。

【教育培训】 2019年，接收培训机构特种作业人员报送培训班次369期，累计审核资料7144份，派出监考人员900人次，监考5774人次，考试合格4898人，合格率85%，全年发放特种作业人员操作证5106本（含208本属于2018年开班，2019年完成考核的人员）。煤矿其他从业人员安全培训合格人数81690人，其中央直控股煤矿22548人、地方煤矿59142人。

【深化改革】

“放管服”改革 市能源局32项审批事项全部进驻审批中心集中办理，实现“应进必进”“一窗办理”。2019年，市能源局审批中心共办结各类事项157项，其中：煤炭类项目83项，电力类项目23项，安监类项目35项，油气类项目3项，石油天然气管道安监类1项，新能源和可再生能源类12项。

供给侧结构性改革 2019年，充分利用化解煤炭产能过剩利好政策，督促企业加快新旧动能转换，2019年完成置换区内外优质产能320万吨/年，退出产能30万吨/年；3年共计退出煤矿15座，累计退出产能1365万吨。完成燃煤机组超低排放改造194.5万千瓦，超额完成自治区下达的30万千瓦的改造任务。完成节能改造机组3台，总装机86万千瓦。

机构改革 根据《鄂尔多斯市机构改革实施意见》精神，制定《鄂尔多斯市能源局三定方案》，对市能源局职能配置、内设机构及人员编制进行重新划分。根据《中共鄂尔多斯市委员会机构编制委员会办公室关于召开市直部门人员转隶和“三定”规定拟制工作培训会议的通知》精神，办结市发改委转隶到市能源局工作的14名干部转隶手续等事宜。根据《鄂尔多斯市公务员职务与职级并行制度实施方案》等相关规定，对市能源局符合条件的7名拟晋升职级干部进行职务职级并行。

（李泓锟）

电业管理

【鄂尔多斯电业局领导名录】

局长、党委副书记：王玉良

党委书记、副局长：王凤珍

副　局　长：张振程

郑　浩

齐永军
宋聪月
冯　香（女）
工 会 主 席：连常胜
纪 委 书 记：索　韬
企业协会会长：郝建功

【概况】 截至2019年底，鄂尔多斯电业局共下设7个生产单位（调度管理处、变电管理一处、变电管理二处、修试管理处、输电管理处、信息通信处、配电带电作业中心）、10个供电单位（东胜供电分局、康巴什供电分局、达拉特供电分局、伊金霍洛供电分局、东胜铁西供电分局、棋盘井供电分局、乌审供电分局、杭锦供电分局、鄂托克前旗供电分局、鄂托克供电分局）、4个营销单位（大用户管理处、客户服务中心、电能计量中心、供用电稽查处）和2个辅助生产单位（物资管理处、车辆管理中心），局机关设置16个职能部门（办公室、生产技术处、安全质量监察处、计划发展处、市场营销处、财务资产处、人力资源处、工程建设处、审计处、企业管理处、配电网建设办公室、党委工作处、组织干部处、纪委监察处、工会、团委）和6个挂靠中心（机关事务中心、营销管控中心、资金调度中心、培训中心、离退休中心、新闻文化中心），另有1个多经企业和效电建公司。全局共有长期职工3406人，其中主业3185人、多经221人；全局共有劳务派遣工1726人，其中主业953人、多经773人。2019年，鄂尔多斯电业局完成售电量340.19亿千瓦时，同比增加50.1亿千瓦时，增幅17.27%，创历史新高，其中大工业用电量298.44亿千瓦时，占比87.73%，一般工商业用电量20.23亿千瓦时，占比5.95%，居民生活用电量13.37亿千瓦时，占比3.93%，农业生产用电量8.15亿千瓦时，占比2.39%。电费回收率完成99.999%；百万客户投诉量16件，同比减少6件；10千伏公线线损率累计完成6.97%，较同期降低0.63个百分点。2019年最大供电负荷523.8万千瓦，同比提高88.8万千瓦，平均负荷392.61万千瓦，最大日供电量11744万千瓦时，同比增加2259.5万千瓦时。

【供电能力】 截至2019年底，鄂尔多斯电业局管辖220千伏输电线路117条，共3963.326公里；110千伏输电线路320条，共6561.169公里；35千伏输电线路170条，共3483.58公里。年内，鄂尔多斯地区共有220千伏变电站47座，其中系统站29座（包含开闭站1座），变压器64台，全部为有载调压变压器，总容量为11820兆伏安，用户站18座，变压器47台，总容量为3597兆伏安；110千伏变电站166座，变压器共计310台，总容量为14674兆伏安。其中系统站98座，变压器175台，变压器总容量为9450兆伏安；用户站68座，变压器147台，变压器总容量为5614兆伏安；35千伏变电站103座，变压器164台，变压器总容量为1680.6兆伏安。2019年鄂尔多斯电网最大负荷523.8万千瓦，出现在12月16日18时30分，最大日电量达11744万千瓦时，全年供电量完成340.58亿千瓦时，较2018年增长14.93%。220千伏电压合格率同比上升0.2%，网损率同比下降0.155%。

【供电管理】 鄂尔多斯电业局负责鄂尔多斯市除准格尔旗以外8个旗区的供电任务。截至2019年底，鄂尔多斯地调电网各大小电厂共计79座，总容量为14694兆瓦，分火电、光伏、风电、水电、生物质电厂。其中火电厂37座，水电厂3座，光伏电厂31座，风电场6座，生物质电厂2座。

【电力工程建设】

220千伏输变电工程　2019年，鄂尔多斯电业局建设220千伏输变电工程8项（无定河220千伏变电站完善第二电源工程、扎萨克220千伏变电站扩建2号主变工程、蒙华电气化铁路220千伏供电工程、布日都500千伏变电站至东胜马莲变电站第二回220千伏输变电工程、包西电气化铁路康铁、新铁牵引站第二电源220千伏供电工程、棋盘井220千伏变电站主变增容工程、边家塔220千伏变2号主变扩建工程、永兴220千伏变电站间隔扩建工程)，完成投资3.8789亿元。

110千伏输变电工程　2019年，建成110千伏输变电工程12项(三垧梁110千伏变电站2号主变扩建工程、陶尔斯110千伏变电站2号主变扩建工程、掌岗图220千伏变电站扩建110千伏间隔工程、康巴什220千伏变电站扩建110千伏间隔工程、西北沟110千伏变电站扩建1号主变工程、嘎沙图110千伏输变电工程、大数据110千伏输变电工程、迎宾110千伏输变电工程、掌岗图220千伏变电站扩建陕京四线压气站110千伏出线间隔工程、国泰220千伏变电站110千伏间隔扩建工程、杭锦220千伏变电站110千伏间隔扩建工程、查汗苏立德110千伏变电站110千伏间隔扩建工程)，完成投资1.02亿元。

35千伏输变电工程　2019年，鄂尔多斯电业局建成35千伏输变电工程10项(纳林35千伏输变电工程、呼和芒哈35千伏输变电工程、大营35千伏输变电工程、巴音淖35千伏输变电工程、沟湾35千伏输变电工程、母户河35千伏输变电工程、吉日嘎朗图至道图35千伏线路工程、乌兰35千伏变电站主变增容工程、赛乌素35千伏变电站扩建2号主变工程、黄木独35千伏输变电工程)，完成投资0.65亿元。

【农城电网改造】 2019年鄂尔多斯电业局配电网工程包含两部分：农网升级改造工程和配电网行动计划项目。全年批复总投资15.4亿元，新建及改造10千伏及以下配电线路2917公里，安装配电变压器1132台(134730千伏安)，安装环网柜、柱上开关等其他设备3630台，安装费控智能电表22.5万块，通电机井1766眼，受益农田67412亩。

【农网改造升级工程】 2019年，农网改造升级工程批复总投资7.2亿元，新建及改造10千伏及以下配电线路2482公里，安装配电变压器890台(70970千伏安)，通电机井1766眼，受益农田67412亩。

10千伏及以下农网改造升级工程　工程于2019年5月10日开工，2019年12月30日竣工。工程总投资45005万元，新建及改造10千伏及以下配电线路1296公里，安装配电变压器312台(27670千伏安)。10千伏及以下农网改造升级工程进一步解决农网线路卡脖子、重过载、低电压、供电半径长、停电范围大、安全隐患等突出问题，提高供电质量和供电可靠性。

机井通电低压工程　工程于2019年5月10日开工，2019年12月30日竣工。工程总投资6153万元，新建及改造10千伏及以下配电线路374公里。机井通电工程为鄂托克旗、伊金霍洛旗、东胜区共计1766眼机井配套电力低压部分线路，受益农田达67412亩，通过当年低压线路的建设，实现机井的正常用电。

贫困旗县农网工程　工程于2019年5月10日开工，2019年12月30日竣工。工程总投资20943万元，新建及改造10千伏及以下配电线路804公里，安装配电变压器576台(43200千伏安)。贫困旗农网改造升级工程彻底解决杭锦旗当地农牧民用电难的问题，为当地农牧民增产增收，有效地驱动当地农牧民及地区的经济活力，加快其发展步伐，奠定坚实基础。

扶贫搬迁工程　工程于2019年5月10日开工，2019年8月30日竣工。工程总投资198万元，新建及改造10千伏及以下配电线路3.7公里，安装费控智能电表222块。易地扶贫搬迁工程为鄂托克前旗111户贫困户配套电力设施，为贫困户9月前实现搬迁入住提供电力保障。

贫困户通网电工程　工程于2019年11月1日开工，2019年11月30日竣工。工程总投资88万元，新建及改造10千伏及以下配电线路4.5公里，安装配电变压器2台(100千伏安)，安装费控智能电表18块。贫困户通网电工程为24户贫困户实施通电工程，实现贫困户生活用电达标清零，全力助推脱贫攻坚任务完成。

【配电网及行动计划】 截至2019年底，鄂尔多斯电业局管辖10千伏配电线路1017条，共35564.9076公里；6千伏配电线路5条，共5.27公里；0.4千伏配电线路37755条，共54606.475公里；10千伏配电变压器29591台，变压器总容量为3584兆伏安。配电自动化覆盖率59%；城镇中压配网联络率89%；城镇中压配网转供率63%；城镇配网绝缘化率94%；低压城镇配网绝缘化率85%。2019年，鄂尔多斯电业局供电系统用户全口径系统平均停电时间为16.111小时/户，其中城市用户系统平均停电时间为8.942小时/户，农村用户系统平均停电时间为17.263小时/户；母线电压合格率为99.84%。

2019年鄂尔多斯市配电网行动计划项目批复总投资8.2亿元，新建及改造10千伏及以下配电线路435公里；安装配电变压器242台，容量63760千伏安；安装费控智能电表22.5万块。

10千伏及以下配电网改造项目　工程于2019年5月10日开工，2019年12月10日竣工。工程总投资32928万元，新建及改造10千伏及以下配电线路407公里，安装配电变压器230台（56960千伏安），安装费控智能电表6810块。10千伏及以下城网工程进一步优化东胜区等6个旗区网架结构，降低线路负载率，缩短供电半径，提高线路联络率，实现负荷转供和互联互带，提高电能质量和供电可靠性，提升供电能力。

配网自动化工程　工程于2019年5月10日开工，2019年10月30日竣工。工程总投资8428万元，安装环网柜、柱上开关等设备831台，敷设光缆128公里，安装配电自动化终端2081台。配电自动化工程进一步提高各旗区配电网运行监测、控制能力，实现配电网实时可观可控，缩短故障恢复时间，加快鄂尔多斯电业局配电网智能化建设步伐。

老旧计量改造工程　工程于2019年5月10日开工，2019年12月30日竣工。工程总投资37624万元，安装费控智能电表208098块。老旧计量改造工程进一步解决杭锦旗等8个旗区老旧计量存在的问题，消除设备安全隐患，实现智能电表覆盖率目标。

【电网调度】 鄂尔多斯地区电网调控机构内设调控中心、运行方式班、继电保护班、自动化运检班4个生产班组和技术室、综合室2个管理科室；2019年有职工80人，肩负着地区电网安全稳定运行和连续可靠供电重任。截至2019年底，地区电网调控机构调度管理对象共有315个。其中，500千伏变电站5座，变电总容量1140万千伏安；220千伏变电站47座，变电总容量1592万千伏安；110千伏变电站169座，变电总容量1486.5万千伏安；地区调度火电厂及新能源场站共计79座，装机容量达14694兆瓦；涉及调度业务的上下级、用户调度机构26个；220千伏输电线路117条，线路总长3963公里；110千伏输电线路320条，线路总长6561公里。初步形成以500千伏为支撑、220千伏为骨干、110千伏为辐射的供电网络格局。2019年，地区电网最大供电负荷523.8万千瓦，日最大供电量1.17亿千瓦时。累计整定下达保护定值1168份，正确率100%。29座220千伏变电站省地互备覆盖率100%，状态估计合格率累计完成99.59%，变电站220千伏母线电压合格率累计完成99.84%，10千伏母线A类电压合格率累计完成99.85%，负荷预测准确率累计完成97.3%，电网损失率累计完成0.58%，均超额完成上级下达的控制目标。地调电厂购电量累计完成7.4亿千瓦时，完成年度控制目标的75.14%，单厂购电量均控制在年度目标的105%以下。

【信息通信系统】 鄂尔多斯电业局信息通信处于2006年1月正式成立，信息通信系统从地区调度处独立出来。是该局集信息通信调度、运行、维护和检修为一体的专业生产单位，负责全局1座信息灾备中心，2座局核心机房，125座厂站（29座220千伏和96座110千伏变电站）通信、信息、安防遥视设备的日常运维，其中包括软硬件设备1200余台，光缆线路6600多公里，电话3000余门，网络终端3500余台以及万余条数据业务。全年发现缺陷132项，已整改131项，未整改1项已列入大修技改工程，责任已落实到人，制定整改时间和跟踪机制。2019年，信息专业5项指标、通信专业5项指标、网络安全3项指标均高于年度重点工作要求。

通信网设备运行率 光纤设备电路运行率99.999%，光缆线路运行率100%，调度电话保障率100%，保护业务保障率99.999%，自动化业务保障率100%。

信息网络运行率 广域网络系统运行率100%，局域网络系统运行率100%，信息网络运行率100%，信息系统运行率100%，业务系统运行率100%。

网络安全运行率 内网计算机网络防病毒软件安装率100%，内网计算机违规外联合规率100%，正版办公软件安装率100%。

工程建设 全力配合蒙华电气化铁路、陕京四线、永泰热电等一系列工程的实施，按时完成通信方式安排、电路开通、信息系统等接入工作，参与相关工程的验收、启动，严把工程质量验收关；承担7项技改工程、6项大修工程、5项中小修工程，全部按照里程碑计划完成。

【市场服务】 鄂尔多斯电业局紧盯市场动态，积极参与增量配电改革，推动客户资产移交，移交资产评估价值约2607万元，签订移交协议38份，接收客户间隔49个，线路（电缆）102.93公里，变压器112台。促成集团公司与市政府签署电能替代领域战略合作协议。高效完成4个旗区、5家中央及地方企业的分离移交改造工作，总投资4312万元。严格落实电采暖电价优惠政策，合理引导客户实施改造，实现低压办电零投资，电采暖客户激增至3156户。鄂尔多斯电业局增供扩销，深挖负荷潜力，制定《增供扩销奖惩方案》，按照四个阶段落实售电量目标，全员全力保负荷、稳存量、竞增量，促成京能双欣2×350兆瓦自备电厂转公用。全力推进业扩工程进度，全年送电239.5万千伏安；全面落实供给侧结构性改革，完成交易电量232.54亿千瓦时，降低企业经营成本13.01亿元，煤炭客户交易补贴发电企业9.77亿元。出台《业扩工程时限压缩方案》和《业扩配套工程管理办法》，强化执行，加强过程监督，有效压缩办电时限近50%，全年业扩工程累计送电22824项，容量达239.5万千伏安。内蒙古电力公司系统首家完成“三供一业”（供水、供电、供热和物业管理）分离移交改造工作。鄂尔多斯电业局是首家出台《业扩包项目管理办法》，推动“三零服务”（零上门、零审批、零收费）迅速落地，受理小微企业报装219户，送电134户，免费为客户提供低压电能表1.91万块，降低客户办电成本1378万元，推进速度居内蒙古电力公司前列。鄂尔多斯电业局创新出台《业扩及配套工程管理办法》，实现电力工程与客户工程同计划、同施工、同送电。实现多部门线上并行审批供电方案，提升审查效率。推行业扩动态在线管理，管控即时抽查，服务调度事后回访，实现业扩工程闭环管控。实行报装流程“串改并”和典型设计免审批，业务办理时间压缩50%以上。鄂尔多斯电业局增设服务效能检查组，建立投诉（诉求）档案，解决服务问题115项。建立投诉降档考核机制和网格化经理退出机制，畅通客户问题受理渠道，建立微信服务群2096个，涵盖客户48万户，解决客户问题11万余项，“95598”业务受理量同比减少17.9%。鄂尔多斯电业局全面优化用电营商环境。大力拓展“一站式”服务应用范围，基于企业微信推行供电方案线上并行审批，项目实施动态在线监管，应用客户全方位服务系统高效开展专业联动，提高业务并行化水平。同时利用4个月时间，抽调专业骨干面向基层开展深度体检；持续“营业两主题回头看”活动，全面完成全业务稽查工作。全年发现并整改问题户7972户，完善基础信息4.8万项，追补电量355.41万千瓦时，追补电费352.81万元，查获违约使用电费207.54万元。同时升级老旧通信模块和2.5G终端模块，远程费控开通率达93.08%，高于公司指标13.08个百分点；电能采控终端上线率98.63%，远程抄表成功率93.01%，提高5个百分点以上。全年整改客户侧安全隐患1142处，创建客户侧标准化配电室130家，解决24家企业供电可靠性问题，完成133条专线、5133台专变标志标识查漏补缺工作。

【用电监察】 应用稽查信息系统主题筛选功能，网上稽查各类客户13822户，现场检查4000户，完成绩效考核指标的158%；确认存在问题客户777户，已完成整改636户。其中涉及追补电量电费客户51户，追补电量291.53万千瓦时，追补电费146.48万元，追收违约使用电费14.96万元。已经全部追收并确认发行。

【多种经营】 2019年，鄂尔多斯电业局和效电建公司承揽的各类工程总额为130377万元。全年完成营业收入77079.49万元，同比增长23.34%；利润总额3450.77万元，同比下降55.84%；公司资产总额153396.09万元，同比增长18.85%；负债总额73881.34万元，同比增长42.43%；所有者权益79515.67万元，同比增长2.91%；资产负债率为48.16%，同比增长7.99%；全年净利润2246.46万元，净资产收益率2.83%。

（陶　毅）

审计　统计　市场监督管理

审　计

【鄂尔多斯市审计局领导名录】

局　　长：王苏和（蒙古族）

副 局 长：杨　敏（女）

杨培峰（女）

总审计师：董政华

纪检组组长：陈丽娟（女）

【概况】 2019年，全市审计机关共审计（调查）单位392个，审计查出主要问题金额798.2亿元，审计促进整改落实有关问题资金119.9亿元，向纪检监察机关和有关部门移送处理事项256件；出具审计报告429篇，提出各类审计建议991条，被审计单位采纳905条，被审计单位建立健全规章制度和制定整改措施136项，编报审计信息454篇，被采用398篇（次）。2019年度，鄂托克旗审计局组织实施的鄂托克旗2016年8月至2017年末扶贫审计被自治区审计厅评为优秀审计项目二等奖。

【国家重大政策措施贯彻落实跟踪审计】 按照自治区审计厅的统一安排，完成全市2019年第一和第三季度重大政策落实情况的跟踪审计，重点审计贯彻落实减税降费系列政策措施情况和加快城市基础设施重大项目建设政策措施落实情况、建设资金到位和使用等情况，推动国家的政策法规进一步落实。完成2018年第四季度重大政策落实情况跟踪审计的整改工作并上报审计厅。

【财政审计】 组织开展9个单位2018年度预算执行和其他财政收支审计，对杭锦旗、伊金霍洛旗2017—2018年度财政决算情况进行审计。根据审计厅统一部署，组织市旗两级80名审计人员对全市拖欠民营企业、中小企业账款进行专项审计；派出10个审计组，对全市截至2019年4月底财政总预算会计“借出款项”和“其他应收款”情况进行审计调查；按照自治区审计厅的统一安排和部署，对全市贯彻落实减税降费相关政策措施情况开展专项审计工作，对鄂尔多斯市准格尔旗、达拉特旗等7个旗区化解地方政府债务和地方政府债券管理使用情况开展专项审计。

【经济责任审计】 组织召开2019年全市经济责任审计工作联席会议，起草制定《2019年鄂尔多斯市本级经济责任审计工作方案》，按照市委组织部的委托要求，对10名主要领导干部开展经济责任审计，进一步促进领导干部守纪守法守规尽责，为党委、政府管好用好干部提供参考依据。审计结果报告得到市领导高度重视并作出批示。

【固定资产投资审计】 完成空港物流园区市政基础建设项目燃气工程、鄂尔多斯市阳光大厦工程等6个项目竣工决算审计，送审金额140亿元，为政府投资节约资金1.5亿元。

【资源环保审计】 按照市委、市人民政府改革工作部署，将自然资源资产的开发利用、保护与领导干部的经济责任审计相结合，明确分工、落实责任，严抓推进，全市9个旗区均已开展自然资源资产离任审计或自然资源资产审计调查，涉及草原资源、水资源、森林资源、环境保护等多个领域，成效显现。运用对比分析法、抽查询问法、GIS技术等方法，对伊金霍洛旗主要领导任职期间煤炭和森林资源资产责任进行审计。通过审计促进领导干部增强践行绿水青山就是金山银山的理念，推动完善制度、措施，切实履行资源资产管理和保护责任，促进人与自然和谐共生。

【民生资金（项目）审计】 按照审计署统一安排，以“上审下、异地审”的方式对乌审旗、达拉特旗、准格尔旗2018年保障性安居工程资金投入和使用绩效情况进行审计，审计45个棚户区改造项目、15个公共租赁住房项目，延伸调查11个相关单位和53户家庭。审计发现67个问题，涉及项目27个。对杭锦旗2018年扶贫资金审计整改落实情况开展“回头看”督促检查，进一步推动问题整改落实。根据《全区2018年至2019年7月末扶贫审计工作方案》要求，组织市、旗区两级审计机关，采取“上审下”和“异地”审计方式，对全市2018年10月至2019年7月末扶贫资金、2018年至2019年7月末“一卡通”补助资金及乡村振兴与脱贫有关的补助性资金进行审计和审计调查。进一步推动扶贫政策落实，促进资金管理使用，提高资金效益。该项工作得到市领导的高度重视并作出批示。

【信息化建设】 坚持向大数据要资源、向信息化要效率。积极探索地理信息系统（GIS）在领导干部自然资源资产离任审计中应用，通过图层叠加比对、数据分析计算；在棚户区改造项目审计中巧用水经注万能地图进行比对、测算，有效解决面积测量、核实难的问题，提高工作效率。利用SQL2008数据库对不动产数据、低保信息数据和公共租赁数据、2018年底正在实施保障的公共租赁住房中实物配租户和租赁补贴户进行计算机关联比对，审查是否存在重复享受保障待遇的问题，提高审计效率。撰写的《探索GIS技术在土地、森林资源审计中的应用》被《中国审计》刊登。

统　计

【鄂尔多斯市统计局领导名录】

党组书记、局长：杨键军

副局长：刘爱东（女）

　　　　牛胜利

【概况】 鄂尔多斯市统计局是鄂尔多斯市人民政府组成部门，承担着全市国民经济核算、经济社会发展研究、各类经济、社会、文化、生态指标数据统计以及组织实施全市人口、经济、农牧业、能源、自然资源等普查和专项调查工作，主要有“信息、咨询、监督”三大业务职能，具有统计执法资格。市统计局内设办公室、国民经济综合统计科、国民经济核算科、统计设计管理与执法监督科、固定资产投资统计科、工业统计科、能源与环境统计科、贸易外经统计科、社会科技和文化产业统计科、人口和就业统计科、农村牧区经济统计科、服务业统计科12个行政科室；下设城市社会经济调查队、农村牧区社会经济调查队、统计普查中心、数据管理中心、社情民意调查中心、生态文明统计中心6个局属二级单位，其中除数据管理中心和社情民意调查中心外，其余3个二级单位为参照公务员法管理单位。核定机关行政编制25名，另核定机关工勤编制2名，各局属二级单位事业编制共45名。

【统计改革】 深入学习习近平总书记关于统计工作的重要讲话指示批示精神和全区统计法治培训工作会议精神，认真贯彻中央《关于深化统计管理体制改革提高统计数据真实性的意见》《防范和惩治统计造假、弄虚作假督察工作规定》《统计违纪违法责任人处分处理建议办法》，提请市委常委会及市政府常务会作专题传达学习。有序推进统一核算改革，印发《旗区生产总值统一核算实施方案》，加强对地区生产总值及“四经普”数据的审核评估。扩大贸易调查范围，推进限额以下批零、住餐抽样调查制度改革工作。加强和改进服务业统计，扩大规模以上服务业统计调查范围。

【各项普查调查】 2019年，共普查法人单位34603户，清查个体户105442户，个体户抽样小区上报个体户7494户。开展普查单位查查遗补漏工作，全市最终上报普查底册以外新增单位8305户、个体户795户。认真复核开展经济普查数据审核工作，确保数据审核质量。完成“三农”普工作，发表“三农”普公报。推进社情民意调查工作，开展鄂尔多斯市2018年创建全国禁毒城市第三方测评调查、扫黑除恶专项斗争工作成效满意度调查、医联体改革满意度调查等8项调查，完成调查访问量20544个。

【统计服务】 开办《旗区数据快报》和《鄂尔多斯数情监测》，全年分别编发8期、3期，发送统计快讯4500余条，上报市委、市政府两办信息450余条。聚焦高质量发展等领域，深入分析鄂尔多斯市经济社会发展现状，提出有针对性实效性的意见建议，共编印《决策参考》30期、《统计月报》11期、《统计资讯》15期，其中3篇被国家统计局内网采用，28篇被自治区统计内网采用。牛俊雁书记等市委、市政府主要领导对统计工作作出10次重要批示。撰写“腾飞跨越七十载　北疆明珠正璀璨——新中国成立70周年鄂尔多斯经济社会发展成就系列报告”专刊，在《鄂尔多斯日报》集中刊载。全年抖音公众号更新10条，统计微信更新140条，其中转载国家和自治区统计局重点信息20条。

【数据评估】 编印完成《鄂尔多斯市统计局数据质量评估管理办法》，明确国民经济核算、工业统计、能源统计、投资统计、国内贸易统计、人口和就业统计、科技研发及创新和文化统计、农牧业经济统计、服务业统计等9个专业的具体数据质量评估办法。全年召开11次数据质量评估会议。

【法治建设】 安排统计法进党校，邀请自治区统计局执法监督局局长围绕“贯彻落实中央文件要求，努力提高统计数据真实性”主题作专题讲座，各旗区、市直各部门各单位县处级干部、市、旗区统计局全体干部共计500余人参会培训。8人考取国家统计局颁发的统计执法资格证，全市持证人员已达到21人。组织各旗区统计局对辖区内相关单位、企业、项目，采取常规核查、重点检查及“双随机”抽查相结合的形式，进行自查、抽查、执法检查工作。推进法治政府建设，落实“三项制度”，在门户网站公示执法流程图、清单及制度。

【统计基层基础】 持续规范企业统计工作，指导企业建立统一完备的统计工作台账。建成企业（单位）统计人员变动情况台账，防止因统计人员更换造成历史数据的断档和丢失。加快推进统计信息化建设，投资65万元为苏木乡镇统计站所配备电脑等设备，统筹安排资金近75万元对市、旗统计局视频会议终端设备进行更换。加大基层统计人员培训，2月、7月，分别对伊金霍洛旗、康巴什区“四上”企业（规模以上工业企业、资质等级建筑业企业、限额以上批零住餐企业、规模以上服务业企业）统计工作分管领导和业务人员计440多人进行培训。3月，举办全市乡村社会经济基本情况统计培训班，100余人参会。9月，召开全市固定资产投资统计业务培训会，对市旗两级发改、工信、电力、统计等部门统计负责人及亿元以上重点项目所属企业统计负责人共180余人进行培训。

（白　敏）

统计调查

【国家统计局鄂尔多斯调查队领导名录】

党组书记、队长：张　毅

副队长：王福生

纪检组组长：孟　克（蒙古族）

【概况】 国家统计局鄂尔多斯调查队是国家统计局的直属派出机构，在原国家统计局鄂尔多斯市企业调查队的基础上，与市统计局农调队、城调队整合改建而成，为正处级事业单位，是政府统计调查机构。完成国家统计局布置的各项统计调查任务，协助地方统计局完成重大国情国力普查任务，组织指导地方调查队的有关业务工作，依法独立行使统计调查、统计监督的职权，独立向国家统计局、国家统计局内蒙古调查总队上报调查结果。鄂尔多斯调查队内设办公室、综合科、农村调查科、住户调查科、专项调查科、价格调查科等6个职能科（室）。参照公务员法管理事业编制为22名。

【统计法治建设】 深入推进地方党政领导、统计调查对象和社会公众统计法治宣传，按照鄂尔多斯调查系统“七五”统计法治宣传规划，创新宣传方式，开展形式多样的统计普法活动。年初将统计法治宣传工作列入各专业科室业务中，要求各专业科室利用调查业务工作布置、基层检查、调查样本轮换、统计执法等时机向统计调查对象、社会公众宣传统计法律法规知识，不断强化日常普法宣传。年中编制印发《国家统计局鄂尔多斯调查队法治学习读本》，提高全体干部学法用法的自觉性与主动性，不断强化统计调查人员依法统计、依法调查意识。抓住“12·8”统计法颁布纪念日等重要时点，集中开展以统计法为主要内容的统计法治宣传教育活动；积极参加网络在线学法、普法考试和统计法治征文活动。在鄂尔多斯调查微讯公众号、内网平台广泛宣传统计法律法规，建立统计违法举报专栏，公布举报机制。加强调查项目管理，强化项目申报规范性，开展“未经审批开展统计调查问题专项治理”。12月，接受总队统计执法监督检查。

【基层基础建设】 制定《进一步推进鄂尔多斯调查系统基础工作规范化建设实施方案》，对系统基础工作规范化建设提出明确目标和具体标准，把基础工作建设规范化、标准化要求细化分解到各个环节、各个单位。5月开始对三支县队及市队6个科室进行基础资料检查。深化调查样本和辅助调查员管理，8月制定印发《鄂尔多斯调查系统辅助调查员管理办法（试行）》。全面做好新一轮住户调查样本管理，启用月度劳动力调查新样本，稳妥推进主要畜禽监测调查样本轮换，做好采购经理样本企业核查以及各项价格调查样本点动态维护。

【数据质量检查】 工业生产者价格采取“双随机抽查”现场核价模式对2个旗区的6家企业开展执法检查，并责令限时完成整改工作；住户调查将巡视问题整改情况检查与日常数据质量检查相结合，完成对8个旗区全覆盖、全方位的检查；月度劳动力调查坚持陪访和核查同步推进，利用直报平台制作数据审核模板17项，加人工横纵审核，实现“三级联审机制”，提高审核效能，全年完成入户陪访督导52户，针对性抽取调查户进行电话回访118户；畜禽监测每季度深入养殖户和养殖企业，检查台账记录是否规范、填写是否齐全、是否妥善保管，养殖数量与实际是否一致等，发现问题及时纠正。

【完善数据评估】 全面梳理现有数据监控、评估和管理相关制度，修订出台《鄂尔多斯调查队专业制度汇编》。制度汇编对样本管理、数据采集、数据审核评估、台账管理、调查回访、抽查核查等流程做出详细的规定，通过规范化、标准化建设将统计调查工作推向更高水平。

【统计服务】 截至2019年11月底，共完成分析采用68篇，其中国家局内网采用4篇，总队内网采用64篇；信息采用136篇（次），其中国家领导批示2篇（次），国家局及省部级领导批示14篇（次），中办国办直报领导4篇（次），每日调查及上报两办14篇（次），国家局内网采用20篇（次），自治区两办采用42篇（次），总队内网采用40篇。采用总量排名位居全系统前列。

政务信息报送　全年完成政务信息采用148篇，其中国家局内网采用21篇。

重大问题课题研究　完成“商品、服务与居民消费需求匹配度研究”“鄂尔多斯农村牧区流通网络发展情况研究”2篇专项调研报告。组织开展“庆祝新中国成立70周年”征文活动，共撰写新中国成立70周年专题报告5篇，其中1篇被国家统计局单篇采用。

热点问题专题调研　努力发挥调查队“轻骑兵”作用，坚持一线调研、精准服务，及时反映经济社会发展中的苗头性、倾向性问题。紧跟两办紧急约稿开展调研，共完成节后企业开复工情况、政府工作报告关注情况、省际收费站取消工作进展情况、企业研发费加计扣除情况4项调研；主动开展自主选题调研，全年共组织开展5次自主选题调研，其中一季度、三季度自主选题调研报告被总队评为优秀，2篇调研报告被国家统计局内网单篇采用。

政府信息公开和新闻宣传　联合市统计局做好调查手册、调查年鉴编印工作，印发10期《调查与研究》；逐步完善鄂尔多斯调查微讯公众平台，加大数据解读覆盖面；以“坚守统计初心，践行时代使命”为主题开展第十届统计开放日活动，在鄂尔多斯市政务服务中心大厅摆放新中国成立以来中国统计发展历程、新中国成立70周年鄂尔多斯经济社会发展成就等为主要内容的宣传展板，现场活动发放统计法律法规等宣传资料300余份。

【荣誉奖励】 2019年度，获国家统计局内蒙古调查总队“对标晋位，争先创优”优秀单位。

（刘　婷）

市场监督管理

【鄂尔多斯市市场监督管理局领导名录】

党组书记：丁挨玺（1月任职）

党组副书记、局长：韩玉光（1月任职，知识产权局局长）

副局长：刘里程（1月任职）

陈继明（1月任职）

郝　忠（1月任职）

折桂兰（女，1月任职）

陈　磊（1月任职）

云小平（1月任职）

杨护成（1月任职）

武　厚（1月任职）

纪检监察组组长：尚凤岐

【概况】 2019年1月30日，鄂尔多斯市市场监督管理局正式挂牌成立。新组建的市市场监管局为市人民政府工作部门，加挂知识产权局牌子，整合原市工商局、市质监局、市食药监局的职责，并划入市发改委、市科技局部分职责。职能职责：贯彻落实国家、自治区关于市场监督管理方面的政策规定，拟订鄂尔多斯市市场监督管理事业发展规划、方案等政策并组织贯彻实施，规范市场交易行为；监督管理各类消费品市场、生产资料市场，参与监督管理生产要素市场和期货、文化等市场；参与论证、规划全市市场布局，组织开展对各类交易市场的登记及统计工作；参与各类市场的培育建设，完善社会主义市场体系。全局共有32个内设机构（业务科室27个），10个事业单位，共有干部职工514名（行政编制人员127名，工勤编制人员11名，事业编制人员209名，政府购买服务人员39名，临时聘用人员128名），其中有处级领导干部（包括享受待遇）28名（配备党组书记1人、局长1人），另有市纪委监委派驻纪检组组长1人。

【市场服务】

强化“四大安全”监管　截至2019年底，全市有4万多户食品药品企业，占全区1/4的特种设备和大量集中的重要工业产品。全市市场监管系统全面构建“七个到位、五化建设、一体化考核”安全监管体系，在全市推行市场监管任务清单制度，编制涵盖10大类、55个项目、209条目标任务的《鄂尔多斯市市场监管重点工作任务汇编》，以市政府名义配套出台《鄂尔多斯市市场监管重点领域风险管控责任落实评价办法》。以点带面、以会代训，先后在3个典型旗区召开“四大安全”工作现场推进会。制定执行局领导包联指导旗区制度，上下联动确保全市市场监管领域未发生区域性、系统性安全事故。特别是在市场监管领域强力推行风险管控工作，以科学识别、找准找全风险点为基础和关键，切实落实企业主体责任，最大限度做到风险点识别不缺不漏，截至年底全市已建立起涵盖2161户重点企业、5193个风险点的管控清单和配套的风险点管控手册和风险点管控工作指南，实施“点对点、一对一”的精准监管，做到风险研判评估“三准确六到位”，实现对风险点的超前监管、源头预控，并形成持续更新、常态化推进工作机制。全区市场监管领域风险管控暨食品生产加工小作坊监管工作现场会在鄂尔多斯市召开，把鄂尔多斯市场领域安全监管水平整体推向一个新的高度。

整治规范市场秩序　2019年，全市系统共查办各类行政处罚案件2011件，罚没款1405.57万元，向公安等部门移送涉黑涉恶相关线索7条，通过市场监管局提供的线索，公安机关侦破涉案金额3.71亿元的“易享成”系列公司集资诈骗案。特别是在全市的“衣食住行”滚动式检查中，查获“三无”、过期、无3C认证、仿冒知名品牌商品6万余件，向属地市场监管局移交案件线索999条，累计涉案金额达400万余元。启动实施“创建食品药品安全放心工程三年行动”“假冒伪劣重点领域治理工作三年行动”，争创放心消费城市。全年共受理消费者投诉17382件，涉及争议金额4029.59万元，为消费者挽回经济损失1096.85万元。

助推经济高质量发展　“证照分离”改革稳步推进，“多证合一”“简易注销”改革加快落实。全市简易注销企业5296户，累计推送多证合一数据50874条、双告知信息17922条，累计办理加载统一社会信用代码的营业执照195496份，累计推送证照分离数据6465条。2019年，全市各类市场主体总量达到22.67万户，注册资本（金）10348.57亿元。全市新登记市场主体4.1万户，注册资本817.73亿元。建立完善审批流程和程序，健全监督制约机制，加强对行政许可过程进行监督和管理，保证有关行政审批许可事项的连续性、稳定性和审批质量。2019年窗口共受理换发药品经营许可证366家、核发69家、变更70家，药品经营质量管理规范认证证书448家，医疗器械经营许可证核发、变更、备案205家，特种设备登记13452台，车用气瓶使用登记证4272台，特种设备作业人员证4272本，计量器具核准132项、办结147项，计量检定授权7家、办结8家，气瓶充装33家，办结39家，在法定期限内办结率100%。推进商标注册便利化改革工作，共受理窗口累计受理商标注册申请2758件，接受咨询近2.7万人次，发放商标注册证1018件，全市注册商标总量达26352件。累计办理注册商标质权登记172件，质押贷款9.7亿元。全市共申请专利12367件，其中申请发明专利2268件；授予专利权专利7415件，其中授予发明专利权专利522件；有效发明专利493件，居自治区第三位。

【市场监管】

食品安全监管　2019年，共完成食品抽样8034批次，任务完成率101.3%，合格率98.6%；市完成食品安全快速检测任务18818批次，任务完成率100%，合格率99.%。严格规范网络订餐经营行为，检查网络订餐平台42家次、入网餐饮单位3413家次，下线网订平台1家、下线入网餐饮服务提供者112家，下达责令整改书190份，立案查处6件。在“不忘初心、牢记使命”主题教育中开展整治食品安全联合行动，共查办食品行政案件175件。

药品安全监管　开展药品流通领域安全生产大检查专项督查、中药饮片质量集中整治和全市药品零售企业执业药师“挂证”行为等一系列专项整治和检查，全市药品流通环节共下达责令改正260余份，清理挂证执业药师8人，收回GSP认证证书3份。检查医疗器械经营企业904家次，医疗器械使用单位247家次，下达责令整改通知书700余份。有序推进药品医疗器械化妆品不良反应监测工作，共收集上报药品医疗器械化妆品不良反应报告、事件2401例。

特种设备安全监管　对全市所有工业园区1539家特种设备重点生产使用单位进行两轮检查，配合自治区局对市场监管领域督导检查3次，配合市政府对乌审旗安全生产进行督导检查4次，共发现相关问题227项，整改完成率98%。2019年，全市共检查特种设备生产使用单位2276家，下达安全监察指令书976份，办结案件141件，受理投诉举报143件。开展行政许可及备案工作，共受理并办结特种设备安装改造维修改造告知1470份，办理特种设备和车用气瓶注册登记1944台，办理作业人员证107人次。

工业产品质量安全监管　开展危险化学品、水泥、食品相关产品等工业产品生产许可证获证企业监督检查。对电线电缆、学生校服、食品相关产品、民用散煤、生产领域车用油品、车用尿素等产品进行监督抽查。制发《鄂尔多斯市市场监管局贯彻落实中央环境保护督查反馈意见坚决打好污染防治攻坚战实施方案》《鄂尔多斯市市场监督管理局整顿和规范羊绒收购市场秩序实施意见》，加强民用散煤、车用油品、车用尿素等环保相关的重点工业产品质量安全监管和羊绒收购领域市场监管。

（刘瑞平）

【食品药品监管综合执法局工作概况】按照全市综合执法改革精神，2017年底将原市食品药品稽查支队更名为市食品药品监管综合执法局，正科级建制，公益一类事业单位，主要负责依法查处或移送市内重大的及跨市区的食品、药品、化妆品、医疗器械违法案件。2019年有事业编制27个，实有在岗人员27人。全年办理食品药品案件52件，罚款57.08万元，没收违法所得5.01万元。共接到由自治区转办的食品药品投诉举报389件；全部投诉举报都按照时限要求办理完毕。全年共完成食品药品抽检403批次（其中食品抽检325批、药品抽检78批）。

（马柄坤）

【基本食品检验检测中心工作概况】鄂尔多斯市食品检验检测中心是隶属于鄂尔多斯市市场监督管理局的正科级事业单位。主要职能：鄂尔多斯市内食品监督检验、复验和委托检验等工作；收集、整理、综合上报和反馈食品质量分析报告；对食品质量标准、检验方法、标准物质及相关安全性、有效性基础进行研究；承担对下级同类检验机构业务技术工作的指导、协调和检验项目资质认定的组织实施工作以及对辖区内食品生产、经营企业、餐饮服务单位检验部门的业务指导工作。配合鄂尔多斯市市场监督管理局开展全市食品生产许可申请资格、资料审查和技术评审工作。鄂尔多斯市食品检验检测中心核定事业编制36名，聘用人员16名，政府购买人员38名，高层次人才2名，共计在职职工93人。检验检测中心具备食品营养成分、食品添加剂、农兽药残留、非食用物质、生物毒素、真菌毒素、致病微生物、分子生物学基因检测及食品中污染物等10

大类、500余种产品、1008项参数的检测能力。2019年，接收样品总计3476批次，检验参数累计25568项。

（李泽昊）

【药品医疗器械不良反应监测中心工作概况】 鄂尔多斯市药品医疗器械不良反应监测中心职能职责为承担辖区内药品和化妆品生产、经营企业、医疗机构的药品、医疗器械不良反应监测工作；承担全市药品、化妆品和医疗器械的不良反应事件资料的收集、整理和上报等工作；组织开展全市药品和化妆品不良反应事件的调查、评价和鉴定工作；承担全市药品和化妆品不良反应监测信息网络的建设和维护工作；承担上级下达的药品、化妆品、医疗器械的不良反应监测任务；承担全市药品、化妆品、医疗器械不良反应监测的宣传工作；承担药品、化妆品、医疗器械不良反应监测方法的相关信息咨询服务。鄂尔多斯市药品医疗器械不良反应监测中心核定事业编制5名，在岗人员3名。2019年，共收集评价上报药品不良反应报告2401例，其中新的、严重报告437例，占比18.2%，严重报告181例，占比7.5%；医疗器械不良事件报622例；化妆品不良反应报告109例；药物滥用监测报告54例。完成内蒙古自治区气管插管（带气囊）不良事件重点监测工作。

（杜　健）

【工商行政管理信息中心工作概况】 鄂尔多斯市工商行政管理信息中心于2001年12月25日经内蒙古自治区机构编制委员会批准核定为科级事业单位，主管单位是鄂尔多斯市市场监督管理局。事业编制13名。主要职能是承担本市工商行政管理系统计算机信息网络的管理与维护；收集、编发工商信息；承担统计工作；进行统计调查分析的各项工作。2019年，完成局机关内搬迁人员的网络连接与电话的迁移；完成政务服务局搬迁负责原工商进驻窗口人员的专网连接；完成专业市场分局搬迁负责专网设备的搬迁及搬后的调试；东胜区局合并后办公地址搬迁协调运营商及时进行网络迁移。

（邬　雷）

【“12315”投诉举报中心工作概况】 市“12315”投诉举报中心职能职责为承担消费者、质量监督、食品药品、知识产权、价格投诉专线职能，受理市场监管领域相关违法行为的投诉举报；承担投诉举报案件的分拨、督办、反馈、回访、协调工作，配合开展消费者权益争议的调解工作；承担市场监管领域相关法律法规基础咨询服务，配合相关部门开展市场监管领域违法案件查办工作；承担消费者投诉举报信息统计、分析工作，发布相关信息；承担消费者依法理性维权的宣传工作。市“12315”投诉举报中心核定事业编制23名，在岗人员8名（包含1名临聘人员）。2019年，通过“12315”综合市场监管指挥调度系统受理各类诉求19520件，其中咨询13969件、投诉5143件、举报396件、建议8件、表扬4件。全国“12315”平台登记投诉400件、举报162件。

（陈　晓）

【市个体私营经济发展服务中心工作概况】 鄂尔多斯市个私经济发展服务中心承担组织协会会员政治理论和法律知识及相关知识的学习培训，开展相关活动；组织技术、业务培训；提供相关信息和咨询服务；参与个私企业管理工作，提出发展个私经济的政策建议。市个私经济发展服务中心核定事业编制4名，在岗人员2名。2019年度，全市个私系统开展宣传教育活动20场次，1.8万余人参加，发放宣传资料4万余份。开展培训23次，参训人员2657人，其中：市个私协会组织参加培训5次，参训人员620人；旗区个私协会开展培训18次，参加培训2037人次。

扶贫助困　2019年元旦、春节期间共计慰问困难个体户98户，送去慰问金51680元。5月20日，市个私协组织部分个私企业深入鄂托克前旗城川革命老区、乌审旗苏力德苏木沙尔利革命老区开展系列扶贫活动。同时企业向贫困户发放慰问金1.9万元，并每户赠送蛋糕一份。10月18日，在全市范围内开展以“辉煌70年，光彩路更宽”为活动主题。活动期间，全市系统向广大市民发放宣传资料1.1万余份，接受咨询2000余人次，免费理发、义诊、家电维修、超市让利、发放代金券等总额达7.4万余元，现场受惠群众达4000余人，慰问百余户贫困家庭。

荣誉奖励 2019年度，鄂尔多斯市个体劳动者私营企业协会被评为全国个私协会系统先进单位，被确定为2019年度中国个协工作联系点，市个私协会负责人伊拉图被评为全国个私协会系统先进工作者，乌审旗阿腾莎传统纯银手工艺品店被评为全国先进个体工商户。

（郝　芳）

【消费者协会办公室工作概况】 鄂尔多斯市消费者协会办公室是隶属于鄂尔多斯市市场监督管理局的正科级事业单位，位于鄂尔多斯市康巴什区。主要承担受理、调查、调解消费权益投诉事项；为消费者提供消费信息和咨询服务；披露、批评损害消费者合法权益行为；参与对商品和服务的监督检查工作。鄂尔多斯市消费者协会办公室核定事业编制2名，在职在岗人员1名。2019年，全市消协组织共受理投诉973件，已成功处理837件，投诉解决率86.02%，为消费者挽回经济损失255万元。其中，因经营者有欺诈行为得到加倍赔偿的投诉11件，加倍赔偿金额1万元。接待消费者来访和咨询近58人次。开展“月月315”宣传活动，各级市场监管部门、消协组织共组织25场次“月月315”宣传活动。开展2019年纪念“3·15”国际消费者权益日系列活动。活动当日，现场共发放各类宣传资料、宣传品1.5万余份。“3·15”期间，市“12315”消费者申诉举报中心共受理消费者投诉举报169起。

（刘美清）

【特种设备安全技术服务中心工作概况】 鄂尔多斯市特种设备安全技术培训中心是市市场监管局直属公益二类事业单位，成立于2013年7月，承担全市特种设备作业人员、电工、电焊工、危险化学品生产经营单位相关人员的上岗培训和考试工作，核定事业编制33个。经市委机构编制委员会批复同意，2019年12月30日，原鄂尔多斯市特种设备安全技术培训中心正式更名为“鄂尔多斯市特种设备安全技术服务中心”。职能职责调整为：开展特种设备信息数据汇总统计分析，为监管部门提供相关技术服务，开展检验检测工作质量和考培质量技术性检查，协助监管部门开展特种设备事故调查分析与应急处置，为特种设备安全大检查和专项督查监察提供技术支撑，为全市重大活动提供特种设备安全技术保障，开展技术研究、风险监测、预警信息发布、隐患整治等工作；承担特种设备作业人员考试和特种设备法律法规及安全技术规范的宣传培训工作。2019年，举办各类特种设备作业人员培训班12批次，培训作业人员2706人次，举办各项目作业人员考试82批次，考核作业人员4000余人次，发放证书4978项，其中新办出证3505项、复审出证1473项。

（陈泽华）

产品质量计量检测

【产品质量计量检测所领导名录】

所　长：姜伊萍

【概况】 鄂尔多斯市产品质量计量检测所是鄂尔多斯市市场监督管理局直属事业单位，是依法设立的产品质量检验机构和国家法定计量检定机构，副处级建制，公益一类事业单位。内蒙古煤矿安全计量四站设在该所，加挂内蒙古煤炭质量检验中心牌子。“五定”方案核定编制58人，1名副处级领导职数、20名科级领导职数（机构2

正，内设科室9正9副），9个内设科室。全所有127名干部职工。从行政职务看，1名副处级（所长）、31名科级干部（其中4名副所长、2名总工程师，3人为季节性临时用工）；从身份性质看，正式在编人员55名，季节性临时用工72名；从专业技术职称看，高级职称专业技术人员12人，其中正高级2人，副高级10人，中级职称专业技术人员23人（5人为季节性临时用工）；从学历结构看，全所有硕士研究生6人，本科81人，专科30人，其他10人。有国家一级注册计量师9人，二级注册计量师34人；计量检定员75人517项，检验员12人47项；国家注册工业产品生产许可证审查员7人，省级资质认定评审员8人，省级标准和机构计量考评员各17人；全国煤化工标准化技术委员会煤制化学品分技术委员会委员1人，内蒙古自治区循环经济标准化技术委员会副主任委员1人、委员6人，内蒙古自治区工业园区安全生产标准化技术委员会副主任委员1人、委员6人。

【技术服务】 2019年，全所累计派出专业技术人员7624人次、行程约18.2万公里，累计为全市1226家企事业单位和个人提供技术服务，其中计量方面共检定、校准36320台（件），强制检定30311台（件）、非强检6009台（件），产品质量检验方面共检验621批次，其中纤维检验413批次、建材检验71批次，煤炭检验74批次、油品检验63批次。为各级市场监管部门在行政许可、行政监管、专项检查、专题宣传中累计派出评审、考评、审查、检查专业技术人员36人次。全年新建呼出气体酒精含量探测器检定装置、耐电压测试仪检定装置、台式气相色谱—质谱联用仪校准装置等3项计量标准，28项计量标准通过复查考核。

【《检验检测机构样品管理规范》地方标准审查会】 12月13日，《检验检测机构样品管理规范》地方标准审查会召开，该标准由鄂尔多斯市产品质量计量检测所主持起草，内蒙古自治区建材产品质量检验院、内蒙古自治区产品质量检验研究院、内蒙古自治区石油化工监督检验研究院等机构的7位专家以及鄂尔多斯市产品质量计量检测所起草小组成员参加会议。会议同意该地方标准通过审查。

（崔鹏 刘怡灵）

城乡建设　环境保护

住房和城乡建设

【鄂尔多斯市住房和城乡建设局领导名录】

党组书记：李凤奇

党组副书记、局长：余永崇

党组成员、副局长：林　强

雷特木尔

何子斌

王树声

吴伊婕

徐智勇

梁文斌

李　君

副 局 长：周如山

【概况】 鄂尔多斯市住房和城乡建设局是鄂尔多斯市人民政府工作部门，为正处级单位，挂鄂尔多斯市人民防空办公室牌子。主要职责：（1）贯彻执行国家法律法规和自治区法规规章，研究拟订全市住房和城乡建设、人民防空工作发展规划、工作方案等政策，并负责组织实施和宣传教育工作。（2）拟订住房和城乡建设领域地方性法规、规章草案。负责住房和城乡建设、人民防空行政审批和执法监督。指导和开展行业法治建设以及普法宣传教育工作。（3）推进住房制度学，建立多主体供给、多渠道保障、租购并举的住房制度。指导城镇住房保障工作，拟订城镇住房保障政策并监督实施。（4）承担全市房地产市场监管和房地产业发展工作。组织拟订房地产市场监管和调控致策、制度并监督执行。拟订房地产业发展规划。负责房地产开发、房屋交易管理、房屋租赁、房屋面积管理、房地产估价与经济管理、物业管理、房屋征收的行业管理，拟定相关政策、制度并监督执行。指导监督房屋产权管理工作，协同指导房屋登记工作。（5）贯彻执行国家、自治区工程建设标准和有关行业标准。组织实施察、设计、施工、监理等工程建设各项标准及规范。承担建设工程造价管理工作，组织拟订建设项目经济参数、建设标准和工程造价的管理制度，指导监督各类工程建设标准定额的实施和工程价计价，组织发布工程建设定颗和工程造价信息。（6）编制并组织实施市本级人民防空方案，指导、监督检查旗区人民防空方案编制管理，负责战时人民防空各项工作的组织实施和综合协调。指导、监督有关部门依法组建和管理城市群众防空组织。协助有关部门执行防灾救灾应急支援任务。组织开展人民防空训练演练。（7）监督管理建筑市场，规范市场主体行为。拟订建筑市场、行业监管和建设活动的管理制度并监督执行。拟订建筑业勘察设计业、室内装业、工程监理咨询业的行业发展和中长期规划政策并指导实施，负责相关企业、单位的监督管理和指导。引导建筑企业参与对外承包、建筑劳务合作。（8）承担建筑工程质量安全监管工作。拟订房屋建筑和市政公用工程、人防工程、室内装饰装修工程质量和安全生产及工验收备案的政策并监督执行。制定相关技术政策并指导实施。参与工程重大质量、安全事故的调查处理。指导监督国家建设行业主管部门规定的建设工程消防设计审查、消防验收、备案和抽查工作。指导散装水泥产业发展。（9）负责组织实施城市勘察、市政工程测量、市政基础设施建设、城市地下空间开发利用和城市雕塑工作。拟订城市修补和生态修复的政策并监督执行。会同文物主管部门负责历史文化名城（镇、村）的保护和监督管理工作。（10）指导城市建设和管理工作。拟订城市建设、管理的政策并指导实施。组织编制城市建设和市政公用事业的中长期发展规划并指导实施。指导城市市政公用设施、环卫设施建设和运行管理工作。指导实施垃圾分类工作。（11）研究拟订园林绿化发的中长期规划，指导坡镇园林绿化活动和园林绿化研究工作。拟订园林绿化管理的相关政策、制度、技术规范并监督实施。负责园林绿化工程质量和苗木采购的监督管理工作。组织开展国家国林城市创建、复查测评工作。（12）指导村镇建设工作。拟订小城镇和村庄建设的政策发展规划并指导实施。指导监督农村牧区住房建设和危房改造工作。指导重点镇建设和传统村落、传统建筑的保护发展工作。指 导受灾地区的村镇重建和国家大型建设项目的村镇迁建工作。配合指导农村牧区人居环境整治工作。（13）指导建筑节能和城镇减排工作。组织拟订建筑节能、城镇减排和科技相关政策、发展规划并监督实施。拟订绿色建筑、装配式建筑发展规划并指导实施。指导新型墙体材料发展工作。指导和组织实施重大建筑节能项目、重大科技项目攻关和科技成果转化推广。（14）管理全市人民防空工程建设。组织编制市本级人民防空工程建设规划，并协调纳入城市总体规划。负责人民防空工程质量技术指导和监督管理。指导监督城市和基础设施建设、地下空间开发利用中贯彻落实人民防空要求。负责开展、检查指导和监督管理人防工程建设、维护管理、平战转换、综合开发利用和安全生产工作。开展人民防空科学技术研究。（15）制定并组织实施人民防空信息化和通信警报建设规划。指导人民防空信息化平台建设。按权限负责全市人民防空信息系统项目的审批。协助有关部门利用人民防空信息网络、通信警报设施为平时抢险救灾服务。（16）组织协调有关部门编制重要目标防护建设总体规划和实施计划。负责指导协调、监督检查重要目标防护管理工作。指导重要目标单位落实防护要求。（17）负责住房公积金管理工作。组织拟订住房公积金政策、发展规划并组织实施。拟订住房公积金缴存、使用、管理和监督制度。监督住房公积金和其他住房资金的管理、使用和安全。（18）负责筹集和管理人民防空建设经费，对市本级人民防空国有资产实施专业管理，监督旗区人民防空国有资产管理工作。（19）组织指导住房和城乡建设、人民防空领域专业队伍和技术人员培训，制定行业教育培训规划和管理制度。组织指导行业从业资格以及职业技能的培训、考试、鉴定和岗位资格证书的综合管理。组织指导继续教育工作。开展技术交流与合作。（20）完成市委、市政府、鄂尔多斯军分区交办的其他任务。鄂尔多斯市住房和城乡建设局内设综合办公室、人事教育科、政策法规督查科、财务审计科、行政审批科、住房保障和房屋征收补偿科、房地产市场监管科、房地产开发科、物业管理科、住房公积金监管科、标准与定额科、建筑市场监管科、工程质量安全监管科、城市建设科（园林绿化管理局）、城市管理科、村镇建设科、建筑节能与科技科、防空指挥通信科、重要目标防护科、人防工程科、机关党委等21个科室。下设鄂尔多斯市建设工程造价管理站、内蒙古自治区鄂尔多斯市保障性住房建设管理中心、鄂尔多斯市房屋产权市场管理处、鄂尔多斯市住房公积金管理中心、鄂尔多斯市装饰装修工程质量预决算监审站（鄂尔多斯市室内环境检测中心）、鄂尔多斯市人民防空指挥信息保障中心、鄂尔多斯市建筑安全监督站、鄂尔多斯市建筑务工人员管理服务中心、鄂尔多斯市园林绿化研究所、鄂尔多斯市建筑节能与墙体材料改革管理办公室、鄂尔多斯市平战结合管理站、鄂尔多斯市建设工程质量监督站（鄂尔多斯市建设工程质量检测试验中心）、鄂尔多斯市房地产测绘中心、鄂尔多斯市建设工程社会保障费管理中心等 14 个二级事业单位。行政编制 45 名，设局长 1 名（兼任市人民防空办公室主任）、副局长 3 名；科级领导职数 32 名［22 正（含总工程师 1 名、机关党委专职副书记 1 名）10 副］。

【民生福祉】 2019 年，化解商品房库存 265.11 万平方米，去库存任务超额完成。开工改造城镇棚户区 600 套，开工率达到 100%。发放住房租赁补贴 490 户、57.68 万元，占总任务 114%。全市归集住房公积金 33.21 亿元，发放个人住房公积金贷款 26.98 亿元，支取住房公积金 19.03 亿元，公积金覆盖人数达到 24 万人。完成房地产开发投资 45.98 亿元。摸清老旧小区底数，争取老旧小区上级资金 7656 万元，在伊金霍洛旗试点开展老旧小区加装电梯项目，开工实施 57 部。实行物业管理服务平台建设运营工作，物业管理从传统管理模式向智能化管理迈进，物业服务监管工作步入智能化、信息化行列，举办首届“鄂尔多斯最美物业人”评选活动，全市物业管理覆盖率达 100%。全市危房改造任务 110 户（包括 5 户建档立卡贫困户危房改造任务），已全部完工。完成编制《鄂尔多斯市农村牧区建档立卡贫困户危房“清零达标”专项行动暨 2019 年危房改造实施方案》，核查出 C、D 级或无房户 187 户，已全部解决住房问题，贫困人口住房条件进一步得到改善。全市累计解决房地产历史遗留问题项目 367 个、147725 套、2169.6 万平方米，化解率由 10 月中旬的 18.5%（项目）、20.1%（套数）、13%（面积）提升到现在的 57.52%、55.83%、57.01%，推动化解房地产遗留问题初见成效。制定《全市房地产市场乱象专项整治实施方案》并召开动员会进行专题部署，共确定 8 个方面 89 个重点整治问题，约谈 10 家房地产企业负责人，向 7 家房地产企业下达限期整改通知。

【城乡环境改善】 争取到上级城建专项资金 4128.54 万元，完成市政基础设施建设投资 17.07 亿元，开工建设市政基础设施项目 226 项，其中：新建项目 197 项、续建项目 29 项。全市 10 座城镇生活污水处理厂达标运行情况良好，出水水质方面已全部达到一级 A 排放标准，已完成中央环保督察反馈城镇污水处理厂“三低”问题和自治区生态环境大检查反馈意见整改，其中自治区生态环保大检查反馈问题已完成销号。新增和提升改造绿地项目 90 项、826.7 公顷，完成投资 4.77 亿元。开工建设垃圾压缩转运站 12 处、闪蒸炉 49 处、垃圾填埋场 6 处，全市 633 个行政村生活垃圾得到有效治理，占比达到 86%。全市已完成 42882 户改厕任务，超额完成自治区下达任务 9524 户。全面启动城镇生活垃圾分类工作，其中中心城区已在 81 个单位、学校和小区设立生活垃圾分类试点，累计投放垃圾分类收集箱 841 组。

【建筑业效益】 全市完成建筑业产值 132 亿元，建筑业增加值 17.1 亿元，建筑业保持平稳运行。举办全市建筑新材料、农村牧区“人居环境治理”实用技术、房地产楼盘展洽会暨住房城乡建设 70 周年成就展。整治工程建设领域专业技术人员职业资格“挂证”等违法违规行为 539 人次。全面检查建筑工程施工转包、分包以及房屋建筑、市政工程招标投标违法行为，共计罚款 469.3 万元，停工整顿企业 1 家，5 家企业记入建筑领域不良行为记录，1 家企业记入内蒙古自治区建筑市场监管与诚信信息管理平台，建筑市场进一步规范。实施工程建设项目审批制度改革，搭建运行工程建设项目审批管理系统，精减合并、转变受理、调整审批时序，设定的审批事项由原来93项初步精减至56项，由建设单位提交的300余项材料初步精简至150余项。开展5轮安全生产大检查，下达整改通知书509份，发现安全隐患3999条，整改完成3875条，整改率96.8%。受理投诉案件11起，涉及建筑工人135人，涉及金额211万元，已全部办结，建筑领域欠薪问题保持动态清零。

【人防工作】 全年组织和参与各类人防演练4次，获得全区人防训练比武竞赛集体第3名和个人第2名成绩。深入开展人防系统腐败问题专项治理调查整顿工作，累计查摆10类28个问题，已整改16个，完成率57.1%，追缴防空地下室易地建设费2.02亿元，追责问责19人次，制定出台制度30个。与市内高等院校建立人防宣传教育长效协作机制，不断拓展人防宣传教育广度和深度。

【鄂尔多斯市建筑安全监督站工作概况】 鄂尔多斯市建筑安全监督站于2007年7月经鄂尔多斯市编委〔2007〕82号文件批复成立，鄂尔多斯市住建局委托对鄂尔多斯市建设工程实施安全标准化监督。根据《鄂尔多斯市人民政府关于印发〈鄂尔多斯市直有关部门和单位安全生产工作职责规定〉的通知》规定，市建筑安全监督站工作职责为：负责建设工程安全生产监督管理（交通、水利、铁路、民航、电力、通信等国家法律法规规定的专业建设工程除外）；负责房屋建筑工地和市政工程工地相关起重机械的安装、拆卸、使用和场（厂）内专用机动车辆安装、使用的安全生产监督管理；负责市政公用行业（城市道路桥梁隧道）的安全生产监督管理；法律、法规和规章制定的其他安全生产职责。2019年，全市房屋建筑和市政工程开复工项目192项，建筑面积1075.83万平方米。已办理施工许可证的工程项目安全监督覆盖率为100%。共监管市直管工程8项，下发整改通知书14份，检查记录26次，共发现隐患206条，安全隐患整改率100%。年内，市直管工程未发生生产安全事故。

【鄂尔多斯市保障性住房建设管理中心工作概况】 鄂尔多斯市保障性住房建设管理中心成立于2011年11月，属市住房和城乡建设局二级单位，正科级建制，财政全额拨款。中心内设办公室、财务科、综合科、租赁科和法规科5个科室。主要职责：负责市本级投资建设公共租赁住房的后期运营管理工作；负责保障对象资格审查认定和违规行为调查、处理工作；负责市场投资建设公共租赁住房分配管理，并组织开展小区物业管理工作及维修技改项目；代理鄂尔多斯市非税收入管理局代收公租房租金；负责市政府直接安排的各类保障性住房项目实施、建设和租赁管理工作；负责相关统计数据审核报送工作；承办上级主管部门和市委、市政府交办的其他工作。核定人员编制21人，在编17人，空余编制4人。2019年，受理审核申请资料4023宗，新入住2351户，累计在住9004户（其中，乌兰木伦河南岸公租房在住1609户，高新区公租房在住户数达到7395户）。完成商业项目租赁权拍卖3.83万平方米。截至年底，累计商业租赁面积合计7.55万平方米。

【鄂尔多斯市房地产测绘中心工作概况】 鄂尔多斯市房地产测绘中心依据《关于成立鄂尔多斯市房地产测绘中心的批复》文件成立于2008年12月24日，2013年，按照《鄂尔多斯市机构编制委员会关于鄂尔多斯市住房保障和房屋管理局所属事业单位机构编制“五定”方案调整批复》精神，鄂尔多斯市房地产测绘中心为鄂尔多斯市住房保障和房屋管理局所属事业单位。2019年，因全市机构改革，鄂尔多斯市房地产测绘中心隶属于市住房和城乡建设局，属科级建制的自收自支事业单位。事业编制15个，领导配备1正1副。内设办公室、审验科、业务科等3个科室。职能职责：配合市住房和城乡建设局开展房产测绘成果测算审核、鉴定工作；承担房产平面控制测量、房产要素测量、房产图测绘、面积测算、变更测量工作。2019年度，完成测绘量共计317万平方米（其中：初测面积85万平方米、终测面积232万平方米），完成审核面积547万平方米。

【鄂尔多斯市建设工程社会保障费管理中心工作概况】 鄂尔多斯市建设工程社会保障费管理中心（以下简称社保中心）设立于1998年，原为鄂尔多斯市建筑安装工程劳动保险费用管理办公室。社保中心于2007年经鄂尔多斯市机构编制委员会正式批准（鄂机编发〔2007〕82号）成立。社保中心隶属于鄂尔多斯市住房和城乡建设局，属科级建制的自收自支事业单位。核定编制9名，实有工作人员9名。内设办公室、财务室2个科室。职能职责：负责鄂尔多斯市建设工程社会保障费的收缴、划拨、调剂工作的日常管理和监督检查。2019年，共计收缴建设社保费2119.17万元，通过多种渠道，通知近100家建筑企业办理退费手续，截至年底，划拨建设社保费4394.81万元，拨付建设社保费帮扶救助金628.56万元。

【鄂尔多斯市建设工程造价管理站工作概况】 鄂尔多斯市建设工程造价管理站成立于1986年，原名为鄂尔多斯市工程建设经济定额站，隶属于鄂尔多斯市住房和城乡建设局，科级建制，财政全额拨款公益一类事业单位，核定编制25人，2019年有在编职工21人。内设综合办公室、业务室、信息室，负责鄂尔多斯市辖区内的工程造价监督管理工作。主要职能：负责自治区计价依据（定额）在本地区解释、答疑工作；负责定额在应用中出现缺项子目及时进行补充工作；负责承担市政府重点投资工程的工程造价监督管理工作；承担全市国有资金投资为主体的工程招标控制价的备案和招标控制价投诉受理及审查工作；承担全市建设工程造价纠纷的仲裁及造价技术鉴定工作；负责全市工程材料的价差调整工作，承担全市工程造价信息的采集、发布、解释工作。2019年，完成定额解释241件，共解答727个问题。其中书面回复2件，共4个问题；口头回复239件，共723个问题。对鄂托克旗图书馆及档案馆综合楼外装工程补充定额子目的数据进行测定。配合内蒙古自治区建设工程标准定额总站、呼伦贝尔市造价站、巴彦淖尔盟造价站到鄂尔多斯市开展定额消耗量调研，并跟踪乌兰木伦河3号桥建设项目，收集测定定额消耗量数据。全年总计对招标控制价进行备案106件。

【鄂尔多斯市建设工程质量监督站工作概况】 鄂尔多斯市建设工程质量监督站是鄂尔多斯市住房和城乡建设局二级事业单位，主要职能：贯彻执行国家、自治区及鄂尔多斯市有关建设工程质量管理的法律、法规和规章；负责组织实施鄂尔多斯市建设工程质量监督机构、检测机构的资质和人员管理工作；承担市本级及以上政府投资项目的具体质量监督工作；组织开展全市建设工程质量监督执法检查工作；参与全市重大工程质量事故的调查处理工作；对全市建设工程质量监督机构进行业务指导和工作考核；可进行鄂尔多斯市境内的质量鉴定工作。内设土建监督室3个，安装监督室，市政监督室，财务室，办公室，成立党支部、工会。下设建设工程质量检测实验中心。核定事业编制36人，实际在编人员为36人。2019年，市直监管房屋建筑工程81项，建筑面积约552.3万平方米。全年共有13项工程荣获市级优质样板工程奖，其中2项工程荣获自治区草原杯奖项。年内，共受理市长热线149件，回复149件，回复率为100%；办结145件，办结率为97%。受理信访案件12件，已经办结8件，办结率为67%。2019年，检测中心共完成委托检验30229个检验批次；同时配合质监站对乌兰木伦湖3号桥、蒙古族中学、云计算等建设工地进行混凝土、钢筋、电线电缆的现场取样；为全市住房城乡建设70周年成就展会提供新型建筑节能材料的检验检测服务。

【鄂尔多斯市人民防空指挥信息保障中心工作概况】 鄂尔多斯市人民防空指挥信息保障中心主要职责：承担全盟防空防灾通信警报和信息化网络建设管理职责，负责制定人民防空通信、警报建设规划，并组织实施；负责全盟人民防空通信、警报网的建设和管理；负责制定人民防空信息建设规划，构建人民防空信息化平台；负责人民防空信息化建设和信息网络建设的管理；协调有关部门利用人民防空通信、警报设施和信息网络为平时抢险救灾服务；承担盟本级人防办与自治区人防办以及全区各盟市的无线、有线通信任务，负责保障人民防空通信、警报的畅通以及人防通信设施、设备处于良好的战备状态；承担人防（民防）指挥信息化建设、设备设施维护管理、战备值班执勤和演练保障；执行各级党委、政府及人防指挥部组织指挥防空袭斗争信息保障任务；承担人防（民防）部门交办的其他信息保障任务。2019 年，完成视频会议 20 余次，视频会议系统值班 104 次、520 分钟。完成新增警报器工作任务，并对报废警报点进行补建工作，利用一个月的时间，对东胜区警报器进行换线、刷漆、检测等项检修工作。指导有关警报设点单位对通信警报设施的维护管理。全年不间断地进行无线电通信联络。

【鄂尔多斯市装饰装修工程质量预决算监审站工作概况】 鄂尔多斯市装饰装修工程质量预决算监审站（以下简称装饰监审站）是鄂尔多斯市住房和城乡建设局全额拨款的二级事业单位，内设综合办、财务室、质量安全监督检验室、设计质量检验室、室内环境检测中心、预决算审核和司法鉴定室。核定全额拨款事业编制 11 人。主要职能：按照相关法律法规对全市室内装饰装修工程监督管理，具体承担全市市级及以上政府投资项目室内装饰装修工程的质量监督检验、验收和预决算审核；组织开展全市室内装饰装修工程质量安全监督执法检查工作；承担全市室内环境、装饰材料有害物质质量检测和质量评价；受理室内装饰装修工程质量、造价相关司法鉴定；开展咨询服务，组织技术交流，推动室内装饰装修工程的科技进步；积极推进新工艺、新技术、新材料的推广和应用，正确引导消费。2019 年，共对鄂尔多斯市社会福利中心建设项目儿童福利院工程、CBD 政务中心装修工程、体育中心预留空间训练馆改造工程、金财酒店等装饰工程进行质量安全跟踪监督检验验收，工程总量约 85375 平方米，造价约 1.57 亿元，全部验收合格，未发生质量安全事故。执行《建设工程清单计价规范》，对 3 项改造维修装饰工程造价进行审核，审核金额为 204631 元。年内，对鄂尔多斯市档案局、鄂尔多斯市社会福利中心等 16 项工程装饰材料样品及室内环境空气质量进行检测，针对检测不合格且严重超标的，帮助提出治理方案。开展“清新居室”活动，为 73 户家庭进行室内空气质量检测。全年共受理市长热线 23 份，现场信访、来访、电话投诉 50 余户，信访案件 2 份。抽查水岸新城 82 栋精装修工程的 242 户，对主要材料的品牌、规格进行现场核实，对业主精装房投诉情况进行汇总核实。

【鄂尔多斯市建筑节能与墙体材料改革管理办公室工作概况】 鄂尔多斯市建筑节能和墙体材料改革管理办公室（挂鄂尔多斯市抗震办公室牌子）是鄂尔多斯市城乡建设委员会隶属二级事业单位，财政全额拨款单位，成立于1988年。2008年，根据鄂尔多斯市机构编制委员会《关于市抗震办公室挂市节能和墙体改革办公室牌子的批复》，同意市抗震办公室挂鄂尔多斯市节能和墙体改革办公室牌子，取消原挂在市建委建材装饰科的墙体材料改革办公室牌子。2012 年，根据鄂尔多斯市机构编制委员会《关于鄂尔多斯市抗震办公室变更名称的批复》，同意将鄂尔多斯市抗震办公室（挂鄂尔多斯市节能和墙体改革管理办公室牌子）名称变更为鄂尔多斯市建筑节能和墙体改革管理办公室（挂鄂尔多斯市抗震办公室牌子）。核定编制7名，在编5名。职能职责：组织实施建筑节能方面的规划、措施；组织实施禁止使用实心黏土砖工作；承担建筑能效测评标识管理工作；组织实施建筑节能示范工程；收取和使用管理新型墙体材料专项基金；组织协调新型墙体材料的技术改造和推广应用工作；组织建筑节能专项验收工作；承担工程（房屋、工程设施、构筑物等）的抗震设防和抗震加固工作；开展震后工程震害调查、评估工作；参与震后恢复重建工作；开展抗震防灾宣传教育和抗震知识普及工作。全年全市在产砖类墙材企业13家，累计生产各类砖25138.46万块（其中新型砖材9908.46万块、黏土砖15230万块），企业数比2018年同期减少2家，产量增加1527.46万块；全市在产砌块类墙材企业20家，累计生产各类砌块101.29万立方米，分别比2018年同期增加1家和38.31万立方米；全市在产板材类墙材企业6家，累计生产普通聚苯板13.75万平方米，企业数与2018年持平，产量增加1.61万平方米；全市粘接砂浆、抹面砂浆生产企业2家，累计生产120吨，企业数与2018年持平，产量增加10吨。

民用建筑能耗　完成2018年情况统计（2019年统计2018年的数据），全市共统计公共建筑220栋楼宇，建筑总面积达到637.24万平方米，消耗电能1.46亿千瓦时，煤炭1.09万吨，天然气0.09亿立方米，消耗电能比上一年度减少0.37亿千瓦时、消耗煤炭增加0.35万吨、消耗天然气增加0.02亿立方米，单位面积能耗达到10.14千克标准煤/平方米，较上一年度下降0.5千克标准煤/平方米。

新型墙体材料认证　因自治区机构改革的原因，自治区墙材革新办公室恢复认证工作后，完成1家企业的新型墙体材料认证资料初审。

【鄂尔多斯市建筑科技教育中心工作概况】 鄂尔多斯市建筑科技教育中心是鄂尔多斯市住房和城乡建设局二级事业单位，主要职能：建筑行业提供教育培训服务，承担城建系统信息化建设规划管理、电子政务和网络安全相关工作。核定编制5人，在编5人。2019年，完成职业技能鉴定829人。年内，组织编制新门户网站建设方案，开发新门户网站，共更新各类文件和信息300多条。微信公众号发布各类信息40条。

【鄂尔多斯市房屋产权市场管理处工作概况】 1997年，按照《关于伊盟房地产管理局所属事业单位“五定”方案的批复》精神，伊克昭盟房地产交易所为盟房地产管理局所属事业单位。1999年3月，伊克昭盟房地产交易所更名为伊克昭盟房屋产权产籍管理中心。2011年6月经市编委办核准，由市房屋产权产籍管理中心变更为鄂尔多斯市房屋产权市场管理处。鄂尔多斯市房屋产权市场管理处隶属于市住房和城乡建设局，属科级建制的差额事业单位。内设工会、办公室、财务科、受理科、交易科、档案管理科等6个科室。职能职责：负责辖区范围内房屋（商品房及二手房）买卖合同、房屋租赁合同备案工作，负责二手房交易资金、新建商品房预售资金及房屋使用权转让资金监管工作。2019年，共办理各项业务25460件。分别为：商品房转移登记确认4462件；二手房转移登记确认6983件；房屋资金监管6件，金额328万元。协助不动产登记部门办理初始登记6657件，面积132.23万平方米；预购商品房预告登记2609件，面积37.85万平方米；预购商品房预告注销登记592件，面积16.51万平方米；预购商品房抵押预告登记2510件，面积35.55万平方米；预告商品房抵押预告注销登记1639件，面积29.89万平方米；在建工程抵押8件，面积35.52万平方米。

【鄂尔多斯市建筑务工人员管理服务中心工作概况】 鄂尔多斯市建筑务工人员管理服务中心成立于2012年，为相当科级事业单位，隶属于市住房和城乡建设局。主要职能职责：承担建筑务工人员信息管理；检查和规范建筑市场劳务用工情况；指导全市建筑务工人员工资保障金收缴和管理工作；承担市直建筑务工人员工资保障金收缴和管理工作；受理举报投诉，协调处理有关问题。核定事业编制5名，其中科级领导职数1名（1正）。2019年，共举办3次实名制管理平台应用培训，累计培训旗区住建部门和建筑企业实名制管理人员390多人次。全市已有480家建筑企业在建筑工人实名制管理平台进行备案登记，审核通过47家（区内企业39家、外埠企业8家），录入72个在建工程项目，共缴纳农民工工资保证金9928万元。年内，共退还农民工保证金3901.81万元，共134个工程项目。共收到农民工工资投诉案件11起，涉及建筑工人135人，涉及金额211万元，全部及时办结，建筑领域欠薪问题保持动态清零。

【鄂尔多斯市园林绿化研究所工作概况】 鄂尔多斯市园林绿化研究所于2011年经鄂尔多斯市机构编制委员会正式批准（鄂机编发〔2011〕149号）成立，为科级事业单位，2011年底正式组建。主要职能职责：以科技研究为先导，解决园林绿化生产中的难点、难题；向园林生产部门提供树木、花卉、草坪、地被植物等绿化材料新品种，丰富鄂尔多斯市园林绿化品种；以植物保护研究、生态研究、园艺研究和园林植物的引种驯化、新品种繁育为基础，向社会和园林生产部门提供理论依据及先进、实用的技术手段和方法，巩固和提高鄂尔多斯的绿化、美化成果；从事园林建筑工程的设计与施工、雕塑工艺产品的设计与制作、园林科学技术的开发与推广。2019年4月，发布鄂尔多斯市地方标准《行道树养护技术规程》（DB 1506/T 6—2019）、《园林绿地养护管理分级标准》（DB 1506/T 7—2019）、《园林绿化植物栽植技术规程》（DB 1506/T 5—2019），2019年7月15日实施。

住房公积金管理

【鄂尔多斯市住房公积金管理中心领导名录】

主　任：张福成

副主任：董峰萍（女）

乔占成

王建峰

【概况】 鄂尔多斯市住房公积金管理中心为鄂尔多斯市住房和城乡建设局所属副处级事业单位，经费实行财政差额拨款，内设办公室、会计核算科、稽核科、资金归集科、旗区业务科、市直信贷科等6个科室，下设达拉特旗管理部、准格尔旗管理部、鄂托克旗管理部、杭锦旗管理部、乌审旗管理部、伊金霍洛旗管理部、鄂托克前旗管理部等7个机构。核定人员编制60名，核定领导职数主任1名（副处级），副主任2名（正科级），内下设机构科级领导职数19名（13正6副）。2019年实有在编人员57人，实有科级干部21人（15正6副）。鄂尔多斯市住房公积金管理中心承担全市住房公积金具体管理办法拟定工作；承担全市住房公积金归集、使用计划、年度预决算编制及执行工作；承担职工住房公积金缴存、提取、使用情况记载及个人明细账建立等工作；承担住房公积金的提取和个人住房委托贷款的发放审批工作；承担住房公积金的统一核算工作；承担住房公积金保值和归还工作；承担与职工、单位和受委托银行定期对账工作。

【住房公积金归集】 2019年，新开户单位1014家，实缴单位4933家，净增单位775家；新开户职工4.24万人，实缴职工25.39万人，净增职工3.66万人；缴存额37.33亿元，同比增长24.80%。2019年末，缴存总额232.49亿元，比2018年末增长19.13%；缴存余额133.95亿元，比2018年末增长13.83%。

【住房公积金提取】 2019年，提取额21.06亿元，同比增长5.37%；占当年缴存额的56.40%，比

2018年减少10.41个百分点。2019年末，提取总额98.54亿元，比2018年末增长27.17%。

【住房公积金贷款】 个人住房贷款最高额度80万元。2019年，发放个人住房贷款0.68万笔29.96亿元，同比分别增长42.76%、54.28%。

【住房公积金缴存基数】 2019年，住房公积金缴存基数原则上不低于2018年全市在岗职工月平均工资7864元的60%即4718元，月平均工资不足4718元的按4718元基数核定，特殊情况需住房公积金管理中心审批；不得高于2018年全市在岗职工月平均工资7864元300%即23592元，月平均工资高于23592元的按23592元缴存基数核定。

【住房公积金缴存比例】 单位和职工个人住房公积金缴存比例不得低于5%，不得高于12%。根据《鄂尔多斯市住房公积金管理委员会关于降低企业住房公积金缴存比例的通知》（鄂公委发〔2016〕4号），2017年1月1日至2018年12月31日，企业住房公积金最高缴存比例不得高于11%。按照住房和城乡建设部、财政部、人民银行《关于进一步改进住房公积金缴存机制进一步降低企业成本的通知》要求，2016年出台的阶段性适当降低企业住房公积金缴存比例政策到期后，继续延长执行期至2020年4月30日。

生态环境

【鄂尔多斯市生态环境局领导名录】

党组书记、局长：董介中

副 局 长：苏雅拉图（蒙古族）

纪检监察组组长：孙国栋

玛喜毕力格（蒙古族）

张青生

【概况】 鄂尔多斯市生态环境局于2019年1月30日挂牌成立。内设办公室（宣传教育科）、生态环境保护督察科、综合科、法规与标准科、人事科、科技与财务科、自然生态保护科水生态环境科、大气与矿区环境科、应对气候变化与国际合作科、土壤生态环境科、固体废物与天然气开采环境管理科、核与辐射安全监管科、行政审批科（环境影响评价与排放管理科）、生态环境监测科、生态环境执法监督科、机关党委等16个科室。下属鄂尔多斯市环境保护宣传教育中心、内蒙古自治区鄂尔多斯市生态环境监测站、鄂尔多斯市机动车尾气监测管理中心、鄂尔多斯市污染物在线监控中心、鄂尔多斯市环境工程评估中心、鄂尔多斯市环境监察支队、鄂尔多斯市排污权交易中心7个直属二级单位。主要职责：（1）贯彻执行国家生态环境保护法律法规和基本制度，落实自治区关于生态环境保护方面的政策规定。会同有关部门拟订全市具体生态环境政策、规划并组织实施，负责起草生态环境保护地方性法规、规章草案。会同有关部门编制并监督实施重点区域、流域、饮用水水源地生态环境规划和水功能区划。（2）负责重大生态环境问题的统筹协调和监督管理。牵头协调重特大环境污染事故和生态破坏事件的调查处理，指导协调重特大突发生态环境事件的应急、预警工作，牵头指导实施生态环境损害赔偿制度，协调解决有关跨区域环境污染纠纷，统筹协调重点区域、流域生态环境保护工作。（3）负责监督管理减排目标的落实。贯彻落实国家、自治区各类污染物排放总量控制、排污许可证制度并监督实施，确定大气、水等纳污能力，提出全市实施总量控制的污染物控制指标，监督检查各旗区污染物减排任务完成情况，组织实施生态环境保护目标责任制。（4）负责提出生态环境领域固定资产投资规模和方向、财政性资金安排的意见，按权限审查市本级规划内和年度计划规模内固定资产投资项目，配合有关部门做好组织实施和监督工作。参与指导推动循环经济和生态环保产业发展。（5）负责环境污染防治的监督管理。拟订大气、水、土壤、噪声、光、恶臭、固体废物、化学品、机动车等的污染防治管理制度并监督实施。会同有关部门监督管理饮用水水源地生态环境保护工作，组织指导城乡、矿区生态环境综合整治工作，监督指导农业面源污染治理工作，负责天然气勘探、开采领域生态环境保护和污染防治的监督指导工作。监督指导区域大气环境保护工作，组织实施区域大气污染联防联控协作机制。（6）指导协调和监督生态保护修复工作。组织编制生态保护规划，监督对生态环境有影响的自然资源开发利用活动、重要生态环境建设和生态破坏恢复工作。贯彻落实各类自然保护地生态环境监管制度并监督执法。监督野生动植物保护、湿地生态环境保护、荒漠化防治等工作。指导协调和监督农村牧区生态环境保护工作，监督生物技术环境安全，牵头生物物种（含遗传资源）工作，组织开展生物多样性保护、生物遗传资源保护、生物安全管理工作，参与生态保护补偿工作。（7）负责核与辐射安全的监督管理。牵头负责核与辐射安全工作协调机制有关工作，参与核事故应急处理，负责辐射环境事故应急处理工作。监督管理核设施和放射源安全，监督管理核设施、核技术利用、电磁辐射、伴有放射性矿产资源开发利用中的污染防治。（8）负责生态环境准入的监督管理。受市政府委托对重大经济和技术政策、发展规划以及重大经济开发计划进行环境影响评价。按权限审批或审查全市重大开发建设区域、规划、项目环境影响评价文件。拟订并组织实施生态环境准入清单。（9）负责生态环境监测工作。配合自治区统一规划全市生态环境质量监测站点位设置，按权限承担生态环境质量监测工作，组织开展污染源监督性监测、执法监测、温室气体减排监测、应急监测。配合自治区对全市生态环境质量状况进行调查评价、预警预测，负责完善生态环境监测网和生态环境信息网。执行自治区生态环境质量公告制度，统一发布生态环境综合性报告和重大生态环境信息。负责对社会环境检测机构和设备运营维护机构进行管理。组织制定监测能力建设规划，负责监测能力建设。（10）负责应对气候变化工作。组织拟订应对气候变化及温室气体减排重大规划和政策。落实应对气候变化的相关工作，协调开展应对气候变化国际合作和能力建设。（11）贯彻落实中央和自治区生态环境保护督察制度。会同有关部门做好中央生态环境保护督察下沉督察、自治区生态环境保护督察期间各项配合工作。（12）组织开展生态环境执法检查活动。负责生态环境执法能力建设，统一指挥全市环境执法力量，组织实施生态环境现场行政监督检查、行政处罚、行政强制。（13）组织指导和协调生态环境宣传教育工作，推动社会组织和公众参与生态环境保护。开展生态环境科技工作，组织生态环境科学研究和技术工程示范，推动生态环境技术管理体系建设。（14）开展生态环境国际合作交流，研究提出国际生态环境合作中涉及鄂尔多斯市有关问题的建议，参与处理涉外生态环境事务。（15）完成市委、市政府及自治区生态环境厅交办的其他任务。（16）职能转变。鄂尔多斯市生态环境局要统一行使全市生态和城乡各类污染排放监管与行政执法职责，切实履行监管责任，全面落实大气、水、土壤污染防治行动计划。构建政府为主导、企业为主体、社会组织和公众共同参与的生态环境治理体系，实行最严格的生态环境保护制度，严守生态保护红线和环境质量底线，坚决打好污染防治攻坚战，保障生态安全。（17）职责分工。与市水利局有关职责分工。市生态环境局负责组织拟订全市水功能区划并监督实施；负责核定水域纳污能力、提出限制排污总量意见并落实；负责流域水环境保护、水功能区限制纳污制度的落实工作。市水利局参与编制水功能区划。市生态环境局负责指导入河排污口设置工作，包括入河排污口设置审批和日常监测、监督管理。市水利局参与入河排污口设置管理工作。市水利局对水资源保护负责，市生态环境局对水环境质量和水污染防治负责。两部门要进一步加强协调与配合，建立部门间协商机制，定期通报水资源保护与水污染防治有关情况，协商解决有关重大问题，市生态环境局发布水环境信息，对信息的准确性、及时性负责。市水利局发布水资源信息中涉及水环境质量的内容，应与市生态环境局一致。

【污染防治攻坚战】 印发实施《2019—2020 年污染防治攻坚任务清单》，其中 2019 年安排任务 1372 项，2020 年安排任务 754 项。截至 2019 年底，2019 年的 1372 项任务已开工 1319 项，完工 1086 项，开工率 96.1%, 完工率 79.2%。重新修订印发《污染防治工作实施情况考核方案（修订版）》，将各旗区大气、水环境质量、污染防治工作完成情况、突发环境事件、信访案件办结、“雷霆斩污”行动发现问题整改情况等作为考核内容，按月打分排名，倒逼旗区加快推进污染防治攻坚任务。截至年底，已向旗区印发 1 月至 10 月的考核排名情况，并列出重点问题，以市政府名义将各旗区现存的重点问题进行督办。继续开展“雷霆斩污”环境执法专项行动，按照“三直三不”要求（即直奔现场、直接督查、直接曝光、不定时间、不打招呼、不听汇报），采取交叉执法、突击抽查、明察暗访等执法方式，彻底清查各类排污单位和各类环境违法行为。累计检查企业 1435 家次，发现问题 2183 个，完成整改 1958 个，完成率 89.69%。立案查处 705 家，行政处罚 6711.21 万元。

【蓝天保卫战】 全年计划实施 305 项，开工 297 项，完工 277 项。截至 12 月底，全市空气优良天数 323 天，优良比例 88.5%。

矿区环境综合治理 严格落实露天煤矿和非煤矿山生产、储存、运输各环节抑尘措施，在全市 526 家煤矿、洗煤厂、电厂安装高清视频探头，实现扬尘污染可视化实时化监管，新建重点矿区、园区空气自动站 18 个，完成 114 家粉状物料堆场全封闭工程。

棋盘井蒙西地区环境综合整治 印发《棋盘井蒙西地区 2019 年度环境综合整治实施方案》，全年安排部署整治任务 97 项，开工 97 项，完工 95 项。22 台燃煤小锅炉已淘汰 6 台，剩余 16 台已达标排放，并向自治区乌气联办提交保留申请。6 台燃煤机组超低排放改造已全部完成。

重点行业污染治理升级改造 完成 18 台燃煤机组超低排放改造，完成 6 家水泥企业、5 家焦化企业、7 家铁合金企业、2 家钢铁企业、11 家企业 65 蒸吨 / 小时以上锅炉特别排放限值改造任务，1 家水泥企业关停。

重点行业 VOCs 综合治理 34 家重点企业建设安装厂区内空气自动监测站。

散煤燃烧治理进度 累计淘汰 42 台燃煤锅炉，完成 5 台燃煤锅炉改造。

机动车尾气监测管理 全市共建成 38 家机动车尾气检测机构 89 条尾气检测线，累计检测合格机动车 52 万辆。牵头制定《中心城区国家第三阶段（含）标准以下柴油货车禁限行区域、路段以及绕行具体路线方案》，联合市公安局交管支队开展柴油货车污染治理专项行动。

【碧水保卫战】 全年计划实施水污染防治任务 415 项，开工 405 项，完工 393 项。国家考核的 7 个断面地表水水质优良率为 85.7%，达到国家考核要求，国家和自治区“水十条”目标责任书考核的集中式饮用水源水质达标率 100%。

全域治理生活源 完成 5 个污水处理厂提标改造工作和 29 个污水处理厂总氮、总磷在线设施的联网工作。6 个旗区通过拦蓄调用、增设管网、循环连通等方式建成中水综合利用工程。

全面控制工业源 在全市印染、制药、化工、煤炭、电力和集中污水处理厂等 6 个重点行业开展排放口规范化整治工作，全市 152 家相关企业完成厂区雨污管网排查整治工作，新建污水排放口观测井 60 个、雨水排放口观测井 108 个，取

缔不合法入河排放口8个。深入推进伊金霍洛旗、乌审旗、准格尔旗重点煤矿矿井水深度处理和综合利用工程，提高矿井水综合利用率。

煤化工高盐水分盐结晶工作 全市煤化工企业32家，14家现代煤化工企业建成投运高盐水结晶装置，剩余18家煤化工企业中有12家开工建设分盐结晶装置，5家未开工，1家长期停产。

流域综合治理 制定重点流域达标治理方案，以乌兰木伦流域和龙王沟为重点，通过开展河道清理整治、生态修复优化等基础工程，提高流域水质。

饮用水水源保护 制定印发《集中式饮用水水源地环境问题专项整治工作方案》，完成呼包跨界水源地综合整治，《鄂尔多斯市饮用水源地保护条例》已发布，自2020年1月1日起施行。

【净土保卫战】 全年计划实施土壤污染防治任务196项，开工183项，完工144项。

土壤污染详查 对全市542家企业土壤监管重点企业进行核查，最终核实确定土壤调查重点企业234家。督促43家土壤重点监管企业开展自行监测及信息公开工作，完成42家。

农村环境综合整治 制定印发《鄂尔多斯市农业农村污染治理攻坚战行动计划实施方案》，对全市已建成污水处理设施的农村开展监督性监测，督促推动全市农村牧区生活污水处理设施建设任务。全年计划新建的16个乡镇污水处理厂，1个建成投运，8个在建，4个完成前期工作，3个拟取消，额外完成2个乡镇污水处理厂（准格尔旗大路镇和布尔陶亥苏木）；计划完成51个乡村振兴示范嘎查村的生活污水治理，已完成15个，9个在建，1个正在办理前期手续，26个示范村依托户改厕实现生活污水治理；计划完成72个建制村的农村环境综合整治任务，已完成71个，1个正在推进。

农业面源污染防治 完成禁养区划定情况自查工作，完成43个规模化养殖场污染防治设施改造。

全市加油站地下油罐防渗改造 全市580个改造任务中，除13个长期停产外，其余已全部完成改造，居自治区第一位。

危险废物转移审批和管理 累计转移处置危险废物33.4万吨。

天然气开采环境监管 建成7家钻井岩屑及压裂返排液集中处理厂，压裂返排液处理后达到污水排放一级A标准，全市天然气行业管控走到全国前列。

【生态环保大检查整改进度】 2016年中央环保督察反馈的23项整改问题中，已完成整改22项。2018年中央第二环境保护督察组向自治区反馈"回头看"及草原生态环境专项督察情况中，涉及鄂尔多斯市的问题19项，截至年底，已完成整改13项，剩余6项整改时限均为2020年底；2017年自治区生态环保大检查反馈的31项问题已完成整改30项。

【环境执法监管】 2019年，全市共出动环境执法人员3万余人次，对1.1万余家次企业进行执法检查，全市查处环境违法行为1107起，处罚金额9523.69万元。对18起环境违法行为实施按日连续处罚，罚款金额共计651.2万元；对32家企业实施查封扣押；对12家企业进行限产停产；将1起涉嫌环境犯罪案件和14起环境违法案件移送公安机关。健全"12369"环保举报热线值班制度，做到"有访必接、有案必查、违法必究"，直接参与调处、督办的信访案件291起，已办结276起。开展扫黑除恶专项斗争，成立工作领导小组，制定《实施方案》《行业乱象专项整治方案》《反馈意见整改方案》。向扫黑办移交疑似涉黑涉恶线索46个；排查出生态环境领域行业乱象问题28个，已完成整治10个；中央扫黑除恶第15督导组第一阶段督导反馈的7项问题，已完成6项。开展"全员、全年、全过程"环境执法大练兵，落实污染源监管"双随机"，继续实行环境监察稽查“全覆盖”，推进环境移动执法，市移动执法系统共录入1532条，已办结1423条。对854家企业“污染源一企一档”进行完善。

【项目环评审批】 全年市本级共计审批建设项目300个。《2019年全市亿元以上重点项目实施计划表》中的185个重大项目，已获得审批172个，未批复13个。华星能源有限公司40亿立方米/年煤制天然气项目环评正式获批。鄂尔多斯市17个工业园区（基地）全部取得规划环评审查意见。《鄂尔多斯市现代煤化工基地规划环评报告》编制完成，提交生态环境部审查。按照市委、市政府“三集中”“三到位”要求，将行政审批全体人员、所有事项及全流程进驻“一站式”审批大厅，缩短审批时限到法定时限的一半，启动行政审批专用章，授权首席代表进行批文签发。

【生态环境能力建设】 2019年，建成25个6参数空气质量自动站、2个空气质量超级站和1个沙尘暴站点；建成哈头才当、展旦召2个水源地水质自动监测站。在线联网监控企业179家，安装396套在线监控设备、48套工况设备以及300余套视频监控设备，实现全市范围内重点污染源监控网络全覆盖。争取到上级各类专项资金8577万元，其中自治区大气污染防治专项资金800万元、自治区水污染防治专项资金2030万元、中央大气污染防治资金1418万元、中央水污染防治专项资金2353万元、中央土壤污染防治专项资金1976万元。牵头起草《大气污染防治条例》《饮用水源地保护条例》已通过自治区人大常委会批准，现已发布，自2020年1月1日起施行。委托生态环境部南环所编制的《生态环境质量评估报告》已召开全市征求意见会，项目方正在做最后修改。委托中科院西北生态研究院编制的《黄河流域生态保护和高质量发展规划》已形成基本框架，正在汇总收集相关部门项目资料。组织开展生态文明示范市县创建工作，康巴什区被生态环境部评选为“国家生态文明建设示范区”。

交通运输与管理

交通运输

【鄂尔多斯市交通运输局领导名录】

党组书记、局长：王水云

副 局 长：丁海平

张 平

秦挨昌

纪检组组长：贾宽一

【概况】 鄂尔多斯市交通运输局内设11个科室，下设市公路管理局、市道路运输管理局、市交通建设工程质量监督局、市交通安全生产监察支队、市路桥通行费征收管理处、市地方海事局、市公路勘测设计院、市公路工程监理所等8个二级单位。主要职责：拟订全市公路水路发展规划、方案等相关政策、监督指导全市公路水路建设工作、监督指导全市公路水路管理维护工作、监督指导全市公路水路建设市场管理工作、监督指导全市公路水路运输市场管理工作、监督指导全市公路水路行业安全生产和应急管理工作、负责市本级交通运输综合行政执法工作、监督指导全市公路水路行业环保节能、污染防治工作、指导全市公路水路行业科技创新推广，指导信息化、标准化工作、指导全市公路水路行业改革工作和信用体系建设等。

【重大公路项目建设】 2019年，9个重点公路项目全面展开，完成交通建设投资50亿元；新改建公路859公里，全市公路总里程达到24239公里；S31准格尔旗大饭铺至龙口高速公路、S317乌审旗陶利至鄂托克前旗昂素一级公路分别实现主体完工和半幅完工；全年完成公路养护投资8.6亿元，国省干线优良路率达到68.2%；新建G338乌审旗嘎鲁图至鄂托克旗乌兰镇一级公路，与G242线共同构成自治区“中俄蒙经济带”中拓展俄蒙等国际市场重要经济走廊；国省干线路网命名编号及里程碑更换，形成标识清晰、视认方便的路网交通标识体系；G65包头至东胜“四改八”项目东半幅提前2个月通车运行。

【综合运输服务】 2019年，试行“一站多点”客运站，推出“定制出行”“点对点直达”新型出行方式。中心城区公交线网300米覆盖率达73%，平均间隔时间缩短至7.6分钟。中心城区巡游出租车一体化，“东康阿”出租车实现三地互通。全年完成旅客运输量560.2万人次，旅客周转量11.8亿人公里；完成货运量2.23亿吨、货物周转量282亿吨公里，运输量保持高位运行。境内省界收费站全部取消，高速公路ETC专用通道全面运行，率先在自治区实施一、二级公路ETC专用通道建设。

【行业治理】 2019年，完成531项行政权力梳理工作，取消行政审批事项4项，道路普货、危货运输企业经营许可申请分别缩短5个和7个工作日。综合交通运行监测与应急协调平台不断升级。增设13个超限监测站。

【平安交通建设】 2019年，完成“两客一危”车辆主动防御4G视频监控设备和安全防护装置更换安装。

公路管理

【鄂尔多斯市公路管理局领导名录】

党组书记、局长：陈　龙

副 局 长：奇玉忠（蒙古族）

兰　喜

朱　岚

呼安东

纪检书记：赵淑芳

【概况】 鄂尔多斯市公路管理局前身为1953年成立的伊克昭盟公路总段，1996年机构改革挂牌伊克昭盟公路管理局，2001年撤盟设市更名为鄂尔多斯市公路管理局。承担着全市境内国省干线公路养护管理工作，包括养护服务、路政管理、路网运行、应急抢险保通、交通战备等重要职能。根据中共鄂尔多斯市机构编制委员会《关于鄂尔多斯市交通运输局所属事业单位分类意见的批复》等文件，市公路管理局属于副处级建制的自收自支事业单位，局机关属承担行政职能事业单位，8个旗区公路管理工区属公益二类事业单位。市编委批复内设机构8个，下设路政支队（包括13个超限检测站）和8个旗区公路管理工区共9个二级单位。局机关自设4个科室。2019年，有职工2176人，在编在职889人、离退休877人、聘用410人（以职工子弟为主）。其中在职人员中，有养护人员653人、路政治超人员528人、其他人员118人。2019年，养护公路13条2122公里（其中自养公路878公里、代养公路1244公里），路政管理公路19条3137公里。年内，新增管养公路767公里，管养总里程达到2123公里，其中国道755公里、省道1164公里、县道196公里、乡道8公里；高速597公里，一级公路526公里，二级公路735公里，三级公路266公里。

【旧路改造】 2019年，自治区批准的9座小桥、61.8公里国省道旧路改造任务和560米生命防护工程全部竣工验收，完成投资11118万元，实现当年项目当年完工。

【公路养护】 配合自治区完成检测国省干线路况2400公里。实施灌缝82.8万延米。按照市交通运输局要求，完成G338线兰嘎段、G18线荣乌高速康察段里程碑更换；投资970万元的22个公路服务设施改造项目全部完工，超限站办公生活场所设施及时维修，使基层职工办公生活条件进一步改善。投资897万元采购机械设备47台，养护机械化水平有力提升；建立机械设备GPS监控平台。完成安装138台公路养护设备实时监控系统，对养护车辆及机械实现车辆分布、运行状况、位置服务、报表统计、图片抓拍、实时视频、街景轨迹回放等功能，全面掌握车辆运行情况。

【路政管理】 2019年，共查处路政赔偿案件756起，行政许可案件21起，破结案率100%。

【超限超载治理】 全年累计投入治超人员1.6万人次，检测车辆180万余辆，查处超限车辆859辆，超限率控制在3%以下。新启动恩格贝、独贵塔拉、敖包梁、包苏木、朝凯、新庙6个流动超限检测站，打击违法车辆超限超载，依法保障公路安全运行。配合鄂尔多斯市交通运输局新建8处非现场执法站点，对7处固定国省干线超限检测站信息检测系统进行升级提升。

（李艾桐）

供销 盐务 烟草

供销合作

【鄂尔多斯市供销社领导名录】

党组书记、主 任：杨友博

党组成员、副主任：郭昌河

副主任：雷国庆

派驻纪检监察组组长：郝建斌

【概况】 鄂尔多斯市供销社是市政府直属参公事业单位，内设办公室、计财科、合作指导科和资产管理科等4个科室。在编人员13人。职能职责：按照政府授权，对重要农牧业生产资料、农畜产品经营进行组织协调、管理；研究制定行业发展战略和规划；组织协调和管理农村牧区商品流通经营业务；组织发展农牧民合作经济组织，构建区域合作经济组织的公共服务平台；参与农牧业产业化经营、农牧业综合开发及扶贫开发等工作；承担重要农业生产资料、农畜产品、少数民族特需品、防灾救灾等商品储备供应任务的组织管理工作；行使本级联合社社有资产出资人代表职能，监督社有资产保值增值；代表本区域供销合作社参加上级社和区域外合作经济组织的交流活动。2019年，鄂尔多斯市供销社有鄂尔多斯市土畜产品总公司、鄂尔多斯市汇通供销社电子商务有限公司、鄂尔多斯市恒通供销社农牧业服务有限公司、鄂尔多斯市互联商贸大厦有限责任公司、鄂尔多斯市树林召农畜产品市场有限公司等5个社属企业。

【综合改革】 3月下旬，市供销社就综合改革及业务工作进展情况对各旗区供销社和市社直属企业开展专项督查。督查组通过召开座谈会、实地查看苏木乡镇基层社、农牧民专业合作社示范社、电商运营中心以及农资营销门店等方式，详细了解全市供销合作社综合改革进程及重点业务工作开展情况，对于督查中发现的问题，督促指导旗区供销社尽快整改完善。10月下旬至11月上旬，按照主题教育安排部署，由主要领导带队，就全市苏木乡镇基层社运营状况、拟申报市级农牧民专业合作社示范社有关情况及各旗区供销社综合改革工作情况开展专题调研，详细了解全市供销社系统工作中存在的问题，并针对调研中发现的基层社经营发展滞后的问题，于11月上旬在伊金霍洛旗、乌审旗和东胜区三地六社召开全市供销合作社综合改革基层社建设现场会，推动全市综合改革和基层社建设工作。

【基层组织体系】

基层供销社升级改造工程 2018年建成的33个空白苏木乡镇基层社中已有27个开展经营业务。截至2019年底，全市供销社系统累计建成全资和控股的基层供销社38个。

农牧民专业合作社建设 全市注册登记的农牧民专业合作社共有6911个，其中，清理出空壳社967个。年内，市社组织开展各级农牧民专

业合作社示范社运行情况工作调研，推动全市专业合作社向规范化管理、规模化种养、标准化生产、品牌化经营、一体化服务方向发展。10月，市供销社牵头组织市农牧局、市发改委等有关部门评选出2019年度市级农牧民专业合作社示范社15个，每个示范社奖补4万元。截至年底，全市累计建成市级农牧民专业合作社示范社78个、专业合作社联合社7个。

【土地（草牧场）托管服务】 截至年底，市社直属企业市树林召农畜产品市场有限公司实施的全国供销总社3万亩土地托管项目正在稳步推进中。该公司围绕土地托管项目筹建“智慧农资”平台，加快农资物联网应用，全面开展农资供应、测土配方、智能配肥、统防统治、农机作业、节水灌溉、农技培训等系列化专业性服务。2019年，该公司供应测土配肥252.42吨，销售各类大化肥124.06吨、玉米种子2.92万公斤；销售节水灌溉毛管17864卷、各类节水灌溉管件40余万个，帮助农民直接节水40万余吨；农机作业（耕、种、收）2436.5亩（其中，与乌审旗供销社开展合作作业548亩）；无人机飞防植保（病虫害防治）4551.8亩，总服务土地面积7.68万亩，服务范围包括达拉特旗的9个苏木镇和杭锦旗独贵塔拉镇、乌审旗苏力德苏木、鄂托克前旗昂素镇。各旗区供销社实施土地托管面积8万亩，其中：鄂托克前旗6.7万亩、达拉特旗1.2万亩、鄂托克旗1000亩。全市全年共计实施土地托管服务面积15.68万亩。

【农畜产品流通体系】 2019年，鄂托克前旗供销社三段地活畜交易市场上市活羊154万只，交易额达到11亿元，被新成立的农业农村部重新命名为全国“定点市场”。在市场上建立金融小屋引进中国银联和鄂尔多斯银行两家机构的POS机系统，为入市农牧民提供基础金融业务，全年交易刷卡金额达1亿元。东胜区供销社启动运营罕台镇基层供销社公益性农贸市场，内设摊位32个，带动当地20多户农民创业增收致富。2019年，重点扶持打造伊金霍洛旗、准格尔旗供销社电商运营中心，每个电商运营中心补助20万元。2019年全市供销社系统完成电子商务销售1558.25万元。2019年，全市供销社系统累计购进化肥11.7798万吨（其中尿素5.433万吨、二胺2.432万吨、碳铵1.8万吨）、销售化肥11.78万吨（其中尿素6万吨、二胺2.8万吨、碳铵1.6万吨），约占全市化肥市场份额的50%；购进储备农药16.5吨。其中：市供销社恒通农牧业服务公司继续与山东省烟台市供销社农资公司合作联营，储备购进化肥5.37万吨、销售5.59万吨，占全市供销社系统的50%。针对全市供销社系统在主城区缺少一个农畜产品集散地这一流通短板，向市政府打报告申请在主城区建设鄂尔多斯市供销社物流园区（《鄂尔多斯市委、市人民政府关于抓好“三农三牧”领域重点工作确保如期实现全面小康的实施意见》）。截至年底，供销社物流园区已完成项目前期选址和建设规划。按照市供销社与市报社的联营合作协议精神，市汇通供销社电商公司和各旗区供销社分别与市报社报业物流公司签订合作联营协议。伊金霍洛旗、乌审旗、准格尔旗、达拉特旗和东胜区5个旗区陆续启动双方合作联营网点的物流联营业务，为整体拉动全市供销社系统经营网络体系创造条件，打通农畜产品进城、工业品下乡的“最后一公里”。

【资金保障】 2019年，争取到市财政支持供销合作社综合改革专项资金800万元，共批复空白苏木乡镇基层社恢复建设、为农服务中心和电商运营中心等9个建设项目，评选奖补市级农牧民专业合作社示范社15个；各旗区财政按照《供销合作社综合改革方案》要求，共拨付综合改革专项资金637万元。2019年，市、旗区两级供销社共争取到财政支持供销合作社综合改革专项资金1437万元，用于供销社系统基层社等流通网点基础设施建设。

【第二届农产品展洽会】2019年10月下旬，组织伊金霍洛旗、乌审旗、鄂托克前旗、东胜区等旗区供销社系统领办的专业合作社和市社直属企业参加第二届鄂尔多斯市农产品展洽会。在开幕式上，市供销社与山东省烟台市供销社农业生产资料总公司签署1.4亿元的《农资供销合作协议项目》，鄂托克前旗供销社与宁夏贺兰玖源饭店有限公司签署300万元的《优质农畜产品产销合作项目》，共计金额1.43亿元，占第二届农洽会签约总额的25%。供销社展厅参展商品包括十几个农牧民专业合作社生产的肉食及奶制品、米面粮油及小杂粮、绿色蔬菜等特色农畜产品和化肥、子种等生产资料100余种。展会期间，现场销售12万元，获得订单近20万元。

【安全生产大检查活动和农村牧区伪劣食品专项治理行动】2019年，先后开展5次安全生产大检查及安全隐患排查整治工作，对市社4个直属企业的烟花爆竹仓库、商场、为农服务中心和化肥储备库进行安全生产大检查，对检查中发现的问题及时下达安全隐患整改通知书，要求有关企业限期进行整改。2019年，全市供销社系统未发生安全生产事故。年内，会同农牧、商务、公安、市场监管等部门开展农村牧区假冒伪劣食品专项整治行动，重点检查小作坊、小商店、小摊点等食品生产经营主体和农村牧区集市、食品批发市场，严厉打击生产经营假冒伪劣食品等违法违规行为。

盐业管理

【鄂尔多斯市盐业有限公司领导名录】

党委书记、总 经理：高弘奇

党委副书记、副总经理：李振树

副总经理：袁立冬

【概况】内蒙古鄂尔多斯市盐业有限公司成立于1986年，前身为鄂尔多斯市盐务管理局（盐业公司），于2019年初完成盐业体制改革，由原来的政企合一单位改制为国有企业。隶属于内蒙古自治区盐务管理局（盐业公司）。政、业务工作受内蒙古自治区盐业公司及鄂尔多斯市委、市政府双重领导。全市八旗两区均设有盐业配送中心。公司领导班子为1正2副，负责公司党务、业务、财务、办公室等全面工作，下设党务办公室、营销科、财务科和综合办公室等4个职能科室。现有职工79人，其中：在岗人员30人，提前离岗12人，退休人员37人。鄂尔多斯市盐业有限公司是鄂尔多斯唯一一家具有国家食盐定点批发资质的国有企业，负责全市的盐业各类食用、工用、牧业用盐供应及计划分配调拨工作。

【盐湖分布】鄂尔多斯盐湖资源丰富，境内有大小盐湖62处，盐湖主要分布在地处库布其和毛乌素两大沙漠膜地的杭锦旗、鄂托克前旗、乌审旗境内，面积约为1400平方公里。矿床有沉积、表面卤水和盐渍三种类型。矿床总储量10054万吨，其中工业储量506万吨、远景储量9548万吨。食盐矿产地有14处，其中中型矿床1处，为杭锦旗盐海子（盐硝共生矿）。小型矿床2处，为鄂托克旗白彦淖（盐碱伴生矿）、鄂托克前旗北大池（盐硝共生矿）。矿点9处，为鄂托克旗的达拉图鲁（盐硝伴生矿）、苏泊淖；乌审旗呼和陶勒盖、可口淖、芒哈图、浩勒报吉淖；鄂托克前旗的大海子、威毛其淖、马场海子。矿化点2处，杭锦旗的希纳格尔庙，鄂托克旗的达布苏（乌兰诺尔）淖。总的特点是盐湖数量多，储量少，单矿少，共生矿多，晶体盐少，卤水盐多，皆处于交通不便的沙漠之中。

【经济指标】

购进　共购进各类盐12073吨，完成区公司下达年计划13600吨的88.77%，同比减少759吨。

销售　共销售各类盐11788吨，完成区公司下达年计划13900吨的84.8%，同比减销346吨。其中：小包装盐销售6116吨，完成区公司下达年计划6670吨的91.69％，同比增销1164吨，其中普通小包装盐销售4638吨，完成区公司下达年计划3370吨的137.63%，同比增销971吨；高品质盐销售1478吨，完成区公司下达年计划2590吨的57.06%，同比增销193吨；牧业用盐销售369吨，完成区公司下达年计划600吨的61.57%，同比减销212吨；工业用盐销售5014吨，完成区公司下达年计划5870吨的85.41%，同比减销989吨；肠衣盐销售142吨，完成区公司下达年计划550吨的25.9%，同比减销333吨，食品工用盐销售143吨，完成区公司下达年计划180吨的79.58%，同比增销23吨，果蔬洗涤盐销售3吨，完成区公司下达年计划30吨的9.07%，同比增销1吨。

库存 库存各类盐3323吨（含储备盐1100吨），完成区公司下达年计划2400吨的138.44%，同比增加285吨。

利润 本期累计实现利润245.8万元，完成区公司计划174.87万元的140.56%。

【销售网络建设】

加强组织领导 市公司成立推进直达配送客户经理制领导小组，对客户经理制的原则目标、划片要求、具体要求等做详细的说明，为客户经理制的落实奠定基础。市公司分管领导先后多次到各旗区支公司监督指导此项工作。

合理均衡划片 各旗区盐业配送中心结合辖区的人口数量、消费水平、地理位置等特点对辖区进行划片，并责任到人。市公司通过落实客户经理制，形成“横向到边、纵向到点”的区域化营销格局，提高掌握终端客户的能力。

【盐品结构】 2019年，绿色食盐在固原、隆德两地全面上市，占食盐销售总量的63.87%。

（谢娜 吴静）

烟草专卖管理

【鄂尔多斯市烟草专卖局（公司）领导名录】

局长（经理）：张若宇

副 局 长：项再平（6月任职）

副 经 理：高　峰（蒙古族）

　　　　　赵瑞敏（6月任职）

纪检组组长：李　盛（7月任职）

总经济师：田爱翠（6月任职）

【概况】 鄂尔多斯市烟草专卖局（公司）成立于1984年4月，受内蒙古自治区烟草专卖局（公司）与鄂尔多斯市人民政府双重领导，实行“集中领导，垂直管理，专卖专营”行业体制。鄂尔多斯市烟草专卖局（公司）主要职能是依照《中华人民共和国烟草专卖法》及其实施条例，负责辖区内的卷烟供应、烟草专卖行政管理等工作。2019年下辖10个旗（区）烟草专卖局（营销部）、3个直属分局和16个职能科、室、中心。2019年，鄂尔多斯市烟草专卖局（公司）坚持以习近平新时代中国特色社会主义思想为指导，全面贯彻党的十九大，十九届二中、三中、四中全会精神，全面贯彻全国、全区烟草工作会议精神，紧紧围绕国家局“1+6+2”高质量发展思路举措，全力以赴打造“六项工程”，经济运行稳中有进稳中向好，自律互助小组建设更趋完善，打假破网再创佳绩，创新型企业建设迈上新台阶，行业整体实力不断提升，继续保持全区烟草行业“排头兵”地位，市局（公司）党组书记、局长、经理张若宇荣获第七届全国烟草行业劳动模范称号，市局（公司）荣获全区烟草行业2019年度经济运行先进单位一等奖。全年共销售卷烟119559箱，同比增幅3.24%；实现销售收入39.1亿元，同比增长4.55%；共实现税利104709.98万元，同比增长5.19%。

【专卖管理】 2019年，成功破获3起国标网络案件，涉案总金额788万余元，逮捕犯罪嫌疑人13人，取保候审2人。全年共查获违法案件1578起，查获涉案卷烟1112.74万支，涉案金额918.09万元，其中5万元以上案件22起。查获假私烟案件667起，查获假私烟222.12万支，涉案金额181.29万元；查获真烟案件911起，查获真品违法卷烟882.18万支，涉案金额731.06万元，上缴财政罚没款56.5388万元。共审批发放烟草专卖零售许可证1852个，注销61户，歇业1404户，停业78户，网内实有零售户9716户。

【精准扶贫】 创建“烟草企业+村集体+自律互助零售店+贫困户”的产业帮扶模式，对全市系统10个帮扶村、17户建档立卡贫困户实施精准扶贫，助推村集体经济发展。2019年继续投入帮扶资金30.4万元，荣获2018年度全市“百企帮百村”优秀帮扶企业，另有3个单位、1名个人被当地政府评为脱贫攻坚先进集体和优秀第一书记。

（白盼盼）

农村农业

农牧业

【鄂尔多斯市农牧局领导名录】

党组书记、局长：周桂荣

副 局 长：全宇娆（女）

金　琦（女）

杨　泰

王耀富

白万富

纪检组组长：张玉亮

调 研 员：白晓明

王继跃

杨东升

副调研员：翟永清

于荣刚

【概况】 鄂尔多斯市农牧局是鄂尔多斯市人民政府主管全市农业、畜牧业和农村牧区经济工作的职能部门。下设22个行政科室，另设机关党委和农办秘书科，19个全额拨款事业单位。核定市农牧局机关行政编制48名，工勤编制13名。核定市农牧局全额拨款事业编433名，局属各单位现有职工377人。2019年，全市农村牧区常住人口57.2万人，耕地总面积620万亩，其中水浇地450万亩；草原总面积9785万亩；完成农作物播种706万亩，粮食总产量18.95亿公斤，粮经饲比例为59∶15∶26。牧业年度牲畜存栏1184万头只，年内肉类产量15.9万吨，奶类产量30万吨，绒产量2200吨、毛产量1.2万吨。实现一产增加值113.5亿元，同比增长3.4%；农村牧区常住居民人均可支配收入16729元，同比增长8.1%。

【乡村产业】 截至2019年底，全市市级以上农牧业产业化龙头企业339家（国家级3家、自治区级62家、市级274家）；全市500万元以上农畜产品加工企业146家，实现销售收入达253.6亿元；农畜产品加工转化率达65%；登记注册各类农牧民专业合作社6436家，农牧业产业化联合体达到45家；累计建成公司化养殖园区525处、家庭农牧场1295户、专业大户1285户，龙头企业与农牧民紧密型利益联结比例达58%。设立5亿元产业振兴专项扶持资金，支持乡村产业快速发展，投放贷款项目242个、3.3亿元。准格尔旗十二连城乡、乌审旗乌兰陶勒盖镇顺利通过国家产业强镇创建验收。

【产业扶贫】 2019年，市本级财政安排1.3亿元产业扶贫资金，实施产业扶贫项目265个，指导农牧户5650余次，扶持带动贫困人口4963户、12019人。在每个脱贫攻坚重点嘎查村培育1—2个脱贫主导产业，实现产业扶贫全覆盖。

【农牧业发展】 建成47个标准化乡镇农畜产品质量安全监管站，乌审旗成功创建国家农产品质量安全县；阿尔巴斯绒山羊认定为第二批“中国特色农产品优势区”，并入选2019农产品区域公用品牌；国家农业科技园区顺利通过科技部验收；主要农作物耕种收综合机械化水平和畜牧业机械化水平分别达85%、49%，全市农牧业科技进步贡献率达55%。

【农村牧区人居环境整治】 完成户厕改造4.5万户，超额完成自治区下达任务，卫生厕所普及率达到40%。新建垃圾压缩转运站12处、矿化闪蒸炉41处、垃圾填埋场2处，86%嘎查村生活垃圾得到有效治理。新建苏木乡镇生活污水处理厂9处，15个嘎查村生活污水乱排放得到管控。投入2000万元，启动面源污染防治试点，43处规模养殖场污染防治整改任务全部完成，推进秸秆综合利用完成9.4万亩。

【乡村振兴试点工作】 制定下发“五星达标、特色培育”示范嘎查村创建工作方案和评价验收管理办法，51个示范嘎查村创建工作成效明显。伊金霍洛旗获评全国乡村治理示范旗，十二连城乡获评全国乡村治理示范镇，达拉特旗林原村、东胜区折家梁村、鄂托克前旗黄海子村等3个村获评全国乡村治理示范村；伊金霍洛旗哈沙图村被农业农村部评为2019年中国美丽休闲乡村。

【农村牧区改革创新】 全市土地确权颁证率达到97%，嘎查村清产核资全部完成。推进“放管服”改革，优化行政审批，20项行政审批事项进驻政务服务中心，实现在线办理、“一站式”服务。新型经营主体不断壮大，农企紧密型利益联结比例达58%。完成480.5亩“大棚房”清理整治；扎实推进农牧领域扫黑除恶专项斗争，获“全市扫黑除恶先进单位”荣誉称号。

【鄂尔多斯市农牧业综合执法局工作概况】 鄂尔多斯市农牧业综合执法局成立于2017年11月，核定编制58名，2019年有人员53名。主要职能：负责农牧业方面法律法规盒政策执行情况的监督检查。宣传贯彻农牧业方面法律、法规，监督检查农牧业方面相关法律、法规和政策的实施；对农作物种子、草种的资源、生产、经营方面的违法行为进行查处；对肥料生产经营企业的违法行为进行查处；对农药、兽药生产经营中的违法行为进行查处；对种畜禽生产、经营中的违法行为进行查处；对危害农业转基因生物安全、农产品质量安全等违法行为进行查处；对农牧业动植物新品种保护和基本农田保护中的违法行为进行查处；对饲料和饲料添加剂生产、经营、使用过程中的违法行为进行查处；对屠宰、动物卫生违法行为进行查处；对开垦草原、采集草原野生植物、征用使用草原、临时占用草原、买卖或流转草原、禁休牧和草畜平衡等方面的违法行为进行查处；对拖拉机、收割机操作人员和农机维修销售的违法行为进行查处；对植物检疫中的违法行为进行查处；对水产养殖、渔政、船检方面的违法行为进行查处；对农牧民负担违法行为进行查处；承担跨旗区案件的协调和查处工作；承担旗区农牧业主管部门应当回避的违法案件的查处和重大案情的上报等工作；指导和监督旗区农牧业综合执法方面的工作。

【鄂尔多斯市农牧科学院工作概况】 鄂尔多斯市农牧业科学研究院（内蒙古农牧业科学院鄂尔多斯分院）于2012年3月由原鄂尔多斯市农业科学研究所和畜牧兽医科学研究所整合组建而成，隶属于市农牧业局，属全额拨款科级建制事业单位。内设办公室、科研科、玉米研究所、畜牧研究所、兽医研究所、草业生态研究所、作物研究所、科研综合试验站8个工作机构。核定编制39个，在职职工34人，其中专业技术人员30人，高级职称14人，硕士7人。拥有全国农业先进工作者2人、全国农业技术推广贡献奖1人、全国优秀科技特派员1人、自治区劳模1人、自治区有突出贡献中青年专家2人、鄂尔多斯草原英才3人、鄂尔多斯英才2人、市优秀科技工作者1人、市优秀青年人才1人、市青年科技新星3人、自治区草原英才产业创新人才团队2个、市级创新人才团队3个。主要职能：开展农作物、牧草新品种选育引进，承担国家、自治区新品种区试、生试及栽培技术研究与推广；动物育繁推及营养与饲料科学研究；动物疫病防控及新特药试验示范推广；农牧业新技术新成果引进及应用研究；农牧业科技合作交流、技术培训与咨询服务；农牧业科技示范园区技术服务。

【鄂尔多斯市农业技术推广站工作概况】 鄂尔多斯市农业技术推广站于2012年3月成立，为全额拨款事业单位，核定编制27名，2019年有职工25名。主要职能：承担并组织实施国家、自治区和全市重大农业技术、农村能源、生态农业建设与推广项目；承担农业、农村能源、生态农业方面关键新技术、新品种的引进、试验、示范、评估工作；负责农业植物新品种引进和技术推广工作；承担农业技术推广、农村能源、生态农业行业的专业技术培训、信息服务和宣传工作。负责全市农业环境保护技术的推广与管理；承担全市农业外来生物入侵和农业环境污染突发事件应急管理工作，组织开展农业环境质量调查等工作。2019年，推广优势粮油作物绿色高效增产技术144万亩，优质良种覆盖率达100%，主推技术到位率达到100%，六大粮油作物总增产10851万公斤，总增产值达1.92亿元，总纯增收益1.35亿元。推广玉米无膜浅埋滴灌技术152万亩，平均单产748公斤/亩，较常规种植增产56公斤/亩，亩产值增收119元，亩纯收益95元，节水效果明显，与普通漫灌相比节水70%左右，化肥的利用率提高20%以上。落实农业标准化生产271万亩，标准化生产技术覆盖率由29%提高到41%。设立农田地膜残留监测点5个，农田残留地膜回收面积20万亩，废旧地膜回收350万吨。开展秸秆综合利用调查，建立秸秆资源台账，选择27个乡村振兴示范村，采用秸秆集中回收和秸秆还田的方式，推进秸秆综合利用，提升秸秆综合利用率。完成全国第二次农业源污染普查和外来入侵生物调查工作。

【鄂尔多斯市植保植检站工作概况】 鄂尔多斯市植保植检站（鄂尔多斯市农药检定站）于2011年成立，为全额拨款事业单位，核定编制18名，2019年有职工16名。主要职能：贯彻执行国家有关植保、植检工作的方针、政策，制定全市植保植检行业发展规划，加强农业外来有害生物防控监督管理；协助做好有关植物检疫法规、规章、政策的调研起草工作；指导植保植检体系和队伍建设；组织并指导全市开展大面积农作物病虫草鼠防治工作；承担全市专业性病虫测报体系规划、建设及相关业务管理，制定病虫草鼠调查测报办法，发布预报或灾情警报；指导全市农作物有害生物灾害的监测、预警（防控）体系建设；组织贯彻植物检疫法律和法规、行使植物检疫组织管理和行政执法职能，承办检疫审批、检疫检验、签发证书、组织疫情普查，制定封锁和消灭措施；负责植保新技术、新农药、新药械的试验示范、开发及推广应用，开展农药使用等专业技术培训及技术支撑；安全使用管理，农药抗药性监管；按照规定对辖区内的农药生产、经营和使用单位的农药进行定期和不定期监督、检查；承办市农牧业局及有关领导交办的其他工作任务。2019年，实施统防统治303.2万亩、绿色防控326万亩。

【鄂尔多斯市经济作物站工作概况】 鄂尔多斯市经济作物工作站于2012年3月成立，为全额拨款事业单位，核定编制25名，2019年有职工22名。主要职能：承担全市经济作物新品种、新技术的试验、示范、推广，产业化结构调整，经济作物种植技术推广体系建设与管理、种植技术培训和种植技术服务，并承担国家、自治区、市科技项目实施以及经济作物科技示范园区的建设。2019年，全市瓜果蔬菜种植面积31.3万亩，其中，露地蔬菜16.4万亩，西甜瓜13.2万亩，设施蔬菜1.7万亩，总产量107.8万吨，实现产值12.6亿元，实现效益7.3亿元。

【鄂尔多斯市土壤肥料和节水农业工作站工作概况】 鄂尔多斯市土壤肥料和节水农业工作站为全额拨款事业单位，核定编制31名，2019年有职工27名。主要职能：承担土壤培肥、科学施肥、盐碱地改良、节水农业新技术的攻关、引进、集成及试验、示范与应用推广工作；承担鄂尔多斯市肥料质量监督检查工作；承担鄂尔多斯市土壤墒情、旱情监测及预报工作。2019年，共布置耕地质量监测点704个，其中，国家长期定位监测点3个、耕地质量变更评价监测点615个、自治区级耕地质量监测点30个、市级耕地质量监测点56个。完成测土配方施肥416.3万亩、水肥一体化221.7万亩、秸秆还田70.7万亩、深耕深松380万亩，同比增长15.2%。完成20个肥料样品抽查工作（其中有机肥料8个、水溶性肥料12个），合格率65%，不合格产品交由各旗区农牧综合执法队处理；完成鄂尔多斯市10家肥料生产企业的安全检查和肥料产品登记证的考核。

【鄂尔多斯市种子管理站工作概况】 鄂尔多斯市种子管理站为全额拨款事业单位，核定编制19名。主要职能：组织实施农作物种子新品种选育、引进、试验、示范、展示和推广，国家和自治区农作物新品种区域试验、生产试验以及其他试验示范；全市农作物种子市场的监督检查；农作物种子质量监督检验；种子生产经营的备案管理；主要农作物新品种审、认定材料的审核上报，非主要农作物品种登记以及引种备案管理；国家、自治区和市农作物救灾备荒种子储备管理。2019年，在全市安排玉米、糜子新品种展示示范点11个，品种共计193个，面积达300多亩。

【鄂尔多斯市农牧场管理站工作概况】 鄂尔多斯市农管站为全额拨款事业单位，核定编制9名。主要职能：承担对全市原国有农牧场依法实施业务指导，促进国有农牧场深化体制改革；对原国有农牧场实行行业管理；对国有农牧场贯彻国家相关产业政策、行业发展规划以及科技推广、农牧业综合开发、扶贫开发、社会保障、转移支付、以工代赈等方面的政策进行协调、监督和服务，并组织实施；编制发展规划和计划；组织协调国有农牧场主要物资和产品的国内外经销活动；会同有关部门审查和批准国有农牧场提出的重大建设和技术改造方案；培训国有农牧场行政、经营管理、科技人员等工作。

【鄂尔多斯市农牧业经营管理站工作概况】 鄂尔多斯市农牧业经营管理站为参照公务员管理全额拨款事业单位，核定编制21名，2019年有职工19名。主要职能：承担农村牧区土地草牧场承包管理；农牧民专业合作组织建设、指导和管理；农牧民负担监督管理；农村牧区集体“三资”管理等工作。2019年，全市736个嘎查村、5个涉农社区居委会完成农村牧区集体资产清产核资工作。培育和发展家庭农牧场工作，申报评定自治区示范家庭农牧场14家。培育农牧民专业合作组织，其中获国家农民专业合作社示范社称号24家、自治区农牧民专业合作社示范社称号52家、市级农牧民专业合作社示范社称号20家。

【鄂尔多斯市水产管理站工作概况】 鄂尔多斯市水产管理站（鄂尔多斯市渔政监督管理站、鄂尔多斯市水产技术推广站）为全额拨款事业单位，核定编制20名，2019年有职工14名。主要职能：承担推广水产技术促进渔业发展，全市渔业行业管理，指导渔业生产结构和布局调整，提出技术进步措施，开展渔业水域生态环境及水生野生动物保护与管理的监督检验工作，渔业船舶之间交通事故的调查处理工作，全市渔业船舶登记、注册、证书核发等工作，负责渔业船舶船员的培训、考试、考核工作，负责全市水产技术推广和研究工作，受市农牧局委托承担渔业苗种管理，组织实施渔业种子工程，组织开展引导指导渔业经济合作组织工作，对水产品批发市场实施行业指导和管理，承担全市渔业行业环境监测和水产品质量安全监测工作，全市水产品优良新品种的选育、培育等工作，开展渔业生产统计相关工作。2019年全市水产品总产量1.5万吨，渔业经济总产值4.4亿元。开展鱼类增殖放流行动，投放鱼苗鱼种315万尾。

【鄂尔多斯市家畜改良站工作概况】 鄂尔多斯市畜牧工作站为全额拨款事业单位，核定编制35名，2019年有职工31名。主要职能：加强家畜品种改良和种畜禽生产管理，促进全市畜牧业发展。种畜禽进出口报批、优良种畜禽的调出、调入、调剂和管理；畜禽生物高新技术的科研攻关项目和建立现代化基因库；制定并实施全市畜禽品种标准、饲养管理技术规程、种畜禽质量标准；种畜禽及遗传材料的质量监督、检验、监测；种畜禽普查鉴定并核发相关证件；家畜良种及繁殖新技术推广、畜牧业技术培训和信息化建设。

【鄂尔多斯市饲料草种监督检验站工作概况】 鄂尔多斯市饲料草种监督检验站成立于2011年底，由原市饲料监督检验站和市牧草种子站整合而成，为鄂尔多斯市农牧局二级单位，在职职工18人。2011年通过自治区质量技术监督局计量认证，2015年通过复审再次认证，是全市唯一具有资质的专门饲料质量安全检测机构。自成立以来，市饲料草种站严格贯彻落实《饲料和饲料添加剂管理条例》《饲料质量安全管理规范》等法律法规，依法对饲料的生产、经营以及使用进行监督管理，对全市饲料质量安全进行抽样检测，对养殖环节违禁物“瘦肉精”进行专项监测。截至2019年底，累计检测饲料成品样品及自配料1800批次，“瘦肉精”专项监测9277批次，覆盖全市所有生产企业、经营门店及养殖场（户），提高生产企业对产品的质量控制，规范经营门店（企业）的经营秩序，保证养殖场（户）的用料安全，保证全市饲料质量安全。

【鄂尔多斯市农牧业信息中心工作概况】 鄂尔多斯市农牧业信息中心，为全额拨款事业单位，核定编制13名，2019年有人员12名，其中专业技术人员9人。主要职能：承担制订全市农牧业信息化及农牧业电子政务建设规划、实施方案，并组织实施；农牧业信息网络主干平台，办公自动化系统的建设、运行与维护；农牧业信息的开发整合、信息服务；组织市内外农畜产品展销、推荐、交流与合作；农牧民科技培训的计划组织和实施；农牧民中专学历教育，实施“新型职业农牧民培育”工程和鄂尔多斯市农村牧区实用人才培训工作。新型职业农牧民培育工程。2019年培育新型职业农牧民2012人。

【鄂尔多斯市农畜产品质量安全中心工作概况】 鄂尔多斯市农畜产品质量安全中心成立于2011年12月，为全额拨款事业单位。主要职能：承担无公害农畜水产品、绿色食品、有机食品和地理标志农产品的产地认定和产品认证组织实施、审核、推荐、上报及监督管理和质量监控；相关标准的技术培训、指导；名牌农畜产品推荐上报和质量管理；农畜水产品生产标准、地方性生产操作规程的制定、修订以协调发布实施；农畜水产品质量安全的检测检验；对全市农畜产品质量安全检测站技术指导和培训；配合有关部门对无公害农畜水产品、绿色食品、有机食品和地理标志农产品产地环境和质量监测工作。

【鄂尔多斯市疫控中心工作概况】 鄂尔多斯市动物疫病预防控制中心（挂鄂尔多斯市畜禽屠宰技术中心牌子）属全额拨款事业单位，核定编制40人，在职人员38人，专业技术人员31人。主要承担动物疫病的预防、控制、扑灭；动物疫情的监测、预警、预报、实验室诊断、流行病学调查、疫情报告；动物防疫风险评估和生物安全监管；提出重大动物疫病防控技术方案；动物产品安全相关技术检测工作；提供畜禽屠宰技术服务工作；动物及动物产品检疫、兽药经营和生产单位监督管理等。2019年共组织调入疫苗5416.3万毫升，免疫畜禽3246.12万头（只、羽），确保应免畜禽免疫密度100%；病原学流调监测共采集

1.23万余份样品。确保畜牧养殖和全市公共卫生安全持续稳定，未发生重大动物疫情。

【鄂尔多斯市产业化发展服务中心工作概况】 鄂尔多斯市产业化发展服务中心于2002年成立，为参照公务员管理全额拨款事业单位，核定编制3名。主要职能：承担全市乡镇企业和休闲农牧业发展的规划、协调、监督工作，提供相关服务；承担全区、全国休闲农业和乡村旅游示范县、示范点的申报及创建工作；承担休闲农牧业知名品牌创建、从业人员培训、基础设施建设、公共服务平台建设工作；组织开展农村牧区产业结构调整的调查研究工作；收集和研究经济技术信息，为全市乡镇企业和农牧民提供信息网络服务；承担全市乡镇民营企业产品和农副产品质量体系认证的申报工作；承担全市农牧业产业化、乡镇企业和休闲农牧业发展的调研、统计及信息服务工作；参与全市农牧业产业化龙头企业发展调研、监测、评审工作；提供农村牧区人才交流和职业介绍等中介服务。

【鄂尔多斯市农牧业机械化研究推广站概况】 鄂尔多斯市农牧业机械化研究推广站（以下简称市农机推广站，由“鄂尔多斯市农牧业机械化推广站”变为“鄂尔多斯市农牧业机械化研究推广站”办理中）为正科级事业单位。市农机推广站核定编制13人，在职人数12人。承担农牧业机械化新技术、新机具的引进、试验、示范、推广、研发；开展农牧业机械技术培训工作；组织实施农牧业机械化科技示范项目推广工作；指导基层农牧业机械相关技术推广体系建设工作。

【鄂尔多斯市农机服务中心工作概况】 市农机服务中心（挂市农机产品质量监督检验站、市农机行业职业技能鉴定站牌子），核定事业编制10人，其中科级领导职数4名（1正3副）；2019年有编制6人、实有在职人数5人。主要职能：开展农牧业机械技术教育培训工作；承担农牧业机械化信息搜集、整理、发布工作；组织实施农牧业机械化项目工作；承担农机行业职业技能鉴定工作；承担农机产品质量投诉受理工作，依法调解质量纠纷；承担农机产品质量监督、检验、调查工作；承担农牧业机械维修资格证发放工作；承担拖拉机、联收机注册登记以及牌证、行驶证发放和检验工作；承担拖拉机、联收机驾员培训、考核、驾驶证发放和审验工作；承担农牧业机械标准化体系建设工作；承担农机行业学会、协会的联系协调工作。

【鄂尔多斯市农村牧区环境建设综合指导中心概况】 鄂尔多斯市农村牧区环境建设综合指导中心设立于2016年10月，为全额拨款事业单位，核定编制10人，在编人在岗9人。主要职责：具体承担全市农村牧区人居环境建设综合协调指导工作，巩固各旗区“十个全覆盖”建设成果，推进美丽乡村建设。

（罗七十三）

水　利

【鄂尔多斯市水利局领导名录】

党组书记、局长：王　健
党组成员、副局长：齐采力（女）
张海滨
斯琴格日勒（女，蒙古族）
斯仁闹日布（蒙古族）
王　华
派驻检监察组组长：布　和（蒙古族）
市世行贷款项目服务中心副主任（副处级）：
韩利荣

【概况】 鄂尔多斯市水利局内设办公室、计划财务科、水利工程建设科、水土保持科、农牧水利科、水资源科、运行监督科、水政科、河湖管理科、行政审批科等10个职能科室。下属水土保持世行贷款项目服务中心、市水资源管理中心、市水政水资源执法局、市水库移民安置办公室、市水利工程质量监督站、市防汛抗旱服务中心、市水利勘测设计院、市河湖保护中心、市水土保持监督执法局、市水土保持淤地坝工程项目办公室、市水土保持监测总站、市水土保持工作站、市沙棘开发管理办公室、市水土保持科学研究所等 14 个二级单位。机关行政编制 35 名，设局长 1 名，副局长 3 名。科级领导职数 18 名［13 正（含总工程师 1 名、总经济师 1 名、机关党委专职副书记 1 名）5 副］。以及负责机关和所属单位的党群、纪检工作的机关党委。系统共有编制数 258 个，实有在编人数 242 名。职能职责：贯彻执行国家法律法规和自治区地方性法规规章，拟定全市水利发展规划、方案等相关政策，并负责组织实施和宣传工作。负责保障水资源的合理开发利用。起草有关地方性法规、规章草案，组织编制全市水资源规划、重要江河湖泊流域综合规划、防洪规划等重大水利规划。负责生活、生产经营和生态环境用水的统筹和保障。组织实施最严格水资源管理制度，实施水资源统一监督管理，拟订全市水中长期供求规划、水量分配方案并监督实施。负责全市重要流域、区域以及重大调水工程的水资源调度。组织实施取水许可、水资源论证和防洪论证制度，指导开展水资源有偿使用工作。指导水权转让和交易工作。指导水利行业供水和苏木乡镇供水工作。按规定拟订水利工程建设有关制度并组织实施，负责提出水利基本建设投资安排建议，提出国家、自治区和市级财政性资金安排意见，负责项目实施的监督管理。按规定权限审批、核准规划内和年度计划规模内项目。指导水资源保护工作。组织编制并指导实施水资源保护规划。指导地下水开发利用和地下水资源管理保护。组织指导地下水超采区综合治理。负责节约用水工作。拟订节约用水政策措施，组织编制节约用水规划并监督实施。组织实施用水总量控制等管理制度，指导和推动节水型社会建设工作。加强与水文部门协作，共享水文水资源等信息和情报预报。指导水利设施、水域及其岸线的管理、保护与综合利用。组织指导全市水利基础设施网络建设。指导全市重要江河、湖泊的治理、开发和保护。指导全市河湖水生态保护与修复、河湖生态流量水量管理以及河湖水系连通工作。指导监督水利工程建设与运行管理。组织实施全市具有控制性的和跨区域跨流域的重要水利工程建设与运行管理。指导水利建设市场的监督管理，指导监督水利工程建设。按规定权限组织有关工程的验收。协调指导水旱灾害防御工作。负责水土保持工作。拟订水土保持规划并监督实施，组织指导水土流失综合治理、生态修复、预防保护、监测预报、监督管理等工作。指导水土流失严重程度、危害程度和水土保持功能恢复状况的鉴定工作。负责全市水土保持绿色经济发展，重点推进沙棘资源建设与开发。负责实施水土保持世行贷款项目相关工作。指导农村牧区水利工作。组织开展大中型灌排工程建设与改造。组织指导农村牧区饮水安全工程建设管理工作，指导节水灌溉有关工作。组织指导农村牧区水利社会化服务体系建设。指导农村牧区水能资源开发、小水电改造和水电农村电气化工作。指导水库移民管理工作。拟订水库移民有关政策措施并监督实施。指导水库移民的安置和扶持工作。负责处理和解决移民定居后所反映的有关问题和困难。负责水库移民后期扶持项目建设管理工作。负责水库移民后期扶持五年规划指导工作。负责市本级涉水行政执法工作，查处全市性、跨旗区违法行为，办理重大行政案件。指导、监督旗区相关行政执法工作。依法负责水利行业安全生产工作，组织指导水库、水电站大坝、农村水电站的安全监管。开展水利科技工作。组织开展全市水利行业质量监督工作，贯彻落实水利行业的技术标准、规程规范并监督实施。承担水利科技、科研相关工作。承担水利统计工作和全市水利信息化工作。2019 年，中央水利项目纳入自治区建设调度的总投资22200万元，已到位资金22003万元，已完成投资18688.76万元，投资完成率占到位资金的84.18%。完成水土流失治理面积148.73万亩，是计划任务的100.05%。完成十大孔兑沙棘生态减沙5.1万亩，是计划任务的110.87%。完成十大孔兑沙棘生态减沙5.1万亩，是计划任务的110.87%。完成国家水土保持重点建设工程89.19%；农村基层防汛预报预警体系建设94.16%；山洪灾害防治项目100%；饮水安全巩固提升工程100%；农村饮水工程维修养护工程96.83%；小型水库工程设施维修养护工程84.93%；河湖管护工程100%；农业水价综合改革项目88.26%；灌溉饲草地建设项目86%。

【机构改革】 根据鄂尔多斯市机构改革实施方案，2019年3月，将市水务局、市水土保持局的职责整合，组建市水利局，作为市政府工作部门。同时，将市水务局的水资源调查和确权登记管理职责划转至市自然资源局，将市水务局编制水功能区划、排污口设置管理、流域水环境保护职责划转至市生态环境局，将市水务局的农田水利建设项目等管理职责划转至市农牧局，将市水务局的水旱灾害防治职责划转至市应急管理局。与市生态环境局有关职责分工：（1）市生态环境局负责组织拟定全市水功能区划并监督实施；负责核定水域纳污能力、提出限制排污总量意见并落实；负责流域水环境保护、水功能区限制纳污制度的落实工作。市水利局参与编制水功能区划。（2）市生态环境局负责指导入河排污口设置工作，包括入河排污口设置审批和日常监测、监督管理。市水利局参与入河排污口设置管理工作。（3）市水利局对水资源保护负责，市生态环境局对水环境质量和水污染防治负责。市水利局和市生态环境局要进一步加强协调与配合，建立部门间协商机制，定期通报水资源保护与水污染防治有关情况，协商解决有关重大问题，市生态环境局发布水环境信息，对信息的准确性、及时性负责。市水利局发布水资源信息中涉及水环境质量的内容，应与市生态环境局一致。与市应急管理局有关职责分工：市水利局负责落实综合防灾减灾规划相关要求，组织编制全市洪水干旱灾害防治规划和防护标准并指导实施。组织编制重要河流湖泊和重要水工程的防御洪水抗御旱灾调度和应急水量调度方案，按程序报批并组织实施。承担水情旱情监测预警工作。承担防御洪水应急抢险的技术支撑工作。组织协调指导蓄滞洪区安全建设、管理工作。负责统计水利设施受灾情况，提出水利工程水毁修复和抗旱经费的建议安排，指导实施水利工程应急度凌汛、抗旱项目。市应急管理局负责统一组织、统一指挥、统一协调自然灾害类突发事件应急救援。承担市防汛抗旱指挥部日常工作。

【防汛抗旱】 本着“早行动、早安排、早部署、早落实”的原则，通过落实责任制，加大巡查力度，实施24小时应急值守，认真落实责任制、修订完善预案、堵复穿堤涵洞、拆除浮桥、对险工进行应急抢护、开展爆破除险演练、进行应急分凌、落实抢险队伍、储备抢险物料，推动防凌防汛抗旱工作。落实78座水库、871座中型以上淤地坝的责任人，修订完善78座水库防汛预案和调度规程及645座淤地坝应急预案，制定下游有重要防御设施的71座淤地坝单项应急预案。累计投入抗旱人数7.31万人次，开动机电井5.1万眼、泵站63处，用电4954.64万千瓦时，抗旱用油463.01吨，抗旱浇灌农田70.61千公顷，临时解决6.05万人、61.6万头（只）牲畜饮水困难，累计投入资金2561.82万元。

【水资源管理】 2019年，全市用水总量为16.0164亿立方米（含再生水量0.7788亿立方米），万元工业增加值用水量为11.81立方米/万元，万元GDP用水量为30.43立方米/万元，农田灌溉水利用系数达到0.552，全市国家重要水功能区达标率72%以上，全部达到目标要求。印发《鄂尔多斯市2019年水功能区及入河排污口监测方案》，开展水功能区和入河排污口全覆盖监测，同时开展向生态环境局移交水功能区划及入河排污口设置管理有关工作。将市内一、二期剩余指标1046.44万立方米配置给13个工业项目。梳理全市需水工业项目61个，需水量2.5576亿立方米，已上报水利厅。2019年度新审批建设项目取水许可26个，核发取水许可证13套。

【河湖长制】 市级河流湖泊水域岸线利用规划已完成审查。自治区要求划界的27条河流、45座湖泊已全部完成划界。有采砂任务的5个旗区都已完成采砂规划编制工作。河湖“清四乱”全市677个问题全部整改销号，清理垃圾62.8万吨，拆除违建9.6万平方米，拆除鱼塘123个，疏通河道1139.5公里。

【脱贫攻坚】 制定《包联杭锦旗独贵塔拉镇杭锦淖尔村2019年乡村振兴实施方案》，争取水利工程项目投资800万元；助推村集体经济发展，组织实施盐碱地改造种植水稻项目380亩；探索龙头企业带动农户发展模式，将甘草育苗项目种植规模扩大到60亩；新建鱼虾水产养殖6亩。安全饮水“清零达标”全面完成。

【扫黑除恶专项斗争】 清理整治非法采砂点130处，办理非法采砂举报案件2起。对2016年至2019年市水利局及旗区水利部门行政执法案件大起底，16个非法采砂案件已全部结案，未发现压案不查、有案不立情况；受理检察建议书48件，已办理并回复检察机关43件，由公安机关交由检察院办理4件，自行拆除1件。

【生态环保督察整改】

中央环保督察整改任务　涉及市水利局的有3项，地下水超采整改涉及的8个超采区均已达到采补平衡，4个已销号，剩余4个采补平衡评估报告已取得自治区水利厅批复。违规取用水6家企业整改问题和煤化工项目取用水整改问题已销号。

自治区生态环境大检查整改任务　涉及市水利局有4项，3项已整改销号，剩余西柳沟水源地保护工作不规范问题方案已上报生态环境厅，待通过审查后上报自治区政府批复。

中央环保督察“回头看”整改任务　涉及市水利局有2项，超采区治理方案未细化问题已完成整改。违规取用地下水涉及全市58家企业，已整改完成52家。

【民生水利工程】

农村牧区饮水安全巩固提升工程　完工39处，完工受益2.43万户8.26万人，涉及贫困户工程已经全部完工通水，工程整体进度为91%，主体工程全部建成。饮水安全维修养护项目已完工433处，完工受益人口34万人，工程整体进度为94%，达到年初既定目标。

农牧水利建设项目　完成投资3524万元，完成节水灌溉面积3.54万亩。完成农业水价综合改革面积21.06万亩。

【防治减灾工程】 完成黄河二期防洪工程原批复建设任务并通过竣工验收。新增4处河道整治工程杭锦旗芒哈图，达拉特旗二贵圪旦、达拉特旗翟二圪旦和准格尔旗邬二圪梁已完成单位工程验收；2处堤防治理工程完成83%。12月，完成全部新增工程建设内容并通过验收。实施中小河流治理项目8项，准格尔旗呼斯太河新建及加固堤防工程已完工；达拉特旗布日嘎斯太沟、壕庆河、呼斯太河防洪工程3个项目工程完成49.82%。东胜区哈什拉川碾盘梁沟河道治理工程、东胜区东乌兰木伦河三台基川河道治理工程、杭锦旗朝凯沟朝凯村防洪堤护坡护脚工程和乌审旗纳林河防洪渠堤防加固工程完成66.29%。实施水库除险加固2项，东胜区九成宫水库除险加固工程已全部完工；伊金霍洛旗尔力湖沟水库除险加固工程完成86.50%。

【水土保持】

京津风沙源治理二期工程　完成小流域综合

治理面积32.9平方公里，完成率39.6%；完成水源工程187处，完成率45.5%；完成节水灌溉工程58处，完成率14.5%。

国家水土保持重点建设工程　完成综合治理面积165.58平方公里，完成率91.5%。

淤地坝除险加固工程　截至年底，已完工4座，已开工39座。完成十大孔兑沙棘生态减沙任务5.1万亩。

【荣誉奖励】 获全区2018—2019年度水利建设工程质量考核第三名（内水建〔2019〕105号）、2018年度全区河湖长制工作考核第一名（内河长办〔2019〕15号）、第十三届“体彩杯”职工运动会优秀组织奖（市直机关工委）。

林业和草原

【鄂尔多斯市林业和草原局领导名录】

党组书记、局长：韩玉飞（1月任职）

副局长：袁庆东（1月任职）

阿拉腾宝（蒙古族，1月任职）

乌云其其格（女，蒙古族，3月任职）

武海涛（1月任职）

【概况】 2019年1月30日，鄂尔多斯市林业和草原局正式挂牌成立。内设办公室、治沙造林科、森林资源管理科、草原科、自然保护地管理科、国有林场和种苗管理科、改革发展和科技科、规划财务科、人事科、行政审批科等10个科室，设机关党委1个内设机构。截至2019年底，市林业和草原局共有行政编制23名，工勤编制7名，实有在职人员25人，其中公务员20人、机关工勤5人。主要职能：贯彻执行国家、自治区关于林业和草原及其生态保护建设修复的法律法规、规章，起草有关地方性法规、规章草案，管理市级林业和草原生态建设资金；组织开展全市森林、草原、湿地、荒漠和陆生野生动植物资源的监督管理与动态监测；负责全市荒漠化防治、湿地保护、陆生野生动植物保护与管理、各类自然保护地管理工作；组织开展全市林业和草原生态保护修复和造林种草绿化工作；负责全市草原禁牧、草畜平衡和草原生态修复治理工作；推进全市林业和草原改革相关工作；指导开展防火巡护、火源管理、防火设施建设等工作；负责林业草原行政执法工作，管理森林公安队伍；负责全市林业有害生物防治检疫和林业种苗工作；指导并组织实施林业和草原科技、宣传教育和对外交流与合作工作。

【荣誉奖励】 5月27日，鄂尔多斯市荣获“关注森林活动20周年”全国突出贡献单位。6月25日，在北京人民大会堂召开的第九届全国“人民满意的公务员”和“人民满意的公务员集体”表彰大会上，鄂尔多斯市林业和草原局获第九届全国“人民满意的公务员集体”荣誉称号。

【退化草原修复项目】 11月29日，争取到中国绿化基金会“蚂蚁森林”退化草原修复（300万穴柠条）项目。

【鄂尔多斯市防沙治沙工程管理中心工作概况】 鄂尔多斯市防沙治沙工程管理中心（同时挂鄂尔多斯市防治荒漠化联络中心牌子）为科级建制，财政全额拨款事业单位。工作人员8人。主要职责：监督全市防沙治沙和防治荒漠化工作方针、政策和中长期规划的落实；承担全市防沙治沙综合试验示范区项目建设的指导、检查和验收工作；承担京津风沙源工程建设与管理工作；开展荒漠化治理国际联络及协调工作；承担沙尘暴灾害应急管理工作；承担全市荒漠化和沙化土地普查及全市防沙治沙信息的收集、整理、汇总、统计工作；承担全市防沙治沙先进技术推广工作。2019年，鄂尔多斯市争取京津风沙源治理林业建设项目中央投资4735万元，建设任务14.17万亩，其中人工造林9.47万亩、封育1万亩、工程固沙3.7万亩；争取全国防沙治沙综合示范区建设资金180万元，建设任务3600亩。年内，印发《鄂尔多斯市重大沙尘暴灾害应急指挥部办公室关于切实做好沙尘暴灾害应急处置工作的通知》，要求旗区人民政府和鄂尔多斯市重大沙尘暴灾害应急指挥部成员单位建立健全协作交流机制和信息互通机制，切实加强监测、预报和预警，强化应急值守、信息上报和沙尘暴灾害应急宣传教育工作，提高防灾减灾应急处置能力。1月4日，内蒙古乌审旗文贡笓哈国家沙漠公园获得国家林草局建设批复。

【鄂尔多斯市退耕还林工程管理中心工作概况】 2000年，鄂尔多斯市林业和草原局根据国务院、自治区人民政府制定的有关政策要求，在市林业和草原局设立退耕办和天保办，并与国有林场管理科合署办公，行政编制。2002年11月11日经鄂尔多斯市机构编制委员会批准正式成立鄂尔多斯市退耕还林工程管理中心，隶属市林业和草原局直属事业单位，市财政全额拨款，科级建制，核定人员编制14人。2010年，被批准为参照公务员法管理单位。2019年，鄂尔多斯市退耕还林工程管理中心人员编制由14人调整为11人。现有工作人员10人。职能职责：贯彻落实国务院及自治区颁布的各项退耕还林法规、方针、政策。负责退耕还林工程地方性法规、政策、制度的拟定和落实。负责退耕还林工程规划与作业设计的审定。协调工程种苗组织供应。监督工程资金运行和政策性补助兑现情况。指导管理退耕还林工程项目实施。负责指导和监督旗区退耕还林自查工作，并将旗区自查结果汇总后报自治区林业和草原局。林权证发放验收。退耕还林后续产业建设服务与指导。退耕还林后期管护情况督查退耕还林工程案件稽查、协办。退耕还林效益监测。退耕还林作业设计变更审批。宣传退耕还林相关政策。统计汇总数据，管理信息和退耕还林工程档案。承办国家和自治区退耕还林办公室交办的其他事项。2019年，根据内蒙古自治区林业和草原局《关于对2015年至2018年退耕还林资金落实情况进行详细摸排自查的函》要求，按照市人民政府和市林业和草原局统一安排，对各旗区2015年至2018年退耕还林资金落实情况组织开展摸排自查整改。配合中南林业勘察设计院对杭锦旗2015年度新一轮退耕还林进行国家级检查验收。

【林科院工作概况】 林科院内设荒漠化防治研究室、森林经营与林沙产业研究室、林业调查规划设计室、综合管理办公室、实验室5个科室。2019年，2017年中央财政林科科技推广项目“生物基可降解纤维沙袋沙障治沙技术推广示范”通过内蒙古自治区林业和草原局的验收；2019年内蒙古自治区重大专项“沙地库伦生态圈构建及产业发展模式示范”专题项目立项批复；2019年内蒙古自治区科技计划项目“鄂尔多斯优良生态、经济、绿化及兼用型抗逆树种筛选与繁育技术研究”批复立项；《沙棘平茬复壮技术规程》《柠条造林技术规程》《蒙枣栽培技术规程》《蒙枣育苗技术规程》《旱柳育苗技术规程》《旱柳造林技术规程》《杨柴育苗技术规程》《杨柴造林技术规程》8项技术标准立项批复。

气　象

【鄂尔多斯市气象局领导名录】

党组书记、局长：石　磊

副　局　长：巫荣征

　　　　　　伍秀峰（女）

纪检组组长：马　柱（蒙古族）

【概况】 依据内气发〔2011〕218号文件规定，鄂尔多斯市气象局内设办公室（政策法规科）、人事监察科、计划财务科、业务管理科等4个科室，下属气象灾害防御中心、气象台、财务核算中心、行政执法队、信息与技术保障中心等5个二级单位。辖11个旗（区）气象局（站），其中，1个国家基准气候站、2个国家基本气象站、

8个国家一般气象站。全市气象部门核定编制数为214人，实际在编人员196人，市局82人，旗区局114人。其中，副高以上职称15人，中级职称66人；硕士以上研究生21人，大学本科134人。主要职责：负责本行政区域内气象事业发展规划、计划的制定及气象业务建设的组织实施，负责本行政区域内气象设施建设项目的审查，对本行政区域内的气象活动进行指导、监督和行业管理，组织管理本行政区域内气象探测资料的汇总、传输，依法保护气象探测环境；负责本行政区域内的气象监测、预报管理工作，及时提出气象灾害防御措施，并对重大气象灾害作出评估，为本级人民政府组织防御气象灾害提供决策依据；管理本行政区域内公众气象预报、灾害性天气警报以及农业气象预报、城市环境气象预报、火险气象等级预报等专业气象预报的发布；组织制订和实施本行政区域气象灾害防御规划，组织本行政区域内气象灾害防御应急管理工作，负责本行政区域内突发公共事件气象保障工作；管理本行政区域人工影响天气工作，指导和组织人工影响天气作业；组织管理雷电灾害防御工作，会同有关部门指导对可能遭受袭击的建筑物、构筑物和其他设施安装的雷电灾害防护装置的检测工作；负责向本级人民政府和同级有关部门提出利用、保护气候资源和推广应用气候资源区划等成果的建议；组织对气候资源开发利用项目进行气候可行性论证。参与本级人民政府应对气候变化工作，组织开展气候变化影响评估、技术开发和决策咨询服务；组织开展气象法制宣传教育，负责监督有关气象法规的实施，对违反《中华人民共和国气象法》有关规定的行为依法进行处罚，承担有关行政复议和行政诉讼；统一领导和管理本行政区域内气象部门的计划财务、人事劳动、科研和培训以及业务建设等工作；会同县（市）人民政府对县（市）气象机构实施以部门为主的双重管理；协助地方党委和人民政府做好当地气象部门的精神文明建设和思想政治工作。2019年，鄂尔多斯市获得2018年度“中国天气·蓝天之城”、2019年度“CCTV《天气预报》节目传播影响力领跑城市”两项殊荣。

【主题教育】 全市气象部门11个党支部和1个联合党支部，共131名党员参加主题教育。通过党组中心组学习、举办读书班、组织专题考试、撰写学习心得、参与地方主题教育等方式开展学习教育。针对气象事业改革发展的重点难点问题，主动开展调研，形成调研报告13份。市旗两级围绕“五查五看”，认真检视反思，梳理归纳意见建议5类42条。建立问题整改台账，立行立改2项、解释说明4项、阶段性整改26项、长期坚持10项，为群众办实事4件。中国气象局党组主题教育第五巡回指导组、区局党组主题教育第三指导组，对全市气象部门主题教育给予充分肯定。

【监测服务】 全市11个国家级气象观测站全部实现自动化运行，东胜、鄂托克旗、乌审召实现双套新型自动站热备份。新建15套、升级21套区域自动站，50%以上的苏木乡镇安装固态降水观测仪，全市区域自动站数量达到239套，平均站间距达20公里。完成全国首部CB型新一代天气雷达技术升级和验收。实现电视天气预报由标清向高清的转换。智慧信息员平台注册率100%，智慧农牧业手机客户端注册率85%。完成干旱、暴雨（雪）、寒潮、大雾、冰雹等主要气象灾害以及玉米、辣椒、小麦、牧草等农牧业气象服务规范本地化。

【生态气象服务】 推进七星湖、遗鸥湿地保护区生态气象观测站网和人工影响天气作业基地建设，建成2个西部荒漠生态气象观测站并投入运行。完成《库布齐沙漠分区治理研究》和《基于高分一号卫星的沙漠遥感决策树算法研究》2个项目。开展泊江海水体、库齐其沙漠、地表植被动态监测评估，制作卫星遥感监测图册。

【人影作业】 承办中国气象局和鄂尔多斯市人影飞机增雨作业空域协调会，积极协调陕西榆林、宁夏银川以及内蒙古中部增雨基地。构建“智慧人影”业务体系，推进人工影响天气向生态修复型转变。完成作业点标准化建设和高炮自动信息化改造，为作业点配备物联网终端，实现弹药采购、出入库、运输、存储、作业等全流程实时监控。

【部门合作】 与自然资源局、水利局建立暴雨山洪地质灾害应急联动机制；与教育、交通等五部门联合制定停课、停运、停工预警信息发布机制；与应急管理局联合申报全国综合减灾示范社区，鄂托克前旗敖勒召其镇巴音社区获此殊荣；与旅发委合作，推进旅游景区气象监测设施建设；与林草部门在重点防火时段联合发布火险等级预报；与市水利局联合调研旱情及雨量站运行情况；与卫健委签订医疗气象服务合作协议，开展地方病与气象因素关联研究；联合市蒙医医院开展花粉浓度和花粉扩散气象条件等级预报。与准格尔旗政府签署合作协议推进当地经济社会健康发展。

【扶贫工作】 全市气象部门充分利用气象科技手段，助力脱贫攻坚工作。将包扶村的种养殖户全部纳入“农业气象通”手机 App 服务用户组，开展点对点快捷的气象为农服务。适时开展精准的抗旱增雨作业和防雹作业，防止因灾致贫、因灾返贫。深入扶贫点和贫困户广泛开展调研，积极开展科普宣传和政策讲解，制定扶贫工作计划。全市各级气象部门派出 4 名驻村第一书记、10 名帮扶人员长期协助村、镇开展工作，累计投入扶贫资金 50 余万元。帮扶工作受到各级领导充分肯定，王窑湾村党支部为市局送来“扶贫济困送温暖 真情帮扶暖人心”的锦旗，达拉特旗获评全旗包联工作突出、成效明显单位。

【气象保障服务】 成功保障“全国第十四届冬季运动会”火炬传递活动、第七届库布其国际沙漠论坛、第二届内蒙古国际能源大会等重大社会活动。圆满完成新中国成立 70 周年庆典活动气象服务保障任务。150 期气象信息和气象服务材料被市委、市政府网站和内刊采用。市长斯琴毕力格、副市长刘建勋先后 4 次批示表扬气象工作。

【干部人才培养】 年内，选拔任用科级干部 5 名、事业单位管理八级职员 1 名。选派 15 名人员挂职锻炼、调训学习、交流访问。完成 2 名人员职级并行考核、18 名人员职级套转、23 名人员职级晋升。接收应届高校毕业生 7 人、参公人员 1 人。干部队伍年龄结构和学历层次进一步优化，全市气象部门科级干部平均年龄 41 岁、本科以上学历占比 96%。市气象局首次对事业单位优秀人员嘉奖记功。4 个旗区及直属单位获全区气象部门事业单位工作人员集体嘉奖；3 人获全区气象部门事业单位工作人员记功奖励，1 人获评全区旗县优秀局长，2 人获评内蒙古自治区气象局重大气象服务先进个人。

【科研和科普】 申报国家预报员专项 1 个、自治区级科技创新引领项目 1 个、自治区气象局项目 3 个，验收自立科研项目 4 个，“鄂尔多斯市气象防灾减灾综合指挥系统”项目获地方立项，全年投入科研经费近 100 万元。气象防灾减灾科普馆获评自治区级科普示范基地称号，市局被命名为鄂尔多斯市科普教育基地，鄂托克前旗气象局获全旗政务信息报送先进集体，鄂托克旗气象公园开工建设。1 部科普动画获评 2019 全国气象科普宣传“百部气象科普好作品”，2 部科普视频获得首届内蒙古科普视频大赛微视频类二等奖。1 名同志获中国气象报社优秀通讯员，2 名同志获自治区科普讲解大赛三等奖，4 名同志获市级优秀科普工作者。

【荣誉奖励】 5 月 16 日，鄂尔多斯市气象科普基地获 2018 年度自治区级科普示范基地称号。

（赵 丹）

邮政　通信

邮政管理

【鄂尔多斯市邮政管理局领导名录】

党组书记、局长：任海龙（2月任职）

副　局　长：屈　涛

办公室主任：贾浏琼（女）

【概况】鄂尔多斯市邮政管理局履行政府监管职能，贯彻执行国家邮政法律法规、方针政策和邮政服务标准，研究拟定全市邮政发展规划，监督管理全市邮政市场、邮政普遍服务和机要通信等特殊服务的实施，保障邮政通信与信息安全，负责鄂尔多斯市邮政业安全生产监管、统计等工作。鄂尔多斯市邮政管理局内设办公室（纪检监察室）、普遍服务科（机要通信科）、市场监管科等3个科室。共有公务员编制10名、工勤人员3名，聘用执法人员4名，实有在职工作人员14人，其中公务员编制10人、工勤人员2人、聘用执法人员2人。

【“关爱快递青年服务月”活动】1月23日，市邮政管理局联合共青团鄂尔多斯市委员会启动“关爱快递青年服务月”活动，从慰问关爱快递青年和解决快递小哥实际困难的角度出发，组织系列活动。

【邮政业“三新”单位核实认定】3月，鄂尔多斯市邮政管理局开展邮政业“三新”（新产业、新业态、新模式）单位核实认定工作。核实企业124家。

【巡察整改】4月10—18日，中共内蒙古自治区邮政管理局党组第二巡察组对市邮政管理局党组工作开展巡察。针对自治区邮政管理局党组巡察组反馈意见中提出的四个方面12类44项问题，制定48项整改措施，全部整改完成。

【伊金霍洛旗、康巴什区两旗区联合快递物流分拨中心投入运营】4月，鄂尔多斯市伊金霍洛旗、康巴什区两旗区联合快递物流分拨中心投入运营，在全市已建成东胜区、康巴什区、伊金霍洛旗、准格尔旗、鄂托克旗、达拉特旗、鄂托克前旗7处分拨中心。伊金霍洛旗、康巴什区联合快递物流分拨中心位于鄂尔多斯市康巴什北区康北创业园博众物流仓储配送中心，总占地面积1.2万平方米，紧邻包茂高速、荣乌高速、东康西线等主要交通干道，适合大中小型快递物流企业入驻。已有伊金霍洛旗圆通快递、康巴什圆通、康巴什申通、康巴什中通、康巴什韵达、百世快递6家主要品牌快递企业入驻。

【寄递渠道网格化安全监管】4月，鄂尔多斯市邮政管理局、鄂尔多斯市公安局联合下发《关于建立鄂尔多斯市寄递渠道网格化安全监管机制实施方案》，在全市建立寄递渠道网格化安全监管长效机制，弥补市邮政管理局在旗区无机构，监管力量不足的矛盾。

【邮政业生态环境保护】5月15日，鄂尔多斯市邮政管理组织全市寄递企业召开2019年全市邮政业生态环保工作会议，印发《2019年鄂尔多斯市邮政业生态环境保护工作要点》《鄂尔多斯市邮政管理局关于全面加强生态环境保护坚决打好污染防治攻坚战的实施方案（2018—2020年）》，传达全区邮政业生态环保工作电视电话会议精神，对全市邮政快递行业生态环保工进行安排部署。按照安排部署，全市邮政业积极推动快递绿色包装工作，开展“邮来已久、绿动未来”主题宣传活动，顺利完成鄂尔多斯市邮政业生态环保“9571”目标（“9571”工程即国家邮政局提出到2019年底电子运单使用率达到95%、50%以上电商快件不再二次包装，循环中转袋使用率达到70%、在1万个邮政快递营业网点设置包装废弃物回收装置）。

【《人民日报》当日见报率】 6月，通过交邮合作等措施的实施，乌审旗、鄂托克旗实现《人民日报》当日见报。全市7个旗县，除鄂托克前旗外，其余旗县均实现党政机关党报党刊当日见报,《人民日报》当日见报率达85.71%。

【属地过机安检】 结合国庆70周年庆祝活动期间寄递渠道安保工作，市邮政管理局全面梳理全市邮、快件邮路情况与各企业安检机配置情况，通过实地检查、约谈企业负责人、下达责令改正通知书等措施，督促全市14家邮政、快递企业配齐X光机安检设备。全市共有安检机31台，应新增安检机15台，已配安检机14台，尚余1家企业已暂时与有安检机企业达成代检协议，实现全市邮、快件在鄂尔多斯境内的全面过机安检。

【成立邮政业青年工作委员会】 12月，市邮政管理局与市直机关团工委成立鄂尔多斯市邮政业青年工作委员会。

【“快递三进”工程】 市邮政管理局推进智能快递箱建设工作，累计建成智能快递箱176组、1.78万个格口。推进住宅信报箱建设工作，联合市自然资源局、住房和城乡建设局制定印发《关于推广住宅小区智能信报箱建设的实施意见》。推进城区快递“最后一公里”驿站建设，中通、申通两家企业已联合在全市建设城区快递驿站28处。

【“违规实施快递业务经营许可”专项治理】 通过专项治理全覆盖检查，共核实法人企业32家，分支机构290家。依法注销法人企业3家，协助区局依法实地核查注销企业1家；依法办理变更分支机构5家，新增分支机构6家，依法注销分支机构27家。

【快递末端服务违规收费清理整顿】 市邮政管理局将快递末端违规收费行为纳入行业乱象重点整治范围，通过用户投诉、明察暗访、执法检查快递末端网点30个，覆盖全市7个旗县。下达责令改正通知书6份，立案处罚企业4家，处罚金额2万元，办结自治区邮政业申诉中心关于末端网点违规收费申诉2起，印发快递末端服务违规收费清理整顿通告400余份张贴于全市快递分支机构与末端网点。

【快递进村】 2019年，鄂尔多斯市邮政管理局多次组织召开协调会、开展专题调研，持续引导邮政企业承担人民邮政为人民的责任担当，争取地方利好政策，结合推进建制村直接通邮工作，支持企业发挥“资金流、信息流、实物流”三流合一以及营业网点遍布城乡的优势，全面整合达拉特旗境内“县—乡—村”三级邮政快递运输网络，承担各主要品牌快递企业到乡村的快件运输、投递工作，建成1个县级分拨中心、8个苏木镇配送中心、65个农村电商服务中心，4条县、乡、村直通邮路的三级高效物流配送体系。

【安全监管】 结合全国两会、北京国际世园会、安全生产月、国庆70周年庆祝活动等重大活动重要事件节点，联合公安、国安、扫黄打非办组织开展寄递渠道安全生产执法检查工作，通过调阅企业视频监控、查看过机安检台账、安全生产隐患排查治理台账及现场查隐患、随机抽问邮政快递网点从业人员禁寄物品相关知识的方式，重点检查寄递企业落实安全生产主体责任、执行“收寄验视、实名收寄、过机安检”三项制度的情况。2019年，共约谈企业15家次，下达责令改正通知书76份，立案处罚企业16家，共处罚金7.9万元。

（董良骥）

电 信

【中国电信鄂尔多斯分公司领导名录】

党组书记、总 经 理：孙宝宏
副总经理、工会主席：秦文忠
副总经理：解少波
苏 平
刘润林

【概况】 中国电信鄂尔多斯分公司成立于2002年5月，是中国电信集团公司为适应国家电信体制改革，在鄂尔多斯设立的全资国有通信运营企业。2008年，根据工业和信息化部、国家发改委、财政部联合发布的《关于深化电信体制改革的通告》，中国电信全面收购C网，从2008年10月1日起，正式运营CDMA网络资产与业务。2008年9月18日中国电信股份有限公司鄂尔多斯分公司完成工商注册，取得营业执照。2019年6月取得5G商用牌照。2019年，鄂尔多斯电信分公司员工716人，除机关主要职能部门以外，在全市共设有10个分公司、2个营业部。网点遍布全市。

【客户服务】 2019年，鄂尔多斯电信秉承“用户至上 用心服务”的服务理念，践行以人民为中心的发展宗旨，推进以“客户为中心”的经营服务体系建设，打造优良服务文化氛围。

【网络运营】 截至2019年4月，全市互联网出口带宽为480G，开通2173个NB小区，宽带接入互联网用户15.4万户，移动用户规模51万户，四号机楼出租IDC机柜1353个，企业上云客户312个。

联通通信

【中国联合网络通信有限公司鄂尔多斯市分公司领导名录】

党组书记、总经理：李 频
纪 检 组 组 长：张利兵
副 总 经 理：曹建军
刘宏斌
于文彬

【概况】 中国联合网络通信有限公司鄂尔多斯市分公司经营范围包括：无线通信业务、电信增值业务、宽带互联网业务、4G、5G、大数据业务等。中国联通率先步入5G时代，在5G应用领域，具备“云＋网＋X”系列应用、2I2C、视频互动、现场测速等技术。

【创新业务】 全年完成创新业务收入3亿元，拿下百万元项目10个，合计全年中标8000万元。

【维护工作】 通过问题处理、压缩障碍、提升能力三种手段，进一步提升维护指标，完成各类障碍同比下降30%的目标，在2019年区公司的考核中获得维护考核全区第一。

【客服服务】 2019年，NPS口碑测评移网同比提升16.11分，行业排名第二，宽带同比提升13.4分，行业排名第一，申诉指标年度有效申诉压降任务187件，压降完成规定比例；营业厅NPS满意度调查参与率达5.6%，NPS满意度得分为88.3分，装维满意度96.92%，积分兑换率60%。

金融　保险　国有资产投资

银行保险业监督管理

【中国银行保险监督管理委员会鄂尔多斯监管分局领导名录】

党委书记、局长：王志忠：

副　局　长：苗江宽

刘国鑫

纪委书记：马仁同

【概况】 鄂尔多斯银监分局成立于2004年5月22日，因机构改革，2018年12月27日鄂尔多斯银监分局改为中国银行保险监督管理委员会鄂尔多斯监管分局（以下简称鄂尔多斯银保监分局），内设办公室、大型银行监管科（2019年6月）、中小商业银行监管科（2019年6月）、农村银行机构监管科（2019年6月）、城市商业银行监管科（2019年6月）、保险机构监管科（2019年6月）、统计信息与风险监测科（2019年6月）、普惠金融科（2019年6月）、人事科、纪检监察科等10个部门，下设准格尔监管组、达拉特监管组、伊金霍洛监管组、杭锦监管组、乌审监管组、鄂托克监管组、鄂托克前监管组等7个监管组。核定编制74人。鄂尔多斯银保监分局的主要职责是根据银保监会和内蒙古银保监局的授权和统一领导，依法依规独立对辖内银行业和保险业实行统一监督管理，对有关银行业和保险业机构及其业务范围实行准入管理，审查高级管理人员任职资格；对有关银行业、保险业机构实行现场检查和非现场监管，开展风险与合规评估；保护金融消费者合法权益；依法查处违法违规行为；统计有关数据和信息；跟踪、监测、预测辖内银行业、保险业运行情况；完成银保监局交办的其他工作。2019年，全市共有银行业金融机构43家、保险机构40家。

【不良贷款处置】 督导银行业金融机构做实资产质量，进一步压实金融机构风险处置责任，持续加大不良贷款处置力度。截至2019年末，全市银行业不良贷款余额、不良率降分别较年初减少41.28亿元、下降1.33个百分点。

【风险与合规评估】 全年累计实施行政处罚24项，对8家银行机构、11名直接责任人进行行政处罚，罚没金额合计703万元，对4名直接责任人给予禁止从业一定年限的严厉处罚。

【监测和风险提示】 利用EAST系统等大数据技术开展监管指标和相关领域风险分析，进一步加强非现场监测和风险提示。截至2019年底，累计向重点监管机构发出风险提示单30份，监管走访10次，约见谈话88次。

【准入管理】 截至2019年底，共受理并办结行政许可事项98项。按照“成熟一家、改制一家”的原则，完成对杭锦旗联社清产核资和资产评估的现场验收工作，将筹建杭锦农商行初审意见上报内蒙古自治区监管局。

【支持实体经济政策落实】 截至2019年底，全市银行业各项贷款3308.69亿元，比年初增加42.46亿元，全年累计为辖区31个自治区级以上重点项目发放贷款327.24亿元。

（张　尹）

人民银行

【中国人民银行鄂尔多斯市中心支行领导名录】

党委书记、行长：巴图（兼国家外汇管理局鄂尔多斯市中心支局局长）

副 行 长：陈　芳（女）

杨子光（兼国家外汇管理局鄂尔多斯市中心支局副局长）

陈万杰

工会主任：王广田

纪委书记：岳管升

【概况】 中国人民银行鄂尔多斯市中心支行是中国人民银行在鄂尔多斯市的派出机构，承担在鄂尔多斯市辖区履行中国人民银行各项职能的职责。主要职责包括：依法贯彻执行货币政策，防范化解地方金融风险，维护地方金融稳定，向辖区金融机构提供金融服务。中心支行内设办公室、人事科、宣传群工部、纪委监察办公室、内审科、科技科、货币信贷管理科、调查统计科、征信管理科、会计财务科、保卫科、国库科、外汇管理科、金融稳定科、货币金银科、支付结算科、后勤服务中心等17个职能科室，辖区共有7个支行，全系统在职职工总数为308人，其中中心支行机关正式职工165人。截至2019年底，全市共有银行业金融机构44家，资产总额4984.99亿元，同比增长3.84%；2019年，全市银行业金融机构实现利润总额40.00亿元，同比减少21.00亿元，下降34.54%；2019年全市不良贷款余额143.75亿元，比年初减少59.92亿元；不良贷款率4.37%，比年初减少1.86个百分点。

【金融运行】 2019年，全市金融机构人民币各项存款余额4015.76亿元，同比增长6.97%；各项贷款余额3251.07亿元，同比增长0.76%。

【货币政策】 认真贯彻“货币政策＋宏观审慎政策”双支柱调控要求，积极疏通政策传导渠道，为地区经济平稳增长提供有力支撑。有效发挥货币政策工具结构调整作用，引导资金向重点领域和薄弱环节倾斜，3次降准为全市金融机构增加可用资金30.21亿元，辖内鄂托克农商银行成功办理自治区首笔县域地方法人金融机构电票再贴现业务，年内向金融机构累放再贷款、再贴现资金14.14亿元。持续改进民营、小微企业金融服务，组织推动金融机构落实《鄂尔多斯市金融促进民营和小微企业高质量发展实施意见》，截至2019年底，全市民营企业贷款余额1837.34亿元，同比增长4.38%；小微企业贷款799.45亿元，同比增长13.7%。有效运用民营企业债券融资支持工具，伊泰集团和亿利集团成为自治区仅有的“民营企业债券融资支持工具”运用企业，共发行票据15亿元，配套发行5亿元信用风险缓释凭证。加大乡村振兴战略的金融服务，组织召开全市金融支持乡村振兴暨“两权”抵押活体牲畜抵押贷款业务推进会，截至2019年底，全市涉农贷款1405.69亿元，同比增长3.41%；“两权”抵押贷款余额1.61亿元，累计发放1.71亿元；活体牲畜抵押贷款累计发放3719.55万元，余额3349.82万元，盘活活体牲畜数量3.2万头。扎实推进贷款市场报价利率（LPR）形成机制改革，促进降低实体经济融资成本，12月全市一般贷款加权利率6.26%，同比下降0.78个百分点。切实提升金融运行监测分析质量。及时向地方党委政府报告金融运行情况，宣传金融宏观调控政策，提出合理化工作建议。

【金融稳定】 2019年，鄂尔多斯市中心支行认真贯彻中央决策部署和上级行精神，扎实开展打赢“三大攻坚战”各项工作。防范化解重大风险攻坚战方面，加强金融风险监测，强化对重点行业、重点机构的分析预警工作。加强金融风险排查，对26家法人机构开展真实性现场核查，对辖内5家地方法人金融机构开展流动性风险压力测试。加强风险处置工作，5月24日接管包商银行后，鄂尔多斯市中心支行稳妥有序推进包商银行风险处置，向呼中支及市委、市政府汇报化解措施，确保辖区包商银行正常经营。加强流动性管理，在全区率先出台《动用法定存款准备金操作指引》，批准1家包商村镇银行动用法定存款准备金的申请；成功疏通使用同业存单质押发放常备借贷便利的流程，向鄂尔多斯银行发放7亿元常备借贷便利。继续做好存款保险费率核定和保费交纳工作，按时完成26家投保机构交纳保费工作。认真开展央行金融机构评级工作，对于评级结果为8级至10级的高风险金融机构，及时下发风险警示函并确定纠正目标。精准脱贫攻坚战方面，年内累计发放扶贫再贷款1.1亿元。截至2019年底，全市扶贫小额信贷余额8562.85万元，惠及1952户家庭，为脱贫攻坚提供有力支持。污染防治攻坚战方面，坚持绿色发展理念，大力推进绿色金融发展，截至2019年底，全市金融机构绿色贷款余额216.21亿元。

【外汇管理】 2019年，全市跨境外汇收入4.66亿美元、同比下降28.65%，跨境外汇支出4.4亿美元、同比下降17.73%；银行结汇总额3.2亿美元、同比增长15.39%，售汇总额4.62亿美元、同比增长11.21%。深化跨国公司外汇资金集中运营管理改革，及时办理鄂尔多斯资源股份有限公司变更主办企业业务，指导3家跨国公司准确上报备案材料。跨境融资与汇率避险专项行动取得初步成效，全年完成4300万美元跨境贷款登记和结汇。做好鄂尔多斯综合保税区外汇管理与服务，共有12户企业入驻综合保税区，有4户企业办理进出口企业名录登记，实现跨境收支45万美元。

【金融服务】 全年共办理大小额支付业务422万笔、7.7万亿元，办理开销户及变更4.5万户；移动支付便民工程向县域延伸工作有序推进。金融信息化建设水平持续提升，科技保障信息系统安全稳定运行，年内共办理金融机构编码新增、变更业务34笔，对11家新设机构进行现场检查。货币金银管理工作继续加强，全辖投放货币104.66亿元，回笼货币98.24亿元，净投放货币6.43亿元；回收残损币13.61亿元，收缴假币5145张、面额40.37万元。现代化服务型国库建设不断完善，全年累计完成公共预算收入501.04亿元，同比增长15.59%；完成公共预算支出681.52亿元，同比增长9.68%。征信管理与服务纵深推进，全年共办理企业信用报告查询3742笔，同比增长60.39%；个人信用报告查询11.9万笔，同比增长56.01%；继续推进应收账款融资平台推广应用，全年共注册并开通24户，完成融资4笔，金额2.05亿元。金融消费权益保护工作取得实效，全年共受理金融消费者投诉20件，业务咨询13件，均已办理完毕；辖区4家支行将金融知识纳入国民教育体系，7家支行全部完成金融乌兰牧骑授旗工作。不断深化“两管理、两综合”，截至2019年底，共受理金融机构的重大事项报告68项、重要事项备案151项、2家新设保险公司加入金融管理与服务体系，对85家金融机构进行综合评价。反洗钱工作扎实推进，实现反洗钱分类评级全覆盖，完成对辖区8家法人金融机构反洗钱分类评级通报。扫黑除恶专项斗争取得阶段性成果，全年接收、整理金融机构报送的2起重点可疑交易，配合当地公安局协助调查1起扫黑除恶专项斗争案件线索。

（方永旺）

工商银行

【工商银行鄂尔多斯分行领导名录】

党委书记、行长：王晓勇

纪委书记：田永贵
副 行 长：王永平
李文正
赵晓红
行长助理：孙存东
白 杰

【概况】 2019年末，工商银行鄂尔多斯分行全辖机构总数为41个（含二级分行本部）。辖属支行40个（其中城区一级支行4个，旗县一级支行7个、二级支行9个）。全行从业员工1002人，其中男职工468人、女职工534人，平均年龄41.93岁。市分行本部下设对公金融业务部、个人金融业务部、个人信贷业务部、信贷与投资管理部、内控合规部、纪委办公室、办公室、人力资源部、财务会计部、渠道管理部、工会办公室、运行管理部、普惠金融事业部、金融科技部、私人银行服务中心、不良贷款清收处置中心、账务管理类中心、实物管理类中心、大客户服务中心、银行卡业务中心、信贷业务审查审核中心、机构金融业务部、国际业务部。一级支行：东胜支行、东绒支行、鄂西街支行、伊西街支行、达拉特支行、伊金霍洛支行、准煤支行、准格尔支行、杭锦支行、乌审支行、鄂托克支行。二级支行：阿拉腾支行、猛格支行、金珠支行、锦绣苑支行、伊煤路支行、东颐支行、康巴什支行、棋盘井支行、东煤支行。

【经营效益】 2019年，全行实现净利润4.57亿元，较2018年末增加4.19亿元，增长11倍，增幅系统内排名第1位，是系统平均增幅的24.7倍；实现拨备前利润6.88亿元，同业排名第二位，较2018年末上升一个位次，占比较2018年末提升3个百分点，较2018年末增加0.77亿元，增幅12.65%；实现利息净收入8.75亿元，较2018年末增加1.05亿元，增幅13.62%；实现手续费及佣金净收入1.64亿元，较2018年末增加0.32亿元，增幅24.23%，效益增长更均衡、更可持续。

【资产质量】 2019年，全行清收处置不良贷款8.78亿元，完成区分行年度计划的105.15%，其中：常规清收处置2.73亿元，完成区分行年度计划的130.62%。具体为：现金清收1.2亿元；转化1.33亿元；以物抵债0.2亿元；核销4.94亿元；批量转让0.44亿元；个贷证券化0.67亿元。全行不良贷款余额6.28亿元，较2018年末减少7.76亿元，不良率1.85%，较2018年末下降2.29个百分点。不良额和不良率连续3年“双降”，不良率自2013年以来首次降至2%以内，实现资产质量的根本好转。

【中间业务】 2019年，全行实现中间业务收入1.78亿元，超预算收入1192万元，完成区分行年度预算目标的107.18%；同业占比较2018年末提升2.5个百分点；较2018年同期可比口径收入增加3093万元，增幅21.07%，连续3年实现正增长，且总量、增量和增幅均创2012年以来最好水平；其中零售实现中间业务收入3504万元，增幅18%，一举扭转连续两年负增长的不利局面，进一步优化中间业务增长结构。

【存款业务】 年末，各项存款时点余额416.48亿元，市场占比较2018年末提升0.87个百分点，增量50.34亿元，增幅13.75%，增量同业排名第二位，较2018年末上升一个位次，占比较2018年末提升12.58个百分点，连续两年增长50亿元以上，近三年累计增加124.52亿元，增幅43%。其中，储蓄存款余额250.66亿元，市场占比较2018年末提升0.12个百分点，增量30.77亿元，增幅14%，增量同业占比2018年末提升10.38个百分点。公司存款余额72.35亿元，市场占比较2018年末提升0.08个百分点，增量1.41亿元，增幅1.99%，增量同业排名第二位，较2018年末上升一个位次，占比较2018年末提升1.2个百分点。机构存款余额89.32亿元，同业排名第二位，较2018年末上升一个位次，占比较2018年末提升4.24个百分点，增量23.09亿元，增幅

34.86%，增量同业排名第一位，较2018年末上升一个位次，占比较2018年末提升25.21个百分点。各项存款日均余额400.68亿元，增量50.08亿元，增幅14.29%，增量市场占比提升1.98个百分点。其中，储蓄存款日均增量29.03亿元，同业占比2018年末提升6.76个百分点。

【贷款业务】 年末，各项贷款（含信用卡）余额339.74亿元，同业排名第二位，较2018年末上升一个位次，占比较2018年末提升2.27个百分点，增量1.22亿元，是四大行唯一正增长的银行；累计投放贷款186.88亿元，较2018年末多投50.37亿元。其中，新增贷款54.85亿元。

【"第一个人金融银行"】

完善顶层设计，发挥"零售金融推进委员会"作用 2019年，工行鄂尔多斯分行在零售业务"强基础、建机制、抓落实"方面开展一系列探索和实践，取得较好进展。制定下发《2019年度零售业务工作要点和指引》，作为零售业务纲领性文件精准传导上级行战略导向，指导零售核心业务长效发展。完善考核激励办法，从储蓄存款、代发工资、个人客户经理等方面进一步优化考核激励措施，提升核心业务的指导机制。特别是将储蓄存款挂钩支行综合经营绩效总工资包和支行班子绩效工资，进一步牢固树立"抓天天、天天抓"的理念。注重强化公私联动工作机制，研究制定代发工资相关制度规范，从制度上明确代发工资各岗位职责，加强流失问责力度。代发工资单位净增单位数69户。加强零售队伍建设。明确各支行专职零售业务分管行长，11家一级支行成立个人营销部，配齐14名专职远维客户经理，实现5万元以上客户维护全覆盖。截至12月末，剔除小企业和经营性贷款，零售营业贡献实现3.7亿元，占全行营业贡献的41.7%，支柱性地位进一步凸显。

强化市场拓展，打响ETC业务市场攻坚战 抓住合作源头，争取合作先机，及时与各级交通部门、ETC发行机构的对接。推进与加油站、保险公司、汽车经销商等汽车服务类机构的合作，锁定目标客群，扩大营销成效。完成与当地车管所、检车站对接，在大厅开展ETC业务驻点营销推广，现场为办理车辆落户、年检、缴纳罚款等客户办理ETC业务。组织外拓团队到居民社区、街道以及商场、酒店、机场、车站停车场等车辆密集区域开展地推式营销，充分借助可用场景，提升营销效果。截至12月末，ETC本年累计发行量14万户，完成区分行任务的117%。

聚焦市场占比，实现个人贷款业务恢复性发展 针对地区个人贷款业务的新形势、新变化，确立全年以投放额同业占比作为衡量个人贷款竞争力的考核导向，坚持不唯任务，只唯市场。在组织推动上充分落实问责机制、过程管理的原则，采取按旬通报、按月督导。全力扩大一手房市场份额，紧抓"重点区域、重点客户、重点楼盘"。着力提升二手房市场竞争力，积极做好二手房贷款合作机构准入工作，打造住房贷款新增长点。2019年累计投放个人贷款4.99亿元，个人住房贷款投放1.27亿元，较2018年末多投0.45亿元，增幅55%，其中个人一手住房贷款市场占比26.5%。

挖潜零售业务增长点，促进转型升级 创新贵金属销售形式，加大贵金属实物产品销售力度，全年贵金属中间业务收入达到464万元，较2018年末增加150万元，系统内排名第一位；全力打造手机银行品牌，手机银行客户增加6.55万户，同比增长71%；推动重点借记卡发卡业务，宝贝卡发卡量达到1.09万张，系统排名第二位；持续发挥保险业务对中收的拉动作用，个人车险业务累计销售1675单，173.6万元，连续10次保持月销量第一；以e分期为主抓手扩大分期规模，分期付款交易额4.4亿元，完成区分行任务的123.7 %，增长1.53亿元，增幅52.3%；毫不松懈紧抓信用卡不良贷款清收工作，定期对逾期客户资产进行清查，加强对合作催收机构的管理，提高信用卡不良处置效率，银行卡不良贷款余额2440.54万元，不良率2.56%，较全区低0.12个百分点；着力做大做优私人银行业务，私人银行达标客户数253户，较2018年末增加24户，管理资产50亿元，较2018年末增加9.8亿元，增幅24%，完成区分行全年任务的117%，增量实现系统内第一位。

【对公板块】

优化信贷布局，推动拓户增容　按照“1+3”信贷布局指导意见，加强整体统筹规划。抓住总行对煤电行业政策调整优化的机遇，做好能源领域信贷市场拓展，取得突破。在煤炭行业方面，重新梳理地区在建重大煤炭项目并多方了解煤炭行业并购信息，为重点煤炭企业新增贷款8笔、金额32.61亿元。在煤电行业方面，按照总行新修订的行业信贷政策，尽快重启存量电源点项目的审批工作，年内共实现3个电源点项目的审批和投放。积极拓展幸福产业贷款，支持伊金霍洛旗基础教育项目，实现0.29亿元的贷款投放。大力拓展先进制造业领域贷款。对全市制造业领域的优质项目进行营销走访，3户企业纳入优质制造业客户名单。2019年累计投放公司贷款119.27亿元，公司贷款余额297.97亿元，同业排名第二位，较2018年末提升一个位次，占比提升2.82个百分点，增量6.89亿元，同业排名第一位。

支持民营企业发展，提升服务实体经济质效　认真贯彻落实国家及总、分行关于金融支持民营企业的系列部署，努力提升金融服务实体经济、特别是对民营企业的服务能力。加大贷款支持力度，以金融活水实现对民营企业的精准浇灌。全年为民营企业投放贷款100.31亿元，占全年公司贷款投放量的87.48%，其中为民营企业新增投放贷款43.77亿元，占全部新增贷款的80%。全年新拓展民营企业客户2户，民营企业总客户数达到34户，占全部大中型公司有贷户的比重为61%。

全力把握时机，推动机构业务快速发展　紧紧抓住国家重点领域机构改革的有利时机，深入落实总、分行国家重点领域改革单位营销工作会议精神，积极对接当地政府开展精准营销。紧紧抓住消防、边防隶属关系变更的有利时机，持续跟进，了解客户转制的归属部门和时间表，对接相关政府部门，并根据客户需求提供金融服务方案，进一步提升消防、边防账户在工行鄂尔多斯分行的市场份额。将职业年金基金托管账户作为一项重点工作来抓，在成功营销市本级、康巴什区、乌审旗、杭锦旗、准格尔旗的职业年金基金账户开立的基础上，挖转东胜区和伊金霍洛旗在他行开立的职业年金基金托管账户。截至2019年末，全市各级社保局在工行鄂尔多斯分行开立并备案的职业年金托管账户共计7户，账户开立数在全区系统排名第一位，归集资金5亿元。

线上线下双轮驱动，推动普惠金融显现成效　高度重视普惠金融业务发展，两次通过党委会研究普惠金融业务发展策略，进一步明确目标、压实责任。扎实推进重点产品营销，审批通过1户供应链，与担保公司建立合作机制，并签订合作协议。截至12月末，工行鄂尔多斯分行人行降准口径贷款余额26724万元，还原不良贷款处置后较年初增加4108万元，任务完成率102.7%。银监普惠口径贷款余额26928万元，还原不良处置后较年初增加4592万元，任务完成率114.8%。

【信贷资产质量管理】

不良贷款清收　逐户跟踪落实法人不良贷款处置进度，加强与上级行衔接沟通，提前落实分期还款和已重组客户还款资金来源。逐户制定个人不良贷款清收处置方案，落实清收责任人，强化日常管理和清收处置，加强与法院沟通、协调，加大问责力度，督促加快个贷不良清收。抓好专职队伍、考核激励等工作，夯实管理基础，强化工作措施，加快抵债资产处置进度，盯紧账销案存资产处置线索，加大个人证券化资产处置

力度，做细做实资产管理、客户约谈、尽职调查、常规催收等工作。2019年个贷证券化资产现金收回2.12亿元；以物抵债资产清收121.78万元；账销案存资产清收219.35万元，完成区分行账销案存处置计划。

信贷管理　制定资产质量管控目标和移位计划，完善对潜在风险融资风险管控，全年累计组织召开12次沟通调度会对存量潜在风险客户风险化解方案进行分析，对确认的化解方案按月跟踪，并按照推进进度动态优化调整化解策略。细化全流程履职监督职责，明确各机构、各部门、各环节的具体职责及履职工作要点，确保全流程落地执行。制定《鄂尔多斯分行法人大户风险管控实施细则》，全年共对47户客户逐户制定风险控制措施和管控策略。年末，全行逾期贷款剪刀差170户、–0.09亿元；潜在风险客户8户（无深潜客户）融资余额22.74亿元，较2018年末下降1.65亿元。

信贷队伍建设　制定2019年从严治贷“四严”主题活动实施方案，组织信贷条线全员参加从严治贷“四严”主题活动网络培训，加强对培训学习、提升信贷文化、重点领域治理和关键环节履职四个方面的全面监测与分析，强化信贷履职责任约束，提高持证率，积极申请信贷经营资质，进一步提升信贷经营和管理能力。年末，信贷人员持证率达到96.9%，较年初提升3.3个百分点，一般法人客户经营资质的支行有8家，较年初增加1家；小微客户经营资质的支行有11家，较年初增加2家；个人客户经营资质的支行有17家，较年初增加1家。

内控案防管理　开展“压实责任年”活动，着力压实案防主体、监督、整改“三大责任”，讲授内控合规课，强化案防分析会制度落实，坚持“从人到事”和“以事找人”相结合的排查机制，夯实案防工作基础，保障全行安全稳健运行和可持续健康发展。持续推进反洗钱问题整改，强化反洗钱工作履职。对整改进度较慢的专业发送督办单，整改率100%。坚持将对风险事件的治理放到网点运行管理工作中最重要的一个环节来抓，以制度为依托，开展针对性管理。可控风险事件数量51笔，较2018年末减少47笔，降幅47.96%，可控风险暴露水平万分之0.89，降幅17.26%。加强员工行为管控，提升员工合规意识，全年共开展日常排查4次、专项排查1次，关键岗位员工异常资金往来检测项目1次，共计排查4500余人次。强化执纪问责，坚持事实清楚、定性准确、处理恰当、手续完备、程序合法的原则，开展惩戒审理工作。2019年共受理各类违规违纪事件83件，审结83件，共对83人给予行政处分，进一步发挥警示震慑作用。

【基础运营】

成本管理　进一步强化预算管理和控制，严格执行财务审批流程，树立盈利贡献和价值创造的导向，科学制定费用分配方案。全年经营性费用支出1.16亿元，同比减少530万元，成本收入比28.28%，同比下降3.11个百分点，优于全区平均水平16.53个百分点。

渠道建设　牢固树立“以客户为中心”的理念，全力建设“人民满意银行”。持续加快网点优化，靓化服务环境，全年完成6家网点的装修改造，累计完成新装修12个网点，占40个网点的30%。坚持加强服务管理，细化产品服务、资源配置、考核评价等方面管理措施，工单总量持续下降，表扬工单大幅增加。

农业银行

【中国农业银行股份有限公司鄂尔多斯分行领导名录】

党委书记　行长：李旭东

副　行　长：王广峰（9月离任）

　　　　　　赵国伟（挂职）

李逸轩（1月任职）

曲志勇

白永峰

纪委书记：王　刚

【概况】 中国农业银行鄂尔多斯分行共有64个机构，包括：二级分行机关1个，支行级机构14个，经营网点49个，其中营业室14个，二级支行34个，分理处1个，全行在编员工总人数916人。2019年，各项存款余额495.84亿元，较年初新增63.95亿元；各项贷款余额249.34亿元，增量在四大行排名第二；实现中间业务收入1.65亿元。

【存款业务】 2019年末，各项存款时点和日均余额分别较年初增加63.95亿元和66.94亿元，余额市场份额分别达到28.81%和26.97%，时点和日均增量市场份额达到38.58%和33.3%，分别居四行第一、第二位，增量系统贡献度分别为23.71%和24.81%，稳居系统内第一。

【资产项目】 全力推进亿元以上重点项目营销，2018年至2019年底，累计新投放贷款80亿元，新营销项目51个，金额507亿元，其中已审批24个，金额211.3亿元。汇能、伊泰、鄂绒、中煤、中天合创等重点客户授信总额较2017年末增加95亿元。

【产品营销】 对公结算账户较年初新增4014户，增量市场份额位列同业第一。信用卡客户增量和新发卡增量市场份额均列同业第一位，分期交易额和余额系统内绝对领先。新注册个人网银、掌银客户数和个人网银、掌银交易额均稳居同业第一。

【乡村振兴】 通过与市政府签署全面战略合作协议和建立政府风险补偿模式，累计投放乡村振兴贷额和产业联合体贷款3.67亿元，农户贷款余额达到11.94亿元，较年初增加8亿元。

【不良处置】 不良贷款余额较年初下降20.43亿元，不良贷款率3.18%，实现近五年最低水平。两年累计处置不良贷款65亿元，不良余额由四行排名首位降至第二，累计实现减值回拨并增加拨备后利润超过22亿元。

【转型发展】 2019年，通过推进网点、零售、对公、数字化“四转合一”，打造5家样板网点，推动16家网点转型，建立317人的网点营销团队，下沉20余种产品营销职能。

【内控建设】 牢固树立全面风险管理理念，强化“合规促进经营、合规创造价值”的意识，处理好合规与效率的关系。加强对客户的甄别和风险的识别，更加关注风险新形势的变化，始终把风险防控摆在重要位置，全力防控各类风险，切实维护国家金融安全和农行资产安全。认真研究并着力解决“三线一网格”、操作风险、案件风险防控等双基管理问题，增强合规经营的主动性。进一步完善规章制度体系，健全依法决策机制和严密的监督体系，从严、从细抓好员工行为管理，规范员工行为，把合规和规范管理落实到经营管理各个方面，确保各级行干部员工依法合规经营，确保全行风险防控基础不断夯实。

【荣誉奖励】 2019年，中国农业银行鄂尔多斯分行被农行内蒙古自治区分行评为2019年“春天行动”对公业务综合营销优胜分行一等奖、2019年“春天行动”综合营销突出贡献分行一等奖、2019年“春天行动”优秀组织奖、2019年“春天行动”零售业务营销示范分行二等奖、2019年“春天行动”个人存款业务进取奖一等奖、2019年“春天行动”对公存款进取奖、先进基层党组织；被鄂尔多斯银行业协会授予2019年度鄂尔多斯银行业协会信息宣传工作先进集体；被鄂尔多斯市人民政府金融工作办公室授予2019年度乡村振兴贡献奖和2019年度优化地区金融环境奖。

【全区首笔家族信托业务】 2月11日，全区首笔家族信托业务落地鄂尔多斯分行，成功签单1000万元。

【全区首笔“流量e贷”】 9月24日，全区首笔“流量e贷”在鄂尔多斯分行杭锦旗支行营业室实现落地，贷款金额 9.63 万元。

（范永海 杨 倩）

农业发展银行

【中国农业发展银行鄂尔多斯市分行领导名录】

党 委 书 记 、 行 长：李文君

党委副书记、副行长：牛 泽

纪 委 书 记 、副 行 长：黄智慧（蒙古族）

副 行 长：狄彦龙（5 月离职）

【概况】 经中国人民银行批准，中国农业发展银行鄂尔多斯市分行（2001 年 9 月前称中国农业发展银行伊克昭盟分行）于 1996 年 12 月 20 日组建成立，是中国农业发展银行总行下设的二级分行。中国农业发展银行由财政部出资设立，直属国务院领导，具有独立法人地位的国有政策性银行。在机构设置上实行总行、一级分行、二级分行、支行制，在管理上实行总行一级法人制，系统内实行垂直领导的管理体制。各分支机构在总行授权范围内依法依规开展业务经营活动，在业务上接受中国人民银行和中国银行保险监督管理委员会的指导和监督。2017 年 1 月，经中国银行业监管管理委员会批准组织形式由全民所有制企业变更为有限责任公司。主要任务：按照国家的法律、法规和方针、政策，以国家信用为基础，筹集农业政策性信贷资金，承担国家规定的农业政策性和经批准开办的涉农业商业性金融业务，代理财政性支农资金拨付，为农业和农村经济发展服务。支持领域主要包括：支持粮棉油等重要农产品收购、储备、调控和调销，配合国家重要战略物资储备、调控，保障和维护国家粮食安全的领域；支持现代农业发展、农业综合开发、农业农村基础设施和水利建设，促进农业转型升级和可持续发展，推进农村产业融合，改善农业农村公共服务的领域；推动城乡发展一体化，改善农民生产生活水平，促进“三农”发展的领域；支持易地扶贫搬迁、贫困地区基础设施建设、特色产业发展及专项扶贫，增强贫困地区内生动力和发展活力的领域；符合国家发展战略和政策导向的其他领域。中国农业发展银行鄂尔多斯市分行（原伊克昭盟分行）建行之初共有员工 133 人，机关内设计划信贷科、人事科、财会科、稽核监察科和办公室等 5 个职能科室；下辖东胜市支行、达拉特旗支行、准格尔旗支行、乌审旗支行、杭锦旗支行、鄂托克旗支行和伊金霍洛旗信贷组、鄂托克前旗信贷组等 6 个分支机构和 2 个信贷组。1998 年 5 月随着业务的调整，撤销伊金霍洛旗和鄂托克前旗两个信贷组，撤销信贷组后，伊金霍洛旗业务由东胜区支行承办，鄂托克前旗业务由鄂托克旗承办。2001 年撤盟设市时，中国农业发展银行伊克昭盟分行更名为中国农业发展银行鄂尔多斯市分行。截至 2019 年底，在岗正式员工 149 人，市分行机关内设 10 个部室，分别为办公室（党委办公室）、资金计划部、政策性业务部、创新与投资业务部、信贷与风险管理部、法律与内控合规部、财务会计部、信息科技部、人力资源部（党委组织部）、监察部。下辖东胜区支行、达拉特旗支行、准格尔旗支行、乌审旗支行、杭锦旗支行、鄂托克旗支行 6 个支行，其中伊金霍洛旗、鄂托克前旗无该行机构，分别由东胜区支行、鄂托克旗支行代理。全年累计发放各类贷款 38.06 亿元，年末贷款余额 112.04 亿元，增量全区第一；各项存款余额 25.94 亿元、日均余额 31.02 亿元，存款余额、日均余额全区增量第一；累计收回到期中长期贷款 8 亿元，单笔现金清收宏兴公司不良贷款本息 3.3 亿元；全年拨备后盈利 1.31 亿元，同比增盈 2.70 亿元。

【业务发展】 2019 年，全行贷款投放呈现“三个创新”（贷款运作模式创新，客户服务模式创新，贷款产品模式创新）。东胜区、达拉特旗、鄂托克旗 3 个支行进入全区经营管理 20 强支行行列。年末贷款余额 112.04 亿元，增量全区第一。

服务国家粮食安全　2019粮食年度支持收购企业7户，发放贷款7303万元。

服务脱贫攻坚　大力支持产业扶贫、旅游扶贫、项目扶贫等项目，累计投放扶贫类信贷资金14.7亿元，占累放41.33%，扶贫贷款在全区位居第一。

服务乡村振兴　投放乡村振兴中长期贷款17.27亿元，占全行累计投放的48.55%。

服务小微企业　审批民营小微企业2户，实现投放0.3亿元，超额完成区分行下达的任务。

【经营管理】 2019年，市分行荣获全区“重点项目储备工程”竞赛履职成果奖、扶贫贷款投放“完成任务奖”“权重贡献奖”“超额增量奖”及“中长期信贷业务发展”和“存款组织”先进单位荣誉称号；东胜区支行、刘晓芳分别荣获“存款优化工程”竞赛创新模式奖、个人贡献奖；达拉特旗支行、麻欣然分别荣获自治区分行新核心业务系统上线工作先进单位和个人；准格尔旗支行被评为自治区级文明单位；全行在总行、国家级媒体、自治区、旗区级发表稿件119篇，较好地讲述农发行故事。

【主题教育】 2019年，全行累计调研31次，形成调研报告17篇，召开调研成果交流会7次。共查摆问题78个，征求意见建议80条。

【智慧党建】 着力打造“鄂尔多斯智慧党建”品牌影响力、核心竞争力，不断完善“智慧党建”功能，发挥“智慧党建之家”阵地作用。实现党支部、党员注册“全覆盖”，各模块功能应用“全覆盖”；坚持“资源共享、优势互补、相互促进、共同提高”的党建共建思路，有效整合中国农业发展银行鄂尔多斯市分行与政府、同业、农业农村建设各方力量，共同画好为民服务、推动发展的“同心圆”；强化基层党支部整体建设，学习教育常态化、支部建设制度化、组织生活严格化、党务队伍专业化、党建业务一体化。推进基层行党支部组织生活、党员教育、活动阵地、党务队伍、工作载体、运行机制、基础保障等标准化规范化建设。

【内控合规】 内控综合平台顺利上线运行，提高合规管理电子化水平；优化办公秩序，扎实开展“作风转变年”、深化市场乱象整治、内控综合治理、反洗钱、法律审查、风险排查、扫黑除恶专项斗争等专项工作；加大合规管理检查考核力度，夯实基础工作；诉讼案件推进有力，通过诉讼方式全额清收宏兴不良贷款本息3.28亿元；继续压实案防责任，实现全年无案件、无事故。

农村商业银行

【鄂尔多斯农村商业银行股份有限公司领导名录】

党委书记：高屹东（1月任职）
党委副书记、行长：刘生荣（1月任职、4月离任）
　　　　　　　　　张　伟（5月任职）
监　事　长：宋建农（1月任职、6月离任）
纪委书记、监事长：裴　晶（7月任职）
党委副书记：李海渊（5月任职）
副　行　长：王玉梅（女，1月任职）
　　　　　　闫智晶（7月任职）
　　　　　　高志广（7月任职）
副行长、董事会秘书：王瑞峰（7月任职）

【概况】 1953年，根据中国人民银行《关于一九五三年农村金融工作的决定》文件精神，在东胜县一区板洞梁乡成立伊克召盟第一家信用合作社，鄂尔多斯农村商业银行股份有限公司（以下简称鄂尔多斯农商银行）的前身。2007年7月，经中国银行业监督管理委员会批准，在原东胜区农村信用联社和12家法人信用社的基础上，率先完成股份制改造，成为中国西部地区、五个少数民族自治区首家改制成功的农村商业银行。2010年5月19日，经中国银行业监督管理委员会批准更名为“鄂尔多斯农村商业银行股份有限公司”。鄂尔多斯农商银行积极服务地方经济发展，为广大客户提供存款、贷款、支付结算、代理代发业务、承销政府债券等金融服务。经过多年的发展，已经建立健全比较完善的公司治理机制，总行根据职能不同分为前中后台23个部门，2019年有65家营业网点、3家控股子公司。服务网点覆盖鄂尔多斯市东胜区、康巴什区、伊金霍洛旗、达拉特旗、准格尔旗、鄂托克旗6个旗区及乌海市，相对控股阿尔山农商银行，在河南固始县、山东乳山市发起设立2家天骄村镇银行，截至2019年12月末，有在职员工848人，平均年龄32.8岁，本科及以上学历占比98%。

【战略合作】 2019年3月15日，鄂尔多斯农商银行与鄂尔多斯市文化旅游发展集团等7家企事业单位建立战略合作关系。7月18日，鄂尔多斯农商银行与鄂尔多斯市高新技术产业开发区管理委员会签订金融服务战略合作协议。

【存款】 截至2019年末，全行资产总额361.25亿元，负债总额318.89亿元，实现各项收入6.26亿元。各项存款日均余额248.98亿元，同比增加10.57亿元；子公司乳山天骄村镇银行日均存款10.59亿元，同比增加1.46亿元，固始天骄村镇银行日均存款23.65亿元，同比增加3.37亿元。

【贷款】 截至2019年末，全行各项贷款余额211.12亿元，增加4.03亿元，存贷款规模在全区93家农信机构中均居第二位，在全市43家金融机构中分别排第五和第六位。子公司乳山天骄村镇银行各项贷款6.04亿元，增加0.15亿元，实现各项收入4681万元；固始天骄村镇银行各项贷款15.58亿元，增加1.46亿元，实现各项收入1.56亿元。

【中间业务】 截至2019年末，全行中间业务收入772.56万元。全行已在65个营业网点安装自动柜员机121台，其中自助取款机57台、自助存取款一体机64台。自2008年发行金牛卡以来，全行累计发放银行卡97.42万张，其中2019年1—12月累计办理银行卡7.11万张。

（翟建宇）

科技 教育 体育

科学技术

【鄂尔多斯市科学技术局领导名录】

党组书记、局长：张占霖

副　　局　　长：康俊莲

纪检监察组组长：王玉成

【概况】 鄂尔多斯市科学技术局内设办公室、政策法规与监督科、战略规划科、资源配置与管理科、高新技术科、农村与社会发展科、科技合作科、成果转化与管理科8个科室，下属科技信息研究所、科技成果管理所、技术市场管理办公室、生产力促进中心4个事业单位。行政编制21名。主要职责：贯彻落实创新驱动发展战略，拟订科技发展、引进国外智力规划和政策并组织实施；统筹推进全市创新体系建设和科技体制改革，会同有关部门健全技术创新激励机制，优化科研体系建设，推动科研机构和企业科技创新能力建设。承担推进国防科技动员相关工作。拟订科学普及和科学传播规划、政策；编制市重大科技项目规划并监督实施，统筹关键共性技术研发和创新，牵头组织重大技术攻关和成果应用示范。推动科研条件保障、科技平台建设和科技资源开放共享工作；牵头建立统一的市级科技管理平台和科研项目资金协调、评估、监管机制。会同有关部门提出优化配置科技资源的政策建议，推动多元化科技投入体系建设。协调管理市级财政科技计划（专项、基金等）并监督实施；拟订全市基础研究规划、政策并组织实施，组织协调重大基础研究和应用基础研究；组织拟订高新技术发展、科技促进农牧业农村牧区和社会发展的规划及政策措施。组织开展重点领域技术发展需求分析，提出重大任务并监督实施；牵头负责技术转移体系建设，拟订科技成果管理、转移转化和促进产学研结合的相关政策措施并监督实施。指导科技服务业、技术市场和科技中介组织发展；统筹区域科技创新体系建设，指导区域创新发展、科技资源合理布局和协同创新能力建设；负责科技监督评价体系建设和相关科技评估管理，指导科技评价机制改革，统筹科研诚信建设。组织实施创新调查和科技报告制度，指导全市科技保密工作；拟订科技对外交往与创新能力开放合作的规划、政策和措施，组织开展国际国内科技合作与科技人才交流工作。指导旗区和有关部门对外科技合作与科技人才交流工作；负责引进国外智力工作。拟订市引进外国专家总体规划、计划并组织实施，推动建立外国专家、团队吸引集聚机制和重点外国专家联系服务机制。拟订出国（境）培训规划、政策和年度计划并监督实施；组织拟订全市科技人才队伍建设规划和政策并监督实施，建立健全科技人才评价和激励机制，组织实施科技人才计划，推动科技创新人才队伍建设；负责自治区科学技术奖的组织推荐工作；完成市委、市人民政府交办的其他任务。2019年，全市共下派科技特派员294人，实施科技开发项目18项，项目总投资达到2218万元；形成利益共同体86个，新创办企业数23家，成立专业合作社36个；推广新技术128项，引进新品种122个；培训农牧民38799人次，服务农牧民42927户，增收农牧民33769户。探索科技特派员产品销售试点，征集科技特派员产品6大类121项，实现线上销售。全年奖励优秀科技特派员10名，在鄂尔多斯电视台播出4期优秀科技特派员专访。

【科技创新】

加大科技投入 2019年，市本级财政安排科技事业发展项目经费1.02亿元，较2018年增长67%。认真落实各类政策奖补资金5000万元，在全市“五位一体”考核中对旗区设置落实奖补资金的考核指标。2018年（税务汇算清缴在每年5月31日），鄂尔多斯市84家企业向税务部门申请研发费用加计扣除，引导和激励科技型企业加大研发投入力度。

推动创新创业 出台《鄂尔多斯市发展众创空间工作指引》《关于加快众创空间发展的实施细则》，新认定市级众创空间7家，建立全市众创空间线上管理系统。举办首届全市科技创新创业大赛，有68家团队和企业参赛，为7家参赛企业争取金融授信1500万元。在第八届中国创新创业大赛中，鄂尔多斯市参赛企业荣获国家行业总决赛一等奖1项，内蒙古赛区总决赛一等奖1项、二等奖2项、三等奖2项、优秀奖2项，市科技局荣获优秀组织奖。

科普宣传活动 组织和参加全市科技活动周、“三下乡”、全国科普日活动，首次举办自治区科普讲解大赛鄂尔多斯选拔赛，在自治区科普讲解大赛中获得个人三等奖和优秀组织奖。2019年，鄂尔多斯市两家企事业单位获批自治区科普示范基地。

【载体建设】

推进研发机构提质增效 新增自治区企业研究开发中心7家。深入推进与中国科学院深圳先进技术研究院的合作，研究组建中科鄂尔多斯先进技术研究院，草拟建设方案。对接河北省新奥集团，争取“煤基低碳能源国家重点实验室”整建制搬迁至鄂尔多斯市，实现鄂尔多斯市煤炭领域国家级研发机构“零的突破”。

培育科技型企业 2019年获批国家高新技术企业40家，全市高新技术企业达到104家。40家企业入库科技型中小企业。

推进园区基地建设 协助推动呼（和浩特）包（头）鄂（尔多斯）国家自主创新示范区建设，内蒙古鄂尔多斯国家农业科技园区通过科技部验收。推荐天骄众创基地和鄂尔多斯科教文化创意产业园申报国家科技企业孵化器，其中天骄众创基地进入国家级科技企业孵化器公示名单，待批复。

【技术攻关和成果转化】

科技计划项目 截至年底，争取自治区科技计划项目和奖补项目130项，获批项目资金14757.5万元。立项市级科技计划项目71项，安排资金4300万元。其中，围绕鄂尔多斯市重点产业和新兴产业，第一次设立科技重大专项12项，投入资金2000万元。各级科技计划项目在项目质量、数量及资金额度上均取得历史性的突破。

成果转化和推广示范 2019年获得自治区科技成果转化专项支持5968万元。其中，争取自治区科技成果转化资金3000万元，立项9项；获批自治区科技成果转化专项12项，资金2968万元。设立市级成果转化项目7项，安排资金400万元。遴选具有技术成熟、效益显著、形成规模的35项先进适用技术成果项目，在全市各旗区及有关研究院所、企业进行推广应用。配合市政府、科技厅承办第七届库布其国际沙漠论坛。

引进运用先进技术成果 对接中国科学院深圳先进技术研究院，就氢燃料电池研发、生产及重卡汽车项目产业化运营与鄂尔多斯市伊金霍洛

旗达成合作意向。2019年，全市技术合同登记25项，合同成交金额15365万元，其中技术交易额10904万元，申报自治区技术交易后补助项目38项，补助资金592.5万元，较2018年增加144.3万元。

【驱动引领】

服务企业科技创新　协调自治区科技厅为鄂尔多斯市企业的100多项科研项目提供研发费用加计扣除鉴定服务。编制《高新技术企业认定实务手册》，举办全市高新技术企业申报认定暨科技惠企政策解读培训会，为企业免费提供高新技术企业申报辅导服务。召开企业融资对接会，探索开展科技成果质押融资试点建设工作。与内蒙古伊泰煤炭股份有限公司共同举办“专利价值评估及专利成果转化”专题培训班。

服务科技创新人才　组织全市科技人员参加内蒙古“草原英才”高层次人才合作交流会包头市主会场、鄂尔多斯市分会场活动。与市委宣传部、外事办共同举办“感知鄂尔多斯”中外友人共度中国节——“浪漫七夕情定草原”文化交流活动。

服务脱贫攻坚　实施农牧业乡村振兴专项12项，投入资金355万元，在全市推广“12396”手机App服务平台，将农牧民用户和市级科技特派员通过手机App有效连接，真正解决农牧业技术服务“最后一公里”问题。印发《“12396”新版服务平台使用手册》1万册，“12396”手机App平台会员达到5192人。编制《蔬菜栽培管理技术》《农牧区家禽养殖实用技术》手册，印发4000余册。

推进包联帮扶工作　强化宣传教育，深入农牧户家中进行专题宣讲。组织养殖大户、合作社负责人、“三委”班子成员等赴先进地区考察调研。着力培育新型经营主体，完善基础服务设施。年内改造架设动力线路5.6公里，铺设村社红泥路45公里、油路1公里，建成1处“三农三牧”人才培育基地，培育出23个新型经营主体，培育出养殖大户42户。建成集细毛羊双羔繁育、肉牛本交冷配、牲畜防疫、种子化肥以及农畜产品代理销售等功能于一体的综合服务中心，标准工棚6栋、标准智能温室大棚1栋。完成8000多亩的草牧场整合及乡村旅游整体规划。实施玉米无膜浅埋式水肥一体化试点示范项目，建立欧李种植示范基地。开展合作与蒙元北斗畜牧科技公司共同实施“数字牧场、智慧草原”项目。

社会科学联合会

【鄂尔多斯市社会科学联合会领导名录】

党组书记、主席：李洪波

副主席：胡文华

【概况】　鄂尔多斯市社会科学联合会属学术性群众团体，是对核准登记的社会科学各学会、协会、研究会负责协调管理的业务主管部门，是市委、市政府联系社科界的桥梁和纽带。市社科联成立于1984年11月，正处级建制，2019年12月30日重新明确市社会科学联合会机关事业编制10名。内设学会部、办公室，参照国家公务员制度管理。下设事业单位鄂尔多斯社会科学研究中心，核定事业编制2名。有所属学会、协会、研究会22个，共有会员6000多人。

【调查研究及评奖】　全年举办各类讲座30余场。在《鄂尔多斯日报》等媒体发表理论文章20余篇。组织党的十九届四中全会精神理论征文活动，评选出一等奖、二等奖、三等奖、优秀奖共34名。编印《鄂尔多斯市学习贯彻党的十九届四中全会精神理论阐释作品集》。举办全市贯彻落实党的十九届四中全会精神座谈会。聚焦全市经济社会发展重点难点问题，采取学术交流和文章征集的方式，组织社科工作者开展学术研究。承办2019年“国际幸福日”“幸福·中国”主题研讨会。与鄂尔多斯学研究会共同承办第三届民族地区文化产业发展论坛；承办2019年全区社科期刊协作会议；举办社科普及图书——《改变从人文素养开始》作品研讨会。组织召开《崛起之路：鄂尔多斯改革开放40年研究丛书》推广使用座谈会等学术交流活动。

【社科普及】 组织开展自治区第13届社科普及周活动，全年开展社科普及活动300余场，专题讲座50余场，发放资料2000余册。编著出版社科普及精品图书《改变从人文素养开始》。开展党的十九届四中全会线上答题活动，1万余人次参加答题。

【交流平台建设】 立足打造鄂尔多斯网上社科之家，建立集社科普及、学术交流等功能于一体的鄂尔多斯社会科学网，与之前建立的微信、微博一起，构建起社科工作“一网两微”数字化平台。

【文献资料场馆建设】 与市委党校、鄂尔多斯学研究会成立鄂尔多斯文献馆，常态化收集关于鄂尔多斯市的各类图书文献资料，面向全社会特别是社科工作者，提供学术研讨、新书发布、文献查阅等服务。

【社科普及基地建设】 举行自治区第七批社科普及基地——鄂尔多斯职业学院的揭牌仪式，对第一、二批市级社科普及基地进行复评，开展第三批市级社科普及基地评选工作，对复评通过的17家第一、二批市级社科普及基地和新评选出的6家第三批市级社科普及基地颁发牌匾，社科普及基地实现数量和质量双提高，截至年底，全市培育自治区级社科普及基地5家、市级社科普及基地23家。

【社科类社团管理】 建立健全社科类社团管理的制度体系，制定出台《社会科学类社团管理办法（试行）》《关于加强社科联联络指导服务哲学社会科学工作者的实施意见》《鄂尔多斯市社科联网络与信息安全管理制度》《全市社科类社团考核办法》，修订完善哲学社会科学类报告会、研讨会、讲座、论坛管理办法。围绕社科类社团的名称、统一代码等14项内容，采取表格填写和实地调查相结合的方式，开展一次地毯式的摸底调查。

【《鄂尔多斯社会科学》】 《鄂尔多斯社会科学》秉承“搭建交流平台、深化社科研究、推动理论创新、服务党政决策”的办刊宗旨。是市委宣传部主管，市社科联、市社科院主办的全市综合性理论刊物。刊物面向全国各省市、自治区和地区社科联发行。2019年，共发表理论文章150篇，发行7000余册。

（张华夏）

教育　体育

【鄂尔多斯市教育体育局领导名录】

党组书记：屈　明

党组副书记、局长：高怀京

党组成员、副局长：郑　军

康　富

徐俊卿

朝　戈

副 局 长：张　韬

纪检监察组组长：郝建平

【概况】 鄂尔多斯市教育体育局是鄂尔多斯市人民政府工作部门。2019年1月，鄂尔多斯市教育局和鄂尔多斯市体育局合并成立鄂尔多斯市教育体育局，内设办公室、人事科、行政审批科（政策法规科）、发展规划与财务科、基础教育科、职业教育与成人教育科、民族教育科、督导室（市人民政府教育督导委员会办公室）、教师工作科、安全管理科、德育科、学校体育卫生与艺术教育科（足球管理办公室）、群众体育科、竞技体育科、产业发展规划科、机关党委、市委教育工作领导小组秘书组秘书科等17个科室，在编在岗人员28名。直属事业单位13个，在编在岗人员154名；直属学校8所，教职工1576人。主要职责：贯彻执行党的教育体育工作方针政策和国家法律法规，研究编制全市教育体育发展规划和年度计划。研究拟定全市教育体育改革的政策措施和实施方案并组织实施。推动多元化体育服务体系建设，推进体育公共服务和体制改革。负责推进义务教育均衡发展和促进教育公平，统筹管理和指导全市义务教育、高中教育、学前教育、早期教育、特殊教育、职业教育、民族教育工作。统筹管理和指导全市职工教育、农牧民教育、社区教育、终身教育、老年教育等各类成人教育工作。指导社会力量举办的各类教育事业。协调和服务高等教育发展。指导社会主义核心价值观教育和未成年人思想道德建设，实施素质教育，构建德智体美劳全面发展的教育体系。指导教育体育系统党的建设、思想政治工作和意识形态工作，统一战线工作和群团组织工作，各类学校德育教育、体育卫生与健康教育、艺术与劳动教育及国防教育工作。负责全市教师工作和教师队伍建设，统筹管理教育体育系统人才工作。指导全市教育科学研究、教育教学研究及改革、教育技术装备工作。负责对各级各类教育体育的督导评估工作。统筹规划全市群众体育、竞技体育、体育产业工作。负责本部门教育体育经费的统筹管理，全市教育体育行政执法工作，承办参加国际、国内、自治区重大比赛，主办全市综合性体育比赛。指导和监督汉语言文字规范和标准应用，推广普通话和普通话测试工作。指导协调全市教育体育系统维护稳定及安全管理工作。负责各级各类学校、幼儿园和市直属学校的安全管理工作。承办市委、市人民政府和上级主管部门交办的其他任务。2019年，全市有各类体育场地5176个、总面积584.7万平方米，人均体育场地面积2.81平方米。

【教育公平】

加快教育工程进度 实施“全面改薄”工程，8所学校全部开工，已完工7所，另1所主体已完工。规划建设农村牧区教师周转宿舍483套，已开工462套，完工462套。规划新建、改扩建中小学校幼儿园31所，开工22所，完工9所。其中，市蒙古族学校建设工程于9月底开工。

强化教师队伍建设 2019年，全市新招聘教师2244人，其中部属师范院校、“双一流”建设高校毕业生331人，占比14.8%。组织开展市级以上培训项目47个，参训校园长、教师8000余人，约占专任教师队伍总数的28%。强化农村牧区师资力量，将548名教师分配到农村牧区学校任教，占新招聘教师总数的24.4%；126名城镇优秀教师、退休教师和大学生到农村牧区支教。

保障公平入学 严格执行义务教育学校免试就近入学、划片规范入学、阳光监督入学政策，完善“鄂尔多斯市中小学新生入学服务管理系统”“阳光入学”“阳光入园”“阳光分班”工程顺利实施，准格尔旗、达拉特旗率先采用多校划片、电脑随机摇号派位相结合的划片政策，缓解“择校热”“择班热”。

加强教育信息技术应用 全市各级各类学校跨区域结对开展同频互动活动（课）500余节，其中农村牧区学校参与400余节，民族学校参与300余节，教育资源共建共享的机制不断完善。开展教育信息化研究，两个案例入选2019年全国第五届教育创新成果公益博览会成果展览，蒙古语授课学校网络教学教研成果入选国家民族教育信息化应运与实践优秀案例。

推进“教育脱贫一批” 下达级各类学生资助资金2.1亿余元，惠及学生14.4万余人次。精准资助建档立卡贫困学生3395人次，发放倾斜化补助资金445.8万元。完成对义务教育失学、辍学儿童核查工作，无“因贫失学辍学”现象，并建立全市失学辍学学生管理动态数据库和监测机制。指导全市各职业院校面向贫困人口及农牧民、失业人员等群体开展多种职业技能培训，截至年底，培训6535人次，涉及建档立卡贫困家庭劳动力597人次，涉及现代种植业、养殖业、机

电等 10 多个不同的专业门类。

维护教育体育系统安全稳定　多次调度、部署、检查指导教育体育系统安全维稳工作，统筹开展扫黑除恶专项斗争与校园预防欺凌工作，完善警力巡逻、教师配合的“护学岗”工作制度和全市教育系统安全检查体系。排查整改安全隐患 805 条，推动 50 所学校幼儿园完成消防验收，229 所学校实现视频监控联网建设，285 所学校实现“4D”管理模式，校园“三防”建设水平大幅提升。平安顺利完成各类教育考试 12 次，考生共计 11 万余人。

【教育质量】

教育体育系统党建工作　全年组织中心组（扩大）学习 12 次、组织专题研讨 6 次、集中学习 12 次、支部学习 22 次，局机关副处级以上领导干部均讲专题党课，党组书记、局长、纪检监察组长与新任职科级干部进行廉政谈话。

构建德智体美劳全面培养的教育体系　开展“这样爱你刚刚好”为总主题的“鄂尔多斯市新家庭教育大讲堂”，举办 13 期，累计举办视频直播课堂超过 1000 堂，直播现场参加学习人数超过 30 万人次，手机终端学习人次逾百万人次。全市共招聘音体美教师 247 人，开齐开足体育、音乐、美术和健康教育课程，全面落实中小学生“每天校园体育活动一小时”。

学前教育　开展城镇小区配套幼儿园治理工作，完成 3 所新建公办幼儿园建设任务，将 3 所民办幼儿园转为普惠性幼儿园。2019 年各旗区新认定 7 所普惠性民办园，全市普惠性幼儿园覆盖率达 77.1%。

义务教育“减负提质”工程　召开全市教育工作会议，把减负提质发展义务教育作为全年的重点工作。各旗区均按要求召开减负提质推进会，出台“减负提质”方案。召开全市基础教育工作推进会议，深入开展基础教育领域体制机制改革工作。

高考成绩　2019 年，普通高考汉授、蒙授一本上线率分别达到 37.3% 和 47.8%，比 2018 年分别提高 4 个、6.2 个百分点，高于自治区平均水平 21 个百分点。

职业教育改革　深入推进校企合作，职业院校依托职教集团等与大中型企业建立长期稳定的校企合作办学关系，订单班、冠名班已招收 7 个专业 192 名学生。中等职业学校毕业生参加对口升学高考，本科上线 458 人，上线率 31%；本专科上线率 100%。鄂尔多斯应用技术学院和鄂托克前旗民族职业高中被评为教育部首批“1+X”证书试点单位。国内首家大飞机学院落户鄂尔多斯，鄂尔多斯应用技术学院大飞机学院在内蒙古自治区本科提前 A 批招生。

民族教育　认真落实《内蒙古自治区民族教育条例》，对 1008 名蒙古语授课学科专任教师进行专业素养提升培训，开展全市民族学校幼儿园区域均衡发展远程互动教学教研 358 课时。

特殊教育　提高残疾儿童少年义务教育普及和巩固水平，截至年底，全市特殊教育学生共计 1031 人，三类儿童（聋盲哑）入学率 90.8%。对疑似失学儿童进行全面核查，逐步解决因病因残失学儿童少年就学问题，为市妇幼保健院收治的 30 多名残疾儿童定期送教上门。加快特殊教育学校建设进度，准格尔旗特殊教育学校开工建设，建成旗区级特教指导中心 1 个、资源教室 2 个。

中高考改革　启动综合素质评价工作，建立“鄂尔多斯市初中学生综合素质评价管理系统”，从 2021 年开始，初中学生综合素质评价档案将作为普通高中招生录取工作的重要参考，逐步扭转“唯分数”的考试招生评价导向。积极谋划高考综合改革，指导各普通高中认真研判校舍、教师等资源的保障能力，结合实际开展选课走班试点工作。

教师队伍建设管理改革　实现为全市各级各类教师免除市内景区门票费、教师可凭证免费乘坐公交车等政策，全市教育大会表彰奖励全市为教育事业作出卓越贡献的15个先进集体、276个先进个人。处理违反师德师风教师9人，组织全市280位学校专兼职心理健康教育教师开展培训。

教育现代化 与上海教科院共同编制印发《鄂尔多斯教育现代化2035》和《推进教育现代化工作方案（2019—2022年）》。

教育领域“放管服”改革 市教育体育局17项政务服务事项进驻市政务服务大厅办理。将幼儿园一类甲级评定管理权限下放至各旗区，市教育体育局做好对旗区幼儿园类级评定工作的监管。

【体育事业】

全民健身公共服务体系建设 为东胜区伊克昭公园配备100件智能健身路径器材，2019年新注册14个体育单项协会，新发展国家一级社会体育指导员21人。组织开展全市首届农牧民健身运动会、市直机关职工运动会等30余项群众性体育品牌赛事。举办2019鄂尔多斯国际马拉松，共有来自14个国家的2.5万余名选手参赛，参加人数较2018年增加7000余人。

体育产业多元化 举办4站成吉思汗大赛车，举行鄂尔多斯第二届机车那达慕邀请赛暨国际重机车大会，引导支持旗区举办第九届“爱在弓弦”群英会。伊泰大漠国际马产业文化旅游小镇列入自治区首批特色小镇高质量发展培育名单，鄂尔多斯国际赛车场被评为2018年国家级体育产业示范项目。

体育彩票 截至年底，全市体育彩票销售额超过9亿元。

足球事业 2019年，出台《鄂尔多斯市足球运动改革与发展三年推进计划（2019—2021年）》。承办第五届“一带一路”国际青少年足球夏令营暨2019年全国幼儿足球交流活动、亚足联室内五人制足球锦标赛（东亚区）预选赛等两项国际性足球赛事。举办和参加1500余场足球赛事，参赛运动员共计1.5万余人，参赛队伍近800支。

【体育赛事】 2月18日，在牙克石凤凰山滑雪场进行的内蒙古自治区第二届冬季运动会上，大众组男子高山滑雪项目中，鄂尔多斯市运动员特木尔以37秒20的成绩勇夺金牌。4月，在包头举行的2019年体彩杯内蒙古自治区青少年拳击锦标赛上来自鄂尔多斯市体育职业中学的鄂尔多斯市代表队共获得14枚金牌、5枚银牌、17枚铜牌。5月22日，2019中国足球协会室内五人制足球甲级联赛总决赛在伊金霍洛旗全民健身中心开幕。5月29日，由中国柔道协会、内蒙古自治区体育局、鄂尔多斯市人民政府主办的2019年全国青年柔道锦标赛暨第二届全国青年运动会体校组预赛在鄂尔多斯市体育中心开赛。6月1—6日，由中国足球发展基金会主办的“菁英杯”青少年足球联赛第三片区比赛（U11、U12组）在呼和浩特市榆林青少年足球训练基地举行。鄂尔多斯市体育职业中学U11男子代表队获全国“菁英杯”青少年足球联赛第三片区比赛冠军。8月7—14日，第二届全国青年运动会拳击项目决赛在山西省忻州市举行。鄂尔多斯市选派体育职业中学5名运动员参加体校组5个级别的比赛，最终获得2枚银牌、1枚铜牌和2个第五名。

【荣誉奖励】 4月19日，由中国教育技术协会、北京大数据研究院主办的“大数据·微服务——微服务与智慧教育创新大会”上鄂尔多斯市电化教育馆等单位被评为微服务与智慧教育创新应用示范单位。

鄂尔多斯职业学院

【鄂尔多斯职业学院领导名录】

党委书记：闫凤鸣

党委副书记、院长：巴图查干（蒙古族）

党委副书记、纪委书记：高连山

副院长：王　贵
刘　松（蒙古族）
陶文辉（女）
教务处处长：郝霄鹏
党政办公室主任、职业教育研究所所长：
杭　刚
组织、统战、人事部部长：柴　敏（女）
宣传部副部长：付　瑞
纪委副书记：吉日木图（蒙古族）
纪检监察审计处处长：李　梅（女）
招生就业（对外交流合作）处处长：孙虎
学生工作部部长（团委书记）：刘瑞霞
学生工作部副部长：刘　辉（女）
工会主席：温　蕴（女）
教务处副处长：徐秀英（女）
财务处副处长：单怀生
职业教育研究所副所长：刘秀莲（女）
后勤保障处（安全管理处）负责人：郝旭伟
培训中心主任：高秀梅（女）
质量办公室主任：王延飞
质量办公室副主任：苗文莉（女）
科研处处长：刘静霖
基础部负责人：白雪明
人文系党总副支书记：杨　梅（女）
人文系主任：白　玲（女蒙古族）
化工系行政负责人：马桂香（女）
自动化与信息工程系党总支书记、主任：
张生瑞
自动化与信息工程系副主任：曲冰洁（女）
机械系党总支副书记：由国艳（女）
机械工程系主任：郝巧梅（女）
资源工程系党总支副书记：周在平
资源工程系行政负责人：张　磊
建筑工程系党总支副书记：薛　英（女）
建筑工程系行政负责人：杨耀录
图书馆副馆长：梁焕芳（女）
实验实训中心副主任：曹显聪
电大分校校长：程　连
电大分校副校长：张锐锋
信息中心副主任：潘　晔

【概况】 鄂尔多斯职业学院（前身原伊克昭盟师范学校、伊克昭盟教育学院、内蒙古广播电视大学伊克昭盟分校）是2007年4月经自治区人民政府批准，2009年4月在教育部备案，由鄂尔多斯市人民政府举办的一所公办全日制普通高等职业院校。学院位于鄂尔多斯市康巴什新区，占地1015亩，总建筑面积14.3万平方米。学院设化工系、资源工程系、自动化与信息工程系、机械工程系、建筑工程系、人文系、基础部等7个教学系部及内蒙古电大鄂尔多斯分校和1个国家职业技能鉴定所。开设机电一体化技术、煤炭深加工与利用等44个专业。建成自治区精品课程4门、院级精品课程8门、初步建成5门课的网络数字教学资源库。有各级各类在籍学生1万余人，其中三年制高职学生4052人，电大本专科在读学生6497人。2019年有教职工265人，其中专任教师220人；专任教师中，教授11人，副教授86人，博士2人，硕士研究生135人，自治区教学名师4人、自治区教坛新秀5人、自治区优秀教学团队3个、自治区技能大师1人，院级教学名师11人，院级教坛新秀13人，院级优秀教学团队4个，高级技师9人、技师21人、高级工44人，工程师32人，聘请技术技能型教师、临时代课教师40多人。学院有多媒体教室92个，实验实训室95个，馆藏图书18万册，中文纸质期刊370种，电子图书24万余册。

【领导考察】 5月15日，广西壮族自治区政协副主席陈刚一行到学院考察调研。12月5日，自治区党委“不忘初心、牢记使命”主题教育巡回指导六组副组长魏国卿一行到学院纪委指导工作。

【招生就业】6月21日至27日，学院举办引百家企业进校园“鄂尔多斯职业学院夏季大型校园招聘会”，100多家企业进校园联合举办招聘会，提供就业岗位1620个。9月1日，2019级1300余名新生到学院报到。

【合作交流】3月21日至22日，教务处、化工系相关人员一行先后赴鄂尔多斯集团氯碱化工分公司、鄂托克前旗民族职业高中就鄂尔多斯职业学院化工系在企业顶岗实践情况和人文系民族传统技艺专业建设情况进行专项督查，并在鄂尔多斯集团氯碱化工分公司举行“氯碱化工技术校企合作工作室”启动揭牌仪式。3月28日，赤峰市松山区职教中心王江校长一行莅临学院就中高职衔接一体化合作办学与学院磋商。4月24日，学院与鄂尔多斯市雍贵酒店管理有限公司在东胜雍贵酒店举行校企合作签约揭牌仪式。4月26日，“内蒙古鄂尔多斯电力冶金集团股份有限公司氯碱化工分公司与鄂尔多斯职业学院校企合作研讨会暨焊接技术与自动化专业冠名班奖学金颁发仪式”在棋盘井经济开发区鄂尔多斯控股集团化工事业部举行。4月29日，学院与鄂尔多斯建筑业协会举行培训合作签约仪式。5月16日，学院与奇瑞汽车股份有限公司鄂尔多斯分公司在鄂尔多斯装备制造基地奇瑞汽车股份有限公司鄂尔多斯分公司举行校企合作签约授牌仪式。11月22日，学院与达内时代科技集团有限公司举行校企合作办学签约仪式。

【荣誉奖励】1月23日，教育部职业院校教育类专业教学指导委员会公布2018年度职业院校教育类教指委公共基础课程立项课题的立项名单，学院基础部朱志鑫老师主持申报的课题“聚焦核心素养的高职数学育人功能实现路径研究”（课题编号：2018GGJCKT158）获得一般课题立项。8月13日，第十一届大学生运动会各项比赛（高职高专组）中学院排球代表队获得排球比赛（高职高专组）第三名的成绩；羽毛球（高职高专组）代表队获得女子团体第六名，混合双打第五名、女子双打第八名的成绩；网球（高职高专组）代表队获得男女团体第四名，混合双打第三、五名，女子单打第三、七名，男子单打第七名的成绩；健美操（高职高专组）代表队获得规定套路第五名的成绩；篮球代表队获得篮球比赛（高职高专组）团体第九名的成绩；足球代表队获得足球比赛（高职高专组）团体第九名的成绩；田径（高职高专组）代表队获得男子100米第五名，男子1500米第五名、男子4×100米第七名、男子4×400米第六名、女子5000米第二名，女子1500米第二名、女子200米第三名、女子100米第六名、女子200米第五名、女子400米第六名、女子4×400米第三名、女子4×100米第四名的成绩。9月7日，由内蒙古教育厅主办的“2019年内蒙古自治区高等职业院校技能大赛教学能力比赛”中学院选派的英语团队荣获自治区公共基础课程组一等奖。9月16日至18日，第六届“创青春”内蒙古青年创新创业大赛中学院自动化与信息工程系“绿林好汉沙漠绿蛋”“兴乡之路”两个项目获金奖和铜奖。

（王 辉）

鄂尔多斯应用技术学院

【鄂尔多斯应用技术学院领导名录】

党委书记：侯晨曦

党委副书记、院长：姚 德（9月离任）

党委副书记：秦闻苹

纪委书记：李少东

副院长：孙志强

何 鹏

【概况】鄂尔多斯应用技术学院内设党政办公室

（挂档案馆、合作交流办公室、审计处牌子），组织部、宣传部（挂工会牌子）、统战部、纪检监察室、人事处、计划财务处、教务处、学生工作处（挂团委、武装部、就业指导中心牌子）、科学技术处（挂学报编辑部牌子）、后勤管理处、保卫处、资产管理处等13个行政管理部门。设有机械与交通工程系、信息工程系、土木工程系、化学工程系（挂分析测试中心牌子）、数学与计算机工程系（挂网络信息中心牌子）、旅游管理系、艺术系、医学系、继续教育中心（挂鄂尔多斯市卫生学校牌子）、马克思主义教学部、体育教学部11个教学系部和教学督导室、图书馆2个教辅机构。共开设交通运输、机械工程、汽车服务工程、化学工程与工艺、材料化学、应用化学、土木工程、工程造价、矿物资源工程、自动化、电气工程及其自动化、电子信息科学与技术、计算机科学与技术、数据科学与大数据技术、音乐表演、舞蹈表演、护理学、医学检验技术、眼视光学、医学影像技术、旅游管理与服务教育、社会工作22个本科专业，形成以工学为主，涵盖理学、医学、艺术学、管理学、法学的学科专业体系。2019年有教职工465人，其中专任教师358人，占教职工总数比重为77%。聘请中国工程院武强院士为学院特聘教授，教育部高等学校创业教育指导委员会委员1人、自治区"草原英才"3人、自治区突出贡献中青年专家1人、鄂尔多斯天骄英才1人、鄂尔多斯"草原英才"8人、鄂尔多斯英才6人。

【学科专业建设】 围绕自治区和鄂尔多斯航空产业发展需要，成立大飞机学院，完成区内提前A批次招生工作。新增矿物资源工程1个本科专业，本科专业数量达到22个。

【教育教学】 高质量通过学士学位授予单位及授权专业审核评估，修订完善一批教学管理制度，进一步规范教育教学全过程。按照"双带头人"的标准选配33名教研室和实验实训中心负责人。健全教学质量监控体系，充实教学督导力量。开展大学习大讨论活动，党委书记等院领导带队赴园区企业和高校调研，与48家企业签订合作协议，为深化产教融合、创新人才培养模式打下良好基础。制定出台《2019级人才培养方案修订指导意见》，完成新一轮人才培养方案修订工作。

【招生就业】 2019年，新增招生计划本科300人，专科200人。建设优质生源基地，录取本专科生1516人。首届本科生顺利毕业，就业率达到93.7%。

【科研工作】 2019年，教师获批各级各类科研项目43项，获批经费555万元，较2018年增加110%。其中，获批鄂尔多斯市科技重大专项计划项目1项，实现这一领域"零的突破"。对16项院级科研项目进行立项，资助经费41万元；对2018年度78项科研成果进行奖励，奖励资金34.825万元。与企业、高校队联合申报科研项目，获批经费210万元；承担横向课题，获批经费27万元。

【师资队伍建设】 向市编委争取96个人才引进名额。分两批引进各专业紧缺教师和博士、高级职称人员等高层次人才78名。完成补岗竞聘和新进教师岗前培训工作，2名教师晋升三级教授，1名教师晋升正高级职称，11名教师晋升副高级职称。为加大师资培养力度，做好新入职教师岗前培训等工作，支持2名教师外出访学，15名教师攻读学位，88人次外出交流培训。进一步增强绩效考核导向作用，制定《教师岗位绩效考核指导意见》，修订《绩效工资实施办法》。1个创新团队获评鄂尔多斯市产业创新创业人才团队滚动支持第一层次团队，2名教师入选自治区"新世纪321人才工程"第二层次人选，2名教师获鄂尔多斯市优秀人才突出贡献奖，4名教师入选鄂尔多斯市草原英才，3名教师入选鄂尔多斯英才，6名教师入选鄂尔多斯市青年优秀人才，1名教师获鄂尔多斯市“优秀教师”荣誉称号，1名教师获鄂尔多斯市“优秀班主任”荣誉称号，5名教师获鄂尔多斯市“技术能手”荣誉称号，4名教师获“青年岗位能手”荣誉称号，4名教师获“巾帼建功标兵”荣誉称号。

【图书资源和信息化建设】 根据教育教学需要，新增纸质图书17130册，更新爱思唯尔、中国知网等数据库，新增试用20个数据库。实施“鄂应院”App、网络迎新系统、两校区网络安全和改造等项目，做好校园网络维护、安全隐患排查等工作。

文化 旅游 卫生 新闻

文化与旅游

【鄂尔多斯市文化与旅游局领导名录】

党组书记、局　长：赵子义

党组成员、副局长：苏永华

王聿慧

刘洪兴（蒙古族）

谢永锋（女）

赵毕力格（蒙古族）

刘满山

党组成员、纪检监察组组长：王建平

【概况】鄂尔多斯市文化和旅游局是鄂尔多斯市人民政府工作部门，为正处级，挂鄂尔多斯市文物局牌子。主要职责：（1）贯彻落实党的文化和旅游、文物工作方针政策和市委、市政府相关决策部署，研究拟订文化和旅游、文物政策措施，起草有关地方性法规、规章草案。（2）统筹规划全市文化事业、文化产业和旅游业发展，拟定发展规划并组织实施，推进文化和旅游融合发展，推进文化和旅游体制机制改革。（3）管理全市性重大文化活动，指导重点文化和旅游设施建设，组织旅游整体形象推广，促进文化和旅游产业对外合作和市场推广，制定旅游市场开发战略并组织实施，指导、推进全域旅游和四季旅游。（4）指导、管理文艺事业，指导艺术创作生产，扶持体现社会主义核心价值观、具有导向性代表性示范性的文艺作品，推动各门类为艺术、各艺术品种发展。指导并推动全市乌兰牧骑事业发展。（5）负责全市公共文化事业发展，推进现代公共文化和旅游服务体系建设，深入实施文化和旅游惠民工程，统筹推进基本公共文化服务标准化、均等化。（6）指导推进全市文化和旅游科技创新发展，推进文化和旅游行业信息化、标准化建设。（7）负责全市非物质文化遗产保护，推动非物质文化遗产保护、传承、普及、弘扬和振兴工作。（8）统筹规划全市文化产业和旅游产业，组织实施文化和旅游资源普查、挖掘、保护和利用工作，促进文化产业和旅游产业发展。（9）指导全市文化和旅游市场发展，对文化和旅游安全生产、市场经营进行行业监管，推进文化和旅游行业信用体系建设，依法规范文化和旅游、文物市场。（10）组织指导全市文化和旅游、文物对外及港澳台交流、合作、宣传、推广活动，组织大型文化和旅游对外及港澳台交流活动，推动鄂尔多斯文化走出去。（11）指导全市文物保护和博物馆建设管理工作，组织开展文物资源调查、指导文物考古勘探工作，组织实施革命文物保护利用工程，推动文物和博物馆公共文化服务体系建设，组织开展文物保护和利用，组织指导文物保护宣传工作，负责全市文物行政执法工作，配合有关部门查处文物违法犯罪案件。（12）负责市本级文化市场综合执法工作，查处全市性、跨旗区文化、文物、出版、广播电视、电影、旅游等市场违法行为，办理重大行政案件。指导、监督管理旗区相关综合执法工作。（13）完成市委、市政府交办的其他任务。内设办公室、政策法规科、人事科、财务科、艺术科（乌兰牧骑事业科）、公共服务科、科技教育科、非物质文化遗产科、产业发展科、资源开发科、行政审批科（市场管理科）、对外交流与合作科、文物保护与督察科、博物馆管理科和机关党委等15个科室机构。市文化和旅游局机关行政编制35名。设局长1名（兼任市文物局局长），副局长3名；科级领导职数22名［15正（含机关党委专职副书记1名）7副］。截至2019年11月，全市共接待游客1679万人次、实现旅游收入480.2亿元，分别同比增长17.7%、12.6%。

【艺术创作】 群舞《黑缎子坎肩》荣获中国舞蹈最高荣誉“荷花奖”民族民间舞金奖。舞台剧《这片草原》《茫瀚巴拉尔畅想曲》获得国家艺术基金资助。漫瀚调音乐剧《牵魂线》、舞蹈《父亲的靴子》《门前那棵树》、歌曲《唱吧跳吧》、电影《母亲的肖像》、纪录片《神秘的草原石窟》6部作品荣获自治区“五个一工程”奖。舞蹈《家园》等7支舞蹈作品入选参加第三届中国·国际蒙古舞蹈艺术展演。漫瀚调情景表演唱《美好家园人情厚》入围国家第十八届群星奖决赛。准格尔旗乌兰牧骑漫瀚歌舞戏《漫瀚情缘》荣获第八届全国优秀小戏小品展演优秀剧目奖；蒙古剧《乌兰牧骑的热喜》入选自治区舞台艺术精品工程。民族歌舞晚会《草原赞歌》、红色音乐剧《石榴红了》在人民大会堂成功演出，并在央视音乐频道录制播出。承办全区声乐大赛，共荣获19项大奖，位居各盟市首位。伊金霍洛旗乌兰牧骑在全区第八届乌兰牧骑艺术节荣获团体金奖。主动对接基层群众文化需求，全年乌兰牧骑下基层演出1000余场次。服务第七届国际库布齐沙漠论坛、中国—蒙古国新闻论坛、北京世园会鄂尔多斯专场等重要活动，组织开展精彩文艺演出。

【文化、旅游产业】 持续开展全市A级景区质量提升工作，七星湖创建国家AAAAA级旅游景区已上报文旅部，康镇成功创建国家AAAA级景区，全市AAAA级以上景区达到30家。源豪生酒店获评五星级饭店，满世朗景酒店获评四星级饭店，全市星级饭店达到29家。实施七星湖、康镇、黄河大峡谷、九成宫等景区升级改造项目工程。推动文化旅游与农牧业、工业、金融、体育、康养等产业深度融合，深入与深圳文交所合作，鄂尔多斯古建民居文化园签约落地。精心打造《天骄圣地·鄂尔多斯乌音嘎》《英雄》等一批演艺剧目和实景演出。红色旅游和乡村旅游蓬勃兴起，承办全区红色旅游创新发展会，鄂托克前旗“1+6”红色旅游项目入选2019年全国优选文化和旅游投融资项目。乌审旗巴图湾村入选第一批全国乡村旅游重点村名录，新增自治区三星级以上农牧家乐13家。打造文化创意产品和旅游商品品牌，在第三届鄂尔多斯国际创意文化大会上精心推出文旅专题展览，“草原牧童”“蒙古长河皮囊酒具套装蓝”2件作品荣获内蒙古旅游商品大赛金奖。组织参加深圳国际文化产业博览会、中国旅游产业博览会、北京文化创意产业博览会等重要展会和交流活动，宣传推介鄂尔多斯文化旅游产品的项目。

【文化、旅游服务】 完成新改建旅游厕所93座，整改基层综合文化服务中心76处，建成图书馆各级分馆501个，承办2019年全国图书馆年会，受到文旅部的肯定。全年举办全市农牧民文艺会演、全市广场舞大赛等群众文化活动3000余场次，市群艺馆免费公益培训班累计培训群众近万人。整合鄂尔多斯市文化大数据平台与智慧旅游公共服务平台，建成鄂尔多斯市文化旅游公共服务平台，推出“鄂尔多斯微旅游”公众微信服务，“一部手机游鄂尔多斯”即将实现。举办全市导游员技能大赛、旅游饭店服务技能大赛，有2名选手荣获全区导游大赛一等奖，1名选手进入全国导游员大赛六强。深入推进扫黑除恶专项斗争，认真开展文化旅游市场专项综合整治行动，确保全市文化旅游行业安全稳定 。

【文化遗产保护】 加强文化遗产保护与利用，将博物馆、非物质文化遗产传习场所纳入旅游线路，2019年全市各级博物馆参观人数达到104.5万人次，同比增长15%。承办2019年“5·18”国际博物馆日内蒙古自治区主会场活动，“鄂尔多斯智慧博物馆+社区”项目在数字中国成果建设展览会亮相。持续开展文物法人违法专项整治和打击文物犯罪专项行动。健全完善非物质文化遗产保护体系，正在全力申报国家级文化生态保护区。鄂尔多斯古如歌艺术在保加利亚共和国举办的第九届世界民俗锦标赛荣获金奖。

【文旅品牌】 在晋陕宁、京津冀、长三角、珠三角及东部沿海地区集中开展文化旅游推介活动，在深圳文博会上推出鄂尔多斯文旅特装展，为自治区唯一一家单独设展的盟市，持续打响“天骄圣地 鄂尔多斯”品牌。承办全区红色旅游创新发展现场会、“5·18”国际博物馆日内蒙古自治区主会场活动，举办成吉思汗查干苏鲁克大祭、鄂尔多斯草原丝路文化旅游节、草原丝路文化旅游论坛、美丽乡村文化旅游节等品牌活动，被联合国全球人居环境论坛组织授予“资源型城市创新发展范例奖”。组团代表自治区参加香港国际旅游展，举办鄂尔多斯市—乌兰巴托市2019年“草原丝路”文化旅游交流活动。先后在央视探索频道播出《鄂尔多斯·远方的家》，在湖南卫视《天天向上》播出“家乡的宝藏—鄂尔多斯篇”节目，在央视纪录片频道黄金时段播出纪录片《神秘的草原石窟》，网络点击率超过2亿人次，掀起鄂尔多斯关注热。

卫生　健康

【鄂尔多斯市卫生健康委员会领导名录】

主　任：王　凯（1月任职）
副主任：王琳琦
　　　　徐　健
　　　　刘　郑
　　　　乔景平（派驻纪检组组长）
　　　　高　峰

【概况】 鄂尔多斯市卫生健康委员会是鄂尔多斯市人民政府组成部门，内设办公室、人事科、规划发展与信息科、财务审计科、法规与综合监督科、体改科、宣传科、疾病预防控制与爱国卫生运动管理科、医政医管科、基层卫生健康科、卫生应急办公室、科技教育科、食品安全与药物政策科、妇幼健康科、职业健康科、人口家庭与老年健康科、行政审批科、蒙中医管理综合科、蒙中医管理业务科、公立医院党建工作指导委员会办公室、机关党委等21个科室机构。下设鄂尔多斯市中心医院、鄂尔多斯市中医医院、鄂尔多斯市蒙医医院、鄂尔多斯市第二人民医院、鄂尔多斯市第四人民医院、鄂尔多斯市妇幼保健院、鄂尔多斯市卫生计生综合监督执法局、鄂尔多斯市疾病预防控制中心、鄂尔多斯市计划生育药具管理中心、鄂尔多斯市老龄工作委员会办公室、鄂尔多斯市“120”医疗救援指挥中心、鄂尔多斯市中心血站、干部保健中心、卫生人才管理与考试中心、卫生统计与信息管理中心、公立医院管理中心、干部人事档案管理中心、计划生育协会19个二级单位。机关行政编制35名，主要职能职责：贯彻执行国家法律法规，落实自治区关于卫生健康等方面的法规规定，研究拟订并组织实施全市卫生健康发展规划、工作方案等政策措施。统筹规划卫生健康资源配置，编制并实施区域卫生健康规划。拟订并组织实施推进卫生健康基本公共服务均等化、普惠化、便捷化和公共资源向基层延伸等政策措施。协调推进深化医药卫生体制改革，研究提出深化医药卫生体制改革的相关政策建议，组织实施深化公立医院综合改革，推进管办分离，健全现代医院管理制度，拟定并组织实施为推动卫生健康公共服务提供主题多元化、方式多样化的政策措施，提出医疗服务和药品价格政策的建议。拟订并组织实施疾病预防控制规划和严重危害人民健康公共卫生问题的干预措施。实施国家免疫规划，负责卫生应急工作，组织指导突发公共卫生事件的预防控制和各类突发公共事件的医疗卫生救援，发布法定报告、传染病疫情信息、突发公共卫生事件应急处置信息。贯彻落实爱国卫生方针政策。负责全市老年健康工作。组织协调落实应对人口老龄化政策措施，负责推进全市老年健康服务体系建设和医养结合工作。组织实施国家药物政策和基本药物制度。贯彻执行食品安全地方标准，负责食品安全企业标准备案，组织开展食品安全风险监测、评估、预警和交流工作，对食源性疾病及食品安全事故有关流行病学调查提供技术支持。负责职责范围内的职业卫生、放射卫生、环境卫生、学校卫生、公共场所卫生、饮用水卫生等公共卫生的监督管理。负责传染病防治监督，健全卫生健康综合监督体系。牵头落实《烟草控制框架公约》有关工作。拟订并组织实施医疗机构、医疗服务行业管理办法以及医疗服务规范、标准和卫生健康专业技术人员职业规则、服务规范、会同有关部门执行卫生健康专业技术人员资格标准。建立医疗服务评价和监督管理体系。负责计划生育管理和服务工作，开展人口监测预警，研究提出人口与家庭发展政策建议，完善地方计划生育工作相关制度、措施。拟订并组织实施全市基层医疗卫生、妇幼健康服务体系以及全科医生队伍建设的发展规则和政策措施，推进卫生健康科技创新发展。保障和促进蒙医药中医药医疗、保健、教育、科研文化及相关产业的改革发展与对外交流合作，推进蒙医药中医药传承创新和振兴发展。负责市保健对象的医疗保健和预防保健工作，负责重要会议与重大活动的医疗卫生保障工作。负责市本级卫生、健康领域行政执法工作，查处全市性、跨旗区违法行为，办理重大行政案件。指导、监督管理旗区卫生、健康领域行政执法工作。

【健康扶贫】 严格落实“大病集中救治一批、慢病签约服务管理一批、重病兜底保障一批”分类救治行动。救治种类从14种扩大到25种，共救治大病贫困患者552名。建立714个家庭医生团队，3649名常住贫困人口全部纳入签约服务管理。完成杭锦旗7个苏木乡镇卫生院、48个嘎查村卫生室“清零达标”专项行动。落实便民政策。除康巴什区外，每个旗区建立1个“一站式”服务大厅，共设立117个报销服务窗口。建立健康扶贫救助基金。动员全市卫生健康系统募捐150.53万元，全部注入鄂尔多斯“光彩”事业基金，依托专业化运作模式，保障贫困边缘人口医疗救助常态化。加大对帮扶村的扶助力度。新修水泥路4.8公里，平整砂石路9.6公里，维修村社道路24.7公里。筹资280万元新建年产量2万吨的生物颗粒厂，协调电业部门安装变压器4台，高压动力线3.2公里。举办大型义诊活动2次，为300多人提供免费体检、送医送药服务，完成127户改厕任务。

【医药卫生体制改革】

现代医院管理制度 鄂尔多斯市被确定为国家城市医疗联合体试点，2所医院列入现代医院管理制度国家试点，4所列入自治区试点。准格尔旗被国务院授予公立医院综合改革真抓实干成效明显地区。

公立医院人事薪酬制度改革 2019年，市直公立医院绩效工资总量较2018年增长5.7%，绩效工资继续向专科医院倾斜10%，将自主招聘和引进的1519人转为岗位数人员，工资待遇参照事业编制人员执行。

医联体建设　以医联体为载体，组建城市医疗集团2个，医共体8个，专科联盟2个。医联体牵头医院共向基层下转患者9076人次，累计派出中级职称以上医务人员到基层坐诊3177人次，接收基层进修学习153人次，通过医联体建设有效促进优质医疗资源下沉。

基本药物配备　按要求完成医疗机构基本药物配备使用任务，其中三级医疗机构为42.06%、二级医疗机构为45.95%、政府办基层医疗机构为75.59%，分别高于自治区22.06、5.95、15.59个百分点。

【医疗服务】

改善医疗质量　实施新一轮改善医疗服务3年行动计划，健全医疗质量管控体系，建立质控中心22个。在8个旗区设立医患纠纷人民调解工作办公室和医患纠纷人民调解委员会，配备专兼职人民调解员51名，调解成功率85%以上。

智慧卫生建设　启动全市电子健康卡项目，5家三级医院、18家二级医院、129家基层医疗卫生机构上线运行，电子健康卡在本次疫情防控工作中作为通行码发挥重要作用。全面开展预约诊疗服务，累计预约73万人次。

高层次人才的引进和培养　第一次“走出去”引进22名高层次人才、公开招聘12名副高以上专业技术人才，培养高端卫生健康人才65名。积极争取各类优秀人才奖励项目，获评自治区人才项目2人、市本级18人。落实全科医生转岗培训、住院医师规范化培训和各类医学考试任务，各项考试指标全区领先，安置订单定向免费医学生27名。

【蒙中医药事业】 市中医医院创建为三级医院，完成所有蒙医中医医院等级复审工作。市蒙医医院东胜部新址和市中医医院新建楼正式投入使用；4个列入自治区成立70周年重点项目的蒙中医院建设任务全部完成。完成30个蒙中医综合服务区建设任务，覆盖率达73.1%。建成自治区蒙医药文化宣传教育基地1个、基层蒙中医科普基地1个、蒙中医药健康文化知识角9个。鄂托克前旗通过“全国基层中医药工作先进旗”国家复审；完成市级第四批名老蒙中医药护称号评选工作，全面启动自治区第三批老蒙中医药专家学术经验继承工作。完成3个旗区的蒙药材、中药材资源普查工作。

【基本公共卫生服务】

夯实公共卫生基础　城乡居民健康档案进一步规范，全市居民电子健康档案建档率达80.59%。人均基本公共卫生服务经费补助标准提高到60元。

完善慢性病等重点疾病健康管理　全市高血压患者规范管理率达75.60%，糖尿病患者规范管理率达73.71%，分别高于自治区15.60、13.71个百分点。

开展传染病防治工作　共报告法定传染病8637例，发病率为419.25/10万；共登记肺结核及疑似患者4373例，成功治疗率达92%；启动布病防治“三位一体”管理模式，报告新发病例500例，及时就诊率100%，治愈率达90.23%。

开展鼠疫防控工作　全市4个鼠疫监测旗共设立固定监测点7个、流动监测点2个，鄂托克前旗、鄂托克旗完成鼠疫实验室标准化和野外监测实验室建设工作。全面构筑并守好鼠疫防控“三道防线”，未出现人间鼠疫疫情。完成预防接种信息化系统与自治区平台对接工作，启动预防接种异常反应基础补偿保险制度，全市基础疫苗接种率达95%以上。

启动社会心理服务体系建设试点工作　严重精神障碍患者治疗管理工作进入自治区前列。

开展尘肺病防治攻坚行动　职业病危害项目申报率、危害因素定期检测率等均达到85%以上。

落实卫生应急工作　修订突发公共卫生事件等应急预案10个，成立市级突发事件卫生应急专家咨询委员会，调整完善市级三类10支160人的卫生应急处置队伍，提高全市卫生应急科学决策和处置能力。

【人口发展】

利益导向政策 发放国家“三项制度”奖励经费2090.18万元，惠及6021人。发放养老护理补贴50.37万元，惠及42人。实施“圆梦行动—救助贫困大学生”和“关爱女孩—天使救助工程”活动，为300名贫困大学生和女孩每人发放救助金2000元。实施紧急救助行动，为41户贫困、特殊计划生育家庭发放救助金24.7万元。

妇幼保健服务 继续实施母婴安全行动和健康儿童行动计划，市中心医院、准格尔旗中心医院、杭锦旗人民医院标准化危重孕产妇和新生儿救治中心通过自治区评估验收。市级、伊金霍洛旗、达拉特旗妇幼保健院成为自治区医改试点单位，达拉特旗成功创建为国家体制机制创新试点县。建设标准化母婴室27个，妇幼年度考核指标和重大妇幼公共项目完成率均达到自治区目标要求。

医养结合工作 市卫健委和中华情医养院2个医养结合案例入选“全国医养结合典型经验”。建成国家级医养结合机构1个、自治区级5个、市级15个。全市75%的养老机构与医疗机构建立合作关系，健康养老产业发展有序开展。

蒙医医院

【鄂尔多斯市蒙医医院领导名录】

副　院　长：孟　柯（蒙古族）
　　　　　　刘　明
　　　　　　赵耘峰
　　　　　　乌云达来（蒙古族）
　　　　　　额尔德尼其劳（蒙古族）

纪检组书记：吕建平

市卫健委派驻医疗督导组组长：秦晓梅（女）

市卫健委派驻总会计师：白云霞（女）

【概况】 鄂尔多斯市蒙医医院始建于1979年，是一所集蒙医医疗、科研、教学、蒙药制剂为一体的国家三级乙等蒙医综合医院。医院设为一院两部，分别设在康巴什和东胜。总建筑面积59152平方米，在岗职工418人，其中卫生技术人员352人，占全院职工的84%，自治区名老蒙医3人，市级名蒙医11人，名药师2人，名护师3人。设置床位480张。医院设有27个临床及辅助科室，有国家级重点专科1个（传统疗术科），自治区重点专科3个（传统疗术科、皮肤科、心身医学科）。在临床治疗方面以蒙医治疗为基础，配合蒙医传统疗术治疗各类慢性病及疑难杂症。

【公立医院改革】 按照自治区卫健委关于调整部分地区三级蒙中医医院帮扶贫困县县级医院对口关系的通知，同杭锦旗蒙医综合医院签订对口支援协议。推进专科联盟建设，进行专科联盟活动，与3家社区卫生服务中心建立医共体。与北京同仁医院取得合作，在7月至10月过敏性鼻炎高发期间，通过鄂尔多斯蒙医医院微信公众号每日播报花粉浓度值，提醒广大鼻炎患者及时做好防护工作。同内蒙古自治区中医院肛肠科及内蒙古医科大学附属医院消化内镜科建立合作关系，两院专家每月到鄂尔多斯蒙医医院进行坐诊开展诊疗活动。与国际蒙医医院建立远程医疗关系，开展远程会诊，远程教学。

【临床用药管理】 成立蒙药制剂备案工作领导小组，按照《内蒙古自治区医疗机构传统蒙药制剂备案管理的通告》鄂尔多斯蒙医医院现有196种蒙药制剂需进行备案，其中128种制剂备案效期延长至2020年12月30日，成功备案46个品种。2019年采购草药294万元、西药804万元，检验原料药材64批次，不合格项目重复检验10余次、不合格率为15%，检验成品126种、不合格率12.7%，有效保证医院的用药安全和药品供应。根据《抗菌药物临床应用指导原则》要求，重点加强围手术期抗菌药物，严格实行抗菌药物分级管理制度，明确医师使用抗菌药物的处方权限。全年住院抗菌药物使用人数967人，使用率为23.15%。34例I类切口手术患者中预防使用抗菌药物人数为4例，使用率11.76%。

【科教工作】 完成国家医师资格实践技能考试基地的建设，顺利通过自治区、国家的评审，并开展2019年鄂尔多斯市蒙医中医类别国家医师资格实践技能考试；开展AHA（美国心脏协会）培训中心建设工作，邀请AHA培训主任导师为鄂尔多斯蒙医医院培训基础生命支持培训导师10人，通过率100%。2019年，共开展继续教育活动16次。邀请院外专家8人。参与继教培训人次1704人次。组织申报省级继续教育项目7项。开展4次“三基三严”考试；组织开展医护人员体格检查培训及实践技能考核1次，参加考核194人。完成医院25名自聘人员办理政府购买服务转岗业务，公开招聘49名工作人员，开展一轮护士长竞聘工作，择优产生4名护士长，参与高校洽谈会2次，为医院梯队建设储备10余名技术人才。开展自治区第三批学术继承、市级第三批学术继承工作，为自治区级学术继承人14人、市级学术继承人4人，举行拜师仪式，加强师承教育工作。

【信息化建设】 医院东胜部新楼改造完成，并于7月28日投入使用；完成医院康巴什部急诊、ICU及住院楼二楼和八楼的改造工程，待相关设施配置齐全后，作为医院妇产科和儿科住院病区。为将先进的诊疗设备与传统蒙医药有机结合，提升医院综合救治能力，医院购置64排螺旋CT等一批先进的诊疗设备，同时配齐医院东胜部医学诊疗设备，使蒙医药的治疗更加精准和靶向化。按照自治区统一要求，完成电子居民健康卡系统对接，配备读卡、发卡自助机等配套设备；按计划完成东胜部新楼的机房、网络、电视、电话、无线覆盖和会议室系统的采购、安装调试，确保东胜部新楼信息系统的正常使用；完成新购的DR、CT、生化、微生物等设备接入PACS系统和LIS系统，实现新设备正常投入使用。

【医院文化创建】 为弘扬发展传统蒙医药，增加民众对蒙医药的了解，医院成功申报蒙医药文化教育宣传基地；在医院门诊楼大厅及住院楼三楼摆放蒙药原药材植物标本；推送鄂尔多斯蒙医医院孟柯副院长为全区首批“草原健康卫士”提名奖，推送副院长孟柯、乌云达来为全区“好医生”月度人物，参与湖南卫视《天天向上》栏目录制，展示蒙医传统疗法茶酒疗法、苏油疗法和蒙医手法按摩。对医院官方网站进行全面改版，开通医院官方抖音账号，及时发布鄂尔多斯蒙医医院重要活动信息、医院资讯、传递正能量、传播医学知识、分享身边有趣、感人的事。2019年，收集信息213条，自治区卫生健康委官网采用4条，市级及各类媒体采用59条，市卫健委采用101条，信息采用量位列市直卫生健康单位第一名。

【平安医院建设】 2019年，医院继续狠抓医疗安全管理，举办各类讲座培训，每月进行1—2次医疗安全检查，发现问题及时进行整改，2019年医院没有医疗事故及重大医疗不良事件的发生。组织开展4次安全生产专项整治检查和“安全生产月”“安全生产宣传周”活动。安全知识讲座4次，应急演练2次，参训人员约1000人次，发放安全生产宣传资料200余份。强化医院感染的综合性监测，提高医院感染散发病例报告制度，全院住院人数4241人次，上报医院感染病例4例，医院感染发病率为0.10 %；无医院感染暴发事件发生。

中心医院

【鄂尔多斯市中心医院领导名录】

党委书记、院长：张凤翔

党委副书记、副院长：郝在军
纪检组组长：郝　杰
副　院　长：折占飞
冯玉宝
王淑敏
王爱琼
杨物鹏
云　伟
总 会 计 师：陈文静

【概况】 鄂尔多斯市中心医院是鄂尔多斯市唯一的三级甲等综合医院，依照有关规定和要求，提供医疗卫生服务，承担医疗、护理、医学科研、人才培养、健康管理、预防保健等工作。医院成立内蒙古超声医学研究所，是自治区超声质量控制中心，拥有国家级临床重点专科重症医学科和自治区领先学科超声医学科。有影像科、骨科、普通外科、眼科等16个市级领先重点学科。是国家卫健委临床药师培训基地和国家住院医师规范化培训基地。建立消化疾病院士工作站、京蒙合作消化疾病医疗中心、内蒙古自治区第三个胸痛中心。腔镜技术、超声医学、影像医学等专业水平居于自治区先进地位。消毒供应中心是自治区实践基地。建成国家心力衰竭医联体内蒙古自治区中心，神经专业、肿瘤专业、心内专业、呼吸专业成为自治区临床医学研究中心核心成员单位。医院设置康巴什部和东胜部，总建筑面积26万平方米，开放床位1700张。年服务的门诊人次、住院人次居自治区前列。拥有PET-CT、宝石CT、3.0T核磁共振、彩超、血管造影机等先进医疗设备。医院拥有博士研究生12人，博士生导师1人，硕士生导师35人。有国家级、自治区级主委、副主委23人。有享受国务院特殊津贴专家1人、国家突出贡献中青年专家1人、内蒙古和鄂尔多斯各类人才数百名。医院先后获评全国“五一劳动奖状先进集体”“全国文明单位”“全国职业道德建设先进集体”“全国卫生计生系统先进集体”“全国百姓放心百佳示范医院”“中国医院百强院”“自治区平安医院示范单位”等荣誉称号。

【人才队伍建设】 2019年，先后赴哈尔滨医科大学、吉林大学、中国医科大学和天津医科大学等重点医学类院校进行“校园招聘”，有10人入职。派出35名医师赴北京协和医院、北大人民医院、中国人民解放军总医院等国内知名医院进修学习。各科室人员比学赶超，争获佳绩。荣获全区青年医师知识与技能竞赛团体二等奖。超声科孙雅琴参加中国西部超声医学学术会议中青年英文论坛获优胜奖。吴迎春参加中国卒中学会神经介入青年委员会年会，获得中国神经介入青年医师手术大赛三等奖，多名药师参加国家、自治区技能大赛并获奖。

【医联体建设】 全年共计接收89名临床、医技进修人员。投入300多万元与各旗县医院建立信息通路，实现优质医疗资源线上下沉。全年向下级医院转诊4129人次，向上级医院转诊121人次。开展远程会诊18例，组织远程会议28次。与市妇幼保健院签订城市医疗集团成员单位协议，定期选派优秀专家到市妇幼保健院坐诊。成立鄂尔多斯市健康体检医疗质量控制中心，开展全市健康体检质控工作。成为北医三院消化科、普外科、骨科、肌骨超声的医联体成员，协商建立院级的深度合作。

【学科建设】 通过认证成为第三批中国心衰中心，为心衰患者提供更加专业、精准的规范化治疗。重症医学科通过国家临床重点建设专科项目验收，专科辐射能力持续扩大。作为内蒙古超声影像研究所，组建和认证“内蒙古超声影像研究所网络直播平台”，注册人数800人。参与国家质控中心内蒙古超声质量安全数据收集及报告撰写。举办自治区2019年度超声质控会。开展超声质控中心线上全区肺及重症超声网络培训课程，疫情期间线上培训人数近600人，获得全区超声界广泛好评。作为脑卒中防治基地医院，完成2800例院外筛查任务，并将所有录入病例进行质控审核，完成1200例院内综合干预任务，获评国家卫健委脑卒中防治工程委员会“2018年度脑卒中高危人群筛查和干预项目先进集体”“2019—2020高级卒中中心”。深化合作办医。2019年，共邀请外院专家到院会诊、手术735例。301医院、协和医院专家团定期到院坐诊，并参与查房、讲座等。

【医疗设备购置】 购置256层能谱CT、PET-CT、SPECT、DR、DSA、ECMO，不仅为临床诊断、治疗提供重要保障，也为临床科学研究提供重要平台。重症医学科开展首例“ECMO”（体外膜氧合治疗技术），达到国内重症医学领域的先进水平，填补鄂尔多斯市技术空白；呼吸科开展全市首例经硬质气管镜支气管肿物切除术，心内科开展鄂尔多斯市首例左心耳封堵术，介入室开展经颈静脉腔内门体静脉分流术、经皮穿刺胆总管结石球囊取石术，胸心血管外科完成两例重症心外伤救治，新生儿科为1公斤早产儿实施经脐动脉置管持续有创血压监测，骨科独立完成显微镜辅助下治疗腰椎间盘突出合并腰椎管狭窄症，麻醉科开展超声引导下神经射频用于晚期癌痛的治疗，康巴什部胸心血管泌尿外科完成室间隔缺损修补术，自主完成首例腹腔镜右肾部分切除术。

【科研工作】持续推进科技创新，2项国家自然科学基金项目结题，1项内蒙古自然科学基金结题。成功申报内蒙古自然科学基金3项，获得鄂尔多斯市应用技术研究与开发专项资金项目6项。获批白求恩医学科学研究基金项目2项，成功申报内蒙古医科大学百万工程项目9项。获批市政府培育学科6个。发表SCI论文7篇。

【医疗质量管理】 加强对病历书写质量的监管。坚持PDCA管理模式，每月召开质控点评会，将检查中发现的问题进行强调、说明，在绩效考核中对应奖惩。临床路径管理继续深化，全年临床路径入组率为97.25%（要求指标＞50%）；完成率94.63%（要求指标＞70%）；开展临床路径例数（48469例）占出院患者（64205例）比例为75.49%，数据指标全部达到自治区相关要求。

【护理服务】全面启用《专科护理质量评价标准》，继续推广品管圈。通过每月调阅监控、每季度组织满意度和健康教育知晓率调查、每半年召开患者工休座谈会等举措深化护理服务内涵。开展延伸护理服务，办好孕妇学校、脑卒中学校、早产儿延伸护理等科普宣讲活动，微课健教形式获自治区卫健委领导批示全区推广；利用儿童节、中秋节、春节等节日契机，举办主题活动，加深医患沟通。承办全市护理行业职工职业技能比赛，加强专业交流。举办读书报告会、故事分享会、评选优秀护士活动，着力提升护士人文素质。

【医院感染管理】 开展医院感染监测、手卫生、职业暴露、多重耐药菌监测和培训，严格监管重点环节、重点部位、高危人群，按时上报传染病、死亡病例，全年医院感染发病率控制在1.70%。顺利通过全区医院感染检查、全区辐射安全检查。完成食源性疾病、慢性病等公共卫生管理工作。

【信息化建设】 截至2019年底，共有2004961人次使用电子健康码，荣获“2019年度全区卫生信息化新技术推广应用先进单位”荣誉称号。启用配液中心PIVAS软件，实现康巴什部长期医嘱集中配液，进一步保障用药安全。完成药品扫描入库系统，上线不良事件上报，具备统计分析功能。上线危急值提醒功能、院感系统，对接开通省内异地城乡居民直报功能，改善门诊电子病历首页功能，增加质控模块。完成五级电子病历文审工作和现场审核，上线病案纸质化归档管理系统，电子病历实现会诊签名，解决电子病历直接用CA签名的问题。医院荣获自治区进一步改善医疗服务行动计划“预约诊疗制度标杆医院”。

【改善医疗服务】 推行无痛分娩，全年无痛分娩428例。开展母婴安全保障工作，开展产前筛查

8831例，荣获“自治区母婴安全示范单位”“全市妇幼健康计划生育技术服务先进集体”称号。推行日间手术，减轻患者负担，手术例数由2018年150例，提高到560例，覆盖56个病种。成立康巴什部中医科，开展中医诊断、用药、治疗。升级改造门诊自助系统，门诊挂号、检查实现分时段预约。影像科开展延时服务。增设发药窗口，简化审核发药环节，缩短患者取药时间。

卫生计生监督执法

【鄂尔多斯市卫生计生综合监督执法局领导名录】

局　长：张瑞芬（女）

副局长：于　浩（7月退休）

温东升

【概况】 鄂尔多斯市卫生计生综合监督执法局为市卫生健康委员会在全市行使卫生计生行政执法职能的执行机构，副处级建制。核定编制35名，领导职数4名（副处级1名、正科级3名），内设12个科室。主要职责：承担《中华人民共和国传染病防治法》《中华人民共和国执业医师法》等11部法律、《公共场所卫生管理条例》等39部行政法规和《生活饮用水卫生监督管理办法》等137部部门规章的监督执法任务。具体负责实施卫生计生专项整治和日常监督检查；对公共场所卫生、生活饮用水卫生、学校卫生及消毒产品和涉及饮用水安全产品进行监督检查，查处违法行为；对医疗机构、采供血机构、中蒙医机构及其从业人员的执业活动进行监督检查，查处违法行为；打击非法行医和非法采供血；整顿和规范医疗服务秩序；对医疗卫生机构的放射诊疗、职业健康检查和职业病诊断工作进行监督检查，查处违法行为，对医疗机构、采供血机构、疾病预防控制机构的传染病疫情报告、疫情控制措施、消毒隔离制度执行情况、医疗废物处置情况和菌（毒）种管理情况等进行监督检查，查处违法行为；对母婴保健机构、计划生育技术服务机构服务内容和从业人员的行为规范进行监督，依法打击“两非”行为，做好违法违纪案件的督查督办；对旗区卫生计生综合监督执法工作进行督查和业务指导；行政区域内卫生计生监督信息的收集、核实和上报；受理对违法行为的投诉、举报；开展卫生计生法律法规宣传教育和执法检查。

【专项监督整治】 持续开展全市范围的扫黑除恶专项斗争、医疗乱象专项整治；全面加强鼠疫防控卫生监督检查；完成“双随机、一公开”要求的各项工作，同时指导全市各旗区完成各自的“双随机、一公开”工作任务；完成抗抑菌剂专项工作；完成疫苗预防接种专项检查；完成传染病防治专项监督检查工作；完成病原微生物实验室验收和备案；完成中国商飞供应商大会、内蒙古国际能源大会等7项重大活动的公共场所和生活饮用水卫生保障；在全市范围内集中开展住宿场所卫生专项整治工作；深入开展保健品市场乱象百日行动专项监督检查；开展学校传染病防治、生活饮用水、学校医疗机构及保健室、突发公共卫生事件应急处置专项监督检查；严格开展食品安全标准备案工作；开展对辖区内职业健康检查机构的督导检查以及辖区职业健康企业摸底工作；开展对康巴什地区公共场所和生活饮用水、二次供水单位的日常监督检查；进一步加强卫生计生监督信息报告工作，规范全市信息报告系统的使用和数据利用。

【荣誉奖励】 3月，在内蒙古卫生监督所组织的“2018年全区卫生计生监督信息报告数据管理年”活动中，市卫生计生综合监督执法局获得全区信息报告工作先进集体，3人获得先进个人。

中医医院

【鄂尔多斯市中医医院领导名录】

院　　长：李寿庆

副 院 长：王爱芳（女）
医疗服务督察组组长：马灵源
副 院 长：王利祥
王　猛
乌日娜（女，蒙古族）
总会计师：史美荣（女）

【概况】 鄂尔多斯市中医医院于1979年获批复、1982年建立，是一所集中医医疗、预防、康复、保健为一体的综合性三级中医医院。医院编制床位480张，开放床位400张，2019年有在职职工519人，卫生专业技术人员453人，中医药人员112人，护理人员170人，其中高级职称人员97人，中级职称人员123人，具有硕士学历的39人，自治区名中医2人，鄂尔多斯市名中医13人，鄂尔多斯市名老中医1人，核定事业编制142名。开设针灸科、骨伤科、妇产科、儿科、肾病科、心血管病科、肺病科、脾胃病科、脑病科等26个一级临床科室；13个行政职能科室，15个护理单元，11个医技科室；自治区中医特色优势重点专科3个（针灸科、妇产科、肾病科），自治区中医特色优势重点专科在建设项目3个（脾胃病科、脑病科、骨伤科），市级重点专科7个（肿瘤科、皮肤科、肺病科、心血管病科、内分泌病科、儿科、肛肠科）。医院设备齐全，医疗设备总值近1.3亿元，拥有飞利浦64排128层CT、美国GE双排螺旋CT、德国西门子1.5T核磁共振、德国西门子医用血管造影X射线机(DSA)、美国GE和德国西门子DR等设备。2019年，门诊诊疗人次为331188人次（其中东胜部为71799人次），较2018年同比降低0.1%；手术处置人次为3978人次（其中东胜部为522人次），较2018年同比增长14.3%；日均门诊人次数为973人次，较2018年同比减少0.3%；门诊中医治疗率为64.8%，较2018年同比增长6.1%；药占比为36.08%，比2018年降低0.67个百分点。出院人次为8219人次，较2018年增长14.8%；实际占用床日数为62778天，较2018年增长9.0%；手术人次为573人次（其中胆结石手术82例），较2018年同比减少8.3%；平均住院日为7.6天，较2018年同比下降7.3%；病床使用率为49.7%，较2018年同比下降43.3%；病床周转次数为26.5，较2018年同比下降33.4%；住院中医治疗率为96.8%，较2018年同比增长3.6%。

【医改工作】 与陕西省中医医院、榆林市中医医院、内蒙古自治区国际蒙医医院签约医疗联合体，成为内蒙古蒙医中医医疗联合体理事单位，与鄂尔多斯中医疗养医院、裕康中医医院、康东中医医院等7家医疗机构签订医疗联合协议。开展对口支援工作，进一步规范分级诊疗制度。与康巴什区慢性病医院及5个社区卫生服务中心等多家医疗机构签订双向转诊和对口支援合作协议。完善双向转诊程序和标准，下转患者较2018年同期增长12.5%。57个临床路径表单框架已植入电子病历系统，全年共4935例患者进入路径，入径率60%。

【医疗质量管理】 结合医院工作实际，重新调整医院质量管理委员会、医疗质量小组及科室质控小组，修订各类管理委员会制度，印发《全面质量考核通报》12期，开展质控资料检查12次。完善医疗技术管理制度，医院10项自治区级限制类技术在市卫健委备案。全年共开展24次病历检查，监管检查运行病历4188份，住院病人的当日运行病历检查率达到100%，查出有问题病历397份并及时反馈整改，反馈整改程度持续提高。加强医技、临床科室之间的合作与沟通，定期派医技科室人员到临床科室宣讲；医技科室大型设备CT检查阳性率77.1%，DR检查阳性率52.2%，B超检查阳性率为73.5%。申报市级科研课题1项，与外院合作科研1项；全年送出进修14人次；外出参加学术活动63人；派出参加西学中培训2人次；派出参加中医特色传承高级研修班1人次；参加住院医师规培1人次；接收医学院校、基层医院临床医技科室到院实习进修30余人次。

【重点专科建设】 肾病科、妇产科、针灸科顺利通过自治区中医特色优势重点专科验收。脑病科、脾胃病科及骨伤科纳入第二批重点专科建设项目。开展甲状腺结节超声技术、核磁共振等8项新技术和新业务。

【发挥中医药优势】 组织中医理论学习，传承中医经方与经验，注重中医思维培养，强调经典、辨证与理法方药的学习应用，开展中医技术临床疗效研究工作，促进中西医相互补充，开展中医技术项目共69项，门诊非药物中医技术治疗人次占10.21%。

【护理工作】 积极开展中医护理，全年中医护理执行8万人次，较2018年同期增加4.5万次，中医护理覆盖率达88%，较2018年增长8.9%。完善修订患者身份识别制度、不良事件管理等制度。成立4个护理专业学组和4个护理管理学组，并制定详细的工作实施方案。全年集中组织新入职护士培训5次；集中学习中医基础理论12次。不断提升护理科研能力，全年共有5项护理专利申报成功。

【医院感染控制管理】 医院感染控制管理水平不断提升，全年共开展感染知识培训8次，院感知识考核4次，合格率达92%；开展医疗废物应急演练培训1次，感染暴发应急演练1次。严格落实好鼠疫防控工作，开展专题培训3次、安全部署会议3次，发放各类资料1万余份。预检分诊挂号人数3万人，发热人数116人次，排除疑似病例2例。

【临床用药】 推进药品招标采购工作，药品挂网采购率达100%。对中药供货商进行综合评估2次，剔除医院现有的13种国家重点监控药物，33种长期临采药品纳入长期采购目录；坚持药师查房制度和门急诊处方点评，持续监测医院抗菌药物的合理应用，全年共上报药品不良反应76例；开设用药咨询窗口，每月定期开展中药合理用药知识宣传与教育。

【器械管理】 全年共采购医疗设备及器械等1130台件，巡查检修、预防性保养医疗设备1233台件，检定计量器具332台（件），上报医疗器械不良事件14例。招标采购项目共计22次（其中政府招标21次、院内自行组织招标1次）。

【医院设施建设】

持续推进信息化建设　HIS、LIS、电子病历、临床路径、智能护理等系统已在医院正式上线运行，开通预约挂号服务系统。

打造特色中医文化环境　分步实施打造全区中医药文化基地，医院东楼前文化广场初步建成，在医院东楼大厅安装中医历史人物浮雕，集中展现中医药发展的历史；印发《中国传统文化核心价值观念读本》和《员工手册》，并对全院职工进行相关培训；承办自治区中医药学会针刀分会、小儿推拿分会、脾胃病分会、中西医结合内分泌分会、“岭南陈氏针法”培训班和鄂尔多斯市中医药学会学术年会之扶阳论坛会议。

【人才队伍建设】 多次邀请外院专家到院进行实地指导，同时分批派出各类专业技术骨干和管理人员赴自治区中医医院、巴彦淖尔市中医医院、乌海市中蒙医院、榆林市中医医院等医院考察，切实提高业务骨干和管理人员的业务能力。做好继续医学教育工作，全年新申报自治区级继教项目6项，完成年度医师定期考核。开展临床教学工作，成立临床技能培训中心，购置相应教学模具及设备，为继续教育培训打下良好的基础。

【三甲医院创建工作】 将三甲医院创建工作纳入医院发展规划中，成立院、科两级创建组织机构，邀请国内评审专家到院解读评审细则8次，赴兄弟医院学习交流15次。2019年12月底通过自治区三级医院评审，医院从学科发展、科学管理、人才建设等方面上升到一个全新的平台。

【“平安医院”创建工作】 进一步强化院内安全防范，完善医院安保体系和制度建设，加强安全生产日常管理。委托第三方公司出具西楼消防系统检测报告及整改清单，招标工作落实后将立刻进行整改完善；定期开展消防培训和应急演练，做好消防系统维护及器材储备工作，确保消防安全。全年共进行消防安全知识培训4次、反恐防暴专题讲座1次、消防应急演练3次、反恐防暴应急演练1次，发放消防宣传资料600余份。

【扶贫工作】 每月定期由院领导带领专家，入村进行义诊和健康讲座，同时多次协助市政协、市人大、市卫健委等部门赴乌审旗、鄂托克旗等地开展义诊活动。全年共义诊20余次，派出业务骨干84人次，义诊患者1800余人，发放健康宣传册、宣传资料2000余份。扶持村级企业、卫生院，建设中医馆，累计直接或间接投入资金和设备约75万元。

疾病预防控制

【鄂尔多斯市疾病预防控制中心领导名录】

主　任：王子华

副主任：苏雅拉图（蒙古族）

李　炜

石　峰

【概况】 鄂尔多斯市疾病预防控制中心是集疾病预防与控制、突发公共卫生事件应急处置、疫情及健康相关因素信息管理、健康危害因素监测与干预、实验室检测检验与评价、健康教育与健康促进、技术管理与应用研究指导于一体的公共卫生技术服务机构。市疾控中心设有23个科室，其中职能科室4个、业务科室19个。2019年有在编在岗人员123人，其中高级职称48人、中级职称38人、初级职称37人；博士3人，硕士18人，本科75人，其他人员都具有大专或中专以上学历。主要工作：开展疾病（包括传染病、地方病、包虫病和慢性非传染性的疾病）预防控制、突发公共卫生事件应急、环境与职业健康、营养健康、免疫规划、老龄健康、妇幼健康、放射卫生和学校卫生等工作，为地方制定公共卫生法律法规、政策、规划、项目等提供技术支撑和咨询建议。组织制定地方性公共卫生技术方案和指南，承担公共卫生相关标准综合管理工作；承担实验室生物安全指导和爱国卫生运动技术支撑工作及烟草控制技术支撑工作；开展健康教育、健康科普和健康促进工作。开展传染病、慢性病、职业病、地方病、突发公共卫生事件和疑似预防接种异常反应监测及国民健康状况监测与评价，开展重大公共卫生问题的调查与危害风险评估；研究制定重大公共卫生问题的干预措施和国家免疫规划并组织实施。规范管理疾控信息系统及大数据，依法依规及时填报健康相关信息。按照食品安全事故流行病学调查和卫生处理相关技术规范，参与本地公共卫生应急准备和应对，指导地方突发公共卫生事件调查、处置和应急能力建设以及食品安全事故流行病学调查。开展疾病预防控制、突发公共卫生事件应急、公众健康的科学研究和技术开发，推广疾病预防控制新理论、新技术、新方法。开展公共卫生专业领域继续教育和相关专业技术培训。按照要求实施国家疾病预防控制规划和项目，对相关机构开展业务指导，参与专业技术考核和评价相关工作。开展公共卫生活动和公共卫生领域的国际交流与合作，承办卫生健康主管部门交办的其他事项。

【鼠疫防控】

人间鼠疫防控　11月14日接到北京疾控中心协助调查疑似鼠疫患者密切接触者的函后，中心第一时间协助开展流行病学调查、启动“三项报告”制度，多次深入旗区指导工作，疫源旗监测面积达到2620平方公里，使用15吨烟雾炮灭鼠灭蚤。进机关、社区、企业宣讲10余次；通过微信、头条宣传鼠疫防治知识，阅读量达3.7万次；通过短信发送信息15万条，通过联通网络电视开机播放宣传视频33天，覆盖15万户联通网络电视用户。

鼠间鼠疫监测　3月在鄂托克旗棋盘井镇楚鲁拜嘎查检出2株鼠疫菌，中心第一时间按照有关方案开展疫区处理。同时，积极组织疫源旗区依据“两早一延长”原则扩大监测范围，在鼠密度较高地区强化鼠疫监测。

【艾滋病防治】 截至11月底，共发现并报告HIV/AIDS 36例，其中男性35例、女性1例。传播途径以性传播为主，其中同性传播占58.8%。

【结核病防治】 全市共登记肺结核及疑似肺结核病患者4373例，发现活动性肺结核患者550例，病原学阳性率56.00%。肺结核患者成功治疗率为92.00%、总体到位率为95.60%、密切接触者筛查率为100%、病原学阳性肺结核患者耐药筛查率83.10%。全市共登记学校肺结核病患者22例，对所涉及的学校均按照《学校结核病防治工作规范（2017版）》要求进行处置。

【布鲁氏杆菌病防治】 布病防治工作，监测重点人群14913人，新发病例429例。中心布病防治工作人员与项目旗区人员赴呼和浩特市、和林格尔县考察、交流、学习布病“三位一体”综合防治模式，并在杭锦旗举办全市布病防控治疗现场推进暨“三位一体”启动工作交流会。

【计划免疫接种及管理工作】 疫苗累计报告接种率除含麻疫苗未达标外（缺苗），其余疫苗接种率均已达到95%以上；共报告麻疹病例57例，临床符合病例7例；共报告AFP病例7例；报告手足口病例2924例，各旗区共完成采样、送检任务365份；疑似接种异常反应信息系统共报告监测个案288例，一般反应283例，报告旗区覆盖率100%；为全市9个旗区共配送疫苗52.588万支，行驶近1.22万公里。全市9个旗区除康巴什以外均配备疫苗存储的常温冷库和冰箱。中心存储疫苗的冷库上半年进行升级改造。全市疫苗出入库使用信息系统管理，免疫规划信息管理系统监测网、麻疹专报网、AFP病例专报网、预防接种异常反应专报网均正常运转。

【地方病防治】 完成尿碘、盐碘、水碘外质控样考核、饮茶型地氟病监测、8个旗区的5215个自然村水样采集检测及全市地方病防治三年攻坚行动中期评估工作。

【慢性病防治】 康巴什等4个旗区创建自治区示范区工作已完成，等待自治区的复审；死因监测网报死亡报告病例6091人，粗死亡率3.53‰；超额完成脑卒中高危人群筛查3122例（任务2800例），并受到国家项目办表彰；全市各旗区均已启动全民健康生活方式行动工作、肿瘤随访登记项目、伤害监测信息管理工作。

【卫生监测】 2019年，共体检工人5600余人次，诊断职业病112例；重点职业病网报率达412.00%（居自治区第一）；随访与回顾性调查职业性尘肺病人767例（居自治区第四）。完成2019年鄂尔多斯市医疗卫生机构辐射防护监测、职业性放射性疾病监测与职业健康风险评估、非医疗机构放射性危害因素监测三个项目工作。完成3226名学生体质调研、19641名学生常见病监测工作，指导各旗区疾控中心开展学校教学环境监测工作。发放健康证9145个；完成全市枯水期和丰水期582份生活饮用水监测（居全区第三）；上报140家食源性疾病监测哨点医院监测病例2527例（居全区第二）；完成农村环境卫生、空气污染对人群健康影响监测和公共场所健康危害因素监测项目工作，其中全国农村饮用水卫生监测获得国家疾控中心表彰。中心实验室检测各类样品2万余份。

【健康教育和健康促进】 完成健康教育宣传橱窗任务4期；开展“3·24”结核病防治、“4·25”计划免疫、“5·15”碘缺乏病的专题等10余次宣传活动；及时向上级有关部门投稿177条，其中鄂尔多斯市广播电视台采用3条，鄂尔多斯发布采用1条，市卫健委官方网站和微信公众号采用98条；通过移动短信宣传慢性病、传染病防治等知识近36万条；完成健康巡讲18场，开展宣传活动10余次，发放宣传册7万余份。

【教学科研】 市疾控中心与内蒙古医科大学公共卫生学院重新签订《内蒙古医科大学预防医学实践教育中心基地协议书》，2019年共培养本科生5名，中心1名同志被内蒙古医科大学聘为流行病学与卫生统计学专业硕士生导师；2019年获得自治区社科项目1项、自治区人才开发基金1项、市科技项目艾滋病分子流行病学及传播网络研究、结核病流行状况和防治知晓率调查研究、布病及尘肺病三间分布调查等8项，共计经费45万元；在国家级、省级期刊发表论文13篇。

【鄂尔多斯市“120”医疗救援指挥中心工作概况】 鄂尔多斯市“120”医疗救援指挥中心2005年经鄂尔多斯市人民政府批准成立，于2006年组建，2007年7月28日试行，是鄂尔多斯市唯一的一所独立的“120”急救指挥专业机构，隶属于鄂尔多斯市卫生和计生委，全额事业单位，公益一类，科级建制，1正2副，核定编制24人。内设办公室、调度科、急救科、网络科、综合科等5个科室。鄂尔多斯市“120”医疗救援指挥中心承担全市医疗指挥调度服务工作，督导急救站（点）的急救工作，开展急救知识宣传、培训，建立健全全市医疗救援网络管理等工作。中心统一全市“120”特服号，建立起“120”通信指挥调度系统，通过对急救网络的统一管理，急救资源的统一调度，实现报警信息的统一受理、统一指挥、统一组织和统一协调。

鄂尔多斯市第二人民医院

【鄂尔多斯市第二人民医院领导名录】

院　　长：刘永清
副 院 长：杨　春
　　　　　庞永立
　　　　　田玉朝
　　　　　周丽霞
　　　　　王利斌
总会计师：高　科
名誉副院长：齐卫东
市纪委监委派驻纪检组组长：宋俊伟（3月任职）
市卫健委派驻医疗服务督察组组长：
　　　　　石志强（6月任职）

【概况】 鄂尔多斯市第二人民医院始建于1990年。是由鄂尔多斯市人民政府主办的集医疗、科研、教学、预防、保健、康复于一体的传染病专科医院，是北京佑安医院、北京地坛医院、解放军第309医院协作医院；是佑安医疗联盟、地坛感染病联盟、北京结核病诊疗技术创新联盟医院。肝病学科、分子生物学科为鄂尔多斯市领先学科，结核病为鄂尔多斯市重点学科。根据鄂尔多斯市人民政府2018年第9次常务会议纪要，2019年初，鄂尔多斯市第二人民医院与鄂尔多斯市第三人民医院完成整合。医院新址位于鄂尔多斯市空港物流园区，占地面积5.3万平方米，一期建筑面积4.7万平方米、投资5亿元，其中医疗设备投资1.6亿元。医院有职工433人，卫生技术人员309人，其中具有高级职称者50人。医院设有14个临床科室、8个医技科室，两部共有病床420张，其中东胜部床位120张、空港部床位300张。2019年初，医院肝病区、综合病区以及各行政、职能科室正式搬迁至空港院区，东胜院区作为全市突发及重点监测传染病定点收治单位开展业务工作，一院两部运行。

【人才引进和培养】 2019年1月，从原神东总医院以人才引进的方式，引进高级专业技术人才8名，引进骨科团队1个。派出学科带头人、科室骨干成员赴北京等各大医院进修学习100多人次。

【学术会议】 2019年7月13日，承办“第三届鄂尔多斯市感染及肝病学术会议2019年会暨第二届鄂尔多斯市传染病母婴阻断学习班”；8月11日，承办中华医学会结核病学分会呼吸内镜基本技术巡讲手把手培训班。

【成立变态反应科】 针对鄂尔多斯市过敏人群需求的不断增加，鄂尔多斯市第二人民医院派出人员进修学习，加强学习成果应用，成立变态（过敏）反应科，并于2019年11月18日正式开诊。变态反应科开展常规过敏源检查，针对过敏性鼻炎、结膜炎、哮喘、皮炎、荨麻疹、食物过敏、药物过敏等予以对症治疗、脱敏治疗及上下气道的精准治疗。与北京世纪坛医院就过敏相关疑难病例开展双向转诊。

【“120”院前急救】 鄂尔多斯市第二人民医院加强“120”急救站科室设置、人员和设备配置，完善“120”急救网络建设，于2019年11月21日正式开通“120”院前急救业务。

【防控鼠疫疫情】 从2019年11月发现鼠疫病例以来，医院高度重视，启动应急病房，制定应急预案和流程，储备应急药品，加强预检分诊，多次召开鼠疫防控调度会，开展应急演练和全员培训，申请鼠疫防控专项经费购置负压救护车、红外线体温检测仪、空气紫外线杀菌系统等，调动全员力量，积极防控鼠疫疫情。

【疼痛微创介入治疗技术】 医院骨科团队开展以微创介入治疗为主的综合方法治疗颈椎间盘突出症、腰椎间盘突出症等颈肩腰腿痛；顽固性带状疱疹神经痛；三叉神经痛等头面部疼痛；外周神经病变或损伤疼痛；髋、膝严重骨关节炎；糖尿病足疼痛；会阴痛；偏头痛；丛集性头痛；颈源性头痛。

【TIPS（经颈静脉肝内门体静脉分流术）技术】 新开展TIPS（经颈静脉肝内门体静脉分流术），鄂尔多斯市首次开展的介入手术，主要是治疗肝硬化门脉高压引起的上消化道出血和顽固性腹水。

【肝脏弹性扫描检测技术】 肝脏弹性扫描检测技术，可以定量检测肝脏硬化程度和脂肪肝的程度，该项检测为鄂尔多斯市首次开展。

【鄂尔多斯市老龄委员会办公室工作概况】 鄂尔多斯市老龄委员会办公室是鄂尔多斯市老龄委员会下设的办公室，主要职责是开展全市老龄工作的调查研究。组织协调、监督检查以适应人口老龄化的发展趋势，贯彻落实国家、自治区和市有关老龄工作的方针、政策、法规，维护老年人合法权益，研究提出全市老龄事业发展的政策、规划和措施，指导和推动养老保障和为老服务工作，承担涉老社会中介组织的业务管理工作，组织开展调查研究，收集、整理老龄工作的有关情况和信息，总结推广先进经验，开展老龄工作人员业务培训工作。2019年，按内蒙古自治区老龄办“乐龄工程”工作要求，支助为老服务协会10家，拨付资金20万元。

鄂尔多斯市第四人民医院

【鄂尔多斯市第四人民医院领导名录】

支部书记、院长：孙利东（蒙古族）
副　院　长：张　丽（女）
林茂光
巴音孟克（蒙古族）
额尔德尼达来（蒙古族）
总 会 计 师：候　琼（女）
纪检组组长：宋俊伟
督查组组长：白东浩

【概况】 鄂尔多斯市第四人民医院始建于1972年，前身为伊克昭盟社会福利院精神康复科，后作为“鄂尔多斯市精神卫生中心”独立运行，2014年底归口卫生计生系统管理，并更名为“鄂尔多斯市第四人民医院”，挂“鄂尔多斯市精神卫生中心”牌，是鄂尔多斯市唯一的二级精神专科医院，集精神病预防、治疗、康复、科研、培训、指导为一体，内设精神医学科、心理医学科、睡眠医学科、儿少心理科、物质依赖科等科室，医院占地面积1.9万平方米，核准床位240张，医院职工217人，拥有各类专业技术人员160余人。2019年医院门诊量75307人次，较2018年度增长35.11%；出院1484人次，较2018年度增长35.03%；门急诊患者次均费用233.50元，较2018年度下降15%；药占比32.65%，较2018年度下降约8个百分点；检查、化验收入占比11.06%；医疗服务收入占医疗收入比56.17%；平均住院天数67.56天，床位使用率92%。2019年，各项收入总计突破8800万元，其中医疗业务收入首次突破5100万元。

【精神残疾人鉴定】 2019年1月起，鄂尔多斯市第四人民医院为保障精神残疾患者切身利益，统筹全市精神科医疗资源，开展精神残疾鉴定工作，全年累计完成精神残疾患者鉴定2200余人次，与市残联减免贫困精神残疾人鉴定费2.27万元，协助精神残疾患者领取残疾补助合计近645万元。

【严重精神障碍综合管理】 2019年5月起，在市卫健委、市政法委双牵头带动下以市第四人民医院精神卫生项目办网格化管理为主体开展二轮严重精神障碍患者筛查诊断和病情评估工作，共计筛查严重精神障碍患者8450人；出具危险性评估表4367份；对高风险患者、行动不便患者入户指导189户；发放贫困患者免费药物3403人次，免费发放药物金额合计42.87万元；开展精神卫生健康知识讲座185场次；督查调研全市135个基层医疗卫生机构工作开展情况；开展全市严重精神障碍管理治疗工作培训会议2次。

【社会心理服务体系建设】 在鄂尔多斯市社会心理服务体系建设试点领导小组的领导下，市第四人民医院负责试点建设项目办工作。2019年9月10日，国家社会心理服务体系建设试点工作督导组对鄂尔多斯市精神卫生和社会心理服务体系建设试点工作的督导调研，根据调研反馈意见探索适合鄂尔多斯市实情的社会心理疏导和危机干预及规范管理的模式，搭建基层心理服务平台，完善教育系统心理服务网络，规范发展社会心理服务机构，健全心理健康科普宣传网络。

【学科建设】 2019年，医院以传统民族医学结合精神科为突破点，完成《蒙药复方苏格木勒–4治疗失眠症临床研究及其药效物质和作用机理表征》自治区立项。《预防精神分裂症复发的高效社区管理治疗模式研究》科研项目在鄂尔多斯市立项。

【改善医疗服务】 2019年12月，鄂尔多斯市第四人民医院在由国家卫生健康委医政医管局和健康报社联合举办的2019年度改善医疗服务典型经验交流推广会上，荣获2019年度“进一步改善医疗服务行动计划”国家级奖项，院长孙利东荣获“改善医疗服务优秀个人案例”称号。

【精神科专科联盟】 2019年7月27日，第二届北方精神医学鄂尔多斯高峰论坛暨鄂尔多斯市医学会精神医学专业委员会第二届年会在鄂尔多斯召开。会上，鄂尔多斯市第四人民医院与西安交通大学第一附院、山西医科大学第一医院达成专科联盟合作协议并举行揭牌仪式。

爱国卫生运动

【鄂尔多斯市爱国卫生运动委员会办公室领导名录】

主　任：王景隆

【概况】 鄂尔多斯市爱国卫生运动委员会办公室为相当副处级财政全额拨款事业单位，隶属于鄂尔多斯市卫生和计划生育委员会。内设综合科、创建科、病媒生物预防控制科、环境卫生科、健康教育所5个科室。主要职责：承担爱国卫生条例的实施监督，卫生宣传和健康教育，城乡社会卫生管理，环境卫生综合治理，创建卫生城市、乡镇、街道、单位、住宅区，开展社会卫生科学交流与合作等工作。

【国家卫生城市创建】 年初全国爱卫会正式印发2018年国家卫生城市复审结果通报文件，确认鄂尔多斯市以846.5分的高分通过复审，成为全国被通报表扬的九个城市之一，国家卫生城市实现“发现问题—限期整改—督查验收—长效保持”的常态化管理工作机制。

【各级卫生城镇创建】 自杭锦旗国家卫生县城及罕台镇、伊金霍洛镇等8个镇区的国家卫生镇创建工作开展以来，通过强化创建组织、持续宣传发动、上下合力联动、责令限期整改等方式，推动各级卫生城镇的创建工作。杭锦旗国家卫生县城及八个国家卫生镇的创建工作都已完成公示环节，国家拟于近期命名。截至年底，全市共培育34个自治区级卫生乡镇（苏木），314个自治区卫生村（嘎查），创建率分别达66.7%和42.7%，位居全区前列。

【健康教育与健康促进】 以健康教育宣传为主旨的“健康鄂尔多斯大讲堂”和《健康鄂尔多斯》电视专栏持续开办，累计举办讲座400余期、电视专栏267期，已成为鄂尔多斯市健康教育宣传的主阵地之一。同时，以“一周两月”、世界无烟日、世界害虫日等各类健康促进活动为载体，大力开展健康教育与促进工作，年内市爱卫办组织健康巡讲15场。通过评选无烟单位、开展控烟宣传教育等方式，切实抓好全市控烟履约工作，截至年底，命名无烟单位141家。起草《鄂尔多斯市控烟条例》。自2016年准格尔旗成功创建国家健康促进旗以来，各旗区均开展形式多样的健康促进活动，乌审旗成功申报全国第四批健康促进试点旗，伊金霍洛旗、达拉特旗已申报全国第五批健康促进试点旗。

【健康细胞工程】 以整体推进、重点突破、培育示范亮点等方式，全面推进鄂尔多斯市“健康社区”“健康家庭”“健康学校”等健康细胞建设工作。全市现共创成健康单位460个，着重培育打造健康城市示范单位37个。

【病媒生物防制】 每年除动员和发动干部群众开展除“四害”活动外，还聘请第三方专业机构于春秋季定期集中开展消杀，城区病媒生物防制工作已基本做到全覆盖、无盲区。特别是年底锡林郭勒盟人间鼠疫疫情发生以来，通过召开鼠疫防控工作推进会、举办病媒生物防制知识培训会，印发开展病媒生物综合治理通知、印制各类鼠疫防控宣传手册和海报等措施，全面加强鼠疫防控工作。截至年底，市旗区两级爱卫办共投入260万元专项用于开展城镇灭鼠灭蚤消杀工作；印制的各类鼠疫防控宣传资料7万余份均已向各旗区发放；市、旗两级爱卫机构开展城镇灭鼠共投入药物约3.3万公斤，投入粘鼠板和鼠夹约2.7万个，投入毒饵站约5.1万个；组织发动各级机关干部、社区群众、志愿者参与城乡环境卫生整治活动约2.6万人次，动用各类垃圾清扫车辆5700余辆次，清运各类垃圾约2.2万吨。

【鄂尔多斯市人口和计划生育药具管理中心工作概况】 鄂尔多斯市人口和计划生育药具管理中心是鄂尔多斯市卫生健康委下属的正科级全额事业单位，事业编制8名，科级职数2名（1正1副），专业技术人员6名。承担本地区国家免费计划生育药具的调拨、供应、发放、科普宣传、咨询指导、信息统计、人员培训、质量监管等各项职能。原名伊克昭盟避孕药具服务站，2009年4月更名为鄂尔多斯市计划生育药具服务站，2010年7月更名为鄂尔多斯市人口和计划生育药具发展中心，2011年5月更名为鄂尔多斯市人口和计划生育药具管理中心。2019年，坚持常住人口与流动人口药具服务上的同城待遇。推广药具自助发放机的应用普及。加大免费发放点的覆盖面，做到全员覆盖。大力宣传普及药具和生殖保健科普知识，提高地区生殖健康水平。做好药具计划、调拨、质量管理、不良反应监测工作。

【鄂尔多斯市中心血站工作概况】 鄂尔多斯市中心血站是鄂尔多斯市卫生健康委员会下属的不以营利为目的的公益性事业单位。于1995年5月经原伊克昭盟行政公署批准成立的鄂尔多斯市范围内的唯一一所专业采供血机构。市中心血站下设有办公室、质量管理科、招募/体采科、成分科、检验科、储发血科、后勤保障科、科教与信息科、财务科、乌审旗分站。共有事业编制23名，其中科级领导职数4名。主要职责是无偿献血者的招募，血液的采集、检测、制备、医疗临床用血的供应、医疗临床用血的指导等。截至年底，用于血液采集、检验、制备和贮存的设备主要有核酸检测系统、全自动酶免分析系统、标本保存系统、PK7300全自动血型分析仪、全自动生化分析仪、五分类血球计数仪、Trima及汾沃血液成分分离机、全自动血细胞处理系统、残余白细胞计数仪、血浆速冻机、温湿度智能温控系统、专用储血冰箱等。采血点（包括流动采血车、固定献血屋）达7处，急救送血车5辆。2019年，全年共采集血液12951人次，采集血液总量24676.25个单位（约5吨）。其中团体招募献血6991人次，街头自愿献血5960人次。一次献血400毫升的占献血人次83.56%。机采血小板1253个治疗量，向临床提供全血21个单位，红细胞类血液制品22071个单位（其中：洗涤红细胞悬液148个单位，去甘油解冻红细胞9个单位），单采血小板1188个治疗量，冷沉淀2060个单位；全年总报废率控制在1.8%。2019年全年无偿献血返还31人次，返还血量3.228万毫升，返还金额32473元。

血液检测　2019年，酶免检测共13569人份，阳性246份，检测合格率98.19%，完成血液初复检率100%的目标值。核酸检测共检测标本13504人份，阳性8份，合格率99.94%，有效缩短经血传播疾病的窗口期，并且使发往临床的各种血液制品100%通过核酸检测结果为合格的血液产品。另外还增加人类T淋巴细胞白细胞病毒检测，该项业务是承担国家卫健委的前哨监制，为以后开展此项检测提供基础数据，按照检测标本的15%比例进行，2019年共检测2177人份，不合格0份，合格率100%。全年所有参加国家临检中心室间质评、自治区血液质量控制中心室间质评、自治区CDC室间质评成绩均为优秀。

【鄂尔多斯市干部保健中心工作概况】 鄂尔多斯市干部保健中心于2006年经鄂尔多斯市人民政府批准成立，隶属于鄂尔多斯市卫生和计划生育委员会，为全额事业单位，科级建制，核定编制4人。单位主要业务以贯彻落实自治区及市党委干部保健工作政策和规章制度；负责市保健委员会确定的保健对象的医疗保健和预防保健工作及有关干部的预防保健和健康教育工作；负责市党委、人大、政府、政协重要会议、重大活动的医疗保健和卫生防病的组织工作；检查指导市干部保健基地和旗区干部保健工作；承担市保健委员会办公室的日常工作。2019年，干部保健中心管理的保健对象共416人，根据保健对象的范围和分级管理的原则，按照年初计划和中央、自治区保健局规定的体检项目，认真落实干部健康体检工作。在职地级领导、离退休地级领导、在职正处级领导的体检率分别达到80%、95%、93%。主动做好健康信息服务，统一为地级干部（包括离退休地级干部）订阅《保健医苑》《养生保健指南》《饮食科学》《健康文摘报》杂志，为保健对象普及健康科学知识，提供保健指导，增加保健意识。

开通就医绿色通道　将市中心医院作为离退休老干部定点就诊医院，开通干部看病就医绿色通道，并设置特诊区提供集预约、挂号、检查、收费、取药、收治住院集一身的“一站式”服务门诊。与市中心医院京蒙合作消化疾病医疗中心积极合作，全年由北京胃肠镜专家亲自诊疗的保健对象达60人次，取得不错的效果。大型会议和等级接待中的医疗保健工作任务。在国际会议、国家级会议、自治区级会议、大型活动及等级接待任务期间，坚持驻地值班，协调医护人员随时跟团出诊，全年顺利完成各类医疗保健任务20多次。

【鄂尔多斯市卫生和计划生育干部人事档案管理中心概况】 鄂尔多斯市卫生和计划生育干部人事档案管理中心加挂“市卫生和计划生育干部培训中心”牌子，职能职责包含三个方面内容：一是开展本系统在职干部岗位培训、公务员培训、专业技术人员继续教育培训；二是开展职业技术教育和生殖健康咨询专业资格认证培训；三是对卫生计生系统干部人事档案进行管理。市卫生和计划生育干部人事档案管理中心核定事业编制4名，其中科级领导职数1名。全年共举办完成16个全市性的培训班。年内，组织委机关领导、相关科室负责人、旗区卫健委主任、全市三级以上中蒙医院院长，按照学习考察内容分为三个批次赴呼和浩特、乌兰察布等地进行学习考察，各组均撰写调研报告，进行研究学习，并结合实际工作予以推进。打造鄂尔多斯市卫生健康网络教育学院，打造鄂尔多斯市卫生健康领域权威的免费线上学习平台。

【鄂尔多斯市公立医院管理中心工作概况】 鄂尔多斯市公立医院管理中心为科级事业单位，经费实行财政全额拨款，隶属于鄂尔多斯市卫生健康委员会。主要承担公立医院的资产、财务监管工作；承担公立医院绩效考核工作。核定事业编制8名，其中科级领导职数2名（1正1副）。为6家市直属公立医院分别“量体”制定年度目标责任状，并将考核结果与院长年薪、任免、奖惩和公立医院绩效工资总量等挂钩。为加强委直属医院院长的管理和监督，委托第三方会计师事务所对市中医院、市二医院、市四医院、市妇幼保健院2018年度财务执行情况进行审计（市中心医院、市蒙医院因本年度接受巡查，故未安排排审计）。本次审计以2018年度财务收支情况等相关资料为依据，重点对4家医院财务收支的真实、合法和效益情况；预算执行和决算情况；专项资金的管理和使用情况；重要投资项目的建设和管理情况；重要经济事项管理制度的建立和执行情况；内部控制制度及其执行情况；国有资产管理情况等进行审计。通过开展审计工作推动各医院进一步提高经营管理水平，加强财务管理和规范内部控制工作，促进各医院健康有序发展。

【鄂尔多斯市卫生统计与信息管理中心工作概况】 鄂尔多斯市卫生统计与信息管理中心的宗旨是为卫生信息化建设提供技术保障。承担全市卫生信息化总体发展规划拟定和实施，全市卫生统计信息工作管理办法制定；全市卫生相关信息系统建设与推广应用、评审与监督管理；全市卫生统计信息年报采集、审核、汇总、上报；全市医疗卫生网站建立审核及互联网医疗卫生信息服务监管；市卫生健康委官方网站、机关局域网、办公自动化、OA系统等建设管理和维护；全市卫生系统计算机信息技术专业培训和卫生信息化有关学术交流活动组织开展，承办卫生健康行政主管部门交办的其他事项。2019年6月底，全市所有二级以上医疗机构均已部署完成并上线运动。截至年底，全市所医疗卫生机构（包括基层医疗机构）均已上线并运行良好。

【鄂尔多斯市计划生育协会工作概况】 鄂尔多斯市计划生育协会负责全市人口和计划生育生育关怀、生育保险工作。协调社会力量，向群众提供生产、生活、生育服务，发展人口福利事业，组织实施“幸福工程”、“少生快富工程”、一杯奶生育关怀等项目。履行民主参与和民主监督职能，深入开展村（居）民自治，依法维护群众在计划生育和生殖健康方面的合法权益。协会现有在编在岗人员2人。2019年，完成协会换届工作，加强组织机构建设。截至年底，市本级、8个旗区计生协完成“换届”和“入序”，康巴什区因机构改革，未完成换届和入序任务。截至年底，依托中国计生协计生特殊家庭帮扶和“暖心家园”项目，为计生特殊家庭提供生活照料、精神慰藉、养老服务、健康体检、志愿服务、创业技能培训以及节日慰问、生育关怀等帮扶工作共计15

场。4月，在自治区开展的“幸福微笑——救助唇腭裂儿童”公益活动中为乌审旗1名唇腭裂儿童实施免费修补手术。6月，开展幸福工程——救助贫困母亲活动，向乌审旗无定河镇水清湾村三个计划生育贫困家庭发放三年期10万元无息贷款，帮她们进一步扩大种养殖规模和结构转型，助力其致富，通过此次救助，马美英夫妻实现增收致富。年内，印发《鄂尔多斯市卫生健康委员会关于印发2019年生育关怀行动实施方案的通知》(鄂卫计发〔2019〕220号)，实施“圆梦行动——救助贫困大学生”活动和“关爱女孩——天使救助工程”活动，救助150户子女考入大学的贫困计划生育家庭和150户贫困计划生育女孩家庭，每户救助2000元，共计60万元。同时开展紧急救助行动，救助41户贫困、特殊计划生育家庭共计24.7万元。

【鄂尔多斯市卫生人才管理与考试中心工作概况】 鄂尔多斯市卫生人才管理与考试中心承担引进卫生人才的政策拟定和卫生人才招聘、测评、培训等服务工作；组织开展全市初中高级专业技术资格考试及培训；承担全市护士执业资格考试组织实施；承担全市国家医师资格考试实践技能考试和医学综合笔试的组织实施。机构规格为相当科级事业单位，隶属于鄂尔多斯市卫生健康委员会。核定事业编制3名。

卫生专业技术高级资格考试　完成全国卫生专业技术高级资格考试资格审核及数据核查。卫生专业技术高级资格考试报名596人，审核通过537人。2019年4月20日顺利组织实施卫生专业资格考试高级考试。

护士执业资格考试　完成护士执业资格考试资格审核及数据核查。护士执业资格考试网上报名共计811人，审核通过752人。2019年5月18日至20日组织实施护士执业资格考试。办理并发放2016年护士执业资格证、考试登记表各462份。

全国卫生专业技术资格考试　完成全国卫生专业技术资格考试资格审核及数据核查。全国卫生专业技术资格考试网上报名3669人、审核通过3147人；卫生人才评价45人，审核通过36人。2019年5月25日至26日和6月1日至2日组织实施卫生专业技术资格考试。办理发放2018年国家卫生专业技术资格证书、考试登记表各1222份。

国家医师资格考试　完成国家医师资格考试资格审核及数据核查，报名共1511人，通过审核1226人。2019年6月9日至14日组织实施国家医师资格实践技能考试，共计1088人参加临床、口腔、中医、蒙医四个类别考试。8月24日至25日组织实施医师资格考试医学综合笔试。办理发放2018年国家医师资格证书、考试登记表、授予申请表各499份。

广播电视

【鄂尔多斯市广播电视台领导名录】

党委书记、台长：刘党（1月任职）

党委副书记、总编辑：李芸（女）

副　台　长：秦晓军

张　斌

副总编辑：乌　宁（蒙古族）

田　坪

纪委书记：刘向东（满族）

【概况】 鄂尔多斯市广播电视台由原鄂尔多斯人民广播电台、原鄂尔多斯电视台合并组建，于2011年5月成立。鄂尔多斯市广播电视台位于鄂尔多斯市康巴什区新闻大厦，建筑面积3万多平方米，有数字录音棚、录音室19个，广播直播间6个，有高清新闻演播厅、多景演播厅、虚拟演播厅等在内的各类演播厅6个。拥有先进的数字广播音频工作站、“8+2”讯道大型高清电视转播车、高标清兼容卫星直播车、完善的高清数字化广播电视制播网、数字化广播制播网、先进的融媒体生产调度指挥平台等。2019年，鄂尔多斯市广播电视台有28个内设机构、3个二级单位和1个台属传媒集团公司，职工总人数500余人。拥有4个广播频率（蒙古语综合广播、汉语综合广播、文体交通广播、曲艺评书广播）、4个电视频道（蒙古语新闻综合频道、新闻综合频道、经济服务频道、城市生活频道）、1个新媒体集群（由台属官方网站、台属“两微一端”与各频率频道所属微博微信平台组成）、1个手机台共10个宣传平台。四套广播节目全天共播出78小时，自办节目58个。四套电视节目全天共播出48小时，自办节目28个。节目实现鄂尔多斯市9个旗区全覆盖，覆盖人口达200多万人。

【新闻报道】 蒙、汉语全媒体新闻中心和蒙、汉语频率频道围绕新中国成立70周年、习近平总书记参加十三届全国人大二次会议内蒙古代表团审议时重要讲话精神、习近平总书记考察内蒙古重要讲话重要指示精神、“不忘初心、牢记使命”主题教育、“生态优先、绿色发展”、打好“三大攻坚战”、精准扶贫、扫黑除恶专项斗争、鄂尔多斯高质量发展、优化营商环境等重大主题与中心工作，在蒙、汉语《鄂尔多斯新闻联播》中开设“以习近平新时代中国特色社会主义思想为指引——建设亮丽内蒙古 共圆伟大中国梦”“在习近平新时代中国特色社会主义思想指引下——新时代 新作为 新篇章”“壮丽70年 奋斗新时代”“牢记总书记嘱托·生态优先 绿色发展为导向的高质量发展新路”“牢记总书记嘱托·大学习 大讨论”“我眼中的优秀共产党员”“倡议我响应、志愿我行动”“整改进行时”“推动经济高质量发展”“打好三大攻坚战”“打好脱贫攻坚战”“扫黑除恶进行时”等近30个专栏，播发蒙、汉语广播电视新闻报道1.2万多篇（条）。

【新媒体报道】 台属新媒体集群通过H5、图解、动画、微视频、超链接等多种形式编辑制作推出《70秒看鄂尔多斯》《2019年鄂尔多斯市两会报告图解》《追梦鄂尔多斯》《市长原声来了！360°全解政府工作报告》《小镇故事系列图文视频》等新媒体作品。

【公益广告】 制作下载各类广播电视公益广告、片花700余条，累计播出近万次。

【品牌栏目建设】 策划推出大型历史讲述电视栏目《档案·鄂尔多斯》，打造蒙汉、语《鄂尔多斯新闻联播》及蒙汉、语《鄂尔多斯行风热线》《鄂尔多斯聚焦》《百姓直通车》《七月新视线》《晓乌说事》《大飞读报》《声动973》《马兰花》《相识》《经济在线》等品牌栏目。

【“走转改”活动】 组织实施《人勤春来早》《新春走基层》《高质量发展看园区》《壮丽七十年 奋斗新时代·小镇故事》《不忘初心、牢记使命》等大型走基层采访活动。其中,《小镇故事》系列播发的《无定河：一条大河波浪宽 风吹稻花香两岸》《龙口：从西口古渡到旅游名镇》等16篇报道，在新媒体同步推出后，在人民网、新华网以及新华社客户端转载，浏览量达到2000万+人次。

【重大活动】 2019年，举办2019年全市蒙汉语春晚、全市道德模范颁奖晚会、舞台上的思政课等大型晚会活动等80多场次。精心策划制作《咬定青山不放松》《现代能源 绿动无限》《生态优先书写绿色传奇》《致爱祖国 弦动家园》等30多部电视专题片。

【安全播出】

安全责任落实　先后召开编委会8次、各类大型宣传策划协调会20余次、技委会12次、安委会4次，组织开展安全生产大检查6次、安防消防应急演练3次，广播电视节目实现安全生产、安全播出，全年累计安全播出时长达63180小时。荣获“全区庆祝新中国成立70周年广播电视安全播出先进集体”和“2019年全市安全生产月先进单位”荣誉称号。

高清制播系统上线运行　经国家广电总局批准，于2019年7月1日零时实现电视高清试播，2019年12月6日正式验收，2019年12月31日正式播出。同时，全面升级改造蒙古语新闻综合广播、汉语综合广播、文体交通广播、曲艺评书广播4个广播直播间。

【深化改革】

内部体制改革　推动《鄂尔多斯市广播电视台关于深化内部体制改革实施方案》和《鄂尔多斯市广播电视台深化内部体制改革和创新的实施意见》的贯彻落实，在优化绩效考核、新闻采编与产业经营两分开、推行台长特别奖、深化内部机制改革、实施重大宣传活动项目制管理等方面有新进展。

媒体融合发展　深入学习贯彻习近平总书记在中央政治局第十二次集体学习会的重要讲话精神，持续推动传统媒体与新媒体的融合创新，向“一次采集、多元生成、多屏分发、多渠道传播”的方向迈进，台属官方微信公众号变更为“鄂尔多斯头条”，和鄂尔多斯手机台、鄂尔多斯之声、鄂尔多斯蒙古语新闻、快乐973、鄂尔多斯文体交通广播等构成的广电新媒体集群，整体传播力、影响力有较大提升。

【鄂尔多斯市微波管理总站工作概况】　鄂尔多斯市微波管理总站成立于1986年，是内蒙古自治区广播电视微波传输干线的组成部分，鄂尔多斯市境内设有响沙湾微波站、神山微波站、CBD微波站、新闻中心微波站，其中神山微波站和响沙湾微波站属一级野外艰苦高山台站。微波管理总站所属伊克昭盟广播电视局科级建制事业单位，根据内微编发〔1985〕第112号文件，伊克昭盟微波站确定人员为44名，建站初期有职工22人，微波人员的组建是从伊克昭人民广播电台和电视台抽调与招聘合同志工人等组成。1997年依据伊克昭盟机构编制委员会伊机编发〔1997〕第31号文件《关于伊盟广播电视局所属事业单位“五定”方案的批复》，核定人员编制32名，其中科级领导职数5名（1正4副），经费实行全额拨款。2014年，依据《鄂尔多斯市机构编制委员会关于鄂尔多斯市广播电视台及所属事业单位机构编制“五定”方案调整的通知》，将微波管理总站由市广播电影电视局管理整建制划归市广播电视台管理，机构规格为科级事业单位，核定事业编制27名，其中领导职数5名（1正4副），人员结构：专业技术人员所占比例不低于80%；管理及工勤人员所占比例不超过20%，经费来源：实行财政全额拨款。2019年，有21名工作人员。鄂尔多斯市微波管理总站主要负责鄂尔多斯市境内微波各站的系统管理和对电路的统一调度、指挥，处理运行中各类事件，抓好标准台站建设和队伍建设，保证境内各站安全、优质传输。承担全市境内微波电路畅通地面数字电视发射机和调频发射机运行维护工作。2019年，与各站签订《安全生产、维稳与环境保护综合工作责任状》，做到责任到人、层层落实。年内，完成“鄂尔多斯两会”“全国两会”“新中国成立70周年”等系列重要直播的传输和发射任务。按照标准化台站建设要求，给各站绘制张贴新的信号流程图。响沙湾站为简化机务员操作流程，配置北京广通视讯DC-1000音频解码器1台，本设备直接将微波通道IP信号转换为模拟音频送给调频广播发射机，简化流程，减少故障隐患，并将旧的音频解码器作为备份。对响沙湾站、神山站、中频电缆线和调频广播发射天线进行加固及防水处理，确保天馈线系统的安全运行。按照市台高清化改造工程的要求，总站组织人员对各站相关设备进行调测，将微波机房的广播电视标清信号通过重新配置，倒换为八楼高清信号。年内，完成自治区固边工程吉日格朗图微波站的机房和铁塔建设，进行配套设备的完善工作。

【鄂尔多斯市广播电视网络中心工作概况】鄂尔多斯市广播电视网络中心主要负责鄂尔多斯市广播电视台播出的自办广播电视节目和中央、自治区在鄂尔多斯市境内播出的广播电视节目的信号传输、覆盖技术维护工作，确保广播电视节目信号的安全优质播出和传输。鄂尔多斯市广播电视网络中心成立于1996年；当时为伊克昭盟广播电视局内设机构。1997年6月21日依据《关于伊盟广播电视局所属事业单位“五定”方案的批复》，将有线电视台从伊克昭盟广播电视局内设机构独立出来成为伊克昭盟广播电视局下属的科级建制事业单位，核定人员编制10名，经费实行全额拨款。2000年撤盟建市后，有线电视台于2001年更名为鄂尔多斯市广播电视网络中心，主要职责任务是延续原有线电视台的职责任务。2013年，依据《鄂尔多斯市机构编制委员会关于鄂尔多斯市广播电视台及所属事业单位机构编制“五定”方案调整的通知》，将广播电视网络中心由市广播电影电视局管理整建制划归市广播电视台管理，机构规格为科级事业单位，核定事业编制8名，经费实行财政全额拨款。2019年，有工作人员4名。2019年，配合播控部完成高清改造后信号传输链路的改造工作。将高、标信号送至网络公司入网，同时将四套电视、四套广播信号通过光缆、微波送至各野外台站和各旗发射台，为无线覆盖提供信号源。完成鄂托克前旗使用光缆传输自办信号的传输链路改造。组织技术维护人员对各旗区放置设备进行巡检，并对故障设备进行维修。邀请有资质的专业维护公司历时10天对七旗区及749发射台、891发射台、响沙湾站共14座塔上的天馈线进行指标测试、防水封胶及紧固处理。

【鄂尔多斯市广播电视监测室工作概况】鄂尔多斯市广播电视监测室成立于1991年，当时是伊克昭盟广播电视局内设机构的管理科室；1997年6月21日依据《关于伊盟广播电视局所属事业单位“五定”方案的批复》，将监测室从伊克昭盟广播电视局内设机构独立出来成为伊克昭盟广播电视局下属的科级建制事业单位，核定人员编制15名，经费实行全额拨款。2014年依据《鄂尔多斯市机构编制委员会关于鄂尔多斯市广播电视台及所属事业单位机构编制“五定”方案调整的通知》，将广播电视监测室由市广播电影电视局管理整建制划归市广播电视台管理，机构规格为科级事业单位，核定事业编制8名，经费实行财政全额拨款。2019年，有工作人员6名。鄂尔多斯市广播电视监测室主要负责鄂尔多斯市广播电视台播出的自办广播电视节目和中央、自治区在鄂尔多斯市境内播出的广播电视节目的信号质量、接收效果和安全播出情况的监测，确保广播电视节目信号的安全优质播出和传输；同时负责自治区广播电视监管中心和安全播出指挥中心预警信息的接收和传递工作。2019年，通过收音机、电视机收听收看，认真完成广播电视监测工作。对监测工作中发现的播出事故能够及时向有关部门反馈，并及时报台分管领导和有关部门负责人。

鄂尔多斯日报社

【鄂尔多斯日报社领导名录】

党委书记、社长：詹剑彬

副 社 长：罗成蕃

任 君

副总编辑：马利军

郭紫欣

哈斯巴雅尔（蒙古族）

纪委书记：李建敏（女）

【概况】鄂尔多斯日报社出版发行《鄂尔多斯日报》蒙古文版、《鄂尔多斯日报》及《鄂尔多斯日报·都市版》汉文版，主管主办鄂尔多斯新闻网、鄂尔多斯蒙古语新闻网，运营维护“天骄云”“鄂尔多斯日报”“鄂尔多斯新闻”3个客户端和11个微博微信抖音平台，管理监督鄂尔多斯市报业传媒广告有限公司、鄂尔多斯市报业传媒发行物流有限公司、鄂尔多斯市报业印务有限公司和鄂尔多斯市报业传媒九游旅行社有限公司4家国有企业。

【新闻宣传】 2019年，精心组织全国两会、自治区两会及鄂尔多斯市两会宣传报道；精心做好习近平总书记参加十三届全国人大二次会议内蒙古代表团审议时的重要讲话精神宣传；精心组织新中国成立70周年系列采访报道；深入开展“思想再解放、笃行新发展理念，推动高质量发展大学习大讨论”宣传报道；抓实抓好“不忘初心、牢记使命”主题教育宣传；持续做好脱贫攻坚相关报道；深入推进扫黑除恶专项斗争宣传报道；认真贯彻落实党的十九届四中全会精神。此外，策划组织文博会、全市纪念五四运动100周年暨庆祝“五四”青年节表彰大会、第七届库布其国际沙漠论坛大会、第二届内蒙古国际能源大会、第十届中俄新闻论坛等系列主题性、战役性宣传报道。

【媒体融合发展】 推动传统媒体与新兴媒体深度融合发展，市级融媒体平台“天骄云”正式上线运行，将“鄂尔多斯发布”微博微信、今日头条号、印象鄂尔多斯手机客户端、鄂尔多斯文明网、“学习强国”平台鄂尔多斯通讯站等运维平台纳入天骄云融媒系统，进行统一管理运营，总粉丝数达200多万人，日推送稿件150余条，每年有60余篇原创作品阅读量超过100万人次。年内，《鄂尔多斯日报社深化新闻策采编发评体制改革实施方案（实行）》经市委宣传部批复同意，已全面实施，打破一媒体一采编系统资源分散的旧体制，初步形成总策划、大采集、初处理、全入库、分类选编、分端发布、反馈研制、综合考评的新体制机制。

【拓展经营服务】 2019年，继续深化报业体制改革，各企业积极转型发展，经营项目、业务范围有所扩大。印刷厂（印务公司）被内蒙古自治区印刷协会评为“经营管理优秀企业”，正计划计划购置安装生产车间空气净化系统，进入绿色环保印刷企业行列。报业发行公司在逐步完善四级网络覆盖、畅通最后一公里的发行投递渠道的基础上，进一步扩大报业物流覆盖面，使报纸发行投递物流更加便民、利民。报纸投递、快递服务及时率、准确率进一步提高。广告公司把会议会展、活动、直播作为广告公司发展的有益补充，实施“云会展”项目，组织策划内蒙古自治区第六届蒙古语网络春晚、组织实施全市“两会”、第十四届鄂尔多斯国际煤炭及能源工业博览会的现场直播，单场直播最高纪录38万+人次。九游旅行社利用报业+优势，承接中国报业2019年新闻纸市场信息交流会，华彩赢家第61期内蒙古游学研讨会，2019年中国（鄂尔多斯）国际羊绒羊毛大会暨展览会，环渤海贸促系统工作会等大型活动。

【荣誉奖励】 2019年，鄂尔多斯日报社及所属平台和机构荣获“内蒙古自治区十大最具影响力新闻单位新媒体品牌”“鄂尔多斯市直机关先进基层党组织”“鄂尔多斯市第二届农产品展洽会筹备工作先进单位”“鄂尔多斯市‘五四红旗团支部’”“中国报业优秀创新性平台”等荣誉称号。有30多个作品获得国家级、自治区及鄂尔多斯好新闻奖，其中10个作品荣获中国城市党报新闻奖；4个作品荣获全国少数民族地区报纸好新闻奖；21篇作品荣获鄂尔多斯好新闻奖。鄂尔多斯日报社职工先后获得“全区践行‘四力’优秀新闻工作者”“全市优秀共产党员”“鄂尔多斯‘五四’青年奖章”“全市优秀新闻工作者”等荣誉称号。

（李林春）

鄂尔多斯日报社印刷厂

【鄂尔多斯日报社印刷厂领导名录】

党支部书记、厂长：高和平

组织委员、宣传委员：云巴图

学习委员、纪检委员：王志刚

【概况】 鄂尔多斯日报社印刷厂成立于1956年，隶属于鄂尔多斯日报社，是自治区“省级书刊定点印刷单位”，市、旗区两级政府采购定点印刷单位。2019年，鄂尔多斯日报社印刷厂全年实现产值1800万元。其中《鄂尔多斯日报》蒙、汉文版、《鄂尔多斯晚报》产值997万元。社会综合业务完成产值约800万元（2018年社会综合业务完成产值634万元）。

【新增东胜营业部】 2019年，印刷厂在东胜区天骄北路富凯龙大厦增设一处营业部，主要承接东胜区各类社会业务，于2020年初开始营业。

【安全生产】 2019年，印刷厂安全摄像头共计42处，基本做到厂区全覆盖。同时将主要生产车间监控设备的显示器安置在行政区二楼楼道口，做到安全生产人人监督。

【荣誉奖励】 在2019年自治区新闻出版局举办的内蒙古自治区印刷协会九届三次会员代表大会上，印刷厂荣获“经营管理优秀企业”。12月在中国印刷技术协会第九次全国会员代表大会上，鄂尔多斯报社印刷厂当选为中国印刷技术协会第九届理事会理事成员。

（高和平）

开 发 区

恩格贝生态示范区

【恩格贝生态示范区管委会领导名录】

党工委书记、管委会主任：杨志忠（4月任职）

管委会副主任：赵兴国

刘根外

【概况】 恩格贝为蒙古语，意为平安吉祥。恩格贝生态示范区位于中国七大沙漠之一的库布齐沙漠中段，居呼（和浩特）包（头）鄂（尔多斯）金三角区域。示范区交通便捷，距达拉特旗火车站仅55公里，北距包头机场65公里，南距鄂尔多斯机场160公里，特别是沿黄高速公路全线连通恩格贝。恩格贝生态示范区是国家AAAA级景区、全国农业生态旅游示范点、国家级地质公园恩格贝园区、全国首批低碳国土实验区、国家生物多样性保护与示范基地、中亚五国来华友好活动基地、自治区文化产业示范基地、自治区级爱国主义教育基地，荣获亚洲都市景观奖、2015年全国百佳深呼吸小城、2016年中国避暑休闲百佳县荣誉称号。2019年，恩格贝生态示范区管理委员会在编人员63人，政府购买性服务岗位3人，其中专业技术人员31人，工勤人员2人，管理人员30人。恩格贝生态示范区管理委员会内设综合办公室、财政局、文化旅游体育部、建设环境保护部、农牧林水部、经济服务部和公共事业管理部7个部门，恩格贝管委会职能定位主要集中在招商引资、服务企业、示范区基础设施建设和事业发展方面，做好与达拉特旗相关行政主管部门沟通协调相关工作。

【聚焦矛盾问题】

滞洪区制约因素稳步破解 示范区的发展常年受滞洪区因素制约，面临的招商难、投资难、落地难等问题一直未能解决。经多方协调对接，投资4213万元的引洪治沙水土保持综合治理项目已在项目主管部门的指导下完成立项、可研、环评、稳评等前期手续办理工作，加快推进林草手续办理并力争于2020年4月前开工建设。

体制机制历史遗留问题、产业发展资金短缺问题破解 截至年底，已与茂隆实业贸易发展总公司达成初步合作意向并签署相关战略合作协议，探索利用并购基金回购恩格贝实业发展有限公司的经营性资产，稳步破解产权关系遗留问题；同步利用产业发展基金，采用“EPC+F”模式对示范区进行统一规划、统一建设、统一运营，稳步解决示范区产业发展资金短缺问题。

【生态文明培训教育】 全面强化生态文明培训教育中心硬件支撑体系建设。完成第六次产业革命理论馆、布赫沙漠治理综合实践展览室、创业屋和远山正瑛纪念馆保护修缮等项目建设，完成鄂尔多斯市青少年综合素质培训中心、恩格贝抗战遗址公园、生态文化广场、恩格贝创业屋修复扩展、国际志愿者纪念林广场二次设计等项目的前期手续办理工作，力争2020年4月开工建设并于年内实现运营。全面强化生态文明培训教育中心软件支撑体系建设。不断深化党员领导干部生态文明培训教育、青少年生态研学培训教育、中外游客沙漠科普及游学课程体系建设,《探秘恩格贝》研学系列课程完成研发编著，沙漠梦幻剧场《传奇恩格贝》投入运营,《恩格贝绿色教育基地—青少年教育课程》入选自治区博物馆青少年教育课程优秀案例，开展中国科协港澳台大学生实习、上海绿色光年、第三届恩格贝生态科技夏令营、市委组织部、市建行等团体93批次、5249人次的生态文明培训教育活动。

【国际友好交流基地】 不断巩固中日、中韩常态化义务植树等友好交流活动，拓展与中亚、中美、中蒙俄之间对外民间友好交流，全力推进国际志愿者精神、国际友好交流基地建设。重新规划建设中日友好林植树基地，举办恩格贝中日志愿者荒漠化治理30周年座谈会暨《绿色使者——远山正瑛在恩格贝的故事》特刊发行仪式、日本关西地区“对话内蒙古”走进恩格贝植树活动、日本伦理研究所营建“地球伦理之林”沙漠绿化20周年纪念活动和第12届中日青年沙漠绿化交流活动，年度内涉外活动累计达到26批次近700人次，涉外交流活动从义务植树向文化交流、考察学习、感知体验等方面提升。

【基础建设】 2019年，累计完成政府性投资建设1639万元，实施房车营地森林草原防火通道、园区供电改造、科学馆供暖、核心区道路景观绿化、半月湖及烧烤营地景观提升、沙湖补水等基础设施建设、产业发展项目20余个。

【文化、旅游事业】 示范区以A级景区质量整改提升工作为抓手，不断补齐园区文旅产业发展基础设施建设短板，大力开展对外文旅产业宣传营销，开展文旅赛事活动，全力开展文旅项目招商引资，文旅产业发展取得较好成绩。截至年底，更新景区老旧标识标牌80多套，完成游客中心、沙湖旅游区、三驼园、生态园等文旅产业发展核心区环境整治提升工作；完成北京南苑机场、鄂尔多斯伊金霍洛旗国际机场景区宣传广告投放工作，与140多家旅行社建立合作关系；完成散文集《与恩格贝一起柔软时光》、原创歌曲CD《遇见恩格贝》等特色旅游产品研发制作工作，争取自治区旅游项目资金300万元，丛林野营部落、恩格贝岛、雀克射击俱乐部、拓展训练基地提档升级等一批重点文旅建设项目完成前期手续办理；成功举办“情迷库布其 走进恩格贝”、“小手牵大手 情洒恩格贝”、全国大学生户外交流、全国青少年篮球集训、全市羽毛球公开赛等文旅赛事活动共计30余场次，全年入园游客达到11万余人次，实现旅游收入1140万元。

【沙漠农业品牌化】 2019年，投资3488万元的沙漠农业生态示范园及蔬菜产业项目已完成可研、环评、能评、稳评等工作，正在办理项目的设计、规划选址等前期手续，力争于2020年5月开工建设并投入运营；完成新作物培育园、智能大棚、温室大棚的常规种植工作，新引进航天育种、日本网纹甜瓜等品种进行试验示范并向周边农牧民积极推广，农牧业试验示范效应进一步增强，沙漠农业品牌化发展稳步推进。

【脱贫攻坚战】 2019年，示范区财政累计投入25万元用于帮扶村集体土地开发及民堤加固工程建设；协调落实蒲新社区基础设施餐厅建设工程资金90多万元、开发村集体土地200多亩并完成水电配套设施建设，帮扶村劳务公司实现收入近30万元；根据园区防火、防汛、建设项目用工需求，帮助5户帮扶户成员在示范区实现稳定就业。

【荣誉奖励】 2019年，获得2019年度美丽中国·深呼吸小城高质量发展实验区荣誉。

高新技术产业开发区

【鄂尔多斯高新技术产业开发区领导名录】

党工委书记：白霞（女）

党工委副书记、管委会主任：张仲平

管委会副主任：斯琴毕力格（蒙古族）
松布尔巴图（蒙古族）
赵金良
尚秀珍（女）
丁向荣
党工委副书记：刘永红（女）

【概况】 鄂尔多斯高新技术产业开发区成立于2003年1月，2011年12月更名为鄂尔多斯高新技术产业园区，2017年2月获批为国家级高新技术产业开发区。高新区位于鄂尔多斯市中心城区，规划面积120平方公里，形成“一区四园”的发展架构。其中科教孵化园25平方公里，云计算产业园35平方公里，产业拓展园59平方公里，低碳创新园1平方公里。高新区内设党政办公室、纪检监察审计室、党群工作部（人力资源和社会保障局）、经济发展和市场监督管理局、财政金融和国有资产管理局、投资促进和新经济局、科技和人才工作局、住建和公共事务管理局、生态环境和应急管理局等9个部门，下设鄂尔多斯启迪创新创业服务中心、鄂尔多斯高新技术产业开发区企业服务中心2个二级事业单位，以及鄂尔多斯市自然资源局高新技术产业开发区分局1个双重管理机构。高新区核定编制57个，二级事业单位核定编制16个。高新区下设鄂尔多斯市高新技术产业投资有限责任公司、内蒙古高新科技控股有限责任公司2个国有企业。鄂尔多斯市高新技术产业投资有限责任公司下设鄂尔多斯市高投云计算有限公司1个全资子公司，参股鄂尔多斯市高投互联科技有限公司、内蒙古光能科技有限公司、内蒙古高投共建科技有限责任公司、内蒙古伟东高投大数据科技有限公司等4家公司。内蒙古高新科技控股有限责任公司下设6个全资子公司，分别为鄂尔多斯市高科劳务服务有限公司、鄂尔多斯市高科应收账款债权管理有限公司、鄂尔多斯市高科非金融资产管理有限公司、鄂尔多斯市高科景观绿化工程有限公司、鄂尔多斯市高科物业管理有限公司、鄂尔多斯市高科基础建设工程有限公司。高新区以云计算大数据、节能环保、新材料、生物医药与健康、新能源等领域作为主导产业发展方向，先后被认定为国家清洁能源国际创新园、国家级众创空间试点基地、自治区人才改革试验区、自治区级承接产业转移示范区、自治区级服务业集聚区。现有国家级科技企业孵化器1个，国家级众创空间1个，国家小型微型企业创业创新示范基地1个，自治区级创业园3个，孵化总面积达到3.4万平方米。依托这些优势平台，先后引进和培养各类高端创新创业人才400余人，其中两院院士7名。孵化企业200余户，累计授权专利398件，获批国家知识产权优势企业1家，高新技术企业9家，科技型中小企业27家。与中科院、清华大学等合作共建院士专家工作站5个、各类创新研发平台16个；与中科院深圳先进技术研究院、江苏省生产力促进中心等全面合作，构建起“一个协同平台、三大技术转移中心”的成果转移转化体系。2019年，销售收入20.37亿元，固定资产投资10.21亿元，财政总收入1.33亿元，分别同比增长127.3%、127.6%、115.7%，区内注册企业总数达到669户。

【项目引建】 2019年，招引签约项目32项（工业类项目10项、服务型项目22项），协议总投资37.17亿元。全面推进尚德抗癌新药研发及中试基地项目、瑞雅年产3000吨绿色生物药物制剂研发及生产项目、伊泰煤基合成精细化学品及新材料的研发和工业化放大基地中的千吨蜡中试项目、一康益生菌研发与中试项目等。

【发展基础】 洽谈对接云计算大数据产业项目35项，签约10项，落地6项，完成投资2.87亿元。数据中心建设稳步推进，机房前期手续已办理完毕，已有6栋7.2万平方米数据中心投入运营，3栋5.8万平方米数据中心完成主体结构施工，具备交付条件，剩余7栋7万平方米数据机房正在施工。已建成数据机柜8000余个，具备16万台服务器承载能力。中兴能源、赛诺伯特、浪潮集团等数据中心项目高效推进，“互联网＋新经济”合作项目全面开展，京东云鄂尔多斯专用计算平台投入服务器3000台；京东电商产业园初具规模，注册企业108家，伊泰北牧田园、高原露、康巴什酒等本地核心品牌上行京东平台，上行商家数量增长63%；京东云创空间正式启动运营，举办第七届草原英才鄂尔多斯分会场活动启动仪式及相关系列活动。

【“双创”动能】 截至年底，高新技术企业入库29家，新申请专利121件，授权37件，新增软件著作权68件；新增知识产权贯标认证企业16家；申报各类科技项目、创新平台及政策奖励类102项，申请经费约1.76亿元，获批37项、2545万元；新增院士1名，4家公司获批鄂尔多斯市科技创新创业项目资助；新引进落地5家研究机构，引进人才30人、团队5个。扶持孵化器、加速器升级改造，依托八戒科技创新资源共享平台，通过试行科技创新券模式，为企业提供定制化、系统化科技服务，重点对102家优质企业进行需求匹配、挖掘和规划。

【配套保障】 云计算产业园网络运输能力不断优化提升，鄂尔多斯至北京第二路由实现稳定运营；容灾备份数据中心、应用云平台市政管网工程基本完成；与联通、冠禹、易信、瑞云达等形成战略合作关系，中国北方云基地的发展规模和品牌形象初步显现。科教孵化园市政配套工程进一步完善，中试厂房已投运10栋2.8万平方米，新增公租房3万平方米，组织开展占地面积13.7万平方米、建设面积10万平方米的科技成果转化基地项目及配套设施规划建设工作。

达拉特经济开发区

【内蒙古达拉特经济开发区领导名录】

党工委书记：白文科

党工委副书记、管委会主任：

包树桐（蒙古族，1月任职）

管委会副主任：陈　愿

李文焕

付　忠（5月任职）

纪检监察组组长：王永利（12月任职）

【概况】 内蒙古达拉特经济开发区于2001年3月经内蒙古自治区人民政府批准成立，属《中国开发区审核公告目录》（2018年版）自治区69家、鄂尔多斯市8家自治区级开发区之一。内设党政办公室、党群工作部、经济发展局、财政局、建设局、环境保护局、安全生产监督管理局、人力资源和社会保障局、内蒙古润达实业发展有限公司、企业服务中心等机构。2019年，开发区实现规模以上工业总产值190.4亿元、产品销售收入200.1亿元，完成固定资产投资63.4亿元、税收13.6亿元。开发区产业定位以煤电冶加、清洁能源化工、新型建材（陶瓷）、新材料及现代物流业为主，截至年底，已入驻企业114家，引进项目124个。

【产业发展】 煤电冶加产业方面，重点打造煤—电—铝—铝深加工及金属新材料一体化循环产业链。建成电力总装机419.6万千瓦和100万吨氧化铝、18万吨电解铝、4.2万吨高纯铝产能，在建90万吨铝板带、1500万平方米腐蚀化成箔项目，规划建设达拉特发电厂五期及京能达拉特电厂各两台100万千瓦发电机组及铝、镁等金属新材料深加工项目。清洁能源化工产业方面，重点发展现代煤化工、氯碱化工、生物化工及氢能产业链。一是打造现代煤化工循环产业链，建成150万吨甲醇、40万吨乙二醇、20万吨稳定轻烃产能，在建55万吨二甲醚、60万吨醋酸项目。二是打造氯碱化工循环产业链，建成50万吨PVC、33万吨PVC深加工、45万吨烧碱产能，规划建设30万吨特种树脂项目。三是打造生物化工产业链，建成4.8万吨黄原胶、300吨阿维菌素产能，规划建设醇基燃料、氢燃料等清洁能源产业。新型建材（陶瓷）产业方面，重点发展新型陶瓷建材及工业陶瓷产业，打造中国西部瓷都。已建成陶瓷生产线12条，在建陶瓷生产线8条。新材料产业方面，重点发展煤基、铝基新材料及硅材料产业。建成蓝宝石单晶炉600台、聚苯硫醚产能3000吨，在建1000吨石墨烯、10万吨碳化硅晶体材料、12万吨高聚合物有机硅及20万吨高新铝合金项目。现代物流产业方面，建设支撑达拉特经济开发区、服务周边区域的现代物流服务体系，推动一、二、三产融合发展，打造中西部国家物流枢纽中心。

鄂托克经济开发区

【鄂托克经济开发区管委会领导名录】

党工委书记：黄伯鞾

管委会主任：刘继英

管委会副主任：王福义

訾　军

苏雅拉图（蒙古族）

【概况】 鄂托克经济开发区于2001年4月经自治区人民政府批准设立，2003年开始运行。管委会成立之初，经市机构编制委员会批准（鄂机编发〔2003〕46号）设立党政办公室、发展局、建设局、劳动和社会保障局等5个部门，后根据实际工作需要，成立纪工委、财政分局等10个部门。2013年6月18日，市编委下发《鄂尔多斯市机构编制委员会关于中共内蒙古鄂托克经济开发区工作委员会内蒙古鄂托克经济开发区管理委员会主要职责内设机构和人员编制方案的批复》（鄂机编字〔2013〕138号），批准成立9个科局，分别是党政办公室、纪检监察审计室、党群工作部、经济发展局（招商局）、财政局、建设局、环境保护局、安全生产监督管理局、人力资源和社会保障局，均为科级建制。2003年至2012年，鄂托克旗编委先后批准成立7个事业单位，分别为：公共事业管理局、环卫局、综合执法大队、房屋征收管理局、园林绿化局、接待办和机关事务中心。2016年4月，经旗委研究决定，撤销纪检监察审计室，由旗纪委派驻开发区纪检工作组。2017年6月，经旗机构编制委员会研究决定将综合执法大队进行整合，隶属于棋盘井人民政府。2019年，实现工业总产值520亿元，同比增长7%；销售收入达到540亿元；固定资产投资42亿元，同比增长11%；财政总收入达到45亿元，同比增长3.7%。

【项目建设】 2019年，共实施亿元以上延链补链项目7个。瀚博科技矿热炉尾气制12万吨甲醇项目建成投运，建元煤焦化国内首套焦炉煤气制26万吨乙二醇、鄂尔多斯电冶集团40万吨PVC即将投产，蒙西矿业捣固焦联产10万吨甲醇等4个项目建设进展顺利。共招商引资项目7个，投资总额近255亿元，正在办理前期相关手续。新建成1万吨生活污水深度处理和1万吨工业污水处理项目，工业废水处理能力达到4万吨，供水能力达到6000万吨；新建嘎沙图110千伏变电站、220千伏变电站扩容等工程顺利推进；东项目区供水、道路建设等工作有序开展，蒙三铁路专线正在规划设计。

【基础设施建设】 2019年，棋盘井园区扩区工作已获自治区正式批复，由6.8平方公里调整为31.8平方公里，新增面积25平方公里，并为重大项目调整项目用地565.7公顷；棚改、绿化以及基础设施升级改造工作稳步推进，2019年棚户区改造完成400户，共征收平房384套，征收建筑面积6.85万平方米；投入2700万元，新增绿化面积34万平方米，园区绿化总面积已达1077万平方米，绿化覆盖率为16.5%；职工文体中心主体工程全面完工，新增砌筑护坡及街巷硬化3.4万平方米。

【环境整体质量】 2019年，自治区生态大检查、鄂尔多斯市污染防治攻坚任务全部完成整改，向上争取环保专项资金1010万元，空气质量达标率72.1%，同比增长0.4%。

【安全生产】 2019年，全面落实企业主体责任和部门监管责任，强化对重点行业、重点时段的安全检查；深入贯彻落实自治区、市、旗安全生产大检查工作要求，继续强化专家查隐患和第三方安全监管，开展地毯式的安全生产隐患排查工作，共检查企业544家次，查出隐患2856项，已整改2531项，到期整改率100%；持续推动安全生产标准化创建达标工作，截至年底，开发区危化企业安全生产标准化三级达标企业23家，冶金工贸行业及小微企业安全生产标准化达标企业15家。

【荣誉奖励】 2019年，开发区党工委荣获“内蒙古自治区先进基层党组织”荣誉称号。

空港物流园区

【鄂尔多斯空港物流园区领导名录】

党工委书记、管委会主任：边东

党工委副书记、机关党委书记：郭军

管委会副主任：史占军

王其劳

【概况】 鄂尔多斯空港物流园区是市委、市人民政府为推进全市转型发展、创新发展和产城融合而规划建设的一个集临空临港、综合保税、科技研发、加工制造、现代物流、电子商务等功能于一体的现代服务业产业园区，于2009年6月经自治区批准建设，属市直管园区，位于城市核心区。规划面积为121平方公里，包括30平方公里的中心发展区、45平方公里的机场规划建设区、46平方公里的城市配套发展区。园区党工委、管委会下设9个职能部门、2个事业单位、3个市垂管部门、7个直属国有实体企业。截至2019年底，园区管委会和市物流公司共有干部职工148人（其中县处级干部5人），园区常住人口约3000人左右，民族构成以蒙古族为主体，汉族占多数。2019年，园区完成固定资产投资6.8亿元，同比增长6.9%；完成工业总产值1.7亿元，增长295%；完成销售收入37亿元。严格落实减费降税政策，实现财政总收入1.5亿元，一般公共预算收入实现0.61亿元，同口径实现两位数增长；统筹争取上级资金2.3亿元，化解各类债务2.29亿元。

【产业生态】 举办综保区招商推介会和京津冀精准招商会，对接签约北方陆港等各类项目91个，签约资金146.2亿元，全面完成市委、市政府下达的指标任务。2019年，开复工和运营项目20项，落地资金5.25亿元，2个市级亿元以上重点项目开复工，“无车承运”试点全面推开。国有企业运营效益稳步提升，7家国有企业主营业务收入突破8500万元，完成年度目标任务134.6%。直接降低大数据用电、绿化养护、市政维护、环境清洁、网络运维等成本400万元；燃气、供水、供热等系统性公用服务满意度持续上升。

【对外开放】 鄂尔多斯综合保税区实现封关运营，成立综保区投资建设管理公司，入区注册企业达17家，注册资本金达1.77亿元；签约入区项目53个，协议总投资137.02亿元，完成进出口总额375万元。2.5万平方米的标准化物流基础设施建设项目开工建设，跨境电商营销中心启动运营，首单直采红酒业务入区保税并通关出区，进境水果、食用水生动物和进口冰鲜水产品指定监管场地获海关总署批准。

【营商环境】 深入推进“放管服”改革，构建“五个鲜明营商导向”，园区列入全市营商环境综合试验区。“一窗受理，集成落实”服务模式全面推开，累计办理各类服务事项644项，项目从立项到施工周期压缩30个工作日。深入实施“五个一”项目推进机制，召开项目推进协调会68次，切实解决企业项目施工难题。健全完善园区“2+5”产业政策，向14家企业落实补贴奖励资金244万元，支持企业发展壮大。争取各类专项资金6915万元，全部投放产业扶持和企业发展。

【金融风险】 全年化解各类债务2.29亿元，其中化解政府隐性债务1.17亿元，提前一年完成拖欠民营企业账款2173万元清理任务；按时归还到期债券本金2.38亿元，足额支付全年债券利息1.4亿元；妥善处置中国银行、伊泰集团、国资公司到期金融贷款本息，四年累计化解各类债务9.98亿元，获得上级化债奖励资金732万元，债务包袱持续减轻，金融风险有效控制。

【项目签约】 5月18日，空港园区在第29届北京世园会内蒙古·鄂尔多斯市主题活动日专场招商推介会签约保税加工项目资金6亿元。9月6日，空港园区在乌兰察布市第三届中国—蒙古国博览会暨区域合作投资洽谈会签约合作项目资金12.3亿元。9月23日，空港园区举办2019年鄂尔多斯市加工贸易暨鄂尔多斯综合保税区招商推介会，签约18个项目，签约资金27.16亿元。11月11日，空港园区在鄂尔多斯市2019年加工贸易（装备制造和煤化工产业链）精准招商推介会上签约3个项目，签约资金12亿元。12月5日，空港园区在北京举行京津冀地区招商引智恳谈会，签约项目14个，签约资金38.5亿元。

（王海荣）

大路煤化工基地

【鄂尔多斯大路煤化工基地领导名录】

党工委书记：韩　涛

管委会副主任：吕建军

杨永军

杨福森

靳　峰（11月任职，挂职）

贺　琼（11月任职，挂职）

付飞雄（2019年11月任）

【概况】 鄂尔多斯大路煤化工基地党工委和管委会合署办公，副处级建制。党工委是准格尔旗委的派出机构，代表旗委在基地实施党的领导和建设工作，管委会是准格尔旗政府的派出机构，代表旗政府对大路煤化工基地实施行政领导，全面负责组织实施基地的建设和管理工作。大路煤化工基地党工委和管委会内设9个职能机构，均为科级建制。核定基地党工委书记1名，管委会主任1名；党工委副书记（兼纪检书记）1名，管委会副主任3名。核定内设机构科级领导职数27名（9正18副）。鄂尔多斯大路工业园位于鄂尔多斯市准格尔旗东北部，始建于2005年，总体规划已经鄂尔多斯市人民政府批复，工业园区规划建设面积140平方公里。其中，精细化工区面积20平方公里，重点发展各类精细化工及下游产业，合理发展新能源配套材料产业，构建高端精细化工和硅基新材料产业体系；煤化工区面积58平方公里，重点发展煤制油、煤制甲醇、煤制气等清洁能源和煤制烯烃、芳烃、乙二醇等煤化工及下游产品，延伸发展煤基新材料产业，配套发展以煤炭为主题的物流业，打造健康、完善、可持续发展的煤化工产业体系。资源综合利用区面积62平方公里，重点发展粉煤灰提取氧化铝、铝精深加工产业，延伸发展环保产业，积极发展化工装备制造业，构建“资源—产品—再生资源”相结合的煤—电—灰—铝循环产业体系。另外准格尔旗为园区配套建设30平方公里的市政服务区，规划建设内容为产学研基地、行政办公区、金融商务区和配套生活服务区。截至2019年底，园区共引进工业项目74个，其中建成项目39个，在建项目16个，拟建项目19个。

【煤化工产业】 园区已基本形成品类齐全的现代煤化工产业集群，规模化生产较为突出，已形成煤化工总产能（包括副产品）近500万吨，主要有煤制油16万吨、煤制甲醇210万吨、聚烯烃60万吨、二甲醚10万吨、合成氨30万吨、尿素52万吨、稳定轻烃19万吨、乙二醇12万吨、聚合氯化铝10万吨、氯烃5万吨和精制蜡12万吨等。园区配套及其他产业发展也有较大提升，主要有多晶硅5000吨、催化剂1.2万吨、电力2×300兆瓦、煤炭1200万吨和压力容器6万吨等。

【开工建设项目】 截至年底，园区已有16个重大项目开工建设，总投资961.14亿元，分别为伊泰200万吨煤制油、北控40亿方煤制气、中石化80万吨煤制聚烯烃、久泰50万吨乙二醇、神华30万吨高铝粉煤灰综合利用、开滦40万吨乙二醇、易高1万吨碳素材料、曜园5万吨橡胶及胶黏剂、富世辉1万吨光稳定剂、易高24万吨乙二醇2号线、骏成900吨碳纳米管及1.8万吨锂离子电池正负极导电剂、昶龙大路西物流配送园、伊泰及久泰浓盐水零排放技改、中科1.2万吨煤制油催化剂副产物高效转化和中科流化热解及裂化中试等项目。

【拟建项目】 截至年底，已有19个重点项目达成建设意向，分别为久泰扩建50万吨乙二醇、建投通泰40亿立方米煤制气、齐信10万吨二硫化碳、科菲5.5万吨染料产业、铁海大院东物流园、绿邦源危废综合处置中心、国通7200吨FFS膜、中环联科智慧管道及废物综合处置利用、久泰8万吨顺丁橡胶、满世200万吨合成氨350万吨尿素、建投通泰2×350兆瓦电厂、富世辉1000吨二氯烟酸、苏力德100万吨煤矸石制备高端精密陶瓷新材料、协鑫纳米硅新材料产业园、慧达煤化工渣资源化综合利用、友河废旧催化剂提炼有色金属、天垣环境废有机油回收再利用、中节能工业清洁生产及资源循环利用和广东煤基碳材料公司石墨烯类新型碳材料等项目。

【基础设施及配套项目建设】

供水方面　园区已建成供水管网235公里，建成黄河柳林滩取水口1处，年供水能力1.8亿立方米；建成日处理规模16万立方米的净水厂1处。

排水方面　已建成排水管网261公里，建成日处理5.34万吨的污水处理厂1座（处理工业污水2.5万吨、浓盐水2.84万吨），总容量120万立方米的7个浓盐水蒸发塘、总容量43.5万立方米的4个雨水收集池建成投用。

供热及燃气方面　建成供热管60公里，换热站41座，蒙泰2×300兆瓦空冷煤矸石热电厂为园区集中供热提供热源，实现供热面积170万立方米，市政服务区供热全覆盖。园区已建成燃气管道49公里，建成年供气能力12亿立方米天然气门站1座。

强弱电方面　蒙泰2×300兆瓦煤矸石热电厂建成投用，建成500千伏变电站1座，220千伏变电站和110千伏变电站各2座，截至年底，正在规划建设220千伏变电站和110千伏变电站各2座，投产企业全部实现双电源双回路供电。弱电管网，实现全园区覆盖。

路网交通方面　建成火车客运、货运站各1座，7.8公里园区自备铁路已投用。道路通车里程达178公里，配套管网全部一次性下地，照明工程同步实施。对外公路交通：呼大高速、沿黄高速、蒙冀重载高速、阳吉线公路、103省道和薛大快速路。对外铁路：呼准鄂快速铁路、呼准铁路、沿河铁路、大马铁路等，年货运能力约3亿吨。

灰渣处理方面　建成统一灰渣场1处，总库容1100万立方米，第2处灰渣场设计库容1.8亿立方米，一期库容1757万立方米，2019年10月开工建设。另外正在规划建设1个处理能力为20万吨的危废处理厂，并配有危废处理中心。

其他方面　建成并投用总建筑面积10009平方米的大路煤化工基地消防特勤站一座，园区各大型危化品企业积极配备消防设施和消防队。

【产业示范】 园区产业链延伸项目、精细化工、资源综合利用及环保等项目在持续推进中。园区已建成国内首条煤间接液化生产线（伊泰16万吨煤制油）、国内煤化工行业单套规模最大的甲醇生产装置（久泰100万吨甲醇）和内蒙古自治区第一家大型压力容器制造项目（伊泰石化装备6万吨大型压力容器制造）。分别承担着国家关于煤制天然气示范、煤制油产业化示范、煤制烯烃升级化示范任务的北控40亿立方米煤制天然气项目、伊泰200万吨煤制油项目、中石化80万吨煤制烯烃项目已取得核准，并举行开工动员会。易高14万吨稳定轻烃、12万吨乙二醇、久泰60万吨烯烃、垣吉12万吨精制蜡和永江佳源10万吨聚铝、5万吨氯烃已投产并稳定运行，实现园区产品的就地转化和资源化利用；久泰50万吨乙二醇、开滦40万吨乙二醇和神华30万吨高铝粉煤灰综合利用等项目正在建设，标志着园区现代煤化工产业建设和资源综合利用取得重大突破，在做大做强煤化工、煤电铝主导产业和大力延伸产业链条等方面迈出坚实步伐。

【荣誉奖励】 大路工业园区是国家规划布局的四个国家级现代煤化工产业示范区内重点建设园区之一，是内蒙古自治区级重点工业园区之一。园区先后被认定为全国产业转型升级示范园区、全国模范劳动关系和谐工业园、自治区级高新技术特色工业产业化基地、自治区“草原英才”创新创业基地、自治区级绿色园区；被科学技术部和国家科学技术奖励办公室授予中国产学研合作促进奖。2018年2月，正式列入《中国开发区审核公告目录（2018版）》，2019年1月被评为市级文明单位和全市工业园区上半年考核评价第一名。

（刘　婕）

苏里格经济开发区

【内蒙古鄂尔多斯市苏里格经济开发区领导名录】

党工委书记：曹银山

管委会副主任：窦志强

蒙　根

肖治宽

李占林

【概况】 内蒙古鄂尔多斯市苏里格经济开发区坐落于乌兰陶勒盖镇，位于北纬38° 48′、东经109° 08′。距乌审旗人民政府所在地嘎鲁图镇24公里，距鄂尔多斯康巴什新区140公里，距陕西省榆林机场50公里，省道215线、省道306线、榆乌线以及新嘎铁路穿境而过。距国道109线、东乌铁路、包神铁路、国道210线均在百公里之间。开发区位于苏里格、乌审、靖边、榆林和大牛地“五大气田”交会点，天然气探明储量达1万多亿立方米，远景储量3.6万亿立方米，2019年，天然气产能达180亿立方米；处于乌审旗煤炭资源核心区，煤炭资源预计储量达1000多亿吨，已探明储量520亿吨，“十三五”规划时期，煤炭产能将达到4000万—5000万吨；开发区内拥有世界最大的方沸石矿床，已探明储量5000万吨，远景储量2亿吨。境内蕴藏着丰富的风积沙、优质陶土、膨润土、白垩土、黏土、泥炭、矿泉水、盐等非金属矿产。苏里格经济开发区是全区重点工业园区，下辖乌兰陶勒盖工业项目区、乌审召化工项目区、图克工业项目区（含呼吉尔特矿区）3个工业集中区和党政办公室等10个内设机构。规划总面积86.9平方公里，建成区面积27平方公里。截至2019年底，48家入园企业、62个项目入驻开发区，计划总投资1221亿元，累计完成工业固定资产投资1093亿元。重点发展“新型煤化工、精细化工、清洁能源”三大主导产业，着力培育“新材料、现代服务业、战略性新兴产业”三大配套产业。开发区委托内蒙古城市规划市政设计研究院修编开发区总体规划、内蒙古鄂尔多斯乌审旗毛乌素沙漠沙产业示范基地总体规划，产业发展规划、绿地系统规划、毛乌素沙漠治理产业化示范基地产业发展规划、毛乌素沙地综合治理示范区规划等专项规划，运用市场化运作模式，切实加强园区基础设施建设，基本实现“八通一平三厂一站”（水、电、路、通信、气、热、雨水及污水管网、场地平整、污水处理厂、工业固废处理厂、生活垃圾填埋场、消防站）。2019年，开发区完成工业固定资产投资43亿元；完成工业总产值330.28亿元，同比增长4.19%；营业收入348.59亿元，同比增长11.56%；利润总额45.74亿元，同比增长36.7%；全口径税收收入32.49亿元，同比增长3.84%。主要工业产品年产量：煤炭2923万吨，聚烯烃212万吨，尿素199万吨，精甲醇133万吨，LNG50万吨，小苏打4万吨，编织袋3100万条，吨袋编织袋126吨，FFS重载膜3947吨，烃类污油30万吨，稳定轻烃0.3万吨，发电量1.7亿千瓦时，隔板2322万吨。

【招商引资】 2019年，开发区重点跟踪对接中天合创三期220万吨甲醇转83万吨烯烃、世林化工10万吨碳酸二甲酯、中煤2×100万千瓦热电、中煤鄂能化8万吨三聚氰胺、中煤鄂能化6万吨煤基沥青及煤基浮选剂综合利用深加工、中煤蒙大C4C5综合利用等16个项目，计划总投资636.41亿元。其中，2019年签约项目6个，计划总投资154.15亿元，完成投资1亿元，分别是：中煤2×100万千瓦热电项目，计划总投资75亿元；京能2×100万千瓦热电项目，计划总投资70亿元。

【交流合作】 8月9日，苏里格经济开发区同南京江北新材料科技园在南京市共同签订《内蒙古鄂尔多斯苏里格经济开发区南京江北新材料科技园友好园区战略合作框架协议》，标志着两地产业交流合作的序幕正式拉开。

上海庙经济开发区

【上海庙经济开发区领导名录】

党工委书记：刘树禄

党工委副书记：左生荣

党工委副书记、管委会主任：尤俊宝

管委会副主任：何钧业

石　君

【概况】 内蒙古鄂尔多斯上海庙经济开发区是2001年经内蒙古自治区政府批准设立的自治区级开发区，是全国十四个大型煤炭基地宁东—上海庙基地和蒙陕甘宁能源“金三角”的重要组成部分，是自治区沿黄经济带重点煤化工园区之一。基地构建煤炭、煤电、煤化工三大主导产业链，建设形成“煤炭为基础、煤电为支撑、煤化工为主导”的循环产业集群。基地规划面积约1800平方公里，探明煤炭储量143亿吨，远景储量达500亿吨。截至2019年底，基地累计完成投资710亿元，其中工业项目完成投资495亿元，基础设施完成投资215亿元。2019年，基地完成工业总产值131.53亿元，同比增长6.5%；营业收入128.52亿元，同比增长7.9%；固定资产投资58.14亿元，同比增长3%；工业增加值36亿元，同比增长16%；税收10.37亿元，同比增长15%。

【煤炭】 煤田设计年煤炭总产能6160万吨。共建成煤矿6座、年产能2080万吨，在建2座、年产能980万吨。

【煤电】 上海庙至山东电力外送通道是全国大气污染防治计划的12条重点通道之一，于2015年12月获得国家发改委批复并开工建设，已建成投运；2016年4月，总规模1000万千瓦的配套电源建设规划获得国家能源局批复，先期列入规划的4个2×100万千瓦电厂全部核准，其中盛鲁电厂计划于2020年8月建成投产，国电双维电厂、长城电厂正在加快建设，国家能源上海庙电厂已获得核准，计划2020年上半年开工建设。盛鲁电厂、国电双维电厂、长城电厂总投资分别为67.5亿元、69.2亿元、64.7亿元，截至2019年底分别完成投资54.4亿元、9.5亿元、4.7亿元。

【煤化工】 恒坤化工130万吨煤焦化多联产项目正常运营，260万吨捣固焦及综合利用项目正在办理复工手续。华星40亿立方米煤制气项目于2019年9月6日获得环评批复，核准文件已报至国家发改委，力争2020核准并完成手续办理；华星60万吨煤（甲醇）制烯烃项目可行性研究报告编制完成。

【项目建设】 上海庙鄂西物流园区项目一期工程建成运营；二期正在开展前期工作。高性能碳化硅陶瓷及原料生产项目正在加快建设，10万吨活性炭及装备制造一体化项目全面开工。

【基础设施建设】 上海庙能源化工基地输配水续建工程电厂区供水工程建成投用，工业用水得到保障。基地渣场项目一期工程建成通过验收，容积620立方米。新架设10千伏输电线路4公里，配备变压器3台，累计建成220千伏、110千伏、35千伏等不同等级的输变电站15座，安全供电得到保障。建成“一区三园”及宁夏宁东基地、滨河新区的连接线道路115公里；建成敖银高速86.5公里，电厂区重载公路15公里；建成运营三（北羊场）新（上海庙）铁路136公里。

东胜经济科教（轻纺工业）园区

【鄂尔多斯东胜经济科教（轻纺工业）园区管理委员会领导名录】

党工委副书记、管委会主任：刘虎云

管委会副主任：刘利军

栗丹平

刘　斌

【概况】 鄂尔多斯东胜经济科教（轻纺工业）园区位于东胜区，基础设施完善，形成绒纺产业、生物医药、食品加工、健康养生、酒文化产业等多元支撑的产业格局。线纺产业片区规划面积4.7平方公里，已建成1.5平方公里，2019年有涉绒企业50家，其中大型企业1家、规模以上4家。全年生产各类羊绒制品600万件，销售超50亿元。主要依托“鄂尔多斯”品牌，全面发展从原料收储到终端产品交易的完整产业体系，打造全国一流的集原绒交易、产品研发、生产加工及交易展示于一体的绒纺产业集聚区。生物医药产业片区规划面积0.6平方公里，已建成0.1平方公里，重点发展生物制药、中蒙药、医疗器械及物流配送等。2019年已入驻亿利制药、饮片公司等3个项目，年产值近亿元，全年营业额3.7亿元。食品产业片区规划面积2平方公里，已建成1平方公里。重点围绕龙头企业带动、知名品牌创建，努力建成集农副产品深加工、批发零售物流配送于一体的放心食品加工供应基地。入驻企业和个体工商户63家，生产100余种食品，地区市场占有率70%，产值3.4亿元。酒文化产业规划面积总规划4.1平方公里，已建成1.5平方公里。“鄂尔多斯”白酒创牌于1953年，为内蒙古老字号。围绕酒产品研发、酒文化创意博览、酒类生产、工业休闲旅游、仓储物流等板块，设计年生产能力5万吨，努力建成西部地区独具特色的酒文化产业园。健康养生产业片区规划面积2平方公里。推动发展候鸟式、旅居式的休闲养老，已引进鑫海颐和城、中华情两大健康养生项目，建有床位2530张。2019全年，园区财政总收入完成4.22亿元，一般公共预算收入完成1.31亿元，与2018年同期增长11%，在园区管辖范围调整，税源片区缩减的情况下，仍然实现稳定增长。全年工业总产值完成31.26亿元，产品销售收入完成41.53亿元，固定资产投资完成1.69亿元，同比增长13%。相比自治区同类轻工业园区，产业规模和发展水平走在自治区前列。

【项目建设】 2019年园区计划实施重点项目16项，其中新建12项、续建4项，计划投资5.1亿元。截至年底，已完成投资1.69亿元，其中，东蒙物业有限公司储煤场全封闭工程；酒业园区滨河大道（纬八路至纬九路）；中小纺织园区高压线路工程；食品园区消防、管网改造项目；绒纺城消防、供暖等管网维修维护工程；鄂尔多斯酒厂续建项目等12项已完工。内蒙古鄂尔多斯资源股份有限公司污水二期扩建项目已开工建设；鄂尔多斯热电有限责任公司2×30兆瓦机组配套储灰场项目立项、节能、环评已办理完成，正在办理土地预审和林草手续；内蒙古羊绒交易中心原绒市场项目；内蒙古兴信工贸有限公司洗绒、分梳项目，正在进行前期准备。

【2019中国（鄂尔多斯）国际羊绒羊毛大会】 2019年8月8日至12日，在东胜区全民健身中心主体育馆举办2019中国（鄂尔多斯）国际羊绒羊毛大会。大会主要内容有开幕式、展览展销、主题配套活动三大板块，展览面积2万平方米，邀请到国内外229家参展商和510家采购商参会。本次大会现场成交额达0.14亿元，现场签约订单额1.6亿元，意向订单额5.4亿元。

【荣誉奖励】 2019年8月，被中国畜产品流通协会授予中国高品质羊绒生产加工基地；2019年11月入围工业和信息化部第四批纺织服装创意设计试点园区名单；2019年12月在中国纺织工业联合会第四届第六次常务理事会上，获评"集群地区纺织产业发展服务优秀单位"，并通过"中国羊绒产业名城"复查。

（衣学刚）

装备制造工业园区

【鄂尔多斯装备制造工业园区管理委员会领导名录】

党工委书记：张　良

党工委副书记、管委会主任：李向义

党工委副书记：焦　晶（女）

管委会副主任：刘慧彬

刘翘儒

高　碧（女，蒙古族）

【概况】 鄂尔多斯装备制造工业园区管理委员会是按照内蒙古自治区党委、政府和鄂尔多斯市委、市政府在2007年为加快经济结构转型、培育和发展非资源型产业部署而重点打造的新型产业园区，主要发展高科技、高附加值、高度节能环保的现代化装备制造产业及其配套关联产业，是内蒙古自治区确定的沿黄沿线经济带［以呼（和浩特）包（头）鄂（尔多斯）为核心的沿黄河沿交通干线经济带］重点工业集聚区和"双百亿工程"（内蒙古自治区提出的加快培育营业收入超一百亿元的大型骨干工程企业和销售收入超一百亿元的重点产业园区的工程）重点培育园区，2019年10月经自治区人民政府批准升级为自治区级园区，并更名为鄂尔多斯装备制造工业园区。园区党工委、管委会共有职能部门16个，分别是党政办公室、党群工作部、经济发展局、人力资源和社会保障局、财政局、建设局、安全生产监督管理局、社会事业与公共服务管理局、环保局、园林局、环卫局、市政管理办、城市管理综合执法局、服务企业办公室、信访办、佳奇城投公司，另有1个派驻机构，东胜区纪委派驻鄂尔多斯装备制造基地管理委员会纪检组。园区位于康巴什新区与东胜区之间，北距东胜区中心城区5公里，南距康巴什新区中心城区9公里，距东乌铁路康巴什站13公里、包神铁路东胜站15公里，距鄂尔多斯机场25公里，东临包茂高速、南临荣乌高速，东康快速通道、210国道、东康西线三条核心区主要交通干道贯穿鄂尔多斯装备制造基地南北，东胜火车西站坐落鄂尔多斯装备制造基地东部，包西铁路、东乌铁路穿境而过，地理位置优越，交通条件便利。园区规划面积89.6平方公里，建成区面积68.6平方公里，分为产业发展区、生活配套区、物流服务区三个功能区，已形成汽车装备制造、能源装备制造、电子产品制造、环保产业和新材料五大主导产业。2019年实现工业总产值201.7亿元；实现产品进出口额6.3亿美元；完成税收12.65亿元。

【基础设施建设】 截至2019年底，园区累计完成基础设施投资约112.6亿元，建成道路150多公里。建成区内，水、电、气、通信、暖等基础设施已完成配套，实现“九通一平”“一厂一站”，达到鄂尔多斯市一类工业园区标准；完成道路景观绿化700多万平方米，建成一处50万平方米的山体公园，生态效应初步显现。教育、卫生和文化设施同步建设，基础设施日益完善，产业承载能力显著增强。同时强化城市精细化管理，全面落实市政维护、环境卫生保洁机制，着力营造整洁有序的发展环境。

【项目建设】 2019年，园区实施重点工业项目18个，其中中车集团风机整机、中车集团时代新材料风机叶片、泛城通用技术产业园一期、泰利嘉超低温空气源热泵、普拉斯特LED照明灯具、方大煤机维修及配件加工6个项目已投入生产或进行试生产，圣燚暖通设备材料产业园、佳乐数据充电桩、毅成高低压电气设备、光大电力空气绝缘开关柜、久科康瑞节能环保产业园、南京白云环境检验检测中心、锂佳能源3万吨锂电池新材料、海明堡直升机8个项目正在进行厂房建设、设备订购和生产设备调试等工作，佰龙昊石墨烯膜材料、上海晨地阳大数据、西科8万千瓦云计算（及设备测试）中心、鄂尔多斯铁路物流基地4个项目正在完善项目建设相关手续。

【招商引资】 2019年园区共新引进项目27个，协议总投资314.92亿元，其中引进汽车及零部件项目6个，能源装备项目9个，电子信息项目2个，节能环保项目4个，新材料项目3个，其他类项目3个。新引进项目中，中车集团风机整机、中车集团时代新材料风机叶片、普拉斯特矿用LED照明节能灯具、必选机械智能化设备、苏宜科技风力发电机舱罩和导流罩5个项目实现当年引进当年投产的快速效应，圣燚暖通设备材料产业园、佳乐数据充电桩、毅成高低压电气设备3个项目已开工建设，佰龙昊石墨烯膜材料、科建高低压变电柜、中投亚洲（北京）工业固废循环综合利用、鑫恒德脱硫除尘及节能环保锅炉、润宇云计算产业园、晟华达预制保温管、莱拓矿用防暴车、华阳薄膜太阳能电池板8个项目正在办理前期手续，开沃新能源纯电动专用车、中车集团相关下属企业风力发电产业与综合服务产业园、广东乐芒新型材料智能装备、安徽美亚矿用锚固剂等11个项目，有的已签订合作框架协议、有的正在修订投资方案。

【科技和人才工作】 2019年，园区企业科研经费支出5亿元，占工业生产总值的3%；获得国家专利235项，其中发明专利218项、实用新型专利17项；源盛光电公司获评国家知识产权示范企业，久科康瑞公司获评国家知识产权优势企业。全年累计帮助企业引进各类人才和专业技术人员1790人，其中输送实习生700余人，社会招聘900人、推荐专业技术人才40人，储备各类人才近150人；组织园区“人力资源大讲堂”培训4次，参训200余人次。

【三大攻坚战】 园区通过“资产+现金”等多种化债模式妥善化解债务，2019年化解债务7.43亿元，其中化解民营企业债务5.22亿元；联合区生态环境分局开展执法检查40余次，下发现场检查记录单20份，全年未发生环境污染事件；园区2名处级领导结对帮扶2户贫困户，园区党工委根据实际情况制定扶贫实施方案，明确帮扶责任领导、包联部门，制定产业扶贫具体措施，帮助2户国家级贫困户解决副业经营、饲料种植、灌溉设备、家畜和家禽养殖、种植资金等事宜。

【安全生产】 安全生产工作坚持“安全第一、预防为主、综合治理”的方针，全力抓好安全生产监督检查、隐患排查治理、专项整治、专家巡查和安全生产责任制落实等重点任务。2019年累计检查企业233家次，查出安全隐患816条，已整改816条，整改率为100%，全年未发生安全生产事故。

【信访工作】 全年共受理各类信访问题34批次

180多人次，来访案件15件次，全年未发生进京、赴自治区、到市非正常上访事件。

【荣誉奖励】 2019年，鄂尔多斯装备制造基地被国务院、商务部认定为“国家外贸转型升级基地”。6月，鄂尔多斯装备制造基地被国务院、商务部认定为“国家外贸转型升级基地”。

独贵塔拉工业园区

【鄂尔多斯独贵塔拉工业园区管理委员会领导名录】

党工委负责人：乔小军（6月任职）
管 委 会 主 任：王永明
管委会副主任：达布拉干（蒙古族）
田伊丰
纪 检 组 组 长：吴向志

【概况】 鄂尔多斯独贵塔拉工业园区党工委和管委会内设党政办公室、党群工作部、经济发展局（挂招商局牌子）、财政局、建设局、环境保护局、安全生产监督管理局、人力资源和社会保障局。核定人员编制60个。2019年，园区工业总产值完成98.2亿元，销售收入完成108.6亿元，企业上缴税收完成2.58亿元。

【重点项目建设】 2019年，实施重点项目11个，总投资40亿元。其中，续建项目5个：伊泰宁能年产50万吨费托烷烃精细分离项目，总投资5.44亿元，完成投资1.4亿元，累计完成投资5.4亿元，建成并通过安全验收，开始试生产。安德力精细化学品深加工项目，总投资5亿元，累计完成投资3.3亿元，试生产后停车检修完毕，预计2020年底正式投产。汇通物流停车场项目，总投资0.3亿元，累计完成投资0.2亿元，项目建设基本完成，开始试运行。伊霖年产20万吨乙二醇项目，总投资15亿元，累计完成投资1.1亿元，现因资金问题停建。兴熙天然气输气管道项目，总投资0.59亿元，累计完成投资0.4亿元，已列入自治区规划，正在办理立项手续，手续办理齐全后复工。新建项目6个：联博化工年产40万吨食品级二氧化碳项目，总投资1.23亿元，累计完成投资0.8亿元，截至年底，项目总体进度完成80%，预计12月试生产。新杭年产10万吨技改乙二醇项目，总投资3.5亿元，完成投资2.6亿元，年底完工投产。布尔科技云计算项目，总投资1.92亿元，完成投资300万元，7月开工建设，已完成场平、围墙工程，计划2020年投运。绿丰环保年产10万吨聚氯化铝及年产5万吨氯化石蜡项目，总投资1.6亿元，正在进行工艺修改，修改完成后，开始环评及土地等前期手续办理。伊诺年产2万吨高碳醇产业化项目，总投资2亿元，林草手续预计本周完成，办理土地手续后有望于11月开工。华洲药业年产1.15万吨药物中间体项目，总投资3.5亿元，林草手续办理完毕，正在编制施工图纸，预计2020年开工建设。

【基础设施建设】 全年计划完成基础设施建设投资1.2亿元，已完成投资4400万元。截至年底，南项目区综合服务中心项目，总投资3.5亿元，完成投资0.36亿元，4栋商业楼完工，1栋主体完工，便民中心正在装修，部分管网硬化完工。北项目区绿化、亮化、管网改造完成投资800万元。高能时代渣场扩容项目立项、环评、设计已完成，办理临时用地手续后将迅速开工，年内完成投资5000万元。宁能、联博、伊霖十字联通道路工程及南区综合服务区道路管网工程总投资7500万元，已完成立项、环评、选址意见和初步设计审批，林草手续已报至自治区，年内完成投资2000万元。

【招商引资】 园区紧紧抓住以商招商和产业链招商两大重点，继续紧盯年产80万立方米煤制气项目和年产60万吨烯烃项目，促进项目早日落地发挥支撑作用。采取园企对接，企业联合，协会委托等多种方式，创新招商模式，延伸完善产业链条。主动出击，赴上海、天津、南京、青岛等地开展招商引资活动，引进备案总投资约8亿元的年产5000吨特种蜡项目，年产1000吨煤基烷基苯绿色制备项目，年产10万吨煤基烯烃项目，年产20万吨基础油项目。引进伊联化工年产15万吨总投资1.5亿元的焠取蜡项目。与青岛宇田公司对接合作事宜，以共搭平台、共建基地、共同招商的方式，构筑北项目区精细化工基地，占地1.5平方公里，拟建项目10个，总投资约40亿元。

【安全环保】 严格落实“党政同责、一岗双责”职责，督促企业履行主体责任。与企业签订目标责任状，成立应急领导机构，制定出台工作制度规则。主要领导定期召开专题会议，分析研判形势、督促落实整改、定期带队深入企业开展督导检查，强化日常管控。按照“集中检查、清单整改、销号管理、签字背书”的工作制度，全面开展安全生产、环境保护工作，正在编制区域性定量安全风险评估报告，截至年底，组织开展安全生产例行检查16次，与旗应急局联合开展专家查隐患活动3次，累计查处隐患416处，均已整改完成，有效预防遏制各类安全事故的发生；配合市旗相关部门开展环保执法检查6次，督促企业按季按月开展环保工作自查，按要求对辖区内企业及周边的地表、地下水做监测评估并严格按要求完善环保设施配套，有效提升企业环保能力建设及污染防治设施的运转率与达标率。截至年底，园区未发生重大安全事故和环境突发事件。

（郝云雷）

新能源产业示范区

【鄂尔多斯新能源产业示范区领导名录】

党工委书记：王永明

党工委副书记：白子新

发电园区管委会主任：杨世军

管委会副主任：王志平

【概况】 鄂尔多斯新能源产业示范区于2009年经市委、市政府批准成立，是全市唯一以新能源为主导产业的园区。园区按照“一区两园”规划，即位于锡尼镇的新兴产业园区和分布全旗各地的新能源发电项目区。新兴产业园区规划面积30平方公里，以新能源装备制造、天然气液化和新材料为主导产业，以中小企业创业基地为辅助产业；发电项目区分布面积2145平方公里，以风能、太阳能、生物质能等多种新能源发电为主导产业。2019年，园区工业总产值完成39.4亿元，同比增长8.7%；工业增加值完成12.9亿元，同比增长35.3%；销售收入完成39.6亿元，同比增长6.8%；固定资产投资完成16.1亿元，同比增长5.5%；公共财政预算收入3100万元，同比下降36.7%。

【招商引资】 2019年，同意入园、签订协议等招商引资项目10多个。上海晶科电力公司1GW平价上网光伏发电项目、都城绿色7.5兆瓦分散式风电项目、500千伏新能源汇流站项目，上海庙至山东特高压线路配套60万千瓦风电20万千瓦光伏项目，山拓羊绒加工项目，世珍酒业年产2400吨清香型白酒产能搬迁技术改造项目，加和油气10万立方米天然气液化项目、京天润公司1200兆瓦风电项目等，计划投资约358亿元。

【项目建设】 新建、续建、技改项目12个，总投资22.98亿元，累计完成投资20亿元。其中，新建项目2个，库布其20万千瓦光伏发电项目，总投资8.33亿元，已全部并网发电；兴圣提氦项目，总投资0.6亿元，设备采购已完成，土建工程完成80%。续建项目4个，万瑞天然气日处理100万立方米LNG项目，总投资3.5亿元，已建成投产；聚野公司煤焦电热循环项目，总投资6亿元，累计完成投资5.1亿元，预计2020年建成投产；库布其酒业搬迁及升级改造项目，总投资1.88亿元，累计完成投资0.33亿元，正在有序推进；亨东天然气公司日处理60万立方米LNG项目，总投资2.1亿元，已建成投产。技改项目2个，兴圣闭式循环项目，总投资0.4亿元，已完工；苏里格窑炉脱硝除尘项目，总投资0.036亿元，已完工。基础设施建设项目4个，投资754万元续建中水泵站雨水调节池工程，已完工，进入调试阶段；投资366万元完成穿沙路、一环路、纬八路道路两侧绿化工程，新增绿化面积5.5公顷；投资200万元，完成经二北路道路工程，实现园区与109国道的连接；投资60万元，完成穿沙公路两侧人行道硬化工程。

【企业运行】

新能源发电企业建设 已建成发电企业共21家，其中，风力发电企业4家，光伏发电企业16家，生物质发电企业1家。2019年新能源发电量25.4亿千瓦时。其中，风力发电量9.7亿千瓦时、同比增长33.98%，光伏发电量14.2亿千瓦时、同比增长31.6%，生物质发电量1.5亿千瓦时、同比下降15.73%。

液化天然气项目建设 建成天然气液化项目5个，形成日处理液化天然气463.5万立方米规模，完成投资14.26亿元。2019年液化天然气产量69万吨，同比增长9.5%。

玻纤产业建设 建成玻璃球项目1个，年产4万吨无碱玻璃球，完成投资3000万元。2019年无碱玻璃球产量2.47万吨，同比增长10.76%。

【安全生产】 严格执行“党政同责、一岗双责”，将安全生产责任层层分解，落实到部门、班组和个人，实现安全监管责任重心下移，关口前移。制定印发《鄂尔多斯新能源产业示范区安全生产五个常态化重点工作实施办法》，着力构建安全隐患排查治理体系和安全预防控制体系。定期开展安全隐患排查整治活动，对重大安全隐患实行挂牌整治，园区安全生产不稳定因素得到有效消除。2019年，共开展各类安全生产大检查行动8次，其中聘请专家开展隐患排查3次。共检查企业168家次，查出隐患628条，已全部整改完成。加强动员宣传和摸底排查，扎实做好“扫黑除恶专项斗争”工作。扎实开展矛盾纠纷排查和信访案件查办工作，集中解决一批企业和群众反映强烈的问题和久拖未决的历史遗留问题。2019年，完成67.49万元的化债任务。

【环境保护】

污染防治攻坚 按照《鄂尔多斯新能源产业示范区污染防治三年攻坚行动实施方案》要求，认真实行污染防治督查及重点环境问题挂牌督办、环保约谈制，定期召开专题会议推进落实。

三大领域污染防治 认真贯彻国务院大气、水、土壤污染防治行动计划和自治区有关配套办法，整改落实2019年杭锦旗环境保护（污染防治）任务清单，完成同圆库布其环保砖厂原料库全封闭工程、苏里格玻纤脱硝、除尘设施改造工程、污水处理厂在线监控设施安装工程和推进鄂尔多斯新能源产业示范区建成常规六参数空气自动站工作。专项排查企业危险废物存储和处置情况，着力从源头预防和控制环境污染。

第二次全国污染源普查 按时保质完成全面普查阶段工作任务，确保数据信息的准确性，并根据市旗统一部署，在规定时间内完成相关工作任务。

圣圆煤化工基地

【鄂尔多斯圣圆煤化工基地领导名录】

党 工 委 书 记：石文奎（1月任职，9月离任）
党工委副书记、管委会主任：郭平（9月主持工作）
管委会副主任：刘治军
王悦丰

【概况】 鄂尔多斯圣圆煤化工基地于2012年11月组建，总规划面积110.2平方公里，包括汇能工业项目区和乌兰木伦工业项目区。圣圆煤化工基地内设党政办公室、纪检监察审计室、党群工作部、经济发展局、财政局、建设局、环境保护局、安全生产监督管理局、人力资源和社会保障局等9个职能机构。2019年，实现工业总产值

97.58 亿元，完成销售收入 113.44 亿元、固定资产投资 8.62 亿元、税收 17.12 亿元。

【基础设施建设】 全年完成《汇能工业项目区总体规划（2018—2035）》修编并获得批复。完成汇能工业项目区南部片区、陶亥召西片区、煤炭物流园、边贾路北片区、包府路片区、东北角环卫地块、乌兰木伦工业项目区煤电一体化产业园控制性规划编制及审批工作。完成正能入厂道路建设并通车。完成东环市政道路可研、立项、环评、施工图设计、土地预审等工作。完成生活污水处理厂深化设计工作。完成汇能工业项目区环境整治工程及泄洪渠清理工作。

【入驻项目建设】 圣圆煤化工基地有入驻企业 15 家，入园项目 23 个，其中建成项目 15 个，总投资 1330 亿元，累计完成投资 381.4 亿元，全年完成投资 10.52 亿元。重点建设的项目：汇能煤化工有限公司二期年产 12 亿立方米煤制天然气项目正在开展厂房基础框架建设。乌兰鑫瑞煤化工有限责任公司 60 万吨高炉喷吹料项目和 12 兆瓦余热电厂实现正常运行。正能化工集团有限公司循环产业链项目镁合金一期项目已建成。振东化工首期工程 15 万吨 / 年中低温煤焦油深加工项目由于土地原因处于试生产前准备阶段。泰鑫煤炭有限公司年产 80 万吨环保清洁工业型煤项目（热解炭项目）洗煤厂正常运行，型煤厂准备试运行。亿佳能煤业有限公司原煤洗选及型煤项目建成投产。

【招商引资】 全年共签约项目 5 个，总投资 1.77 亿元，具体包括：内蒙古蒙能威煤炭运销有限责任公司建设年洗选原煤 150 万吨项目。总投资为 2000 万元，占地 50 亩。鄂尔多斯市荣景园煤炭运销有限责任公司建设年洗选原煤 120 万吨装置项目。总投资为 3000 万元，占地 50 亩。内蒙古宝能煤化有限公司年加工废焦油渣 10 万吨项目。总投资为 4900 万元，占地 50 亩。鄂尔多斯市万佳荣环保技术有限责任公司建设 180 万吨 / 年煤炭洗选及加工项目。总投资为 1800 万元，占地 150 亩。内蒙古运升矿业有限公司建设煤炭资源洗选加工及物流配送项目。总投资为 6000 万元，占地 100 亩。

纳林河工业园区

【鄂尔多斯纳林河工业园区管理委员会领导名录】

管 委 会 主 任：杨忠宏

管委会副主任：曹生平

王春瑜

斯庆毕力格（蒙古族）

【概况】 鄂尔多斯纳林河工业园区于 2005 年经鄂尔多斯市人民政府批准设立，2012 年 10 月经鄂尔多斯市人民政府批准列入全市十八个重点工业园区（开发区）之一，副处级建制。园区位于内蒙古自治区鄂尔多斯市乌审旗东南部无定河镇，处于陕蒙交界，东与国家新兴能源基地陕西省榆林市接壤，西与宁夏相望，北与“沿黄沿线经济带”衔接，是呼（和浩特）包（头）鄂（尔多斯）金三角地带的组成部分。园区依托纳林河矿区优质的煤炭资源和无定河丰富的水资源而建，规划面积 24.1 平方公里，建成区面积 12 平方公里。2019 年，有投产企业 5 家，分别是中煤远兴能源有限公司年产 60 万吨煤制甲醇项目，内蒙古博大实地化学有限公司年产 50 万吨合成氨、80 万吨尿素项目，内蒙古星星能源有限公司年产 20 万吨液化天然气项目，乌审旗蒙大矿业有限公司年产 800 万吨煤炭项目，乌审旗力威建材有限责任公司年产 100 万吨废渣综合利用水泥粉磨站项目。园区设有党工委和管委会，合署办公。分别为旗委、旗政府的派出机构，全面负责组织实施园区的建设和管理工作。对园区实行统一领导、管理和服务，承担园区规划管理、招商引资引智、基础设施建设、环境保护、安全生产监管以及企业党建和园区信访等主要职责。园区内设党政办公室、纪检监察审计室、党群工作部、环境保护局、安全生产监督管理局、建设局、经济局等7个机构。工作人员29名。其中，副处级领导干部1名，科级领导干部10名（6正4副），工作人员18名，园区有10个工勤编、4个事业编，无行政编。2019年，各生产企业运行平稳，满负荷生产。全年生产甲醇66.29万吨、尿素104.87万吨、液化天然气18.68万吨、煤炭800万吨，同比分别增长7.2%、7.5%、20%、5.2%。完成固定资产投资2.98亿元，实现工业总产值63.56亿元，同比增长6.57%；销售收入64.89亿元，同比增长8.4%；完成税收9.6亿元，同比增长81%。

【安全环保】 强化企业主体责任，全力推进安全生产标准化建设，生产企业全部实现标准化管理。突出监管，会同上级安监部门，采取专家查隐患、企业互查等方式，对博大实地、中煤远兴、星星能源等重点企业和危险化学品、建筑施工、特种设备、消防等重点行业领域展开拉网式排查，深入企业开展安全监管检查36次，查出隐患69条，2019年已全部完成整改。自治区安全生产第九督查组检查企业2家，查出隐患9条已全部整改完毕。严格落实污染防治各项措施，园区固体废物综合处置场、6参数空气自动监测站、矿井水和高盐水综合利用工程、浓盐水深度处理回用项目和结晶分盐项目、集中供热供气和脱硫脱硝除尘等环保配套设施稳定运行，具备接收废渣、减排废气和处理废水的条件。博大实地化学有限公司投入3500万元完成脱硫、烟尘超低排放改造，正式投入使用。中煤远兴公司投资4200万元，进行脱硫塔和硫回收超低排放改造，2019年已完成总工程量的75%，2020年6月底前投入使用。

【基础设施建设】 2019年，园区基础设施建设累计投入资金3350万元。建成嘎大一级公路至星星能源连接线工程；修建养护市政道路20余公里；新建水源地1处，铺设生活供水管网11公里，建成园区生活供水厂；园区幼儿园主体工程完工；园区至蒙华铁路连接线即纳林河二号矿井铁路专用线工程开工建设。纳林河二号矿井装车站至博大实地货场铁路专用线工程正在办理前期手续，计划2020年开工建设。

企　业

鄂尔多斯集团

【内蒙古鄂尔多斯投资控股集团有限公司（鄂尔多斯电力冶金股份有限公司）领导名录】

董事局主席、总裁、党委书记：王林祥

常务副总裁：赵　魁

党委副书记：侯永旺

执 行 董 事：王林祥

赵　魁

王　臻

张奕龄

赵玉福

王　鹏

张晓慧

侯永旺

鲁卫东

【概况】 2019 年，鄂尔多斯集团实现销售收入 620 亿元，实现利润 26.5 亿元。鄂尔多斯品牌价值达到 1005.98 亿元。

【职工代表大会】 3 月 11—12 日，鄂尔多斯控股集团十二届一次职工代表大会在罕台现代羊绒产业园文体中心召开。大会审议并通过题为《走好自己的路，做好自己的事，合力开创高质量发展新局面》的总裁工作报告及企业文化建设和工会工作报告、财务预决算报告，审议通过鄂尔多斯集团第十二届工会三个委员会的换届选举名单。

【品牌建设】 5 月 19 日，第四届“1436 臻·选”杯阿尔巴斯超细白绒山羊种羊评比大会在鄂托克旗举办。6 月 11—13 日，在由中国连锁经营协会主办的“2019 中国购物中心与连锁品牌发展峰会暨时尚零售与生活方式潮尚汇”2019CCFA 金百合奖颁奖盛典上，鄂尔多斯羊绒集团获“2019CCFA 连锁品牌最佳营销奖”。6 月 26 日，世界品牌实验室发布 2019 年《中国 500 最具价值品牌》榜单，“鄂尔多斯”品牌价值达到 1005.98 亿元，蝉联纺织服装行业第 1 名，位列品牌价值总榜第 47 名，首度进阶品牌价值千亿阵营。8 月 8 日，由中国国际商会主办，内蒙古自治区贸促会、鄂尔多斯市人民政府承办，鄂尔多斯市东胜区人民政府、鄂尔多斯市贸促会执行筹备，鄂尔多斯集团独家赞助的 2019 中国（鄂尔多斯）国际羊绒羊毛大会暨展览会在鄂尔多斯市全民健身活动中心开幕。大会以“极致绒耀、巅峰织造”为主题，来自蒙古国、澳大利亚、埃塞俄比亚等 18 年国家和浙江、宁夏、山东等 30 个省市 229 家参展商和 510 家采购商参加大会。大会开幕式发布“2018—2019 年度山羊绒行业企业竞争力测评”，鄂尔多斯资源股份有限公司荣获“2018—2019 年度山羊绒行业企业竞争力十强企业”。10 月 16 日，以“蔓衍 CASHMERE POWER”为主题的 ERDOS 2019 秋冬新品大秀在上海当代艺术博物馆上演。12 月 17 日，世界品牌实验室揭晓 2019 年“中国品牌年度大奖”，“鄂尔多斯”品牌再度荣获羊绒时装品牌“中国品牌年度大奖NO.1”奖项。12月25日，在由人民日报社主办的“2019质量发展高峰论坛暨第十六届人民之选匠心奖”活动中，“1436”品牌荣获2019年度人民匠心品牌奖。

【产品技术研发】 2月，由鄂尔多斯羊绒集团作为第一起草单位主持制定完成的T/CNTAC29—2018《羊绒制品生产过程水足迹评价方法》和T/CNTAC30—2018《羊绒制品生产企业水平衡测试方法》两项中国毛纺行业羊绒领域绿色团体标准通过中国纺织工业联合会批准发布实施。3月31日，由鄂尔多斯集团承担的“羊绒制品绿色设计平台建设项目”通过内蒙古工业和信息化厅及相关技术专家验收组的整体验收。8月9日，由中国纺织工程学会毛纺织专业委员会、《毛纺科技》杂志社主办，内蒙古鄂尔多斯资源股份有限公司协办的第38届全国毛纺年会暨“唯尔佳”优秀新产品颁奖大会上，内蒙古鄂尔多斯资源股份有限公司荣获4项大奖:《羊绒锦纶圈圈纱格呢》荣获粗纺特等奖,《羊绒特殊组织针织呢》荣获针织一等奖,《抗菌双层呢》荣获精纺一等奖,《远红外精纺羊绒面料》荣获针织二等奖。8月28日，内蒙古鄂尔多斯资源股份有限公司、内蒙古鄂尔多斯电力冶金集团股份有限公司、鄂尔多斯市西金矿冶有限责任公司、内蒙古鄂尔多斯多晶硅业有限公司、鄂尔多斯市同源化工有限责任公司、鄂尔多斯市瀚博科技有限公司、内蒙古西清环保工程有限公司、内蒙古鄂尔多斯循环经济技术研发有限公司共8家鄂尔多斯集团企业一次性一年内通过国内权威知识产权认证机构——中知（北京）认证有限公司审核，获得企业知识产权管理体系（IPMS）认证证书。11月20日，鄂尔多斯电冶集团化工事业部“提升PVC树脂氯乙烯单体转化率项目”获2019中国创新方法大赛总决赛二等奖。11月，工业和信息化部发布第一批工业产品绿色设计示范企业名单，内蒙古鄂尔多斯资源股份有限公司位列61家上榜企业名单，是纺织行业羊绒服装品类唯一一家获此殊荣的企业。

【投资合作】 2月26日，鄂尔多斯羊绒集团与伊金霍洛旗敏盖白绒山羊生产者协会举行联合建设超细绒山羊舍饲养殖示范基地签约及揭牌仪式。5月8日，羊绒集团与蓝原畜牧业专业合作社就共同创建鄂尔多斯羊绒集团超细绒山羊推广中心和阿尔巴斯白绒山羊细化保种示范区，保护阿尔巴斯地区的白绒山羊原生品种，建立企业、政府、合作社和牧户在内的牧场建设联结机制进行合作签约。7月12日，鄂尔多斯集团与王府井集团战略研讨交流会在鄂尔多斯罕台现代羊绒产业园文体中心召开。

【领导关怀】 3月18日，新华社内蒙古分社社长于长洪一行到鄂尔多斯集团采访调研。3月27日，自治区政协主席李秀领到鄂尔多斯集团调研。4月10日，自治区人大常委会副主任廉素到鄂尔多斯集团调研。4月26日，中国电石工业协会专家技术委员会全体委员到鄂尔多斯化工事业部电石公司参观交流。7月12日，中华全国总工会调研组到鄂尔多斯集团现代羊绒产业园开展“不忘初心、牢记使命”主题教育集中专题调研。7月16日，民营企业助推鄂尔多斯绿色发展论坛特邀嘉宾、著名经济学家、中国国际经济交流中心副理事长黄奇帆到鄂尔多斯集团就民营经济发展情况进行调研。7月17日，全国政协副秘书长、全国工商联副主席黄荣一行到鄂尔多斯集团调研。10月22日，日本三井物产株式会社会长饭岛彰己一行到访鄂尔多斯集团棋盘井工业园区。

【荣誉奖励】 4月1日，针织二厂成衣车间荣获“全国巾帼文明岗”荣誉称号。2019年8月22日，在由全国工商联与青海省人民政府主办的2019“中国民营企业500强峰会”上，内蒙古鄂尔多斯投资控股集团有限公司以营业收入5830950万元位列2019中国民营企业500强第118位，位列2019中国民营企业制造业500强第

62位。8月28日，鄂尔多斯资源股份有限公司荣获中国质量协会授予的“全面质量管理推进40周年杰出推进单位”称号。9月18日，自治区工商联发布“2019内蒙古民营企业100强”榜单，内蒙古鄂尔多斯投资控股集团有限公司以583.10亿元的营业收入总额位列第2位。9月，鄂尔多斯控股集团执行委员会主席、总裁王林祥荣获由中共中央、国务院、中央军委颁发的“庆祝中华人民共和国成立70周年”纪念章。同月，鄂尔多斯资源股份有限公司董事长王臻入选2019年BoF500全球时尚产业行业精英。10月16日，内蒙古鄂尔多斯资源股份有限公司获评“2019全国纺织劳动关系和谐企业”。11月，在北森人才管理研究院、人大商学院联合主办,《哈佛商业评论》中文版战略合作的第五届未来人才管理论坛暨中国人才管理典范企业颁奖典礼上，鄂尔多斯羊绒集团品牌事业部荣获“2019中国人才管理文化典范奖”。12月20日，在由第一财经、第一财经商业数据中心主办的“顺流而上2019第一财经数据盛典”上，鄂尔多斯荣获“2019中国互联网消费商业力量——年度焕新力”大奖。12月27日，在由人民网主办的人民企业社会责任高峰论坛暨第十四届人民企业社会责任奖颁奖典礼上，内蒙古鄂尔多斯资源股份有限公司荣获第十四届人民企业社会责任奖“绿色发展奖”。12月，鄂尔多斯集团党委荣获自治区“双强六好”非公有制企业党组织荣誉称号。

伊泰集团

【内蒙古伊泰集团有限公司领导名录】

党委书记、总裁：张东海

党委副书记、副总裁：刘春林

副　总　裁：葛耀勇

张东升

张晶泉

纪检委书记、工会主席：袁兵

总会计师：刘春林

总工程师：庞军林

刘尚利

【概况】 内蒙古伊泰集团有限公司（以下简称伊泰集团）内设董事会办公室、行政管理部、人力资源与战略企划部、财务管理部、投资管理部、安全监察质量管理部、环境管理部、审计监察部、煤炭生产管理部、煤化工管理部、资本运营与合规管理部等11个职能部门和招采中心、供电中心、财务共享中心等3个共享服务中心。截至2019年底，内蒙古伊泰集团在册合同制员工7368人。2019年，伊泰集团公司注册资本金12.5亿元。其中内蒙古伊泰投资股份有限公司占99.64%，杭锦旗峰泰物流有限责任公司占0.16%，鄂尔多斯市通九物资有限责任公司占0.12%，内蒙古满世煤炭集团股份有限公司占0.08%。2019年，集团公司总资产1127.09亿元，其中固定资产398.44亿元；全年实现营业收入429.66亿元，实现净利润49.06亿元，上缴税费77.61亿元。2019年，伊泰集团共有全资子公司5家。分别是：伊泰（集团）香港有限公司、内蒙古伊泰信息技术有限公司、内蒙古伊泰航空服务有限公司、内蒙古伊泰煤基新材料研究院有限公司、伊泰航空服务（深圳）有限公司；控股子公司11家。分别是：内蒙古伊泰煤炭股份有限公司、内蒙古伊泰广联煤化有限责任公司、中科合成油技术有限公司、内蒙古伊泰西部煤业有限责任公司、内蒙古伊泰置业有限责任公司、新疆伊泰资源开发有限责任公司、广博汇通融资租赁有限公司、广博汇通融资租赁（深圳）有限公司、内蒙古伊泰财务有限公司、科领环保股份有限公司、内蒙古伊泰生态农业有限公司；参股公司11家。分别是：北京博士之星投资顾问有限公司、西乌珠穆沁包商惠丰村镇银行有限公司、北京三松国际控股集团有限公司、伊泰伊犁矿业有限公司、伊泰新疆能源有限公司、伊泰伊犁能源有限公司、内蒙古伊泰煤制油有限责任公司、内蒙古伊泰石油化工有限公司、内蒙古伊泰化工有限责任公司、内蒙古伊泰大漠马业有限责任公司、北京伊泰博杰云创文化产业有限公司。

【生产经营】 2019年，集团公司生产矿井9座，包括酸刺沟煤矿、红庆河煤矿、塔拉壕煤矿、宏景塔一矿、纳林庙煤矿二号井、大地精煤矿、宝山煤矿、凯达煤矿、宏景塔二矿。2019年全年生产产品煤7014万吨，销售煤炭9608.1万吨（其中区外销售5059.2万吨、区内销售4548.9万吨），铁路发运煤炭1.04亿吨，销售化工品138万吨，实现销售收入433亿元、净利润48亿元，上缴税费64.8亿元，总资产1117亿元。

【企业管理】

完善内控体系建设　完善集团公司《制度管理制度》《流程管理制度》及授权清单；通过调研现状、总结问题，组织推动各部门对集团公司144项、股份公司199项制度流程进行梳理优化，明确公司级制度流程清单，确保制度流程体系的完整、适宜、有效。

完善激励机制与绩效管理体系　在煤炭生产、运销板块继续实行效益分享机制；针对化工板块实际情况，在研发、生产、销售环节分别制定专项激励方案，以激发员工活力、引导降本增效、促进市场对接。结合职能部室工作实际，制定降本增效专项激励方案初稿，就奖励类型与范围、奖励核算机制、奖励评价及约束机制等内容进行优化。组织就研发人员的效益分享与项目跟投等内容到3家外部单位进行对标学习，形成《煤基新材料研究院员工激励指导意见》。

【信息化】

合同管理信息系统优化　针对合同管理系统故障频现以及合同履约结项、纠纷案件等功能无法实现的问题，调研对标TCL、万科、蒙牛等单位，拟通过更换合同管理信息系统，提升系统稳定性；新增合同变更、解除以及关联交易等功能，实现合同全生命周期闭环管理。

OA协同办公升级项目　计划梳理流程800余项，迁移数据25万条，实现公文管理、合同管理、督办管理与档案系统的无缝集成以及OA模块全面移动化，解决原办公系统横向扩展能力弱、流程贯通性差等问题。

煤炭及煤化工物流现场管理提升项目　拟通过内外部调研、对标，重点从车辆排队、过磅、现场装车、运行轨迹等重点管控环节提出优化解决方案，防范风险，避免公司利益损失。

【大路煤制油二期200万吨项目】 2019年，累计完成投资8314万元；自项目实施以来累计完成投资9.03亿元，其中设备材料购置累计完成投资2.16亿元，土建工程累计完成投资0.71亿元，其他基本建设累计完成投资6.16亿元。

（杨海军）

博源控股集团

【内蒙古博源控股集团有限公司领导名录】

董事局主席、总裁：戴连荣
党委书记：邵廉清
副总裁：丁喜梅（女）
　　　　邵廉清
　　　　彭　丽（女）
总工程师：丁喜梅（女）
总经济师：宋为兔
总会计师：邢占飞
副总经济师：董　龙
副总工程师：张国臣
法务总监：赵　云
党委副书记：张　健
纪委书记：杨明亮
工会主席：邵廉清

【概况】 内蒙古博源控股集团有限公司（以下简

称博源集团）总部坐落于鄂尔多斯市东胜区，是一家以“能源·化工”一体化为核心，物流贸易、现代服务业及农产品深加工等多元产业协调互补、联动发展的企业集团，是鄂尔多斯市和内蒙古自治区重点企业。集团资产总额300多亿元，员工8000多名。博源旗下成员企业主要有内蒙古远兴能源股份有限公司（A股上市公司）、河南中源化学股份有限公司、内蒙古博源联合化工有限公司、内蒙古博源煤化工有限责任公司、内蒙古博大实地有限公司、兴安盟博源化学有限公司等60多家。所属生产企业均已通过ISO 9001质量体系认证，主要企业通过ISO 14001环境管理体系和OHSAS 18001职业健康安全管理体系认证。博源集团紧紧把握国家宏观经济政策和产业导向，以构建“长青博源、和谐博源”为目标，以“产业升级、转型发展”为重点，坚持产业发展与资本运营并重的发展思路，以市场为导向、以信息化和技术创新为助推力，全力打造循环经济特征鲜明的化工、能源及煤化工产业基地：在乌审旗乌审召生态工业园区建成生产规模135万吨/年的中国最大的天然气制甲醇基地；在有“中国天然碱之都”美誉的河南桐柏县形成生产能力200万吨以上的中国天然碱循环经济示范基地；与化工项目配套的煤资源基地建设已初具规模，已形成600万吨/年的煤炭产能，与中煤集团合作建成两个千万吨级的煤矿；采用国内领先的低温冷榨工艺的20万吨/年花生油项目已在河南南阳市桐柏县建成投产。天然碱产业继续保持优势，各产业相互支撑，创造较好业绩。按照“安稳长满优”的总要求，企业安全环保继续保持“四个零”。在乌审旗纳林河工业园区的“盐碱煤基产品多联产循环低碳化工项目”，其中100万吨/年合成氨—100万吨/尿素—120万吨/年联碱项目的合成氨/尿素部分已建成投产；兴安盟30/52化肥项目转入正式生产；中源化学公司40万吨/年精品小苏打项目竣工投产，标志着中源化学成为世界最大的小苏打生产企业，引领着国内行业发展，改变着世界小苏打的格局；博源银根矿业公司天阿拉善天然碱开发利用项目探矿已完成详查，探明天然碱矿石量10.85亿吨，矿物量7.06亿吨，化工项目已取得阿盟发改委备案，与各战略合作方已初步达成合作意向。2019年，集团所属企业全年合计生产各类产品509万吨。全年实现主营业务收入76.98亿元，净利润19.59亿元。截至2019年底，集团合并资产总额280亿元、比2018年减少9亿元，净资产91亿元、比2018年增加20亿元。

【品牌】 集团所属企业的“远兴”牌和“马兰”牌商标是中国驰名商标，“远兴”牌纯碱是中国名牌产品，小苏打是国内唯一通过“绿色食品标识认证”的碱类产品。

【安全生产】 2019年，各企业生产运行安全、连续、稳定，全年没有发生重大安全事故。

【重点项目建设】 2019年，中源化学40万吨/年精品小苏打项目完成投资9.3亿元，于转入生产；兴安化学30/52化肥项目完成投资38亿元，7月转入正式生产，成为援建兴安盟项目中建成的第一个大型工业项目；博源煤化工二水平延深项目完成近30%的工程量；阿拉善天然碱开发利用项目探矿已完成详查，探明天然碱矿石量10.85亿吨，矿物量7.06亿吨，化工项目已取得阿盟发改委备案；项目开发事宜与多家战略投资方达成合作意向；联碱试验项目完成全混型碳化塔的初步试验；博大实地铁路专用线项目取得自治区发改委核准批复文件；自治区给50/80化肥项目配置的煤资源，博大实地与乌兰集团等7家企业共同成立泰盛恒公司，共同开发无定河井田，并已取得探矿权证，50/80化肥项目资源配置落地工作有实质性进展；海南博源酒店7月投入试运营。其他项目根据集团的统筹安排，调控节奏，有序开展。

【技改技措】 2019年，围绕装置连续稳定运行、提高产品质量、提高安全环保水平等全年实施技改技措项目 101 项（含以前年度未完成项目），已完工 49 项，完成投资 5.2 亿元。

【管理改革】 对集团的运行机制进行顶层设计，在董事局框架下组建 7 个专业委员会，对总部机关组织机构进行精简整合，提升管理效能。继续完善财务一体化改革，发挥融资、资金调度、税务筹划的集中统一管理优势，保持贷款规模，保证正常生产运营和项目建设；深化营销一体化改革，建立远兴公司销售平台，整合营销资源和销售团队，实现专业化运营；强化对企业生产经营管理过程中的巡视，巡视的范围更广、力度更大，对巡视出的问题进行及时查处，优化生产经营管理流程。

【人才强企】 借助博源商学院、博源大讲堂等优质平台，开展员工培训，提升员工业务水平和综合素质；不断优化激励机制，在生产企业推行过程激励，并建立生产型企业特殊人才激励机制。完成 6 家企业的“三定”梳理工作，核减岗位编制 113 个，人工成本总额较年初预算节支 2051 万元。内蒙古自治区人力资源与社会保障厅对全区首批 16 家企业进行职业技能等级认定试点企业授牌。博源集团成为鄂尔多斯市首家技能等级认定机构，可以对 19 个技能工种进行等级评定；鄂尔多斯市煤炭行业就业技能实训基地在博源煤化工公司挂牌，成为鄂尔多斯市煤炭行业首家就业技能实训基地。

【荣誉奖励】 博源集团位列 2019 中国石油和化工企业 500 强排行榜（综合类企业）142 位，远兴能源位列 2019 中国石油和化工企业 500 强排行榜（独立生产、经营企业）106 位。中源化学则进入两个榜单，在综合类企业中排名 263 位，在独立生产经营类企业中排名 219 位。在内蒙古自治区工商联发布的“2019 内蒙古民营企业 100 强”榜单中位列第 13 位。博源集团被内蒙古自治区人民政府金融工作办评定为 2018 年度金融工作先进集体，并荣获内蒙古自治区“2018 年度资本市场融资贡献奖”。经内蒙古自治区人力资源和社会保障厅授牌成为鄂尔多斯市首家技能等级认定机构，可以对 19 个技能工种进行等级评定。中源化学位列“2019 南阳民营企业 30 强”第 4 位；“2019 中国石油和化工民营企业百强榜单”，第 71 位。中源化学公司被南阳市知识产权局认定为 2018 年度南阳市知识产权优势企业。兴安盟博源化学公司 30/52 化肥项目以其标准化、高质量的施工和投产后的连续安全、稳定运行，荣获“化学工业优质工程”奖。

（段浩源）

国有资产投资控股集团

【鄂尔多斯市国有资产投资控股集团有限公司领导名录】

党委书记、董事长：高利平
党委副书记、总经理：薄永明
监事会主席：耐尔拉图
纪 委 书 记：丁彦东
工 会 主 席：武晓英（女）
副 总 经 理：陈子峰
王炳浩
杨光荣
总 会 计 师：贾凤勇
董事会秘书：尤 宇
总 工 程 师：王 彪

【概况】 鄂尔多斯市国有资产投资控股集团公司是经内蒙古自治区政府批准成立，于 2001 年注册登记的全资国有企业，注册资本为 40.01 亿元，是鄂尔多斯市人民政府授权的国有资本投资运营公司。截至 2019 年底，总资产 602 亿元，净资产 271 亿元。公司内设党委办公室、纪检监察室、行政管理部、企业管理部、规划发展部、资本运营部、财务管理部、审计稽核部 8 个部门。公司职工69人。集团实际履行出资人职责的出资企业共29家，其中全资11家（分别为鄂尔多斯市交通投资有限公司、鄂尔多斯市能源投资开发有限公司、鄂尔多斯市铁路有限公司、鄂尔多斯市金控企业管理有限公司、上海国成股权投资有限公司、北京中投汇通科技有限公司、鄂尔多斯市农牧业投资发展有限公司、鄂尔多斯市高等级公路投资建设有限公司、鄂尔多斯市国投长滩煤业有限公司、内蒙古北方油气投资开发有限公司、鄂尔多斯市艾力酒店有限公司），控股8家［分别为内蒙古东乌铁路有限责任公司、内蒙古三新铁路有限责任公司、鄂尔多斯市乌阿公路有限责任公司、鄂尔多斯市投资担保有限公司、鄂尔多斯市金盾守押护卫服务公司、内蒙古西部天然气股份有限公司、环球那达慕（北京）投资股份有限公司、鄂尔多斯市天物供应链管理有限责任公司］，参股10家［分别为鄂尔多斯市东铜铁路物流有限公司、神华包神铁路有限责任公司、神华新准铁路有限责任公司、神华新街能源有限责任公司、鄂尔多斯市昊华精煤有限责任公司、鄂尔多斯市东方煤电投资有限责任公司、内蒙古蒙西高新技术集团有限公司、内蒙古蒙西鄂尔多斯铝业有限公司、通号（鄂尔多斯市）电气化工程有限公司、内蒙古中诚信信用管理有限公司］。产业主要分布在交通运输、能源、现代金融服务、现代物流、信用信息、高新技术等领域。

【经营范围】 经营和管理市属国有资本在各类企业中所投资形成的国有股权；从事交通运输业（公路、铁路、管道输送）、煤炭产业、金融服务业、制造业、农牧业、建筑业、资源性产业、高科技产业、文体产业、商业服务业的投资、建设、运营和管理。

【重点项目】

国道338线嘎鲁图至乌兰镇段一级公路项目 该项目是国家公路网规划中G338和G242的共线段，是鄂尔多斯市向南联系陕西省、向北通往乌海市及周边地区的重要通道。项目建成后，将实现区域内高等级公路的互联互通，对进一步提高鄂尔多斯市公路运输能力、促进地方经济高质量发展具有重要意义。项目起于乌审旗嘎鲁图镇，止于鄂托克旗乌兰镇，全长105.2公里，总投资33.46亿元。项目于2017年3月开工建设，于2019年12月22日举行通车仪式并开放交通。

省道31线大饭铺至龙口段高速公路项目 该项目是内蒙古自治区中部出省通道之一，项目建成后，对打通优质煤炭外运通道、实现省际通道对接、完善蒙晋两省高速公路网、发挥高等级公路的规模效益、带动沿线资源开发、促进区域经济社会发展具有重要意义。项目起于准格尔旗薛家湾镇大饭铺，止于准格尔旗龙口镇马栅村，全长44.7公里，总投资36.3亿元。项目于2016年8月开工建设，截至2019年底，主体工程及附属房建工程主体已完工，内部装修完成总量的80%，附属交安设施完成总量的75%。

东胜至鄂尔多斯机场铁路项目 该项目起点位于包神铁路东胜站，终点位于鄂尔多斯机场地下站，正线全长52.845公里，总投资86.5亿元，为双线电气化铁路。项目于2012年5月开工建设，2019年机场铁路项目控制性工程机场地下站隧道贯通。

海勒斯壕铁路专用线项目 项目建于鄂尔多斯市伊金霍洛旗煤炭物流园区巴准线海勒斯壕南站北侧，西端与东乌铁路连接，东端与巴准铁路连接，铁路专用线铺轨长度18.794公里，铁路正线长3.75公里，项目总用地621.7亩，近期发送量为1000万吨/年，远期为1100万吨/年。预计总投资6.5亿元，其中，铁路建设部分2.9亿元，集运站装车部分3.6亿元。2019年6月，由鄂尔多斯市能源投资开发有限公司牵头负责项目建设运营。2019年11月进行设计方案优化调整，最终确定为5000吨装车、万吨到发方案。建设工期为2020—2021年。

杭锦旗3兆瓦光伏扶贫电站项目　该项目是自治区首个并网发电的光伏扶贫项目，也鄂尔多斯市唯一的光伏扶贫项目，承担着鄂尔多斯市杭锦旗125户贫困户，每户每年3000元标准的扶贫任务，持续扶贫20年。项目于2018年6月22日并网发电，2019年5月完成竣工结算、决算工作，6月底完成杭锦旗能源局组织的综合验收初验，12月通过内蒙古自治区能源局最终验收。

国电电力杭锦旗特高压外送基地风电3号项目100兆瓦风电项目　该项目为上海庙至山东直流特高压输电通道配套可再生能源基地配套新能源项目，由鄂尔多斯市能源投资开发有限公司与国电电力内蒙古新能源开发有限公司共同开发建设。项目位于杭锦旗伊和乌素苏木境内，容量为100兆瓦，同时设计配套220千伏升压站一座，项目可研总投资为6.92亿元，年可发电3.17亿千瓦时。

现代物流项目　2019年，鄂尔多斯市天物供应链管理有限责任公司北方港业务稳步扩大，新开发南方二港（华能太仓港务有限责任公司、江苏国信秦港港务有限公司）业务，业务沿长江向内陆延伸至“两湖一江”地区，初步形成以北方七港（国投曹妃甸港口有限公司、唐山曹妃甸煤炭港务有限公司、华能曹妃甸港口有限公司、河北华电曹妃甸储运有限公司、天津港中煤华能煤码头有限公司、沧州渤海港务有限公司、青岛港国际股份有限公司大港分公司）+南方二港为中心，业务覆盖东北、华北、华东、华中各地区，形成“铁—海—江联运”的现代智慧物流体系。

【融资工作】 2019年，鄂尔多斯市国有资产投资控股集团有限公司新增银行授信73亿元，其中，新增兴业银行授信40亿元，招商银行授信15亿元，浙商银行授信18亿元。经鄂尔多斯市人民政府2019年第12次常务会议纪要批复同意发行30亿元公司债券，成功开展非公开发行30亿元公司债券的前期准备工作。2019年12月，完成30亿元中期票据向中国银行间市场交易商协会申报工作。鄂尔多斯市国有资产投资控股集团有限公司主体信用及跟踪信用等级连续3年获评“AA+”，评级展望稳定。

【现代金融服务业】 深化与内蒙古股权交易中心业务合作，积极参与伊金霍洛旗和鄂托克旗县域金融服务体系及资本市场建设工作，发挥办事处作用，不断拓宽和创新对中小微企业直接融资服务渠道和服务模式，完成本地296户企业相关信息的入库，帮助鄂尔多斯市210家优质中小微企业在内蒙古股权交易中心实现挂牌；持续开展中小微企业续贷续保业务，推进“银担”“银政担”风险共担合作模式，为鄂尔多斯市30多户中小微企业提供融资性贷款担保2.27亿元，积极拓展非融资性担保业务，新增业务额20.18亿元，在保余额11.68亿元。

（徐铁军　郑　爽）

机场管理集团

【鄂尔多斯机场管理集团有限公司领导名录】

党委书记、董事长、总经理：刘建东

党委副书记、副总经理：张金明（鄂尔多斯伊金霍洛国际机场有限公司党总支书记）

副 总 经 理：卢　君

监事会主席：孙建平

纪 委 书 记：白布特（蒙古族）

副 总 经 理：于洪卫（蒙古族，鄂尔多斯伊金霍洛国际机场有限公司总经理）

董事会秘书、人力资源部经理：崔　静（女）

财务总监、综合管理部经理：苏晓东（1月9日任职）

【概况】 鄂尔多斯机场管理集团有限公司是鄂尔多斯市人民政府出资成立的市直属国有独资企业，属航空运输业，主要负责提供民用航空运输服务，同时承揽机场建设、地面运输、贵宾服务、广告传媒等业务。内设纪检监察室、规划发展部、综合管理部、人力资源部、资本运营部、审计部/监事会办公室、党群工作部、安全质量部、建设管理部等9个职能部门。截至2019年底，鄂尔多斯机场管理集团有限公司拥有员工1029人，包含委派、聘用及合同工694人、劳务派遣326人、实习生9人。鄂尔多斯机场管理集团有限公司下设11家公司，除参股公司内蒙古航空旅游投资集团有限公司在呼和浩特市外，其余公司均分布在鄂尔多斯市境内。2019年，鄂尔多斯机场管理集团有限公司未发生责任原因造成的航空性事故与事故征候，未发生责任原因造成的5万元（含）以上交通事故及其他非航空性事故。机场旅客满意度分值达4.48分，未发生责任原因造成的重大服务质量投诉事件和社会关注度高的负面影响和事件。完成旅客吞吐量270万人次，同比增长8.9%；完成货邮吞吐量1万吨，同比增长0.6%；保障运输飞行22517架次，同比增长6.4%。开通航线56条，通航城市60个，其中国际航线7条，国际城市8个，航空通达性持续提升。实现营业总收入1.68亿元，超额完成目标的7.7%。2019年，鄂尔多斯国际机场放行正常率达87.56%，同比提升2.84%。

【子公司】

鄂尔多斯伊金霍洛国际机场有限公司　鄂尔多斯伊金霍洛国际机场有限公司是鄂尔多斯机场管理集团全资子公司，主要负责机场运营管理。鄂尔多斯国际机场坐落于鄂尔多斯市康巴什新区东南方16公里处，地处包茂高速公路和阿大一级公路交会处，于2007年7月26日正式通航。占地面积5300亩，飞行区等级为4E级，跑道长度3200米，宽45米，可满足波音747等大型客货机的起降。T2航站楼于2013年1月30日投入使用，其设计理念为“草原雄鹰”。航站楼建筑面积10.03万平方米，可满足1200万人次旅客吞吐量需求。鄂尔多斯国际机场是内蒙古自治区唯一一个由地方全资建设、自主管理的机场；是内蒙古自治区唯一获得CCAR-145部维修许可证和拥有民航安检设备定检资质的支线机场；建成国内中小机场首家空管模拟机对外培训基地；成立航空技术服务公司，积极承揽管制员模拟机复训、安检培训等业务。

鄂尔多斯空港运输有限公司　鄂尔多斯空港运输有限公司成立于2012年9月，为鄂尔多斯机场管理集团有限公司全资子公司。经营省际、盟市际、旗县际、旗县内包车客运、公交运输、城域出租车、普通货物运输、汽车租赁、汽车维修、汽车配件销售。2019年有公交客车26辆，旅游巴士20辆，厢式货车3辆，出租车30辆，租赁用车158辆。主要担负鄂尔多斯国际机场地面运输服务保障，东胜区、空港物流园区、伊金霍洛旗阿镇、康巴什区四地公共交通运输服务保障、货运物流运输服务保障、通勤用车和政府的一系列指令性社会公益任务。

鄂尔多斯市空港实业有限公司　鄂尔多斯市空港实业有限公司成立于2017年7月，为鄂尔多斯机场管理集团有限公司全资子公司。前身为鄂尔多斯机场商贸有限公司，管理资产超过6亿元，业务范围主要包含机场商业运营管理、物业服务、保安、停车楼运营四大模块。

鄂尔多斯市成吉航空服务有限公司　鄂尔多斯市成吉航空服务有限公司成立于2014年1月，为鄂尔多斯机场管理集团有限公司全资子公司。致力于鄂尔多斯国际机场航线网络规划布局，实时监控航班销售情况，了解市场信息，联合本地、异地旅行社，积极协调航空公司制定相关销售政策，同时负责宣传推广鄂尔多斯旅游，打通销售及宣传渠道，做好“内引、外联、深挖”市场客源引导工作。除此之外还负责鄂尔多斯国际机场进出港货物邮件的收运、交付，危险品信息的告知、宣传以及对货运市场的调研、统计、分析，建立畅通的物流销售渠道。

鄂尔多斯市机场酒店有限公司　鄂尔多斯市机场酒店有限公司成立于2018年11月，为鄂尔多斯机场管理集团有限公司全资子公司。业务范围主要包含酒店、餐饮的运营管理工作。

鄂尔多斯机场保安服务有限公司　业务模块已整合至鄂尔多斯市空港实业有限公司。

鄂尔多斯机场物业服务有限公司　业务模块已整合至鄂尔多斯市空港实业有限公司。

【控股公司】鄂托克前旗敖勒召其通用机场有限公司成立于2017年7月，由鄂尔多斯机场管理集团有限公司与鄂尔多斯市正腾投资有限责任公司合资组建。鄂托克前旗敖勒召其通用机场由鄂托克前旗人民政府与鄂尔多斯机场管理集团有限公司合作建设，是内蒙古自治区建设"以鄂尔多斯国际机场为中心的西南部通用机场群"中第一个开工建设的通用机场，也是内蒙古自治区第一个以PPP形式合作建设的通用机场。飞行区等级为A1级（含有使用乘客座位数在10座以上的航空器开展商业载客飞行活动的A类通用机场），跑道长1200米、宽30米，站坪面积9672平方米，航站楼（含塔台）建筑面积1568.89平方米，场区内含动力中心、油车库等附属设施。最大可起降机型为Y-12。

【参股公司】

鄂尔多斯机场传媒有限公司　鄂尔多斯机场传媒有限公司成立于2011年12月，由北京首都机场广告有限公司与鄂尔多斯机场管理集团有限公司合资组建。专业经营机场及关联广告媒体，具备专业的市场营销、媒体运营及设计创意团队，拥有先进的媒体管理标准和媒体规划技术，立足于鄂尔多斯国际机场优越的民航广告资源，致力于打造鄂尔多斯及周边地区广告行业的领军企业。

鄂尔多斯市空港商务服务有限公司　鄂尔多斯市空港商务服务有限公司成立于2012年1月，由首都空港贵宾服务管理有限公司与鄂尔多斯机场管理集团有限公司合资组建。负责为国家领导人、机场政商旅客、航空公司头等舱及公务机旅客提供高标准地面服务。成立至今，先后完成第十届全国少数民族传统体育运动会、《联合国防治荒漠化公约》第十三次缔约方大会等多次国家级重要会议的礼仪服务，并选派人员参加金砖国家领导人第九次会晤、二十国集团(G20)领导人第十一次峰会、第七届中非合作论坛北京峰会及第七届世界军人运动会等国际大型会议活动服务保障，获得国内外参会嘉宾的一致认可和赞誉。

内蒙古航空旅游投资（集团）有限公司　内蒙古航空旅游投资(集团)有限公司成立于2015年1月，由赤峰市财政局、内蒙古交通投资(集团)有限责任公司、内蒙古青城国有资本运营有限公司、包头交通投资集团有限公司、南京爱飞客通航发展有限责任公司与鄂尔多斯机场管理集团有限公司合资组建。核心业务为航空和旅游产业两大板块，重点对干线航空、支线航空、通用航空、通用机场、航空小镇、航空传媒、旅游目的地开发等的投融资和经营管理。自成立以来，公司围绕航空和旅游上下游产业，全资、控股或参股方式创立11家公司，形成集航空运输、旅游目的地开发、航空文化传播、航空物业管理、主题酒店和通航产业园为一体的全产业链经营模式。

【ARJ21型客机体验飞行】3月25日，鄂尔多斯国际机场完成ARJ21型客机体验飞行保障任务（ARJ21民用客机是中国商用飞机有限责任公司研制的70—90座级中、短航程新支线客机，也是中国第一次完全自主设计并制造的支线客机）。

【荣誉奖励】5月30日，第四届中国机场服务大会在北京举行，鄂尔多斯国际机场荣获"2018年度民用机场服务质量评价服务规范优秀奖"。

【管制员模拟机复训基地（遵义分基地）揭牌】5月14日，鄂尔多斯国际机场与遵义机场合作的管制员模拟机复训基地在贵州遵义正式揭牌成立。

【新建平行滑行道项目开工建设】 9月14日，鄂尔多斯国际机场新建平行滑行道项目开工建设，已完成总工程量的16%。

【通过 SMS-DG 体系建设试点验收】 10月31日，鄂尔多斯国际机场顺利通过中国民用航空局危险品航空运输安全管理体系（SMS-DG）建设试点验收，成为内蒙古地区业内首家通过 SMS-DG 体系建设试点验收的机场。

【通过2019年度"平安民航"考核】 11月7日，鄂尔多斯国际机场顺利通过2019年度"平安民航"考核。

【机场宾馆楼改造】 12月10日，机场宾馆楼改造项目通过伊金霍洛旗住房和城乡建设局消防竣工验收，取得建设工程消防竣工备案书，改造工程圆满结束，机场宾馆投入使用。

【停车场 ETC 上线运行】 12月29日，内蒙古首个停车场 ETC 在鄂尔多斯国际机场正式上线运行，车上装载 ETC 装置的旅客进出鄂尔多斯国际机场停车场可实现不停车自助缴费。

（张蕴韬）

旗　区

东胜区

【领导名录】

中共区委员会

书　记：张占林

副书记：刘凤云

常　委：丁勇智

王力平

韩耀庭

冀　平

何万智

贺海云

杨光耀

边光霞

人大常委会

主　任：郝军海（蒙古族）

人民政府

区　长：马玉清（9月离任）

代区长：刘凤云（9月任职）

副区长：丁勇智（挂职）

何万智

杨光耀

政协委员会

主　席：伊　平（女，蒙古族）

纪律检查委员会

纪委书记、监委主任：冀　平

人民法院

院　长：康建枝

人民检察院

检察长：王治录

公安局

局　长：奇景阳

【概况】东胜区是鄂尔多斯市经济、科技、文化、金融、交通和信息中心，也是“呼（和浩特）包（头）鄂（尔多斯）”经济金三角重要一极。区域总面积2160平方公里，建成区面积78平方公里，总人口56万人，城镇化率达到94%。地区综合实力位居全国百强区第45位，先后荣膺全国文明城市等10多项荣誉称号。

【自然资源】东胜区物产丰富，境内煤炭储量约639.18亿吨，煤层厚，埋藏浅，宜于斜井或平洞开采。依据东胜区第二轮矿产资源总体规划（2008—2015年）数据内容，无高岭土储量，砖瓦用黏土查明资源量约1007万立方米，无硫铁矿，石英砂储量达200千吨。东胜区森林总面积达7.42万公顷，其中乔木林地1.78万公顷、灌木林地5.64万公顷，森林覆盖率达34.18%，区域生态环境的承载力、支撑力迅速提升，实现经济发展与生态建设的良性互动、人与自然的和谐发展。

【农牧业】2019年，东胜区共扶持培育92家农牧业产业化经营重点龙头企业，其中：国家级龙头企业1家，自治区级10家，市级龙头企业44家，区级龙头企业37家。围绕鄂尔多斯草原经济品牌，打造绿色、无公害农畜产品，提升产品的质量档次，增强产品的市场竞争力。截至年底，农畜产品已获得国家级驰名商标5件，自治区著名商标15件，市级知名商标15件，内蒙古名牌产品2件，注册商标7件。全区农作物总播种面积3439.3公顷。其中，粮食作物播种面积3169公顷；油料播种面积31.7公顷；蔬菜播种面积21.9公顷。全年粮食总产量15167吨，同比增长4.8%；其中，油料产量35.3吨，同比增长90.8%；甜菜产量22.2吨，同比下降7.1%；蔬菜产量771.05吨，同比增长21.4%。

【林业】2019年，东胜区组织实施中国绿化基金会“蚂蚁森林”、京津风沙二期、森林植被恢复、全民义务植树等重点林业生态建设项目，全年共完成新造林绿化面积2.5万亩。依法受理永久性征收林地28项，使用林地面积688.6公顷，批复14项；依法受理临时占用林地4项，已审批4项，使用林地75.3公顷；依法办理林木采伐6宗，采伐林木面积33.7公顷。持续推进林地常规管护和基础设施建设工作，在重点火险区开设防火隔离带共2571公里，清除林地内的杂草75747.5亩。落实天然林保护工程管护任务192.22万亩，聘任护林员381人，兑现管护工资602.64万元。落实森林生态效益补偿54.1万亩，兑现林农个人森林生态效益补偿资金475.59万元。在林业有害生物防治方面，完成产地检疫1206亩，产苗量855.783万株，花卉54035盆。调运检疫各类苗木9.14万株，检疫种子0.315吨，复检各类苗木128.2032万株，完成有害生物防治11843亩。森林保险投保面积188.77万亩，总保费167.36万元，投保率100%。在湿地保护方面，累计向保护区湿地补水1500余万立方米，湿地生态功能逐步得到恢复。

【工业】2019年，东胜区形成以煤炭为代表的支柱产业、以绒纺为代表的民族品牌产业、以装备制造为代表的新兴产业。全区规模以上工业总产值同比下降6.2%，其中，重工业产值同比下降6.2%；轻工业产值同比下降6.9%。规模以上工业中，非煤工业产值占规模以上工业产值的比重达到48%。全区53家规模以上工业企业实现主营业务收入569亿元，实现利润总额66亿元，产品销售率达101.1%。现有煤矿32座，2019年产销煤炭8540万吨，电子交易量近1.1亿吨，发电量88.7亿千瓦时；收储原绒4500吨，羊绒制品产销量达600万件，世界最大羊绒加工企业——鄂尔多斯集团总部设在东胜，成为“中国羊绒产业名城”；建成装备制造基地、经济科教园区、铜川汽车博览园三大园区，规划面积约160平方公里，累计引进落地久和风机、久科环保等新兴产业项目100余个，其中奇瑞、京东方、新兴重工等投资超百亿的骨干项目投产达效，装备制造业年产值突破200亿元。

【城镇建设】启动城市综合管理网格制，施行涵盖四级网格长、79个基础网格、1000多名网格员的大网格管理办法，集中排查整治主次干道、背街小巷、住宅小区各类问题。实施物业服务提升攻坚行动，国企接手入驻5个无物业服务小区，解决28个老旧小区和保障性住房小区的供热、供气、硬化等基础设施老旧破损问题。建成投用呼准鄂铁路东胜站前广场及主要连接线；完成旧城区“五街五路”改造提升，新建维修各类地下管网5公里；在12个机关单位和30个小区推行垃圾分类试点。实施月季公园、东康快速路沿线等重点区域绿化提升工程，新改造绿地200万平方米。启动环境综合整治百日攻坚行动，整改土地卫星拍片执法反馈问题，拆除各类违建4545.5平方米。加强农村人居环境综合整治，完成1101户农村厕所改造，建立“户集、村收、镇运、区处理”的垃圾处理机制，顺利通过国家卫生城市和全国文明城市复检验收。2019年，东胜区作为全国核心区助力鄂尔多斯市全国文明城市创建测评位列自治区第一。同年10月，东胜区被列为自治区建设新时代文明实践中心试点旗区之一，12月，东胜区入选全国新时代文明实践中心试点县区。

【现代服务业】2019年全区签约项目137个、协议总投资572亿元、同比增长144%（2018年为234亿元）。万达广场、华研好百年等13个商贸项目建成运营，盘活闲置商业地产近50万平方米。全区现有社会消费品零售上限企业160家，全年社会消费品零售总额预计214.1亿元、增长6.1%。全区22家外贸企业完成进出口额5.6亿美元、占全市进出口总额70%以上。成功举办2019中国（鄂尔多斯）国际羊绒羊毛大会暨展览会。电商物流产业升级步伐加快。推动神华驼背物流、呼铁物流、云鹿物流园区等物流项目建设，部分外贸企业利用阿里巴巴、敦煌网等知名电商平台开展跨境电商业务。全区电商网络零售额约10亿元，同比增长44%，占全市网络零售额的75%。有序推动草原漫瀚小镇九城宫旅游度假区、绿野农庄综合旅游区、鄂尔多斯植物园提升改造项目、鄂尔多斯19号特色街区、高原·花鹿栖文化艺术休闲生活街区、鄂尔多斯野生动物园海洋馆三期等19个重点文旅项目建设，累计完成投资3.625亿元。

【金融保险】东胜区共有各类金融机构126家，其中银行25家，金融机构人民币存款余额1761.83亿元，同比增长3.38%，占全市43.87%，银行业贷款余额1914.59亿元，同比减少5.68%，占全市的58.89%；小额贷款公司38家，实现贷款余额80.88亿元，同比减少5%；担保公司5家，实现担保余额5.35亿元，同比减少55.34%，本年累计新增担保额1.75亿元，同比减少60.77%；证券公司6家，年度累计开户总数4453个，同比减少35.48%，年度累计交易额510.81亿元，同比增长21.44%，实现利润1362.08万元，同比增长151%；期货公司1家，本年度累计开户数527户，比2018年同期减少64%，累计交易金额达1299.6亿元，比2018年同期减少40.73%，实现利润443万元，同比减少83.18%。另外典当行14家。东胜共有各类保险公司37家，其中地区财险22家，保险费收入11.24亿元，同比增长5%，占全市45%，累计赔款支出5.13亿元，占全市的47%；寿险15家，保险费收入31.95亿元，同比增长13%，占全市61%，累计赔款支出3.58亿元，占全市的59%。

【科技】东胜区现有国家级高新技术企业19家，工程技术研究中心1个，企业技术中心3个，博士后科研工作站4个；自治区级企业研发中心11家，工程技术研究中心4家，企业技术中心9个，院士专家工作站5个，重点实验室1个，国家级科技产业基地1个，自治区级科技企业孵化器1个。2019年，共组织企业申报各级各类科技项目8批次，包括亿利资源集团有限公司、内蒙古鄂尔多斯资源股份有限公司等25家企业的47个项目共争取到上级专项资金4655.87万元。截至2019年底，东胜区共引进、培育高层次创新创业人才670多名。

【教育】2019年有各级各类学校幼儿园138所，总教职员工9725人，其中公办学校78所，有普通高中1所(东联现代高级中学）、九年一贯制学校3所（蒙古族学校、东联学校、区一中南校区）、初中10所、小学30所、公办幼儿园34所，教职工7424人（含临时聘用教师1246人）；民办学校60所，有普通高中2所（鄂尔多斯衡水实验中学、鄂尔多斯景泰艺术学校）、职业高中1所（鄂尔多斯蒙艺职业高中）国学教育学校1所（伏羲学校）、十二年一贯制国际学校1所（枫叶学校）、注册民办幼儿园55所，在校（园）教职工2301人。全区在校（园）学生和幼儿共计90763人［公办学校（园）学生幼儿76416人，民办学校（园）学生幼儿14347人］。2019年，东胜区全面推进整合、盘活、优化教育资源，新投用区一中南校区、东联学校、蒙古族第三幼儿园、那和雅幼儿园，公开招聘引进教师468名。中高考成绩继续位居全市前列，中考均分高于全市29分，本科上线率达88%。

【体育】东胜区3个镇、12个街道办事处均成立全民健身领导机构。截至年底，成立体育单项协会12个、体育单项俱乐部12个，成规模的晨、晚练站（点）91个，社会体育指导员达到1800名。现有体育设施场地18类1027个，体育场地面积135.34万平方米，人均面积达到2.62平方米。东胜区万佳体育场和东胜区网球馆免费对外开放，充分利用场馆设施优势，组织开展丰富多彩的全民健身活动。利用现有专业教练团队及各协会、俱乐部的力量开展运动项目技能培训班，分期举办乒乓球、羽毛球、网球、篮球、足球、游泳、围棋、轮滑、武术、健身气功共10个单项的专项技能培训，报名参加的各类项目爱好者达200人以上；组织安排健身操专职教练团队到社区健身站点集中培训2套经络养生操，直接参加培训人数达到3000人以上；同时开展三级社会体育指导员培训班，经考核合格向120余人发放三级社会体育指导员证书。

【文化、旅游】推进文化馆、图书馆分馆建设，已建成文化馆分馆24处，图书馆一级分馆12处、二级分馆84处、试点分馆1处、特色分馆10处。举办2019年元宵文化节和月季文化旅游节系列活动，开展各类特色活动126项，惠民演出259场次，演出节目2627个，参与演出人员6418人次，参与观众80余万人次，举办“4·23”世界读书日系列主题活动，已开展全民阅读推广活动28项222场次，参与活动40549人次。承办2019年中国图书馆年会和2019年图书馆阅读之旅暨鄂尔多斯文化旅游产品博览交易会。排演《幸福路上》《幸福到我家》《我的祖国》等一批文艺精品，推出《老邻居》《为你歌唱》等原创音乐作品10部，创作快板《扫黑除恶红旗展》、群舞《记忆》《雅》、器乐合奏《丝路驼铃》、小戏《回村》《邻里春意》、小品《人间正道》、歌曲《故乡·我的鄂尔多斯》等以新中国成立70周年、扫黑除恶专项斗争为主题的文艺作品14件，同时组织举办庆祝新中国成立70周年等各项大型文艺活动5场。累计接待游客449.8万人次，同比增长13.4%；带动旅游收入139.7亿元，同比增长14.7%。

【卫生】全区现有各级各类医疗卫生机构487个，其中市直医疗机构6个（市中心医院、市第二人民医院东胜部、市蒙医医院东胜部、市中医院东胜部、市第四人民医院、市卫校附属医院），区直医疗卫生健康机构26个（区人民医院、区妇幼保健院、区疾病预防控制中心、区卫生健康综合监督执法局、区健康教育所、区计划生育协会、区老龄工作委员会办公室、13个社区卫生服务中心、6个乡镇卫生院），社区卫生服务站25个，村卫生室14个，民营医院38个，体检中心2个，门诊部27个，个体诊所327个。全区共有床位4702张，医疗专业技术从业人员5437名。医疗卫生基本实现全覆盖，农村牧区医疗得到有效保障。推进健康促进区、慢病综合防控示范区、精神卫生综合管理试点工作建设。疾病预防控制中心荣获2019年内蒙古自治区艾滋病性病防治工作先进集体。基本公共卫生服务能力切实提升。医疗信息化建设逐步完善，完成居民电子健康卡升级改造任务，并在所有基层医疗机构配备相关的硬件设备。分两批投放17台避孕药具自助发放机。出生医学证明管理工作、“三网监测”项目、重大公共卫生妇幼项目、危重孕产妇医院监测项目顺利实施。合作建立鄂尔多斯蒙医院东胜部，印发《东胜区振兴蒙医药中医药工作行动规划（2017—2025年）》。加强传染病防控、职业卫生及地方病防治和病媒生物监测。完成学生常见病监测、生活饮用水水质常规监测、国家生活饮用水水质监测、公共场所双随机检测、中国居民食物消费调查等环境和学校卫生项目。完成从业人员预防性健康体检约1.2万人次。家庭医生签约服务工作进一步规范，明确家庭医生签约服务基础服务内容、团队职责，签约服务常住人口23.47万人，签约覆盖率达46%。医养结合新模式深入推进，健康养老服务产业发展思路和目标举措进一步完善，自治区试点项目（中华情医养院、兴胜颐康医养全护中心）、鄂尔多斯市试点项目（鑫海医养院、立仁健康医养院）稳步推进，服务能力有效提升。坚持“三个不变”的总体要求，积极稳妥实施全面两孩政策，扎实推进计划生育服务管理政策，强化优质服务，提升计生家庭发展能力。年末人口总数582618人，期末已婚育龄妇女人数120969人，新出生6552人，人口出生率11.25‰，出生人口性别比106.75，各项指标均达到目标要求。

【社会保障】社会保障标准和覆盖面稳居自治区前列。社会保障覆盖范围持续扩大，全区参加养老、医疗、失业、工伤、生育保险参保人员分别达8.6万人、23.2万人、3.8万人、6.4万人、3.4万人。2019年，新增参保人数11366人。完成企业职工养老金“15连调”，7500人受益。全面落实社会保险“降费率”政策，为3009户参保企业减征企业职工养老保险4100万元。基金规模不断扩大，五项社保资金累计滚存结余57.45亿元，抗风险能力显著增强。跨省异地就医直接结算工作取得突破性进展，全区城镇职工、城乡居民基本医疗保险跨省异地住院治疗直接结算正式运行。推进城镇居民医疗保险管理权限下放，7个办事处或社区城镇居民实现居住地实时参保。推进机关事业养老保险改革，截至年底，清算工作已完成99%。城乡低保标准分别提高到每人每月634元和445元，将低保对象普通疾病的救助比例由过去的65%提高至70%，全年共救助1724人次，发放救助金339.3万元。将百岁老人高龄津贴标准提高至每人每月600元，2019年共发放老年人生活补贴1951.62万元。推动社会组织发展，开展社会组织相关培训、交流等活动共23期。全区新增就业5928人，城镇登记失业人员再就业752人，就业困难人员就业1039人，转移农村劳动力6202人，城镇登记失业率控制在2.88%。推进精准扶贫工作，全年为1838名贫困人口代缴养老保险费26.02万元，为245名贫困人员发放助保贷款422.3万元。扎实开展“技能脱贫”行动，深入泊江海子镇和罕台镇，对31户贫困户开展“一对一”“面对面”就业创业扶持和优惠政策宣讲活动，为7户有使用条件的贫困户安装“内蒙古精准脱贫就业创业在线培训融学”App。

【社会稳定】2019年，累计化解政府隐性债务51.49亿元，完成年度目标38.06亿元的135.3%，获得上级化债奖励资金2.9亿元。累计清欠民企账款40.74亿元，完成清欠民企账款总额78.16亿元的52.1%（完成国务院对拖欠账款年底清偿一半以上的要求）。

【人民生活】2019年，居民收支实现双增长。全区城镇常住居民人均可支配收入51483元，同比增长6.3%。其中，工资性收入32245元，同比增长6.4%；经营净收入8518元，同比增长7.9%；财产净收入5709元，同比增长4.6%；转移净收入5011元，同比增长4.9%。城镇常住居民人均消费支出31806元，同比增长5.9%。

达拉特旗

【领导名录】

旗　委

书　记：奇·达楞太（蒙古族）

副书记：王　兵（9月离任）

陈德华（2月离任）

苏智雄（4月任职）

常　委：王　平

马　林（4月任职）

苏振平
崔永平
乌尼尔吉日嘎拉（蒙古族）
王　蛟
王书宏
马　林（4月离任）

人民政府

旗　长：王　兵（9月离任）
副旗长：王　平
苏智雄（4月离任）
马　林（4月任职）
王　帅
黄建军
李　君
杜晓彦
挂职副旗长：白国东（7月任职）

人大常委会

主　任：杜建勇
副主任：王亮华
王永丰
陈柏树
邱金来

政　协

主　席：刘永福
副主席：苏　忠
赵谦宇
林冬梅
朝格图（蒙古族）

纪律检查委员会

纪委书记、监委主任：乌尼尔吉日嘎拉（蒙古族）
纪委副书记、监委副主任：杨贵明

人民法院

院　长：杨淳雁

人民检察院

检察长：任　婵

公安局

局　长：李　君

【**概况**】达拉特旗位于内蒙古自治区西南部，黄河中游南岸，鄂尔多斯高原北端。北与包头市隔河相望，东南西分别与准格尔旗、东胜区、杭锦旗接壤。东西长133公里，南北宽66公里，总面积8188平方公里。全旗分布有9个镇、1个苏木，132个村；6个街道办事处。全旗总人口37.02万人。其中汉族35.14万人、占总人口的94.9%，蒙古族1.72万人、占总人口的4.6%，回族580人、占总人口的0.16%，满族815人、占总人口的0.2%，朝鲜族11人，达斡尔族20人，鄂温克族7人，壮族21人，藏族10人，维吾尔族7人，苗族21人，土家族13人，彝族42人，锡伯族4人，其他53人。常住人口33.64万人，其中城镇人口19.3万人、乡村人口14.34万人，城镇化率为57.37%。全年出生人口0.33万人，出生率9.83‰；死亡人口0.22万人，死亡率6.55‰；自然增长率3.28‰。年末户籍人口372061人，比2018年末增加1128人。全年全旗完成地区生产总值322.65亿元，按第四次全国经济普查修订数据后的同口径可比价计算，比2018年同期增长2.1%。分产业看，第一产业增加值40.69亿元，同比增长2%，对经济增长的贡献率为16.4%，拉动GDP增长0.34个百分点；第二产业增加值144.49亿元，同比增长3.1%，对经济增长的贡献率为52.9%，拉动GDP增长1.11个百分点；第三产业增加值137.47亿元，同比增长1.1%，对经济增长的贡献率为30.7%，拉动GDP增长0.65个百分点。全旗一般公共财政预算收入19.5亿元，同比增长3.4%。其中，税收收入13.6亿元，占公共财政预算收入的69.7%；非税收入5.9亿元，占公共财政预算收入的30.3%。全旗公共财政预算支出46.3亿元，同比下降7.8%。全旗新增就业3574人，失业人员再就业416人。年末全旗城镇实有登记失业人员3732人，城镇登记失业率为3.0%，比2018年增长0.74个百分点。供给侧结构性改革逐步推进。全旗累计化解商品房库存22.66万平方米，其中：住宅1511套、16.18万平方米，住宅成交平均单价4487元/平方米，商业用房0.21万平方米。

【居民生活和社会保障】居民人均可支配收入33181元，同比增长7.3%；城镇常住居民人均可支配收入达到44654元，同比增长6.0%；农村牧区常住居民人均可支配收入为19681元，同比增长8.5%。居民人均消费性支出19859元，同比增长4.5%；城镇居民人均消费性支出25572元，同比增长4.9%；农牧民人均生活消费支出12614元，同比增长3.8%。城镇居民家庭食品消费支出占家庭消费总支出的比重为23.4%，农村为25.2%。城镇居民人均住房建筑面积35平方米，农牧民人均住房面积35.8平方米。全旗参加城镇职工养老保险4.2万人，参加城乡居民养老保险15.1万人，其中参加城镇养老保险0.3万人，参加农牧民养老保险14.8万人，参加工伤保险2.57万人。企业离退休人员月人均养老金水平为2792元，城镇居民和农牧民每月人均领取待遇为598元和508元。全旗享受城市最低生活保障613人，享受农村最低生活保障4833人。城镇最低生活保障标准提高到每人每月675元，农村最低生活保障标准提高到每人每月514元。全旗公办社会福利机构3家，床位250张；民办社会福利机构6家，床位1017张。聚焦“两不愁、三保障”和“六个精准、五个一批”脱贫要求，紧盯74户、169人建档立卡贫困户精准脱贫和2378户、5805人已脱贫户目标任务圆满完成。旗人民政府投入扶贫专项资金7149.63万元。中央、自治区资金576.63万元，市级资金4373万元，旗级资金2200万元。

【农业】全年现价农林牧渔及服务业总产值67.77亿元，按可比价格计算比2018年增长5%。其中，农业产值41.27亿元；林业产值0.79亿元；牧业产值24.19亿元；渔业产值0.77亿元；农林牧渔服务业产值0.75亿元。全旗农作物总播种面积170.53千公顷。其中，粮食作物播种面积110.4千公顷，油料播种面积16.24千公顷，蔬菜播种面积7.73千公顷。全年粮食总产量76.67万吨，油料产量3.73万吨，甜菜产量0.85万吨，蔬菜产量31.62万吨。

【畜牧业】牧业年度牲畜存栏稳定在290万头（只），其中羊262万只、生猪17万头、奶牛5.7万头，獭兔存栏450万只。

【林业】完成林业生态建设目标任务11.46万亩，其中京津风沙源治理二期工程完成2万亩，天保工程完成0.3万亩，森林植被恢复项目完成1.5万亩，全民义务植树完成1.16万亩，蚂蚁森林项目完成0.5万亩，灌木平茬完成6万亩。完成2019年京津风沙源治理二期工程草原项目贮草棚建设9000平方米、暖棚3600平方米。完成调运检疫苗木160.2万株，复检苗木293.69万株，检疫木材588立方米；产地检疫苗木1.78万亩，种苗产地检疫率达100%。落实135.57万亩国家级公益林和275.7万亩天保公益林管护任务。全年共发放林木采伐许可证120张，许可采伐面积34.7公顷，采伐蓄积量1272立方米；发放木材运输证83张。完成林木种子采集2400公斤，完成育苗面积1.47万亩，其中新育苗534亩；完成容器育苗366万袋。

【工业】规模以上工业企业48家，规模以上工业总产值同比增长10.8%；销售产值同比增长18.9%；工业产品产销率104.1%。规模以上工业增加值按可比价比计算，同比增长4.9%。按轻重工业分，轻工业下降7.1%、重工业增长5.3%；按经济类型分，股份制企业增长6.1%，外商及港澳台投资企业增长15.1%，其他经济类型工业企业下降10%。规模以上工业企业实现营业收入271.7亿元，同比增长14.6%；利润总额13.4亿元，同比下降4.1%。亏损企业17户，比2018年增加9户，亏损企业亏损额5.3亿元，同比增长15%。规模以上工业中战略性新兴工业企业实现总产值12.1亿元，占规模以上工业总产值的4.9%。全旗500万元以上固定资产投资同比增长1%。其中民间投资同比下降13.1%，民间投资占总投资比重33.1%。5000万元以上项目45个，5000万元以上项目投资占全部完成投资比重的90.1%。

【城镇建设】具有资质等级的建筑施工企业21个，全年总承包和专业承包建筑业总产值13.0亿元，同比增长0.4%，竣工产值8.2亿元，同比下降16.6%。建筑业企业房屋建筑施工面积12.1万平方米，同比增长4.7%；竣工面积6.5万平方米，同比下降22.2%。

【国内贸易】实现社会消费品零售总额比2018年增长3.2%。其中，城镇社会消费品零售额同比增长2.8%，乡村消费品零售额同比增长4.3%。按商品类值分，服装鞋帽、针、纺织品类同比增长6.8%；化妆品类同比增长8.2%；家用电器和音像器材类同比增长20.6%；粮油食品类同比增长12.6%；饮料类同比增长11.3%；日用品类同比增长6%。完成进出口总额4874.4万美元，同比减少103.9%。其中进口总额2万美元；出口总额4872.4万美元，同比减少103.9%。

【交通电信】铁路通车里程达409.5公里；公路总里程3427公里，其中高速公路里程74.75公里，公路网密度为41.85公里/百平方公里。铁路客运量4.3万人次，同比下降0.9%；货运量4110万吨，同比增长45%。公路货运量2615.61万吨，同比增长30.1%；货物周转量394411万吨公里，同比增长40.7%；公路客运量1889.39万人，同比下降11.3%，旅客周转量279552.5万人公里，同比下降13.4%。机动车保有量101245辆，同比增长6%，其中2019年新注册5853辆。全年实现邮电业务收入2.33亿元，其中，邮政业务收入0.15亿元；电信业务收入2.18亿元。年末手机电话用户38.5万户，宽带用户8.37万户。

【旅游】全旗A级旅游景区6个，其中，国家AAAAA级旅游景区1个，国家AAAA级旅游景区3个，国家AAA级旅游景区2个。共有旅行社8家，接待旅游者316.9万人次，同比增长16.1%，其中，接待入境旅游者0.77万人次。实现旅游收入97.9亿元，同比增长15.1%。

【金融】共有银行法人机构2家，全辖银行营业网点73个，共有从业人员865人。金融机构各项存款余额（人民币）188.73亿元，同比增长4.9%。其中，非金融企业存款余额16.8亿元，同比下降7.1%；住户存款余额154.31亿元，同比增长9%。金融机构各项贷款余额122.67亿元，同比下降0.8%。其中，非金融企业及机关团体贷款76.22亿元，同比下降5.1%；住户贷款46.45亿元，同比增长7.3%。保险公司中心支公司21家。保险业实现保费收入7.63亿元，同比增长9%。其中，财产险收入2.79亿元，同比增长10%；寿险收入4.84亿元，同比增长8.5%。

【科技】申报国家级星创天地1家，自治区星创天地试点单位1家，培育单位1家，众创空间2家。3家众创空间共计入驻企业121家，孵化晨升商贸有限公司等企业40家。累计获国家专利授权13项，其中发明专利6项、实用新型7项。转化专利成果10项。

【教育】拥有普通高中2所，在校学生4658人，专任教师444人；九年一贯制学校2所，在校学生3001人，专任教师214人；普通初中6所，在校学生8481人，专任教师729人；职业高中1所，在校学生2471人，专任教师102人；普通小学31所，在校学生25481人，专任教师1478人；幼儿园68所（公立园35所），在校学生11808人，专任教师872人；特殊教育学校1所，在校学生70人，专任教师21人。各级各类学校（含幼儿园）共有在校生47489人。农村义务教育专任教师本科及以上学历比例83.3%。

【文化】拥有文化馆1个，组织文艺活动274场次，乡镇文化站15个，公共图书馆1个，藏书量243705册，博物馆在建1个，艺术表演团体1个，组织开展演出活动193场次。全旗有线电视用户数达7.95万户，直播卫星户户通用户达到0.24万户，地面数字电视用户达2.7万户。

【卫生】共有公立医院2家，社区卫生服务中心7个，社区卫生服务站10个，乡镇卫生院22个，村卫生室173个，疾病预防控制中心1个，妇幼保健机构1个，卫生监督所1个。公立医院床位数710张，乡镇卫生院床位数399张。卫生技术人员2036人，其中注册医师896人、注册护士693人。

（张　桐）

准格尔旗

【领导名录】

旗　委

书　记：乔允利

副书记：王　枫（蒙古族）

万世斌（1月离任）

鲁占清（4月任职）

常　委：王建华（6月任职）

张银银（蒙古族）

查干东（蒙古族，4月离任）

白　雁（蒙古族）

宋　彦（蒙古族）

赵晨霞

希　尼（蒙古族，4月任职）

汪永志

尹占义（4月离任）

张志远（4月任职）

人大常委会

主　任：李银成

副主任：董五半

陈　杰

夏美斌

安　霞（女，蒙古族）

人民政府

旗　长：王　枫（蒙古族，2019年3月任职）

副旗长：王建华(2019年7月任职)

鲁占清（2019年3月离任）

张银银(女，蒙古族)

贾广华

吉日木图（蒙古族，2019年3月离任）

刘光明

屈树清

尹占义（2019年3月任）

政协委员会

主　席：王　源（蒙古族）

副主席：赵永君

王俊凤（女）

万明盖（蒙古族）

李　栓

纪律检查委员会、监察委员会

书记、主任：白雁（蒙古族）

公安局

局　长：刘光明

人民检察院

党组书记、检察长：恩克吉日格勒（蒙古族）

【概况】准格尔旗地处蒙、晋、陕三省区交界地带，位于内蒙古自治区西南部、鄂尔多斯市东端，北、东、南分别与内蒙古自治区包头市土默特右旗，呼和浩特市托克托县、清水河县，山西省忻州市偏关县、河曲县隔黄河相望；南与陕西省榆林市府谷县为邻，西与内蒙古自治区鄂尔多斯市伊金霍洛旗、东胜区、达拉特旗接壤。总面积7550.7876平方公里，其中陆地7358.1522平方公里、水域192.6354平方公里。旗政府驻地薛家湾镇。2019年，全旗地区生产总值（GDP）820.05亿元，居全市首位，同比增长3.1%；一般公共预算收入82.6亿元、同比增长6.3%；500万元以上固定资产投资同比增长16.1%，亿元以上开工项目39个，比2018年增加6个，亿元以上项目投资比2018年增长18.5%。三次产业经济结构比例为1.4∶68.6∶30。总体经济呈现稳中有进、稳中向好的发展态势，位列全国综合实力百强县市第30位、全国工业百强县第15位。全旗全年城镇实现新增就业4535人，其中准格尔旗籍大学生实现就业1429人，失业人员实现再就业539人，就业困难人员就业442人，城镇登记失业率2.24%。全旗失业保险参保人数为44744人，征缴失业保险费4406.15万元。

【农业】2019年，准格尔旗建成标准化生产示范区4.2万亩；2类农产品获地理标志保护，4类农产品获批国家名特优新农产品，黄河碱米通过有机认证和欧盟认证。大力培育农牧业新型经营主体，推动28家龙头企业与近万户农民建立紧密型利益联结机制，带动农户户均增收2000余元。全年全旗农业实现增加值11.51亿元，同比增长1.2%。全旗完成农作物播种面积49665.3公顷。其中：粮食作物播种面积44749公顷，油料作物播种面积623.68公顷，蔬菜及食用菌种植面积1239.85公顷，瓜果类种植面积812.97公顷，青饲料播种面积367.57公顷。全年粮食总产量21.94万吨，同比增长48.6%。全年现价农林牧渔及服务业总产值19.36亿元。其中，农业产值11.02亿元；林业产值0.95亿元；牧业产值6.5亿元；渔业产值0.36亿元；农林牧渔服务业产值0.52亿元。

【畜牧业】2019年，准格尔旗牧业产值6.5亿元。牧业年度全旗牲畜总数达到71.26万头（只），较2018年增加16.92万头（只）。其中：羊的总数为64.6万只，较2018年增加16.83万只；牛0.87万头，较2018年增加0.39万头；猪5.55万头，较2018年减少0.33万头。

【林业】截至2019年底，准格尔旗森林总面积403.17万亩，同比增长0.85%；活立木蓄积量216.8万立方米，同比增长6.3%；森林覆盖率35.6%，同比提高0.3个百分点。其中：有林地面积为138.05万亩，灌木林地为265.12万亩，疏林地1.14万亩，未成林造林地48.56万亩，宜林地5.64万亩，苗圃地0.25万亩，无立木林地48.05万亩，林业辅助生产用地0.77万亩。2019年，全旗完成林业生态建设14.5万亩。其中：天然林保护工程和京津风沙源治理工程以扶贫造林专业合作社模式实施，分别完成人工造林（乔木）0.6万亩和5万亩；森林质量提升项目，完成平茬7万亩；义务植树造林，完成造林1.3万亩130万株；经济林建设，种植苹果、海红果、苹果梨、葡萄、桃杏等0.2万亩；矿区复垦绿化项目，完成绿化0.4万亩。全年全旗实现林业总产值2.5亿元，林产业农民人均纯收入977元。2019年，准格尔旗有国家生态公益林35.55万亩、地方公益林355.5万亩，落实756名护林员全面管理保护。全旗参保公益林389.4万亩，其中乔木123.6万亩、灌木265.8万亩，投保资金579.58万元。全旗共发生林业有害生物27.285万亩，其中轻度发生14万亩、中度发生8.48万亩、重度发生4.805万亩，较2018年发生面积下降10.405万亩。全旗投入防治资金248万元，其中森林保险理赔金222万元、市财政投入6万元、旗财政投入20万元；共防治各种林业有害生物13.285万亩，作业面积13.285万亩，其中生物化学防治0.6万亩、人工物理防治7.8万亩。

【水利】2019年，准格尔旗落实水资源费税改革试点，强化用水行业监管，抽查用水企业20余家，完成取水许可审批和发证30家，集中核定水资源税纳税水量3个批次，累计完成水量核定300余次。严控河道采砂，编制完成《准格尔旗2020—2025年河道采砂规划》，审查发放河道临时采砂许可证24家。编制完成全旗入黄及出境的19条河流《河道水域岸线利用规划》和《河道划界规划》，对全旗流域面积30平方公里以上的77条河流建立“一河一档”信息。编制完成准格尔旗农业水价综合改革2019年度实施方案并通过市水利局审批，开展1.3万亩灌区的渠道维修和计量设施安装工作，完成投资120.91万元。年内，完成集中供水工程215处、分散供水工程557处、通电工程73处，总投资6280万元，受益人口4.11万人。总投资2.1亿元的黄河二期防洪工程已全面竣工并移交投入正常运行。2019年度全旗用水总量为1.6亿立方米（其中工业生产0.85亿立方米、农业灌溉0.51亿立方米、城乡生活0.21亿立方米、生态环境0.03亿立方米）。

【工业】2019年，准格尔旗工业经济运行良好，煤化工产能突破500万吨，煤炭就地转化3100万吨，煤化工、电力、陶瓷、装备制造等非煤产业占规模以上工业总产值的27.1%。围绕延伸拓展产业链条，签约引进项目20个，落地9个，落地资金74亿元。开复工亿元以上重点项目56个，久泰60万吨烯烃、中科合成油催化剂等6个项目建成投产。内蒙古工业陶瓷研究院在准格尔经济开发区挂牌成立。大路煤化工基地被确定为国家产业转型升级示范园区。全年完成工业增加值541.64亿元，同比增长2.3%。年末规模以上工业企业119家，累计完成规模以上工业总产值809.23亿元，同比增长8.2%；累计完成销售产值805.35亿元，同比增长9.7%；工业产品产销率99.5%。全年规模以上工业增加值按可比价比2018年增长2.1%。按经济类型分，国有企业增长1.4%，集体企业下降44.8%，股份制企业增长2.6%，外商及港澳台投资企业下降3.2%，其他经济类型工业企业下降4.8%。全年规模以上工业企业实现主营业务收入884.64亿元，同比下降5.3%；利润总额235.22亿元，同比增长12.2%；亏损企业37户，比2018年增加21户；亏损企业亏损额15.48亿元，同比增长122.7%。

全年主要工业产品产量完成：产销原煤29764万吨，下降2.4%；全年发电326.79亿千瓦时，增长4.8%，其中：火电293.7亿千瓦时，增长1.3%，水电33.09亿千瓦时，增长52.6%；生产甲醇241.1万吨，下降2.2%；生产各类油品21.51万吨，增长10.8%；生产多晶硅4805吨，下降10.9%。

全旗用电量为98.75亿千瓦时，下降6.5%，其中工业用电90.6亿千瓦时，下降7.4%。全年规模以上工业企业综合能源消费量为1242.85万吨标准煤，同比增长5.7%。

【城镇建设】2019年，准格尔旗城市建成的市政道路、供水排水、集中供暖、园林绿化、环境卫生5套公用设施系统稳步扩容，正常运营，城镇燃气供应系统在建。全旗城市建成区新建道路2.9公里，新铺装道路13.8万平方米，市政道路总长169.3公里，道路铺装总面积480.8万平方米，有路灯11954盏，人均道路面积18.7平方米。全旗有供水企业泰禹水务公司、科源水务公司、天河水务公司3家，中心城区供水管网长211.12公里，日供水能力5.57万吨，供水普及率97.45%。全旗中心城区排水管道长358.48公里，城镇污水集中处理率97.1%，无黑臭水体。2019年，全旗集中供热面积1428.76万平方米，其中住宅集中供热面积978.79万平方米，住宅供热用户91496户，供热管网总长297公里，集中供热普及率85%。全年新增园林绿地41.48公顷，建成区有公园及社区游园共24个、广场4个，绿地面积390.59公顷，人均公园绿地19.18平方米；建成区绿化覆盖面积1150公顷，绿化覆盖率42.96%，附属绿地面积412.47公顷，其他绿地面积289.7公顷。清扫保洁面积28平方公里，机械化清扫率77.74%，日清运生活垃圾302吨，餐厨垃圾17吨，有生活垃圾处理厂、餐厨垃圾处理厂各1处，日处理渗滤液100吨，生活垃圾无害化处理率98.42%。年末，准格尔旗建成区面积26.77平方公里，道路面积477.83万平方米；燃气普及率达60.06%；污水处理率达97.1%；生活垃圾无害化处理率达98.42%。

【环境保护】2019年，准格尔旗稳步推进沿黄生态廊道等重大生态项目建设，完成水土治理面积20.5万亩（其中水保项目完成4.84万亩，完成投资2500万元）。深入推进生态环境综合治理，加强地质环境恢复治理，完成矿区复垦2025公顷，建成绿色矿山16座；设立生态环境治理统筹资金，对全旗重点流域水质进行保护与治理，集中式饮用水水源地水质达标率100%。重拳整治历年土地例行督察、卫片执法检查中发现的土地违法问题，集中精力推进露天煤矿临时用地复垦还地工作，实现应复垦尽复垦、应还尽还。全旗全年优良天数为322天，优良率达到89.9%，比2018年提高8.6%。中心城区空气质量优良率达到90.4%。

【交通】2019年，准格尔旗实施交通续建项目4个，建设总里程70.441公里；实施新建项目2个，建设总里程97.216公里。全旗公路通车里程4458.7公里，其中高速公路里程229.1公里。铁路通车里程达673公里。

【商业】2019年，全旗实现社会消费品零售总额128.46亿元，同比增长3.4%。其中：城镇社会消费品零售额97.13亿元，增长3.3%；乡村社会消费品零售额31.33亿元，增长3.7%。全年限额以上企业社会消费品零售总额同比增长1.8%。按商品类值分，粮油、食品类完成零售额同比增长11.8%；饮料类同比增长92%；家用电器和音像器材类同比增长43.1%；汽车类同比增长73.8%。

【旅游】2019年，准格尔旗成功举办杏花节等一系列文化旅游活动。全年接待游客155万人次，实现旅游收入21.6亿元，入选2019中国最美县域榜单。全旗国家AAAA级旅游景区4个，旅行社5家，其中具有出境经营权的旅行社1家。

【金融保险】2019年末全旗金融机构总数达到21家，各类营业网点105个；各项存款余额621.59亿元，同比增长11.8%。其中：城乡居民储蓄存款余额404.48亿元，增长12.6%；各项贷款余额402.28亿元，增长15.5%。全年全旗保险业实现保费收入89508万元，增长8.4%。其中财产险保费收入31079万元，人寿险保费收入58429万元。全年保险赔付总额18385万元，下降12%；其中，财产险赔付11342万元，人寿险赔付7043万元。

【科技】2019年，准格尔旗成功申报“内蒙古自治区知识产权强县工程试点县”，新增自治区级研发中心2家、高新技术企业8家，授权专利110项，入选全国科技创新百强县市。全旗有效期内高新技术企业14家，自治区级企业研发中心8家，自治区级工程技术研究中心3家。全年新建社区、农村科普图书室2个，示范科普e站30个，科普宣传栏16处。全旗234个乡村、社区、校园科普e站已全部挂牌并正常运转，共注册科普信息员390多名，科普信息员作用发挥更加充分，准格尔旗科普信息员在鄂尔多斯市全民科普e站微信平台的转发量居全市第二，在中国科协“科普中国”App平台转发量居全市第一。

【教育】2019年，准格尔旗新建特殊教育学校1所，公开招聘教师359名。年末，全旗共有各类学校和幼儿园95所，在校学生及幼儿59800人，教职工5829人，其中专任教师5037人。其中：幼儿园55所，在园幼儿13653人，教职工1637人，其中专任教师1387人；小学25所，在校学生27500人，教职工2031人，其中专任教师1849人；初级中学11所，在校学生11130人，教职工1112人，其中专任教师1022人；普通高中2所，在校学生4765人，教职工783人，其中专任教师533人；职业高中1所，在校学生2752人，教职工256人，其中专任教师237人；特殊教育学校1所，在校学生0人，教职工10人，其中专任教师9人。全年全旗普通高中高考报名1722人，文理科本科上线共计1422人，本科上线率82.6%；职业高中参加高考978人，本科上线218人，本科上线率为22.3%。

【文化】2019年，准格尔旗围绕新中国成立70周年、乡村振兴等主题，新创大型晚会3台，剧

（节）目 34 件；开展送戏下乡演出 120 场次、文艺辅导 38 次，惠及群众 12.8 万人次。全旗拥有文化馆 1 个，乡镇文化站 14 个，公共图书馆 2 个，博物馆 1 个，艺术表演团体 1 个。

【卫生】2019 年，准格尔旗被国家卫健委、国家中医药总局确定为紧密型医共体试点旗县，继续推动落实公立医院党组织领导下的院长负责制，完善人事人才与薪酬制度改革。通过国家卫生县城复审，龙口镇、暖水乡成功创建国家卫生乡镇。国家公立医院综合改革受到国务院通报奖励。年内，开展新一轮 35 周岁以上城乡居民及已婚育龄妇女免费体检，累计体检约 7.3 万余人。投资 1498 万元，建设全民健康信息平台，全年建立电子居民健康档案 260199 份，电子建档率 85%。年末，全旗共有公立医院 4 家，妇幼保健机构 1 个，疾病预防控制机构 1 个，苏木乡镇卫生院 13 个，社区卫生服务中心 6 个，社区卫生服务站 6 个，固定村卫生室 118 个。全旗有卫生机构床位数 1610 张，卫生技术人员 2498 人。

【体育】2019 年，全旗共有各类体育场地 902 块（片、间），体育场地总面积 965467 平方米。其中室内场地 318 个，总面积 64827 平方米；室外场地 221 个，总面积 900640 平方米。有全民健身场地 363 块（个），其中全民健身中心 1 个、健身房 22 个，全民健身路径 325 条，健康步道 15 个，总长 38113 米。

【社会保障】2019 年，准格尔旗参加城乡居民养老保险 123688 人；参加职工基本养老保险 75548 人；参加城乡居民医疗保险 245508 人；参加工伤保险 51957 人；参加生育保险 38114 人。全年为全旗 12899 名企业离退休（遗属）人员累计发放待遇 38657 万元；为全旗 5850 名行政事业离退休（遗属）人员累计发放工资 43442 万元；为全旗 47024 人发放城乡居民养老金及支付其他待遇 28407 万元。年末，全旗享受城镇最低生活保障 851 人，享受农村最低生活保障 6346 人。城镇最低生活保障标准提高到 675 元 / 人・月，农村最低生活保障标准提高到 514 元 / 人・月。全旗公办社会福利机构 2 家，床位 640 张；民办社会福利机构 3 家，床位 794 张。

【人民生活】2019 年，准格尔旗城乡居民人均可支配收入 40669 元，同比增长 7.1%。其中城镇常住居民人均可支配收入 51122 元，增长 6.0%；农村牧区常住居民人均可支配收入 19814 元，增长 8.6%。全旗城乡居民人均消费性支出 26126 元，增长 3.8%。其中城镇常住居民人均消费性支出 31003 元，增长 3.3%；农村牧区常住居民人均消费性支出 15336 元，增长 4.5%。全年财政用于民生支出 45.5 亿元，占一般公共预算支出的 50.4%。实施人大代表票决民生实事项目试点，确定民生实事项目 10 项，总投资 9.2 亿元。

（李海峰）

伊金霍洛旗

【领导名录】

旗　委

书　记：王美斌（9 月离任）
华瑞锋（蒙古族，12 月任职）

副书记：苏新亚（12 月任职）
杨雁华（女，1 月离任）
王雁军（3 月任职）

常　委：何向国
刘槐予
边子珍（1 月离任）
金　山（蒙古族）
白剑刚
林永刚（蒙古族，3 月离任）
李治成（3 月任）
李春晖
阿拉腾达来（蒙古族，3 月任）

人大常委会

主　任：郝永耀

副主任：高永亮

杨达赖（蒙古族）

王允枫

韩　丽（女）

人民政府

旗　长：华瑞锋（蒙古族，12月离任）

苏新亚（12月任）

副旗长：刘槐予

边子珍（12月离任）

李晓刚

闫彩煜（女）

张　勇

孟都巴雅尔（蒙古族，3月任）

朝　戈（挂职副旗长，蒙古族，8月任）

政协委员会

主　席：巴图吉雅（蒙古族）

副主席：张子珍

高晓红（女）

史文英

解礼渊（女）

纪律检查委员会

纪委书记、监委主任：金山（蒙古族）

公安局

局　长：李晓刚

政　委：王　培

人民法院

党组书记、院长：王　亮

人民检察院

党组书记、检察长：额尔登达来（蒙古族）

【概况】伊金霍洛，汉意为“圣主的院落”。地处鄂尔多斯市中南部，东与准格尔旗相邻，西与乌审旗接壤，南与陕西省神木市交界，北与鄂尔多斯市府所在地康巴什区隔河相望。全旗总面积5600平方公里，辖7个镇、138个行政村，常住人口25万人，其中少数民族1.4万人。境内自然资源种类多、储量大、品位高，煤炭资源量多、质好、易采，具有“三低一高”（低硫、低灰、低磷和高发热值）的优质特点，已查明煤炭资源储量约560亿吨，保有储量325亿吨，年产煤炭2亿吨，是全国第三大产煤县和国家重要的能源战略基地之一，也是内蒙古重要的清洁能源输出基地。区位优越、交通便捷。地处呼（和浩特）包（头）鄂（尔多斯）榆城市群腹地，是鄂尔多斯市城市核心区的重要组成部分，公路总里程达4259公里，铁路运营里程达238公里，鄂尔多斯伊金霍洛国际机场和鄂尔多斯火车站坐落境内，可直达北京、上海、广州、西安等大中型城市，是呼（和浩特）包（头）鄂（尔多斯）榆及周边地区重要的立体化交通枢纽。生态良好、环境优美。现有林地面积303.1万亩，草原面积650万亩，森林覆盖率达36.4%，植被覆盖率达88%，成功申创成吉思汗国家森林公园，是“中国十佳绿色城市”“中国绿色名旗”和“国家园林县城”。2019年，实现地区生产总值731.8亿元，同比增长0.5%；固定资产投资压实数据后首次实现由负转正，增长8.4%；地方财政总收入263.7亿元，同比增长2.5%。其中一般公共预算收入75.2亿元，同比增长2.1%；社会消费品零售总额58.4亿元，同比增长3.8%；城乡常住居民人均可支配收入达到51382元和20064元，分别增长6.4%和9.6%。伊金霍洛旗入选“西部大开发20年县域高质量发展20个典型案例”，县域经济综合竞争力稳居全国百强县第20位，连续两年居全区首位。

【经济社会发展】实施500万元以上重点项目234个，其中市级亿元以上重点项目25个，工业、制造业投资分别增长14.5%和35.1%。招商引资签约项目52个，到位资金39.7亿元。正泰易达天然气综合利用、神华煤液化油渣萃取、科试矿用无轨胶轮车等一批重点项目建成投产，汇能煤制天然气二期、泰一亨海勒斯壕煤炭集运站等项目顺利推进，项目拉动投资增速作用进一步凸显。现代能源经济提质增效，蒙西（伊金霍洛）能源革命示范区战略研究取得重要成果，鄂尔多斯市现代能源经济研究院挂牌成立。创新推行“煤五条”，率先推动煤炭一票结算和上线交易。东胜东至台格庙铁路开展前期工作。王家塔、马泰壕煤矿释放优质产能520万吨。全年产销原煤2.1亿吨、发电107.7亿千瓦时、煤制天然气4.4亿立方米，主要工业产品产销稳定。规模以上工业企业产值、营业收入、利润总额分别增长4.1%、6%和4.3%。现代服务业提档升级，制定出台现代服务业发展规划和扶持政策措施，设立1亿元专项扶持资金，服务业增加值增长1%。银基太阳城商业中心全面启动，双满福源、丽枫等酒店开业运营，打造蒙元文化民族街和丽景商业步行街特色街区，盘活商业库存近30万平方米。全年接待游客463.3万人次，同比增长13.3%；实现旅游收入53.2亿元，同比增长15.1%。伊金霍洛旗入选全区唯一“全国乡村旅游发展典型案例”旗县。成吉思汗陵被确定为全区首个“海峡两岸交流基地”。

【三大攻坚战】化解政府隐性债务55.6亿元，完成年度任务的273.8%，债务率下降32.1%。清理拖欠民营企业中小企业账款18.3亿元，超额完成年度任务。“十个全覆盖”十项外直接相关工程3.2亿元欠款全部清偿。伊金霍洛旗被列为全国建制县隐性债务风险化解试点县，争取置换债券资金32.2亿元，年节省利息支出1.2亿元。帮助金融机构化解不良贷款7.9亿元，不良贷款率3.9%，下降1.1个百分点。脱贫攻坚扎实推进。全面落实产业扶贫、金融扶贫、兜底保障等政策措施，开展“红色领航”“百企帮百村”行动，整合投入资金1.1亿元，实施产业扶贫项目108个，90%以上的村集体经济年收入超过5万元，607户1369名建档立卡贫困人口实现稳定脱贫，年人均纯收入达到1.8万元。污染防治成效显著。依法取缔零散煤场56家，96家煤矿、集装站实现视频联网监控全覆盖，创建自治区级绿色矿山13个。全面完成20蒸吨以上燃煤锅炉改造，阿镇建成区10蒸吨以下燃煤锅炉“清零”。全旗空气质量优良率达到92%。乌兰木伦河、牛孛牛川流域断面水质达到地表水三类标准。

【品质城市建设】完成阿勒腾席热路、文明西街等6条市政道路改造，实施硬化铺装20.2万平方米，慢行绿道、步道达到51.8公里。新投用标准化、品质化公厕15座。阿镇13个“半拉子”工程全部复工，其中兴蒙时代、博业大厦等8个项目主体完工。集中力量推进水岸新城品质提升工程，17个住宅小区遗留问题基本解决，居民满意度明显提升。城市环境更加宜居。实施“五横、六纵、两支流”环城生态水系工程，建成开放式水景8处，新增景观湖26个，阿镇中心城区水域面积达到17.8平方公里。提升改造西北片区、文明东街等区域和道路绿化景观，新增绿化面积104万平方米，人均公园绿地面积达到94.8平方米。城市管理更加精细。新建中水管网130公里，阿镇中心城区实现中水灌溉“全覆盖”和三季“日清零”。全面整顿规范农贸市场、二手车交易市场。实施智慧城市建设三年行动，“平安伊金霍洛”一期工程投入运行，重点区域实现视频监控全覆盖。

【发展环境】实施“东水西调”工程，利用煤矿疏干水完成生态补水604万立方米。新建、改造供电线路690公里，完成683个自然村中低压配电线路改造，红庆河500千伏和圣圆220千伏变电站建成投运。阿四线拓宽改造后顺利通车，建成“四好农村路”207公里，伊金霍洛旗被评为“四好农村路”全国示范县。生态保护卓有成效。编制全国首个旗县级《山水林田湖草综合治理与绿色发展规划》，实施退化林分修复、京津风沙源治理等重点林业生态工程13万亩，生态资产持续增加。“大棚房”专项整治任务全面完成，违建别墅清查整治有序推进。乌兰木伦村、查干柴达木村、布拉格嘎查被评为国家森林乡村。改革创新持续深化。新政务服务中心投入使用，36个审批部门和6个便民服务部门全部进驻，企业开办时间由8个工作日压缩为3个工作日，市场主体、注册资本、注册商标分别增长21.7%、18.4%和32.6%。设立投资项目“一站式”服务中心，工程项目除林草、土地手续外审批时间缩短2/3。全面落实减税降费政策，为企业减免各类税费约18亿元。新增高新技术企业4家，沙柳重组木技术荣获中国林业产业创新奖。天骄众创园获评“国家级科技企业孵化器”和“国家级中小企业公共服务示范平台”称号。

【民生事业】作为全区民生实事项目人大代表票决制试点，投资1.6亿元实施步梯楼加装电梯、公共场所停车场、房屋产权集中治理、35周岁以上妇女免费体检、购买社会组织服务类民生微实事等8件民生实事项目。新建、续建教育基础设施项目20项，鄂尔多斯市第一中学伊金霍洛校区挂牌成立。招聘教师284名，教师“县管校聘”管理改革经验在全市推广。高考本科上线率连续五年保持在75%以上。蒙中综合医院治未病中心完成前期工作。医疗公共卫生信息系统上线运行。新增就业2503人，城镇登记失业率控制在2.8%以内，低于全市1.7个百分点。城乡居民基本养老保险基础养老金待遇每月提高68元，企业退休人员养老金每月提高131元，企业职工养老保险缴费费率下降3个百分点。向低保、残疾等各类人员发放救助补贴8300万元。设立1000万元“天骄暖心”特别救助基金，对享受现行救助政策后的困难群众再次兜底救助。文体事业蓬勃发展。旗图书馆改造工程全面完工。高质量举办中国赛艇俱乐部联盟大师赛、2019年伊金霍洛旗那达慕等文体活动200余场次。旗乌兰牧骑被评为全区“一类”“优秀”乌兰牧骑，代表全市参加第八届全区乌兰牧骑艺术节荣获金奖，舞蹈《父亲的靴子》和电影《坐着火车上北京》荣获自治区“五个一工程奖”。社会大局和谐稳定。开展安全生产隐患排查整治，安全生产事故起数、死亡人数均下降28%。建立道路交通事故预防激励机制，事故死亡人数下降21%。食品药品安全形势总体平稳，未发生非洲猪瘟和鼠疫疫情。涉党政机关司法案件妥善处置，信访事项及时受理率、按期办结率达到100%。清欠农民工工资2651万元。深入推进扫黑除恶专项斗争，整治行业乱象专项行动成效显著，打掉涉恶犯罪集团和团伙3个，刑事、治安案件数量分别下降2%和10%。

（李志刚）

乌审旗

【领导名录】

旗　委

书　记：额登毕力格（蒙古族）

副书记：苏日嘎拉图（蒙古族）

赵飞录

常　委：兰　天（蒙古族，纪委书记、监委会主任）

苏新发

冯志明

赵咏峰

阿拉腾图雅（蒙古族）

黄　丹

张书轩

张志雄

李忠林

人大常委会

党组书记、主　任：宝音满都呼（蒙古族）

党组成员、副主任：栗秀峰

王永清

王吉日格勒（蒙古族）

副主任：何乌兰（蒙古族）

人民政府

旗　长：赵飞录

副旗长：张志雄

李忠林（3月任职）

高　虎

周　帅

巴音青克乐（蒙古族）

巴音其木格（蒙古族）

李宏亮（蒙古族挂职）

刘郑（挂职）

政协委员会

党组书记、主　席：郝　伟

党组成员、副主席：雷·哈斯（蒙古族）

王　刚

副主席：李吉日木图（蒙古族）

乌云毕力格（蒙古族）

人民武装

部　长：黄　丹（6月任职）

政　委：张书轩（6月离职）

崔正文（12月任职）

人民法院

院　长：孙小强

人民检察院

检察长：左晨光（蒙古族）

公安局

局　长：高　虎

纪律监察委员会

纪委书记、监委会主任：兰天（蒙古族）

【概况】乌审旗位于内蒙古自治区最南端、鄂尔多斯市西南部，地处毛乌素沙漠腹地。全旗总面积11645平方公里，下辖6个苏木镇、61个嘎查村。2019年，全旗户籍总人口为116962人，比2018年同期增加685人，其中少数民族34035人，占全旗总人口的比重为29.1%。年末常住人口达13.57万人，城镇化率为61.24%。2019年，全旗完成地区生产总值309.13亿元，按第四次全国经济普查修订数据后同口径可比价计算，比2018年增长9%。按产业分，第一产业增加值15.79亿元，增长1.5%；第二产业增加值214.46亿元，增长12.5%；第三产业增加值78.88亿元，增长1.8%。三次产业增加值比例调整为5.1∶69.4∶25.5。按常住人口计算，人均地区生产总值22.8万元。2019年，全旗地方财政总收入累计完成779601万元，同比增长21.9%。其中，公共财政预算收入261132万元，同比增长24.3%；上划中央税收收入248127万元，同比增长12.3%；上划自治区税收收入184727万元，同比增长29.4%；上划市级税收收入85615万元，同比增长30.5%。全年地方财政支出450613万元，同比增长18.4%。其中，社会保障和就业支出43417万元，同比增长18.8%；卫生健康支出36269万元，同比增长49.8%；教育支出47022万元，同比减少2.0%。

【农业】2019年，全旗农作物播种面积达到50593.3公顷，其中粮食播种面积达到33827公顷、经济作物播种面积达到16767公顷。全年粮食总产量17.73万吨。全旗农牧业机械总动力494306.86千瓦、拥有联合收割机281台、拖拉机5821台，农用排灌机械14567台（套），其中节水灌溉类机械1246套。

【畜牧业】2019年，全年畜禽存栏达到1166520头（只）（猪牛羊合计）。其中，猪存栏67781头、牛存栏69714头、羊存栏1029025只。全年现价农林牧渔及服务业总产值27.1亿元，其中，农业产值14.1亿元；林业产值0.6亿元；牧业产值11.6亿元；渔业产值0.2亿元；农林牧渔服务业产值0.5亿元。

【林业】2019年，全旗完成林业生态建设任务1万公顷。其中人工造林6340公顷，退化林分改造553.3公顷，灌木平茬960公顷，森林抚育666.7公顷，重点区域绿化1867公顷。全旗森林面积

3.84万公顷，森林覆盖率32.89%。全年共争取国家、自治区京津风沙源治理二期工程、天保工程、退化林分改造、森林植被恢复等林业项目3587公顷。

【水利】2019年，全年已批复的工程有9项，其中已开工3项、正在招投标3项、开展项目变更2项、等待资金下达1项，工程总投资7313.55万元，已完成投资1377.32万元。开展河湖管理保护突出问题集中清理整治，共清理垃圾859.2吨，出动人员890人次、车辆118台次，发现并清理“乱占”4处、“乱堆”11处、“乱建”1处，疏浚河道141.4公里。加大水政联合执法力度，关闭乌审旗蒙大矿业自备水源井1眼，对2家违规企业下达行政处罚9.6万元，核定水资源税1.94亿元。

【工业和建筑业】2019年，全旗实现规模以上工业增加值按可比价比2018年增长23.4%，全旗规模以上工业企业21家，总产值达到394.3亿元，同比增长5.05%。销售产值397.43亿元，同比增长8.59%。工业产品产销率达100.8%。规模以上工业企业实现主营业务收入399.3亿元，同比增长17.0%；利税总额76.68亿元；利润总额56.4亿元，同比增长40.3%。全年，新打天然气井406眼，苏东6亿立方米储气库投用，新增高新技术企业2家。2019年，全旗具有资质等级的建筑施工企业4家。建筑业企业房屋建筑施工面积4.70万平方米，竣工面积3.25万平方米。

【固定资产投资】2019年，全旗500万元以上固定资产投资同比增长29%。按三次产业分，第一产业完成投资同比增长13.6%；第二产业完成投资同比增长43.4%；第三产业完成投资同比减少35%。按主要行业投资分，农林牧渔业完成投资同比增长13.6%;采矿业完成投资同比减少0.6%;电力、热力及水的生产和供应业完成投资同比减少13.1%;交通运输、仓储及邮政业完成投资同比减少88.4%。

【城镇建设】2019年，全旗集中供热面积603万平方米，全旗污水处理率达94.04%，燃气普及率达99.49%,生活垃圾无害化处理率达99.16%。建城区绿化覆盖率达到46.05%，绿地率达到43.29%，人均公园绿地面积达22.23平方米。2019年，改造林荫路、苏里格街等5条道路，建设城市慢道6公里，完成硬化30.6万平方米。建成林荫停车场7500平方米，新建百松园等4个亲民小游园，提升改造41个园艺景观节点，新增改造绿地24万平方米。勇泰热电联产项目并网运行，铺设各类管网75公里，新增集中供热43.8万平方米。安装居民巷道路灯450盏。改造水冲式厕所10座。完成悦鑫苑等22个老旧小区综合整治，实施景怡苑等8个小区节能改造。

【体育】2019年，全旗共有33个体育单项协会，有国家级社会指导员9人，有18个全民健身活动站。承办乙亥年成吉思汗查干苏鲁克那达慕512名精英博克赛、全市税务系统职工运动会、全旗教育系统运动会等大型比赛。组织开展“校长杯”足球赛、“旗长杯”足球赛、“娜荷芽杯”校园足球联赛和第三届“伊力德”杯足球比赛。

【基础设施建设】2019年，完成国道338线嘎鲁图至乌兰镇一级公路、省道216线蒙西至掌高图段改建工程通车。省道317线陶利至昂素一级公路乌审段主体工程完工。大修、改造乡村公路172公里，推广安装ETC设备3.3万台。2019年，巴音淖35千伏等4项输变电工程投运，新建改造农网211公里。

【食品药品卫生安全】2019年，全旗3700多家食品药品监管对象实现安全生产经营，扩项认证参数17个，可检参数达398个，全年完成食品监督抽检1014批次，食品快检2015批次。完成药品经营许可证换证及GSP认证工作41家。收到药品不良反应报告131例，医疗器械不良事件31例，化妆品不良反应报告8例，药物滥用20例。集中力量开展“四品一械”专项检查29次，累计出动执法人员2000余人次，立案查处违法案件39件，移送公安机关2例，罚没款221410元。

【防范化解重大风险】2019年，争取地方政府专项债券6亿元，化解政府债务22.54亿元，完成年度化债任务的163.8%，超额完成5400万元民营企业账款清偿。9件非法吸收公众存款案件进入资产处置程序。化解银行不良贷款1.46亿元，展期银行贷款3亿元。

【环境保护】2019年，全年累计出动执法人员1868人次，检查企业603厂次，共办理环境行政处罚案件91件，行政处罚金额598.05万元。累计审批环境影响评价报告表类项目167个，完成建设项目环境影响登记表备案175个，完成项目竣工环境保护固体废弃物验收17家。完成嘎查村环境综合整治8个、畜禽养殖污染防治13家。19家危险废物产生单位危险废物规范化考核打分全部达标。完成博大实地1—3#锅炉、中天合创3#、4#锅炉超低排放改造工程和蒙大矿业锅炉脱硫脱硝除尘改造；4处渣场高空视频监控建成投用，完成5家企业粉状物料堆场全封闭改造，全旗空气优良率达86.2%。

【生态建设】2019年，开展第三次国土调查，划定884.5平方公里生态保护红线。推进河湖岸线划界确权和“清四乱”、违建别墅专项整治。实施林业和草原生态建设61.5万亩、水土流失综合治理15万亩。首次发现红脚隼、红嘴鸥栖息繁衍。完成查干苏莫地下水超采区治理，严肃整改林地变更调查及国家森林督查反馈问题，立案处理野外祭祀火灾事故责任人21人。

【社会治理】2019年，纵深推进扫黑除恶专项斗争和“缉枪治爆”专项行动，打掉恶势力团伙3个，查处涉案人员107名。建立新时代文明实践四级工作体系，75个嘎查村和社区完善村规民约。

【交通】2019年，全年各种运输方式完成货运量3792.3万吨，同比增长28.0%。其中，铁路货运量1828.8万吨，同比增长67.6%；公路货运量1963.5万吨，同比增长4.9%。完成公路货物周转量238034.2万吨公里，同比增长6.4%；公路客运量16.23万人，同比减少15%；公路旅客周转量2696万人公里，同比减少15%。全旗公路总里程达4126.1公里，公路网密度为35.4公里/百平方公里。2019年末全旗拥有出租车200辆、客运班车51辆、公交车22辆。

【邮政和电信】2019年，全年实现电信网络业务收入13900万元，同比减少4.1%，年末本地网固定电话用户13861户。全年，邮政业务收入802万元，同比减少4.8%。全年订销报纸107万份、杂志10.7万份，收寄包裹5.3万件。

【商业】2019年，全旗培育农村电商示范户10户，电子商务进农村示范县申报入围自治区名单；新建电商扶贫点2家，建成6个快递物流综合服务配送网点（6个苏木镇），推动无定河大米、博然祥和源蜂蜜等20余种农特产品上线销售，组织企业从业人员参加电商专题培训4批次、110余人。嘎鲁图、纳林河综合物流园区开工建设；完成45座加油站年检工作，责令4家未备案汽车销售企业限期整改。累计举办全旗性展览展销会6次，现场销售额达280余万元。

【旅游】2019年，全旗A级旅游景区共有5个。其中，AAAA级旅游景区2个，AAA级旅游景区2个，AA级旅游景区1个；全旗旅行社3家，全年共接待游客113.9万人（次），同比增长16%，实现旅游收入42.25亿元，同比增长15%。编制全域旅游策划、萨拉乌苏创建AAAAA级景区等7个规划，举办红色文化传承保护与发展研究座谈会，建成游客服务中心及10座旅游厕所，无定河镇巴图湾村获评首批全国乡村旅游重点村。

【金融】2019年，全旗共有银行法人机构2家，银行营业网点35个，从业人员441人。年末全旗金融机构各项人民币存款余额929289万元，比2018年末增加83714万元，同比增长9.9%。其中，单位存款余额243560万元，比2018年末减少6077万元，同比减少2.4%；个人储蓄存款余额685727万元，比2018年末增加89790万元，同比增长15.1%。年末全旗金融机构各项人民币贷款余额1151950万元，比2018年末减少109778万元，同比减少9.5%。其中，短期贷款余额155447万元，比2018年末减少13209万元，同比减少7.8%；中长期贷款余额884747万元，比2018年末减少94092万元，同比减少9.6%；个人消费贷款余额43480万元，比2018年末减少8065万元，同比减少15.6%。

【保险】2019年，全旗共有保险机构10家，从业人员466人，全年保险收入15290万元。其中，财产保险收入13159万元，人寿保险收入2132万元。全年赔付总额为5971万元。其中，财产保险赔付5653万元，人寿保险赔付319万元。

【科学】2019年，组织企业申报自治区、市级科技计划项目22项，累计争取上级科技专项资金1921万元。申报认定高新技术企业2家（黄陶勒盖煤炭、蒙大矿业），全旗高新技术企业达到11家。累计举办各类科技培训等科技服务18批次，参训农牧民达1200余人次。

【教育】2019年，全旗有各类学校、幼儿园47所，其中，完全中学1所，高级中学1所，职业中学1所，九年一贯制学校2所，初级中学1所，小学9所，幼儿园32所。在校中小学生幼儿24480人。小学适龄儿童入学率达100%。教职工2488人，其中专任教师1864人。注册民办幼儿园22所，共有幼儿4230人。沙尔利格等4所学校教师周转宿舍建成，第三幼儿园具备投用条件，纳林河工业园区幼儿园主体完工。实施蒙古族实验小学等8所学校消防改造，推进市蒙古族第二中学、嘎鲁图学校（二期）等4所学校和高级中学等3所学校的综合楼建设。出台《全面深化新时代教师队伍建设改革具体实施意见》，考聘教师196名，开办早教机构12家。

【文化】2019年，全旗登记备案艺术表演团体92个，专业文艺团队2个（乌兰牧旗、马头琴乐团），文化馆（包括群众艺术馆）1个，公共图书馆1个。全旗拥有地面数字主站2个、基站5个，有线数字电视用户2.2万户，广播电视覆盖率达97.8%。

【卫生】2019年，全旗共有公立医疗卫生单位15个，6个旗级医疗卫生单位（旗人民医院、旗蒙医医院、旗妇幼保健计划生育服务中心、旗疾病预防控制中心、旗卫生计生综合监督执法局，爱卫办），8个苏木镇卫生院（6个中心卫生院、2个普通卫生院），1个社区卫生服务中心。有61个嘎查村卫生室；6个社区卫生服务站。有民营医院4家（广济、博仁、静心园康复中心、新康中医院）、诊所35个（门诊部2个、卫生所1个、医务室18个、西医4个、蒙中医10个）。全旗医疗机构现有职员1048人，其中卫生专业技术人员835人；持有执业资格人员：执业（助理）医师296人（执业医师253人）、注册护士288人，药师47人，技师44人（检验师25人）；嘎查村卫生室共有从业人员75人；全旗医疗机构编制床位数为676张，实有床位数为785张。全旗公立医疗机构现有职员698人，其中卫生专业技术人员588人；持有执业资格人员：执业（助理）医师185人（执业医师162人）、注册护士204人，药师30人，技师33人（检验师20人）；全旗公立医疗机构编制床位数为551张，实有床位数为530张。全年全旗出生人口0.13万人，死亡人口0.09万人，出生率9.61‰，死亡率6.65‰，自然增长率2.96‰。

【就业】2019年，全旗完成城镇新增就业1595人，失业人员再就业197人，就业困难人员实现再就业192人。年末全旗实有登记失业人员1692人。城镇登记失业率为3.05%，比2018年增加0.02个百分点。

【社会保障】2019年，全旗参加城镇职工基本养老保险 23608 人，参加城乡居民养老保险 38945 人，参加城镇农村医疗保险 84983 人，参加生育保险 14470 人，参加工伤保险 16585 人，参加失业保险 10092 人。2019 年，城镇居民得到政府民政部门最低生活保障人数为 434 人，城镇最低生活保障标准为每人每月 675 元，全年累计发放金额 199.29 万元；农牧民得到政府民政部门最低生活保障人数为 2080 人，农村牧区最低生活保障标准为每人每月 514 元，全年累计发放金额 782.46 万元。全旗各类收养性福利事业单位 2 家，床位 300 张，收养各类人员 142 人。乌审旗老年养护院 B 座和图克敬老院、苏里格社区日间照料中心投用，新增床位 170 张。为军烈属及退役军人家庭挂上“光荣之家”牌匾，并为退役军人社会保险接续工作。

【人民生活】2019 年，全体居民人均可支配收入 35341 元，同比增长 8.0%；城镇常住居民人均可支配收入达到 47671 元，同比增长 6.4%；农村牧区常住居民人均可支配收入达到 20153 元，同比增长 10.4%。全体居民人均消费性支出 20492 元，同比增长 7.5%；城镇常住居民人均消费性支出 22852 元，同比增长 6.3%；农村牧区常住居民人均消费性支出 16988 元，同比增长 9.1%。城镇居民家庭食品消费支出占家庭消费总支出的比重为 25%，农村为 30.2%。城镇居民人均住房建筑面积 41 平方米，农牧民人均住房面积 45 平方米。每百户城镇居民拥有家用汽车 75 辆，较 2018 年增加 2 辆；每百户农牧民拥有家用汽车 69 辆，较 2018 年增加 1 辆。

【荣誉奖励】2019 年，乌审旗图克镇被内蒙古自治区爱卫会评为“2017—2019 周期国家卫生乡镇（县城）”称号。

【八省区蒙古语文翻译人员培训】2019 年 7 月 14 日，由八省区蒙古语文工作协作小组办公室主办，内蒙古自治区民委、鄂尔多斯市民委、乌审旗民委承办的八省区蒙古语文翻译人员培训在乌审旗开班。此次培训为期 6 天，有来自黑龙江、吉林、辽宁、甘肃、青海省，以及内蒙古自治区各盟市的 100 余人参训。

【第十二届鄂尔多斯蒙古族民风民俗旅游风情节、第十三届察罕苏力德那达慕暨首届乌审马赛马会】8 月 3 日至 5 日，在乌审旗举行第十二届鄂尔多斯蒙古族民风民俗旅游风情节、第十三届察罕苏力德那达慕暨首届乌审马赛马会。其间陆续开展国家非物质文化遗产“察干苏力德祭”，中国、法国、巴勒斯坦烤全牛展演和免费品尝活动，那达慕大会，乌审马赛马会，首届乌审旗帐篷露营节，蒙陕宁旗袍秀展演，乌审马摄影比赛，乌审马儿童主题绘画展。此外还安排察罕苏力德草原音乐节、中国·马头琴交响乐团专场演出、乌兰牧骑专场演出及乌审味道、物资交流大会、乌审旅游商品展示展销等活动。

（布日古德）

杭锦旗

【领导名录】

旗　委

书　记：金广军（蒙古族）

副书记：杜钢峰（挂职）
王羽强
贾玉宝

常　委：李文明
闫宗瑞
乔小军
任光飞
孟克图娅（女，蒙古族）
胡建军（6 月离任）
周永强
李治成（4 月离任）
杜钢峰（挂职）
侯元松（挂职，蒙古族，10 月离任）

杨 峰（4月任职）
王东海（6月任职）

人大常委会

主 任：刘俊杰
副主任：张增明
哈文华（蒙古族）
刘玉前
席向春（女）

人民政府

旗 长：王羽强
副旗长：乔小军
任光飞
侯元松（挂职，蒙古族，10月离任）
郝生荣（兼公安局局长，蒙古族）
包德博信其木格（女，蒙古族）
贾巴特尔（蒙古族）
刘志军（2019年4月任）

政协委员会

主 席：乌力吉吉日嘎拉（蒙古族）
副主席：巩智勇
冯玉宽
武 娜（女）
呼格吉乐图（蒙古族）

纪律监察委员会

书 记：李文明

公安局

局 长：郝生荣（蒙古族）

人民法院

院 长：张银良

人民检察院

检察长：越祖琨

【概况】杭锦旗地处内蒙古鄂尔多斯市西北部、黄河“几”字湾南岸，黄河流经全旗249公里，库布其沙漠横亘东西。杭锦旗地跨鄂尔多斯高原与河套平原，总面积1.89万平方公里。东与达拉特旗、东胜区接壤，南与伊金霍洛旗、乌审旗为邻，西与鄂托克旗毗连，北与巴彦淖尔市隔黄河相望。全旗下辖2个工业园区、5个镇、1个苏木，总人口144051人，其中蒙古族人口27660人，是一个以蒙古族为主体、汉族占多数的少数民族地区。旗府所在地锡尼镇位于旗境东南部。杭锦旗与银川市的直线距离约为311公里，与呼和浩特市的直线距离约为350公里，处于国家级经济圈呼包银经济圈中心位置。杭锦旗物华天宝、资源富集。农牧业资源：牲畜存栏数稳定在200万头（只），以杭锦白绒山羊和鄂尔多斯细毛羊为主，其中杭锦白绒山羊绒质优、产量高，堪称“纤维宝石”。“西北沟”甘草畅销世界。矿产资源：已探明石膏储量6500万吨、食盐储量505万吨、天然碱储量700万吨、芒硝储量5000万吨，是无机化工的主要原料；境内有煤面积8318.99平方公里，煤炭总储量786.1亿吨。新能源资源：太阳能资源。全年日照时数在3300小时左右，年等效利用2000小时左右，年太阳辐射总量可达6108.5兆焦/平方米，属于一类“很丰富带”。有效日照在1900千瓦时/平方米以上，非常适合大型光伏基地的开发建设。风能资源。杭锦旗处于狼山和阴山之间的狭长风口地带，是西伯利亚冷空气南下的主要通道，是黄河以南、阴山以南唯一的一块风能资源富集区，也是鄂尔多斯市唯一的一块风能资源富集区。2004年开始陆续建立多个测风塔，开始系统分析数据，经近十多年的监测，70—100米高平均风速7.0—8.0米/秒、平均风功率密度385—524.5瓦/平方米，属一类风资源区域。全旗设5个风场，具有开发价值的风能资源总储量在2000万千瓦以上。天然气资源：杭锦旗区块面积7745余平方公里，三级储量约10102.26亿立方米。全旗建成公路5384公里，109国道、110国道、G18、丹拉高速、S24、S316公路横贯东西，G242、S215连接南北；大四铁路、乌锡铁路具备运行条件，包兰铁路途经杭锦旗，并设杭锦旗站；库布其通用机场前期工作有序推进。初步形成以锡尼镇为中心，连接南北、横贯东西，公路、铁路相互融通的交通网。杭锦旗曾是历代“骑射之地、游牧之所”，孕育韵味独特、古朴典雅、璀璨绚丽的民族文化。流传在沿河地区的“古如歌”是蒙古族长调民歌中的宫廷赞歌，被称为研究蒙古民族历史的活化石，列入国家第二批非物质文化遗产名录；霍洛柴登古城遗址被国务院列为第六批国家重点文物保护单位；被誉为“草原瑰宝”的国家一级文物鹰顶金冠饰出土于杭锦旗。2019 年，杭锦旗地区生产总值完成 125.33 亿元，同比增长 5.6%。其中第一产业完成增加值 22.09 亿元，同比增长 1.5%；第二产业完成增加值 56.07 亿元，同比增长 10.6%；第三产业增加值完成 47.17 亿元，同比增长 1.7%。全旗 27 家规模以上工业企业实现产值 147.3 亿元，同比增长 7.1%，规棋以上工业增加值增长速度为 13.5%；社会消费品零售总额完成 34.81 亿元，同比增长 2.1%；固定资产投资同比增长 1.6%；公共财政预算收入完成 5.29 亿元，同比增长 16.5%。

【农牧业】农作物总播面积 131 万亩，与 2018 年持平。粮食作物播种面积 69 万亩，同比上涨 6.1%；粮食产量 40.2 万吨，同比上升 8.6%。其中，小麦产量 0.6 万吨，玉米产量 36.39 万吨。2019 年，牧业年度牲畜存栏数达 172 万头，其中山羊 126.3 万头、绵羊 37.5 万头、牛 6.6 万头，生猪 1.5 万头。畜产品年产量分别羊肉 14497 吨、猪肉 2205 吨、牛肉 1280 吨、禽肉 178 吨、奶类 19810 吨、绒 573 吨、毛 685 吨、禽蛋 805.7 吨。

【林业】2019 年，林业生态建设 54.52 万亩，其中人工造林 11.52 万亩、飞播造林 5 万亩、封山（沙）育林 1.5 万亩、灌木林平茬 5 万亩。草原生态建设 47.5 万亩，其中围栏建设 10 万亩、改良种草 5 万亩、多年生牧草 0.5 万亩、一年生牧草种植 12 万亩、草原灭鼠 20 万亩。

【工业】2019 年，全旗 31 家规模以上工业企业共完成总产值 147.3 亿元，同比增长 7.1%。停产企业有 3 家，分别为西蒙水泥、兴泽建材季和同力民爆。化学原料和化学制品制造业依然占据杭锦旗工业经济发展的主导地位。2019 年全年共生产化工产品 259.46 万吨，其中甲醇 44.15 万吨，尿素 63.26 万吨，乙二醇 30.68 万吨，精细化工产品 115.32 万吨，表面活性剂 6.05 万吨，完成产值 86.25 亿元，同比下降 10.27%，产值下降主要原因在于甲醇和乙二醇销售价格下降。占规上工业企业总产值的比重为 60%；液化天然气企业共生 LNG65.2 万吨，完成产值 22.45 亿元，同比下降 4.3%，下降原因主要在于一是行业下游企业用气量减少，二是销售价格低于 2018 年同期；火电发电量 36.89 亿千瓦时，完成产值 7.8 亿元，同比增长 20.18%；新能源发电量 22.84 亿千瓦时，实现产值 13.16 亿元，同比增长 19.1%。装备制造、建材、医药、民爆、供热企业实现产值 3.68 亿元，同比下降 2.4%。

【财政、金融】2019 年，全旗地方财政一般公共预算收入累计完成 52902 万元，同比增收 7486 万元，较 2018 年同期增长 16%。分地区看：旗本级完成 41746 万元；同比增收 6136 万元，增长 17%；工业园区完成 11156 万元（其中：新能源工业园区 3146 万元，独贵园区 8010 万元），同比增收 1350 万元，增长 14%。分部门看，税务部门完成 39689 万元，同比增收 3788 万元，同比增长 11%；财政部门完成 13213 万元，同比增收 3698 万元，同比增长 39%。全年全旗公共财政支出累计完成 290399 万元，同比减支 24550 万元，同比下降 8%。全年全旗银行类金融机构共 9 家，驻地银行监管机构有人民银行、鄂尔多斯市银保监局杭锦监管组 2 家，小额贷款公司 4 家，融资性担保公司 1 家，全旗金融机构各项存款余额 69.94 亿元，同比增长 3.9%；各项贷款余额 63.9 亿元，同比下降 2.4%。不良贷款余额 0.81 亿元，不良贷款率 1.16%，同比下降 0.8

个百分点。辖内有40个营业网点机构；其中：县域网点20个，乡镇网点20个。从业人数470人，各银行业金融机构共布放自助设备2854台，其中ATM机84台、POS机具2546台、其他自助服务终端224台。

【固定资产投资】2019年，全旗固定资产投资项目73个（投产项目25个、续建项目48个），共完成投资1.29亿元。其中：第一产业同比增速1.5%，第二产业同比增速10.6%；第三产业同比增速1.7%。

【交通、邮电】截至2019年末，全旗境内公路总里程达到5384.472公里。其中高等级公路里程439.553公里，高等级公路中，高速公路253.74公里、一级公路185.813公里。铁路里程108公里。全年公路货运量192.43万吨，货物周转量0.847亿吨公里。公路客运量243.04万人次，旅客周转量0.332亿人公里。全年邮政业务收入实现660万元，比2018年下降25%。

【文化、旅游】2019年末，全旗旗直文旅部门1个，各苏木镇、管委会文化站7个。文化旅游系统工作人员125人。其中，专业技术人员81人。图书馆总藏书量17.82万册（件），其中图书10.82万册、报刊246种、电子图书7万册。地面数字电视发射台15座（自有4座、租用11座），中央广播电视无线数字地面发射台4座，调频广播发射台4座。数字电视用户21302户，其中：地面数字无线用户13583户，有线电视用户7719户。直播卫星用户1380户。电视综合覆盖率达到95%，广播综合覆盖率达到80%。2019累计接待游客人数122.7万人次，实现旅游收入29.93亿元，全旗有旅游企业51家，市级乡村旅游示范村6个，AAAA级景区3家，AAA级景区1家，AA级景区1家，景点3家，星级酒店3家，绿色旅游饭店2家，国内旅行社2家，旅行社门市部6家，自治区级星级农牧家乐14户，市级农牧家乐接待户4户，旗级农牧家乐12户。

【教育、体育】2019年末，全旗有各级各类学校29所，其中完全中学2所，九年一贯制学校2所，初级中学1所，完全小学5所，公办幼儿园17所（其中锡尼镇镇区有8所、苏木镇有5所，新建村级幼儿园4所），注册民办幼儿园2所。全旗在校学生人数14935人。其中，在校幼儿3866人，在校小学生6993人，在校初中生3127人，在校高中生949人。全旗共有教职工2107人，其中幼儿园教师560人，小学教师732人，初中教师483人，高中教师206人，机关、二级单位教师126人；中小学幼儿园教师1981人，其中专任教师1588人、非专任教师393人。2019年，有各级社会体育指导员555人，其中国家级6人、一级36人、二级65人、三级448人。年内成功举办、承办2019年杭锦旗那达慕大会暨职工运动会、鄂尔多斯市首届农牧民健身运动会等24项体育赛事活动。完成旗党校体育设施匹配项目。完成体育场地普查工作，全旗现有体育场地422处，体育场地面积32.32万平方米，人均拥有体育场地面积2.82平方米。更换旗内健身器材17处、维修32处、保养41处，新配备器材110余件。完成体育彩票销售1861.33万元。

【卫生】2019年，全旗共有6个旗直医疗卫生健康单位（杭锦旗健康促进中心、杭锦旗卫生计生综合监督执法局、杭锦旗人民医院、杭锦旗蒙医综合医院、杭锦旗妇幼保健计划生育服务中心、杭锦旗疾病预防控制中心）、13个基层卫生院，嘎查村卫生室78个，个体医疗诊所52个。2019年，撤销杭锦旗流动人口计划生育办公室，成立杭锦旗健康促进中心，原爱国卫生运动委员会办公室职能、编制划入旗健康促进中心。卫建系统共有802人，有卫生专业技术人员699名，其中高级职称110人、中级职称129人、初级及其他人员460人；具有硕士学历的7人、大专以上学历的443人；各类卫生技术人员中，执业及助理医师278人，护理人员254人、其他专业技术人员167人。全旗共有病床562张。其中，旗直372张，基层160张，妇幼保健30张。平均每千人口床位数3.8张。平均每千人口拥有医务人员4.4名。

【人口】年末全旗户籍人口144051人，总户数66076户。其中，城镇人口27505人，乡村人口116546人。按性别分，男性73205人，占总人口50.8%；女性70846人，占总人口49.2%。按民族分，蒙古族人口27660人，占总人口19.2%；汉族人口116008人，占总人口的80.5%；其他少数民族人口为383人，占总人口的0.3%。家庭户均规模为2.18人。年末全旗城镇人口6.55万人，乡村人口4.92万人，城镇化率为57.11%。全年出生人口为0.11万人，出生率为9.62%；死亡人口为0.07万人，死亡率为6.12%；自然增长率为3.5%。

【人民生活】2019年，杭锦旗全体居民人均可支配收入33084元，同比增长8.1%，增速位居全市第三；其中城镇常住居民人均可支配收入44899元，同比增长6.6%，增速位居全市第二；农村牧区常住居民人均可支配收入20028元，同比增长9.8%，增速位居全市第四；城乡居民收入比由2018年的2.3∶1缩小为2.24∶1。

【环境保护】空气质量全年好于国家二级标准优良天数311天，污染35天，其中重度污染0天。全旗二氧化硫均值为9微克/立方米，二氧化氮均值为18微克/立方米。可吸入颗粒物年平均浓度20微克/立方米区域噪声I类区夜间37.4dB，II类区夜间41.1dB，交通夜间52.4dB。

【就业和社会保障】全年新增就业人员1013人，提供就业岗位2202个。全年完成农村牧区劳动力转移就业7099人，城镇登记失业率为3.0%。2019年末失业保险人数9085人，征收基金662.49万元，发放失业保险金45.43万元。

（杨雅琴高磊）

鄂托克旗

【领导名录】

旗 委

书 记：曹文清

副书记：敖登（女，蒙古族，7月离任）

武占宽

常 委：乌仁其木格（女，蒙古族）

杨雨龙（3月离任）

贾 瑞

尚二平

张志明

赵 栓

李大军

格日勒图（蒙古族，3月任职）

人大常委会

主 任：单立新（蒙古族）

副主任：康占林

巴雅尔图（蒙古族）

萨仁托娅（女，蒙古族）

王海涛

人民政府

旗 长：敖登（女，蒙古族，7月离任）

副旗长：贾 瑞

哈永宏（蒙古族）

李瑞敏

满成云（蒙古族）

王力儒

张 军（7月任职）

政协委员会

主 席：吕瑞亨

副主席：敖腾巴雅尔（蒙古族）

贺 耿（3月离任）

乌 都（蒙古族）

白牡丹（女，蒙古族）

纪律检查委员会

书　记：李大军（12 月离任）

检察院

检察长：马韵波

法　院

院　长：刘永君

公安局

局　长：满成云（蒙古族）

【概况】鄂托克旗位于内蒙古自治区鄂尔多斯市西部，地处北纬 38° 18′—40° 11′、东经 106°41′—108°54′，东邻杭锦旗，西连宁夏平罗县陶乐镇并与石嘴山市和阿拉善盟隔河相望，南接乌审旗，西北界乌海市，是鄂尔多斯高原的重要组成部分。鄂托克旗南北长 209 公里，东西宽 188 公里，总面积 2.1 万平方公里。2019 年末鄂托克旗常住人口 16.39 万人，其中城镇人口 12.38 万人，乡村人口 4.01 万人，城镇化率为 75.53%。全年出生人口为 0.14 万人，出生率为 8.57‰；死亡人口为 0.08 万人，死亡率为 4.90‰；自然增长率为 3.67‰。年末户籍人口 98238 人，比 2018 年末增加 98 人。鄂托克旗是一个以蒙古族为主体、汉族占多数的少数民族聚居区；以畜牧业为基础、工业占主导的多元产业集中区。2019 年，全旗完成地区生产总值 360.4 亿元，按第四次全国经济普查修订数据后的同口径可比价计算，比 2018 年增长 8.4%。分产业看，第一产业增加值 9.4 亿元，同比增长 1.0%；第二产业增加值 263.4 亿元，同比增长 9.5%；第三产业增加值 87.6 亿元，同比增长 5.7%。三次产业占比 2.6∶73.1∶24.3；人均地区生产总值 22 万元，同比增长 7.8%。全旗公共财政预算收入 28.1 亿元，同比增长 7.2%。其中：税收收入 24.1 亿元，同比增长 19.3%，占比 85.8%；非税收入 4 亿元，同比下降 33.7%，占比 14.2%。全旗累计完成公共财政预算支出 45.6 亿元，同比增长 10.4%。其中：用于民生事业支出 36.4 亿元，增长 5.1%，占公共财政预算支出的 79.8%。全旗主城区居民消费价格累计上涨 2.6%，高于全市平均水平 1.1 个百分点，高于自治区平均水平 0.2 个百分点。从不同口径价格指数看，食品价格指数上涨 7.2%，消费品价格上涨 3.1%，非食品价格上涨 0.9%，工业品价格持平，服务价格上涨 1.6%。

【农牧业】2019 年，全旗大农业产值 164596.42 万元，其中：农业 71666.43 万元，林业 6082.39 万元，牧业 79481.12 万元，渔业 2909.27 万元，农林牧渔服务业 4457.22 万元。全旗农作物总播种面积 33260 公顷。其中：粮食作物播种面积 25583 公顷，经济作物播种面积 7677 公顷（油料播种面积 3010 公顷、蔬菜播种面积 84 公顷）。全旗农作物总产量 249603 吨，其中：粮食总产量 118156 吨，经济作物总产量 131447 吨（油料产量 7785 吨、蔬菜产量 4748 吨）。2019 年全旗拥有农业机械总动力 164061.61 千瓦，同比增长 5.94%。全旗拥有 20 马力以上的拖拉机 3265 台，同比增长 15%，其中大中型拖拉机 1667 台（30 马力以上）；农用排灌机械 4029 台，同比增长 45.5%。其中：节水灌溉类机械 554 套；联合收获机 55 台，同比增长 22.2%。机械耕地面积占农作物总播种面积的比重为 88.55%，机械播种面积占比为 92.2%，机械收割面积占比为 79.3%，农业耕种收综合机械化水平达到 86.85%。

【工业】全旗 84 户规上工业企业实现增加值增速 9.5%，完成工业总产值 706.9 亿元，同比增长 7.2%。完成销售产值 704.2 亿元，同比增长 3.3%；实现营业收入 782.7 亿元，同比增长 5.1%，实现利润总额 74 亿元。分行业看：全年重点行业共实现工业总产值 597.8 亿元，同比增长 9.7%，占全部规上工业总产值的 84.6%，拉动规上工业产值增长 8 个百分点。其中烟煤和无烟煤开采洗选实现产值 158.7 亿元，增长 37.3%；初级形态塑料及合成树脂制造实现产值 83.4 亿元，增长 5.6%；

铁合金冶炼实现产值103.6亿元，增长15.7%；炼焦实现产值79.9亿元，增长12.2%。钢压延加工实现产值41.4亿元，同比增长19.3%，火力发电实现产值82.2亿元，同比下降7.5%；无机盐制造实现产值48.6亿元，同比下降26.3%。

【建筑业】2019年，全旗具有资质等级的建筑施工企业5个，全年总承包和专业承包建筑业总产值10368万元，同比下降87.1%，建筑业企业房屋建筑施工面积18104平方米，同比下降29.8%。

【固定资产投资】全旗500万元以上固定资产投资同比增长10.2%。民间投资占总投资比重76.1%。全旗亿元以上开工项目18个，亿元以上项目投资比2018年增长10.2%。从三次产业投资看：第一产业投资占总投资的比重1.8%，第二产业投资占总投资比重72.3%，第三产业投资占总投资比重25.9%。

【国内贸易】全旗实现社会消费品零售总额46.7亿元，同比增长2.1%。按销售单位所在地分：城镇地区31.9亿元，同比增长1.5%；乡村地区14.8亿元，同比增长3.4%。按消费形态分：餐饮收入6.6亿元，同比增长3.2%；商品零售40.2亿元，同比增长1.9%（批发业完成零售额16.5亿元，同比增长5.3%；零售业完成零售额23.7亿元，与2018年持平）。

【交通、旅游】2019年，全旗公路总里程达到3832.950公里，按技术等级分：高速公路196.744公里、一级公路246.508公里、二级公路196.289公里、三级公路985.583公里、四级公路2038.711里、等外公路169.115公里。全旗有A级旅游景区4家，其中：AAAA级2家、AAA级1家、AA级1家。全旗旅行社4家，其中：具有出境经营权的旅行社1家，全旗旅游直接从业者269人。全旗实现旅游收入34.55亿元，同比增长6.47%。共接待游客105.88万人次，同比增长5.03%，其中：接待入境旅游者572人次。

【金融、保险】2019年，全旗共有银行法人机构3家，银行营业网点55个，共有从业人员650人。年末金融机构各项存款余额（人民币）149.1亿元，同比增长12.0%。其中，非金融企业存款余额30.5亿元，同比增长48.7%；住户存款余额104.2亿元，同比增长11.3%。年末金融机构各项贷款余额119.9亿元，同比下降2.8%。其中，非金融企业及机关团体贷款91.5亿元，同比下降4.8%；住户贷款28.4亿元，同比增长4.1%。全旗保险业实现保费收入9210万元，从业人员934人，其中内勤人员73人、营销人员861人。

【教育、科技】2019年，全旗共有各类学校14所（不含幼儿园）。其中：普通高中1所，完全中学1所，职业中学1所，九年一贯制学校1所，初中2所，小学8所。全旗共有中小学专任教师1619人，其中高中294人、初中441人、小学884人。全旗在校学生16729人（不含幼儿园），其中高中1487人、初中3428人、小学10032人。全旗共获得专利总量219件，有效期内高新技术企业19家，自治区级企业研究开发中心10家，自治区级工程技术研究中心5家，自治区级企业技术中心5家，自治区院士专家工作站2家。

【文化、卫生和体育】2019年，全旗拥有文化馆1个，组织文艺活动75场次，乡镇文化站6个，公共图书馆1个，博物馆4个，艺术表演团体1个（鄂托克旗乌兰牧骑），组织开展演出活动102场次。全年免费放映电影1000余场次，观众人数达1万余人次。2019年全旗共有公立医院3家，社区卫生服务中心2个，社区卫生服务站6个，乡镇卫生院10个，村卫生室50个，疾病预防控制中心1个，卫生计生综合监督执法局1个。公立医院床位数365张，乡镇卫生院床位数122张。卫生技术人员975人，其中，注册医师359人，注册护士325人。全旗社会体育指导员队伍达到国家级3个，一级18个，二级35个，三级150个。截至年底，鄂托克旗单项体育协会发展到20家，会员人数达到1100人。

【环境保护】2019年，乌兰镇二氧化硫均值为15微克/立方米，同比下降11.8%；二氧化氮均值为19微克/立方米，同比上升11.8%。可吸入颗粒物年平均浓度21微克/立方米。城区环境空气质量全年优良天数304天，污染44天，其中重度污染1天。截至2019年，全旗森林总面积755.487万亩，森林覆盖率为24.73%（2018年），有各级自然保护区4个。2019年全年完成林草生态建设任务102.6万亩，其中，国家林业重点工程14.51万亩，地方工程造林3.99万亩；草原生态建设方面，完成京津风沙源治理工程围栏建设62万亩、飞播种草6.5万亩、多年生牧草种植0.6万亩、改良种草任务3万亩、一年生牧草种植12万亩。

【人民生活和社会保障】2019年，全旗全体居民人均可支配收入37973元，同比增长7.4%。按常住地分，城镇常住居民人均可支配收入48994元，增长6.2%；农村牧区常住居民人均可支配收入20244元，增长10.5%，快于城镇4.3个百分点；城乡居民收入倍差2.42，较2018年缩小0.1。2019年人均经营净收入占可支配收入的55.2%，增速为35.4%。2019年参加城镇职工基本养老保险35982人，参加城乡居民养老保险36942人。年内企业离退休人员月人均养老金水平为2528.51元，城乡居民养老保险月人均养老金水平524.78元。2019年参加城乡居民医疗保险70723人，职工医疗保险31339人；参加生育保险44783人。年末全旗享受城镇最低生活保障227人，享受农村最低生活保障392人。城镇最低生活保障标准提高到每人每月675元，农村最低生活保障标准提高到每人每月514元。全旗公办社会福利机构3家，床位380张；民办社会福利机构3家，床位413张。

鄂托克前旗

【领导名录】

旗　委

书　记：辛晓瑞

副书记：布仁其木格（女，蒙古族）

崔景翔

常　委：崔景翔（3月离职）

都日斯哈拉（蒙古族）

陶　迪（女，蒙古族）

张　铭

杨　勇（3月离任）

白永峰

李　伟

罗建勋

乔智平（3月任职）

人大常委会

党组书记、主任：刘　渊

副主任：阿拉腾宝（蒙古族）

张永清

白旭升

王　琳（女）

人民政府

旗　长：布仁其木格（女，蒙古族）

副旗长：崔景翔（3月离职）

都日斯哈拉（蒙古族）

白　同

贺永东（蒙古族）

孙有君

吕耀峰

唐达来（挂职，蒙古族，5月离任）

王广新（挂职，5月离任）

政协委员会

党组书记、主席：高荣堂

副主席：石吉日木图（蒙古族）

图　娅（女蒙古族）

蔡　成

于国强（蒙古族）

纪律检查委员会

书　记：杨　勇（3月离任）

乔智平（3月任职）

人民武装部

部　长：李　伟

公安局

局　长：贺永东（蒙古族）

人民检察院

党组书记、检察长：折　峰

人民法院

党组书记、院长：乌阳戈（蒙古族）

【概况】鄂托克前旗位于鄂尔多斯市西南部，地处蒙陕宁三省区交界，地理坐标北纬为37°38′—38° 45′、东经105° 31′—108° 30′。全旗土地总面积1.22万平方公里，其中耕地面积222.63平方公里、林地面积2540.57平方公里，主要由毛乌素沙地和鄂尔多斯梁地两大地貌构成，属中温带干旱、半干旱大陆性气候，平均海拔在1300—1400米，全年降水量254毫米，无霜期179天（年平均181天）。全旗辖4个镇、1个自治区重点工业园区、68个嘎查村、16个社区，户籍总人口81591人，常住人口79311人、男女性别比为1.01:1，蒙古族等少数民族人口占总人口的29.6%。境内探明煤炭储量143亿吨，远景储量500亿吨以上，年原煤产量达1448.5万吨、增长19.8%，焦炭产量96.7万吨、增长2.6%；天然气探明储量7000多亿立方米，年液化天然气产量45.9亿立方米、增长31.5%；石油分布面积1134平方公里，年产量2027吨、累计7.31万吨。草原、湿地、沙漠、河谷、遗址等文化旅游资源独特，建成国家AAAA级旅游景区3处；依托丰富的红色文化资源和深厚的民族文化底蕴，建成红色培训教育基地7处，构架起以延安民族学院城川纪念馆和城川民族干部学院为核心、辐射周边的红色研学产业体系。全年接待游客125万人次、同比增长14.1%，实现旅游综合收入38.5亿元、同比增长6.7%。公共文化服务设施设置率、覆盖率和公共文化服务受益率均达到100%。全旗拥有文化馆（群众艺术馆）、图书馆各1个，综合文化站4个，嘎查村文化室55个；规模性民间文艺组织47个，示范文化户184户，草原书屋86个；国家级文物保护单位3个，文物遗址113处。2019年，完成地区生产总值135.3亿元、增长4.7%，三次产业比例为10.4 :59.4:30.2，规模以上工业增加值增长7.2%，固定资产投资上升4.8%，社会消费品零售总额25.4亿元、增长4.8%，公共财政预算收入11.9亿元、同口径增长12.5%。全体居民人均可支配收入为35946元、增长8.3%，人均生活消费性支出24288元、增长5.6%；城乡常住居民人均可支配收入分别达47855元和20519元、增长6.8%和10.7%，农牧民人均可支配收入连续15年位居全市第一。

【农牧业】2019年，全旗一产产值达23.7亿元，增加值14.33亿元，同比增长7.3%。农牧民年人均可支配收入达20519元，同比增长10.7%。全旗农作物播种面积达56835公顷、同比降低14%，其中粮食作物播种面积27479.5公顷、增长10.85%，经济作物播种面积6891.1公顷、增长20.6%；粮食总产量达112464吨、增长13.56%。全旗牲畜存栏头数达125.8万头（只）、增长13.7%，其中羊存栏121万只、牛存栏3.3万头、生猪存栏1.3万头。

项目建设　争取上级草牧业等项目投资13个6727.8万元，全年完成围栏封育26667公顷，实施人工草地427公顷，改良草场667公顷，新增灌溉井31眼，发展饲草料基地707公顷；新建羊棚239座、贮草棚230座，发放优质种羊720只，肉羊胚胎移植339枚；建成配种站14处，开展肉羊人工授精1.4万余只、牛冷配近1万头，择优补贴蒙古马150匹等。稳步推进鄂尔多斯高原冷菜示范基地、农畜产品交易市场、综合物流配送中心、马奶加工和马具制作等一批农牧业特色项目建设。

产业化　全面落实《推进农牧业产业结构调整加快市场体系建设的实施方案》扶持项目，实现增收1.8亿元。全年建成冷藏保鲜库4处2.5万立方米，连栋拱棚3处2.27公顷，塑料拱棚95栋5.07公顷，穴盘育苗4400多万穴，新增蔬菜种植面积1333公顷以上；发放肉羊饲料补贴5590户1万余吨，促进肉羊出栏12万只以上。

农牧机械 鄂托克前旗是自治区农牧业全程机械化试点旗，全旗农牧业机械总动力24.41万千瓦时、增长4.63%，拥有大中型拖拉机3764台、增长3.83%。农牧业综合机械化水平达86%以上，农牧业机械作业收入占农牧民总收入的比重达35%。2019年，争取到农机补贴补助资金1,130万元（中央财政农机购置补贴资金950万元，自治区财政农机购置补贴资金180万元），受益农牧民317户，补贴各类机具504台（套），其中动力机械155台、耕整地机械45台、种植施肥机械137台、收获机械104台、收获处理机械5台、畜牧业机械54台、农用北斗终端4套。截至2019年底，全旗累计拖拉机及配套机械拥有量9795台（套）；农机化作业服务组织28个，农机维修厂及维修点16个，农机经销点14个；农机户9342户，获得农机职业技能鉴定证书26人，乡村农机技术人员2730人。

品牌打造 认证有机草牧场37.33万公顷，有机羊20万只、有机牛0.5万头。举办农商洽谈会暨鄂尔多斯高原冷菜发售仪式，“辣椒”入选全国名特优新农产品名录；注册“羊肉”地理标志证明商标，被评定为第四届中国农业（博鳌）论坛指定用品，区域公用品牌效益初显。

科技服务 推广普及“i前旗”乡村振兴战略平台应用，开展农牧业技术在线互动服务。全面推行“农技人员包村联户”科技服务模式，引进高层次农牧业科技专家3名，选聘实用技术人才8名及农技指导员36名，组建4支科技服务团队，技术指导及专业培训农牧民6800余人次；编制农牧业标准化生产技术要点18项，申请实用型专利1项；培育农技示范基地3家、示范户300户；落实农业生产社会化服务项目1800公顷，建设农作物品种试验示范田40余公顷、70余个品种。

【森林草原】

生态建设 编制完成《建设“北纬37度经济林”发展规划（2019—2023年）》，着力构建“南部果树、西部葡萄、全域枣树”的经济林发展格局，推动经济林产业又好又快发展；编制完成2020年京津风沙源治理二期工程草原生态保护建设项目典型设计及2019年退化草原生态修复项目实施方案、作业设计工作。全年完成营造林面积7934公顷，其中人工造林面积3267公顷、退化林修复面积2667公顷、森林抚育面积2000公顷。截至2019年，累计造林212140公顷，其中人工造林77500公顷、飞播造林96000公顷、封沙育林24000公顷、退化林分改造10007公顷、森林抚育3934公顷及森林保险699公顷。全旗森林总面积292166公顷、森林覆盖率达23.91%；林业用地面积598590公顷，其中有林地16988公顷、灌木林地275178公顷、未成林造林地29793公顷、宜林荒山荒地226737公顷、其他林用地49894公顷。

森林防护 全面完成森林资源保护发展问题整改。国家林草局下发的2018年森林资源督查图斑共304个，经现地核实违法使用林地图斑共231个、面积700公顷；2015年、2016年林地变更结果显示，疑似违法地块图斑共4146个、面积10200公顷，经现地核实违法面积7867公顷，已全面完成整改，其中恢复森林植被4400公顷、自然恢复3467公顷。2019年，完成旗境内740公顷苗木产地检疫检验自查、产地检疫率100%，调运检疫苗木6573.24万株，复检苗木13275万株，检疫木材0.14万立方米。全年发布虫情预测预报16期、测报率达95.3%，实施无公害防治作业面积4200公顷。加强森林草原防火巡护巡查，全年全旗森林和草原火灾受灾率分别控制在1%和3%以内。

用地审批 全年共办理征占用林地审批55件，面积1267公顷，其中临时占用林地30件、面积353公顷，永久占用林地25件、面积1067公顷；审批临时占用草原申请事项71件，面积67公顷；依法审批保护草原和服务畜牧业生产的工程设施使用草原8件，涉及面积6.7公顷；审批永久占用草原申请事项6件，涉及草原面积20公顷。

草原监测 全旗天然草原平均覆盖度38.7%，草群平均高度27.54厘米，平均产草量846.1千克/公顷，总产草量71.78吨。

草原确权 2019年，全旗应确权草原面积114.6万公顷。实际颁发农牧民草原承包权证、草原经营权证书5277个，涉及69个嘎查村13250户、面积111.3万公顷，颁证率为97%。

生态奖补 2019年，全旗落实新一轮草原生态保护补助奖励机制总面积97.83万公顷，其中禁牧面积28.49万公顷、草畜平衡面积69.34万公顷，发放草原生态补奖资金4927.24万元。

【水利水保】2019年，被水利部列为全国第一批节水型社会建设达标旗。2019年，全旗共计完成水利建设投资11963万元。2019年全旗共计完成水土保持综合治理面积17380公顷，其中旗水利局共完成7110.95公顷，旗林业局、农牧局等单位完成10269.05公顷。2018年京津风沙源治理二期工程水利水保项目于2019年5月全面完工，累计完成投资620万元、治理面积800公顷，建成水源工程20处、节水灌溉工程37处；2019年度京津风沙源治理二期工程水利水保项目项目计划新增水土保持综合治理面积1500公顷，水源工程50处、节水灌溉工程50处；至年底，完成治理面积600公顷，水源和节水灌溉工程全部完工；城川镇游草沙梁生态清洁小流域、敖勒召其镇塔班陶勒盖嘎查生态清洁小流域和上海庙镇牧场生态清洁小流域水土保持综合治理项目全面完工，完成投资2374万元、治理面积5600公顷。红色教育基地和无定河流域西滩两个水土保持综合治理工程，完成投资478万元、治理面积110.95公顷。

农村牧区饮水安全 “清零达标”工程共计改造集中供水工程8处、分散供水工程183处，安装改造单户水处理设备696套，铺设输水管道11公里，农村牧区741户1735人饮水安全问题得到解决。牧区节水灌溉工程共计改造节水灌溉面积9万公顷。

水资源管理 2019年，全旗总用水量1.0186亿立方米，万元GDP用水量62.63立方米，万元工业增加值用水量4.99立方米，农田灌溉水有效利用系数达0.62。全年核发取水许可证12个，审批置换机电井491眼，核定水量733.3万立方米，征收水资源税766.9万元；共审批水土保持方案28个，征收水土保持补偿费1292.94万元。河湖长制严格落实水域岸线和水生态空间管控，划定13条河流和6个湖泊水域岸线管理保护范围。“一河（湖）一策”编制完成，“一河（湖）一档”基础信息全部建立。加强河湖综合治理，沿河湖设置垃圾清运转运设施16处、更换清运垃圾箱86个，完成公厕改造4个、户厕改造3130户，农村牧区畜禽养殖废弃物综合利用率达70%以上、生活垃圾无害化处理率达70%以上、生活污水处理率达60%以上。

【工业】2019年，规模以上工业企业完成工业总产值69.94亿元、同比增长10.6%，按可比价计算完成工业增加值32.83亿元、同比增长7.2%。全社会用电量10.8亿千瓦时、同比增长13.6%，其中规模以上工业用电量7.4亿千瓦时、增长27.7%。

重点项目实施 全旗计划实施重点工业项目28项，总投资1045.48亿元。其中列入市级调度项目11项，总投资306.69亿元，年内计划完成投资52亿元（年内开复工11项，开复工率100%，项目投资全面完成）。上海庙碳化硅项目、雅海LNG项目已开工建设。

主要行业指标　全旗煤炭行业完成工业产值40.92亿元、同比增长19.3%，按可比价计算完成工业增加值26.60亿元、同比增长18.8%，拉动规模以上工业增加值增长13.6%，贡献率达97.9%；焦化行业完成工业产值11.97亿元、同比下降7.5%，按可比价计算完成工业增加值4.5亿元、下降7.4%，下拉规模以上工业增加值1.2%。天然气液化供应行业完成工业产值15.49亿元、同比增长18.1%，按可比价计算完成工业增加值3.87亿元、增长18.1%，拉动规模以上工业增加值增长1.9%，贡献率达13.8%。

工业企业效益　全旗规模以上工业企业资产总计219.95亿元、同比增长7.5%，负债合计142.92亿元、同比增长1.4%，资产负债率64.9%，处于工业企业资产负债率合理区间范围内。营业收入68.88亿元、同比增长8.8%，利润总额5.97亿元、同比下降14.5%，每百元主营业务收入成本70.5元、较同期上涨1.6元。

【非公有制经济】 2019年，全旗新增非公有市场主体1467户，其中第一产业新增93户、第二产业新增154户、第三产业新增1220户。截至年底，全旗非公有市场主体总数达7607户，其中第一产业562户、占比7.39%，第二产业799户、占比10.5%，第三产业6246户、占比82.11%。

私营企业　2019年，全旗新注册私营企业281户，注册资本134603万元，带动就业1309人。至2019年底，全旗共有私营企业1632户（其中分支机构86户）、同比增长13.57%，注册资本799120万元、同比增长17.96%，从业人员9205人、同比增长8.19%。

农民专业合作社　2019年，全旗新登记农民专业合作社48户，出资总额4935.55万元，成员总数290人。至2019年底，全旗共有农民专业合作社411户（其中分支机构3户）、同比增长9.3%，出资总额64524.76万元、同比增长3.66%，成员总数3055人、同比增长7.34%。

个体工商户　2019年，全旗新开业个体工商户共1138户，注册资金9520万元，从业人员1198人，主要集中在批发零售业、住宿餐饮业、居民服务和其他服务业、制造业等行业；本期注销个体工商户745户。截至年底，全旗共有个体工商户5564户、同比增长5.52%，注册资金37774.4万元、同比增长10.04%，从业人员6104人、同比增长4.09%。

【电商物流】 推进电商服务向基层延伸，帮助农牧民拓展致富渠道，在全旗嘎查村（社区）共规划建设28个基层电商物流服务站，其中打造10家电商扶贫服务站，对全旗建档立卡贫困户或相对困难户提供免费电商服务。2019年，吉万、克珠日、葫芦素电商扶贫服务站免费为全旗建档立卡贫困户代售农畜产品、手工艺品等共350万元。通过政府引导扶持、企业定制标准、农牧户联户经营的方式，着力打造“鄂尔多斯高原冷菜”“羊肉”等区域公用品牌，其中“羊肉”成功注册中国地理标志认证商标。上海庙鄂西物流园完成投资1.8亿元，平整场地25.5公顷，硬化停车场3万平方米。

【邮政电信】 全年实现邮电业务收入9038.4万元，其中邮政业务收入450.7万元、电信业务收入8587.7万元。2019年，建成电信基础普遍服务网络4G基站41个、3G基站1个，新增宽带用户2703户（农村牧区1008户），新建铁塔26座（行政村14座）。至年底，全旗运营网络基站673个，其中4G基站360个及2G、3G基站313个；建成铁塔249座；本地网固定电话用户0.49万户，手机用户11.94万户，宽带用户3.69万户。

移动　2019年，新建4G网络基站20个，新增宽带用户1000户（农村牧区380户）。至年底，建成网络基站189个，其中4G基站133个及2G、3G基站56个，镇村覆盖率达90%；手机用户5.5万户；宽带实现镇城区连续覆盖、行政村热点覆盖，宽带用户1.12万户。

联通　2019年，新建网络基站12个，其中4G基站11个、行政村3G基站1个；新增宽带用户1203户（农村牧区468户）。至年底，建成网络基站349个，其中4G基站148个及2G、3G基站201个；镇区3G、4G网络全覆盖，行政村2G、3G网络覆盖81%、4G网络覆盖60%，手机用户4.54万户；宽带实现行政村全覆盖、镇区300M以上全覆盖，宽带用户0.92万户。

电信　2019年，新建4G网络基站10个，新增宽带用户500户（农村牧区新增160户）。至年底，建成网络基站135个，其中4G基站79个、3G基站56个；镇村网络覆盖率72%，手机用户1.9万户；宽带基本实现行政区域全覆盖，宽带用户1.65万户。

铁塔　2019年，新建铁塔26座（行政村14座）。截至年底，建成各类铁塔249座，基站铁塔共享率逐年提高。

【金融】有各类银行业金融机构6家，其中法人机构2家，为农村商业银行和蒙银村镇银行；非法人机构4家，为中国农业银行支行、中国银行支行、中国邮政储蓄银行苏力迪支行和鄂尔多斯银行上海庙支行。全旗设立营业服务网点29个、ATM机61台，银行业从业人员447人。截至年底，银行业金融机构各项存款余额62.86亿元，同比增加2.45亿元、增幅4.06%；贷款余额39.11亿元，同比增加4.75亿元、增幅13.81%。鄂托克前旗有类金融机构2家为小额贷款公司，正常开展业务1家。截至年底，小额贷款公司贷款余额3986万元。

【保险】实有保险业市场主体10家。2019年，各项保费总额16122.78万元，理赔总额4432.23万元。

【城镇建设】主城区敖勒召其镇市政道路黑色化率达99%，污水和生活垃圾处理率分别为98.1%、98.4%，供水用水、集中供暖、燃气供应普及率分别为99.5%、95%、99.5%，建成区绿地率、绿化覆盖率分别为37.53%、42.09%，人均公园绿地面积23.89平方米。

公共设施　2019年，完成农村牧区危房改造22户、户厕改造6451户，为4个镇配备垃圾箱190个、垃圾桶200个、垃圾清运勾臂车5辆。敖勒召其镇城区改造人行道8000平方米，新装路灯37盏；新建16万平方米换热站2座，改造供热管网8.8公里；更换及维修排污管网0.48公里，更换公共定点垃圾桶188个、果皮箱38个。新建敖镇城区、城川镇城区、昂素镇城区、毛盖图社区、上海庙社区生活垃圾焚烧闪蒸矿化炉5处和城川镇生活垃圾填埋场1座。改造城川镇市政道路9.7公里、给水管网7.9公里、排污管网17.8公里，铺设中水管线2.5公里。铺设敖银线0—5公里沿线、三道泉子社区集中居民点排污管网3.65公里。完成公共厕所试点改造15处，其中三段地社区2处、昂素社区2处、玛拉迪社区1处、特布德新村1处、苏坝海子村2处、呼和陶勒盖嘎查1处、麻黄套村1处、城川社区5处。

园林绿化　实施敖勒召其镇城区景观提升工程、锦绣丽岛小区北侧和政务中心北侧花海种植工程及三段地革命历史纪念馆至通用机场一期绿化工程，完成绿化和改造提升绿地面积33.3公顷；完成敖勒召其镇城区东南部生态修复工程——乡土植物园绿化工程总量的30%。实施城川镇“1+6”红色培训教育基地景观提升工程、城川民族干部学院外围道路绿化工程和红色文化广场及北广场景观绿化工程，完成绿化和改造提升绿地面积13公顷；实施上海庙镇城区生态恢复项目，绿化面积43公顷。

建筑工程　全旗具有资质等级的建筑企业9个，建筑业总产值同比下降23.95%。全年实施在建工程项目25项（房建工程19项、市政工程6项），总投资5.7244亿元，其中2019年新建工程项目11项（房建工程10项、市政工程1项），建筑面积11.2682万平方米，完成投资2.3778亿元。

【交通运输】全旗建成公路总里程3825.1公里，其中高速公路86.5公里，一级公路130.9公里，二级公路387.9公里，三级公里542.2公里，四级公路2542.1公里，等外公路135.5公里；铁路通车里程66公里。2019年，建成上（海庙）棋（盘井）一级重载公路（一期）1条全长8.2公里，续建S317线陶（利）昂（素）二级改一级公路1条（旗境内）34千米，立项昂（素）城（川）和城（川）三（段地）红色旅游公路2条142.626公里。建成PPP项目农村公路23条125公里。2019年，全旗营运性机动车拥有量1047辆，其中客车39辆、出租车176辆、危险货物运输车辆309辆、普通货物运输车辆523辆。全年各种运输方式完成货运量1984.2万吨，同比增长13.4%，其中铁路发送货物989万吨、增长29.5%，公路货运量995.2万吨、增长0.9%；全年完成货物运输周转量346857.9万吨公里，同比增长5.7%，其中铁路100200万吨公里、增长22.6%，公路246657.9万吨公里、增长0.02%。全年各种运输方式完成客运量7.3万人，同比下降17.2%。

公路 S317线陶（利）昂（素）公路二级改一级项目完成功能层；S317线昂（素）敖（勒召其）公路二级改一级项目正在办理前期手续。

铁路 盛鲁电厂铁路专用线项目，总投资1.32亿元，计划2020年建成。该项目于2018年12月开工，至2019年底完成投资7205万元，路基桥涵等线下工程、轨道及“四电”敷设等基础性工程全部完工。

航空 鄂托克前旗敖勒召其通用机场属一类通用机场，总投资0.9亿元，于2018年4月开工建设，2019年7月18日正式通航，实现航空运输“零的突破”。建成飞行区工程，包括气象工程、通信工程、助航灯光工程及其他配套附属工程等，其中跑道长1200米、宽33米，站坪建有3个B类停机位，可供Y-12及其以下机型起降。至年底，共计安全飞行211架次，旅客吞吐量1602人次，无安全事故。

【医疗卫生】截至2019年底，有各类医疗卫生机构94所，其中公立医院2所（二级乙等综合医院和二级甲等蒙医综合医院各1所），专业公共卫生机构3个（疾控中心、妇幼保健计划生育服务中心、卫生计生综合监督执法局），国企医院1所，民营医院1所，乡镇、社区卫生院7所，社区卫生服务中心（站)6个，嘎查村卫生室43个，门诊部1个，学校、企业医务室6个，个体诊所24个。全旗卫生人员总数761人，每千人拥有执业（助理）医师3.37人、注册护士2.52人，每万人口拥有公共卫生人员13.15人；共有床位539张，每千人口拥有床位数7.54张。

健康扶贫 2019年，设立贫困人口脱贫医疗补助金300万元，全年为贫困人口报销医疗费11710人次332.64万元，住院报销比例达到医疗总费用的87.04%，门诊报销比例达到医疗总费用的80.24%；投入16.05万元对全旗建档立卡贫困户的生活饮用水进行检测。

深化医改 2019年，继续推进医共体建设，将所有基层医疗机构纳入2所旗级医院医共体管理，实现全旗基层医疗机构全覆盖，有效促进医疗资源均衡配置。“健康鄂托克前旗”手机App全面启动应用，并与“i”前旗完成对接，群众健康获得感明显增强。创新人才引进方式，开展校园招聘直接引进医学本科毕业生25名。

医疗服务 全旗签约家庭医生5.1万人，贫困人口签约率达100%，重点人群签约率达94%。

鼠疫防控 旗委政府投入300万元建设鄂尔多斯市鼠疫应急演练培训基地，市业务主管部门投入50万元配备检测设备，保障基地的正常运行。全年落实自治区专项资金鼠疫防控40万元、市专项资金50万元及旗配套资金63万元。制定印发《全面加强鼠疫防控工作方案》《鼠疫疫情防控应急预案》等指导性文件，建立鼠疫防控“三道防线”，在人群较集中地区、主要公路两侧100米范围内以及鼠密度较高的疫源地等重点区域进行保护性灭鼠，累计灭鼠面积达1600公顷，投放烟雾炮6吨，全年累计踏查草原约100667公顷，未发现鼠间鼠疫流行。

【教育】全旗有各类学校、幼儿园共25所，其中完全中学2所、民族职业高中1所、九年一贯制学校1所、完全小学5所，公办幼儿园10所、注册民办幼儿园6所。有早期教育指导中心1所、青少年学生校外活动中心1所，教研、电教中心各1所。全旗有在校学生及幼儿13991名（蒙授2660名），其中幼儿3566名（蒙授737名）、小学生5329名（蒙授873名）、初中生2270名（蒙授419名）、普通高中生843名（蒙授120名）、职业高中生1,383名（蒙授511名）；全年学前适龄儿童入园率达98.21%，小学、初中适龄人口入学率和巩固率均为100%，高中适龄人口入学率达92.35%。全旗中小学、幼儿园有在岗教职工1492名，其中专任教师1206名（蒙授367名）；幼儿园、小学、初中专任教师学历合格率均为100%，普通高中98.02%、职业高中96.10%。

【体育】有单项体育协会14个，建成全民健身乒羽馆、游泳馆等大型体育场所2个，全民健身中心1个，全民健身活动场1个，健身设施覆盖到具备条件的嘎查村（社区），体育彩票销售额2245.41万元。全年“一场两馆一中心”健身活动人数达6.4万人次，累计开展球类、健身操、各类运动会等健身活动20场次，其中主办全旗第十一届“体彩杯”健身操大赛、全旗五人制足球比赛等旗级活动11场次，承办全国青少年手球比赛、全国第十四届冬季运动会火炬传递鄂尔多斯站启动仪式等市级及以上活动9场次。

【科技】2019年，落实2018年市级以上科技项目（含奖补）资金304.7万元，培育高新技术企业4家，新增众创空间1家。确定“智能网围栏门”“‘一人灌’羊灌药器”2个市级先进适用技术为推广项目。推荐市级科技计划储备项目32项、市级科技特派员项目3项，申报旗科技特派员工作站为自治区级工作站及星创天地助力脱贫攻坚项目1项，补录旗农牧局乌尼尔其劳、李桂林2人为市级科技特派员，上海庙矿业公司团队获得中国创新创业大赛内蒙古赛区三等奖。组织开展“科技三下乡”、科技活动周及全旗第二十四届科普活动宣传周活动，开展进社区、进企业、进校园等大型科普活动10次；组织企业、科技人员及农牧民参加杨凌农高会、深圳21届高交会各1次；举办全旗党员农牧民致富带头人示范培训班1次。全旗共有各类有效专利267件，其中发明专利94件、实用新型专利158件、外观设计专利15件。

【文化】

公共文化设施　建有国家一级图书馆1座、国家三级文化馆1座（文化馆、图书馆等一级分馆建成率达75%，二级分馆建成率分别为30%、64%），民间博物馆3座；公共文化信息资源共享中心1个，镇级服务点4个，配备基层流动文化服务车11辆；镇综合文化活动中心4个，嘎查村（社区）文化活动中心70个；实施“数字文化走进蒙古包”工程安装数字文化基站110个（“移动便捷式加油站”105个、“一级数字加油站”5个），提供24小时数字文化信息资源便民服务；培育民间文艺组织47个，农牧民家庭文化户184户，草原书屋86个。形成旗、镇、村、户四级公共文化服务网络，基本实现“城镇十分钟文化圈”和“农村牧区十公里文化圈”文化资源共建共享目标。

文物保护　鄂托克前旗历史文化遗存有重点文物保护单位国家级2处、自治区级8处、市级8处、旗级27处，文物遗址共111处，馆藏文物4982件。全年完成馆藏文物鉴定，三段地工委党旗被评定为国家一级文物，阳早寒春手稿等4件（套）评定为国家二级文物，评定为国家三级文物有45件（套）。全年实地安全巡查文物82次，树立重点文物保护界桩850根，开展工程项目地表文物踏查17项。

非物质文化遗产　全旗有非物质文化遗产项目自治区级8项、市级18项、旗级76项，非物质文化遗产代表性传承人国家级2人、自治区级14人、市级31人、旗级117人，国家级文化之乡（中国鄂尔多斯文化之乡、中国鄂尔多斯搏克文化之乡、中国筷子舞艺术之乡、中国蒙古族三弦文化之乡）4个、自治区级文化艺术之乡（鄂尔多斯婚礼文化之乡）1个、市级文化艺术之乡（民间筷子舞之乡、民间马文化之乡、圣火祭祀文化之乡、鄂尔多斯搏克之乡）4个，国家级非物质文化遗产保护基地（中国鄂尔多斯马文化保护基地、中国鄂尔多斯婚礼文化传承基地）2个，非物质文化遗产综合展示厅1个，鄂尔多斯原生态短调民歌微信教学基地1个。

【旅游】建成以延安民院城川纪念馆和城川民族干部学院为中心的“1+6”红色培训教育基地7处；国家AAAA级景区3家、AAA级景区1家，国家水利风景区1处；中国传统村落1个，中国少数民族特色村寨1个；特色景观旅游名镇村国家级2个、自治区级3个，市级乡村旅游示范村9个；自治区星级农牧家乐13户，市级农牧家乐典型示范户29户，旗级农牧家乐接待户近200户（打造规模以上农牧家乐35户）。全年累计接待游客125万人次（“1+6”红色培训教育基地接待40万人次）、同比增长14.1%，实现旅游综合收入38.51亿元、同比增长6.7%。2019年，修改完善《全域旅游规划》，编制完成《红色旅游发展专项规划》《大沙头生态文化旅游区红色旅游配套设施建设规划》《城川红色拓展基地总体规划》《城川红色拓展基地修建性规划》《高潮畔村旅游扶贫专项规划》。全面完成城川红色拓展基地项目建设，持续推进旗红色教育集训中心项目、城川场景式教学馆、城川红色文化旅游区、马兰花草原配套设施项目、水洞沟（北区）景区项目、大沙头生态文化旅游区项目。建成旅游服务中心3个、修建旅游公路2条。

【媒体】

内宣　2019年，电视平台播发260期1867条新闻；报纸平台刊发87期1346篇稿件；广播平台播发154期1100条稿件，制作专栏节目72期。微信平台发稿4128篇，点击量达294万次；微博平台发布信息1192篇，点击量245万次。抖音平台发布116条视频，获赞4.6万次。推送H5、微视频等新媒体作品256个，承制主题宣传片6部。

外宣　2019年，被采用外宣新闻稿件530条，其中自治区级90条、中央级1条，“学习强国”采用稿件4条、央视新闻移动网采用稿件2条、人民网采用稿件2条、新华社采用稿件5条、内蒙古新闻网采用稿件2条。鄂托克前旗打造“鄂尔多斯高原冷菜产业基地”等原创新闻在新华网、人民网等各大主流媒体报道。通过直播平台实时图文、视频互动直播报道共计20次、点击量突破300万次，其中“2019中国农民丰收节暨那达慕大会”直播点击量突破67万次。

融媒体制　定实施《推动媒体深度融合发展的实施方案》，统筹运行三个传统媒体平台（广播、电视、报纸）、四个新型媒体平台（微信、微博、客户端、抖音）与一个广播电视发射台。重点建设多元传播的主流媒体、完善一个智慧移动平台（i前旗）、建立多个“媒体+X”服务模式。整合各传统媒体和新兴媒体的记者、播音、制作、编辑，实现新闻统一策划、一次采集、多元生成、多平台同步传播。启动融媒体指挥调度中心平台建设，总投资160多万元，其中自治区专项资金100万元。完成入驻市级“天骄云”、区级“草原云”移动服务平台接入。

【社会保障】

社会保险　全旗参加养老保险45437人，其中城镇企业类职工10752人、机关事业单位职工

5469人、城乡居民29216人；参加职工工伤保险7925人。全年社会保险基金收入32358万元，其中养老保险基金收入31977万元（城镇企业类职工13688万元、行政事业单位职工10855万元、城乡居民7434万元）；工伤保险基金收入381万元。全年社会保险基金支出28862万元，其中发放养老金及遗属补贴28487万元（城镇企业类退休及遗属3019人11128万元、行政事业单位退休1512人10979万元、城乡居民养老10097人6380万元），享受工伤待遇176人次375万元；全年社会基金结余3496万元，其中养老保险基金结余3490万元（城镇企业类保险基金结余2560万元、行政事业单位保险基金赤字124万元、城乡居民保险基金结余1054万元），职工工伤保险基金结余5万元。

医疗保障　2019年1月，旗人民政府机构改革正式组建成立医疗保障局。成立后，旗医保局紧紧围绕“智慧医保、惠民先锋”党建品牌，以构建多层次医疗保障体系为目标，全面推行城乡医保并行、医前救助、大病救助、商业补充大病保险等运行模式，基本实现医疗保险异地实时结算。2019年，全旗参加城镇职工基本医疗保险12840人、覆盖率100%，城乡居民基本医疗保险58734人、覆盖率95%，职工生育保险8100人、覆盖率94%。全年基金总收入10431万元，其中城镇职工基本医疗保险缴费7711万元、城乡居民基本医疗保险缴费2308万元、职工生育保险缴费412万元；全年基金总支出10379万元，其中城镇职工医疗费支出4613万元、城乡居民医疗费支出5211万元、职工生育费支出555万元；基金总结余21066万元，其中城镇职工基本医疗保险基金结余14497万元、城乡居民基本医疗保险基金结余6556万元、职工生育保险基金结余13万元。

就业创业　2019年，城镇登记失业率为3.48%，低于市定目标1.02个百分点。全旗城镇新增就业994人，就业困难人员就业123人，城镇失业人员再就业164人；扶持128人成功创业，创业带动就业384人。免费开展农牧民就业技能培训260人、城镇就业技能培训214人、创业培训241人。累计支付各类补贴642.4万元，惠及1065人。全旗失业保险参保人数5197人，失业保险基金收入318.95万元，发放失业保险金25.66万元，代缴失业人员医疗保险费6.19万元，发放企业稳岗补贴28家1588.79万元、惠及企业职工3413人，失业保险基金滚存结余2594.09万元。全年共举办劳动力人才交流洽谈会3次，专场招聘会11次，共有156家用工企业提供就业岗位3836个，有428位应聘者与用人企业达成用工意向。

社会救助　全旗有公办社会福利机构1家，床位190张。2019年，全旗城乡居民最低生活保障、困难家庭临时救助、残疾补助、特困及孤儿供养等标准持续提高。全旗城乡居民最低生活保障有1390户2213人（城市300户462人、农村1090户1751人），发放低保金884.5万元；特困供养人员99人，累计发放供养金96.566万元，为48名丧失自理能力的特困供养人员发放护理补贴资金33.3291万元；残疾人“两项补贴”覆盖困难残疾人609名、重度残疾人1117名，发放补贴360.7636万元；发放城乡孤儿基本生活保障金3名6.48万元；临时救助困难群众339人次，发放救助金52万元；救助流浪乞讨人员162人次，支出救助资金2.928万元。

住房保障　2019年，城川镇城中村棚户区改造项目新建回迁安置住房312套34546.48平方米，建成32套5486.68平方米。全年累计发放城镇低收入家庭204户436人的租赁补贴专项资金45.95万元。

教育资助　全年发放各类贫困学生教育资助金505.8万元，受益3858人次，其中资助建档立卡贫困家庭在校子女294人次41.64万元。办理大学生生源地信用助学贷759人583.08万元。组织社会爱心人士、社会组织、企业等开展捐助贫困生活动27场，累计资助贫困生446人次，发放物资计18.4万元。

【脱贫攻坚】全年共减贫15户43人，实时监测脱贫户1户、边缘户5户。截至2019年底，全旗2014年以来的666户1759名建档立卡贫困户全部实现脱贫。全年全旗实施产业扶贫项目52个，总投资1428万元，扶持43个嘎查村发展集体经济，带动困难户326户817人。

健康扶贫全面落实“六重”医疗保障政策，把落实“三个一批”行动计划作为健康扶贫的重要抓手，开通“一站式”综合服务窗口11个，实行农村牧区困难人口先诊疗后付费机制。为继续享受政策的建档立卡贫困人口代缴城乡居民基本医疗保险费21.3万元，实施家庭医生签约439户1050人，救治筛查核准的慢性病患者359人、大病患者30人，并实行台账管理。全年全旗困难人口门诊、住院就医1170人次，“一站式”救助299.7万元，实际报销比例达90%以上。教育资助健全完善教育资助制度，严格执行贫困学生和少数民族学生资助政策，完成义务教育阶段疑似辍学学生核查，贫困学生建档立卡率达100%。全年为394名贫困学生发放春秋季资助金48.25万元。社会保障将高龄、残疾以及无劳动能力的低收入农牧民全部纳入低保范围，实现应保尽保。建立健全低保精准进出机制、养老保险覆盖机制和残疾人口扶持机制，持续改善低收入农牧民的生活条件，兜底保障实现全覆盖。

【生态环境】2019年，完成整改2016年中央环保督察组反馈问题11项和2017年自治区生态环保大检查反馈问题8项；落实2018年中央环保督察组“回头看”反馈问题19项，完成整改15项、持续推进4项；落实2019年市环保“雷霆斩污”行动反馈问题146项，完成整改140项、持续推进6项。

大气污染防治 开展全旗燃煤小锅炉、粉状物料堆场等领域专项整治，淘汰燃煤锅炉6台，完成全封闭储煤棚建设总工程量的70%；检查油品质量5批次，安装企业端监控视频10家，实现与市生态环境局联网。

水污染防治 安装城川镇大沟湾水库在线监控视频并联网，完成12个嘎查村农村环境综合整治任务，完成加油站双层罐改造任务3家。

土壤污染防治 建成上海庙能源化工基地渣场并启用高清摄像监控。开展畜禽养殖和农业面源污染专项整治，完成绿色防控任务2.01万公顷、统防统治2.21万公顷。

环境监测监控 全年监督性监测和例行监测共出具监测报告54份，获得监测数据2044组。辖区内重点污染源企业自动监控数据传输有效率达95%以上，联网企业均完成监测设备比对工作。毛盖图自然保护区内安装2台高空视频实现全面监控。

环境保护执法 全年依法检查企业1235家次，查处环境违法行为70起，其中实施查封扣押16起，按日计罚2起，限产停产5起。“12369”环保投诉受理平台接处各类信访案件23起，投诉处理率100%。

【重大项目】2019年，列入市级亿元以上重点项目共9项，其中新建项目2项、续建项目7项，总投资220.61亿元；全年计划投资59.82亿元，实际完成投资33.15亿元，完成计划投资的55.42%。实施亿元以上重大工业项目共5项，均为续建项目，总投资204.69亿元；全年计划投资54.9亿元，实际完成投资30.18亿元，完成计划投资的54.97%。

内蒙古山东能源盛鲁电厂工程项目 总投资67亿元。2019年计划投资32亿元，实际完成投资18.5亿元。完成间冷塔、集控楼、1#2#锅炉及烟囱、汽轮机等施工安装工程。

国电双维电厂工程项目 总投资69.2亿元。2019年计划投资10亿元，实际完成投资6.64亿元。完成1#、2#机组主厂房基础承台及间冷塔环基、锅炉房基础承台施工，进行汽机循环水坑底板、间冷塔零米墙、电除尘基础承台混凝土浇筑施工。

华能内蒙古长城发电公司上海庙煤电项目 总投资64亿元。2019年计划投资10亿元，实际完成投资1.15亿元。完成厂平及临时用水用电施工。

内蒙古山东能源盛鲁电厂送出工程项目 总投资2.2亿元。2019年计划投资1.9亿元，实际完成投资1.9亿元，具备送电条件。

内蒙古国电双维上海庙电厂送出工程项目 总投资2.29亿元。2019年计划投资1亿元，实际完成投资1.99亿元，具备送电条件。

【机构改革】共有党政机关、事业单位217个，其中行政执法机构47个（党群部门12个、人大常委会机关1个、政协机关1个、政府部门27个、乡镇4个、管委会1个、森林公安1个），占事业编制社会团体5个，事业单位165个（含相当正科级事业单位20个、相当副科级40个）。2019年，撤销旗委老干部局、农村牧区工作部、旗监察局和城市管理行政执法局4个党政机构。新增设旗委全面深化改革委员会办公室、全面依法治旗委员会办公室、网络安全和信息化委员会办公室、财经委员会办公室、审计委员会办公室、教育工作领导小组秘书组、农村牧区工作领导小组办公室、退役军人事务工作领导小组办公室8个旗委议事协调机构；增设旗退役军人事务局、能源局、医疗保障局、信访局、政务服务局5个政府工作部门。撤销敖勒召其镇国土资源管理所、上海庙镇国土资源管理所、昂素镇国土资源管理所、城川镇国土资源管理所和旗爱国卫生运动委员会办公室、互联网信息办公室、精神文明建设服务中心、生产力促进中心、价格认证中心、接待办公室、电子政务中心、农牧业产业化办公室、农村牧区合作经济经营管理站、家畜改良站、草原工作站、水产管理站16个事业单位。新增设旗自然资源管理所、信访接待中心、医疗保障服务中心、能源信息中心、老干部服务中心、精神文明建设服务中心、党外代表人士联络服务中心、文化和旅游服务中心、扶贫开发服务中心、巡查数据管理中心、金融服务中心、退役军人服务中心、机关事务服务中心、公安局科技信息服务中心、农牧业综合开发中心、农村牧区合作经济和产业发展站、畜牧和水产站、农村牧区人居环境工作站、保密技术和专用通信服务中心、第三幼儿园等20个事业单位。撤销各镇农牧业服务中心、计划生育技术服务中心，撤销敖镇城镇综合服务中心、社会事业服务中心，撤销上海庙镇、城川镇、昂素镇城镇与社会事业管理服务中心等13个事业单位。新增设各镇综合保障和技术推广中心、党群服务中心等8个事业单位。

【“1+6”红色培训教育基地建设】建成以延安民族学院城川纪念馆和城川民族干部学院为中心的“1+6”红色培训教育基地7处。2019年，基地规划建设配套服务中心项目5处，建设规模2788.5平方米，完工2处；配备游客自动统计监控设备1台、智能导览讲解系统171套。建成城川红色教育培训拓展基地一期工程，项目一期规划面积73.33公顷，分综合研学实践区、素质拓展实训区、野外训练战斗区、生态科技科普区，可同时容纳1200人培训；实施延安民族学院城川纪念馆和三段地革命历史纪念馆展陈内容提升改造工程，新增国家领导人物雕塑4组，复原场景2处，创作国画油画11幅、沙画视频2个。联合文化产业企业围绕红色文化、民族文化、地方特色等研发设计文创文化产品60余款。“i前旗”智慧移动平台红色研学管理系统上线运行，实现研学报名、课时设置、课程分类、线路安排、研学培训、服务保障全程“线上”管理，搭建起更加高效便捷的信息化服务平台。2019年，“1+6”红色培训教育基地安排来自自治区及各盟市以及北京、宁夏、陕西、宁夏、甘肃等省区市的干部教育培训主体班次797期31262人次，其中城川民族干部学院承接主体培训班142期7052人次，旗内承接干部主体培训班264期9279人、青少年研学班次391期14931人；接待游客达16.1万人次。

康巴什区

【领导名录】

区　委

书　记：杨　云（12月任职）

副书记：吴　云

李　冬

常　委：田生华

白广华

紫继亮

韩占泉

乌兰托娅（女，蒙古族）

李胜清

康　平

汪　明

人大常委会

主　任：李晓庆

副主任：孙和国

毛友刚

阿荣高娃（女，蒙古族）

袁梓苑（女，蒙古族）

区政府

区　长：李　冬

副区长：紫继亮

田生华

刘学军

张　平（蒙古族）

王小平

刘淳芳（女）

政协委员会

主　席：阿拉腾敖日格乐（蒙古族）

副主席：邱晓丽（女）

郝凤林（女）

史雪松（蒙古族）

李　强

纪委书记、监委会

主　任：李胜清

公安局

局　长：刘学军

人民检察院

院　长：淡鹏飞

人民法院

院　长：李敬国

【概况】康巴什，蒙古语意为“康老师”，位于鄂尔多斯中南部，与伊金霍洛旗隔河相望，距东胜主城区25公里、距成吉思汗旅游区15公里。康巴什区位于鄂尔多斯市中南部，属北温带半干旱大陆性气候区，总面积372.55平方公里，建成区面积38.42平方公里，与东胜区、伊金霍洛旗阿拉腾席热镇共同组成鄂尔多斯市城市核心区。康巴什区前身为青春山经济技术开发区（自治区级），于2004年批准更名为康巴什新区并启动建设，2006年市府迁址入驻，2016年6月8日国务院正式批复设立县级行政区，2017年四大班子组建完毕。截至2019年底，康巴什区境内辖1个园区（市高新技术产业园区）、4个街道、15个社区，总人口15.78万人。其中户籍人口39973人，增长率为12.4%，出生人口0.16万人，人口出生率为10.17%。2019年，康巴什区完成地区生产总值87.76亿元，同比增长8.9%；第一产业增加值下降1.2%，第二产业增加值增长2.3%，第三产业增加值增长9.8%。三次产业的结构比委0∶10.5∶89.5。完成地方财政收入18.73亿元，其中：一般公共预算收入完成7.13亿元，同比增长12.9%。完成固定资产投资8.85亿元，增长22.6%，其中第三产业投资占总投资比例为88.4%；完成社会消费品零售总额71.8亿元，增长6%；城镇常住居民人均可支配收入达到51599元，增长6.5%。全年新增城镇就业754人、转移农民就业506人，城镇登记失业率为2.56%；城乡居民基本养老保险实现应保尽保，居民就医大病保险起付线进一步降低，报销比例提高至60%。促进义务教育均衡发展，新建及改扩建学校4所，增加学位600个，投入1700万元完善校园基础设施和功能配套；教学质量稳步攀升，中考总均分蝉联全市第一，区少年宫教研课题荣获第五届中国教育创新成果公益博览会最高奖。医疗卫生体系不断完善，多种医联体启动建设，分级诊疗制度深入推进，基层医疗机构年接诊量达到18万人次，家庭医生重点人群签约率达到88%。助力全市获评全国民族团结进步示范市，开创民族工作新局面。纵深开展扫黑除恶专项斗争，破获各类刑事案件98起，万人发案数保持全市最低。积极化解矛盾纠纷，连续3年获评全国信访工作“三无”县区。

【农牧业】2019年，康巴什区农作物播种面积0.94公顷，其中蔬菜播种面积0.24公顷，瓜果类播种面积0.7公顷。年末牲畜存栏头数2039头（只），牲畜出栏头数达793头（只）。全年肉类总产量31吨，蔬菜产量为1.1吨。2019年，康巴什区足额兑现各类惠农政策资金，发放草原补奖资金179.09万元；推动田园综合体建设，规划建设占地面积约3000余亩的草原丝路·田园综合体项目，推进生态休闲农业与旅游产业融合发展，带动转移农民就业增收，解决300多人就业问题；2019年，康巴什区组织16家康巴什农牧企业参加各类农产品展洽会等共4次。在动物防疫工作，春秋两季累计免疫家畜、家禽1.5万头（只、羽），免疫率为100%。发放消毒药品335瓶，消毒圈舍面积2万余平方米，消毒率达到100%。严防非洲猪瘟及重大动物疫情，向广大养殖场（户）发放宣传资料500余份，实现全区零疫情。

【城市建设】2019年，康巴什区不断完善城市基础设施，完成天骄路改造等7项市政维护工程，新铺设中水主次管网174.14公里，20个住宅小区和学校通入中水；新增停车位696个，停车难问题得到缓解。完成第八小学主体工程、滨河街道派出所、第六小学游泳馆等20余项工程建设；14项校舍维修工程按期完工；综合福利中心、贝林博物馆开工建设，累计完成投资1.1亿元。加大对社会投资项目建设扶持力度，推动10项工程如期开复工，完成投资2.3亿元。加快品质小区建设，对鼎晟富丽园、金信翰林苑、旗顺家园等10个住宅小区的基础设施进行维修维护。编制完成《中心城区康阿片区供热专项规划》，并通过市规委会。精心塑造城市形象，实施节点绿化改造提升、郁金香花田建设等38项园林工程，完成城市外围植树造林6500亩，成功获评全国绿化模范单位。投放新能源公交车16台，设置生活垃圾分类示范点26处，绿色生活理念逐渐深入人心。更加注重城市精细化治理，出台《康巴什区城市精细化管理攻坚行动方案》及配套措施，全年受理城市管理案件12.7万件，办结9.6万件，结案率75.91%。以街道和社区为单位，将康巴什建成区划分成56个网格，划分管理重点区域和普通区域，实行阶梯式管理，分为三类，其中一类网格13个、二类网格14个、三类网格29个，配备网格监督员21名，平台案件管理员3名。编印《城市精细化管理考评专报》3期、《一类网格城市精细化管理专报》1期、《一类网格城市精细化管理周报》16期，对各责任单位案件处置情况进行汇总通报，对重点疑难案件进行数据分析，对不符合立案标准案件进行反馈。按照国家城市精细化管理标准体系，对案件处理时限及流程进行优化，制定科学规范的工作流程，有效减少中间环节和管理层级，提高案件采集、处置效率。积极创建文明城市，在全自治区26个提名城市中，康巴什以三年总评第一的成绩入选自治区文明城市。

【环境保护】2019年，康巴什区空气质量优良天数316天，比例为86.8%，同比上升7.7个百分点，重度污染0天；城镇区域环境噪声等效声级昼间均值为47.8分贝，道路交通噪声等效声级昼间均值为59.1分贝；乌兰木伦流域断面水质基本达到地表水三类水质，劣五类水体保持零的良好水平。累计削减二氧化硫30150.47吨、氮氧化物5459.19吨、化学需氧量2827.4吨、氨氮276.38吨，较2018年同期分别多削减765.16吨、260.65吨、667.2吨、70.48吨。成功创建国家生态文明建设示范区，2019年国家生态文明示范区考核指标体系中，康巴什区参与考核的28项指标均已达标，达标率100%，已于11月16日被生态环境部正式命名表彰。1—11月污染防治攻坚战考核排名位居全市第二。2019年全区共收集污水519.9万吨，产生中水416.1万吨，其中京能电厂使用157.8万吨、园林绿化使用258.3万吨，中水保持100%回用。全力推进中水综合工程，累计新建中水管网主线33.3公里、支线314.7公里，完成投资4100万元。同时，考虑到未来中水量的增加，正在实施城市景观水体及环境综合治理工程，已完成环评报告编制，进入专家评审修改阶段。

【城市经济】 2019年，康巴什区共对接招商引资项目91项，签约项目35项，总投资超103亿元，其中京能康巴什热电扩建战略合作框架协议于5月在北京世园会签订，项目总投资50亿元，落地项目28项，涉及总投资16亿元，启动闲置商业面积近15万平方米，招商银行、民生银行、内蒙古弘诚会计师事务所、满世C座、动漫大厦、森凯威酒店、恺特酒店项目等一批大项目已落户。年末，区内共有运营的住宿网点共计51家，房间总数达到3365间，拥有床位5815张。已初步形成以星级酒店、商务快捷酒店为主导，小型宾馆为支撑的可满足多层次需要的酒店住宿市场供应体系；餐饮网点达到585家，2019年新增56家。业态涵盖大型宴会、本地特色美食、火锅、烧烤、西餐、快餐、小吃等品类，为居民、游客提供丰富的消费选择。全年结合消费促进月活动组织大型商场内外展销和大型商业活动4场，累计近200家商户、1万名游客居民参与活动；各类批发零售商业网点达到899家，年内新增88家，农产品市场达到4家家政服务企业达到8家，服务范围涉及保姆、月嫂、玻璃保洁、老年人日间照料、居家维修等方面。注册二手车咨询及销售企业和个体工商户达到50家；电商企业达到39家，年内新增8家，1月至11月实现交易额7614.07万元，同比增长16%；快递、物流网点达到33家，年内新增4家，从业人员超过390人，1月至11月实现营业额1778.25万元，同比增长8%。其中进港585.43万件，出港量59.35万件。

【文化、旅游】 2019年，康巴什区共有AAAA级旅游景区有2个，旅行社20家。全年共接待游客达331.41万人次，其中过夜游客达74.36万人次，旅游综合收入为达10.93亿元。康巴什区现有文旅产业经营单位146家：文化旅游产业企业类单位86家，个体经营户60家。注册资本金1亿元以上的1家、注册资本超过5000万元的2家、注册资本超过1000万元低于5000万元的10家。从业人数总计6200人。全年共接受国家级专题采访3次，自治区级直播2次。康巴什文化旅游微信公众平台荣获“区级优秀政务平台”称号。康巴什区荣获“新时代·中国最佳绿色休闲旅游名区”称号。开通“印象·康巴什”官方抖音号，组织开展抖音征集大赛、快闪小视频、手机随手拍、吃喝玩乐游全城等各类新媒体传播活动，同时，实现旅行护照线上服务功能。借助强势媒体栏目，促成《天天向上》节目组在赛车小镇、蒙医院、泽成冰煮羊等涉旅单位取景拍摄，节目播放量共1.1亿次。“鄂尔多斯抖音大赛”系列活动之“来康镇·玩抖音”共有260余条视频参与，842万播放量，1100余万次曝光。元宵节音乐焰火在线直播观看人数达11万人次，后续观看回放共计52.86万人次。牡丹文化旅游节抖音超级话题已实现431万次播放，参与视频207个。参加西安、昆明、海南等地旅交会，开展全国性旅游推介会14次，路演12场，发放资料4000份，不断扩大康巴什城市知名度。重新整合开发康巴什旅游线路共计17条（半日、一日、两日游线路11条，夜游线路、赏花线路、徒步线路6条）。全区拥有文化馆1个，街道文化站4个，民办博物馆3个，艺术表演团体24个，组织开展各类群众文化活动近200场。放映公益电影208余场，观影人数达5万人次。全年开展文化指导员下社区文艺培训辅导300次，培训群众6000人次，指导编排群众文艺作品30余部。承办“鄂尔多斯我的家”第四届诗歌那达慕、NTCC西北大赛车第三届冬季冰雪4小时耐力赛等5项大型系列活动，为康镇争取“中国诗歌小镇”荣誉称号，并聘请8位国内著名诗人为“驻镇诗人”，长期开展诗歌进景区相关活动。

【金融保险】2019年末，康巴什区银行业金融机构人民币存款余额353.4亿元，比2018年增长14.38%，占全市比重为9.41%；全区银行业金融机构人民币贷款余额141.62亿元，比2018年增长2.21%，占全市比重为4.39%。全区保险业实现保费收入12930万元，比2018年增长40.1%，全年保险业累计赔付支出2366.68万元，比2018年下降55.3%。其中财产保险收入7765.48万元，累计赔付支出2080.37万元；人寿保险收入5164.92万元，累计赔付支出286.31万元。

【教育】2019年，康巴什区新开小学1所——康巴什区第八小学。截至年底全区共有各级各类教育机构39个，其中，市直学校6所（大学1所、大专院校2所、中学2所、小学1所），区属教育机构34个（中学5所、小学8所、公办幼儿园13所、民办幼儿园5所、早教及校外教育机构3个）。秋季报名总人数22020人：幼儿园5883人，小学10479人，中学5658人。区直属各级各类学校在校学生共22020人，较2018年新增3240人。全区共有教师2190人：幼儿园764人、小学754人、中学672人。其中本科及研究生以上学历1913人，占教师总数87.35%；旗区级以上教学能手及优秀教师1020人，占教师总数46.57%。全年共引进招聘教师285人，其中部属院校和“985”“211”院校招聘127人，社会招考教师70人，引进和储备成熟教师88人。全区一本升学率达到37%，较2018年提高7个百分点；中考连续7年取得全市总均分第一、各单科成绩均分第一。区属学校全部接入鄂尔多斯市教育城域网，均建成远程同频互动教室、教育云平台、数字图书馆、校园监控联网平台等信息化基础设施，教学班全部配备交互式触控一体机，数字化校园建设在全市处于领先水平。建成创客教育基地1个、创客空间7个，举办第五届科技艺术动漫节，承办中央电教馆和鄂尔多斯市联合主办的全市“智慧课堂”教学培训会议等。开展“一师一优课、一课一名师”活动，网上晒课429节，其中获评部级优课6节，自治区优课23节，市级优课45节，区级优课45节。对全区五六年级、初高中学生开展心理健康普查，共计4784名同学完成测评。全年共开展“大汗的盛会”“魅力康巴什”“绿色恩格贝”等研学活动58场，参与人数7556人，除接待康巴什本地学生以外，与准格尔旗、乌审旗、东胜等地区学校形成研学合作，共接待其他旗区学生2800余人；与山西大同市综合示范性基地达成合作协议，接待山西大同、广西柳州、江苏等省市学生2400余人次，将区特色研学活动推广至全国各省市。

【卫生】2019年末，康巴什区共有5家医疗卫生机构（市级5家），其中公立医院4家，民营医院1家。社会卫生服务中心6家，社区卫生服务站1家，民营专科门诊部11家；拥有医疗卫生机构床位数1374张，医疗卫生机构技术人员1603人（其中区级222人），其中执业（助理）医师648人（其中区级85人），注册护士710人（其中区级 147 人），每千常住人口拥有执业（助理）医师 4.1 人、注册护士 4.5 人。全区各级各类医疗机构全年总诊疗人数达 135.1 万人次（其中基层医疗机构诊疗量达 23.4 万人次），全年出院人数 21050 人次。开展“六师协同”家庭医生签约服务模式，推进智慧家庭医生签约服务、精细化管理和分包服务，“家庭医生”App 全面实现在线签约和健康管理。全区打造个性化家庭医生服务团队 50 个，签约服务对象 78540 人次，签约率为 51%，重点人群签约率为 86%。2019 年区政府出台精准健康扶贫“六重”保障实施办法（试行）和健康扶贫工作专项推进方案，逐步建立健全健康扶贫边缘人口工作机制与扶贫办、民政局、社保局等部门加强信息互通，对重大疾病患者、五保户、低保户等 137 名健康扶贫边缘人员台账进行维护，施行动态管理。康巴什区人均基本公共卫生服务经费补助达到 69 元，全年累计下达国家基本公共卫生服务项目经费 937.94 万元。全区共有居民电子健康档案 12.2 份，建档率达 79%。区属医疗机构与市中心医院信息互通机制进一步完善，推进分级诊疗信息化建设，实现分级诊疗电子化运作。打造康巴什区“居民健康”手机 App，方便居民健康档案、电子病历在线查询。完成神华康城社区卫生服务中心、滨河街道康城社区卫生服务中心医疗卫生信息系统升级改造。社区卫生服务机构与康巴什区基层惠民健康平台实现实时互联互通。在珠江社区卫生服务中心开展居民电子健康码生成、使用、联通试运行工作。医疗机构、医师、护士电子化全面实现电子化注册。累计投入 70 万元建成标准“中医馆”6 个，全面开展针灸、拔罐、推拿等中医药特色诊疗服务，中（蒙）医科和中药房在区属公立医疗机构实现全覆盖，推广蒙中医药适宜技术 10 种、非药物适宜技术 6 种，充分发挥“简、便、验、廉、效”的蒙中医药优势，基层蒙中医药服务量显著提升，全年服务人次占基层总诊疗人次的 33%。区慢性病医院与区养老院签订医养联合体协议，院内开设老年人绿色通道，开设 10 间老年病房，全年开展免费诊疗活动 4 次。建立辖区 65 岁以上常住老人免费体检制度，每年提供 1 次免费健康检查，同时提供疾病预防、自我保健、伤害预防、自救等健康指导服务。

【社会保障】2019 年，康巴什区参保企事业单位 674 家，其中企业单位参保 584 家；城镇职工基本养老保险参保人数 7001 人；城乡居民基本医疗保险参保人数 24720 人；工伤保险参保人数 9713 人；生育保险参保人数 7196 人；失业保险参保人数 7225 人。机关事业单位参保 90 家，参保 3401 人；城乡居民养老保险参保 4267 人。对自治区下发的 1730 名未参保人员，通过对接街道社区、公安部门共享数据、电话联系、入户了解等方式进行排查摸底，确定应新参保人数 710 人并全部参保。城乡居民最低生活保障标准分别为 675 元 / 人，全年共为 6 户、8 人发放低保金 6.9 万元；70 岁以上享受高龄津贴的人数 936 人，发放补贴资金 101.17 万元。2019 年区内城乡居民养老保险基础养老金上调 50 元 / 人·月，涉及人数 715 人，调资总额为 3.58 万元；被征地农民养老保险待遇上调 200 元 / 人·月，涉及人数 967 人，调资总额 19.34 万元。全区实现城镇新增就业 754 人，其中下岗失业人员再就业 100 人，就业困难人员再就业 59 人，转移农牧民就业 506 人。截至 2019 年 12 月底，城镇登记失业率 2.56%。全年累计发放失业保险、动态监测、援企稳岗、技能提升、职业技能培训、创业培训等各类创业就业补贴 386.59 万元，惠及群众 2364 人、企业商户 119 家。组织开展各类培训 10 期，参加培训 248 人，其中 218 人培训合格并取得合格证书。培训结束后实现就业 82 人，成功创业 42 人，创业带动就业 154 人。实施青年就业见习计划，审批认定 3 家就业见习单位，为 4 名符合条件人员提供岗位。

【人民生活】2019年，康巴什区全体居民人均可支配收入48221元，同比增长8.2%。全体居民人均消费性支出29610元，同比增长6.2%。城镇常住居民人均可支配收入达到51559元，同比增长6.5%。从主要收入构成看，工资性收入为37741元，经营净收入为6032元，财产净收入为5104元，转移净收入为2682元。城镇常住居民人均消费性支出31506元，同比增长5.8%。其中，食品烟酒支出占21%，衣着支出占9.3%，居住支出占20.2%，生活用品及服务支出占6.8%，交通通信支出占13.8%，教育文化娱乐服务支出占12%，医疗保健支出占13.4%，其他用品和服务支出占3.5%。

（新　力）

附　录

鄂尔多斯市大气污染防治条例

（2019年6月27日鄂尔多斯市第四届人民代表大会常务委员会第十三次会议通过，
2019年8月1日内蒙古自治区第十三届人民代表大会常务委员会第十四次会议批准）

第一章　总　则

第一条　为保护和改善大气环境，防治大气污染，保障公众健康，推进生态文明建设，促进经济社会可持续发展，根据《中华人民共和国环境保护法》《中华人民共和国大气污染防治法》《内蒙古自治区大气污染防治条例》和相关法律、法规，结合本市实际，制定本条例。

第二条　本条例适用于本市行政区域内大气污染防治及其监督管理活动。上位法已经作出规定的，从其规定。

第三条　防治大气污染，应当以改善大气环境质量为目标，遵循规划先行、源头治理、预防为主、防治结合、区域联动、公众参与、损害担责的原则，建立全社会共同治理的科学防治机制。

第四条　市、旗区人民政府应当对本行政区域内的大气环境质量负责。

苏木乡镇人民政府和街道办事处应当对本辖区内的大气污染防治履行监督管理职责。

工业园区管委会应当对本园区大气污染防治履行监督管理职责。

嘎查、村（居）民委员会应当协助苏木乡镇人民政府和街道办事处做好大气污染防治工作。

第五条　市人民政府生态环境主管部门对大气污染防治实施统一监督管理。

市、旗区人民政府其他有关部门在各自职责范围内对大气污染防治实施监督管理。

第六条　本市实行大气环境保护目标责任制和考核评价制度。

市、旗区人民政府应当将本行政区域内大气环境质量改善目标、大气污染防治重点任务完成情况纳入政府绩效考核，考核结果应当向社会公开。

第七条　市人民政府生态环境主管部门应当建立、完善环境信用管理数据库和环境守信激励、失信惩戒机制，并纳入全市社会信用体系。性质恶劣、情节严重的大气环境违法事件信息应当记入本市信用信息系统。

市人民政府生态环境主管部门和相关负有大气污染防治监督管理职责的部门，应当依法公开大气环境质量、大气环境监测数据、突发大气环境事件、行政处罚情况等信息。

第八条　任何单位和个人都有保护大气环境的权利和义务，有权举报污染大气环境的行为，有权检举和控告行使监督管理权的部门及其工作人员不依法履行职责的行为。

新闻媒体应当开展大气环境保护法律、法规和科学知识的宣传，加强政策解读和舆论引导，及时公开报道群众反映强烈、社会影响恶劣的大气污染问题。

第九条　市、旗区、苏木乡镇人民政府应当引导全社会树立绿色消费理念，倡导勤俭节约、绿色低碳、文明健康的生活方式，形成崇尚绿色发展的社会风尚，提升公众环境保护意识。

第二章　监督管理

第十条　市、旗区人民政府应当按照本市大气污染防治目标要求和区域大气环境质量，制定大气污染防治年度计划。未达到国家大气环境质量标准的，制定大气环境质量限期达标规划，并采取严格的大气污染控制措施，按期达到规定的大气环境质量标准。

制定大气环境质量限期达标规划和大气污染防治年度计划，应当征求有关行业协会、企业事业单位、专家和社会公众等方面的意见。

市、旗区人民政府应当向同级人民代表大会常务委员会报告大气环境质量限期达标规划执行情况，并向社会公开。

第十一条　市人民政府按照自治区划定的大气污染防治重点区域，统筹协调区域内的大气污染防治工作。重点区域所在旗区人民政府应当制定区域大气污染限期治理规划。

第十二条　严格执行污染物排放总量控制制度。被替代项目未完成关停的，替代项目不得投入生产或者运行。

第十三条　对未完成年度大气污染物排放总量控制指标和环境空气质量约束性指标的旗区，暂停审批该旗区新增重点大气污染物排放总量的建设项目环境影响评价文件。

第十四条　市人民政府生态环境主管部门应当公示建设项目环境影响评价报告受理情况，对大气环境有重大影响的，应当依照有关规定组织听证会和公开征求社会公众意见。

第十五条　市人民政府生态环境、气象主管部门应当研究探索开展空气质量中长期趋势预测工作，完善重污染天气的区域联合预警机制，及时发布重污染天气预报信息，实现预报信息联网发布、全市共享。

市人民政府统一发布大范围重污染天气预警信息，各相关旗区按级别启动应急响应措施，实施区域应急联动。

第十六条　旗区人民政府应当建立突发污染事故应急机制，定期组织应急演练，保障应急物资储备。

煤炭、石油、天然气、化工、电力、建材、钢铁等行业企业应当配备有毒有害气体报警装置。

第十七条　市、旗区人民政府应当按照属地管理、分级负责、全面覆盖、责任到人的原则，建立和完善市、旗区、苏木乡镇、嘎查村多层管理的网格化环境监管制度，明确各级网格责任领导、网格员，落实各级人民政府环境监管责任。

第十八条　排放工业废气或者有毒有害大气污染物的排污单位应当按照国家有关规定和监测规范自行或者委托有资质的检测机构监测大气污染物排放情况，记录、保存监测数据，确保监测数据真实、可靠，并通过网站或者其他便于公众知晓的方式向社会公开。

第十九条　大气污染物重点排污单位应当按照国家有关规定和监测规范安装、使用大气污染物排放自动监测、监控等设备，与生态环境主管部门的监控系统联网，并保证监测设备正常运行和数据传输，如实向社会公开其主要污染物的名称、排放方式、排放浓度和总量、超标排放情况，以及防治污染设施的建设和运行情况，接受社会监督。

第二十条 向大气排放污染物的排污单位，应当按照国家规定，设置大气污染物排放口及其标志。

第三章 防治措施

第一节 矿区污染防治

第二十一条 市、旗区人民政府在开展矿区环境治理过程中，应当坚持统筹协调、一体化治理，推动区域联防联控联治；生态环境主管部门应当会同能源、自然资源等主管部门开展联合执法行动。

第二十二条 市人民政府自然资源主管部门监督管理绿色矿山建设。新建矿山执行绿色矿山建设标准。已建生产矿山应当按照有关规定限期达到绿色矿山建设标准。

第二十三条 市、旗区人民政府及其能源主管部门应当按照分级管理要求加强煤矸石和煤田自燃治理。

煤炭企业应当负责矿权范围内和排矸场等着火点灭火工作。

旗区人民政府负责无主着火点灭火工作。

第二十四条 市、旗区人民政府能源、应急管理等主管部门应当强化对运输易产生扬尘物料车辆的源头管理。

运输煤炭、砂土、石灰等易产生扬尘物料的车辆应当密闭或者严密加盖篷布，未密闭或者未严密加盖篷布、超载等不符合装载要求的车辆，不得驶出厂区。

第二十五条 气象部门发布大风、沙尘、霾等气象预警信息时，矿山企业应当及时启动应急预案，根据应急需要采取限产、停产等应急措施，防止环境污染事故发生。

第二十六条 煤炭、硅石、石灰石、石膏等矿山企业应当选择国家鼓励、支持和推广的安全、绿色、智能、高效开采技术和工艺，实行清洁生产。

煤矿地面运煤系统、运输设备、煤炭贮存场所应当全封闭。鼓励有条件的露天矿山采用密闭式皮带运输系统。

第二十七条 矿山企业进矿道路、工业广场应当硬化；进矿道路两侧、工业广场周边应当绿化；进矿道路、厂区道路和工业广场应当采取清扫、洒水等措施，有效防止扬尘污染。

第二十八条 矿山企业在露天爆破、土方剥离作业时，应当采取洒水、雾化等方式降尘；采场爆堆应当采取喷淋、洒水等方式降尘；装卸车时应当进行喷淋降尘。

第二十九条 自然资源、生态环境、能源等主管部门应当按照各自职责加强对矿山企业复垦、绿化的监督管理。

矿山企业应当按照矿山地质环境恢复治理以及土地复垦方案标准及时对排土场进行固化、覆土和绿化，排土过程中禁止高落式倾倒，排土台阶一次排弃高度应当控制在设计规定范围内，不得超高排放。排土场边坡应当采取工程措施、生物措施进行治理。

第二节 工业污染防治

第三十条 市、旗区人民政府应当按照循环经济和清洁生产的要求推动工业园区建设，合理规划工业布局。新建排放大气污染物的工业项目应当进入工业园区。国家和自治区审批的特种项目除外。

第三十一条 工业企业应当采用清洁生产技术、工艺和设备，减少大气污染物的产生和排放。

第三十二条 严格控制生产中产生的粉尘和气态污染物的排放。对不经过排气筒集中排放的，排污单位应当采取密闭、封闭、集中收集、过滤、吸附和分解等处理措施。

第三十三条　市、旗区人民政府应当严格控制新建、改建、扩建排放恶臭污染物的工业类建设项目。已建化工、生物发酵等排放恶臭污染物的单位，应当在生态环境部门规定的期限内采用先进的技术、工艺和设备，减少恶臭污染物排放，达到国家标准。

第三十四条　重点区域执行重点行业污染物特别排放限值。燃煤发电机组和执行火电大气污染物排放标准的锅炉应当执行超低排放限值。

第三节　移动源污染防治

第三十五条　市、旗区人民政府应当制定货物运输结构调整专项规划，加快煤炭、火电、钢铁等重点企业铁路专用线建设，提高铁路运输比例，逐步降低汽运量。

第三十六条　市、旗区人民政府应当优先发展公共交通，合理布局公共交通路线，加强城市步行和自行车交通系统建设。

第三十七条　市、旗区人民政府应当推广清洁能源机动车，加快充电站（桩）、加气站、加氢站等基础设施建设。新规划建设的各类商业、民用和公共建筑设施，应当配套建设充电站（桩）等设施。

鼓励和支持公共交通、出租车、环境卫生、邮政、快递等行业用车和公务用车率先使用新能源机动车。

第三十八条　市、旗区人民政府市场监督管理、生态环境、商务主管部门依据各自职责加强对汽油、柴油产品质量的监督管理，对流通领域的油库、加油站实行常态化双随机抽样检查。

不符合国家标准的汽油、柴油不得进入本市销售。

第三十九条　加油加气站、储油储气库、油罐车和气罐车等，应当按照国家和自治区有关规定安装油气回收装置并保持正常使用。

第四十条　市、旗区人民政府应当加强机动车尾气管理，建设机动车遥感监测平台，建立完善生态环境部门检测、公安机关交通管理部门处罚、交通运输部门监督维修的联合监管机制。

市人民政府生态环境主管部门在柴油货车集中行驶路段、运煤专线、重点高速公路等重点地段安装道路交通污染物监测设备。同时利用便携式检测仪器，定期开展抽查监测。公安机关交通管理部门应当予以配合。

第四十一条　推进柴油货车超标排放综合治理，在用重型柴油车应当按照规定加装、更换污染控制装置，排放的污染物应当符合国家规定的排放标准。

第四十二条　生态环境主管部门应当会同交通运输、住房和城乡建设、农牧、水利、林业和草原等有关部门加强对非道路移动机械大气污染物排放状况的监督检查。排放不合格的，不得使用。

第四节　扬尘污染防治

第四十三条　建设单位应当将防治扬尘污染的费用列入工程预算，并在建设工程施工合同中明确施工单位防治扬尘污染的责任。

施工单位应当在工程开工前，制定具体的扬尘污染防治实施方案并提交住房和城乡建设、交通运输、水利、工业和信息化、发展和改革等对应行业主管部门备案。对应行业主管部门应当加强监督管理。

施工单位应当按照污染防治要求，在施工建设中遵守以下规定：

（一）施工工地公示施工负责人、环保监督员、各施工阶段的扬尘污染控制措施、监管单位名称、举报电话等信息；

（二）施工工地周围按照规定设置连续、密闭、符合高度要求的围挡；

（三）施工工地配备满足防治扬尘要求的洒水降尘设施；

（四）对易产生扬尘的工程物料、土方进行集中堆放，并采取覆盖或者固化措施；

（五）大风、沙尘天气时，停止土石方施工、拆除施工以及其他产生扬尘污染的施工作业，并采取有效的防尘措施。

第四十四条　贮存煤炭、煤矸石、煤渣、煤灰、水泥、石灰、石膏、砂土等易产生扬尘的物料应当全封闭。

矿山、填埋场和消纳场应当实施分区作业，并采取有效措施防治扬尘污染。

矿山开采、煤炭洗选、电力、冶金、水泥、化工等企业应当安装视频监控系统，对易产生扬尘的物料堆场进行监控。视频监控系统与生态环境主管部门联网并正常运行。

第四十五条　运输煤炭、石膏、垃圾、渣土、砂石、土方、灰浆等散装、流体物料的，应当依法使用符合条件的车辆，并密闭运输。鼓励采用集装箱运输。

第四十六条　交通道路所有权人或者管理单位应当履行所属道路保洁责任，有效防治扬尘污染。

运输煤炭的主要交通道路保洁应当遵守以下规定：

（一）组建或者委托专业的清扫队伍；

（二）推行清洁动力机械化湿式清扫等低尘作业方式；

（三）科学绿化、硬化道路两侧、路肩和中间分隔带；

（四）及时修补破损道路；

（五）及时清运道路积土、垃圾和其他遗撒物。

第五节　燃煤和其他污染防治

第四十七条　旗区人民政府应当在城镇规划区优先发展集中供热，完善配套管网建设，提高城镇集中供热普及率。在集中供热管网覆盖区域内，禁止新建、扩建分散燃烧煤炭、重油、渣油的供热设施。已建成不能达标排放的燃煤供热锅炉应当在规定限期内拆除。

第四十八条　工业园区实行集中供热。在集中供热管网覆盖区域内，禁止新建、改建、扩建分散燃煤供热锅炉，集中供热管网覆盖前已建成使用的燃煤供热锅炉应当限期停止使用。

第四十九条　市、旗区人民政府应当采取下列措施加强民用散煤污染治理：

（一）推广使用太阳能、风能、电能、生物能、天然气等清洁能源；

（二）推广使用洁净型煤、优质煤炭，限制销售、使用高灰分、高硫分散煤；

（三）推广使用民用清洁燃烧炉具，淘汰低效直燃式高污染炉具。

第五十条　市、旗区人民政府应当采取有利于煤炭清洁利用、能源转化的经济、技术措施，鼓励煤矸石、煤泥、粉煤灰、炉渣、电石灰等优先进行资源综合利用。

第五十一条　排放油烟的餐饮服务业经营者应当安装油烟净化设施并保持正常使用，或者采取其他油烟净化措施，使油烟通过专用烟道达标排放。

禁止在居民住宅楼、未配套设立专用烟道的商住综合楼以及商住综合楼内与居住层相邻的商业楼层内新建、改建、扩建产生油烟、异味、废气的餐饮服务项目。

禁止将油烟通过私挖地沟、下水管道、破墙打孔等方式排放，防止对附近居民的生活环境造成污染。

第五十二条　本市农牧业大气污染的防治，

依照《鄂尔多斯市环境保护条例》、《鄂尔多斯市农村牧区人居环境治理条例》执行。

第四章 法律责任

第五十三条 违反本条例第二十条规定，未按规定设置大气污染物排放口及其标志的，由市人民政府生态环境主管部门责令改正，并处5000元以上1万元以下罚款。

第五十四条 违反本条例第二十五条规定，矿山企业在大风、沙尘、霾等气象条件下，未根据应急需要采取限产、停产等应急措施的，由市人民政府生态环境主管部门责令立即改正，并处1万元以上10万元以下罚款，拒不改正的，责令停产整治。

第五十五条 违反本条例第二十八条规定，矿山企业露天爆破、土方剥离作业未采取洒水、雾化等方式降尘的，采场爆堆未采取喷淋、洒水等方式降尘的，由市人民政府生态环境主管部门责令改正，并处2万元以上20万元以下罚款，拒不改正的，责令停产整治。

装卸车时未进行喷淋降尘的，由市人民政府生态环境等主管部门按照职责责令改正，处1万元以上10万元以下罚款；拒不改正的，责令停工整治或者停业整治。

第五十六条 违反本条例第二十九条规定，排土场未及时按要求固化、覆土及绿化的，由市、旗区人民政府自然资源主管部门责令改正，并处1万元以上10万元以下罚款，拒不改正的，责令停产整治。

第五十七条 违反本条例第三十二条规定，对不经过排气筒集中排放的，排污单位未采取密闭、封闭、集中收集、过滤、吸附和分解等处理措施，由市人民政府生态环境主管部门责令改正，处2万元以上20万元以下罚款；拒不改正的，责令停产整治。

第五十八条 违反本条例第四十三条第三款第二、三、四、五项规定，施工单位未按照规定采取扬尘防治措施的，由市、旗区人民政府城市管理综合执法主管部门或者市、旗区人民政府确定的主管部门责令改正，并处1万元以上10万元以下罚款。

第五十九条 违反本条例第四十四条第一款规定，未全封闭贮存煤炭、煤矸石、煤渣、煤灰、水泥、石灰、石膏、砂土等易产生扬尘的物料的，由市人民政府生态环境主管部门责令改正，并处1万元以上10万元以下罚款，拒不改正的，责令停产整治。

第六十条 违反本条例第四十四条第三款规定，矿山开采、煤炭洗选、电力、冶金、水泥、化工等企业未按要求安装、联网大气污染防治视频监控设施，或者不正常使用大气污染防治视频监控设施的，由市人民政府生态环境主管部门责令改正，并处2万元以上20万元以下罚款，拒不改正的，责令停产整治。

第六十一条 市、旗区人民政府及其有关行政管理部门在大气污染防治工作中，有下列行为之一的，按照管理权限，对直接负责的主管人员和其他直接责任人员依法给予处分；构成犯罪的，依法追究刑事责任。

（一）不符合行政许可条件准予行政许可的；

（二）篡改、伪造或者指使篡改、伪造监测数据的；

（三）应当依法公开大气环境质量信息而未公开的；

（四）依法应当作出行政处罚决定而未作出的；

（五）其他滥用职权、玩忽职守、徇私舞弊的行为。

第五章 附 则

第六十二条 本条例自2020年1月1日起施行。

鄂尔多斯市1532就业创业工程实施方案

为贯彻落实《国务院关于做好当前和今后一段时期促进就业工作的若干意见》(国发〔2018〕39号)和《内蒙古自治区人民政府关于做好当前和今后一个时期促进就业工作的实施意见》(内政发〔2019〕4号)等文件精神，确保全市就业局势持续稳定，结合我市实际，制定本方案。

一、总体要求

以习近平新时代中国特色社会主义思想为指导，全面贯彻党的十九大和十九届二中、三中全会精神，认真落实党中央、国务院及自治区党委、人民政府关于实施就业优先战略和更加积极就业政策的部署要求，全面做好当前和今后一个时期促进就业工作，着力促进劳动者更高质量就业，更好地保障和改善民生，为全市经济社会发展做出新的贡献。

二、思路目标

着眼全市经济社会高质量发展大局，深入实施鄂尔多斯1532(1条主线、5大行动、3个增长、2项清零)就业创业工程，大力发展实体经济，支持企业稳定岗位，聚焦重点群体分类施策，全面促进就业创业。

(一)1条主线。稳住就业基本盘，实现全市更高质量充分就业。

(二)5大行动。围绕“稳、促、带、扶、优”五个着力点，深入组织实施支持企业发展稳就业、提升职业技能促就业、鼓励创新创业带就业、强化就业援助扶就业、加强公共服务优就业等五大行动。

(三)3个增长。城镇新增就业人数、培训人数和创业担保贷款额度发放持续增长，到2020年累计实现城镇新增就业4.5万人，农牧民转移技能培训、城镇就业技能培训和创业培训1.5万人次，创业担保贷款发放1.3亿元。

(四)2项清零。全市城镇零就业家庭实现动态清零。到2019年年底，全市建档立卡就业扶贫对象全部就业，实现动态清零，2020年持续巩固脱贫成果。

三、主要措施

(一)支持企业发展稳就业

1.降低企业社保费负担。贯彻落实国家和自治区改革社会保险费征管体制、统筹降低社会保险费率要求，自2019年5月1日起，城镇职工养老保险(包括企业和机关事业单位养老保险)单位缴费比例下调至16%。持续实施援企稳岗，继续阶段性降低工伤和失业保险费率至2020年4月30日，工伤保险费率在现行费率基础上下调50%。失业保险总费率1%，其中用人单位承担0.5%。持续开展“护航行动”，对不裁员或少裁员(裁员率低于2018年度当地城镇登记失业率，下同)的参保企业，可返还其2018年度实际缴纳失业保险费的50%。2019年1月1日至12月31日，对面临暂时性生产经营困难且恢复有望、坚持不裁员或少裁员的参保企业，返还标准按照6个月的全市月人均失业保险金和参保职工人数确定，参保企业名单由市人力资源和社会保障局初审后，报市人民政府审定。(责任单位：市人力资源和社会保障局、市财政局、市税务局、市总工会、市国有资产监督管理委员会)

2.搭建企业用工平台。对一次性裁员50人以上的企业，旗区公共就业服务机构为其举办专场招聘会，帮助失业人员及时就业。通过组织赴外招聘、校企对接等活动，搭建供需平台，降低

企业招聘成本。（责任单位：市人力资源和社会保障局、市教育体育局，各旗区人民政府）

3. 助力企业稳定岗位。建立困难企业帮扶台账，指导企业采取协商劳动报酬、灵活工时、轮岗轮休、在岗培训等措施，稳定就业岗位。支持企业通过多元化经营、资产重组、培训转岗等方式，拓宽内部分流安置渠道。对因化解过剩产能等影响确需裁员的企业，指导其依法制定安置方案和裁员方案，履行民主程序，妥善处理劳动关系。（责任单位：市人力资源和社会保障局、市发展和改革委员会、市工业和信息化局、市总工会、市工商业联合会，各旗区人民政府）

（二）提升职业技能促就业

1. 完善职业技能培训补贴机制。政府补贴的职业技能培训项目全部向具备资质的职业院校和培训机构开放，征集 60 个具有区域特色、促进就业效果明显的职业（工种），补充到《内蒙古自治区重点产业职业培训需求目录》（下称《目录》）中。对《目录》中的职业（工种）开展培训，培训补贴标准上浮 20%，职业技能鉴定补贴标准上浮 10%。针对不具有国家职业技能等级标准和自治区专项能力资格标准的工种，要制定全市培训合格标准，并给予适度补贴。支持职业院校开展补贴性培训，对承担职业技能培训任务的职业院校，在核定绩效工资总量时，给予政策倾斜，增加的绩效工资总量，所需资金可通过培训收入解决，专项用于开展职业技能培训规定的各项教学和实际操作开支。学校培训工作量可按一定比例折算成全日制学生培养工作量，并向承担培训的一线教师倾斜。（责任单位：市人力资源和社会保障局、市发展和改革委员会、市教育体育局、市财政局）

2. 推动产教融合校企合作。支持职业院校、企业开展新型学徒制培训，力争 2019 年培训新型学徒 500 人以上，2020 年起每年培训新型学徒 1000 人左右。对开展学徒培训的企业按规定给予职业培训补贴，补贴标准原则上每人每年不低于 4000 元。对鄂尔多斯户籍大专以上高校毕业生，凡与本地企业签订一年以上劳动合同的且与企业要求专业相近的，采取新型学徒制培养方式培训上岗。（责任单位：市人力资源和社会保障局、市教育体育局、市财政局）

3. 大规模开展职业技能培训。对高校毕业生、城乡未继续升学的初高中毕业生和农牧民工分别开展职业技能、创业、劳动预备制、岗位技能提升培训，对退役军人开展技能储备培训、职业指导和就业创业技能培训，对符合条件的就业困难群体开展技能脱贫攻坚行动、技能脱贫千校行动和残疾人职业技能提升计划。对开展新录用人员岗前培训的企业，按照规定标准的 70% 给予企业或职工个人定额补贴。2019 年至 2020 年，将企业职工技术技能提升补贴申领条件放宽至企业在职职工参加失业保险 1 年（含）以上，对取得初、中、高级职业资格证书或职业技能等级的，分别给予 1000 元、1500 元、2000 元的培训补贴。对企业开展新技师、高级技师岗位提升培训的，按照规定给予培训补贴。适时出台市级首席技师和特级技师评定办法，逐级设立培训基地和技能大师工作室，并指导企业针对各项核心技术设立技能大师工作室。（责任单位：市人力资源和社会保障局、市教育体育局、市财政局、市国有资产监督管理委员会、市委组织部、市农牧局、市工业和信息化局、市退役军人事务局、市民政局、市扶贫开发办公室、共青团鄂尔多斯市委员会、市残疾人联合会）

4. 加强职业技能培训教学资源建设。加强公共实训基地、职业农牧民培育基地和创业孵化基地建设，加大政府、学校、企业、社会等各类培训资源整合力度，对培训规模大、培训后就业率高的职业院校、技工学校或培训机构设立的实训基地，按规定给予创业就业“以奖代补”资金支持。（责任单位：市人力资源和社会保障局、市教育体育局、市

农牧局、市财政局、各旗区人民政府）

（三）鼓励创新创业带就业

1. 加强创业担保贷款扶持。提高贷款申请额度，对符合贷款条件自主创业的个人，可申请最高不超过15万元的创业担保贷款；对符合条件的小微企业，当年新招用符合创业担保贷款申请条件的人员数量达到企业现有在职职工人数25%，并与其签订1年以上劳动合同的，创业担保贷款额度提高至300万元。落实创业补贴政策，对首次创办小微企业或从事个体经营，且所创办企业或个体工商户自登记注册之日起正常运营1年以上的离校两年内高校毕业生和就业困难人员，给予一次性创业补贴5000元。（责任单位：市人力资源和社会保障局、市财政局、各相关金融机构、各旗区人民政府）

2. 培育创业孵化载体。对企业和社会组织、创业园和创业孵化基地、四众创业支撑平台为劳动者创业提供创业扶持政策等服务的，可通过政府购买服务方式，根据创业服务数量和效果，给予创业就业服务补贴。培育和打造创业培训示范基地，被认定为国家级、自治区级、市级示范性创业园和孵化基地（标准化创业园）的，纳入创业就业以奖代补资金支持范围，按照有关规定给予不高于100万元的补贴。（责任单位：市人力资源和社会保障局、市科学技术局、市财政局、市退役军人事务局、各旗区人民政府）

（四）强化就业援助扶就业

1. 促进以高校毕业生为重点的青年群体就业。继续实施高校毕业生就业促进计划、高校毕业生“三支一扶”、社区民生志愿者、中小企业人才储备计划等服务基层项目，每年计划招募1000人左右。组织实施青年就业启航行动，建立健全覆盖求职创业全过程的帮扶机制，摸清失业青年底数，开展精准培训，举办“启航招聘会”、就业沙龙等专场招聘活动。组织实施青年就业见习计划，利用三年时间组织3000名青年参加3—12个月就业见习，并按规定给予就业见习补贴，补贴范围扩大至离校两年内未就业高校毕业生和16—24岁失业青年。（责任单位：市人力资源和社会保障局、市教育体育局、共青团鄂尔多斯市委员会、市民政局、各旗区人民政府）

2. 促进退役军人就业创业。机关、社会团体、企业事业单位招录工作人员，要对退役军人适当放宽年龄、学历等条件，在不突破行业职业准入要求条件下优先招录聘用退役军人。要加强对退役军人教育培训需求的分析、预测，定期征集退役军人职业技能需求，每年至少组织两场专场招聘活动，促进教育培训需供有效对接。对自主就业退役士兵从事个体经营和招用自主就业退役士兵的企业，符合条件的可享受相关税收优惠、社会保险补贴等政策。对退役军人就业和失业登记实行实名制动态管理，扶持自主就业退役军人实现就业，对符合就业困难人员认定条件的退役军人及时提供就业援助。（责任单位：市退役军人事务局、市委组织部、市人力资源和社会保障局、市税务局）

3. 持续开展就业扶贫。深入贯彻落实乡村振兴战略，支持农畜产品加工、畜牧养殖等企业在有条件的苏木乡镇创建就业扶贫车间，由苏木乡镇组织当地贫困劳动力进车间务工，辐射带动周边劳动力就业，为就近就业创造条件。每个旗区至少创建1个就业扶贫车间，按规定通过就业补助资金给予一次性资金奖补，主要用于场地租金、水电费等补贴。为返乡创业人员和有创业意愿的贫困劳动力免费提供创业指导、项目推介等创业服务，同时开发一批公益性岗位兜底安置就业，确保2019年年底全部完成164人就业扶贫任务，2020年要巩固就业扶贫成果，确保有就业能力和就业意愿的农村牧区贫困劳动力全部就业。（责任单位：市人力资源和社会保障局、市扶贫开发办公室、市农牧局、各旗区人民政府）

4. 加强困难就业群体援助。积极开展登记认定、职业介绍、技能培训、创业服务等针对性帮扶，2020年年底前要累计帮扶5000名就业困难人员。符合条件的生活困难下岗失业人员要给予临时生活补助，符合最低生活保障条件的家庭要及时纳入保障范围，符合临时救助条件的要给予临时救助，按规定落实社会保险补贴政策，对符合条件的失业人员，由失业保险基金发放失业保险金，未纳入低保保障范围的其个人缴纳的基本医疗保险费从失业保险基金中列支。通过市场化渠道难以就业的困难人员要托底安置。（责任单位：市人力资源和社会保障局、市民政局、市总工会、市医疗保障局）

（五）加强公共服务优就业

1.优化就业创业环境。着力推进基本公共服务均等化，切实为各工业园区和企业职工子女教育、医疗、住房等提供便利条件。每年开展1—2次人力资源市场秩序清理整顿专项行动，严厉打击招聘活动中的欺诈行为。加大劳动保障监察力度，督促企业按时足额发放工资、按规定缴纳各项社会保险，进一步强化治欠保支制度落实，从源头上解决欠薪问题。畅通劳动者维权渠道，做好劳动争议隐患预警排查和集体劳动争议调解工作。（责任单位：市财政局、市教育体育局、市卫生健康委员会、市人力资源和社会保障局、市医疗保障局、市住房和城乡建设局、市交通运输局、市司法局、市总工会、各旗区人民政府）

2.推进全方位公共就业服务。加强对劳动者职业指导，根据劳动者就业意愿和能力素质，分级分类提供职业介绍和职业指导服务。建立人力资源分布台账和企业用工需求台账，制定企业用工三年计划和紧缺工种人才目录，提前为企业培养“订单式”技能人才。依托我市人才和就业服务网等网络载体和平台，推动“互联网+公共就业服务”。定期组织开展民企招聘周、就业援助月、高校毕业生就业服务行动等活动，发布活动月历，促进供需精准对接。（责任单位：市委组织部、市人力资源和社会保障局、市教育体育局、共青团鄂尔多斯市委员会、市司法局、市总工会、市妇女联合会、市扶贫开发办公室、市退役军人事务局、各旗区人民政府）

3.扶持壮大中介机构。进一步发挥市场配置资源作用，支持经营性人力资源服务机构发展，制定实施细则，对有一定基础和发展潜力的人力资源服务机构，择优重点培育3—5家，给予创业贷款、就业补贴、培训补贴等资金支持，助力解决全市紧缺人才短缺问题和政府购买公共服务供需矛盾。（责任单位：市人力资源和社会保障局、市财政局）

四、组织保障

（一）加强统筹组织协调。各旗区要切实履行稳就业主体责任，统筹负责本旗区就业创业整体工作。市直各有关部门要按照职责分工，发挥职能优势、加强分工协作、强化工作调度、定期会商研判。人社部门牵头负责就业政策制定、督促落实、统计监测等工作。财政部门要进一步加大就业资金支持力度，确保就业政策落实。（责任单位：市直各有关部门、各旗区人民政府）

（二）提高资金使用效益。各旗区要梳理现有补贴项目，在保持政策连续性、稳定性的基础上，归并简化补贴项目和补贴方式，提高资金使用效益。同时，要加大宣传力度，创新宣传方式，提高政策公众知晓度，切实发挥专项资金在保就业、促就业上的重要作用。（责任单位：市财政局、市人力资源和社会保障局、各旗区人民政府）

（三）加强资金监督管理。各旗区、市直各有关部门要切实加强资金使用管理及基金监督和风险预警，全力做好社会保险基金监督审核工作，严厉打击欺诈骗取基金和专项资金行为，推动完善风险管理各项制度，强化经办内控管理和监督成果运用。（责任单位：市人力资源和社会保障局、市财政局、各旗区人民政府）

鄂尔多斯市“十三五”节能减排综合工作方案

“十三五”时期，是全面建成小康社会决胜阶段。为加快建设资源节约型、环境友好型社会，实现全市经济社会协调可持续发展，筑牢祖国北疆生态安全屏障，确保完成自治区下达我市“十三五”节能减排目标任务，根据《内蒙古自治区人民政府关于印发自治区节能减排“十三五”规划的通知》（内政发〔2018〕12号）要求，制定本方案。

一、指导思想

以党的十九大精神为统领，贯彻习近平生态文明思想，紧紧围绕“四个全面”战略布局和“五位一体”总体布局，牢固树立绿色发展理念，以供给侧结构性改革为主线，以转型升级为主攻方向，以创新驱动为抓手，以建设资源节约型和环境友好型社会为目标，持续优化产业结构和能源结构，合理控制能源消费总量，有效降低能源消耗强度，确保完成自治区下达我市节能减排任务目标。

二、基本原则

（一）坚持强化约束、倒逼转型原则。实行节能强度和总量“双控”机制，完善污染物减排总量控制制度，强化能耗与污染物源头管控；落实节能减排目标任务，严格责任考核，倒逼经济转型升级。

（二）坚持严控增量、优化存量原则。提高行业准入门槛，严控高耗能、高污染行业增长，提高新上项目能效和环保水平；加快淘汰落后产能，实施节能减排重点工程，改造提升传统产业。

（三）坚持创新驱动、完善机制原则。加快节能减排技术创新、管理创新和制度创新；不断完善激励和约束机制，充分发挥市场配置资源的决定性作用，增强节能减排内生动力。

（四）坚持突出重点、全面推进原则。突出抓好工业、建筑、交通、公共机构等重点领域和重点用能单位节能，坚决做好大气、水、土壤等重点领域、重点区域污染物防控；加强节能减排宣传教育，动员全社会参与节能减排，推动形成绿色生产生活方式。

三、节能降耗工作

“十二五”期间，自治区下达我市节能目标任务是单位GDP（地区生产总值）能耗累计下降16%。经过核定，“十二五”时期，我市单位GDP能耗累计下降18.3%，完成“十二五”任务目标的116%；2014—2015年自治区下达我市能耗总量增量目标为265万吨标准煤，我市完成了自治区下达总量控制任务。“十三五”期间，全市单位GDP能耗2016年下降3.45%、2017年上升0.85%。为完成自治区下达我市“十三五”节能“双控”目标任务，必须以完成约束性指标为导向，坚持高起点控制增量与高标准改造存量相结合，推进结构性、工程性节能降耗，围绕工业、建筑、交通、商贸、公共机构等重点耗能领域，加快实施重点节能工程，切实提高重点领域能源利用效率。

（一）总体目标

全市能源消费总量实现有效管控，能耗强度持续下降，到2020年，单位GDP能耗在2015年基础上下降15%、年均下降3.2%；能耗总量增量控制在600万吨、年均增速控制在3.3%。2018年—2020年年均单位GDP能耗下降4.4%、能耗总量增速需控制在2.1%。

（二）重点任务

1. 推进结构性节能降耗。坚定不移将优化调整产业结构和能源结构作为节能降耗的根本性抓手。大力发展服务业，不断提升服务业比重，降低二产比重，推动产业结构绿色转型、优化发展，促进结构性节能降耗，到 2020 年，服务业增加值比重达到 45% 以上。加快节能环保等战略性新兴产业发展，战略性新兴产业增加值比重提高到 5%。大力发展循环经济，推动煤矸石、粉煤灰、工业副产石膏等工业固体废弃物综合利用，一般工业固体废弃物综合处置利用率提高 80% 左右。进一步调整工业内部结构，严格控制高耗能行业新增产能，对钢铁、煤炭、有色金属、建材、石化、化工等行业严格实行能耗等量或减量置换。进一步优化能源结构，逐步形成绿色清洁能源消费结构，到 2020 年，非化石能源装机比重达到 12% 左右，全市煤炭就地转化率提高到 30% 以上，煤炭消费比重降低到 93% 左右。

2. 深化工业领域节能。实施工业能效赶超行动，推进节能重点工程建设，在重点行业推行能效对标，重点耗能行业能源利用效率达到或超过国内国际先进水平。到 2020 年，全市单位工业增加值能耗下降 19%。电力行业，推进燃煤电厂超低排放和节能改造，到 2020 年，煤电平均供电标准煤耗降低到 325 克 / 千瓦时，其中现役机组改造后供电标准煤耗低于 332 克 / 千瓦时，新建机组供电标准煤耗低于 315 克 / 千瓦时。煤炭行业，严格控制煤炭新增产能，有序退出过剩产能，积极发展先进产能。推进煤炭清洁化利用，实现煤炭全面洗选和分质分级利用，加快鼓励低阶煤提质技术研发和示范，提高煤炭资源综合利用效率。到 2020 年，引导产能 60 万吨 / 年以下的煤矿兼并重组或关闭退出。钢铁冶金行业，推广煤调湿、烧结漏风改造、烧结余热发电、高炉脱湿鼓风、燃气蒸汽联合循环发电等技术。实现钢铁行业全流程绿色生产、能源循环利用。铁合金企业推广实施回转窑预还原、电炉烟气余热利用、镍铁热装热送等节能项目。化工行业，积极开展石化装置能量系统优化技术、化工固体废弃物资源利用技术等关键节能共性技术的研发攻关和应用示范。有序发展高性能合成材料、新能源产业基础材料等高附加值产品，延伸产业链，向下游深加工和精细化工转变。到 2020 年，单位电石生产综合能耗降至 1.00 吨标准煤 / 吨；单位烧碱生产综合能耗降至 315 千克标准煤 / 吨；单位合成氨生产综合能耗降至 1.15 吨标准煤 / 吨。

3. 开展建筑领域节能。实施新建建筑能效提升计划，到 2020 年，城镇新建国家机关办公建筑、政府投资公益性建筑、单体面积超过 2 万平方米的大型公共建筑、保障性住房全部按照绿色建筑标准建设，城镇绿色建筑面积占新建建筑面积比重达到 50%。扩大新型墙材应用范围，推广节能绿色建材，大力推行绿色建造方式，推动装配式建筑发展，到 2020 年，城镇新建建筑中绿色建材应用比重达到 30%，装配式建筑占新建建筑的比例超过 10%。持续推进既有居住建筑节能改造，鼓励应用 PPP（政府与社会资本合作）、合同能源管理等市场化手段推进建筑节能改造，持续推进有改造价值城镇居住建筑的节能改造。

4. 实施交通运输节能。加快推进综合交通运输体系建设，发挥不同运输方式的比较优势和组合效率，推广甩挂运输等先进组织模式，提高多式联运比重。大力发展公共交通，落实公交优先战略，提高公交出行分担率，到 2020 年，每年增加 20% 的公共交通财政投入，全市公共交通出行分担率达到 25% 以上。培育健康低碳的绿色运输方式，鼓励淘汰老旧高能耗车辆和作业机械，大力推广节能环保汽车、新能源汽车、天然气清洁能源汽车，并支持相关配套设施建设。推动交通运输智能化，建立公众出行和物流平台信息服务系统，引导培育“共享型”交通运输模式。到 2020 年，营运客车单位运输周转量能耗比

2015年下降2%，营运货车单位运输周转量能耗比2015年下降6%，城市客运单位客运量能耗比2015年下降10.2%。

5. 推动商贸流通节能。建立商贸流通节能机制。加强零售、批发、餐饮、住宿、物流等企业能源管理制度建设，加快淘汰落后用能设备，推动照明、制冷和供热系统节能改造。宾馆、商厦、写字楼、机场、车站严格执行公共建筑空调温度控制标准，优化空调运行管理。推进商贸流通绿色化。实施绿色商场标准，开展绿色商场示范，鼓励商贸流通企业设置绿色产品专柜，推动大型商贸企业实施绿色供应链管理。完善绿色饭店标准体系，推进绿色饭店建设。加快绿色仓储建设，支持仓储设施利用太阳能等清洁能源，鼓励建设绿色物流园区。

6. 加强公共机构节能。以“构建节约型公共机构”为主线，积极推进机关、学校、医院、科研院所、文化和体育场馆等重点节能领域运行管理模式，开展绿色建筑、绿色办公、绿色出行、绿色食堂、绿色数据中心和绿色文化六大绿色行动。到2020年，公共机构人均综合能耗下降11%、单位建筑面积能耗下降10%。实施创建节约型公共机构示范单位和公共机构能效领跑者活动，力争到2020年年底，创建节约型公共机构示范单位新增20家以上。严格执行公共机构能源资源消费计量器具配备使用和管理标准；严格执行国家有关强制采购或优先采购节能产品的有关规定；持续推进空调、电梯、照明等系统（设备）的能效提升改造工程；鼓励采用合同管理模式实施公共机构节能技术改造和能源管理。

7. 推进农牧业和农村牧区节能。推广农用节能机械设备，淘汰老旧农业机械，到2020年，农牧业综合机械化水平达到86%以上。加强农村牧区清洁能源的推广和使用，推动城镇燃气管网向农村延伸，提高苏木乡镇天然气覆盖率，推进农村省柴节煤灶更新换代，因地制宜采取生物质能、风能、太阳能等解决农村牧区采暖、用电、炊事等用能需求，建设绿色、低碳新型村庄。

四、主要污染物减排工作

“十二五”时期，全市已顺利完成主要污染物减排目标任务，2015年全市化学需氧量排放量3.19万吨、氨氮排放量0.304万吨、二氧化硫排放量21.11万吨、氮氧化物排放量20.34万吨，分别比2010年下降13.78%、16.94%、9.79%、8.67%，完成“十二五”任务的159%、111%、115%和103%。

“十三五”时期，2016年全市化学需氧量排放量3.13万吨、氨氮排放量0.2963万吨、二氧化硫排放量20.50万吨、氮氧化物排放量19.63万吨，2017年全市化学需氧量排放量3.0622万吨、氨氮排放量0.2929万吨、二氧化硫排放量19.31万吨、氮氧化物排放量18.91万吨。为进一步实现全市主要污染物有效管控，以解决生态环境突出问题为导向，全力打好大气、水和土壤污染防治三大战役，统筹运用污染治理、污染减排、达标排放等多种手段，强化工业源、农业源、生活源、移动源等源头管控，实施一批大气污染物、水污染物等重点减排工程，开展多污染物协同防治，提高治理措施的针对性和有效性。

（一）总体目标

到2020年，全市化学需氧量排放量控制在3.0817万吨以内，氨氮排放量控制在0.2884万吨以内，二氧化硫排放量控制在18.418万吨以内，氮氧化物排放量控制在17.348万吨以内，分别比2015年下降3.26%、5.10%、12.75%、14.71%。2020年与2015年相比，实现二氧化硫减排2.692万吨、氮氧化物减排2.992万吨、化学需氧量减排0.1038万吨、氨氮减排0.0155万吨。

（二）重点任务

1. 加大工业源污染减排。大力推进二氧化硫、氮氧化物、粉尘等多污染物协同控制治理。以燃煤机组超低排放改造为重点，对电力、钢铁、有色金属、建材、石化、焦化、化工等重点行业实施综合治理。自2016年起，有条件的新建燃煤发电机组全部达到超低排放要求。在棋盘井蒙西地区通过主要污染物排放总量控制及特别排放限值、行业规划环评、区域污染联防联控等手段，保障区域性多种大气污染物的协同控制，实现区域环境质量明显好转；在全市进行区城布局调整、结构优化、产业升级，加快实现绿色转型。

印染行业，实施低排水染整工艺改造及废水综合利用，强化清污分流、分质处理、分质回用，完善中段水生化处理工艺，增加强氧化、膜处理等深度治理工艺。制革行业，实施铬减量化和封闭循环利用技术改造。氮肥行业，开展工艺冷凝液水解解析技术改造，实施含氰、含氨废水综合治理。发酵类制药行业，抗生素类制药废水应采取多效蒸发、机械蒸发等有效的预处理措施；高氨氮废水应采用脱氨处理措施；存在生物安全性的废水应按照原环境保护部制定的《制药工业污染防治技术政策》（公告2012年第18号2012-03-07实施）的要求进行相关预处理。生产车间、储罐区、污水处理设施等场所的地面及地下管网应采取相应的防渗、防腐措施，加大对恶臭、有机等废气的回收和治理力度。屠宰行业，外排污水应强化预处理，敏感区域执行特别排放限值，有条件的采用膜生物反应器工艺深度处理。淀粉行业，采用厌氧+好氧生化处理技术，建设污水处理设施在线监测和中控系统。酒精与啤酒行业，低浓度废水采用物化—生化工艺，达到相应排放标准。啤酒行业实施CIP（就地清洗）技术。柠檬酸行业，低浓度废水采用循环利用，高浓度废水采用喷浆造粒等措施。

煤化工行业，强化节水措施，减少新鲜水用量，优先选用空冷、闭式循环等节水技术。加强废水深度处理和高含盐废水分盐结晶处理，废水处理产生的无法资源化利用的盐泥暂按危险废物管理。设备动静密封点、有机液体储存和装卸、污水收集暂存和处理系统等易产生VOCS（挥发性有机物）环节应采取有效控制措施，避免恶臭物质及有毒有害污染物的逸散与排放。非正常排放的废气应送专有设备或火炬等设施处理，不得直接排放。强化地下水污染防治工作，开展分区防渗，制定地下水监控和应急措施。强化环境风险防范，设置事故水池，有效收集和妥善处理事故废水，禁止直接外排。

火电行业，现役机组采用成熟适用的环保改造技术，除尘可采用低温静电除尘器、电袋除尘器、布袋除尘器等装置，鼓励加装湿式静电除尘装置；脱硫可实施脱硫装置增容改造、必要时采用单塔双循环、双塔双循环等更高效率脱硫设施；脱硝可采用低氮燃烧、高效率SCR（选择性催化还原法）脱硝装置等技术，具备改造条件的30万千瓦以上机组（暂不含循环流化床锅炉）实现超低排放。钢铁行业，不同类型的废水应分别进行预处理，未纳入淘汰计划的烧结机和球团生产设备全部实施全烟气脱硫，不得设置脱硫设施烟气旁路；烧结机头、机尾、高炉出铁场、转炉烟气除尘等设施实施升级改造，露天原料场实施封闭改造，原料转运设施建设封闭皮带通廊，转运站和落料点配套抽风收尘装置。建材行业，原料破碎、生产、运输、装卸等环节实施堆场及全封闭，有效控制无组织排放。水泥窑全部实施烟气脱硝，水泥窑及窑磨一体机进行高效除尘改造；建筑卫生陶瓷行业使用清洁燃料，喷雾干燥塔、陶瓷窑炉安装脱硫设施，氮氧化物不能稳定达标排放的喷雾干燥塔采取脱硝措施。有色金属行业，加强富余烟气收集，二氧化硫含量大于3.5%的烟气，采取两转两吸制酸等方式回收，规范冶炼企业废气排放口设置，取消脱硫设施旁路。鼓励电解铝行业采用烟气量节能减排与污染物深度控制技术。

2. 推动农业源污染减排。防治畜禽养殖污染，划定禁止建设畜禽规模养殖场（小区）区域，加强分区分类管理，以废弃物资源化利用为途径，以旗区为单位推进畜禽养殖污染防治。养殖密集区推行粪污集中处理和资源化综合利用。依法规范畜禽规模养殖场行为，严格执行相关法律法规和规定，建设污染防治配套设施并保持正常运行，或者委托第三方处理粪污，确保粪污资源化利用。鼓励支持畜禽养殖标准化示范场建设，发挥示范带动作用。到2020年，建立起科学规范、权责清晰、约束有力的畜禽养殖废弃物资源化利用制度。规模化养殖场畜禽粪便综合利用率达75%，实现畜禽养殖业总磷、化学需氧量、氨氮协同治理。2018年至2020年，全市畜禽粪污综合利用率分别达到70%、73%和75%以上，规模养殖场粪污处理设施装备配套率分别达到80%、90%和95%以上，大规模养殖场粪污处理设施装备配套率2019年达到100%。控制农业面源污染，建设生态沟渠、污水净化塘、地表径流集蓄池等设施，净化农田排水及地表径流。推进种植业清洁生产，开展农膜回收利用，推广高效、低毒、低残留农药、生物农药及绿色防控产品，同时推广使用新型药械，推进农药包装废弃物回收处理，研究建立农药使用环境影响后评估制度。推进秸秆资源综合利用，强化秸秆焚烧与农业源氮污染防治，到2020年，农作物秸秆综合利用率力争达到85%。到2020年，全市测土配方施肥技术覆盖率达到90%，化肥利用率提高到40%以上。开展农作物病虫害绿色防控和统防统治，到2020年，主要农作物绿色防控技术覆盖率达到40%以上，专业化统防统治覆盖率达到40%以上，实现化肥农药使用量零增长，农膜回收率力争达到80%，农业面源得到有效治理，化学需氧量、氨氮排放量分别下降7.1%和7%。

3.加强水污染减排。推进重点流域综合治理，全面推行河长制管理制度，强化地方水环境保护属地责任，实施“一河一策”，确保到2018年年底前，全面建立市、旗区、苏木乡镇三级河长体系。统筹《水污染防治行动计划》（国发〔2015〕17号）、“河长制”“湖长制”及《重点流域水污染防治规划（2016—2020年）》（环水体〔2017〕142号）确定的目标任务，本着地表水环境质量“只能变好，不能变坏”的原则开展地表水环境管理工作，在全力保障地表水环境质量稳定达标基础上，最大程度实施地表水环境质量优化提升工作，确保水环境质量持续优良。到2020年，全市水环境质量得到阶段性改善，优良水体有所增加，污染严重水体较大幅度减少，全市重点流域水质优良比例总体达到85.7%，全面消除劣五类水体。重点开展乌兰木伦河、龙王沟不达标流域及都斯兔河、牸牛川不稳定达标流域的断面水质改善工作，到2019年，确保境内所有考核断面水质达到国家考核目标要求。强化工业集聚区水污染防治，自治区级及以上工业园区全部建成污水集中处理设施并安装自动在线监控装置与环保部门联网；推进自治区级及以上工业集聚区水环境管理“一园一档”建设工作，2018年起，相关工业集聚区定期更新档案信息，定期报送相关信息。推进煤化工行业高盐废水结晶分盐，结合原环境保护部印发的《现代煤化工建设项目环境准入条件（试行）》（环办〔2015〕111号）和《内蒙古自治区人民政府关于〈水污染防治行动计划〉的实施意见》（内政发〔2015〕119号）的相关要求，切实推进全市煤化工企业高盐水减量化、资源化工作，解决高盐水环境污染隐患问题。各园区、各工业企业不得新建晾晒池，新建项目应统筹考虑废水处理措施和资源化利用途径，不得以晾晒池代替规范的污水处理设施；28家相关煤化工企业分步推进高盐水分盐结晶改造工程，在2018年年底前完成改造工程量的30%以上，2019年年底前完成改造工程量的70%以上，2020年年底前全部完成改造，实现高盐水结晶分盐。实施城镇污水处理设施建设和提标改造工程。2018年年底前，完成乌审旗九鹜污水处理厂提标改造及康巴什污水处理厂达标改造工程、杭锦旗污水处理厂和伊金霍洛旗阿勒腾席热镇污水处理厂三期新建工程。2018年年底前，全市所有城镇污水处理厂均稳定达到《城镇污水处理厂污染物排放标准》（GB 18918—2002）一级A标准要求。到2020年，中心城区生活污水处理率达到96%以上，其他旗区城镇生活污水处理率达到85%以上，全市建制镇生活污水处理率达到50%以上。

4. 推进生活源污染减排。加快热力管网建设，积极推进集中供热、“煤改气”“煤改电”和清洁煤供应网络工程建设。削减集中供热管网未覆盖的城镇居民生活用煤总量，逐步取缔原煤散烧。所有城市建成区基本淘汰10蒸吨/小时及以下燃煤锅炉、茶浴炉。加快散烧煤清洁化治理，建立以旗区为单位的全密闭配煤中心以及覆盖所有苏木乡镇、嘎查村的洁净煤供应网络，将优质低硫低灰散煤、洁净型煤在民用燃煤中的使用比例提高到80%以上。加强餐饮油烟污染治理，2017年城市建成区所有排放油烟的餐饮企业和单位食堂已安装高效油烟净化设施，要持续推进餐饮行业环保执法专项检查工作，确保高效油烟净化设施正常运行。

5. 加大移动源污染减排。加快黄标车淘汰，淘汰全部黄标车，杜绝车辆“冒黑烟”现象。提高油品质量，全面供应符合国家标准要求的车用汽、柴油。加强机动车辆环保管理，到2020年，机动车环保定期检验参检率达到85%。鼓励出租车每年更换高效尾气净化装置，提高尾气控制水平。加快新能源汽车推广应用，推进新能源汽车产业发展，到2020年，新能源汽车数量占全市新增及更新汽车总量比例不低于3%。

6. 强化VOCS排放控制。全面加强石化、有机化工、表面涂装、包装印刷等重点行业VOCS控制。强化VOCS与氮氧化物的协同减排，建立固定源、移动源、面源排放清单，对芳香烃、芳烃、炔烃、醛类、酮类等VOCS实施重点减排。开展石化行业“泄漏检测与修复”专项行动，对无组织排放开展治理。完成加油站、储油库、油罐车油气回收治理，油气回收率提高到90%以上。

五、保障措施

（一）加强组织领导。充分发挥全市生态文明建设、环境保护、应对气候变化等工作协调机构职能作用，加强沟通协调，各旗区、各部门密切配合，形成纵向联动、横向协调的工作机制。各旗区人民政府要根据全市分解任务，明确年度目标，将责任层层传导到重点用能单位和重点排污单位，建立目标考核和责任追究制度。各级人民政府要加大对节能减排工作的财政资金支持力度，不断完善政府引导、市场运作、社会参与的多元投入机制。积极争取中央预算内投资，推广运用清洁发展委托贷款，支持节能、能效提高、清洁能源利用类项目。

（二）建立完善节能减排制度。严格落实《鄂尔多斯市环境保护条例》，切实加强生态环境保护。实施《内蒙古自治区固定资产投资项目节能审查办法（暂行）》（内发改规范环资字〔2017〕1417号），加强能耗源头管控。执行国家、自治区节能环保标准体系，实现重点行业、设备节能环保标准全覆盖。加大高耗能、高耗水、高污染行业差别化电价水价等政策实施力度，建立健全居民用电、用水、用气阶梯价格制度。完善火电脱硫脱硝除尘环保电价政策体系，实施火力发电绿色调度。完善节能环保产品政府强制采购和优先采购制度。制定和实施强化节能减排的信贷激励政策，鼓励金融机构开发基于环境权益抵质押融资产品，拓宽担保品种范围，简化申请和审批手续。

（三）促进节能减排科技创新。完善节能减排科技创新支持的政策体系，着力增强创新资源供给，推动节能环保科技服务持续健康发展。发挥协调高校、科研机构、企业、行业协会、民间机构等各方面资源，以突破节能环保产业发展瓶颈为重点，创新多层次、多元化、多形式合作机制。健全节能减排创新与成果转化体系，培育一批具有核心竞争力创新集群主体，为节能减排提供技术和装备保障。

（四）健全节能减排市场机制。深入开展排污权有偿使用和市场化交易，完善排污权初始分配机制，强化以企业为单元控制污染物总量，着力培育排污权二级交易市场。完善水权制度，推行水权交易，培育水权交易市场，开展水权交易信息化管理系统建设。实施合同能源管理推广工程，鼓励节能服务公司创新服务模式，为用户提供能源管理综合服务。落实国家能效标识管理制度，完善绿色建筑、绿色建材评价标识和认证制度，推行节能低碳环保产品认证和能源管理体系认证。开展能效、水效、环保领跑者引领行动。推进重点领域第三方污染治理，鼓励排污单位委托第三方治理单位开展污染治理。大力推进政府与社会资本合作，支持以第三方治理模式开展的污染治理项目应用 PPP（政府和社会资本合作）模式。

加强节能减排能力建设。全面推进“互联网 +”绿色生态，提升全市节能减排信息化水平。健全各级政府节能监察体系，创新节能监察体系工作机制，努力实现重点领域节能监察全覆盖。创新环境执法监督手段，应用卫星遥感、无人机拍摄等非现场监控技术手段，加大环境执法力度，提升环境监察执法效能。

（五）推动节能减排全社会参与。提高全民参与节能减排的积极性，深入开展全国环境日、节能宣传周、低碳日和自治区生态文明宣传周活动。开展全民节约行动和节能环保“进机关、进单位、进企业、进军营、进商超、进宾馆、进学校、进家庭、进社区、进农村牧区”等活动，鼓励和支持行业协会、龙头企业利用互联网搭建节能环保技术、产品、服务等市场信息交流平台，定期发布节能环保产业发展的重大信息，展示节能减排新技术、新产品、新工艺。完善行业信用评估体系，制订评定管理办法和规范，加强行业自律。

鄂尔多斯市乡村生态振兴实施方案（2018—2022 年）

为扎实推进乡村生态振兴，加快美丽乡村建设步伐，努力建设农牧民幸福生活的美丽家园，根据《鄂尔多斯市委市人民政府关于贯彻落实乡村振兴战略的意见》（鄂党发〔2018〕9 号）和《鄂尔多斯市农村牧区人居环境治理条例》，制定本方案。

一、指导思想

以习近平新时代中国特色社会主义思想为指导，全面贯彻落实党的十九大、十九届二中、三中全会精神和习近平总书记参加十三届全国人大一次、二次会议内蒙古代表团审议时重要讲话精神，牢固树立和贯彻落实新发展理念、高质量发展理念，践行绿水青山就是金山银山的发展理念，顺应广大农牧民过上美好生活的期待，统筹山水林田湖草系统治理，统筹生产生活生态，以建设美丽宜居村庄为导向，以村容村貌提升、乡村绿色发展为主攻方向，动员各方力量，整合各种资源，强化各项措施，加快补齐农村牧区人居环境突出短板，全面提升美丽乡村建设水平，实现百姓富与生态美相统一，为筑牢祖国北疆重要生态安全屏障、建设美丽鄂尔多斯提供有力支撑。

二、任务目标

（一）农村人居环境全面改善。统筹推进农村牧区垃圾处理、污水治理和“厕所革命”，全面改善人居环境。到2020年，农村牧区生活垃圾处理行政村占比达到90%，村庄规划管理覆盖率达到90%，卫生厕所普及率达到85%以上，村庄绿化率达到30%以上。到2022年，生活垃圾处理行政村占比大于90%，生活污水乱排放得到有效管控，村庄规划管理覆盖率达到92%，全市建成30个田园村居、20个草原村居，各项管护长效机制完善并规范运行，农牧民健康卫生意识普遍增强，人居环境突出问题得到有效治理，建成一批特色鲜明、生态宜居的美丽乡村。

（二）农牧业实现绿色发展。到2020年，化肥农药使用量保持负增长，测土配方施肥技术覆盖率达到90%，病虫害统防统治覆盖率达到40%以上，绿色防控覆盖率达到41%以上，畜禽粪污综合利用率分别达到75%以上，规模养殖场粪污处理设施装备配套率达到95%以上，规模化养殖场粪污处理设施实现全覆盖，农作物秸秆综合利用率达到85%以上，农膜回收率达到80%以上，节水灌溉总规模达到490万亩，农业灌溉水有效利用率提高到0.56以上，农牧业灌溉用水总量控制在11.25亿立方米内，农业用水基本实现零增长，地下水超采区用水实现负增长。到2022年，基本完成大型灌区、重点中型灌区续建配套和节水改造任务，农田灌溉水有效利用系数提高到0.60，农村牧区水资源高效利用、优化配置工程体系基本建立。

（三）生态保护与修复扎实推进。统筹山水林田湖草综合系统治理，继续实施天然林资源保护、京津风沙源治理工程、退耕还林还草、水土保持综合治理、草原建设等国家重点生态建设工程，加强生态保护与建设。到2020年完成营造林280万亩，水土流失综合治理476万亩，种草1050万亩，湿地面积稳定在285万亩以上。到2022年完成营造林400万亩，可治理沙化土地治理率达到45%以上，种草1750万亩，水土流失综合治理773万亩，累计水土流失治理度52.6%。新增矿山地质环境恢复治理面积150平方公里，大中型矿山基本达到绿色矿山标准，小型矿山企业按照绿色矿山条件规范管理。

三、重点工作

（一）持续改善农村牧区人居环境。充分发挥村民主体作用，引导农牧民积极投身美丽家园建设，科学确定整治目标任务，集中力量解决突出问题。统筹兼顾农村牧区田园风貌保护和环境整治。探索建立市场化、专业化、社会化的“建管用”长效运营管护机制。重点实施以下工程。

1.村庄规划编制工程。按照乡村振兴战略的新要求，编制或修改完善嘎查村建设规划，充分考虑产业发展、生态保护、人居环境整治、脱贫攻坚、土地开发、文化传承等各方面因素，并与主体功能区规划、土地利用总体规划、县域发展规划等相衔接。鼓励推行多规合一，进一步优化村庄布局，做到农房建设有规划管理、行政嘎查村有村庄整治安排、生活生产空间合理分离。提升规划建设水平，注重突出地域特色和民族风貌，不搞大拆大建，遵循村庄发展规律，突出村庄的生态涵养功能，保留“望得见山、看得见水、记得住乡愁”的乡村风貌。全面完成旗区级乡村建设、污水和垃圾处理、厕所革命、农牧业生产废弃物资源化利用等专项规划的编制或修编任务。

2.农村牧区垃圾综合治理工程。彻底清理集镇、村庄生活垃圾，及时硬化、绿化清理后的区域。集中整顿非正规垃圾堆放点，特别是河道两侧、饮用水水源地和风景旅游区等重点区域。鼓励农药使用者妥善收集农药包装物等废弃物，逐步建立回收农药废弃物制度，加大财政支持力度，防止农药包装和废弃物污染环境。加快城乡垃圾处理设施建设，以建设垃圾收集、转运系统为重点，在嘎查村建设垃圾分类收集、清运设施，根据实际需要，在苏木乡镇建设垃圾转运或处理设施。建立城乡一体化的工作体系，深化旗区级城市管理体制改革，推进旗区级环卫管理工作向农村牧区延伸。落实资金投入、运行维护等方面长效管理机制，确保垃圾综合治理推向深入。

3. 农村牧区厕所革命工程。严格落实《鄂尔多斯市厕所建设管理三年实施方案》（鄂府办发〔2018〕133 号），各旗区抓紧编制或修订完成本旗区农村改厕实施方案，加快实施农村牧区改厕工程。城市近郊及其他环境容量较小区域的村庄，加快推进户用卫生厕所建设和改造，同步实施厕所粪污治理。其他旗区要按照群众接受、经济适用、使用和维护方便、不污染公共水体的要求，普及不同水平的卫生厕所。推进农村牧区新建住房及保障性安居工程等项目配套建设无害化卫生厕所，人口规模较大的村庄配套建设公共厕所。加强改厕与农村牧区生活污水治理的有效衔接。

4. 农村牧区生活污水治理工程。梯次推进农村牧区生活污水治理，对离城镇较近的村庄或城镇污水管网能够覆盖的村庄，优先通过城镇污水管网延伸覆盖，接入市政污水管网处理；人口密集、污水产生规模大的苏木乡镇采用污水集中处理模式；其余村庄按不同条件可因地制宜采用建设集中处理设施处理、以户或联户为单位建设小型设施处理、拉运至就近污水处理厂处理、化粪池处理等多种形式处理。加强节约用水宣传教育，引导村民形成良好用水习惯，促进源头减量，统筹垃圾处置点和污水处理厂规划布局，因地制宜发展分散性、生态型的小型垃圾污水处理点，建立污水治理长效机制。

5. 村容村貌整治工程。推进嘎查村公共空间环境整治，消除乱搭乱建、乱倾乱倒、乱摆乱占等现象。开展庭院环境整治，落实农牧户房前屋后、墙根角落卫生整治责任，整齐摆放生产工具、农用物资，实现庭院环境内外兼修、干净整洁，营造整洁有序的公共空间生活环境。改善村庄公共环境，加快村庄道路硬化，有条件的村庄可建设完善公共照明设施，加大传统村落民居、历史文化名村名镇和文物、古建筑保护力度，实施乡村绿化行动。鼓励合理利用空间发展庭院经济，实现村容村貌治理与农牧民增收相得益彰。充分利用闲置土地开展植树造林，大力开展环村林建设，开展村庄庭院和房前屋后绿化美化，打造园林乡村。在沙区中心或周边村庄，加强防沙治沙，建设沙漠绿洲。

6. 农村牧区人居环境管护机制构建工程。明确各级各有关部门、运行管理单位责任，建立农村牧区人居环境管护长效机制和村庄道路、供排水、垃圾和污水治理、公共卫生厕所、农牧业生产废弃物资源化利用、村庄绿化和保洁等长效管理制度。合理确定投融资模式和运行管护方式，稳定运行队伍，建立日常管理制度，确保有制度、有标准、有队伍、有督查、有经费。以利用促保护，鼓励市场化、专业化、社会化管护，探索引进第三方治理机制，培育市场化专业管护队伍。鼓励有条件的旗区推行城乡垃圾污水处理统一规划、建设、运行、管护。提倡相邻嘎查村共建共享公共基础设施。推行环境治理依效付费制度。探索农村牧区垃圾污水处理农户付费制度，健全财政补贴和农户付费合理分担机制。

（二）加快推进农牧业绿色发展。严格执行《鄂尔多斯市农村牧区人居环境整治农牧业废弃物资源化利用三年行动方案》（鄂府办发〔2018〕

115号），以绿色发展为导向，推进投入品减量化、生产清洁化、废弃物资源化、产业模式生态化，走出一条产出高效、产品安全、资源节约、环境友好的可持续发展道路。重点实施以下工程。

1. 农牧业节水工程。对现有灌区进行节水改造，建成以喷、滴灌为主的精准高效节水灌溉工程，同时提升现有低标准节水灌溉工程标准，实现水量、水位自动传输，田间水肥一体化的精准高效节水灌溉。结合农业水价综合改革工作，按照总量控制、定额管理原则，对农业灌溉用水实施限额管理，提高灌溉用水效率，减少农业灌溉用水量。推广农业节水措施，大力发展微灌、喷灌、管道输水等高效节水灌溉技术，扩大水肥一体化面积。坚持“以水定需、量水而行，因水制宜、适水生产”，积极改善农田基础设施建设条件，提高水资源利用率。通过优化产业布局，减少干旱区域高耗水作物种植面积，促进旱作区发展适宜的特色优势低耗水作物，禁止使用地下水发展井灌稻。工程节水和农艺节水相结合，强化灌溉过程节水和适时、适量、科学灌水，大力推广“输水管道化、田间滴灌化、管理现代化”。推广应用农业蓄水保墒耕作措施，充分拦蓄天上水，优化配置地上水，合理开发地下水，增加耕层蓄水力，实现区域规划与种植结构调整相结合、工程节水与农艺节水同步进行。

2. 农牧业废弃物资源化利用工程。大力推进秸秆还田和农田施用有机肥，提升耕地地力，充分发挥秸秆、畜禽粪污等的资源作用。做好规模养殖场畜禽粪污处理基础设施建设工作。老旧养殖场补齐短板，配套建设粪污处理设施，新建或改扩建畜禽规模养殖场，配套与养殖规模和处理工艺相适应的粪污消纳用地，配备必要的粪污收集、贮存、处理、利用设施。加强畜禽养殖污染监管。实施绿色健康养殖，加大粪污处理设施建设投资力度，净化养殖环境。建设统一管理、分级使用、数据共享的畜禽规模养殖场信息直联直报平台。强化工作推进与技术推广。根据我市现阶段畜禽养殖现状和资源环境特点，重点推广“粪污全量收集还田利用”“污水肥料化利用”“粪污专业化能源利用”“粪便垫料回用”“异位发酵床”等经济适用的通用技术模式。加快畜牧业转型升级。积极推动生产方式转变。合规、有序、环保、适度发展生猪产业。推进“粮改饲”试点工作，扩大优质饲草料种植面积，大力发展草食畜牧业。认真贯彻落实畜牧业生产标准化行动计划，加大畜禽养殖优势区域和畜产品主产区的肉牛、肉羊、奶牛、生猪标准化养殖基地建设力度。

3. 化肥农药减量工程。开展绿色发展行动，减少、规范使用农业投入品，全面开展化肥减量增效、控药减害、控水降耗、控膜提效“四控行动”，不断提高农牧业废弃物资源利用和无害化处理水平。推进科学施肥用药，持续控制化肥农药使用量，实现化肥农药持续负增长。大力推广提升化肥农药利用率、降低使用量的措施。通过结构调整、提升地力、精准施肥减少化肥使用量，重点推进配方肥落地，做好测土配方施肥、水肥一体化、秸秆还田、施用有机肥、耕地轮作、机械深施肥以及新型肥料的应用。通过统防统治、绿色防控、科学用药减少农药使用量，重点控制除草剂使用量，做好病虫害监测预警、专业化组织统防统治、集中连片绿色防控、高效低风险农药替代、大型高效药械和专用喷头推广、增效助剂使用等措施，

4. 生态循环农牧业示范工程。发挥农牧交错带的优势，种养结合、以种促养、以养增收，鼓励充分利用丰富的畜禽粪便等资源，推进有机无机结合，减少化肥使用量。加强示范引领，以国家粪污资源化利用整县推进项目为带动，推动各旗区全面建立畜禽粪污综合利用机制，通过利用畜禽粪污制作有机肥和发展沼气等方式，推进

畜禽粪污综合利用。按照农用优先的原则，加大农作物秸秆综合利用，重点开展饲料化和肥料化利用。积极推广秸秆粉碎还田。推广秸秆汽化和颗粒燃料等生产，提高秸秆综合利用水平。培育一批秸秆收、储、运、用的县域典型模式。按照“源头减量、过程管控、末端利用”思路，在水热条件较丰富的旗区控制和减少覆膜，实现控膜提效。在冷凉干旱和盐碱化严重的旗区强制采用新国标合格地膜，提高地膜回收率。加大无膜浅埋滴灌、育苗移栽替代等技术的推广力度，减少地膜用量。开展农用地膜回收试点，对回收地膜进行再利用。推广全生物可降解地膜试验示范。开展刺萼龙葵、少花蒺藜草等农业外来入侵生物监测预警。

5. 渔业生态养殖和污染治理工程。大力发展水产生态健康养殖，积极推广清洁生产。加快养殖结构调整，培育和引进绿色生态特色品种，发展生态、优质、安全水产品养殖；转变养殖方式，发展大水面生态增殖、稻田综合种养、池塘标准化养殖、生态立体养殖和循环水养殖等；实施老旧池塘标准化改造和养殖设备更新升级；大力推广生态环保、节能减排、提质增效和节水养殖等清洁生产技术；合理放养优质苗种，生态调控水质；提倡使用全价配合饲料，严禁投喂冰鲜杂鱼、畜禽内脏；强化水生动物疫病防控，倡导少用药、不用药理念，加强用药技术指导；落实生产责任制，强化水产品质量安全监管；突出品牌效应，增加绿色水产品有效供给，提高水产养殖的质量和效益。加强集中连片池塘进排水系统改造，推进池塘养殖尾水循环使用和达标排放，定期开展池塘清淤和消毒，严格控制网箱和网围养殖，强化养殖水域环境监测，保障养殖生态环境安全。

6. 耕地资源保护和质量提升工程。强化耕地质量保护和提升，加快主产区和优势耕地质量建设，加快实施耕地质量保护与提升规划，着力构建全市耕地质量检测预警和信息化服务体系，全面提升耕地质量检查预警和信息化服务能力，改善全市耕地质量状况，有效遏制耕地水土流失、风蚀沙化、次生盐渍化、养分失衡、耕层变浅、物理性状变劣等问题，不断改善生态环境，实现粮食综合生产能力稳步提升，建立用养结合、综合施策的模式。保护和改善农田生态环境，推行保护性耕作、增施有机肥、秸秆还田等措施。

7. 农用地土壤污染防治工程。开展土壤重金属监测和农产品协同监测工作，建设土壤环境质量监测网络。在受污染区域开展土壤重金属修复技术和产品引进、验证、研究与示范。有针对性地种植吸收重金属植物，采取土壤改良、地力培肥等治理修复措施恢复耕地的适耕性。不适宜耕种的土壤，实行退耕还林还草。

（三）加大乡村生态保护与修复力度。深入实施乡村生态保护和修复工程，完善生态系统保护制度，全面提升乡村自然生态系统功能和稳定性，持续改善生态环境质量。重点实施以下工程。

1. 重点林业生态建设工程。深入实施京津风沙源治理、天然林资源保护等国家林业重点工程，稳步推进重点区域绿化。在巩固原有退耕还林建设成果的基础上，继续实施退耕还林，增加经济林果木种植。推动森林质量精准提升，加强中幼龄林抚育、退化林修复和灌木平茬复壮，恢复森林环境，提高防护综合效能。建设一批示范带动作用明显，具有资源优势和区域特色的经济林示范基地。

2. 重点草原生态保护工程。继续推进退耕还草、京津风沙源治理和农牧交错带已垦草原治理等草原生态保护工程建设，在具备条件的旗区适当增加棚圈和人工饲草地任务规模。通过推动人工种草、建设节水灌溉和旱作优质饲草基地，支持农村牧区发展草食畜牧业，提高治理区植被覆盖率，提升饲草生产、储备、利用能力，保护和恢复草原生态，促进旗区畜牧业结构优化、提质增效。

3. 水土流失重点治理工程。实施好国家水土保持重点治理工程和淤地坝除险加固工程，改善农村牧区水土流失状况。推进黄河拦沙换水试点工程实施，落地实施黄河十大孔兑工程和黄河粗泥沙集中来源区拦沙工程等已立项工程。强化政府主导、各有关部门配合的水土保持目标责任考核机制，压实水土保持目标责任，以重点工程为支撑带动面上治理。

4. 采煤区修复与治理工程。加快推进农村牧区采煤区综合治理，加强矿山地质环境治理和水土流失防治，组织实施矿山生态环境恢复与治理工程，采取工程、生物措施，加大以采空区、沉陷区、露天剥离坑及排土场等为重点的矿山地质环境修复治理力度，全面推动绿色矿山建设，恢复矿区农牧业生产功能。探索多元化生态修复，重点加大伊金霍洛旗、准格尔旗、鄂托克旗等旗区采煤沉陷区综合治理力度，建设绿色矿区。对政策性闭坑煤矿，因地制宜采用挖剥回填方式或裂缝充填措施治理塌陷区，实现闭坑煤矿和历史遗留煤矿地质环境问题全面治理。对开采后的露天煤矿区，采取建设小果园、种植小杂粮、营造原料林等修复治理方式。对有条件的采煤沉陷区，实施景观化改造，发展生态休闲农业和城郊绿色旅游。强化矿区环境综合整治，全面治理煤矿粉尘污染和运煤道路、运煤车辆及整体区域环境污染，改善棋盘井、高头窑、黄天棉图、乌兰木伦等矿区生态环境。

（四）推动实现生态资源价值。进一步健全生态保护补偿机制，提高自然资源的科学利用水平，提高生态保护与修复综合效益，让保护生态环境得到实实在在的收益。

建立多元化生态补偿机制，以草原、森林、河流等为重点，构建和完善体现自然价值和代际补偿的生态补偿制度，将新增公益林纳入森林生态效益补偿。建立和完善地方公益林生态效益补偿制度，逐步扩大补偿范围、提高补偿标准。加快推进草原承包“三权分制”改革，积极探索建立市场化、多元化草原生态补偿机制。按照“谁开发谁保护、谁受益谁补偿”的原则，建立长期稳定的保护机制，把生态环境资源作为资产进行管理，利用经济手段促进生态环境保护、管理和恢复重建，加快发展农牧民合作经济组织，加快一、二、三产融合发展，建立草原生态补偿诚信体系，破解草原生态保护恢复、草原畜牧业发展、牧民增收和生活提高的“三生统一”协调发展的难题。

四、保障措施

（一）强化组织保障。各旗区要充分认识实施乡村生态振兴的重大意义，切实增强责任感和紧迫感，把乡村生态振兴作为改善人民生产、生活、生存条件和促进农牧民增收的战略措施。坚持党总揽全局、协调各方，强化党组织的领导核心作用，提高领导能力和水平，为实现乡村生态振兴提供坚强组织保证。坚持乡村生态振兴重大事项、重大问题、重要工作由党组织讨论决定的机制。落实党政一把手是抓乡村生态振兴第一责任人的工作要求，充分发挥基层党组织在宣传党的主张、贯彻党的决定、领导基层治理、团结动员群众、维护农牧民权益、推动改革发展中的战斗堡垒作用和共产党员的先锋模范作用。完善地方各级人民政府乡村生态振兴绩效评价体系和考核奖惩制度，落实目标责任，强化跟踪评测和考核监督，确保实施效果。

（二）强化财政保障。要坚持财政优先保障，强化政府投入责任，建立财政投入稳定增长机制，加大涉农涉牧资金统筹整合力度，提高土地出让收益用于“三农三牧”比例，确保财政投入与实施乡村生态振兴各项工作目标任务相适应。要加大金融支持乡村生态振兴力度，健全农村牧区金融服务体系，增加“三农三牧”、生态保护建设金融服务供给，创新金融产品和服务，更好满足农村牧区生态振兴多样化金融需求。加强林业、草原、湿地碳汇计量工作，推进碳汇交易，拓展自然生态资源融资渠道。加强各类生态保护修复项目资金整合，统筹推进山水林田湖草沙系统治理。

（三）完善用地政策。落实最严格耕地保护制度，坚守耕地数量红线和耕地质量底线，全面划定永久基本农田，把依靠各级财政资金投入建设形成的高标准农田全部划入永久基本农田或基本农田整备区。依法加强耕地占补平衡管理，实行占优补优；完善耕地保护补偿机制。深化农村土地制度改革，稳定和完善土地承包关系。完善承包地“三权分置”制度，在依法保护集体所有权和农户承包权的前提下，平等保护土地经营权。全面完成农村承包地确权登记颁证，加强土地流转规范管理服务。深入推进农村集体产权制度改革，2019年底前全面完成农村牧区集体资产清产核资工作，探索农村集体经济新的实现形式和运行机制。维护进城落户农牧民土地承包权和集体收益分配权，引导进城落户农牧民依法自愿有偿转让土地承包权和集体收益分配权。

（四）广泛动员社会参与。激发社会投资动力和活力，引导和撬动社会资本投向农村牧区生态振兴工作，鼓励工商资本下乡参与农村牧区生态振兴，盘活农村牧区存量资源资产，形成多元投入格局。积极谋划筛选一批符合条件的乡村生态振兴项目纳入PPP（政府与社会资本合作）项目库，各旗区、各部门在项目安排、申报国家示范、落实奖补资金上优先支持，通过特许经营等方式吸引社会资本参与项目建设和运行。鼓励采取项目打包或城乡一体的模式，推进农村垃圾污水治理项目建设。推动基层政府通过委托、承包、采购等方式向社会购买村庄规划建设、垃圾收运处理、污水处理、河道管护、生态保护修复等公共服务。引导有条件的旗区在开展特色生态产业、休闲农业、乡村旅游等发展类项目时，同步开展农村人居环境整治。动员相关企事业单位、社会组织和个人捐资捐物或结对帮扶，参与乡村生态振兴。

（五）强化宣传引导。各级宣传、文化部门创新宣传形式，充分运用广播、电视、报刊、网络等多种媒体，大力宣传乡村生态振兴的理念、政策、路径和成果，及时报道乡村生态振兴和农牧业绿色发展的先进经验、典型事迹和技术模式，使全社会充分认识实施乡村生态振兴是立足全市高质量发展大局的重要工作，是推动全面实施乡村振兴战略的重要组成部分，是全市上下必须自觉担负起的重大责任，积极动员全社会共同参与乡村生态振兴工作，积极倡导农牧业绿色生产生活方式，要坚持不懈，一年接着一年干，努力营造全民支持、全民参与乡村生态振兴的良好社会氛围。

关于深化“放管服”改革推进审批服务便民化实施方案

为加快转变政府职能和工作作风，深化“放管服”改革，推进审批服务便民化，根据《中共中央办公厅、国务院办公厅印发〈关于深入推进审批服务便民化的指导意见〉的通知》（厅字〔2018〕22号）和《内蒙古自治区党委办公厅、自治区人民政府办公厅印发〈关于深化“放管服”改革推进审批服务便民化的实施意见〉的通知》（厅发〔2018〕9号）要求，结合鄂尔多斯实际，制定本实施方案。

一、指导思想

以习近平新时代中国特色社会主义思想为指导，全面贯彻党的十九大和十九届二中、三中全会精神，牢固树立以人民为中心的发展思想，深入推进“放管服”改革，围绕直接面向企业和群众、依申请办理的行政审批和公共服务事项，着力打造“宽进、快办、严管、便捷、公开”的审批服务模式，切实增强政府治理能力和公信力，建设人民满意的服务型政府。

二、重点任务

（一）深化简政放权

1. 深化行政审批制度改革

（1）编制全市权责清单，实现同一行政权力事项名称、类型、依据等基本要素相同。梳理公布市、旗区“马上办、网上办、就近办、一次办”审批服务事项目录清单，大力推进减环节、减材料、减时限、减费用，让更多政务服务事项实现“最多跑一次”办理。（市政务服务局牵头，各旗区人民政府、市直各有关部门按职责分工负责）

（2）依法清理规范行政审批涉及的技术审查、论证、评估、检验、试验等中介服务事项。深入开展“红顶中介”专项整治，政府部门不得强制指定或变相指定中介服务机构。放宽中介服务市场准入，严禁限额管理中介服务机构数量。鼓励各类资本进入中介服务行业和领域，除法律法规特别规定外，各部门设定的区域性、行业性和部门间中介服务机构执业限制一律取消。建立和规范网上“中介服务超市”，实现网上展示、网上竞价、网上中标、网上评价。加强中介服务监管，建立中介服务机构信用体系和监管评价机制，完善中介服务机构准入和退出机制。（市发改委牵头，各旗区人民政府和市委编办、市财政局、市政务服务局、市市场监管局等市直各有关部门按职责分工负责）

（3）理顺不动产登记管理体制，切实解决不动产登记耗时长、办理难问题，实现不动产登记“一窗受理，并行办理”。力争2019年年底前，将一般登记业务办理时限压缩至10个工作日以内，抵押登记业务办理时限压缩至5个工作日以内。（市自然资源局牵头，各旗区人民政府和市住建局、市税务局等各有关部门按职责分工负责）

2. 深入推进投资审批改革

（1）精简整合投资项目报建审批事项，严禁擅自增加审批事项和审批环节，防止权力复归、边减边增。建立投资项目在线审批监管平台应用监督和考评机制，涉及投资项目审批的部门全部实现网上并联办理。设立重大项目审批绿色通道，开展企业投资项目承诺制改革试点工作，推行告知承诺和容缺受理制度。对重点区域重点项目探索实行个性化定制服务，促进投资项目尽早

落地。（市发改委牵头，各旗区人民政府、市直各有关部门按职责分工负责）

（2）优化项目报建审批流程，开展工程建设项目审批制度试点改革，实行“并联审批”“多规合一”“多评合一”“联合踏勘”“联合测绘”“多图联审”“联合验收”等审批模式。推广容缺后补、首席服务官和数字化审图、告知承诺、快递送达等便利措施。对开发区（园区）由政府统一组织的土地勘测、矿产压覆、水土保持、文物保护等事项实行区域评估。2019年工程建设项目平均办理时限减少到100个工作日以内。（市住建局牵头，各旗区人民政府、市直各有关部门按职责分工负责）

3. 深入推进商事制度改革。进一步放宽市场准入，全面实施市场准入负面清单制度，清理废除妨碍统一市场和公平竞争的规定和做法。严格执行工商登记前置审批事项目录，同步减少后置审批事项。全面实施“多证合一、一照一码”改革，按期完成全国统一的“多证合一”任务。推行企业登记全程电子化和电子营业执照，优化线上服务，实现市场主体办理登记“零见面”、电子营业执照“无介质”。推行工商登记向“一个窗口”提交“一套材料”的受理模式。简化企业开办流程，减少环节，压缩时限，企业开办时间压缩至5个工作日以内。扎实开展“证照分离”改革，探索推进“照后减证”，破解“准入不准营”难题。（市市场监管局牵头，市公安局、市发改委、市商务局、市司法局、市人社局、市税务局等各有关部门按职责分工负责）

4. 深入推进收费清理改革。继续清理规范政府收费性基金和行政事业性收费、经营服务性收费、行政审批前置中介服务收费以及行业协会商会收费。健全完善行政事业性收费目录清单和涉企收费目录清单。强化涉企收费监管，规范收费行为，完善举报、查处和问责机制。全面清理规范涉企保证金项目，法律法规规定可以保留的，列出清单并向社会公布。（市财政局、市发改委牵头，各旗区人民政府、市直各有关部门按职责分工负责）

5. 深入推进职业资格改革。严格落实国家职业资格目录，动态调整职业资格目录清单，依法向社会公布。健全职业资格和证书管理制度，优化职业资格证办理和年检流程。严格执行国家职业标准和评价规范，建立职业资格监管长效机制，明确监管主体、监管对象、监管措施、监管途径及相应承接措施。严格落实“考培分离”，严厉打击“助考”犯罪活动。（市人社局牵头，各旗区人民政府、市直各有关部门按职责分工负责）

（二）加强监管创新

1. 坚持公正监管。全面推行“双随机、一公开”监管，健全完善“一单两库一细则”制度。加快推进政府监管信息共享，积极推进检查处罚信息公开。完善跨部门联合抽查工作机制，提高随机抽查覆盖面，增加高风险企业抽查概率和频次。加强执法人员培训管理，提升执法水平，杜绝执法犯法、执法扰民、选择性执法等行为。力争2023年年底前建立以“双随机、一公开”监管为基本手段、以重点监管为补充、以信用监管为基础的新型监管机制。（市市场监管局牵头，各旗区人民政府、市直各有关部门按职责分工负责）

2. 加强信用监管。加快推进社会信用信息平台建设，加大各领域信用信息归集、共享和应用力度。完善各行业“红黑名单”制度，推行守信联合激励和失信联合惩戒机制，建立信用承诺、异议处理和信用修复制度，推广信用承诺审批，营造诚实自律、守信互信的社会环境，维护公民和法人合法权益。（市发改委、市市场监管局牵头，各旗区人民政府、市直各有关部门按职责分工负责）

3. 加强综合监管。推进市、旗区、苏木乡镇文化市场、农牧林水、市场监管、交通运输、生态环保、城市管理、应急管理、能源安全等重点领域综合行政执法改革，进一步推动执法力量下沉、重心下移。整合优化基层治理网格，实现“多网合一、一员多能”，提升基层监管执法能力。推进跨部门联合监管和“互联网+监管”，运用大数据、云计算、物联网等信息技术手段，加强大数据监测分析和预测预警，健全跨部门、跨区域执法联动响应和协作机制，推进线上线下一体化监管，实现违法线索互联、监管标准互通、处理结果互认。（各旗区人民政府、市直各有关部门按职责分工负责）

4.探索包容审慎监管。针对新产业、新业态、新模式，积极探索实施包容审慎监管，区分不同情况，量身定制包容审慎监管模式和标准规范。坚守安全质量底线，对符合发展方向但存在一定问题的，及时引导和纠正，使其有合理发展空间；对潜在风险大，特别是可能涉及安全问题或造成严重不良社会后果的，及早发现问题、果断采取措施；对以创新之名行侵权欺诈之实的，予以严惩。（各旗区人民政府、市直各有关部门按职责分工负责）

5.强化重点服务领域行业监管和社会监督。集中整治供水、供电、供气、供暖、教育、医疗、金融、通信、广播电视等行业存在的限制竞争、不正当竞争、滥用市场支配地位等损害竞争秩序和侵犯消费者合法权益行为，依法查处垄断性企事业单位在为市场主体提供服务过程中的“三指定”（即指定设计单位、指定施工单位、指定设备材料）等行为，着力整治限制交易、滥收费用、搭售、附加不合理交易条件等违法行为。（市发改委牵头，各旗区人民政府、市直各有关部门按职责分工负责）

6.严格规范公正文明执法。认真梳理行政处罚、行政强制、行政征收、行政检查等执法类职权事项，规范执法程序、执法行为和自由裁量权。全面推行行政执法公示、执法全过程记录、重大执法决定法制审核制度，监督行政机关依法履行职责，促进行政执法合法合规、公开透明。（市司法局牵头，各旗区人民政府、市直各有关部门按职责分工负责）

（三）优化政府服务

1.加快推进政务服务“一网通办”。构建一体化网上政务服务平台，将网上便民服务延伸到苏木乡镇（街道）、嘎查村（社区），推动更多政务服务事项网上办理。拓展网上办事广度和深度，延长网上办事链条，切实提高政务服务事项网上办理比例。2019年年底前，按照公布的权责清单，市、旗区政务服务事项网上办理率达到70%以上，实现一般事项“不见面”。健全公共资源交易信息和信用信息公开共享制度，严格执行公共资源交易目录清单制度，进一步提高交易全流程电子化水平。加大非紧急类政务服务热线整合力度，与网上政务服务平台联通，打造统一规范、内容丰富、实用性强的综合热线服务平台。（市政务服务局牵头，各旗区人民政府和市工信局、市大数据发展局、市公管办等市直各有关部门按职责分工负责）

2.积极推进相对集中行政许可权改革。按照精简统一效能原则，调整优化部门审批职能，规范机构设置，理顺权责关系，完善体制机制，全面推进相对集中行政许可权改革工作。（市委编办牵头，市直各有关部门配合）

3.大力推行审批服务集中办理。按照“应进必进、授权到位”的原则，推动各层级行政审批事项向政务服务中心集中，实现“三集中、三到位”（即部门许可职能向一个科室集中、审批科室向政务大厅集中、审批事项向网上办理集中，做到事项进驻大厅到位、审批授权窗口到位、电子监察到位），提升各级政务服务大厅“一站式”功能，实现“只进一扇门、办成一揽子事”。按照“谁审批谁监管、谁主管谁监管”的原则，厘清审批和监督权责边界，强化和落实监管责任，健全审管衔接机制，开展工作会商、联合核验，推动业务协同、信息互通。（市政务服务局牵头，各旗区人民政府、市直各有关部门按职责分工负责）

4. 推进政务信息系统整合共享。推动执行政府部门间信息资源共享标准和业务协同标准，完成与国家数据共享交换平台对接工作。按照“谁建设系统、谁负责对接”的原则，加快跨层级垂直业务信息系统与各级政务服务平台对接，实现跨层级、跨地域、跨系统、跨部门、跨业务数据互联互通，避免数据和业务“两张皮”。除有特殊保密要求外，各业务部门不再单独建设审批服务业务平台系统。推动电子证照、电子文件、电子签章等在政务服务领域应用，实现电子证照“一次采集、一库管理、多方使用、即调即用、互认共享”。（市政府办公室牵头，各旗区人民政府和市工信局、市大数据发展局等市直各有关部门按职责分工负责）

5. 努力提高“双创”服务质量。建立小微企业信息互联共享机制，推进小微企业信用信息共享，集中公开各类扶持政策及企业享受扶持政策的信息，增强创业型企业信息透明度，为企业设立和经营提供政策、信息、法律服务。（市发改委牵头，各旗区人民政府、市直各有关部门按职责分工负责）

6. 持续开展“减证便民”行动。加强证明材料互认共享，减少不必要的重复举证。按照“凡没有法律法规依据的一律取消、能通过个人现有证照来证明的一律取消、能采取申请人书面承诺方式解决的一律取消、能被其他材料涵盖或替代的一律取消、能通过网络核验的一律取消、开具单位无法调查核实的证明一律取消”的要求，全面清理“奇葩”证明、循环证明、重复证明等各类无谓证明。对确需保留的证明事项，列明设定依据、索要单位、开具单位、办理指南等，实行清单化管理。不具备取消条件且工作确实需要的，逐项制定取消措施，明确取消时限。（市司法局牵头，各旗区人民政府、市直各有关部门按职责分工负责）

7. 创新便企利民服务方式。推行预约办理、跨层联办、智能导办、一对一专办等便民服务措施，2023 年年底前实现全城通办、就近能办、异地可办，切实解决“排队长”“来回跑”等问题。打通查询互认通道，满足自然人和企业身份核验、纳税证明、不动产登记、学位学历证明、资格资质、社会保险等数据查询需求。探索推动居民身份证、驾驶证、出入境证件、医保社保、住房公积金等事项异地办理。针对量大面广的个人事项，利用银行、邮政等网点办理，实现服务端口前移。针对居住分散、交通不便等农村牧区实际，开展代缴代办代理等便民服务。（市政府办公室牵头，各旗区人民政府和市发改委、市政务服务局等市直各有关部门按职责分工负责）

8. 加强政务服务能力建设。推进政务服务标准化，公布办事指南，制作示范文本。整合涉及多部门事项的共性材料，通过“一表申请”，将企业和个人基本信息材料一次收齐，实现多业务申请表信息反复使用，减少重复填写和重复提交。除因安全保密等特殊原因外，原则上不再保留各部门单独设立的服务大厅。实行首问负责制、限时办结制和责任追究制，严格执行一次性告知制度。实行预约、轮休、“5+X”工作日等办法，为企业和群众办事提供错时、延时服务和节假日受理办理通道。建立审批服务运行考核评价机制，加强窗口行政审批和公共服务行为的评价监督，推行审批服务过程和结果公示公开。完善激励约束制度，加强工作人员管理，提高服务效率和质量。（市政府办公室牵头，各旗区人民政府、市直各有关部门按职责分工负责）

三、保障措施

（一）*加强责任落实*。各旗区要制定具体措施，明确施工图、时间表、责任链，确保各项工作真正落到实处。各有关部门要密切配合、上下联动、整体推进；牵头部门要敢于担当、勇于负责，积极发挥牵头作用，及时清理与改革不相适应的政策规定，确保改革顺利推进；配合部门要主动作为、认真完成改革任务。鼓励各旗区各部门结合实际积极探索、勇于创新，推出更多、更有效的改革举措。

（二）加强督查考核。将深化“放管服”改革、推进行政审批服务便民化工作纳入全市县处级领导班子年度绩效考核，推动改革落地见效。建立惩戒问责机制，对没有按时完成改革任务、工作推进不力的进行通报批评。建立投诉举报机制，拓宽群众投诉举报渠道，对投诉举报事项，相关部门要积极回应、及时解决。

（三）加强宣传引导。健全企业和群众满意度评价机制，广泛听取社会各界的意见和建议。充分利用报纸杂志、广播电视、互联网和新媒体等进行宣传推广，及时准确发布改革信息，做好法规政策宣传解读，正确引导社会预期，积极回应社会关切，广泛凝聚共识，营造良好改革氛围。

鄂尔多斯教育现代化 2035

为深入贯彻落实中央、自治区关于教育工作的部署要求，加快推进鄂尔多斯教育现代化，办好人民满意的教育，按照《中共中央、国务院关于印发〈中国教育现代化 2035〉的通知》（中发〔2018〕45 号）和《内蒙古自治区党委、自治区人民政府印发〈内蒙古教育现代化 2035〉的通知》（内党发〔2019〕9 号）精神，结合鄂尔多斯实际，制定本文件。

一、指导思想与目标定位

（一）指导思想

以习近平新时代中国特色社会主义思想为指导，深入贯彻落实全国、全区、全市教育大会精神，坚持党对教育事业的全面领导，坚持以人民为中心，全面贯彻党的教育方针，落实教育优先发展战略，遵循教育规律和人的成长规律，立足全市实际和未来发展需要，以立德树人为根本、提高质量为核心、促进公平为重点、队伍建设为基础、改革创新为动力，全面实施素质教育，大力培养德智体美劳全面发展的社会主义建设者和接班人，为鄂尔多斯高质量发展提供有力支撑。

（二）战略定位

——西部地区教育现代化发展引领区。在教育理念、教育内容、教育方法、教育管理、师资队伍、办学条件等方面保持领先，教育普及度、公平度、开放度、保障度、统筹度、贡献度、满意度达到较高水平，在西部地区率先全面实现教育现代化，并发挥示范引领作用。

——区域教育改革创新探索先行区。教育综合改革深入推进，成为全国全区教育现代化改革试点和承载区，在“放管服”“减负提质”和产教融合、教师队伍建设、教育信息化等方面形成一批可推广的标志性改革探索成果。

——民族教育高质量发展示范区。民族教育持续保持优先重点发展和适度超前发展，民族教育保障、民族教育师资培养、民族教育资源开发、民族文化传承保护、跨区域民族教育协作联动机制建设在全区保持领先水平，少数民族人才培养质量全面提高。

——教育支撑区域产业创新发展新高地。职业教育、高等教育学科专业布局与地区产业结构高度契合，培养造就一支煤炭、电力、煤化工、汽车、装备制造、文化创意、人工智能等领域的产业大军，充分满足地区经济社会发展对高水平应用型人才、高素质劳动者和技术技能人才的需要。

（三）战略目标

到2022年，教育发展更加公平普惠，教育质量持续提高，教育结构更加优化，素质教育深入实施，教育现代化体制机制和治理体系初步建立，教育主要指标高于全国全区平均水平，教育同经济社会发展更加协调，为全面建成小康社会提供有效支撑。

到2035年，全面实现教育现代化，教育发展水平进入全国地级市前列，建成学习型城市。服务全民终身学习的国民教育体系健全完善，学习者普遍享有学习、培训、教育服务和个性化发展的机会，实现德智体美劳全面发展。各级各类学校智能化、特色化、小班化。建成一支师德高尚、业务精湛、结构合理的“四有”好老师队伍。教育与经济社会协调发展，为鄂尔多斯高质量发展提供强有力的人才保障和智力支撑。具体实现以下目标：

学生全面化、个性化成长。德智体美劳全面培养的教育体系健全完善，各级各类学校教育丰富多彩、充满活力。每个学生都能获得适合自己的教育，人格丰富完满，素质潜能得到充分发挥，按照天赋、特长和志趣自由选择发展方向，成为具备现代公民素养和全面而有个性的人。

教师职业化、专业化发展。教师招聘引进制度、储备制度、激励制度、退出机制以及校园长管理体制健全完善。广大教师都能获得贯通职业生涯的教育培训，专业知识、专业技能和专业态度获得可持续发展，教书育人水平显著提高。

学习终身化、全时空化构筑。终身学习理念在全社会得到广泛确立。现代国民教育体系健全完善，基础教育、职业教育、高等教育、继续教育协调发展，学校教育、社会教育、家庭教育、自我教育密切协同，线上和线下学习相互融合，实现人人好学、终身皆学、时时能学、处处可学。

学校智能化、小班化建设。校园网络升级换代，全部建成智慧校园。以人工智能、大数据、物联网、区块链等为代表的新一代信息技术与教学和管理深度融合并常态化应用，实现学校智能化。持续加大中小学和幼儿园新建、改扩建力度，不断优化办学条件，逐步实现小班化教学。

教育法治化、人性化治理。政府严格按照权责清单履行教育职责，学校依法自主办学，师生合法权益得到充分保障，家长、社会依法参与教育管理、评价、监督。以人为本的理念贯穿教育治理全过程，制度的刚性和人性的柔性充分结合，办有爱的教育。

二、战略任务

（一）构建德智体美劳全面培养的教育体系。坚持育人为本，把立德树人融入教育各环节，贯穿教育各领域，围绕立德树人改进教学和管理体系，大力培养德智体美劳全面发展的社会主义建设者和接班人。

1.以习近平新时代中国特色社会主义思想统领教育工作。把党的政治建设放在首位，使教育系统广大干部和教师都能牢固树立“四个意识”，坚定“四个自信”，自觉做到“两个维护”，增强对习近平新时代中国特色社会主义思想的认同和行动自觉。把习近平新时代中国特色社会主义思想作为教育系统党员干部和各级各类教师培训的重要内容，融入课堂教学方案，充实教学内容、修订教案讲义、开发校本课程，广泛开展丰富多彩的教育实践活动，确保习近平新时代中国特色社会主义思想入脑入心。

2. 全面加强学生德育。着力构建全员育人、全过程育人、全方位育人的德育工作格局。深入开展教师育人使命教育和育人意识培养，健全完善学生成长德育导师制，提高班主任和学科教师育人能力。以社会主义核心价值观为统领，深入开展爱国主义教育、理想信念教育、中华优秀传统文化教育、民族团结进步教育、法治教育、诚信教育、文明礼仪教育、国情教育、国家安全教育，培育具有社会责任意识、法治意识、规矩意识、诚信意识、权利意识和奉献精神的合格现代公民。深入开展生态文明教育，共同守护好祖国北疆生态屏障。充分挖掘、有效整合各学科蕴含的德育资源，将德育内容细化落实、精准融入渗透到教育教学全过程。加强学校文化建设，发挥熏陶感染作用，处处彰显育人功能。构建形式多样的主题教育活动体系，庄严神圣地开展好礼仪教育活动。加强实践育人，持续创建青少年校外综合实践基地、研学旅行基地（营地），开展丰富多彩的社会实践、志愿服务、勤工俭学、职业体验和研学旅行活动。统筹学校、家庭和社会育人资源，全方位构筑立德树人的教育体系。加强网络道德教育，引导学生正当、适度、有效使用网络，以网育人。

3. 提升学生智育水平。改进科学文化教育，统筹课堂学习和课外实践，强化实验操作，着力培养学生认知能力、实践能力和创新思维，提升人文素养和科学素养。提高课堂教学效率，着力培养学生自主学习能力，促进学生系统掌握各学科基础知识、基本技能、基本方法，培养适应终身发展和社会发展需要的正确价值观念、必备品格和关键能力。积极探索基于情境和问题导向的互动式、启发式、探究式、体验式等课堂教学，注重加强课题研究、项目设计、研究性学习等跨学科综合性教学，认真开展验证性实验和探究性实验教学。遵循儿童少年成长规律，抓好基础教育各学段教育衔接。建设书香校园。

4. 强化学生体育与健康教育。深化学校体育改革，推动小学体育兴趣化、初中体育多样化、高中体育专项化、大学体育技能化发展，每所学校幼儿园建成至少 1 个体育特色项目。开足上好体育课，严禁削减和挤占体育课及课外活动时间，保障学生每天至少 1 小时体育锻炼，使每个学生掌握 1 至 3 项运动技能。持续创建足球特色学校幼儿园，市、旗区均要建成赛训一体化校园足球综合基地，健全完善校园足球竞赛体系。建立各类校园运动联盟，完善后备人才培养机制，加强从幼儿园到大学的运动员梯队建设。建设健康校园，多渠道解决学校幼儿园卫生保健人员缺额大和非专业化问题，确保学生身体素质明显提高，视力不良率和肥胖率明显下降。开展好生命教育，培养学生尊重生命和珍爱生命的思想意识。强化心理健康教育，健全完善心理危机干预体系，实现中小学心理健康教育工作室和专职心理健康教师配备全覆盖。

5. 加强和改进学生美育。以提高学生审美和人文素养为目标，转变学校美育观念。充分挖掘民族、民间、民俗的美育特色资源，开设丰富优质的美育课程。实施美育实践活动的课程化管理，逐步将中小学生每周参与美育实践活动时间提高至 3.5 小时以上，使每个学生掌握 1 至 2 项艺术技能。配齐建强美育师资，在中小学校设置艺术总辅导员。创建美育特色学校，加强以“三团一队”（合唱团、舞蹈团、美术文学社团和乐队）为主的学生艺术社团建设。整合利用社会资源，鼓励优秀文艺团体、文艺工作者进校志愿服务。

6. 强化学生劳动教育。编制全市中小学生劳动教育指导纲要，将劳动教育纳入中小学综合实践活动和通用技术课程并开齐开好，每周不少于 1 课时。统筹校内和家庭劳动教育资源，确保校内劳动（含劳动教育课时）、家庭劳动平均每天分别不少于 0.5 小时。将校外劳动纳入学校教学计划，每学期组织1至2次校外劳动实践。充分利用社会资源，建立工业生产、农业生产、财经贸易、商业服务等各行业劳动教育实践基地，逐步将生均可选劳动实践岗位数提高到4个以上。

（二）健全完善面向人人、服务终身的国民教育体系。统筹推进各级各类教育协调发展，健全完善国民教育体系和终身教育体系，建设学习型社会，提高国民素质。

1. 高水平普及学前教育。优化幼儿园规划布局，按照人口变化和城镇化发展趋势，新建和改扩建一批公办幼儿园。城镇小区严格按照标准配套建设幼儿园。落实普惠性民办园认定标准和补助标准及扶持政策，引导社会力量更多举办普惠性幼儿园。遵循幼儿身心发展规律，树立科学保教理念，杜绝“小学化”倾向。到2035年，建成覆盖城乡、布局合理、公益普惠、多元开放、优质安全的学前教育服务体系，学前三年入园率达到99%以上，普惠性幼儿园覆盖率达到95%，公办幼儿园占比稳定在65%以上，自治区示范幼儿园占比达到23%。发展学前特殊教育，增设部分学前特教班（点）。积极开展0至3岁婴幼儿早期教育服务，到2025年，实现旗区早期教育指导服务中心（站）全覆盖，到2035年，实现95%以上0至3岁婴幼儿及家庭看护人员接受过早期教育和培训指导，每年接受不少于6次科学育儿指导和咨询服务。

2. 提高义务教育巩固水平。履行政府控辍保学法定职责，完善行政督促复学机制。落实好教育扶贫和资助政策，落实监护人法定职责，建立学习困难学生个性化帮扶机制，确保适龄儿童少年都能完整接受义务教育。健全完善“阳光入学”“阳光分班”政策体系。保障随迁子女平等享受基本公共教育服务，按照国家规定，健全和落实符合条件的随迁子女在流入地参加中考、高考政策。健全农村牧区留守儿童关爱服务体系。九年义务教育巩固率稳定保持在99%以上，实现县域义务教育优质均衡。

3. 普及高中阶段教育。实施高中阶段教育普及攻坚计划。建立普通高中和中等职业教育互通机制，探索课程互选、资源互通，推进中等职业教育和普通高中教育协调发展。探索发展综合高中。开设好职业生涯规划指导课程和职业类课程。推动初中毕业未升学学生和从业人员通过接受中等职业教育、各类形式的成人高中教育、半工半读教育等完成高中阶段教育。到2035年，高中阶段毛入学率达99%以上。

4. 壮大职业教育和高等教育规模。加快发展中等职业教育和高等职业教育以及应用型本科教育，到2022年，各中高等职业院校、本科院校全部达到国家规定的办学标准，不断扩大招生规模，发挥规模效应。健全职业教育贯通式培养体系，争创自治区中高职一体化发展试点，开展中职与高职、中职与应用型本科、高职与应用型本科对口贯通分段培养试点，探索跨学校、跨机构课程学分互认机制。推进校企合作、产教融合，争创国家级产教融合试点。

5. 提高特殊教育保障水平。加强规划和建设，确保人口达到30万人以上的旗区建有一所特殊教育学校。发展全纳教育，完善随班就读与送教上门的保障机制。到2022年，建成特殊教育公共服务平台，建立健全残疾儿童信息库，开展实名制跟踪服务。实施医教结合，健全残疾儿童科学康复机制。发展残疾人职业教育，努力使每个适龄残疾儿童少年通过教育培训掌握一技之长。到2035年，完成各级各类学校无障碍环境建设。

6. 高质量发展民族教育。严格执行《内蒙古自治区民族教育条例》，健全民族教育优先发展政策体系，在财政教育投入上始终向民族教育倾斜。优化民族学校布局，按照人口增长趋势规划设计民族幼儿园、中小学校，或开设民族语言文字教学班。健全完善民族学校课程体系，重点发展民族学校双语教学，建成涵盖各学段、内容丰富的蒙古文教学资源库，向全国、全区推广使用。加强民族文化普及教育，在民族学校开设民族文化教育选修课，传承、保护和发展搏克、射箭、蒙古象棋、鄂尔多斯长调等少数民族优秀传统体育艺术项目。健全民族学校短缺学科教师补充更新机制，实施民族学校幼儿园教师队伍素质提升工程。健全跨区域民族教育协作机制，开展结对交流活动，互派校园长挂职锻炼、教师学习交流。

7. 促进民办教育发展。坚持支持与规范并重，引导、鼓励社会力量和民间资本提供多样化教育服务。健全促进民办教育发展的体制机制，完善各项扶持政策。建立健全非营利性和营利性民办学校分类管理体系。支持举办非营利性民办学校，鼓励社会力量举办或参与举办职业教育、继续教育、老年教育、社区教育和特殊教育等。

8. 积极发展继续教育。完善教育培训机构的资质条件，强化职业院校承担社会培训职能。逐步开放中小学和高等院校的图书馆、阅览室、实验实训室，基本建成“10 分钟便民学习服务圈”。加强行业组织、职业院校与社区合作，建立一批示范性培训基地或体验基地，为社区居民提供各类教育与培训服务。扩大老年教育资源供给，支持各类老年大学等教育机构发展，建设内容丰富的依托手机应用程序和个人计算机端的网上老年课堂。全面提高市民国家通用语言文字应用能力和水平。

9. 提高教育国际化水平。积极融入“一带一路”建设，支持职业院校参与或配合企业在“一带一路”沿线国家、地区建立技术技能人才培养培训基地和教育合作平台。支持职业学校、高等院校开展中外合作办学，与国际高水平应用型大学建立交流合作关系。鼓励高校引进海外高层次人才和优质教育资源。鼓励学校与海外学校建立伙伴关系，积极开展教师交流、学生互访以及文化、体育、艺术交流和竞赛活动。积极借鉴国际经验，推动教育教学改革。

10. 大力加强和改进家庭教育。加强对幼儿园、中小学、中等职业学校家长委员会和家长学校的建设与管理，开好家长会，健全完善教师家访制度。逐步使每所家长学校都有 1 至 3 名受过专业培训的家庭教育指导师。加快建设网上家长学校，利用微信和手机客户端等新媒体服务平台，满足家长利用碎片化时间学习的实际需要。建立市级德育讲师团，聘请一批在国内有影响力的家教专家，培养一批本土家教名师，办好家长教育周论坛。教育、妇联、卫健、文明办等部门探索建立“星级家长”评价机制，从婚姻登记开始到子女完成基础教育全过程，开展家长教育培训与星级评定。司法部门围绕预防青少年违法犯罪，定期对家长开展警示教育讲座。加大政府购买家庭教育公共服务力度。

（三）发展西部地区一流水平的优质基础教育。将基础教育发展作为教育强市的奠基工程，作为教育事业发展的重中之重，优先保障、综合施策，整体提升教育教学质量。充分发挥优质基础教育在提高人口整体素质、培养各级各类人才和社会主义现代化建设中的全局性、基础性、先导性作用。

1. 实施义务教育减负提质工程。大力创建全国义务教育发展优质均衡县，到 2035 年，9 个旗区全部通过国家评估认定。深化基础教育课程改革，开齐开好国家规定课程，开发可供学生自主选择的地方课程和校本课程，满足学生的个性化学习需求。深入推进高效课堂建设，在教学内容、教学活动、教学方法、问题设计、课堂检测和教学评价等方面全方位提高课堂效率。全面推行有效作业，推动作业适量化、精品化、分层化、个性化，坚决杜绝“题海战”“疲劳战”。推进中考改革，完善初中学生综合素质评价制度，逐步提高综合素质评价在高中阶段学校招生录取中的分值比重。严肃查处中小学各类不规范办学行为。建立健全义务教育学生课业负担常态化监测和治理机制。健全学校课程、作息时间、社会实践活动备案、公示制度和学校综合评价公告制度。探索通过政府购买服务、财政补贴等方式，扎实开展中小学生课后服务工作。规范校外培训机构发展。

2. 实施普通高中教育质量提升工程。着力建设自治区优质普通高中及示范性普通高中，到2035年，全市各普通高中全部达到自治区优质普通高中办学水平，80% 建成示范性普通高中。加强统筹规划、差异定位、分类指导，明确每所普通高中发展方向，发展普职融通高中、学科创新高中、艺术特色高中、体育特色高中、国际高中等多样化办学类型，办好每一所普通高中。适应普通高中新课程改革和高考综合改革，聚焦学生发展核心素养，推动国家课程校本化，建立多样化课程体系，大幅增加选修课程比重。有序推进选课走班，开发课程安排信息管理系统，完善走班教学班级管理机制。按照高考改革新要求，建立实施普通高中学生综合素质评价体系。逐步健全统一招录、特长录取、分招录取等多元招生录取机制。建立完善普通高中发展性、多样化评价机制，通过细化指标和调整权重增加学校特色发展的动力。建立学生发展指导制度，加强对学生理想、心理、学业、生活、生涯规划等方面指导，引导学生选择适合自己的发展方向。

3. 实施城市核心区优质教育资源厚植扩面和整体均衡工程。推动各旗区内部集团化办学，积极探索城市核心区学校集团化办学。以输出先进办学理念、教育教学方法和管理模式为核心，输出优秀管理人员和教师为关键，切实打破区域划界形成的“壁垒”，推动城市核心区优质教育资源厚植扩面、整体均衡，全市优质教育资源供给明显增加。康巴什区大力建设中小学、幼儿园，建设全市教育文化中心。东胜区控量保质，示范推进教育资源优质均衡。全市新建中小学、幼儿园全部实行集团化办学。建立对开展集团化办学优质学校、管理人员、教师的评价和激励机制，在职称评聘、评优选先等方面予以倾斜。

4. 实施农村牧区教育教学质量提升工程。研究出台推动农村牧区教育发展的政策措施。优先保障农村牧区学校教师配备，确保开齐开足规定课程。在职称评审、评优选先、教师培训等方面向农村牧区教师倾斜。探索实行乡村教师生活补贴按服务年限分档提高的政策。深入推进城乡义务教育学校教师交流轮岗。持续改善农村牧区教师住宿条件。以义务教育管理标准化学校建设与评估为抓手，促进农村牧区学校规范办学、科学管理、质量提升。积极推动农村牧区集团化办学，由城镇优质校为农村牧区校选派管理团队，实行“捆绑考核”，切实提高管理水平。常态化开展送教下乡活动，强化远程互动教学研平台运用，每校每天至少开展 1 次远程教研。探索实施信息化条件下主讲教师网络直播授课、助教管理课堂的“双师课堂”模式，推动优质资源共享。积极开发符合农村牧区实际的地方课程和校本课程。

5. 实施标准化学校建设工程。持续加大中小学、幼儿园建设力度，到 2022 年，全市所有中小学、幼儿园校舍全部建成标准化学校。根据建设任务完成情况，对旗区进行奖补。按照“优化布局、坚持标准、提升改造、满足需求”的原则，老城区继续做好现有学校提升改造、扩大规模、提高质量，新开发城区按照一次规划、分步实施、坚持标准的要求，加快建设进度。加快推进城镇小区配套幼儿园治理工作，凡新建居住小区，均要按照规定配套建设幼儿园。综合采取措施，解决好“上学远”“大班额”等问题。大力推动“小班化”，加快小班化教育教学模式改革，关注学生个体差异，推动实现因材施教。

（四）发展校企全面合作、产教深度融合、高生产性、高贡献度的职业教育和高等教育。深入贯彻落实国务院印发的《国家职业教育改革实施方案》（国发〔2019〕4 号）、国务院办公厅印发的《关于深化产教融合的若干意见》(国办发〔2017〕95号)和教育部等6部委联合印发的《职业学校校企合作促进办法》(教职成〔2018〕1号),全面推行产教深度融合、校企全面合作的育人机制,健全完善需求导向人才培养模式,建立支撑高质量发展的现代人力资源体系,将鄂尔多斯建成西部地区重要的应用型人才培养、输出和集散基地。

1. 发挥企业的主体作用。支持企业以独资、合资、合作等方式依法参与举办职业教育。坚持准入透明化、审批便捷化,改进办学准入条件和审批环节。各类企业举办职业院校,可参照学校所在地公办学校标准安排生均拨款,所需经费按原渠道保障。制定混合所有制职业院校试点实施办法,有序推进职业学校股份制、混合所有制改革。落实国家关于建设产教融合型企业的政策措施,制定产教融合型企业评价和激励办法,给予"金融+财政+土地+信用"组合式激励,按相关规定落实税收政策。积极争取将鄂尔多斯市申报为国家级产教融合试点地区。

2. 推动学科专业与产业需求精准对接。引导职业院校围绕产业转型升级、技术创新和经济社会发展需要设置专业,做精做强煤炭深加工与利用、机电一体化技术、学前教育等优势专业,巩固发展化工、计算机应用、机械制造与自动化等传统专业,大力发展人工智能、云计算、新能源汽车技术、航空等新兴专业,积极支持家政、健康、护理、养老、文化创意、体育康养、赛事运营、旅游开发等社会领域紧缺专业建设。支持行业企业协会等社会力量以多种方式参与职业院校专业建设,推动职业院校新设专业与相关行业企业深度合作。建立专业设置预警和退出机制,研究开发"校企合作综合信息平台",动态发布人才供求信息。

3. 推进校企协同发展。大力支持企业和职业院校开设"委培班""订单班""冠名班",积极建设"校中厂""厂中校",促进院校与企业资源共享。积极推行现代学徒制和企业新型学徒制,建设一批现代学徒制示范学校。大力发展校企双制、工学一体的技工教育。支持学校、企业、行业组织联合开发专业课程标准,将职业标准和行业技术规范纳入课程体系。各开发区(园区)至少与1所职业院校对口合作开展专业建设和人才培养。落实好"1+X"证书制度,增强学生就业创业本领。鼓励院校建立学生创新创业或学科(技能)竞赛成果转换课程学分制度。加强"双师型"教师队伍建设。推动职业院校与大中型企业合作建设"双师型"教师培养培训基地,到2035年,力争实现"双师型"教师达专业课教师总数的80%。借助天津市国家职业教育示范区等优质资源平台,在教师和管理人员培训、人才培养、对口交流、技术技能竞赛等领域构建全方位合作机制。落实国家关于职业教育改革有关规定,职业院校通过校企合作、技术服务、社会培训、自办企业等所得收入,可按一定比例作为绩效工资来源。推进协同创新和成果转化,推动产学研深度融合,大力增强高等院校社会服务功能。

(五)建设高素质专业化创新型教师队伍。坚持兴教必先强师,全面深化新时代教师队伍建设改革,优化管理体制,健全培养培训体系,畅通职业发展通道,提高地位待遇,使教师职业吸引力明显增强,教师职业化、专业化水平明显提高,教师队伍规模、结构、素质能力充分满足各级各类教育发展需要。

1. 加强师德师风建设。实施师德师风建设工程,完善教育、宣传、考核、监督、奖惩机制。加强师德教育,把社会主义核心价值观、职业理想、职业道德贯穿教师培养、培训和管理全过程。规范教师职业行为,建立新教师入职宣誓制度,推行师德考核负面清单制度,完善教师个人信用记录和失信惩戒机制,将师德考评作为教师考核第一标准。

2.加快教师职业化进程与专业化发展。严把教师入口关，提高入职门槛，把政治素养、道德水平、专业能力和教学技能作为重要依据。严格落实中小学教师资格定期注册制度。严格落实教师储备制度，新招聘教师在一年储备期内接受集中培训和跟岗实践，考核合格的正式上岗，不合格的延长一年储备期，两年储备期满仍不合格的予以辞退。健全完善教师退出机制。落实教师5年一周期不少于360学时的全员培训制度。建立健全从教学新秀到教学能手、骨干教师、学科带头人、名师名班主任、卓越教师，从新任校（园）长到名校（园）长、教育家型校（园）长的分层进阶培养体系。整合利用各类社会资源，建立市级教师培训进修基地，鼓励旗区建立本旗区教师培训进修基地（中小学教师专业发展学校）。将自主研发与引进相结合，加强师训课程开发，推动全市教师培训资源共建共享。实施学科高地建设项目和学科团队发展计划，提高教师教育研究能力。

3.优化教师管理体制。持续优化教师招聘引进方式，大力推广“走出去”招聘方式，在教育部直属师范类院校、“双一流”高校选聘中小学教师。优化和规范中小学教师编制管理，对符合条件的教师加快入编。全面推进义务教育教师“县管校聘”改革。盘活事业编制存量，优化编制结构，加大旗区编制统筹配置和跨区域调整力度。持续优化教师职称比例结构，适度提高中高级职称教师比例，民族学校设置的教师专业技术岗位高级岗位比例要高于同级同类其他学校。深入推进县域内义务教育学校教师、校长交流轮岗，实行教师聘期制和校长任期制管理。加强教研队伍建设，逐步配足配齐专职教研员，有效发挥兼职教研员作用，注重选拔一线优秀教师进入教研员队伍。

4.提升教师地位待遇。建立和完善教师工资待遇保障机制，确保中小学教师平均工资收入水平不低于当地公务员平均工资收入水平。建立教师绩效工资动态调整机制，绩效工资分配向专任教师、班主任、骨干教师和特殊教育教师倾斜。全面推行中小学校长职级制改革，落实职级薪酬。依法保障和落实民办学校教师在业务培训、职称评聘、教龄和工龄计算、表彰奖励等方面与公办学校教师的同等权利。依法依规落实教师教育惩戒权等各项权利。严格控制各类评比和创建，切实减少教师非教学任务负担。加强典型事迹宣传，依法依规开展表彰，提升教师政治地位和社会地位，激发内在发展动力，增强职业认同、职业自信，提高职业满意度。

（六）引领信息化时代的教育变革。大力推进教育信息化，支撑引领教育现代化发展，推动教育理念更新、模式变革、体系重构。利用现代信息技术推动人才培养模式改革，实现规模化教育与个性化培养有机结合。

1.建设智慧校园。探索开展智慧校园建设与评价，到2035年，实现智慧校园全覆盖。加强各级各类学校宽带网络建设，利用移动互联网、物联网、区块链等技术不断提高校园网络建设水平。采用智能化设备自动追踪、管理和控制装备使用情况。建设校园智能一体化系统，实现主要公共区域配备信息服务终端，普通教室配备智能多媒体交互设备，师生配备支撑教学的智能终端及配套设备。依托鄂尔多斯教育云和教学资源平台，推动课堂教学云网端一体化。配备网络安全设备、网络安全系统和统一上网行为管理系统，定期开展网络与信息安全检查等工作。

2.推动信息技术与教育教学深度融合。强化全市网络教学研平台应用，利用信息技术手段进行教学设计、网络备课、协同教研和课堂教学，优化教学流程，创新教学模式。鼓励各类信息技术和设备进课堂，推动慕课、微课、翻转课堂等教学模式和新型载体试点工作，逐步推广智能教育助理应用。支持学生合理利用信息技术手段获取学习资源，利用各种智能终端、网络学习空间进行学习、交流和分享。建设智能学习空间和学习体验中心，推行场景式、体验式、沉浸式学习。

3. 构建教育大数据平台。深化政企校研合作，加强教育管理信息系统、教育统计信息系统和学校教育教学系统建设，构建教、学、管、评、测全覆盖的教育大数据平台，推动教育决策、学校发展、师生成长智慧化管理。注重收集分析学生学习行为、学习活动、学习进程和与之交互的学习环境等方面的教育信息数据，通过对数据采集、汇聚、整理、分析，科学掌握学生真实学习情况，推动实现教、学、考试、作业布置精准化、个性化和学生综合素质评价智能化。

（七）推动教育治理体系和治理能力现代化。适应国家治理体系和治理能力建设，根据教育发展规律，构建政府、学校、社会新型关系，形成政府宏观管理、学校自主办学、社会广泛参与的格局，有效激发每个学校的活力，更好发挥全社会的作用。

1. 全面推进依法治教。依法清理和下放教育部门行政权力，落实学校办学自主权。推进教育行政审批制度改革，建立规范、高效的审批制度流程，加大信息公开力度。完善教育行政规范性文件和重大教育决策合法性审查机制。深化教育行政执法体制改革，推动教育管理向依靠行政执法、实施依法监管转变。提升教育执法队伍专业化水平，依法查处违反教育法律法规、扰乱教育秩序、侵害受教育者和教育者权益的行为。健全教育系统法律顾问制度，探索复议、诉讼、仲裁、调解、救济等教育纠纷多元化解决机制，维护师生正当权益。加大依法治校示范校建设力度。

2. 提高教育督导水平。健全完善政府履行教育职责督导评价机制，开展重大教育政策落实情况专项督导，提升督政水平。完善督学队伍管理，实行督学责任制，监督指导各级各类学校规范办学行为，全面提高教育质量。推动教育督导机构依法独立、科学、高效行使职能。综合运用教育大数据平台，创新“互联网＋教育督导”工作模式。开展义务教育质量检测工作。

3. 建设现代学校制度。以学校章程建设为统领，全面实现一校一章程、一校一规划、一校一制度、一校一特色、一校一评价。完善学校治理结构，明确内部议事规则和决策程序。拓展师生参与学校民主治理的渠道，有效发挥工会、教职工代表大会、学生代表大会作用。推动学校人本管理，更加注重通过情感沟通的方式提高管理效率。

4. 建设现代化学校公共安全综合治理体系。智能安防系统覆盖学校主要场所，实现校园视频监控、入侵报警、紧急呼叫求助报警、电子巡更、学生出入控制、访客管理、消防报警、紧急广播与疏散等智能化安防管理。健全学校安全教育机制，将基本急救知识和技能培训纳入教师规范化培训内容，积极开发中小学公共安全教育校本课程、幼儿园公共安全教育游戏或绘本。建立学校公共安全教育体验教室。强化学校建设质量监管和建筑风险排查，实行校园工程质量终身责任制。多部门联合健全校园周边环境综合治理长效工作机制、食品卫生安全管理长效机制、学生欺凌和暴力行为防控机制。探索利用信息化等手段对校车实时监管。加强对涉校违法犯罪行为的预防和惩治。健全学生意外伤害救助机制。强化网络安全教育。

5. 推动社会参与教育治理常态化。建立健全社会公众参与教育决策、评价、监督制度，推动公众加入督学队伍。建立教育督导部门归口管理、专业机构提供服务、社会组织多方参与的专业化教育质量评估监测体系，为改进教育教学、管理、决策提供依据和支撑。鼓励通过购买服务方式，委托第三方机构开展教育评价。健全家校社协同育人机制，共同促进学生全面发展。充分发挥教育行业组织的自律与服务功能。

三、保障措施

（一）加强党对教育工作的全面领导。健全党委统一领导、党政齐抓共管、部门各负其责的教育领导体制。在经济社会发展规划上优先安排教育，在财政资金投入上优先保障教育，在公共资源配置上优先满足教育和人力资源开发需要。

党政主要负责同志要熟悉教育、关心教育、研究教育，每年至少研究1次教育工作，协调动员各方面力量共同推进教育现代化。党委教育工作领导小组要充分发挥统筹领导作用，及时研究解决教育改革发展面临的重大问题。健全坚持和加强党的领导的组织体系、制度体系、工作机制，形成落实党的领导纵到底、横到边、全覆盖的工作格局，加强对大中小学、幼儿园、民办学校、合作办学机构党建工作的分类精准指导。加强教育系统党组织和党员队伍建设，充分发挥教师党支部教育管理监督党员和宣传引导凝聚师生的战斗堡垒作用。实施教师党支部书记“双带头人”培育工程，健全把骨干教师培养成党员，把党员教师培养成教学、科研、管理骨干的“双培养”机制。落实意识形态工作责任制，牢牢掌握意识形态工作领导权。加强党风廉政建设，营造风清气正的教育生态。坚持党管干部原则和正确的选人用人导向，选优配强教育行政部门和学校领导班子，加强干部队伍建设。

（二）完善教育现代化投入支撑体制。调整优化财政支出结构，优先落实教育投入，健全财政教育投入持续稳定增长的长效机制，确保一般公共预算教育支出逐年只增不减，确保按在校学生人数平均的一般公共预算教育支出逐年只增不减。积极扩大社会投入，完善政府补贴、政府购买服务、基金奖励、捐资激励、土地划拨等政策制度，依法落实税费减免政策，引导社会力量加大教育投入。完善社会捐赠收入财政配比政策，按规定落实公益性捐赠税收优惠政策。充分发挥各级教育基金会作用，改革鄂尔多斯市人民教育基金会，优化运行、扩容提质。优化教育经费支出结构，始终坚持把义务教育作为教育投入的重中之重，将教师队伍建设作为教育投入重点予以优先保障，积极支持扩大普惠性学前教育资源、普及高中阶段教育、发展现代职业教育。着力改善办学条件，加大课程改革、教学改革、教材建设、教育信息化等方面的投入力度。加强对公共教育经费的预算管理和财政监督，提升教育经费使用绩效。加大督查力度，将财政投入按时足额到位情况作为重点，及时发现问题，切实督促解决。加强问责问效，对落实教育优先发展工作不实、问题突出的部门、单位和个人，依法依规追责问责。

（三）完善落实机制。统筹协调教育现代化各阶段发展目标和任务安排，实现与教育中长期改革和发展规划、五年规划及年度计划的紧密衔接和有序实施。科学制定配套政策，提出具体工作方案，分阶段、分步骤组织实施。建立多部门协同工作机制，共同研究破解制约教育发展的体制机制障碍。建立激励机制，鼓励各旗区和各级各类学校积极探索创新、承担试点任务。建立教育现代化进程动态监测、定期评估和报告制度，探索委托第三方专业评估机构定期分析评估规划实施情况。将教育现代化推进情况纳入政府履行教育职责评价的重要内容，主动接受人大和政协监督。健全教育战略咨询机制，加强教育现代化发展重大前瞻性、战略性问题的研究咨询。

关于促进民营经济高质量发展的政策措施

为深入贯彻中央、自治区关于促进民营经济高质量发展的决策部署，全面落实《内蒙古自治区党委、自治区人民政府印发〈关于促进民营经济高质量发展若干措施〉的通知》(内党发〔2018〕23号，以下简称《若干措施》)精神，推动全市民营经济高质量发展，结合鄂尔多斯实际，提出如下政策措施。

一、切实减轻企业负担

（一）降低用能成本。取消临时接电费，对接入蒙西电网的余热、余压、余气自备电厂减半收取政策性交叉补贴和系统备用费。对符合我市产业政策、进入电力交易市场且年度用电量达到1亿千瓦时以上的工业企业实施“倒阶梯输配电价”。

（二）降低用地成本。一次性缴纳土地出让金有困难的民营企业实施的转型升级项目，经批准可在两年内分期缴纳土地出让金；对自治区确定的优先发展产业且属用地集约类型的产业项目，土地出让底价可按不低于所在地土地等别相对应标准的70%执行。鼓励各类园区建设标准厂房，为中小民营企业入驻提供便利条件。在符合规划、不改变用途的前提下，对“零土地”技改增加工业用地容积率的企业，不再增收土地价款。

（三）降低物流成本。降低运输企业、运输车辆准入门槛，为企业和车辆就地注册提供便利条件，促进属地管理。加快完善城乡物流配送体系，切实降低仓储成本和物流配送成本。对自治区已明确的6轴及以上重要物资运输车辆，出入我市境内公路区界收费站时，减收10%的公路通行费；对向自治区交通运输厅报备的特定用挂运输车辆，减收30%的高速公路通行费；对整车合法装载鲜活农产品的车辆、装载牧草的车辆，免收车辆通行费。

二、着力优化营商环境

（一）提高政务服务水平。推进“互联网+政务服务”建设，到2019年年底，政务服务事项网上办理率达到70%；推动“三集中、三到位”，确保到2019年年底政务服务事项“一窗”受理率达到70%以上。健全代办帮办机制，确保到2019年年底企业和群众到各级政府部门办事提供材料减少60%以上，100个高频事项办理实现“最多跑一趟”。

（二）保护企业合法权益。严禁行政执法机关以查处经济纠纷为由直接插手、干预企业正常生产经营活动，坚决杜绝向企业乱收费、乱处罚、乱摊派行为。规范涉案财产处置，依法严厉打击各种黑恶势力，保护企业正常经营权。完善企业信用修复机制，对资能抵债且能积极主动清偿债务的民营企业，依法依规解除影响民营企业正常生产经营的强制性措施，保障企业正常经营、健康发展。

三、支持企业转型升级

用足用好乡村振兴产业发展基金，有效提升农村牧区产业发展水平。筹集总规模50亿元的民营企业发展基金，重点用于支持民营企业转型升级和创新发展。支持企业发展高新技术产业，对创新型企业和实施高新技术产业项目的企业，根据实施项目实现的增加值，给予50万—500万元的补助。支持企业发展“互联网+”，对新获得国家、自治区级电子商务示范基地的运营主体，分别给予200万元、100万元一次性奖励，对新认定的国家、自治区级电子商务示范企业，分别给予50万元、30万元一次性奖励。对民营企业采取产业链招商引进亿元以上重大项目且投产达效的，经认定后，按照“谁引进、谁受益”的原则，根据项目投资规模，给予100万—1000万元的一次性奖励。

四、实施质量品牌战略

在享受自治区相关奖励政策的基础上，对新获得中国质量奖、自治区主席质量奖的企业，分别再给予200万元、100万元一次性奖励；对新获得中国驰名商标的企业，再给予100万元一次性奖励；对新认定的国家、自治区级农牧业龙头企业，分别再给予50万、30万元一次性奖励。

五、加大信贷支持力度

引导金融机构创新金融产品供给，在风险可控前提下，引入知识产权、商标、动产、土地使用权、仓单等质押品种，积极向民营企业、小微企业发放中长期信用贷款。落实普惠金融领域定向降准政策，对金融机构票面金额500万元及以下的民营企业、小微企业票据优先办理再贴现。协调各金融机构持续推进民营企业“无还本续贷”工作，对经营、信用良好且有转贷需求的民营企业，综合运用年审制贷款、循环贷款等无还本续贷方式，简化续贷办理流程。

六、支持企业人才队伍建设

实施企业家素质提升工程，统筹各类培训资金和项目，每年选送一批民营企业管理人员，分类培训；定期举办“民营企业家大讲堂”；开展人才精准培训，采取财政补贴形式，为民营企业提供培训服务。

七、完善政府性融资担保体系

通过财政注资、引进民间资本、争取专项资金等方式，进一步做大做强国有融资担保机构，提升融资担保实力，市本级财政根据担保余额情况，合理安排专项资金用于民营企业担保费用补助，进一步降低政策性融资担保机构担保费率和民营企业担保成本。

八、鼓励支持直接融资

认真落实自治区和我市企业上市挂牌三年行动计划，建立上市挂牌后备企业筛选推介联动机制，各旗区、各有关部门定期推介优质企业，充实上市后备企业项目库。对上市后备企业，由市政府金融办负责协调各旗区、市直有关部门，帮助企业完善上市各项审批手续和准备工作。从2019年起，对在新三板挂牌和沪、深证券交易所主板、创业板、科创板上市的企业，给予100万—1000万元的一次性奖励。落实国家关于金融服务乡村振兴有关政策，支持市内符合条件的涉农企业在主板、中小板、创业板以及新三板等上市和挂牌融资。各旗区各部门要把促进民营经济高质量发展摆在突出位置，坚决落实“两个不动摇”要求，以更大的诚意、更大的力度、更实的举措支持民营经济发展壮大；紧紧围绕自治区《若干措施》，进一步细化完善配套政策和落实措施，健全领导机制，建立联席会议制度，定期调度政策落实和民营经济发展情况，及时协调解决民营企业发展中存在的困难问题；强化责任落实，制定任务分解清单，逐条逐项明确责任单位、责任人，确保各项政策落实落细；认真做好政策发布和解读工作，强化舆论引导，加大宣传力度，努力营造亲商、安商、富商的浓厚氛围。有关部门要进一步强化监督考核，建立民营经济发展监测体系，定期评价各旗区各部门营商环境和政策落实情况，作为对旗区和部门“五位一体”考核的重要依据。

鄂尔多斯市深入开展消费扶贫助力打赢脱贫攻坚战实施方案

为深入贯彻党中央、国务院关于打好脱贫攻坚战决策部署，引导、促进社会各界通过消费来自贫困地区和贫困人口的产品和服务，帮助贫困人口脱贫增收，根据《国务院办公厅关于深入开展消费扶贫助力打赢脱贫攻坚战的指导意见》（国办发〔2018〕129号）和《内蒙古自治区人民政府办公厅关于深入开展消费扶贫助力打赢脱贫攻坚战的实施意见》（内政办发〔2019〕19号）精神，结合我市实际，制定本方案。

一、总体要求

以习近平新时代中国特色社会主义思想为指导，深入贯彻落实习近平总书记关于扶贫工作的重要论述和考察内蒙古重要讲话精神，坚持新发展理念，坚持精准扶贫精准脱贫基本方略，围绕促进贫困人口稳定脱贫和贫困地区长远发展，着力激发全社会参与消费扶贫的积极性，着力拓宽贫困地区农畜产品销售渠道，着力提升贫困地区农畜产品供应水平和质量，着力推动贫困地区休闲农业和乡村旅游加快发展，在生产、流通、消费各环节打通制约消费扶贫的痛点、难点和堵点，推动贫困地区产品和服务融入市场。到2020年，全市贫困地区农畜产品物流服务体系基本建成，贫困地区基础设施和公共服务水平明显改善，支撑保障消费扶贫能力显著提升；贫困地区持续发展，贫困人口稳定增收，为助力打赢脱贫攻坚战、推进实施乡村振兴战略作出积极贡献。

二、重点工作

（一）广泛开展社会购买行动

1.组织各级机关和国有企事业单位等带头参与消费扶贫。受帮扶苏木乡镇、嘎查村要积极主动与市、旗区定点帮扶单位对接，了解帮扶单位消费意向，组织被帮扶对象发展生产，有针对性地满足消费意向。全市各级结对帮扶单位要深入了解帮扶对象的生产生活状况，采取“以购代帮、以买代捐”的形式，与帮扶对象建立持续稳定的购销合作关系。鼓励全市各级机关、国有企事业单位、金融机构、高等院校、城市医疗及养老服务机构、群团组织等充分发挥带头示范作用，在同等条件下优先采购贫困地区产品、聘用贫困地区工勤人员，引导干部职工自发购买贫困地区产品和到贫困地区旅游，按照有关规定组织职工到贫困地区开展活动。开展贫困地区农产品直供食堂活动，扩大贫困地区产品和服务消费。鼓励鄂尔多斯军分区等驻市部队积极参与消费扶贫行动。（责任单位：市扶贫开发办公室、市委组织部、各旗区人民政府；配合单位：市委统战部、市直机关工作委员会、市教育体育局、市卫生健康委员会、市国有资产监督管理委员会、市机关事务管理局、市总工会，人民银行鄂尔多斯市中心支行、鄂尔多斯军分区等）

2.广泛动员社会力量参与消费扶贫。组织开展消费扶贫宣传倡议活动，广泛宣传深入开展消费扶贫助力打赢脱贫攻坚战的重要意义和作用，引导社会各界积极参与消费扶贫。将消费扶贫纳入“百企帮百村”行动，鼓励帮扶企业拓宽贫困地区农畜产品销售渠道，扩大贫困地区产品消费。行业协会、商会、慈善机构等社会组织要广泛动员爱心企业、爱心人士等社会力量参与消费扶贫。（责任单位：市工商业联合会、市发展和改革委员会、市扶贫开发办公室、各旗区人民政府；配合单位：市民政局、市农牧局、市总工会、共青团鄂尔多斯市委员会、市妇女联合会等）

3. 加大京蒙消费扶贫协作力度。积极寻求与外地农产品批发市场、商贸流通企业、机关、企事业单位等建立特色农畜产品、特色手工艺品长期稳定供销合作关系。立足实际，借助北京市帮扶，大力引进和培育农牧业加工企业，推动农畜产品就地加工转化。（责任单位：市扶贫开发办公室、各旗区人民政府；配合单位：市发展和改革委员会、市人力资源和社会保障局、市商务局等）

（二）大力实施流通和销售渠道畅通行动

1. 完善物流配送体系。加强贫困地区基础设施建设，重点推进交通、通信、物流网点等基础设施建设，完善贫困地区物流配送体系，畅通流通渠道，打通从产地到消费终端的供应链条，为促进消费扶贫创造条件。（责任单位：市商务局、各旗区人民政府；配合单位：市发展和改革委员会、市农牧局、市交通运输局，市工业和信息化局等）

2. 拓宽产品销售渠道。组织引导市供销合作社联合社、商贸流通企业、农畜产品批发市场、连锁超市等流通企业与贫困地区开展产销对接，建立长期稳定的产销对接关系。大力推行“企业＋贫困户”的模式，鼓励农畜产品收储、加工企业和专业合作社等市场主体与农牧户开展订单生产。借助大型电子商务平台，促进特色农畜产品、民族工艺品、旅游纪念品等产品的触网销售。组织贫困地区参加农博会、农贸会、展销会，设立消费扶贫专区，集中推介、展示、销售贫困地区产品。大力开发乡村牧区旅游商品，在景区景点、游客集散中心、宾馆饭店、高速公路服务区开设贫困地区旅游商品销售专区，集中销售特色农畜产品和手工艺品。（责任单位：市商务局、各旗区人民政府；配合单位：市扶贫开发办公室、市发展和改革委员会、市工业和信息化局、市财政局、市交通运输局、市农牧局、市文化和旅游局、市供销合作社联合社等）

3. 加快流通服务网点建设。鼓励供销合作社、寄递企业、电商企业、商贸流通企业、农畜产品批发市场等在贫困地区新建或改建一批冷链仓储物流设施，提高仓储、分拣、包装、初加工、运输等环节的综合物流服务能力。深化交邮合作，推动邮政寄送、农村牧区客运小件快递、电商快递、冷链运输等农村牧区物流发展。加快旗区仓储配送中心、苏木乡镇物流服务站、嘎查村物流服务点、农村牧区物流快递公共取送点等旗区、苏木乡镇、嘎查村三级物流基础设施末端网络建设，建设一批具有客运、物流、邮政、供销等服务功能的“多站合一”的苏木乡镇运输服务站。（责任单位：市商务局、各旗区人民政府；配合单位：市发展和改革委员会、市交通运输局、市供销合作社联合社，市邮政管理局等）

（三）深入实施农畜产品质量提升行动

1. 加快推进农畜产品标准化体系建设。依托资源优势，扶持建设一批特色农畜产品标准化生产基地。加快推进贫困地区绿色、有机、地理标志建设，开展标准化生产。大力推广食用农产品安全控制规范和技术规程，推广应用国家农产品质量安全追溯平台，扩大特色农畜产品质量安全追溯覆盖面。组织开展相关业务培训和技术指导，在举办追溯体系建设、“三品一标”认证等培训时，适当增加贫困地区参训名额。（责任单位：市农牧局、各旗区人民政府；配合单位：市科学技术局、市市场监督管理局等）

2. 大力推进特色农畜产品规模化产业化发展。深入挖掘一批具有规模化生产潜力的特色农畜产品，进一步优化产业布局，大力发展订单农业，提升规模化生产能力。农产品产地初加工补助政策向贫困地区倾斜，支持贫困地区的农户、家庭农场、专业合作社和涉农中小企业新建储藏窖、通风库、冷藏库和烘干房等产地初加工设施。增加贫困地区马铃薯、果蔬、食用菌、蒙中药材、杂粮杂豆等农产品初加工能力，改善储藏条件。（责任单位：市农牧局、各旗区人民政府；配合单位：市财政局、市商务局等）

3. 加强特色农畜产品品牌建设。加强特色产品区域公用品牌培育，加大对贫困地区品牌培育、认定等工作的支持。在特色产品优势区培育领军企业，鼓励支持发展企业品牌。加强品牌建设相关技能培训，在培训内容、参训人员指标等方面向贫困地区倾斜。加大贫困地区品牌宣传和推介工作力度，广泛宣传贫困地区发展特色产品品牌的优势。积极参与“质量月”“中国品牌日”“中国农民丰收节”等活动，展示和推介贫困地区特色农畜产品、民族手工艺品等品牌。（责任单位：市农牧局、市委宣传部、各旗区人民政府；配合单位：市商务局、市发展和改革委员会、市市场监督管理局等）

（四）大力推进休闲旅游提质升级行动

1. 加大旅游基础设施建设力度。加大对休闲农业和乡村旅游设施建设的用地支持。各旗区在编制和实施土地利用总体规划时可预留少量的规划建设用地指标，用于乡村旅游设施建设。结合农村牧区人居环境整治，对休闲农业和乡村旅游点实施改厨、改厕、改客房、整理院落“三改一整”工程。大力发展体现贫困地区自然生态、民风民俗的特色休闲农业和乡村旅游项目，在有一定文化和旅游发展基础、交通条件便利的村子，创建一批市级旅游产业扶贫示范项目，打造一批星级乡村（牧区）旅游接待户。结合推进“四好农村路”建设，加快推进旅游公路建设，重点支持贫困地区建设发展休闲农业和乡村旅游的公路、苏木乡镇客运站和建制村候车亭（招呼站），改造提升贫困地区休闲农业和乡村旅游道路、景区景点连接线通行能力。（责任单位：市农牧局、市文化和旅游局、市交通运输局、各旗区人民政府；配合单位：市住房和城乡建设局、市发展和改革委员会、市自然资源局等）

2. 提升休闲旅游服务水平。自治区级、市级定点帮扶单位，要为贫困地区有条件、有意愿发展乡村旅游的贫困户提供培训和指导服务。在旅游资源和旅游产业发展相对集中的地区，引导企业组建旅游行业协会等行业组织，规范旅游市场主体协同发展、合理竞争。同时，要强化行业监管，规范市场行为，维护良好市场环境。（责任单位：市文化和旅游局、各旗区人民政府；配合单位：市农牧局、市扶贫开发办公室、市人力资源和社会保障局、市市场监督管理局、市发展和改革委员会等）

3. 做好乡村旅游发展规划设计。调查摸底贫困地区休闲农业和乡村旅游资源，了解和掌握贫困地区自然生态、历史文化、地域特色文化、民族民俗文化、传统农耕文化等旅游资源，明确旅游扶贫的重点村及发展重点，编制好全市乡村旅游发展规划。组织旅游智库专家、旅游企业、旅游规划设计单位帮助贫困地区编制休闲农业和乡村旅游规划，并提供旅游线路设计、产品开发、品牌宣传等方面的技术指导和服务。（责任单位：市文化和旅游局、市农牧局、各旗区人民政府；配合单位：市教育体育局等）

4. 加大旅游精品项目宣传推介力度。组织贫困地区开展休闲农业和乡村旅游相关主题的宣传推介活动，着重展现地域特色、美食美景、风俗文化、自然风光等内容，集中推介一批特色精品休闲旅游项目。借助新媒体资源，依托各类平台，开展多种形式的旅游扶贫公益宣传，重点宣传推广有一定竞争力和成熟度的旅游项目和旅游产品。（责任单位：市农牧局、市文化和旅游局、市委宣传部、各旗区人民政府；配合单位：市商

务局等）

三、保障措施

（一）加强组织领导。市精准脱贫攻坚工作领导小组负责统筹推进全市消费扶贫工作。市发展和改革委员会要会同市扶贫、农牧、商务、文旅、供销等相关部门和单位，明确责任分工，形成工作合力，协调推动相关工作的落实。各旗区要尽快明确深入开展消费扶贫的组织机构和职责分工，建立工作机制，积极推动消费扶贫深入开展。（责任单位：市发展和改革委员会、市扶贫开发办公室；配合单位：市农牧局、市商务局、市文化和旅游局、市供销合作社、市财政局等部门及各旗区人民政府）

（二）完善利益机制。完善龙头企业、专业合作社、致富带头人与贫困人口的利益联结机制，通过深入开展消费扶贫，提高贫困人口在扩大产品和服务消费过程中的参与度并增加收入，不断壮大贫困地区嘎查村集体经济，增强对接市场的能力和市场影响力。同时，要注重保障龙头企业、专业合作社、致富带头人的合法权益。（责任单位：市农牧局；配合单位：市文化和旅游局、市扶贫开发办公室、市财政局等部门及各旗区人民政府）

（三）强化政策支持。各旗区要统筹相关政策资源和政策资金，支持贫困地区特色产品供应链建设，打通市场供应渠道，落实好金融、土地、税费等方面优惠政策。对参与消费扶贫的组织和个人进行扶贫成效认定，有突出贡献的，按照有关规定采取适当方式给予奖励激励。（责任单位：市发展和改革委员会、市财政局；配合单位：市自然资源局、市农牧局、市商务局、市文化和旅游局、市扶贫开发办公室，人民银行鄂尔多斯市中心支行等部门及各旗区人民政府）

（四）加强督促落实。将消费扶贫纳入年度脱贫攻坚工作计划和年度考核。建立消费扶贫工作调度制度，定期统计消费扶贫工作开展情况，及时跟踪消费扶贫开展进度，协调解决工作推进过程中出现的问题和困难，强化对消费扶贫工作落实情况的督促检查。各责任单位（旗区）按照本方案要求，制定本单位（旗区）消费扶贫实施方案，确定本单位（旗区）消费扶贫工作责任科室（部门），明确一名科级干部作为联系人，并于每月 5 日前，将消费扶贫工作推进情况（包括本系统购买产品、购买服务、聘用人员情况等）、存在的问题以及下一步工作安排分别报市发展和改革委员会、市扶贫开发办公室。